Poesie und Politik

Zur Situation der Literatur
in Deutschland

Herausgegeben von

WOLFGANG KUTTENKEULER

VERLAG W. KOHLHAMMER
STUTTGART BERLIN KÖLN MAINZ

Wir danken den folgenden Verlagen für die freundliche Gewährung von Nachdruckrechten:
Kröner, Stuttgart, für W. R. Langenbucher; Fischer, Frankfurt, für Urs Jaeggi; Rowohlt, Reinbek, für R. Hochhuth; Suhrkamp, Frankfurt, für P. Weiss, M. Walser und H. M. Enzensberger; Luchterhand, Neuwied, für H. Domin und G. Grass (Vom mangelnden Selbstvertrauen); Kiepenheuer & Witsch, Köln, für D. Wellershoff; Boorberg, München, für G. Grass (Literatur und Revolution); Wagenbach, Berlin, für R. Baumgart; Tribüne Verlag, für D. Lattmann.

Sprache
und
Literatur 73

Inhalt

WOLFGANG KUTTENKEULER

Einleitung

Literatur, die sich — wie auch immer — auf die politisch-praktische Realität einläßt, ist ein in höchstem Maße fragwürdiges, jegliches Mißtrauen und jeglichen Vorbehalt rechtfertigendes Produkt. – Kaum eine Anschuldigung darf sich – überdies von den gegensätzlichsten Parteien – ihres Beifalls so sicher sein wie eben diese. Und in der Tat läßt sich der so viel und so gern, wenngleich mit sehr unterschiedlichen Ansprüchen und Erwartungen zitierte Urteilsspruch des Studiosus Brander aus Goethes ›Faust‹ nicht leicht abtun. – Daß ein »politisch Lied« ein »garstig Lied« sei, bewahrheitet sich nur allzu oft und besonders drastisch zweifellos im Hinblick auf die peinliche Fülle der sogenannten »Tendenzdichtung«, bei der es sich um nichts anderes als um eine zwar gesinnungstüchtige, aber doch pure Verseschmiederei, um eine metaphernbestückte, simple Aufschönung parteilicher oder staatlicher Aktionsprogramme handelt. Solche sich selbst sehr schnell der historischen Überfälligkeit denunzierenden, eher von Hörigkeit als von geistiger Unabhängigkeit zeugenden und in mancherlei Hinsicht den Gleichschritt formierenden Machwerke legen es nahe, generell von einem »wirklichen« poetischen Text nur dann zu sprechen, wenn er sich als ein »in sich geschlossenes sprachliches Gefüge«, als eine »eigene Welt mit ihren eigenen Gesetzen« (Wolfgang Kayser) erweist und wenn er durch seine Lösung aus allen zeitlichen Bindungen und Bedingungen zu erkennen gibt, daß es ihm »um die Wahrheit des Menschseins und nicht um den praktischen Nutzen« (Paul Böckmann) zu tun ist.
An einer solchen auf ästhetischer »Reinheit« und damit zugleich auf zeitloser Gültigkeit insistierenden poetologischen Konzeption gemessen, verfällt die mit konkreten Ansprüchen auftretende politische Literatur dem Verdikt, weil sie konsequenterweise der künstlerischen Unfähigkeit überführt wird, die aktuelle historische Realität zu transzendieren und sie zugunsten »ontologischer« Normen und Befindlichkeiten als belanglosen Rohstoff hinter sich zu lassen.
Und wie bei den Verfechtern eines konservativen Dichtungsbegriffs, so stößt die hier zur Diskussion stehende Literatur bei der als »sprachlose Intelligenz« apostrophierten avantgardistischen Gefolgschaft

7

Benns etwa und Benses, Heißenbüttels und Helms'[1] auf Ablehnung, weil bei dem dezidierten, von klaren und pragmatischen Zielvorstellungen bestimmten politischen Engagement angeblich versäumt wird, »die Kritik in die Sprache selber [zu] tragen, die verdinglichte [zu] destruieren«: »Literatur muß Kritik üben, will sie der Wahrheit nicht gänzlich entsagen. Das«, so erklärt Hans G Helms, »meint jedoch nicht auf der Sprache äußerliche Dinge zu schielen. Die gesellschaftlichen Mißstände durch die Worte anzuprangern, die sie benennen, kann nur in marktkonforme Nörgelei ausarten [...] Wahre Literatur will aber gerade dies Einverständnis sabotieren und durch Kritik jenen utopischen Zustand heraufbeschwören, von dem die um ihre Leichtverständlichkeit gebrachte Sprache zu künden weiß.«[2] Skepsis und Argwohn gegenüber der politisch engagierten Literatur leitet schließlich und nicht zuletzt auch die, die sich ihr mit aller Entschlossenheit und Zielstrebigkeit verschreiben, die ihren Gesellschaftsbezug und ihre Parteilichkeit befürworten und die eine Hinwendung zu zeitlos Gültigem ebenso wie den Rückzug auf die Sprache selbst dem von Brecht inkriminierten Gespräch über Bäume gleich erachten.

So dogmatisch die politischen Wirkungsabsichten und Wirkungsziele auch immer proklamiert sein mögen, leitend ist dabei jedenfalls die Einsicht, daß aller Kunstaufwand, der der zeitgeschichtlichen Realität gilt, ein im ursprünglichen Wortsinn fragwürdiger sein und bleiben muß, weil er – Reinhard Baumgart hat dies im einzelnen nachgewiesen – permanent unter der Gefahr steht, das Unsägliche beredt zu machen, den Schrecken zur Ordnung zu rufen, ihn einzuzirkeln, zu befrieden.[3] Und diese Gefahr bleibt auch da bestehen und wird auch da zum Problem, wo es nicht um die ins Monströse gesteigerte Unmenschlichkeit, sondern um die politischen und sozialen Miseren sozusagen des Alltags geht: Die Literatur, die diese aufdeckt und anklagt, hat zu gewärtigen, daß sich ihre Leistung in der eines »effektvollen, wirkungslosen Verbalwiderstands, des zahnlosen Lippenfletschens«[4] erschöpft, und das insofern, als sie zumindest das Risiko eingeht, daß sich – dank eben ihrer künstlerischen Darstellungsweise – die Mißstände, die sie anprangert und die eigentlich den allgemeinen Protest und den reformerischen Willen wachrufen sollten, »schön bös« (Martin Walser) ausnehmen und damit akzeptabel und goutierbar erscheinen.

Andererseits: Die politische Literatur treibt mit Beelzebub den Teufel aus, wenn sie, um allen Mißverständnissen und Verharmlosungen zu entgehen, auf jedwede kunstmäßige Behandlung ihres Gegenstands von vornherein verzichtet. Sie tritt so unstreitig in ein Konkurrenzverhältnis zu »reinen« Manifesten, Theorien, Programmen und Proklamationen, aber darin ist nicht, wie beispielsweise Peter Handke behauptet,[5] die optimale Verwirklichung und Erfüllung der politisch engagierten Literatur zu sehen, sondern im Gegenteil die Preisgabe ihrer selbst. Sie wird zum Sachwalter der Orthodoxie und spielt, gewollt oder ungewollt, nur eine Ideologie gegen eine andere aus, wo die »Austreibung der Ideologien« (Peter Härtling) jeglicher Art zu fordern ist.

Ganz abgesehen einmal von dem »Kulturbetrieb« mit seinen sich in zunehmendem Maße der Registrierbarkeit und Kontrollierbarkeit entziehenden »regulierenden«, normierenden Mechanismen, ergibt sich schon aus dem Voraufgegangenen, daß die politische Literatur nachgerade kontradiktorischen Anforderungen Rechnung zu tragen hat: Sie hat im Sinne eines gezielten Sachbezugs parteiisch zu sein und sich zugleich vor jeder dogmatischen Fixierung zu bewahren; sie hat »in Gestalten und Situationen, getreu dem Kunstmittel des Indirekten« (Günter Eich), die politische Realität zu erfassen und zu artikulieren, aber dies eben im Wissen um die Gefahr, daß sie mittels der ihr eigenen, wesenskonstitutiven Diktion ihre Intentionen aufzuheben, den Gegenstand der Kritik zum »Kulturgut« hinaufzustilisieren und damit zitierbar zu machen vermag; sie hat schließlich eine maximale Kommunikation herbeizuführen, das auf die aktuelle politische Realität bezogene Denken der Gesellschaft zu stimulieren und auch zu formieren, aber doch gleichzeitig alle geistigen Kollektivierungs- und damit Nivellierungstendenzen zu zersetzen – zugunsten eines individuellen Verantwortungsbewußtseins und einer individuellen Entscheidungsbereitschaft.

Mit dieser Skizzierung der Konfliktsituation, in der sich die politisch engagierte Literatur befindet, sofern sie sich um Sachnähe bemüht und sich der Erniedrigung zum »Schlachtpferd der Parteiwut« (Heinrich Heine) erwehrt, ist – allem Anschein zum Trotz – nicht etwa eine Wertungsnorm geliefert, die um jeden Preis zu erfüllen wäre. Es ist höchstens – und dies ganz unvorgreiflichen Sinns – ein heuristisches Modell entworfen, mittels dessen sich Klarheit darüber gewinnen läßt, in welcher Art und unter welchen Vorzeichen die *Poesie* als Inbegriff einer autochthonen künstlerischen »Schreibart« in ein funktionales Verhältnis zur *Politik* gesetzt und inwiefern dieser Funktionszusammenhang erfaßt und bedeutungsmäßig eingestuft wird.

Die Vielfalt derartiger Zuordnungen (möglichst) paradigmatisch vorzuführen und zur Diskussion zu stellen, ist die Zielsetzung dieses Sammelbandes. Die literaturwissenschaftlichen Abhandlungen sind dabei den politischen und zugleich künstlerischen Absichtsbekundungen weniger affirmativ oder gar apologetisch als vielmehr kritisch – wenn nicht gar agitatorisch – gegenübergestellt, und das in jeglicher Hinsicht: Zum einen gilt es zu fragen, ob und in welchem Maße die auf die politische und soziale Realität ausgerichteten Intentionen im sprachlichen Kunstwerk zur Geltung gebracht werden und in welchem Umfang die einzelnen literarischen Formtypen und Gattungen dazu hinreichen, die außerästhetischen Wirkungsabsichten einzulösen. Zum anderen ist zu fragen, ob und wie die literaturwissenschaftlichen Methoden qualifiziert sind, nicht nur die politisch-sozialen Intentionen der literarischen Werke adäquat zu erfassen, sondern auch den Wandlungen des Problembewußtseins Rechnung zu tragen, wie sie sich den im »dokumentarischen« Teil dieses Bandes vereinten Reden und Aufsätzen entnehmen lassen.

In diesem Sinne gilt für die gesamte Koordination als leitendes Prinzip das des kritischen Einspruchs: Es gewährleistet, daß die (partielle) Beschreibung der Situation der Literatur in Deutschland nicht auf eine Monumentalisierung, sondern weit eher auf eine Problematisierung hinausläuft – was bedeutet, daß die Einwirkung der Literatur auf die Politik, d. h. die individuelle Artikulation politischer Ansprüche und Bestrebungen hinsichtlich ihrer Möglichkeiten und Konsequenzen in der Diskussion bleibt.

Anmerkungen

1 Vgl. Karl Markus Michel, ›Muster ohne Wert: Westdeutschland 1965‹, in: K. M. Michel, ›Die sprachlose Intelligenz‹, Frankfurt/M. 1968 (= ›edition suhrkamp‹ 270), S. 63–124.

2 Hans G Helms, ›Zur Phänomenologie gegenwärtiger Prosa. Konsequenzen einer kritischen Position‹, in: ›alternative. Zeitschrift für Literatur und Diskussion‹ 7 (1964), H. 38/39, S. 107–112, hier: S. 108 f.

3 Reinhard Baumgart, ›Unmenschlichkeit beschreiben‹, in: R. Baumgart, ›Literatur für Zeitgenossen. Essays‹, Frankfurt/M. 1966 (= ›edition suhrkamp‹ 186), S. 12–36; s. insbes. S. 33 f.

4 Reinhard Baumgart, ›Die Hofnarren schweigen‹, in: ›Der Spiegel‹ 25 (16. August 1971), Nr. 34, S. 108.

5 Vgl. Peter Handke, ›Prosa. Gedichte. Theaterstücke. Hörspiel. Aufsätze‹, Frankfurt/M. 1969, S. 279 f.

I. DARSTELLUNGEN

ALPHONS SILBERMANN

Von den Wirkungen der Literatur
als Massenkommunikationsmittel

I.

Die so außerordentlich zahlreichen Studien, die sich mit der Situation des Schriftstellers und der Literatur befassen, enden im allgemeinen mit einem Ausdruck der Verzweiflung. Während noch zu Zeiten John Ruskins der recht unverbindliche Satz galt, »daß die Künste selbst niemals angemessen sein können, es sei denn, ihre Motive sind angemessen«,[1] und in den fünfziger Jahren davon die Rede war, daß »Industrialisierung und Kommerzialisierung der geistigen Produktion eine gewisse Proletarisierung der Produzenten zur Folge« habe,[2] wird heute mit Bedauern festgestellt: »In einem von ihr selber erzeugten Dunstkreis gerät die Literatur außer Fühlung mit der Wahrnehmungswelt [...]. Die Literatur [...] meint zu agieren und zu agitieren, während sie tatsächlich nur noch reagiert.«[3] Weisen schon diese Bemerkungen darauf hin, daß die Position des Schriftstellers an sich (mit oder ohne Bezug auf seine Schöpfungen) und seine Situation innerhalb der Gesellschaft das Hauptinteresse aller literaturwissenschaftlichen Bemühungen finden, so wird dies vollends ersichtlich aus den Anthologien, die das literarische Geschehen in soziologischer Sicht verdeutlichen sollen.

In einem uns vorliegenden Band dieser Art finden sich beispielsweise zwanzig Beiträge zum Thema »Schriftsteller« und nur drei Artikel zum Thema »Publikum«.[4] Wenn selbst die ausführlich gestaltete ›International Encyclopedia of the Social Sciences‹ unter dem Stichwort ›Literature‹ sich in erster Linie mit Form, Inhalt und Kommunikationslinien der Literatur befaßt und nur am Rande unter der Überschrift ›The Sociology of Reading‹[5] publikumsausgerichtet erscheint, so ist dies symptomatisch.

Ein erster Grund ist dort zu suchen, wo sich eine von ihrer Tradition her stark historisierend ausgerichtete Literaturwissenschaft stets noch dagegen verwahrt, soziologische Forschungsmethoden in ihre Untersuchungsaufgaben einzubeziehen. Indem sie die Schwierigkeiten der Wirkungsforschung durchaus richtig einschätzt, verbleibt sie lieber im Felde von einseitigen Schreibtischerwägungen über Sinn, Form und Inhalt literarischer Werke, über Bedeutungsgehalt und Klassifizierungsschemata sowie über ästhetisch-linguistische, manchmal auch semiologische Probleme. Den Schriftsteller und seine Kreationen in Interaktion mit dem Publikum zu sehen, um von dort aus zu Wirkungsmodi vorzustoßen, erachtet die klassische Literaturwissenschaft als eine fachliche Überforderung. Wenn diese Thematik überhaupt *faktisch* angerührt und nicht nur als Spiegelbildgerede vorgetragen wird, dann sehen wir vor uns einen Wust von Statistiken, der aufzeigt, wieviel in diesem oder jenem Land gelesen wird, wie die Käuferschaft strukturiert ist, was zur Zeit auf der Bestsellerliste steht oder wie hoch der prozentuale Anteil derer ist, die ›Doktor Schiwago‹, ›Exodus‹ oder ›Die Brüder Karamasow‹ gelesen haben bzw. noch zu lesen gedenken. Kurz gesagt: Literatur und Leser bzw. Nichtleser sowie das prozentuale Verhältnis von Lesen und Freizeitbeschäftigungen, manchmal auch gar die Bedeutung oder der Wert des Lesens – all das wird immer wieder mit Hilfe von repräsentativ ausgerichteten statistischen Untersuchungen von Zeit zu Zeit für die einzelnen Länder sowie im interkulturellen Vergleich erfaßt.[6] Es besteht kein Grund, hierauf besonders stolz zu sein. Denn soweit es um Wirkungsfaktoren geht, sind alle diese statistischen Zusammenstellungen nichts anderes als Grunddaten. In bezug auf die Wirkekraft und die Wirkekreise des Buches besitzen sie nicht den geringsten Aussagewert. Bedeutungsvoll sind sie nur, wenn es zur Diskussion über das Thema der »Literacy« (der Belesenheit) oder des Analphabetismus kommt.

Ein weiterer Grund für die spärliche Beschäftigung mit dem Publikum entspringt naturgemäß der Heterogenität der Konsumentengruppen. Zusätzlich aber auch – und in engstem Zusammenhang damit stehend – der Heterogenität einerseits der Produzentengruppe sowie andererseits der Vielfalt der literarischen Sparten: vom Trivialroman über den Comicstrip bis zur Theaterliteratur. So fällt es schon im Hinblick darauf schwer, die Wechselwirkungen zwischen Produzent und Konsument in ihren Folgen zu erfassen. Hinzu kommt aber noch, daß der Begriff des Literaten in seiner Eigenschaft als Künstler nicht scharf umrissen ist. Es fehlt zwar nicht an Definitionen, doch stehen sie in keiner Beziehung zum gesellschaftlichen Kontext, obgleich diese Relation als erste geklärt werden muß, wenn man sich über Auswirkungen in dieser oder jener Richtung, über das Funktionale oder das Disfunktionale des Schriftstellers als Künstler oder schlechthin als Verfasser von literarischen Werken – seien diese für die Buch-, Radio-, Film-, Fernseh- oder Kassettenproduktion bestimmt – Klarheit verschaffen will.

Denn wenn Literatur – sei sie, arbiträr gesprochen, hohen, mittleren oder niederen Niveaus – Einfluß ausüben kann oder soll, so nehmen hierbei Rolle und Status des Kommunikators die dominierende Stellung ein. Ästhetische, stilistische, formalistische oder strukturelle Werte des literarischen Werks sind hierbei für den Soziologen von keinerlei Bedeutung: sie bleiben außerhalb der Betrachtung. Wir bestehen sogar darauf, die krasse Vermengung von Ästhetischem und Sozialem, die sich als Bewertungsmodell aufdrängt, von der Hand zu weisen. Kundgebungen einer ästhetischen Ideologie – wie z. B. »Verdienste um das Kulturschaffen« oder »der Künstler ist ein Mensch, der die Dinge des Universums interpretiert und ihnen eine Form gibt« – müssen aus dem Wege geschafft werden, um die soziale Wirklichkeit klar sehen zu können. Erst dann wird man Funktionen und Wirkekreise erkennen können, erst dann wird sich erkennen lassen, daß »der ausgedehnte Verlaß einer Masse von Menschen auf von Professionellen hergestellte unterhaltende Befriedigungen«, d. h. auf die Künste, der modernen Gesellschaft eigentümlich ist.[7]

Es würde zu weit führen, an dieser Stelle auf wirtschaftswissenschaftliche und sozialpsychologische Problemstellungen einzugehen. Berufssoziologische Elemente jedoch können und dürfen im angedeuteten Zusammenhang von Kommunikator und Rezipient nicht übergangen werden, da von der Auffassung, die der Empfänger sich vom Schriftsteller, dem Produzenten von Literatur, macht, so unendlich viel für die Wirkung des Produkts abhängt. Wissen wir doch, daß der Schriftsteller im allgemeinen unter dem Vorzeichen des »freien Berufes« läuft, gleichviel ob er schöngeistige Literatur verfertigt oder für das Theater, für Zeitschriften, für den Rundfunk, den Film, für das Fernsehen oder für andere audio-visuelle Medien schreibt. Diese Einordnung in die Kategorie des »freien Berufes« hat stets große Schwierigkeiten bereitet, da die inhaltliche Deutung des Adjektivs »frei«, abgeleitet von »Freiheit«, so starken Veränderungen unterliegt, daß sie ohne klare Auslegung der sie bestimmenden sozial-funktionellen Zusammenhänge einfach nicht durchzuführen ist oder aber so stark zum Ideologischen hin tendiert, daß die Determination als eine Wertaussage irrelevant wird.

Von den besagten sozial-funktionellen Zusammenhängen gehen heutzutage fast alle empirisch ausgerichteten berufssoziologischen Erwägungen aus. Als grundlegend für diese Auffassung darf Theodor Geigers Arbeit ›Aufgaben und Stellung der Intelligenz in der Gesellschaft‹[8] bezeichnet werden, in der er drei funktionale Trägergruppen als Träger der Kultur unterscheidet. Es sind dies für ihn: die *Intelligenz*, die *Gebildeten* und die *Akademiker*, wobei sich die Funktionsträgerschaft dieser Gruppen – jene Voraussetzung für gleich welche Wirkekreise –, grosso modo gesprochen, so auswirkt, daß es der Intelligenz zukommt, das Dasein zu vergeistigen, theoretische Voraussetzungen für die Rationalisierung des Lebens zu schaffen, das Politisch-Soziale zu erkennen und Kritik zu üben; den Gebildeten steht es zu, an den Kulturgütern einer Epoche mit einem Blick auf die Humanisierung der Gesellschaft Anteil zu nehmen; und die Akademiker schließlich haben, immer mit Geiger gesprochen, Kulturschöpfungen zu »gebrauchen« und zu »verwenden«.

Wenig Zweifel dürfte darüber bestehen, daß nach der Geigerschen Aufteilung doch wohl jedes Mitglied der diversen Beschäftigungsgruppen angesichts ihres eigenen Status auch jede der Geigerschen Funktionsträgerschaften für sich in Anspruch nehmen kann und darf. Also muß die die Wirkungen hervorrufende Determinante noch klarer herausgearbeitet, der Blick nochmals eingeengt und rein auf den Beruf hin gezielt werden. In der Tat sehen wir dann sozial bezogen: erstens den *Intelligenz-Beruf*, bestimmt durch seine Exklusivität im »intelligenzlerischen« Schaffen; zweitens den *Experten-Beruf*, bestimmt durch seine Sach- und Fachkundigkeit; drittens den *freien Beruf*, bestimmt durch seine universalistische, kulturelle Mittlerrolle.[9]

Wie immer man auch die freiheitliche Berufsausübung sehen und kategorisieren mag, irgendwie und irgendwo ist der Schriftsteller als »Künstler« ein »möglicher Bewerber für Führerschaft«, und zwar »als Kategorie gesehen, nicht als Individuum«.[10] Diese »führende Rolle«, trete sie bewußt oder unbewußt in Erscheinung, ist selbstverständlich in ein sozialkulturelles System eingebettet, woraus sich nicht nur der Status und das Prestige des Literaten innerhalb seines Milieus, seiner Kultur und seiner Gesellschaft bestimmen, sondern – hiervon ausgehend – auch die Wirksamkeit seiner Produktion.

Diese Selbstverständlichkeit wird vielfach übersehen, besonders dort, wo interkulturelle Vergleiche über die literarische Wirksamkeit angestellt werden. So gilt es also, neben Funktion und Funktionsträgerschaft auch noch die aus dem Kulturellen hervorgehenden sozialen Verflechtungen zu berücksichtigen. Schematisch dargestellt und unter Einbeziehung der von uns angeführten Kategorisierungsversuche sowie anderer, auf die hier im einzelnen nicht eingegangen werden kann,[11] ergibt sich dann das folgende Berufsbild:

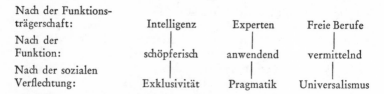

Nach der Funktionsträgerschaft:	Intelligenz	Experten	Freie Berufe
Nach der Funktion:	schöpferisch	anwendend	vermittelnd
Nach der sozialen Verflechtung:	Exklusivität	Pragmatik	Universalismus

Unsere schematisierte Dreiteilung findet in der literarischen Wirklichkeit natürlich Übergänge und Vermengungen, auf die es uns hier nicht ankommen kann. Wir versuchen nur zu verdeutlichen, daß der Literat weder Priester noch Sklave der Gesellschaft ist, sondern eines ihrer

Mitglieder, dem spezielle, zur Existenz der Gesellschaft wesentliche Qualitäten bzw. Funktionen eigen sind. Diese Qualitäten bzw. Funktionen werden allerdings gerne und oft abgedrosselt – nicht etwa, weil man Schrifttum für verderblich hält oder den Schriftsteller als einen herumlungernden Bohemien ansieht,[12] sondern weil im Rahmen der sozialen Verflechtungen der Schriftsteller so eng mit den Errungenschaften unserer vorgeschrittenen industriellen Gesellschaft in Verbindung steht, daß man die Verachtung für diesen Gesellschaftstyp am Literaten und an seinen Schöpfungen ausläßt. Mit dieser Problematik könnte man ganze Bücher füllen. Wir wollen uns jedoch darauf beschränken, diese Situation, die auf der einen Seite dazu geführt hat, zwischen »seriösen« und »unseriösen« Schriftstellern zu unterscheiden, andererseits zu den wirkungsbedingten Schlagworten wie »Vermassung«, »Nivellierung« oder »Halbbildung«, in einem ganz bestimmten, unserem Thema angemessenen Bezugsrahmen zu beleuchten, wobei nicht versäumt werden soll, die diversen Medien, für die produziert wird, mit einzubeziehen.

Bei jeder Betrachtung der Beziehungen zwischen der Freiheit eines Berufes und anderen Facetten des gesellschaftsbedingten Lebens stoßen wir früher oder später auf Institutionen, die zur Freiheit in einem funktionalen Verhältnis stehen. Damit sind nicht nur die »literarischen Systeme« gemeint, aus denen die Literaturkritik ihre Kraft schöpft,[13] sondern auch alle der Verbreitung literarischer Kreationen dienenden technischen Mittel. Gegen diese werden Vorwürfe sozialer, pädagogischer und allgemein kultureller Art gehäuft. Es heißt, daß sie und ihre Inhalte es sind, die verdummen, nivellieren und zur Passivität führen, womit sie sich nicht nur als schädlich für die Gesellschaft erweisen, sondern auch für denjenigen, der ihnen seine Schaffenskraft zur Verfügung stellt: Wer ›Wallensteins Lager‹ sozialkritisch umgestaltet, vergeht sich am »kulturellen Erbe«, wer Schlagertexte dichtet, gilt als »modischer Ausbeuter«. Deutlich zeigt sich hier die Vermengung von Sozialem und Ästhetischem; dem Inhalt nach, in äußerster Konsequenz gedacht, aber auch entweder die Verteidigung einer gar nicht mehr bestehenden Windmühle oder der Kampf gegen eine Windmühle, die, während sich Verteidigung oder Angriff abspielen, schon längst zum sozialen Faktum geworden ist. Denn die Massenkommunikation und ihre Mittel, beispielsweise das Taschenbuch oder das populäre Sachbuch, sind durch die Gesellschaft schon längst zur sozialen Tatsache erhoben worden – sie wurden institutionalisiert. Wird von dort aus das Verhältnis von Literatur und Gesellschaft oder, abstrakt gesprochen, das Verhältnis von Funktion und Wirkung angegangen, dann lassen sich diese Interaktion, ihre Existenz und ihre Folgen von zwei Gesichtspunkten aus erkennen, die, wenn sie in der Wirklichkeit auch zusammenfließen, um der Systematik willen hier getrennt dargestellt werden sollen.

Bei dem einen handelt es sich um den mit Negativismen angefüllten Blickpunkt der Massenkultur. Von hier aus nämlich, und zwar unter arbiträrer Verwendung solcher Begriffe wie »Masse«, »Vermassung« oder »Verplanung«, wird mit Vorliebe quantitativ konstatiert und im gleichen Atem qualitativ kritisiert. Dabei geht es einerseits darum, die soziale Tatsache »Massenkommunikation und ihre Mittel« in den Augen der Gesellschaft herabzusetzen. Auf der anderen Seite wird durch einen Begriff wie »Vermassung« auf die Gesellschaft eine Minderwertigkeit projiziert – in dem einfältigen Glauben, durch diese oder ähnliche Beschimpfungen aus dem kollektivierten Individuum ein individualisiertes Kollektiv machen zu können.[14]

Eng hiermit verbunden, jedoch nicht damit zu vermengen, steht vor uns eine soziologische Betrachtung unter dem Begriff der Populärkultur – ein Ausdruck, der dort ungern gehört wird, wo das Wort Kultur die Vorstellung von Exklusivität impliziert. Wenn wir sagen, daß sich die Soziologie der Populärkultur mit der kulturellen Entwicklung der demokratischen und post-industriellen Gesellschaft sowie einer sich herausbildenden Dienstleistungsgesellschaft befaßt, unterstreichen wir erneut, daß kulturelle Erscheinungen, ihr Gehalt, ihre Verwertung und ihre Funktionen im Rahmen der Gesellschaft zu sehen sind, will sagen, in der strukturellen Sicht des Bestehens verschiedener Schichten, Klassen und Gruppen. Der Erkenntnisfaktor für das uns hier speziell Interessierende liegt dann in dem Gesamt von Vorstellungen, Haltungen und Werten, die der Entfaltung der Persönlichkeit durch Teilnahme am kulturellen und sozialen Leben dienen.

Dieser kurze Hinweis auf zwei den Bezugsrahmen bildende Ausgangspunkte soll nur dazu dienen, einen gewissen denkerischen Unrat aus dem Wege zu schaffen: einmal den Glauben, Literatur sei das Privileg einer Elite, und zum anderen, hiermit in Verbindung stehend, die Prämisse, die Masse sei kulturell unterentwickelt. Blickt man ohne Vorurteile nunmehr auf die Korrelation zwischen Schriftsteller bzw. Literatur und Gesellschaft, d. h. vom Standpunkt des gleichen Rechts eines jeden Mitglieds der Gesellschaft auf eine Kulturform und auf den durch die Massenkommunikation hergestellten Zugang zu derselben, dann dient der Kulturbegriff »Populärkultur« dazu, Ungleichheiten und Unterschiede zwischen den diversen sozialen Schichten zumindest zu verringern. Denn vom soziologischen Standpunkt aus betrachtet, ist jede Art von Literatur durch ihre Wirkekreise eines der Mittel des Staates, weite Schichten der Gesellschaft mit der Verarbeitung einer allen gemeinsamen Kulturform zu assoziieren. Aber eine gerechte und vorurteilslose Auffassung von der Populärkultur dient noch für mehr. So u. a. dazu, innerhalb unterschiedlicher Gruppen der Gesellschaft den Austausch zwischen dem sozialen Status und dem kulturellen Niveau zu fördern. Letzthin sehen wir in der Populärkultur und ihren Auswirkungen eines der Mittel, das aussterbende traditionell-folkloristische Element durch ein populärkulturelles zu ersetzen. Die Wirkekreise bewegen sich also in drei Richtungen: zur Reduktion sozialer Exklusivität, zur Minderung kultureller Konventionalität und zur Konservierung der Kultur. Damit vereinen sich über die Literatur mit Hilfe von Schriftstellern jeden Genres und den Massenkommunikationsmitteln Statik und Dynamik in der Totalität eines populärkulturellen Systems.

II.

Damit ist bereits die Wirkungsproblematik der Literatur als Massenkommunikationsmittel angesprochen. Jedoch liegt bei dem, was wir ausgeführt haben, nach wie vor der Schwerpunkt im Bereich der Produktion. Immer noch steht das Funktionale allzusehr im Hintergrund, was daher rührt, daß wir die Beziehung zwischen Literatur und Gesellschaft auf der einen Seite personifizieren, aber auf der anderen, nämlich auf der des Partners »Gesellschaft« sozusagen unspezifiziert belassen haben. Somit muß nunmehr die Funktion der Literatur im Rahmen des Sozialen noch stärker herausgearbeitet werden. Hier stehen sich bei den gängigen, mit unnachgiebigem Skeptizismus arbeitenden kulturkritischen Betrachtungen zwei Vorstellungswelten gegenüber: Freizeit und Bildung. Die nachgerade vom Bildungswahn Besessenen, diejenigen, die mit aller Gewalt *ihre* Bildungsideale der Gesellschaft aufoktroyieren wollen, sehen in einer massenkommunizierten Literatur eine Gefahr, und zwar primär insoweit es ihre eigene Funktion als Propheten der Kultur angeht, obwohl sie selbst das Medium bei ihrer belehrenden Tätigkeit nur allzugern hinzuziehen. Von ihrer hoffnungslosen Wirklichkeitsfremdheit haben wir bereits an anderer Stelle gesprochen und aufgezeigt, daß Bildung bzw. Erziehung *durch* irgendein Massenkommunikationsmedium soziologisch nur als »erhoffte« Erziehung angesehen werden kann.[15]

Im Vordergrund stehen vielmehr Funktionen, die sich mit Hilfe der Terminologie der Freizeit wie folgt klassifizieren lassen, wobei davon ausgegangen wird, daß eine »Diskussion über Freizeit in Industriegesellschaften [...] verstanden wird als Beschäftigung mit den Symptomen eines komplexen Prozesses der qualitativen Veränderung von technisch entwickelten Gesellschaften«.[16] Diese Funktionen sind – immer mit einem Blick auf die Interrelation zwischen Literatur als Massenkommunikationsmittel und Gesellschaft bzw. Freizeit – kurz umschrieben:[17]

1. Die Funktion der Erholung. Hier handelt es sich darum, den Menschen von der Müdigkeit zu befreien, die ihm Arbeit und Verpflichtungen des täglichen Lebens verursachen.

2. Die Funktion der Zerstreuung. Die Monotonie des täglichen Daseins wird durch eine aktive oder passive, besser gesagt: durch eine reelle oder nur eine in der Vorstellung bestehende Serie von Aktivitäten ausgeglichen, um hierdurch das Gleichgewicht der Persönlichkeit aufrechtzuerhalten.

3. Die Funktion der Entfaltung. Hier können sich die intellektuellen, moralischen oder künstlerischen Elemente der Persönlichkeitsstruktur entwickeln, die unter anderem einen Ausgleich bieten zur Industrialisierung mit ihren Merkmalen einer materiellen und immateriellen Automatisierung.

Fassen wir diese drei Grundfunktionen, so wie sie dem Konzept der Populärkultur entspringen und in Interdependenz miteinander leben und wirken, zusammen, dann können wir die wesentlichen Elemente einer Freizeiterfüllung durch jedes beliebige »große« oder »kleine« Literaturgeschehen, vermittelt über gleich welches Kommunikationsmedium, etwa in folgendem erkennen: als Antithese zur Arbeit; als psychologischen Ausdruck von Freiheit; als Befriedigung des Spielsinnes;[18] als unabsichtliche Erfüllung sozio-kultureller Rollenverpflichtungen (Bildung); als Verbindung zu den Werten der Kultur; als angenehme Erwartung; als Erinnerung.

Eine solche bewußt vereinfachte Klassifizierung dürfte sich heftigen Vorwürfen aussetzen, insbesondere da wir – entsprechend unserer Absicht und unserer Forderung – mit der Umschreibung der Funktionen der Literatur als Massenkommunikationsmittel in gleichem Atem die Funktionen der Literatur als Kunstform angedeutet haben. Wir stimmen mit Max Kaplans Ausführungen,[19] auf die wir uns hier weitgehend stützen, darin überein, daß bei allen kultursoziologischen Betrachtungen über das Verhältnis von Gesellschaft, Literatur und Medien sowie den Auswirkungen dieses Verhältnisses zu beachten ist, daß die Funktionen der Literatur von zwei gleichwertigen Ebenen aus zu sehen sind. Auf der einen Seite stehen die *ästhetischen* Funktionen und Wirkekreise, durch die Produzent und Konsument über das literarische Material, über Form und Inhalt hin zueinander gebracht werden. Auf der anderen sehen wir die *sozialen* Funktionen und Wirkekreise, die die Beziehungen herstellen zwischen Personen, Ideen, kulturellen Normen, Werten und Verhaltensmustern, bei denen ästhetische Funktionen zwar auch eine Rolle spielen, aber keineswegs zentral sind.

Gerade um diese sich auf der sozialen Ebene bewegenden Funktionen bzw. Wirkekreise geht es in unserem Zusammenhang. Wollte man sie systematisch aufteilen, dann läßt sich unter Anschluß an eine von Max Kaplan entworfene generelle Darstellung das folgende wirkungsfunktionale Bild entwerfen:

1. Massenmediale Literatur folkloristischer Art, die die Individuen näher mit ihren Gruppen verbindet (Kollektiverlebnis).

2. Massenmediale Literatur, die die Phantasie anregt oder Zerstreu-

ung bringt oder mit Gruppen und historischen Perioden verbindet, zu denen der einzelne nicht gehört (Individualerlebnis).

3. Massenmediale Literatur, in der sich der Inhalt als Idee oder soziale Beziehung präsentiert (Symbolerlebnis).

4. Massenmediale Literatur, in der sich der Inhalt als gut, dekadent, anregend, sensationell oder simpel manifestiert (moralisches Werterlebnis).

5. Massenmediale Literatur, deren Inhalt keinerlei ästhetischen Sinn anrührt (Beiläufigkeitserlebnis).

Alles, was wir bisher ausgeführt haben – so auch die Reduktion der wirkungsfunktionalen Bereiche auf Kunsterlebnis-Strukturen[20] – deutet in letzter Instanz hin auf eine morphologisch verlaufende Veränderung des sozio-kulturellen Milieus der Gesellschaft.

III.

Was bisher mehr oder weniger theoretisch ausgeführt wurde, gilt es nunmehr zu exemplifizieren. Dies soll von zwei verschiedenen Seiten her geschehen und beidemal dazu dienen, einzelne Facetten der Wirkekreise der Literatur als Massenkommunikationsmittel im Rahmen einer sich entwickelnden Wandlung zur Populärkultur hin zu beleuchten. Als erstes wollen wir anhand von neuerem, uns zugänglich gemachtem statistischen Material die Situation des Buchmarktes in einem europäischen Land, nämlich Frankreich, betrachten, um daraus Folgerungen für unser Thema zu ziehen.

Nach einer statistischen Übersicht der ›Bibliographie de la France‹ wurden im Jahre 1969 in Frankreich für annähernd drei Milliarden Francs Bücher verkauft. Ein Drittel dieser Summe fiel auf den Verkauf von Romanen und Essays. Dem ist hinzuzufügen, daß die französische Buchproduktion und -konsumtion jährlich mit ungefähr zehn Prozent angestiegen ist. Dabei hat sich gezeigt, daß ein sich seit 1966 bemerkbar machender leichter Rückgang der Romanproduktion ausgeglichen wurde durch ein Aufsteigen der Geschichtsbücher, der Regionalführer und der Wörterbücher. Dies bedeutet, daß die Leserwünsche sich mehr auf Sach- und Referenzbücher ausgerichtet haben als auf rein fiktive Literatur. Hierbei dürfte der exogene Einfluß des Kommunikationsmittels »Fernsehen« eine ähnliche Rolle gespielt haben, wie sie der Rundfunk bei der Verbreitung der Musik, umgesetzt in Schallplatten, gespielt hat. Kennen wir doch in allen Ländern zahlreiche Fernsehsendungen, die z. B. die Geschichte in der Form einer Aktualisierung allgemeinverständlich machen, so daß im Publikum ein Interesse an Verifikation und Vertiefung mit Hilfe von Sach- und Referenzbüchern hervorgerufen wird.

Aber einen noch wichtigeren Punkt entnehmen wir der oben erwähnten statistischen Übersicht, einen Sachverhalt, der bereits 1965 von Robert Escarpit in seiner Studie ›La révolution du livre‹[21] verdeutlicht wurde: das Ansteigen der Produktion von Taschenbüchern. Die Hälfte der 9464 im Jahre 1969 in Frankreich erschienenen Titel – ca. 30 neue Titel pro Tag – ist in der Form von Taschenbüchern erschienen, was dazu führen dürfte, in nächster Zeit eine ganz eindeutige Unterscheidung zwischen dem »populären« und dem »luxuriösen« Medium, genannt »Buch«, erkennen zu lassen. Fügen wir dem noch hinzu, daß derzeit in Frankreich 400 Verlagshäuser unterschiedlicher Größe bestehen, unter denen annähernd 25 Häuser 60 Prozent des Gesamtumsatzes decken.

Diese Entwicklung und die sie begleitenden Ziffern allein genügen jedoch noch nicht, um das Buch als Massenkommunikationsmittel zu deklarieren, so wie es bei oberflächlichen Erwägungen öfters geschieht. Ein Blick ist auch auf das vorherrschende Distributionssystem zu werfen – denn drucken kann ein jeder, nicht aber verkaufen. Hier freilich gibt es eine Anzahl von Systemen. Da wären zunächst die in Deutschland »Barsortiment«, in Frankreich »Entreprise de messagerie« benannten Verteilergruppen. Sie beliefern die Buchverkaufsstellen (Buchhandlungen, Kioske etc.) und kassieren dafür einen gewissen Prozentsatz vom Verkauf ein. Die Distribution mit Hilfe von Korrespondenz und Wurfsendungen durch Buch-Klubs, Buchgemeinschaften und ähnlichem ist ein weiteres, wenn auch derzeit sich im Abnehmen befindendes Verkaufssystem. Hingegen läßt sich sagen, daß die Distribution an den Einzelhandel durch Reisende und Buchmärkte mehr und mehr im Zunehmen begriffen ist. Bei der Aufzählung dieser drei hier nur knapp skizzierten Hauptdistributionssysteme wollen wir nicht diejenigen Verleger vergessen, die sich weniger für den Verkauf als für die Kreation interessieren. Sie geben ihre Literaturproduktion einem Zwischenbuchhändler in Kommission, dem sie den Verkauf ihrer Produkte überlassen. Dieses System ähnelt stark gewissen amerikanischen Usancen: man spricht von einem »Verleger«, der ein Manuskript auf Kosten des Autors übernimmt und das Buch herstellt, und von einem »publisher«, der Werbung und Verkauf durchführt.

Diese Vielfalt des Verteilermarktes und besonders des damit verbundenen Zwischenhandels könnte auf die Dauer dazu führen, die gedruckte Literatur, preismäßig, unzugänglich zu machen oder, anders ausgedrückt, sie vom Massenkommunikationsmittel bzw. von der Massenware zu einem elitären Statussymbol zurückzuführen. Nur dann würden jene Voraussagen zutreffen, die vom »Buch ohne Zukunft« oder von der Verdrängung des Gutenberg-Zeitalters durch das Marconi-Zeitalter sprechen. Überhaupt liegen diese allenfalls pseudosoziologischen Prognosen à la McLuhan schon deshalb falsch, weil sie den Begriff »Literatur« und damit auch deren Wirkungen in ein aus längst vergangenen Zeiten herrührendes Korsett einengen, welches unter Literatur nur und ausschließlich das geschriebene und gedruckte Wort verstehen will. Aber hat sich dies nicht geändert? Steht nicht auch am Beginn, am Ursprung eines jeden Films, einer jeden Fernseh-produktion, eines jeden audio-visuell niedergelegten Programms (außer Live-Sendungen) ein geschriebenes, vielfach zum Abdruck geeignetes Manuskript, mit anderen Worten, ein literarisches Erzeugnis? Die audio-visuelle Kultur, von der so viel die Rede ist, bedeutet noch lange nicht das Verschwinden sowohl des Literarischen schlechthin, als auch der in Schrift und Druck festgehaltenen Elemente des Litera-rischen. Denn auch die Zeichnung, die einen Text begleitet, sagen wir einen Begleittext zu einer Schulfernsehsendung, entspringt dem lite-rarischen Kontext.

Diese Bemerkung bringt uns zum zweiten Beispiel, das wir zur Ver-deutlichung unserer theoretischen Ausführungen vortragen wollen. Und zwar haben wir uns hierzu eine Literaturgattung ausgewählt, die sich schon mehr als einmal den Zorn der Kulturpessimisten und Lite-raturwissenschaftler zugezogen hat, nämlich die Comics.

Was Typologie, Struktur, Funktion und Disfunktion der Comics an-geht, so gibt es hierüber eine ganze Anzahl von Untersuchungen und zusammenfassenden Darstellungen. Es mag genügen, auf diese zu ver-weisen.[22] Unserem Thema entsprechend haben wir uns für die Wir-kungen des Literaturgenres »Comics« als Massenkommunikations-mittel zu interessieren. Sprechen wir dabei zuerst von den Wirkungen auf Kinder und Jugendliche.

Im Anschluß an die Ausführungen von Wilbur Schramm lassen sich in bezug auf massenmediale Effekte[23] die folgenden Wirkekreise auf-zählen: die physischen Effekte, die emotionalen Effekte, die kognitiven Effekte und die Verhaltenseffekte. Über jeden dieser Wirkekreise ist in bezug auf Kinder und Jugendliche bereits viel ermittelt und ge-schrieben worden, gleichviel um welches Massenmedium es sich han-delt. Jedoch, so muß sofort hinzugefügt werden, was immer an Ergeb-nissen vorgelegt wurde und wird, unterliegt einer maßgeblichen Ein-schränkung durch die *situationären Elemente*. Diese beziehen sich im stärksten Maße auf das, was ich bei der theoretischen Behandlung des Funktionalen als Interaktion hervorzuheben versuchte. Denn im Hin-blick auf die Wirkungen läßt sich nur in den seltensten Fällen das Verhalten eines Kindes mit seiner Comic-Lektüre oder irgendeiner anderen Lektüre kausal in Verbindung bringen.

Wenn beispielsweise ein Kind oder ein Jugendlicher irgendein Ver-brechen begeht und vorgibt, dazu habe ihn ein Comic-Strip, ein Aben-teuerroman, ein Film oder eine Fernsehsendung angeregt, so mag zwar hier ein Stimulus zur Aktion zu finden sein – nie aber ein direkter Kausalzusammenhang, so wie er mit Vorliebe von selbsternannten Tugendwächtern vorgetragen wird. Es sind situationäre Elemente: das soziale Milieu, die Peer-Gruppen des Kindes, sein Umgang in der Schule, das Normensystem, es sind die durch Erziehung hervorgerufenen Anpassungs- oder Abwehrmechanismen, die in Interaktion einen Jugendlichen zu abweichendem Verhalten, zum Diebstahl oder zur Prostitution führen – nicht aber die simple und einzelne Ursache, genannt Massenmedium. Ganz andere Qualitäten spielen in diesem Zusammenhang des Erweckens von Gefahren eine Rolle. Darunter in erster Linie dasjenige, was man als die *hervorstechenden Trends* einer Gesellschaft bezeichnen kann.

Diese gesellschaftlichen Trends, die sowohl die kreative Seite der Comics oder eines anderen Literaturgenres, also die Verfasser derselben bestimmen, wie auch deren Konsumenten, also die Leser, sind ebensowenig statisch wie eine Gesellschaft oder ihre Kulturerscheinungen selbst. Denn der Produzent wie der Konsument unterliegen dem sozialen Wandel, dem, was man auch als den »gesamtgesellschaftlichen Wandel«[24] bezeichnen könnte. Indem sich die Soziologie beobachtend und analysierend mit der Problematik des sozialen Wandels befaßt, ist sie in der Lage, *typische Trends* festzustellen, die die Grundlage einer jeden gesellschaftsbezogenen Beurteilung ausmachen – und somit auch die der Stellung der Comics als Literatur in der heutigen Gesellschaft. Sprach man noch vor einiger Zeit von dem Trend der »Marketing-Orientierung«,[25] dann von dem der »Außengeleitetheit«[26] und dem der »Identitäts-Verbreitung«,[27] so sehen wir in unserem Gesellschaftsleben dieser Tage vor uns den Trend der »Diskontinuität«, der sich öfters auch aphoristisch mit dem Schlagwort von der *permissive society*, von der »gestattenden Gesellschaft« bezeichnet findet. Mit diesen sozialen Trends muß bei Beurteilungen gerechnet werden, zumal die Feststellung von Trends unpersönlich ist und der Begriff keine unausweichlichen moralischen Implikationen hat. »Unausweichlichkeit« bedeutet in unserem Zusammenhang, daß es weder einem Individuum, sagen wir einem Comic-Verleger, noch einer Institution, sagen wir einer Fernsehanstalt, gelingen dürfte, die Richtung eines sozialen Trends durch persönliche oder institutionelle Anstrengungen zu ändern. Kein einzelner und auch keine Gruppe oder Institution kann den vorliegenden Trend zur »gestattenden Gesellschaft«, einschließlich z. B. seines manifesten Zugs zur sexuellen Befreiung, aufhalten. – Wie der amerikanische Soziologe W. F. Ogburn schon 1957 schrieb: »Trendwissen bewahrt vor Märchenglauben.«[28]

Um hier mit einigen extremen Beispielen aufzuwarten: Wenn die Hauptperson Phoebe in ›The Adventures of Phoebe Zeit-Geist‹[29] wie immer völlig nackt auf ihr Hi-Fi-Motorrad springt; wenn in Guy Peellaerts ›Pravda‹[30] Jugendstil, Erotik und Ästhetik ineinander überfließen; wenn für »Perry«, unseren Mann im All, »spärlich bekleidete Mädchen« eine Augenweide sind;[31] wenn Al Capps ›Li'l Abner‹ in der Behandlung aktueller Themen fast zu einem Spiro Agnew geworden ist; wenn ›Stars and Stripes‹, die offizielle Zeitschrift der amerikanischen Streitkräfte, das Erscheinen eines Comic-Strip untersagt hat, weil dort ein schwarzer Soldat Afro-Haarschnitt und Ziegenbart trägt, was nach Militärvorschriften nicht zulässig ist, – so sind dies allesamt Indizien für die Anpassungen eines Massenmediums an einen sozialen Trend, gleichviel ob dieser genehm oder verwerflich anmutet. Allerdings sind die hier angeführten Einzelheiten noch gar nichts im Verhältnis zur Entwicklung des neuen Comic-Typs, nämlich zum Science-Fiction-Strip, der sich strukturell in die Typenklasse der sogenannten »Abenteuer-Comics« einordnen läßt. Ebenso indikativ ist für unseren Hinweis auf die Bedeutung von sozialen Trends der Snob-Appell, den ein Strip wie ›Peanuts‹ heutzutage in den USA auf Erwachsene ausübt.

Da wir von Erwachsenen sprechen, von denen uns die Leseranalysen gezeigt haben, daß sie einen großen Kreis der Comic-Fans ausmachen, sollte man auch deren Interesse nicht einfach abtun mit billigen Argumenten wie Halbbildung, Zerstreuung oder Eskapismus. Ich glaube sagen zu dürfen, daß eine Großzahl der erwachsenen Comic-Leser ihren bevorzugten Comic-Typ nach der Selbstidentifikation mit dem Heros des einen oder anderen Typs aussuchen. Wenn dem so ist, dann bedeutet dies, daß auch die Auffassung über den Inhalt des Begriffs Heros sich den Trends entsprechend gewandelt hat. Nur dem Sinn ähnlich handelt es sich beim Heros nach wie vor um eine tatkräftige Persönlichkeit, die es wagt, von einer Vision der Wirklichkeit geleitet, unabhängig zu denken und zu handeln. Kurz gesagt, im Heros von dazumal wie von heute bestehen die heroischen Qualitäten aus dem Traumbild des Ideals, das zwar stets und überall gegenwärtig ist, jedoch vom Durchschnittsmenschen, jenem, der als Erwachsener sich an Comics erfreut, nicht erreicht und womöglich gar nicht einmal bemerkt wird.

Worauf ich mit diesen Bemerkungen insgesamt hinzuweisen versuche, ist, daß in einer dynamischen Gesellschaft wie der unseren die Verhältnisse sich oft so rasch ändern, daß sich die Welt der Erwachsenen von der Welt der Kinder stark unterscheidet. In der vorherrschenden »gestattenden Gesellschaft« sprechen Väter und Söhne, Mütter und Töchter schon deshalb kaum noch die gleiche Sprache, weil die Jugend bereits infolge ihrer biologischen Entwicklung mehr *Wagemut* besitzt. Kultur und Kulturnormen ebenso wie Sitten und Sittlichkeitsnormen sind das Produkt von Gesellschaftsverhältnissen, die ihrerseits sich in raschem Wandel befinden. Im Zusammenhang mit diesem raschen mentalen Wandel steht natürlich auch die Rapidität des technischen Wandels, der neben den gedruckten Massenmedien die leicht zugänglichen elektronischen Medien hervorgebracht hat.

Von ihnen wird in prätentiöser Weise gesagt, daß sie einen Großteil von Wissen, und zwar Wissen als systematischer Organisation von Information und Konzepten, verbreiten. Dem ist jedoch die Tatsache gegenüberzustellen, daß sie in erster Linie Dinge und erst in letzter Instanz das kommunizieren, was Menschen sind oder denken. Mit anderen Worten, die elektronischen Medien wie Rundfunk und Fernsehen kreieren sozusagen ein globales »Einkaufszentrum«. Im Gegensatz hierzu, übrigens auch im Gegensatz zu den geistreichen Phantasiegespinsten eines McLuhan, verbleibt das gedruckte Wort als Literatur im Spezifischen, sowohl durch seine inhaltliche Richtung als auch durch seinen im Vergleich zum elektronischen Medium viel umständlicheren Akquisitions- bzw. Ankaufsmodus. Dennoch besteht eine Ähnlichkeit zwischen den gedruckten und den elektronischen Massenmedien, wenn wir bedenken, daß für die Massen in der Welt beide Arten von Medien nicht nur »Unterhaltung« sind, so wie es der Fall ist für die wohlhabenden und elitären Schichten unserer Gesellschaft, da diese ja andere Mittel besitzen, um die Welt kennenzulernen. Für die große Menge – ob Kinder, Jugendliche oder Erwachsene – sind in unseren Tagen die Massenmedien und darunter auch jede Art von Literatur, vom Heftchenroman, über die Pornoerotik bis zur Bibel, »der erste Zugang zu einer größeren Welt als der eines Bauerndorfes oder eines engen städtischen Elendsviertels«.[32]

Will das, was wir hier als den bei der Beurteilung zu berücksichtigenden sozio-kulturellen Hintergrund angesprochen haben, nun heißen, daß dieser sich in dem Literaturgenre »Comics« widerspiegelnde soziale Kontext schlechtweg ein gefährlicher, ja gar ein unmoralischer ist? Anders ausgedrückt und praxisbezogen, ist der Ethiker, und darunter in erster Linie der Pädagoge, nicht allzu leicht dazu verführt, einmal etablierte Prinzipien, die *seinem* Verhaltenskodex zugrundeliegen, so weit zu verallgemeinern, daß sie in jeder Lage und auf jedes Massenmedium anwendbar sind? Was wir hier mit rhetorischen Fragen ansprechen, sind moralische Konfliktsituationen, die zum Wohle der Gesellschaft zu verhüten sind. Ausgegangen wird von gewissen Verpflichtungen moralischer und ethischer Art, von denen angenommen wird, man müsse sie gegenüber einer Gruppe der Gesellschaft bezeugen. Wenn dem so ist, dann verweist uns diese Feststellung auf eine *Alltagsmoral*, die jedoch insofern eine *Doppelmoral* ist, als die Alltagsmoral – in unserem Falle die eines »gestattenden« Gesellschaftssystems – nicht notwendigerweise den eigenen moralischen Grundsätzen entspricht, zumal diese aus einem gänzlich anders gelagerten, einem der »gestattenden Gesellschaft« *vorgelagerten* Gesellschaftssystem hervorgegangen sind. In dieser Situation geht es also weniger um Gefährdung durch Comics bzw. Literatur im allgemeinen, sondern darum, alle angesprochenen Normen von gestern und heute auf gerechte Weise miteinander, d. h. unter der Prämisse der sozialen Verantwortung, zu verbinden und aufeinander abzustimmen.

IV.

Soweit unsere Beispiele. Sie zeigen uns jene Veränderungen des sozio-kulturellen Milieus der Gesellschaft auf, von denen oben die Rede war und die wir ohne jedweden Blick auf die Zukunft und ohne experimentelle Methoden anzuwenden innerhalb des heutigen sozialen Systems selbst beobachten können. Es genügt festzustellen, daß sich soziale Trends nicht allein im Meßbaren widerspiegeln, sondern auch in der Literatur, im gedruckten Comic-Wort und -Bild wie im gesprochenen Theater-Wort und -Bild, und zwar sowohl in einem allgemeinen wie in einem speziellen Sinn. Damit ist kommunikationssoziologisch zugleich gesagt, daß es wenig Sinn hat, sogenannte Wirkungsmodelle zu entwerfen und zu propagieren in dem Glauben, der literarische Kommunikationsprozeß verlaufe vom Sender der Botschaft bis zu ihrem Empfänger in einer direkten Linie. Wer so denkt, übersieht die Persönlichkeitsstruktur des Menschen. Verfügt der Mensch doch über die Gabe der selektiven Perzeption, mit deren Hilfe jede Kommunikationslinie, komme sie über die Lektüre eines Buches oder vom perfektioniertesten audio-visuellen Kommunikationsmittel, jederzeit unterbrochen und abgewandelt werden kann.

Dies in Betracht ziehend, lassen sich über die Wirkungen der Literatur als Massenkommunikationsmittel in dieser oder jener Form auf Grund der bisherigen Forschungen einige grundsätzliche Aussagen machen:

Erstens wird der Wandel, der sich in den sozialen Trends einer Gesellschaft oder, anders und spezifischer ausgedrückt, der sich in den Wertvorstellungen, in den Verhaltensnormen und den Problemen einer Gesellschaft ständig vollzieht, den Inhalt und die Darbietungsform von auf Literatur beruhenden Nutzungen erheblich und immer schneller verändern. Insoweit das Literarische in der Lage sein wird, diesem Wandel gerecht zu werden, d. h. ihn entweder vorauszusehen oder aber ihn zu dokumentieren, wird es dazu beitragen können, Lebensbewertungen, Bedürfnisse sowie soziale, kulturelle und wirtschaftliche Wünsche zu beeinflussen.

Zweitens sei gesagt, daß die informationsbedingte verstärkende Wirkung, die von der Literatur stets ausgegangen ist, in dem Maße anwachsen wird, in dem die Literatur durch die Verwertung neuer Kommunikationstechniken immer mehr zum selbständigen Massenkommunikationsmedium wird. Mit anderen Worten: Es werden die Literaturkonsumenten wie eh und je in erster Linie diejenigen Darbietungen und Benutzungsmodalitäten auswählen und in ihnen in erster Linie dasjenige bemerken und übernehmen, was ihren Erwartungen entspricht. So werden denn auch die neuesten, direkte literarische Elemente vermittelnden Kommunikationsmittel, wie beispielsweise das »sprechende Buch« oder das Kassetten-Magazin, am ehesten dann Wirkungen erzielen, wenn sie in ihrem Inhalt und in ihrem Nutzungszweck bereits vorhandenen Meinungen und Einstellungen entsprechen.

Die Folge von der sich bereits im vollen Schwung befindlichen Wandlung der sozio-literarischen Basis vom elitär zum populär bedingten Faktum und, damit engstens verbunden, die Folge eines zunehmend wachsenden und differenzierten Angebots wird ein Zuwachs der Verstärkerwirkung durch das Kommunikationsmittel sein. Angesichts unserer sich immer stärker differenzierenden Gesellschaft[33] wird beim einzelnen zunehmend stärker das Bedürfnis anwachsen, sich mehr als bisher durch das literarische Medium darüber zu orientieren, welche Meinungen, Haltungen und Einstellungen richtig und welche falsch sind.

Drittens läßt sich feststellen, daß bei neuen Problemen, zu denen Meinungen und Einstellungen noch nicht ausgeprägt sind, die Literatur noch am leichtesten zu einer Meinungsbildung führen kann.

V.

Blickt man zurück auf vorliterarische Gesellschaften, dann lassen sich zwar auch dort schon Kommunikationsformen entdecken, die dem Buch ähnlich waren. Jedoch war die Funktion der Kommunikation in weniger entwickelten sozialen Gruppen nicht komplex genug, um eine weitere Konzentration auf jene Mittel anzuregen. Daher wurde der funktionale Charakter des Buches und damit selbstverständlich auch seines literarischen Inhalts erst dann eminent, als sich die Literatur – eben mit Hilfe des Mediums »Buch« – institutionalisierte. Das heißt: »Von einer Institution spricht man dann, wenn es sich um einen Komplex von institutionalisierten Rollenintegraten handelt, die in einem gegebenen sozialen System von strategisch struktureller Bedeutung sind.«[34] Die Institution ist, mit anderen Worten, die Art und Weise, wie bestimmte Dinge getan werden müssen.[35] Damit erhellt sich die Bedeutung einer Institution durch das, was sie tut, durch die Funktionen, die sie verrichtet bzw. erfüllt.[36] Dementsprechend definieren wir die Institutionen nach den zentralen Funktionen, die sie verrichten, und nach der Art der gesellschaftlichen Bedürfnisse, die sie befriedigen. Und da das Medium (Buch und audio-visuelle Mittel) ebenso wie sein Inhalt (Literatur jedweden Genres) sowohl kulturelle Bedürfnisse als auch eine feste Organisation im sozialen Leben darstellen, wird hier von einer sozio-kulturellen Institution gesprochen. Wenn in diesem Zusammenhang immer wieder von Bedürfnissen die Rede ist, dann gilt es sich vor Augen zu halten, daß sich im Prozeß des sozialen Wachsens einer Gesellschaft zwei entgegengesetzte Tendenzen gegenüberstehen: Moralisch führt Wachstum zu dem Wunsch nach größerer Gleichheit, während funktional das soziale Wachsen eine komplexere Arbeitsteilung zur Folge hat. Aus dieser Dichotomie lassen sich zusammengefaßt die folgenden Funktionen und ihre respektiven Wirkekreise für die sozio-kulturelle Institution erkennen:[37]

1. Die zunehmende Differenzierung einer Gesellschaft macht die Verbreitung wenigstens des Grundwissens notwendig, um so eine Basis für die zwischenmenschlichen Beziehungen verschiedener sozialer Gruppen zu ermöglichen und um somit außerordentliche Spannungen zu vermeiden.
2. Die mit dem sozialen Wachstum verbundene größere soziale Mobilität macht die Weiterbildung des einzelnen notwendig, wenn er seinen sozialen Status erhalten will. Bei Unzufriedenheit mit dem sozialen Status ist oft eine starke Motivation zur Veränderung und damit ein erhöhtes Bedürfnis nach Wissen gegeben.
3. Die fortschreitende Differenzierung in unserer Gesellschaft hat ein stärkeres Bedürfnis nach speziellem Wissen zur Folge, da diese Differenzierung mit zunehmender Spezialisierung verbunden ist.
4. Neben dem Bedürfnis nach Information als Folge der Differenzierung besteht das Bedürfnis nach Entspannung. Durch zunehmende Arbeitsteilung (partitiver Arbeitsstil) und Arbeitsspezialisierung werden beim einzelnen stärkere Spannungen hervorgerufen. Durch den Zwang, immer wieder die gleichen Arbeiten zu verrichten, gelangt nur ein kleiner Teil der Persönlichkeit des einzelnen zum Ausdruck. Die Folge davon ist ein erhöhtes Bedürfnis nach Kompensation, zu dessen Befriedigung Massenkommunikationsmittel aller Art benutzt werden.

So darf gesagt werden, daß, während auf der einen Seite die Komplexität zu einem rationaleren Verhaltensmuster zwingt und das Bedürfnis nach Wissen und Information stärker in den Vordergrund rückt, auf der anderen Seite die mit der rapiden Veränderung der Gesellschaft in engem Zusammenhang stehenden gefühlsmäßigen Spannungen ein Bedürfnis nach kompensatorischer Literatur hervorrufen.

In der Folge dieser funktionalen Entwicklung der sozio-kulturellen Institution läßt sich erkennen, daß der Trend zur Entfaltung und Anerkennung einer Populärkultur immer stärker werden muß, während die Anhänglichkeit an eine Elitekultur nachläßt. Wie bereits gesagt, darf dies nicht etwa als die oft konstatierte »Vermassung« im negativen Sinn angesehen werden, sondern eher als die Etablierung eines neuen Kulturbegriffs insgesamt.

Fast unmerklich, von den verschiedensten Seiten herkommend, bröckelt der sozialhierarchische Kulturbegriff vergangener Zeiten ab. Manifestiere sich die hier wirkende Aktion im Hippietum, in der sexuellen Befreiung, in den Reformbestrebungen der Kirche, in der Emanzipation der Frau, kurz gesagt, in der Etablierung potenter Subkulturen – diese Aktion überrennt die Kontrollfunktionen der kulturpessimistischen Untergangsideologien; denn als dynamische Aktion öffnet sie Wege, die Denken und Gedanke nicht länger verschlossen halten können, Wege nämlich, die seit Jahrzehnten von elitären Gruppen verbarrikadiert wurden, die den Zugang zum Wissen um die Dinge höheren oder niederen Niveaus verschlossen hatten, und die sich nunmehr unter einem neuen Kulturbegriff zu öffnen beginnen. Die abweisende Haltung, um nicht zu sagen, die Unterdrückung einer Populärkultur rührte bisher weniger von einer Verachtung menschlicher Materialien oder von dem Willen her, diese Materialien zweckgebunden zu machen. Eher ergab sich die Verachtung aus einer Unausgeglichenheit zwischen den Disziplinen und den Werten, die die Aktion motivieren. Jetzt, im Verzuge der Entwicklung eines neuen Kulturbegriffs positiver Tendenz, sind die Zeiten der unentgeltlichen Kompromisse vorüber. Die Parole der kommenden Generationen verlangt nach mutigem Vorschreiten, um Ausgeglichenheit sowie Synthese herzustellen.

Diese Konfrontation, notwendig zur Errichtung eines allgemein zugänglichen Kulturbegriffs, spielt sich in erster und letzter Instanz dort ab, wo mentale Strukturen vergangener Zeiten, solche, die man bösartig als krypto-mittelalterlich bezeichnen könnte, mit der modernen Technik zusammentreffen. Es fragt sich, ob jetzt, da diese Entwicklung einsetzt, die institutionalisierte Literatur – sei es unter ihrem unterhaltenden, ihrem gedankenbildenden oder ihrem entspannenden Aspekt – Zugänge schaffen kann. Denn wenn aus der Konfrontation zwischen mentalen Strukturen althergebrachter Form und der modernen Technik jene Informations-Revolution hervorgeht, in deren Mitte wir bereits stehen, dann wird diese Revolution ihren dramatischen Aufprall bei Erziehung, Lehren und Lernen erwirken. Somit wird Information zum Energiezentrum für die Arbeit des Geistes. Darum auch wurde unlängst gesagt: »In einigen Jahren werden die jungen Leute Informationssysteme als ihre normalen Instrumente benutzen, ebenso wie sie sich heute der Schreibmaschine oder des Telefons bedienen.«[38]

Wer wie wir in der Literatur ein Massenmedium sieht, d. h. eine soziokulturelle Institution, die mehr anzubieten hat als nur eine verkäufliche Ware, der erkennt in ihr auch ein »Informationssystem« und dementsprechend – über alle möglichen Gefahren hinweg – eine Dienstleistung, die folglich sozialer Verantwortung unterworfen ist.

Fassen wir diese Ausführungen zusammen, dann sehen wir vor unseren Augen neue Literaturmedien entstehen, die – parallel neben den bestehenden – eben jenen sich in der Entwicklung befindlichen Gegebenheiten bzw. sozialen Trends gerecht werden.

Die oft beklagte Identifizierung mit »billiger« Literatur und die ebenso beklagte Gratifikation, die den Stimulus für Literatur-Adepten ausmachen, verbleiben in ihrer Wirkungsstruktur der Literatur als

Ausdruck unbewußter Wünsche. Jedoch, sie werden sich dort anpassen müssen, wo diese Wünsche sich im Felde des Lernens mehr und mehr artikulieren. Daß sich im Verzuge dieser Entwicklung die Hersteller und Verteiler für ihre Waren auch der neuesten audio-visuellen Mittel zu bedienen, d. h. auch diese zu beliefern haben werden, bedarf keiner ausdrücklichen Erwähnung. Insbesondere wenn man bedenkt, daß es bereits heute gilt, den strukturellen Wandel der Literatur als Massenmedium vorzubereiten und zu planen, damit sie nicht in eine Situation gerät, in der sie nicht länger den Bedürfnissen der Gesellschaft entspricht.

Denn diese Gesellschaft der Zukunft, die sich eines Multi-Medien-Systems bedient, wird, was man nennen darf, eine *multi-channel society* sein,[39] eine supra-technologische Gesellschaft der vielen Kanäle. Das heißt, solange die zukünftige Gesellschaft weiterhin durch Überfluß und Zufluß gekennzeichnet sein wird, und zwar durch Über- und Zufluß sowohl in materieller als auch in immaterieller Richtung, wird sie dafür sorgen müssen, die Koexistenz pluralistischer Werte und mannigfacher Konzepte – in unserem Fall von der Populärkultur bis zur Elitekultur – zu garantieren. Damit schreiten wir innerhalb eines neuen gefestigten Kulturbegriffs vor zu einer Gesellschaftsstruktur, bei der sich alles um ein Annehmen, um ein Akzeptieren zentriert, mit anderen Worten, um eine Gesellschaft, die die Struktur der traditionellen Industriegesellschaft weit hinter sich lassen wird. Zu Recht heißt es: »Die Medien haben die Menschen gelehrt, was sie *wünschen;* sie müssen die Menschen jetzt lehren, wie sie es *erlangen* können.«[40]

Anmerkungen

1 John Ruskin, ›Selections and Essays‹, hrsg. von F. W. Roe, New York 1918, S. 399.

2 Hendrik de Man, ›Vermassung und Kulturverfall‹, Bern 1959, S. 63.

3 Karl August Horst, ›Der Schriftsteller und seine Öffentlichkeit‹, in: ›Studium Generale‹ 23 (1970), S. 709.

4 Ich referiere hier zu dem von Hans Norbert Fügen herausgegebenen Band ›Wege der Literatursoziologie‹, Neuwied/Berlin 1968.

5 David L. Sills (Hrsg.), ›International Encyclopedia of the Social Sciences‹, New York 1968, Bd. 9, S. 417 ff.

6 Siehe hierzu z. B. die von Peter Meyer-Dohm herausgegebenen ›Schriften zur Buchmarktforschung‹, Gütersloh, sowie die zum diesem Thema in unregelmäßigen Abständen erscheinenden Übersichten der UNESCO im ›Annuaire statistique de l'Unesco‹, zuletzt 1965.

7 R. T. La Piere, ›Sociology‹, New York 1946, S. 323.

8 Stuttgart 1949.

9 Vgl. Heinrich Stieglitz, ›Der soziale Auftrag der freien Berufe‹, Köln/Berlin 1960, S. 146 f.

10 Talcott Parsons, Stichwort »Professions«, in: ›International Encyclopedia of the Social Sciences‹, a. a. O., Bd. 12, S. 546.

11 Siehe z. B. bei Theodore Caplow, ›The Sociology of Work‹, Minneapolis 1954; Johann Friedrich Volrad Deneke, ›Die freien Berufe‹, Stuttgart 1956; Paul F. Lazarsfeld und Wagner Thielens, ›The Academic Mind‹, Glencoe (Ill.) 1958; René König, ›Soziologische Orientierungen‹, Köln/Berlin 1956, S. 179 ff.

12 Vgl. hierzu César Graña, ›Bohemian versus Bourgeois‹, New York, 1964.

13 Vgl. hierzu Karl Erik Rosengren, ›Sociological Aspects of the Literary System‹, Stockholm 1968.

14 Siehe hierzu ausführlich unsere Studie ›Vorteile und Nachteile des kommerziellen Fernsehens‹, Düsseldorf/Wien 1968, Teil I: ›Über das Trauma von der Vermassung‹.

15 Alphons Silbermann, ›Musik, Rundfunk und Hörer‹, Köln/Opladen 1959, S. 127 ff.

16 Erwin K. Scheuch, ›Soziologie der Freizeit‹, in: René König (Hrsg.), ›Handbuch der empirischen Sozialforschung‹, Stuttgart 1969, Bd. 2, S. 735.

17 Wir übernehmen im folgenden einige von uns in der ›Kölner Zeitschrift für Soziologie und Sozialpsychologie‹ 14 (1962), Heft 3, S. 504 ff. unter dem Titel ›Soziologische Erwägungen zur Freizeit‹ dargelegte Thesen.

18 Vgl. hierzu William Stephenson, ›The Play Theory of Mass Communication‹, Chicago 1967.

19 Max Kaplan, ›Leisure in America. A Social Inquiry‹, New York/London 1960.

20 Zum Kunsterlebnis als »fait social« siehe unsere Ausführungen in: ›Wovon lebt die Musik? Die Prinzipien der Musiksoziologie‹, Regensburg 1957.

21 Paris 1965. Siehe zu diesem Thema auch die neueste Veröffentlichung von Robert Escarpit et al., ›Le littéraire et le social‹, Paris 1970.

22 Siehe Bettina Hürlimann, ›Europäische Kinderbücher in drei Jahrhunderten‹, Zürich 1959; George Perry und Alan Aldrige, ›The Penguin Book of Comics‹, Norwitch 1967; Katherine M. Wolf und Marjorie Fiske, ›The Children talk about Comics‹, in: Paul F. Lazarsfeld und Frank N. Stanton (Hrsg.), ›Communications Research 1948–1949‹, New York 1949, S. 3 ff.; David Manning Withe und Robert H. Abel (Hrsg.), ›The Funnies: An American Idiom‹, New York 1963; u. a. m.

23 ›Television in the Lives of our Children‹, Stanford 1961, S. 146 ff.

24 Siehe hierzu René König (Hrsg.), ›Soziologie‹, Frankfurt/M. 1967, S. 290 ff.

25 Erich Fromm, ›Man for himself‹, New York 1947.

26 David Riesman et al., ›Die einsame Masse‹, Hamburg 1958.

27 E. H. Erikson, ›The Problem of Ego Identity‹, in: ›Journal of the American Psychoanalytic Association‹ 4 (1956), No. 1., S. 58 ff.

28 William F. Ogburn, ›Kultur und sozialer Wandel‹, Neuwied/Berlin 1969, S. 161.

29 Michael O'Donoghue und Frank Springer, ›The Adventures of Phoebe Zeit-Geist‹, New York 1968.

30 Bremen 1968.

31 So im Vorspann zu ›Perry‹, No. 42.

32 Peter F. Drucker, ›The Age of Discontinuity‹, London 1969, S. 72.

33 Siehe hierzu die Ausführungen bei Alvin Toffler, ›Der Zukunftsschock‹, Bern/München/Wien 1970.
34 Talcott Parsons, ›The Social System‹, 3. Aufl., London/New York 1964, S. 39.
35 Vgl. René König (Hrsg.), ›Soziologie‹, a. a. O., S. 143.
36 Siehe hierzu Alphons Silbermann, ›Ketzereien eines Soziologen‹, Wien/Düsseldorf 1965, S. 166 ff.
37 Bei der folgenden Zusammenfassung haben wir uns der Vorarbeiten von Dipl.-Volkswirt Roswitha Darius bedient.
38 Peter F. Drucker, a. a. O., S. 25.
39 Siehe hierzu J. Kishida, ›Dynamic Balance in Political Innovation‹; J. Hayashi und K. Yamada, ›Methodological Approach to the Multi-Channel-Society‹; ›Vervielfältigte Beiträge zur International Future Research Conference‹, Kyoto 1970.
40 Daniel Lerner, in: Daniel Lerner und Wilbur Schramm (Hrsg.), ›Communication and Change in the Developing Countries‹, Honolulu 1967, S. 317.

MARTIN DOEHLEMANN

Zur gesellschaftlichen Rolle des heutigen Schriftstellers

Die Berufsposition eines Gesellschaftsmitglieds, dessen Selbstbewertung immer die Bewertung durch andere widerspiegelt, gilt heute als eines der Hauptkriterien seiner sozialen Einschätzung durch die Mitmenschen. An die jeweiligen, innerhalb einer Prestigehierarchie unterschiedlich plazierten Berufspositionen sind unterschiedliche soziale Normen geheftet, die sich als Erwartungen an das Verhalten des Betreffenden geltend machen – und zwar nicht nur als Erwartungen an sein Verhalten im eigentlichen Berufsbereich. Diesen Rollenerwartungen, die keine totalen Verhaltensfixierungen vornehmen, sondern den Verhaltensspielraum mehr oder weniger scharf abgrenzen, kann sich kaum einer entziehen: Sie sind mit negativen Sanktionen (Strafen bei Nichterfüllung), aber auch positiven Sanktionen (Belohnungen bei Erfüllung) verbunden. Dabei ist der Grad der Fremdbestimmung der unterschiedlichen Rollen in unserer Gesellschaft höchst verschieden: Die gesellschaftliche Macht eines »Rollenspielers« drückt sich in dem Maße aus, in dem er anderen gegenüber die eigene Rolle verbindlich festsetzen – und den anderen ihr Drama vorschreiben kann.[1]
Wie steht es mit der Bewertung und dem Inhalt der Rolle des Schriftstellers in der bundesrepublikanischen Gesellschaft? Unter Schriftsteller soll hier vorläufig verstanden werden jeder sich hauptsächlich »belletristisch« (keineswegs nur im Sinne eines unpolitischen Schöngeistes) betätigende Autor im Unterschied zum Verfasser von Sachbüchern wie auch jeder Verfasser sogenannter Trivialliteratur. Wird der Schriftsteller in diesem allgemeinen Sinn von der Gesellschaft, von den anderen Rollenträgern akzeptiert oder hält man ihn für entbehrlich? Wer erwartet was von welcher Literatur und ihren Urhebern; werden überhaupt Erwartungen an die Schriftsteller herangetragen, die sie als einen gesellschaftlichen »Auftrag« verstehen, annehmen oder auch zurückweisen können? Das pure Vorhandensein von Rollenerwartungen ist eine notwendige, wenn auch keineswegs ausreichende Bedingung der gesellschaftlichen Integration des Literaten im Sinne einer allgemein für selbstverständlich und notwendig erachteten Zugehörigkeit. Daß er dieser Zugehörigkeit durch eine Mißachtung des *Inhalts* der Rollenerwartungen an ihn verlustig gehen kann und häufig

gehen wird, stellt eine weitere Problematik dar. In diesem Zusammenhang wird kurz die Frage aufzuwerfen sein, ob der Schriftsteller die soziale Rolle, die *ihm* jeweils vorschwebt, also seine »Selbstrolle« in der Gesellschaft durchsetzen kann. Die soziale Verortung eines Gesellschaftsmitglieds, die Rolle, die ihm zugemutet wird oder die es sich selbst geben kann, prägt seine Vorstellung von und seine Einstellung zur gegebenen Gesellschaft – wie umgekehrt seine Vor- und Einstellungen seine gesellschaftliche Verortung beeinflussen. Die folgende kurze Rollenanalyse des Schriftstellers soll einen Beitrag liefern zur Beschreibung seiner prekären sozialen Situation in der bundesdeutschen Gesellschaft, einer Situation, die gleichermaßen Ergebnis und Ursache seiner im großen Durchschnitt höchst kritischen Einstellung gegenüber dieser Gesellschaft ist.

I. Rollenerwartungen an den Schriftsteller

Allen einschlägigen empirischen Untersuchungen zufolge ist die Ausbildung eines Menschen die zentrale Variable für sein Leseverhalten.[2] Es scheint berechtigt zu sein, in bezug auf das potentielle soziale Beziehungsfeld des Schriftstellers, d. h. hinsichtlich derjenigen Gesellschaftsmitglieder, die Erwartungen an ihn haben könnten und für ihn deshalb »Gesellschaft« wären – und dazu gehören potentiell alle, die lesekundig sind – nach bildungsmäßig Unterprivilegierten und Privilegierten zu unterscheiden. In einer groben Operationalisierung wären die »Bildungsunterschichten«, im großen und ganzen die Leute mit Volksschulabschluß, von den »Bildungsoberschichten«, denen mit Hochschulreife und auch Hochschulabschluß, zu trennen. Neben dem größeren, anonymen Publikum halten sich im Beziehungsfeld der Autoren weitere, ihnen näherstehende Gruppen auf, nämlich die Gruppe der Vermittler, die in unserem Zusammenhang fast ganz ausgeklammert bleiben soll, und die Gruppe der Künstlerkollegen samt ihrem Anhang.

1. Erwartungen der »Bildungsunterschichten«

Abgesehen vom Kochbuch und vom Buch aller Bücher nimmt ca. ein Drittel der Gesamtbevölkerung fast nie ein Buch zur Hand. Dagegen erreicht die sogenannte Heftchenliteratur ca. drei Viertel der Bevölkerung, ergänzt durch Illustriertenliteratur. Da heiratet in den Bergen der Graf die schöne, arme Waise; da gibt der erfolg- und freizeitreiche Jungindustrielle in seinem Privatjet eine orgiastische Party: Die sprachlose Frustration der Unterschichten wird in dieser Lektüre zu Wünschen programmiert, die mit eben dieser Lebensersatzlektüre gerade so weit scheinbefriedigt werden, daß der Konsument ungeduldig das nächste Heft zur Hand nimmt, um sich, von seiner eigenen Misere abgelenkt, mit dem nächsten Helden zu identifizieren. Wenn man davon ausgeht, daß die Kunst »auf der Schwelle zur Tat lebt«, so entfremdet gerade diese Literatur von der Kunst, indem sie ihre unterprivilegierten Leser in Passivität gefangenhält und, mit Unterhaltung Enthaltung einübend, deren potentiell emanzipatorische Wünsche entschärft oder gar nicht aufkommen läßt.

Man könnte meinen, daß diesen Trivialschriftstellern, etwa im Unterschied zu den Urhebern schwieriger »Reflexionskunst«, vom eigenen Publikum einige unschuldige Wertschätzung entgegengebracht wird. Dort aber sind sie als Rollen- und Namensträger offensichtlich so gut wie nicht bekannt. Befragungen dieser Leser ergeben heute, daß sie im Durchschnitt nicht wissen, *wen* sie lesen, dafür aber, *wovon* sie lesen. An den Namen des Autors ihres Lesestoffes bzw. sein Pseudonym erinnern sie sich in der Regel nicht, eher noch an den Titel, ganz bestimmt aber an den Helden ihrer Traumwelt und seine Konstellationen, die sie mit ihm und in ihm durchlebten. Das läßt die Vermutung zu, daß es heute für sie den Schriftsteller als einen in der und für die Gesellschaft Produzierenden so gut wie gar nicht gibt, daß sie Erwartungen nicht an den *Schreiber,* sondern nur an *Geschriebenes* richten, welches ja, wie die Ankündigung gewöhnlich suggeriert, »das Leben selber schrieb«. Für einen Leser von Trivialliteratur, der vergißt, daß er liest, der eins wird mit dem Helden, der mit dem Lesen Realität unmittelbar vollzieht anstatt sie als falsch oder richtig, gut oder schlecht gestaltet und vermittelt erkennt,[3] muß der Autor in den Hintergrund treten. Hinzu kommt, daß die einzelnen Romane gewöhnlich keine eigene Handschrift verraten, in Handlungen und Helden beliebig austauschbar sind, einzelne Autoren für den Leser also nicht zu erkennen oder wiederzuerkennen sind. Ständige Wiederholungen schaffen das Maß an Vertrautheit, das nötig ist, sich der immer wieder bestätigten und gleichzeitig immer wieder enttäuschten Leser zu versichern.[*]

Von einem beträchtlichen Teil der Gesellschaftsmitglieder erfahren die Schriftsteller offensichtlich keine Rollenerwartungen. Was die – im durchaus nicht einmütigen Sinne der oberen Bildungsschichten – »qualifizierten« Autoren anbelangt, so werden sie von den unteren Bildungsschichten nicht etwa gering eingeschätzt als Folge der Nichterfüllung eines Rollenansinnens, etwa im Sinne der Traumfabrikation, sondern ihnen wird gar kein Status, gar keine Funktion zugeteilt. Man kennt sie nicht und weiß höchstens von ihnen, die Arbeitszeit und Freizeit nicht trennen können, daß sie nicht »richtig« arbeiten und demnach so etwas wie Parasiten sein müssen.

---

[*] Vgl. dazu im einzelnen die Ausführungen von W. R. Langenbucher S. 236–258 des vorliegenden Bandes.

Hinsichtlich der Selbstfindung und Selbstbewertung eines Gesellschaftsmitglieds wiegt gesellschaftliche Isolierung im Sinne einer sozialen
Standortlosigkeit sicher schwerer als eine nur niedrig bewertete Position, die einem zumindest das meist erwiderte Gefühl der gesellschaftlichen Zugehörigkeit gestattet. Sind demgegenüber die bücher-
lesenden Schichten den Schriftstellern – und welchen – bei ihrer Status-
suche behilflich?

2. Erwartungen der »Bildungsoberschichten«

Bis heute scheint die sogenannte Allgemeinbildung, die in beträcht-
lichem Ausmaß literarische Bildung beinhaltet, als Integrationsfaktor
und gemeinsames Statussignum der Gesellschaftsmitglieder zu fungieren, die sich einerseits durch die Qualifikation ihrer Berufe vom gesellschaftlichen Durchschnitt abgehoben wissen, andererseits aber durch
die zunehmende Spezialisierung ihrer Berufe von ihren ranggleichen
Statusgenossen entfremdet fühlen. In dieser Allgemeinbildung erkennt
und honoriert man sich als seinesgleichen und grenzt sich gleichzeitig
nach unten ab.
Für einen täglich feiertäglichen Gebrauch einer literarischen Bildung,
die statussymbolisierend als »Schleppsäbel akademisch ausgebildeter
Experten«[4] herumgetragen wird, sind eigentlich nur Dichter bedeutungsvoll, die akademisch hoffähig geworden sind, die unbestritten
das Tor der Weltliteratur passiert haben, also tot sind. An diesen
toten Dichtern, so scheint es, mißt der literarisch allgemeingebildete
Bürger die lebenden Schriftsteller.
Hier ist es nötig, einen Blick auf die Kulturvermittlungs- (und Status-
verteilungs-)instanz Gymnasium zu werfen, insbesondere den Deutschunterricht, der, seit der Weimarer Zeit nicht wesentlich verändert und
erst seit kurzer Zeit ein Begleitthema der Schulreform, für viele die
erste und letzte Beschäftigung mit belletristischer Literatur bringt –
Erwachsene, die aus der Literatur zitieren, zitieren damit meist auch
ihre Schul- und Jugendzeit – und das Bild des Dichters meist für ein
Leben lang prägt. Zwei unterschiedliche, aber aufeinander angewie-
sene Aspekte bestimmen offensichtlich das teilweise bis heute vom
Deutschunterricht vermittelte Bild des Dichters, Aspekte, die in ihrer
eigentümlichen Verbindung auch in die heutige bildungsbürgerliche
Rollenzumutung an den lebenden Schriftsteller eingehen. Schlagwort-
artig ausgedrückt bestimmt das Bild des Dichters einerseits die Vorstellung einer vom Fluidum der Irrationalität umgebenen Individualität, einer gesellschaftlich exterritorialen Einzelpersönlichkeit, die
Freiheit und gleichzeitig, beinahe beängstigend, Einsamkeit und existentielle Problematik signalisiert, andererseits die Vorstellung einer
abgeklärten, zeitenthobenen Monumentalität, die, von der Kultur-

geschichte seliggesprochen, in einer Art »divinatorischem Verhältnis [...] zur Wahrheit«[5] steht. Indem die Schule diese aus, wie es oftmals heißt, begnadeten und zerrissenen Seelen emporgestiegene Wahrheit zu einer dauernd gültigen entaktualisiert und entpolitisiert, scheint sie bei denen, die sie »ins Leben« entlassen hat, eine Einstellung zu begünstigen, die im »Dichterwort« ein erhebendes, aber unverbindliches Beiwerk zur Feierabend-, Familien- oder Betriebsfestkultur im Gegensatz zur tagtäglichen, weniger humanen Berufspraxis sieht.

Es würde hier zu weit führen zu diskutieren, inwieweit in der Schule, auf dem Wege über Dichterautoritäten, Folgsamkeit und andere eventuell lebenslängliche Tugendmuster eingeübt werden, inwieweit die Schulklassik einschüchtert anstatt emanzipiert.[6] Hier soll gefragt werden, inwieweit Momente eines meist in der Schulzeit verinnerlichten Rollenbildes vom Dichter auch in den Forderungen an lebende Autoren enthalten sind. Werner Bergengruen, der selbst noch, im Gegensatz zu den meisten seiner jüngeren, häufig politisch engagierten Kollegen, ziemlich uneingeschränkt unter den bildungsbürgerlichen Begriff des »Dichters« fällt, erfaßte zutreffend den Doppelaspekt der zeitgenössischen Rollen- und Statussituation des belletristischen Autors: Er steht »von alters her in einem überlieferten, von Bildungsvorstellungen, aber doch auch von Gefühlsbewegungen genährten Ansehen. Freilich tut das im Grunde nur der idealische, nicht der empirische, also nicht immer der einzelne, lebende Dichter; immerhin fällt ein kleiner Abglanz, wenn das Glück sehr gut ist, auch auf ihn.«[7] Diesem Aspekt der überhistorischen Monumentalität entspricht der einer der sozialen Kontrolle in gewissem Maße enthobenen Individualität. Dem Dichter wird, auch außerhalb seiner Kunstübung, manches verziehen, was gewöhnlich Sterblichen meist scharfe negative Sanktionen einbrächte. Der kleine Teil des Publikums, der, wie Bergengruen schreibt, »vom Vorhandensein von Dichtung und des Dichters überhaupt Notiz nimmt«, ist geneigt, ihn, wenn es um sein leichtfertiges Verhältnis zu bürgerlichen Wert- und Verhaltensstandards geht, vor dem größeren und weniger gutwilligen Publikum in Schutz zu nehmen. Dagegen können Mitglieder gerade dieses großen Publikums bei Verletzung bürgerlicher Normen eine ähnliche Nachsicht *nicht* erwarten, da eine denkbare normative Selbstbestimmung der unteren Schichten den hohen Status der Bildungsschichten gefährden würde. »Wem räumt denn die Welt aus freien Stücken Privilegien ein? In erster Linie doch dem Ungefährlichen, dem Schwachen, dem nicht gänzlich Ernstgenommenen. Nur einen solchen stellt man gewissermaßen unter Naturschutzrecht, nur einen solchen erkennt man, gewisse Grenzen vorausgesetzt, in seinen nun einmal gegebenen Eigenschaften und Eigentümlichkeiten an [...] Hier haben wir den Revers der goldenen Schau- und Ehrenmünze. Die Privilegienurkunde [des Dichters] [...] offenbart sich als Freibrief im Sinne der Narrenfreiheit.«[8]

Es macht die prekäre Situation dieser Narren aus, daß man einerseits von ihnen, aufgrund ihrer sozialen Außenseiterposition, die Wahrheit der »Unabhängigen« erwartet und daß man sie andererseits als »Außenseiter« im Sinne von Inkompetenten abqualifiziert, wenn sie, wie es bei den profilierten Schriftstellern heute meistens der Fall ist, mit ihren Wahrheiten die Grenze des *Unverbindlichen* überschreiten wollen. Indem die »kulturtragenden Schichten« ihre Hände schützend über die Schriftsteller halten und sie in einem gesellschaftlichen Naturschutzgebiet, im gesellschaftlichen Niemandsland ansiedeln, schützen sie sich und ihre Kultur selbst. Dabei halten sie heute diese Schriftsteller und ihre Produkte weniger von *sich selbst* fern als zumindest indirekt von den weniger privilegierten Schichten, denen gegenüber sie bis heute die Macht haben, über die verschiedenen Sozialisations- und Enkulturationsinstanzen *ihren* entpolitisierten Kulturbegriff durchzusetzen. Die Freiheit, die sie den Schriftstellern freiwillig zugestehen, ist die der Ohnmächtigen, derer, die nur dann anerkannt werden, wenn sie sich abschieben lassen.

3. Erwartungen der kontrakulturellen Eigengruppe

Gesamtgesellschaftlich isoliert und frustriert, stillen viele der modernen Schriftsteller heute ihr Bedürfnis nach sozialen Kontakten, Resonanz, Anerkennung und Solidarität in »Schutz-Cliquen«, in die sie sich mit ihren kontrakulturellen literarischen Konzeptionen zurückziehen.[9] Zu diesen künstlerischen Fachgruppen gehören Schriftstellerkollegen, Maler und Intellektuelle aller Art, die, bis vor kurzem wenigstens, relativ gleichartige Erwartungen an die moderne Literatur und ihre Schöpfer herantrugen, vereint im hauptsächlich mit literarischen Mitteln geführten Kampf gegen die »verlogenen heilen Leitbilder« der Bildungsschichten, die glauben, daß die Welt, mit ihrer Hilfe, in Ordnung sei und nur einige Schriftsteller und andere Freunde der Kloake Unruhe hereinbrächten.[10] Bezüglich eines politischen Engagements der Literatur herrschte allem Anschein nach ziemlich übereinstimmend und leidenschaftslos die Meinung, daß es zwar erwünscht sei, aber keineswegs unabdingbar.

Während der politischen Diskussion in und zwischen diesen intellektuellen Zirkeln wurde in der letzten Zeit die Existenz des literaturproduzierenden Schriftstellers heftig in Frage gestellt. »Für die ästhetische Bewältigung des Daseins war und ist der Schriftsteller bereit, auf die reale Verwirklichung der Freiheit zu verzichten [...] [Dadurch] macht er sich, ob er will oder nicht, zum Instrument der Herrschenden. Denn die Anwendung ästhetisierender Mittel dient dazu, eine Scheinwelt zu errichten, aus der die realen Lebenszusammenhänge, die Schwierigkeiten [...] ausgeklammert oder beschönigend vereinfacht werden. [...] Ästhetisieren heißt damit nichts anderes als Verschleiern. Ein Sachverhalt wird konsumierbar gemacht, indem er mit den Mitteln der künstlerischen Verfremdung [...] so lange verändert wird, bis er mit den herrschenden Moral- und Denkkategorien nicht mehr in Konflikt gerät.«[11] Der Vorwurf, verloren zwischen den Klassen zu schweben, von der Befreiung der unterdrückten Klasse abzulenken oder sie nicht wirkungsvoll genug zu unterstützen, ungewollt Vergoldungsarbeiten für die Herrschenden zu leisten oder ihnen zum falschen Alibi einer pluralistischen Toleranz zu verhelfen – diese Vorwürfe treffen nicht nur eine sich im Klassenkampf vermeintlich nicht engagierende Literatur, sondern die Literatur als solche und alle diejenigen, die nicht von ihr lassen wollen. »Auch das beste Agitprop-Gedicht ist stets schlechter als der Stein am Helm des prügelnden Polizisten, die Maulschelle für den Nazikanzler Kiesinger, die Besetzung eines Werkes oder Instituts.«[12] Der unmittelbar geringe revolutionäre Gebrauchswert der Kunst, ihre Eigenart – in dieser Hinsicht ähnlich der gesellschaftlichen Analyse und Theorie –, gebremstes Handeln, Aufschub der Praxis zu sein, bringt einen gewichtigen Teil der Schriftstellerumgebung dazu, mit H. Marcuse zu monieren, daß es schon immer der Mangel der Kunst gewesen ist, daß sie nur Kunst war und ist.[13]

Die einschlägigen Publikationen sind voll von Rechtfertigungsversuchen der Schriftsteller, welche, ohne ein solches Tun als unpolitisches Tun zu verstehen, einfach nur Literatur machen wollen, oder welche Literatur und politische Aktion verbinden wollen. P. O. Chotjewitz, der sich zur Marxschen Bemerkung: »Aus dem gleichen Grund, aus dem der Seidenwurm Seide spinnt, macht der Künstler Kunst«, bekennt, interpretiert jedes theoretische und praktische Verbot, Kunst zu produzieren, als einen »Aufstand des Geistes gegen die Natur« und spricht sich gegen den gängigen Utilitarismus von links aus: »Zwei der übelsten Hinterlassenschaften der bürgerlichen Gesellschaft, denen die Linke ausgesetzt ist, sind der Zwang, jeden Gedanken und jede Tätigkeit begründen zu müssen und wirklich nichts tun zu dürfen, das nicht nützlich ist.«[14] Diese Schriftsteller wehren sich gegen die Genossen, die ihnen das Recht auf ihre heutige literarisch-politische Existenz aberkennen und ihnen ausgerechnet damit zum richtigen Klassenstandpunkt verhelfen wollen. »Klassenstandpunkt – den verschaffen ihm allerdings auch kleinbürgerliche Revoluzzer nicht, die die Ursachen seiner Verlegenheit in der individuellen Produktion des Schriftstellers selbst suchen und mit dieser abschaffen zu können glauben. Was sich hier umstürzlerisch äußert, ist nur bürgerliches Klassen*schuld*bewußtsein [...]. Weil unsere Revoluzzer sich als Kinder der Bourgeoisie schämen, möchten sie die individuelle Produktion des Schriftstellers als typisch bürgerlich abschaffen, und zwar für die Arbeiter und Angestellten gleich mit, die nach Jahrhunderten der Bevormundung und

Sprachlosigkeit doch erst zum privaten und individuellen Ausdruck ihrer kollektiven Bedürfnisse gelangen sollen [...] den Individuen der unteren Klassen [wird] verweigert, was man selbst lange und bis zur Sinnlosigkeit, zum Ekel genossen hat.«[15]
In seiner Rolle als Literaturproduzent ist also der moderne Schriftsteller auch in seiner Eigengruppe, die bisher inmitten der großen Gesellschaft von Ignoranten oder Abweisenden die Hauptstütze seiner sozialen Identität war, verunsichert. Die soziale Isolierung der Schriftsteller im Sinne des Fehlens einer gesellschaftlichen Status- und Funktionszuschreibung, im Sinne eines »Überflüssig-« oder »Entbehrlichseins« ist fast total, ein Zustand, der u. a. wohl auch für ihre verbreiteten seelischen »Berufskrankheiten« verantwortlich ist. Wie steht es nun mit den Chancen dieser Schriftsteller, nicht *wegen* ihrer Tätigkeit sozial ausgesperrt, sondern *mit* dieser gesamtgesellschaftlich integriert zu werden?

II. Rollenangebote der Schriftsteller und die Bedingungen ihrer gesellschaftlichen Integration

Schriftsteller, die nicht als Lieferanten von Dekorationen, sondern, wie die meisten heutigen, insbesondere jüngeren Autoren, bewußtseins- und gesellschaftsverändernd wirken wollen,[16] die nicht das Dasein verklären, sondern über das gegenwärtige politisch-soziale Dasein aufklären wollen, müssen und wollen das Getto ihres sozialen Zwischenzustands verlassen; denn nur *in* der Gesellschaft, d. h. allgemein wahrgenommen und akzeptiert als Träger bestimmter Funktionen, können sie mit irgendeiner Erfolgsaussicht gegen den status quo und seine Vergangenheit angehen, nicht außerhalb. Nun werden sie aber gerade auch deshalb sozial ausgesperrt und damit unschädlich gemacht, *weil* in ihren Rollenangeboten an die Gesellschaft die Entwürfe von Gegenwirklichkeiten enthalten sind, ein Abbau tradierter Übereinkünfte (die oft im Namen der alten Literatur aufrechterhalten werden) und fest verzahnter Machtverhältnisse intendiert ist. Als gesellschaftliche Außenseiter haben sie die Freiheit, schöpferische Destruktion zu predigen; ihr Sanktionsrisiko besteht nicht wie bei anderen Gesellschaftsmitgliedern darin, daß sie mit Abstrichen ihres Ansehens und ihres Status rechnen müssen – sie haben ja keinen –, sondern eben darin, daß sie von den über die Macht- und Kulturapparate Verfügenden mit dem abschätzigen Hinweis auf ihre Außenseiterposition in die Schranken der gesellschaftlichen Wirkungslosigkeit verwiesen werden. Die Freiheit des Schriftstellers besteht darin, Narr, und nichts anderes, zu sein. Deshalb braucht man ihn gerade dann, wenn er es ernst meint, nicht ernst zu nehmen.
Wie können Schriftsteller aus ihrer gesellschaftlichen Isolierung her-

ausgelangen? Hauptsächlich dadurch, daß sie »ein Erfolg« sind. In diesem seltenen Fall steigen sie aus einer statuslosen Anonymität zu dem hohen, aber instabilen Individualstatus der Prominenz auf, der im Unterschied zum üblichen Positionsstatus nicht an Ausbildung und Herkunft, sondern an den einzelnen Namen gebunden ist. »Ruhm« ist die einzige soziale Belohnung, die der Schriftsteller heute erhalten kann. Nun bedeutet aber Erfolg zu einigen Teilen ein Zeichen der »Bewährung«, des erwartungsgemäßen, »richtigen« Verhaltens. Wenn man davon ausgeht, daß der Großteil der Bücherleser seine Lesebereitschaft davon abhängig macht, ob er in seinem »guten Geschmack«, seinem Recht auf festliche, mit einem Schuß von handfester Erotik versehene Unterhaltung und in seinem Bedürfnis nach Lebenshilfe und nach »konstruktiver« Kritik bestätigt wird, so wird erklärlich, daß kaum eines der »destruktiven«, aggressiven Bücher der Literaturavantgarde, die selten ihre Leser ungeschoren lassen, auf den Bestsellerlisten erscheint. Ebenso erklärlich ist es, daß die Großverlage, die an der Ware Buch verdienen müssen, nur solche Autoren aufwendig »aufbauen« und mit ihnen den Markt monopolisieren, die dem größeren Lesepublikum die Illusion vermitteln, kulturell auf der Höhe ihrer modernen Zeit zu sein, und dann den Erfolg der meistgekauften Autoren mit deren »Qualität« erklären. Wer nicht annähernd so schreiben will, wie der Markt und seine Lücken es verlangen, bleibt entbehrlich.

Die oft leichtfertig geäußerte Vermutung, daß das soziale Entwurzeltsein des Künstlers, seine Unbehaustheit eine notwendige Voraussetzung seiner schöpferischen Originalität sei, zieht nicht in Betracht, daß es die heute mangelnde gesellschaftliche Nachfrage nach geistiger und handelnder Originalität und Innovation ist, die diese in die sozialen Randbezirke verweist. Heute kann sich, sozial abgeschieden, Originalität, die immer eine Bedrohung der bestehenden Normen darstellt, trotz einer originalitätsfeindlichen Umgebung in gewissem Maße entwickeln. Es ist aber durchaus ein gesellschaftlicher Zustand denkbar, der, indem er sie nachfragend fördert, der »destruktiven« schriftstellerischen Originalität einen zentralen gesellschaftlichen Platz einräumt, sie also integriert, ohne sie dabei zu zerstören. Ein gesellschaftlicher Auftrag an die Literatur beginnt sich erst dann mit der »Selbstrolle« der meisten modernen Autoren zu überschneiden, wenn er nicht Problemablenkung heißt oder ausschließlich Unterhaltung oder »Erhebung« fordert, sondern wenn Literatur als oftmals bedrängendes »Gedächtnis des akkumulierten Leidens« (Adorno) und als Prospekt menschengerechterer Lebensverhältnisse verstanden wird. Nur unter einer solchen Bedingung wäre der Schriftsteller gesellschaftlich zu domestizieren, ohne damit zur Ruhe gebracht worden zu sein; im Gegenteil, er wäre zur schöpferischen Unruhe aufgefordert, die durch Anerkennung belohnt wird.

Die Bereinigung der sozialen Situation der Schriftsteller setzt eine Veränderung der Gesellschaft, ihrer Wert- und Machtsysteme voraus. Mit seinem Wunsch aber, zu dieser Veränderung beizutragen, befindet sich der Schriftsteller als einzelgängerischer Literaturproduzent in einer fast ausweglosen Lage – und wenn er, wie Günter Grass auf der ersten Tagung des ›Verbandes deutscher Schriftsteller‹ im November 1970, die goldenen Zeiten einer Integration, die nicht einfach Verdauung durch die Gesellschaft, sondern Veränderung in der Gesellschaft meint, nur deshalb *schon heute* für angebrochen wähnt, weil Männer wie Heinemann und Brandt zur Zeit an der Spitze des westdeutschen Staates stehen,[17] so läßt sich diese Art euphorischer Wahnvorstellung eigentlich nur mit dem Frustrationsstau derer erklären, die gelegentlich als »Pinscher« (Erhard) tituliert, so schnell nicht aufhören werden, »im Gegensatz zu dem Lebensgefühl der breiten Schichten unseres Volkes« (Kiesinger im März 1969) zu stehen.

Walter Benjamin hat es als eine der wichtigsten Aufgaben der Kunst bezeichnet, »eine Nachfrage zu erzeugen, für deren volle Befriedigung die Stunde noch nicht gekommen ist«.[18] Damit ist gesagt, daß eine emanzipatorische Nachfrage in einer Gesellschaft nicht *von selbst* entsteht, in der die zunehmend expandierende Kulturindustrie sich der Apathie der Konsumenten gegenüber den emanzipierenden Zügen der Kunst erfolgreich versichert.

Durch die Gründung des ›Verbandes deutscher Schriftsteller‹ (Juni 1969) deutet sich längerfristig für die Autoren eine gewisse Möglichkeit an, ihre der Gesellschaft bisher vergeblich unterbreiteten Rollenangebote – im Sinne einer Normendestruktion als einer Voraussetzung der sozialen Innovation – durchzusetzen, auch gegen die Statusinteressen derer, die *ihre* Ordnungsvorstellungen als allgemein gültig ausgeben können, die anstatt der von ihnen zu einigen Teilen verantworteten Gegenwart die gegenwärtige Literatur als anstößig empfinden. Die Gründung des Verbandes signalisiert »das Ende der Bescheidenheit« (Böll) – wobei das Wort »Bescheidenheit« Freiwilligkeit dort assoziiert, wo es hauptsächlich nur der aus dem Bedürfnis nach Selbstrespekt entspringende Euphemismus für die bisherige objektive Ohnmacht des Schriftstellers ist (der heute einerseits als Unternehmer besteuert wird und andererseits im Zeitalter des beginnenden Medienverbundes »eine Art Rohstofflieferant« darstellt, »dem die terms of trade einfach diktiert werden können«[19]). Welche Form die notwendige »Einigkeit der Einzelgänger« (Böll) auch annimmt: Es wird für die Schriftsteller darauf ankommen, sich nicht durch die bereits anlaufenden Entschädigungsstrategien der Multi-Media-Konzerne pazifizieren zu lassen, sondern die Grundlagen ihrer schriftstellerischen Rollenselbstbestimmung in der Gesellschaft zu legen durch die Erzwingung von *Mitbestimmung*[20] – die nicht nur »Mitmachen« bedeutet – in der Kulturindustrie, einer Mitbestimmung darüber, was Kultur und wozu sie da ist.

Anmerkungen

1 Vgl. dazu Dieter Claessens, ›Rolle und Macht‹, München 1968.

2 Vgl. z. B. Gerhard Schmidtchen, ›Lesekultur in Deutschland‹, in: ›Börsenblatt für den deutschen Buchhandel‹, 24. Jg., Nr. 70 (30. 8. 1968), S. 1997 ff.

3 Zum »literaturgemäßen Handeln« s. Hans Norbert Fügen, ›Die Hauptrichtungen der Literatursoziologie und ihre Methoden‹, Bonn 1964, Teil A.

4 Hans Paul Bahrdt, ›Gibt es eine Bildungselite?‹, in: ›atomzeitalter‹ 5 (1962), S. 125.

5 Eberhard Lämmert, ›Germanistik – eine deutsche Wissenschaft‹, Frankfurt/M. 1967, S. 36.

6 Reinhard Baumgart, ›Was soll Germanistik heute? Vorschläge zur Reform‹, in: J. Kolbe (Hrsg.), ›Ansichten einer künftigen Germanistik‹, München 1969.

7 Werner Bergengruen, ›Privilegien des Dichters‹, in: ›Abhandlungen der Klasse der Literatur der Akademie der Wissenschaften und der Literatur (Mainz)‹, Jg. 1956, Nr. 1, S. 5.

8 Ebd., S. 6.

9 Vgl. Martin Doehlemann, ›Junge Schriftsteller: Wegbereiter einer antiautoritären Gesellschaft?‹, hrsg. von H. Bilstein, Opladen 1970 (= ›Analysen‹, Bd. 6), S. 22 ff.

10 Vgl. ›Der Zürcher Literaturstreit‹, in: ›Sprache im technischen Zeitalter‹, H. 22 (1967).

11 E. Herrmann, ›Literatur als Anpassung. Eine kritische Untersuchung‹, in: ›Sozialistische Zeitschrift für Kunst und Gesellschaft‹ 1 (1970), H. 2, S. 20.

12 Uwe Timm: ›Die Bedeutung der Agitprop-Lyrik im Kampf gegen den Kapitalismus oder Kleinvieh macht auch Mist‹, in J. Fuhrmann [u. a.] (Hrsg.): ›Agitprop. Lyrik, Thesen, Berichte‹, Hamburg o. J. [1969], S. 211.

13 Vgl. die Auseinandersetzung mit der ›Amusie‹ der Neuen Linken bei Theodor W. Adorno, ›Ästhetische Theorie‹, Frankfurt/M. 1970.

14 Peter O. Chotjewitz, ›Kritische Gedanken zur Lösung der Künstlerfrage‹, in: ›Sozialistische Zeitschrift für Kunst und Gesellschaft‹ 1 (1970), H. 4, S. 18, 25, 26.

15 Hermann Peter Piwitt, ›Schriftsteller – über, unter oder auf dem Strich?‹ in: ›konkret‹, Nr. 23 vom 5. 11. 1970.

16 Vgl. Doehlemann, a. a. O., S. 28 ff.; 81 ff.

17 Günter Grass, ›Schriftsteller und Gewerkschaft‹, in: ›Einigkeit der Einzelgänger. Dokumentation des ersten Schriftstellerkongresses des Verbandes deutscher Schriftsteller‹, hrsg. von D. Lattmann, München 1971, S. 30.

18 Walter Benjamin, ›Das Kunstwerk im Zeitalter seiner technischen Reproduzierbarkeit‹, Frankfurt/M. 1963 (= ›edition suhrkamp‹ 28), S. 42.

19 Martin Walser: ›IG Kultur?‹, in: ›Einigkeit der Einzelgänger‹, a. a. O., S. 34.

20 Zur Problematik der »distributiven« und »partizipatorischen Disziplinierung« s. Claus Offe, ›Das politische Dilemma der Technokratie‹, in: C. Koch, D. Senghaas (Hrsg.): ›Texte zur Technokratiediskussion‹, Frankfurt/M. 1970, S. 160 f. und 169 f.

EBERHARD LÄMMERT

Über die öffentliche Verantwortung des Schriftstellers

I.

Wer sich heute über die Freiheiten und über die Pflichten der Schriftsteller eine Meinung bilden will, der kann sich weder über einen Mangel an subversiver Ermunterung noch über einen Mangel an öffentlicher und an offizieller Hilfestellung beklagen. Ihm offerieren sich die
politischen Spalten der Tageszeitungen, in denen von der Reglemen-
tierung widerspenstiger Literaten berichtet, und die Feuilletonseiten,
in denen dieselbe bewußtseinsbildende Widerspenstigkeit gerühmt, ja
gefordert wird. Literarische Zeitschriften lassen ihn teilhaben am zu-
kunftsfrohen Leichenschmaus, mit dem die Zunftgenossen selbst die
jeweilige Beerdigung kulinarischer Literatur begehen. Literaturpreise
und Stiftungen schärfen ihm den Sinn für die öffentliche Würde, und
Parlamentsfragen und Interviews nähren seine Ahnung von der Gefahr schriftstellerischer Tätigkeit. Kongresse und Verbandsgründun-
gen der Schriftsteller wiederum beleben in kurzen Abständen sein
Gefühl für die Unersetzlichkeit des freien Schriftstellerwortes, und
Gerichtsurteile belehren ihn eines besseren.
Die Hartnäckigkeit, mit der die Schriftsteller selbst ihr Berufsethos
zur Rede stellen, und die Gereiztheit, mit der es öffentlich verhandelt
wird, steht in auffälligem Gegensatz zu dem geringen Gewicht der
Schriftsteller als einer sozialen Interessengruppe. Tatsächlich sind die
sozialen Belange der Schriftsteller kaum geeignet, die Öffentlichkeit
nachhaltig zu beunruhigen. Auch würde es wohl niemandem einfallen
zu behaupten, daß das Bruttosozialprodukt unserer Bevölkerung oder
die sogenannte Lohn-Preis-Spirale vom Wohl oder Wehe unserer
Schriftsteller merklich beeinflußbar sei. Was also steht auf dem Spiel,
wenn Schriftsteller von ihrem Recht, zu schreiben was ihnen gefällt
oder nötig dünkt, uneingeschränkt Gebrauch machen? Und was – um
dieselbe Frage krasser, wenngleich hypothetisch zu stellen – was
stünde auf dem Spiel, wenn sie einmal allesamt streikten? Wäre es
nötig, sie wie die Ärzte, die Eisenbahner, die Bergleute mit Zugeständ-
nissen oder mit Gesetzen zu baldiger Wiederaufnahme ihrer Arbeit zu
nötigen?

Tatsächlich klingen die Fragen nur deshalb so befremdlich, weil auf allen Seiten die Unsicherheit über die Rolle und die Tragweite schriftstellerischer Tätigkeit gleich verbreitet ist. Eine Fülle von krassen Über- und Unterschätzungen dieser Tätigkeit leiten sich aus dieser Unsicherheit her, und ich will gleich sagen, daß es sich dabei nicht um einen naturgegebenen, sondern um einen historisch eingrenzbaren, mithin auch überwindbaren Sachverhalt handelt.

Zunächst in drei Sätzen drei Beispiele aus den sechziger Jahren, die den Sachverhalt kenntlich machen. Als vor der Bundestagswahl 1965 etwa zwanzig Schriftsteller eine Rowohlt-Broschüre mit Alternativvorschlägen zur damaligen Regierungskoalition vorlegten, erfuhren nicht nur die einzelnen Autoren die im Wahlkampf legitime unverblümte Kritik, es wurde darüber hinaus dem ganzen Berufsstand mit einer Heftigkeit, die keinem anderen entfernt zuteil wurde, die Unzulänglichkeit bescheinigt, in so ernsten Dingen wie der Politik öffentlich mitzureden. – Schriftsteller und Schriftstellerverbände, die sich im Konflikt zwischen Prag und Moskau zu Wort meldeten, wurden nicht nur in aller Welt aufmerksam gehört, sie wurden auch in Moskau und zu gegebener Zeit in Prag auffallend rasch und streng zur Verantwortung gezogen. – Für die Aufsässigkeit der Jugend wie für die Rassenkonflikte in den USA werden Schriftsteller wie Allan Ginsberg und Susan Sontag seit Jahren mitverantwortlich gemacht. Gleichwohl brachte ein Kongreß deutscher und amerikanischer Schriftsteller in Princeton im Jahre 1966, mit Ginsberg und Sontag, nur karge und ziemlich ratlose Antworten auf die Frage zustande, welche Rolle denn dem Schriftsteller in der Gesellschaft zukäme, und die ehrlichste Antwort kam damals am Ende von Günter Grass, der die schreibenden Hofnarren so gut wie die Gesinnungsprotestler, von denen jeder seinen eigenen Marx liest, als überlebte Klischees des Schriftstelleramtes abtat.*

Die aktuellen Konflikte der Schriftsteller mit ihrer Umwelt, aber auch der Meinungsstreit und die mangelnde Sicherheit der Schriftsteller selbst bei der Abwägung ihrer gesellschaftlichen Rolle treten in verschiedenen Gesellschaftssystemen zwar in verschiedenen Formen, aber mit der gleichen Regelmäßigkeit auf. Deshalb wird es gut sein, sich auf ihre gemeinsame Genese zu besinnen, ehe wir gegenwärtige Ansätze zu ihrer Überwindung ins Auge fassen und deren Chancen abschätzen.

II.

Mit der Bildungsemanzipation des europäischen Bürgertums, die der Französischen Revolution voraufging, vergrößerten sich der Aufgaben-

---

* Siehe S. 299–303 des vorliegenden Bandes (Anmerkung des Herausgebers).

bereich und zugleich die Verbreitungschancen der sogenannten schönen Literatur in einem bisher nicht gekannten Maße. Die Schulen vermochten weder mit ihrem Lehrsystem noch mit ihrer Kapazität dem neuen Bildungsbegehren gerecht zu werden. Desto stärker wuchs das Bedürfnis nach Selbstunterricht durch Lektüre, in Lesezirkeln und nicht zuletzt durch die Schaubühne. Zwar war die Erkenntnis nicht neu, daß es unorthodoxer und gefälliger Vermittlungsformen bedürfe, um abseits von regulärer Schuldidaktik Bildung zu verbreiten; aber die Entdeckung, daß alle Bildung, elementare wie anspruchsvollste, über Sinneseindrücke und sublimen Sinnenreiz wirksamer zu vermitteln sei als durch Traktat- und Paragraphenlehre, dankte man erst der zeitgenössischen sensualistischen Pädagogik und Psychologie. So konnte die Schaubühne zur Bildungsinstanz ersten Ranges, konnte die verachtete Liebesgeschichte zum Bildungsroman, konnte das Lied sogar zu einem religiösen Erweckungsinstrument werden, das noch dem Katechismus überlegen war. Man tut gut, sich diesen eminent didaktischen Impuls, der in Europa und speziell in Deutschland mit seinen höchst unterschiedlichen Bildungseinrichtungen die »Kunstepoche« heraufführte, vor Augen zu halten, wenn man sich anschickt, das Sendungsbewußtsein und auch den Nimbus zu analysieren, mit dem schon seit dem Sturm und Drang die Dichter sich und das Bürgertum den Dichter umgaben.

Zu den Erscheinungsformen dieser Bildungsbewegung des 18. Jahrhunderts gehört die rapide Ausweitung des Büchermarktes, und die schöne Literatur profitierte davon aus den geschilderten Gründen in doppelter Weise: Einmal entband der weitere und bald anonyme Leserkreis den Schriftsteller allmählich von festen Auftraggebern, also von geistlichen und weltlichen Gönnern. Er konnte unabhängig schreiben, was er zu sagen und zu dichten nötig fand. Zum anderen stieg – das läßt sich an den Meßkatalogen wie an Jahresringen ablesen – der Anteil der poetischen und der Romanliteratur am insgesamt erweiterten Buchmarkt schon bald nach der Jahrhundertmitte in ebendem Maß, in dem der Anteil an geistlichen Traktaten und Erbauungsbüchern sich minderte.

Die Poesie trat sichtbar genug ihre Herrschaft an, und schneller noch als auf dem Markt und in den Bürgerhäusern tat sie es in den vorausgreifenden Träumen der Dichter selbst. Doppelt begünstigt durch die Übereignung einer weltlichen und bald auch parageistlichen Bildungshoheit, nahmen sie neuerlich Maß an Dichterheroen und an mythischen Menschheitserweckern der Vorzeit, an Pindar, an Prometheus und bald auch, und bis in den Expressionismus des 20. Jahrhunderts, an Christus. Rascher und nachhaltiger als das Bürgertum insgesamt reklamierten die Dichter deshalb auch für sich das Recht auf uneingeschränkte Eigenverantwortung für ihre Tätigkeit, und sie taten das im Namen einer selbstgeschaffenen neuen Kunstreligion, die ihnen den

Rang des unmittelbaren Wahrheitsschöpfers und -verkünders einräumte. »Der echte Dichter ist allwissend, er ist eine wirkliche Welt im kleinen«, so Novalis; »Jeder Roman ist mehr oder weniger eine religiöse Schrift«, so Friedrich Schlegel; »Was aber bleibet, stiften die Dichter«, so Hölderlin; und dieses starke Generationenerlebnis der Dichter um 1800 hat in der Folge nicht nur die Bildungsgeschichte mitbestimmt, sondern auch den eingangs beschriebenen Konflikt zwischen den Dichtern und ihrer Umwelt sehr rasch hervorgebracht.

Schon von 1800 an suchen die Dichter nicht mehr einen bürgerlichen Beruf, sondern allenfalls ein Asyl in einer profanen Tätigkeit. Kleist beispielsweise flieht jeden festen Beruf in der Furcht, sein Dichteramt, das Ungebundenheit voraussetzt, zu verraten. Die Überzeugung, mit der selbstgeschöpften freien Poesie der Wahrheit näherzukommen als alle hergebrachten Obrigkeiten, bringt den Dichter bald und notwendig in Konflikt mit allen gewichtigen Instanzen des sozialen Lebens: mit der Kirche, mit dem Staat, mit der bürgerlichen Gesellschaft selbst. Er wird – das ist zugleich der Gewinn und der Preis seiner doppelt beschleunigten Emanzipation – zum Gesellschaftskritiker par excellence, insbesondere zum leidenschaftlichen Kritiker des Bürgertums, das ihn vordem aus seinen speziellen Auftragspflichten löste, ihm aber hernach kein Amt einrichten konnte, das seinem neuen Anspruch entsprach: nämlich ein exterritoriales, außerhalb der noch geltenden Obrigkeiten so gut wie außerhalb der ihn nun mehr und mehr beleidigenden Marktzwänge.

Die besonderen Stimulanzien der Produktivität, aber auch die Krisen, Katastrophen und Fluchtreaktionen, die sich aus der Diskrepanz zwischen der so erhöhten Verantwortung für alle menschlichen Belange und der mangelnden sozialen Sicherung der Schriftstellertätigkeit ergeben, sind sämtlich schon an der ersten Dichtergeneration des 19. Jahrhunderts zu studieren. Die mit hohem Kunstverstand sublimierte Kritik aller gegenwärtigen Gesellschaftszustände, mit der Friedrich Schlegel, Brentano, E. T. A. Hoffmann und selbst der junge Eichendorff aufwarten, ist nicht schon mit sozialem oder politischem Engagement zu verwechseln. Sie ist die Kehrseite einer Selbstverpflichtung zur Unabhängigkeit, zur Autonomie der Kunst, die als die Vorbedingung ihrer Wahrhaftigkeit erscheint. So ist auch die Sozialkritik der großen Konservativen Balzac, Flaubert, Dostojewski nicht weniger scharfsichtig als die der Saint-Simonisten, der Jungdeutschen und später der Zola-Schüler. Noch Heinrich Mann erhöht in seinem Zola-Aufsatz den Autor von ›J'accuse‹ zu einem Caesar und Napoleon, mit denen sich gleichermaßen Balzac verglichen hatte, und vom fürstlichen Amte des Dichters redet der Ironiker Thomas Mann noch so ernsthaft wie Novalis seinen Jüngling im ›Ofterdingen‹ reden läßt.

Regelhaft und nicht schon einer bestimmten politischen Entscheidung entspringen aus dem Einsamkeitserlebnis des souveränen Poeten die jähen Umschläge in ein leidenschaftliches Engagement an religiöse und politische Utopien. Sie eröffnen gerade demjenigen, bei dem die erwirkte Bindungslosigkeit in den Zweifel umschlägt, im Bannkreis der eigenen Vorstellungswelt nunmehr sein eigener Zuhörer zu bleiben, die Aussicht, das Organ gemeinsamer Hoffnungen und Verheißungen zu werden und so einen Resonanzraum unter Gleichsinnigen zu gewinnen, der zugleich den Wahrheitsgehalt seiner Poesie auch sozial bestätigt. So zieht es den selbstherrlichen Lord Byron nach Griechenland, um dort der Stimmführer eines sich befreienden Volkes, ja ganzer Völker zu werden. So erhebt noch der junge Rubiner 1917 den Literaten zum Führer einer proletarisch geeinten, zu neuem Anfang erwachten Menschheit.

Ich sagte, daß derlei regelhafter Umschlag in soziales Engagement nicht schon im engeren Sinne politisch motiviert sein muß. Die Probe darauf läßt sich gerade bei Dichtern machen, die sich revolutionsverheißenden politischen Bewegungen anschließen oder verschreiben. Stellt sich in Zeiten, die einen nahen Umbruch erhoffen lassen, zwischen ihnen und den politischen Vorkämpfern der Befreiung ein enges Bündnis her, dem der Schreibende seine Feder als womöglich mächtige Waffe ganz übereignet, so zerfällt alsbald die Gemeinsamkeit des revolutionsbegeisterten Künstlers mit den Revolutionären – das zeigt sich bei Heinrich Heine so gut wie bei Toller oder Majakowski –, wenn die Revolution praktisch wird und die Utopie sich in der Praxis verunreinigt. Was für die sozialistischen Revolutionen gilt, zeigt sich analog schon während der Nationalbewegung der Freiheitskriege.

Derselbe Kleist, der zuerst nichts sein will als der einsam gekrönte Dichter, schenkt 1808 unvermittelt und nachgerade aufdringlich seine ›Hermannsschlacht‹ allen Deutschen, um sie nach dem Muster des spanischen Guerillakrieges anzuweisen, wie man den Haß auf den Feind im eigenen Lande schürt, und seine Germania-Ode gibt die Tonart an für die Blut- und Todestrunkenheit der jungen Freiheitskämpfer. Derselbe Kleist aber verschwindet nach der Schlacht von Wagram von der politischen Bühne und sucht hernach verzweifelt neue Wege der Selbstbestätigung weitab von politischer Agitation.

Peter Weiss, der noch vor fünfzehn Jahren die Sprache als seinen einzigen Fluchtpunkt und als das leichteste Gepäck des Einsamen ausgab, proklamiert zehn Jahre später den Partisanenkampf des Schriftstellers in der kapitalistischen Gesellschaft und schreibt Agitationsstücke, die seine Zuschauer nicht nur zur Kritik, sondern zur gesellschaftsverändernden Aktion mißreißen sollen. Aber er bleibt gleichwohl zwischen Ost und West ein Dichter ohne Land, und seine Absage an den Genossenschaftsverlag der Theaterautoren liest sich wie eine Absage des Weltbewegers an die Handlanger der Weltveränderung.

III.

Ich habe eine Leitlinie des Schriftstellerkonfliktes zwischen Autonomie und leidenschaftlichem sozialen Engagement über anderthalb Jahrhunderte ausgezogen, ohne zunächst die Verschärfungen zu kennzeichnen, die dieser Konflikt in seinen späteren Stadien notwendig erfahren hat.

Wer von den revolutionären Schriftstellern der späten zwanziger oder gar der späten sechziger Jahre unseres Jahrhunderts gäbe es noch zu, daß seine Texte nicht Mittel zu einem anderen Zweck seien, sondern ihre Ziele in sich hätten, wie es Marx 1842 schrieb? Marx konnte dort den Schriftsteller noch dem religiösen Prediger vergleichen, weil erst gegen Ende des Jahrhunderts der repräsentative Wahrheitsanspruch der Dichtung in eine neue und seither fortdauernde Krisis geriet.

Diese Krisis stellt sich ein mit dem Schwund des Bildungsvorsprungs zwischen den Künstlern und anderen Schichten der bürgerlichen Gesellschaft. Zuerst die Naturwissenschaften, hernach die empirische Psychologie ließen gerade bei den gewissenhaftesten Künstlern schon vor 1900 Zweifel aufkommen an dem unmittelbaren Wahrheitsanspruch der selbstgeschaffenen Texte. Andere Medien mit rascherem Nachrichtenfluß nahmen ihnen überdies im Lauf des 20. Jahrhunderts die Funktion der Informationsvermittlung, die noch in der Beschreibungskunst des Naturalismus letzte Triumphe feierte, nahezu völlig ab. Damit aber mußte sich das Problem der Verantwortlichkeit des Autors gegenüber seinen Hörern und Lesern neu und anspruchsvoller als zuvor stellen, zumal der Glaube an das gültige Dichterwort in den Schulen weiter gelehrt und von Lesern aller Bildungsschichten willig weiter gepflegt wurde. Ein neuer Konflikt zwischen dem Bürgertum und den Schriftstellern bahnte sich an, aber nun einer mit gewissermaßen verkehrten Fronten: Gerade das *gebildete Bürgertum,* dasjenige nämlich, das in Schulen und Universitäten, durch die subventionierten Theater und die Dichterdenkmäler in den öffentlichen Anlagen zur Hinnahme des Dichterwortes noch erzogen worden war, hielt eigensinnig genug an der »Kunstepoche« fest. Es brachte nicht nur einen förmlichen Poesiekult hervor, mit dem es *seine* Privilegien nunmehr ebenso verteidigte, wie seinerzeit die Dichter mit der Poesie die ihren, es öffnete sich auch williger als je zuvor den Reizen einer poetischen Sozialromantik und einer poetischen Politik, wie seinerzeit und heute noch mitunter die Schriftsteller selbst.

Eine neue Bewegung, den Dichter-Nimbus abzustreifen, bemächtigte sich deshalb gerade der verantwortungsbewußten Autoren, und der Streit, der in der Preußischen Akademie Ende der zwanziger Jahre um den Namen einer Sektion für *Dichtkunst* oder *Literatur* ausgetragen wurde, zeigte bereits die kulturellen so gut wie die politischen Konsequenzen des neuen Konfliktes an. Diejenige Gruppe, die eine

Abstandsnahme von der mythischen Führerrolle forderte, wie sie etwa Kolbenheyer dem Dichter zumaß, und die statt dessen für eine an den Zeitbedürfnissen und auch an der Weimarer Verfassung orientierte republikanische Organisation aller literarisch Tätigen eintrat – also auch der Essayisten, der Kritiker und der publizistischen Tagesschriftsteller – diese Gruppe gewann zwar in der ersten Runde des Streites noch die Oberhand; aber die Umbenennung der Sektion kam schon 1931 nicht mehr zustande. Und den Schriftstellern, die dort in Erkenntnis der zeitgeschichtlichen Erfordernisse gegen die offenbarungsgewissen Dichter ihre Stimme erhoben hatten: Heinrich und Thomas Mann, Döblin und Wassermann gegen Kolbenheyer, Schäfer und später Blunck, entzog die deutsche Öffentlichkeit alsbald ihre Sympathie und bald auch ihr Recht, in Deutschland zu schreiben.

Die verkehrte Front, in die nun in Deutschland, aber keineswegs nur hier, die Schriftsteller gegenüber einer dichtungshörigen Öffentlichkeit geraten waren, zwang sie in eine sehr heikle Lage: Gerade die gewissenhaften Stücke- und Romanschreiber mußten in Rücksicht auf mittlerweile exaktere Methoden der Wahrheitsermittlung oder auch der Erkenntniskritik ihren Hörern und Lesern die Illusion einer sicheren Vermittlung von Wahrheiten durch einen poetischen Text entziehen; damit aber mußten sie notwendig zugleich am Ast der Kunst sägen, auf dem sie hoch über der Menge ihres Publikums saßen. Wohlgemerkt gilt das zunächst sowohl für diejenigen, die sich der Wissenschaftlichkeit des dialektischen Materialismus verschreiben, als auch für die politisch anders orientierten Erkenntnistheoretiker, die Ernst mit dem zeitgebotenen Erkenntnisstand machten: für Musil etwa und für Broch und neuerdings für eine Reihe der mit Sprachelementen experimentierenden Konkretisten. Während die Öffentlichkeit ihnen noch Kunst abfordert, besteht ihre Kunst gerade darin, schreibend das überholte Bewußtsein vom Bildungsprivileg einer bestimmten Kunst zu verändern.

Es hat sich gezeigt, daß die Krisis der schönen Literatur keineswegs wie ein unverhoffter Schicksalsschlag über die kunstliebende Bevölkerung komfortabler Länder hereingebrochen ist, sondern daß diese Bevölkerung mit Eifer und Beharrlichkeit, nicht weniger aber auch die Schriftsteller selbst in zunehmend selbstkritischer Verantwortung, diese Krisis herbeigeführt haben.

Die Sache steht nun so, daß vielfach gerade die auf herkömmliche Bildungsvorstellungen eingeschworenen Schichten der mitteleuropäischen Länder – in Krakau übrigens genauso wie in Köln oder in Leipzig, in Linz oder Lyon – die Kunst gegen die abtrünnigen Schriftsteller verteidigen, während deren fortdauernde Unsicherheit über ihre Rolle in der Gesellschaft sich in der ›Zeit‹ oder im ›Kursbuch‹ periodisch in immer verbisseneren, gleichwohl aber literarisch anmutigen Nekrologen auf die schöne Literatur äußert. Fest steht allerdings, daß auch eine solche Frontstellung noch indirekt bedingt ist, ja sich nur erhalten kann durch die relative Autonomie gegenüber der Gesellschaft, die die Schriftsteller seit zwei Jahrhunderten errangen und verteidigten.

IV.

Neben den historischen Gründen, die für die Verschärfungen und Umkehrungen des Konflikts zwischen den Schriftstellern und der sie umgebenden Gesellschaft in den letzten zwei Jahrhunderten verantwortlich sind, muß noch ein zweiter, weniger zeitgebundener als vielmehr berufsspezifischer Umstand bedacht werden, ehe ein Urteil über die heutigen Kompetenzen der Schriftsteller und damit über ihre öffentliche Verantwortung herbeigeführt werden kann. Es handelt sich um ihre womöglich prinzipiell beschränkte Verantwortlichkeit.

Sie resultiert aus einer besonderen Eigenschaft ihrer literarischen Produkte, nämlich aus der Uneigentlichkeit aller poetischen Sprache im Vergleich zu anderen Sprachäußerungen. Gleichviel ob ein Autor in einen fiktiven Vorgang oder in Bilder überträgt, was er *eigentlich* zu sagen meint, oder ob er nichts weiter als eben fiktive Vorgänge oder Bilder zu produzieren trachtet – stets gibt er seinen Lesern einen Spielraum für Assoziationen und Auslegungen frei, der prinzipiell größer und unbestimmter, dafür aber auch strenger an den jeweiligen Einbildungshorizont des Lesers gebunden ist als der Auslegungsspielraum, den Texte mit konkretem Mitteilungs-, Meinungs- oder gar Vorschrifteninhalt gewähren. Zielen Texte der letzteren Art tendenziell auf ein möglichst eindeutiges Verständnis ihres Inhalts, so bezwecken poetische Texte nicht selten gerade das Gegenteil, und darin liegt nicht zuletzt der Grund für ihre größere Resistenz gegenüber einer bloß aktuellen und historisch übergänglichen Verwertbarkeit. Wer die Wirkungsgeschichte von »Meisterwerken« studiert, kann häufig genug einen direkten Zusammenhang feststellen zwischen ihrer reichen, vielbezüglichen Auslegbarkeit und der Dauer ihrer Wertschätzung. Das, was schon Platon die Lügenhaftigkeit der Dichter nannte und was noch heute den Spielcharakter auch des ernstesten Gedichtes oder Prosaromans ausmacht: die prinzipielle Mehrdeutigkeit poetischer Bilder und fiktiver Vorgänge, schafft eine zweite Aura der möglichen Anspielungen neben der greifbaren Eindeutigkeit benannter Tatsachen und Ansichten. Diese Aura hat sich erst voll entgrenzt, seit weder eine Moralklausel noch ein durchsichtiger allegorischer Bezug wenigstens die Hauptbedeutung eines poetischen Textes einigermaßen dingfest macht. Als Fritz Teufel in seinem Flugblattprozeß von einem Gutachter gefragt wurde, ob ein Schlußschnörkel auf dem Flugblatt 9 als Träne oder als Blutstropfen aufzufassen sei, vermied er in seiner Antwort jede Festlegung. Derlei Ambivalenzen haben seinen Freispruch mit größerer Sicherheit herbeigeführt als alle Plädoyers über seine womöglich guten, satirischen Absichten.

Immer schon ist die Vieldeutigkeit der uneigentlichen, poetischen Sprache dazu genutzt worden, strikter Zensierung oder unmittelbarer Verfolgung durch drakonische politische Regime zu entgehen. Verschanzt hinter einen reisenden Schiffsarzt »Gulliver« konnte Swift an »several remote nations« unter einer phantastischen Perspektive die unseligen Zustände glossieren, die er daheim im Auge hatte. Montesquieu ließ wohlbedacht zwei vornehme Ausländer in dem fiktiven Arrangement der ›Lettres persanes‹ eine Kritik an Hof und Kirche Frankreichs führen, die direkt geübt wohl schärfere Maßregelung nach sich gezogen hätte als die Interventionen des Kardinals Fleury gegen seine Aufnahme in die Akademie. Noch angesichts eines publizistisch kaum mehr durchbrechbaren Meinungsterrors konnte die ›Neue Rundschau‹ im Jahr der Olympiade 1936 durch den kommentarlosen Abdruck einer Pindar-Ode die derzeitige Perversion der olympischen Spiele zu einer nationalsozialistischen Machtdemonstration charakterisieren, zu der Goebbels die entsprechenden Presseanweisungen ausdrücklich hatte ergehen lassen.

Auch zum Zwecke der Selbsterhöhung und der Mystifikation des Dichterstandes ist indessen der schwer eingrenzbare Symbolwert poetischer Ausdrucksformen zu Zeiten ein willkommenes Instrument. In dem Maße, in dem die Verschlüsselung der Aussage zum positiven Qualitätsmerkmal wird und die Metapher sich schließlich selbst als die zu akzeptierende Substanz anbietet, können Scharlatanerie und meisterlicher Eigensinn einander täuschend ähnlich werden; unter dem Schutz weniger Ernstmeinender können dann Tiefsinn-Erschleicher in beträchtlicher Zahl vom Nimbus des poeta doctus zehren. Der zunehmende Geschmackswert, den in den letzten beiden Jahrhunderten die mysteriöse Vieldeutigkeit vorab in der Lyrik, schließlich aber auch in den »pragmatischen« Erzähl- und Bühnengattungen erhalten hat, macht heute die Öffentlichkeit um so eher geneigt, selbst noch den Hermetiker als einen womöglich exotisch interessanten Grenzfall des Verkünderpoeten gewähren zu lassen.

Desto gereizter reagiert diese auf den hohen Wahrheitsgehalt einer mysteriösen oder gar unverständlichen Dichtersprache vertrauende Öffentlichkeit jedoch, wenn derselbe Autor, von dem sie kunstschön verhüllte Offenbarungen letzter Lebensgeheimnisse verlangt, sich unterfängt, direkt, nicht in poetischer Verschleierung und Verallgemeinerung, zu raten, zu mahnen, zu kritisieren – mit einem Wort: wenn er sich anschickt, in politischen Angelegenheiten unverblümt mitzureden. Man mißt ihm zwar eine hohe Verantwortung für die Verwaltung der letzten Dinge als Pflicht zu, aber man begehrt auf, wenn er in direkter Meinungsäußerung mit dieser Pflicht ernst macht und in ersten und wichtigsten Angelegenheiten der unmittelbaren

Gegenwart offen Partei nimmt. Auch heute noch, weit jenseits des schreibenden Hofnarren, den Grass in Princeton in die Vergangenheit abschob, erweist sich die vermeintlich eingeräumte und beschützte Freiheit des Schriftstellers nicht selten als eine Narrenfreiheit, die spätestens an der Grenze der poetischen Fiktion, an der Grenze also einer Bilderbuch-Utopie, ihr Ende hat – in weltanschaulich orthodox und streng regierten Ländern schon weit früher.

Damit wären die Komponenten versammelt, deren Akkumulation heute die erhöhte Unsicherheit gegenüber dem Umfang und dem Inhalt der sozialen Befugnisse und Verantwortungen des Schriftstellers zur Folge hat.

V.

Zwei Wege, auf denen Schriftsteller in der Bundesrepublik gegenwärtig versuchen, sich dem Konflikt, der sich aus ihrer noch verbreiteten Sondereinschätzung und der gleichzeitigen Verweigerung einer direkten und aktuellen Wirksamkeit ergibt, zu stellen und ihn womöglich zu überwinden, will ich nun knapp beschreiben. Es handelt sich dabei zugleich um zwei Gattungsschwerpunkte gegenwärtiger literarischer Produktion: um die konkrete Poesie und das Dokumentartheater.

Die gemeinsame Ausgangslage besteht in der in Westeuropa noch weitgehend unbestrittenen Autonomie, sprich Auftragslosigkeit in bezug auf die Selbstbestimmung künstlerischer Arbeit, die, wie gezeigt, als ethisches Gebot erst ein Produkt der Künstleremanzipation des 18. Jahrhunderts ist. Eine unausbleibliche Folge dieser auftragsunabhängigen Selbstbestimmung ist die Betonung der Originalität und gar der Rückzug auf die pure Novität, die Präsentation des neuen, noch nicht dagewesenen Kunstwerks als Rechtfertigung der eigenen Tätigkeit.

Dies ist eine Not, aus der sich leicht auch eine Tugend machen läßt: die Verantwortung für die Erneuerung der allgemeinen Sprachzustände. In solchem Zusammenhang liegt es nahe, die Pionierleistung des Schriftstellers bei der Aufdeckung und Sprengung konventionell verfestigter Sprachnormen zu betonen und die modellhafte Erneuerung des allgemeinen Verständigungsmediums *Sprache* als seinen besonderen, öffentlichen Auftrag zu bestimmen. Ich nenne Helmut Heißenbüttel stellvertretend für eine größere Anzahl von Schriftstellern, die eine Veränderung der Sprachfähigkeit und also die Erweiterung des Denk- und Sprechvermögens sich zur Aufgabe gesetzt haben.

Hier setzt sich unter mancherlei Verwandlungen eine idealistische Sprachtheorie bis ins 20. Jahrhundert fort, der sich schon die Romantiker bei der Fertigung von inhaltsoffener, purer Klang- und Echo-Poesie bedienten: das Vertrauen in die Einheit oder die Reunion von Sprach- und Erkenntnisvermögen und die Hoffnung darauf, das produktive Ingenium des Schriftstellers vermöchte durch die Erfindung oder mindestens durch die Konstellation überraschender Sprachfügungen verschüttete Wahrheiten aufzudecken und bislang nicht faßbare aussprechbar und kommunikabel zu machen. Die dazu nötige Destruktion der erkenntnisverstellenden Sprachklischees wird freilich heute mit ungleich strengerer, atomistischer Gründlichkeit betrieben. Wie die Romantiker aber in ihrer Klangpoesie mit Vorliebe auf eine vermeintlich ursprüngliche Volkssprache zurückgriffen, um die eigene subjektive Phantasie möglichst zu überschreiten, so wird im heutigen Einmann-Sprachlabor möglichst das Integral der Umgangssprache statistisch sortiert oder nach den Regeln der Mengentheorie gruppiert, um die Subjektivität des modernen Sprachkonstrukteurs zu überlisten.

Helmut Heißenbüttel hat die meiste Mühe darauf verwandt, eine Theorie und also eine öffentliche Rechtfertigung für dieses Laborieren mit der Sprache zu liefern. *Konkrete Poesie* soll nicht mehr der Träger von eingegebenen Bedeutungen sein, weil nur eine legitime Wissensüberlegenheit des Autors solche Bedeutungsvorgabe rechtfertigte. Gerade weil dieser vormals grundsätzlich vorausgesetzte Erkenntnisvorsprung des poetischen Genies von einem gewissenhaften Autor heute abgewiesen werden muß, hat dieser Autor sich ebenso strengen Objektivierungsmaßnahmen wie der Wissenschaftler zu unterwerfen. Heißenbüttel teilt denn auch zwischen Wissenschaft und Dichtung Aufgabenbereiche auf, versucht aber – und da beginnt denn doch die Selbstverteidigung des alten Verkünderanspruchs – beide Tätigkeiten so einander zuzuordnen, daß dem Wissenschaftler die Ordnung des Erkannten, dem Schriftsteller dagegen die Erschließung der Erkenntniswege und die Veränderung des Erkenntnisvermögens als Aufgabe zufällt. Man sieht: dies ist der Versuch, mindestens den erkenntniskritischen Primat der Dichtung, den Joyce und Musil zäh verteidigten, zu erhalten.

Die Mutmaßung, in solchen Argumenten rationalisiere sich ein verdeckter oder nicht erkannter Zunft-Egoismus, richtet sich nicht nur darauf, daß hier womöglich ein altes Vorrecht seine späte Neubefestigung erfahren soll. Die gegen Heißenbüttel und gegen eine ganze Reihe von Vertretern der konkreten Poesie vorgebrachten Vorwürfe gleichen in bemerkenswertem Maße denjenigen, die heute gegen die zweckfreie Wissenschaft und in behender Verallgemeinerung nicht selten gegen die gesamte Grundlagenforschung gewandt werden. Immerhin können die Elaborate konkreter Poesie und auch die Entwürfe einer topologischen Prosa – etwa Jürgen Beckers ›Felder‹ und ›Ränder‹ – mit den experimentellen Ergebnissen eines Laboratoriums der Kernphysik oder der Gehirnforschung verglichen werden, die womöglich anderwärts unabsehbaren praktischen Wert erhalten. Unter dieser Perspektive verlieren schnellfertige Urteile über eine mangelnde Publikumsbezogenheit dieser Literatur viel von ihrem Gewicht.

Dieter Wellershoff hat neuerdings in seinem Essay über ›Fiktion und Praxis‹* den Realitätsbezug aller schriftstellerischen Arbeit dadurch schärfer zu bezeichnen versucht, daß er sie der Simulationstechnik experimenteller Wissenschaft, insbesondere in der Raumfahrtforschung, verglich. Für den Autor wie für den Leser eröffnet Literatur, so meint Wellershoff, ein »Spielfeld für ein fiktives Handeln, in dem man [...] die Grenzen seiner praktischen Erfahrung überschreitet, ohne ein wirkliches Risiko einzugehen«. Ein einfaches Beispiel: »Der Leser eines Abenteuerromans läßt sich auf die waghalsigsten Unternehmungen ein, weil er weiß, daß er dabei nicht umkommen wird.« Lakonischer ist unser literarisches Vergnügen an tragischen Gegenständen tatsächlich nie auf den Begriff gebracht worden. »Gegenüber der etablierten Lebenspraxis« – so Wellershoff – »vertritt sie [die Literatur] also die unausgeschrittenen und verdrängten Möglichkeiten des Menschen [...] und bedient damit offenbar Bedürfnisse nach mehr Leben, nach weiteren und veränderten Erfahrungen, die gewöhnlich von der Praxis frustiert werden.« Das ist eine alte, auf das heutige Vokabular geschickt zugeschnittene Definition des Mehrwerts von poetischer gegenüber direkt zweckbezogener Literatur. Wieder wird hier, wie vormals, der Dichter zum Ausspäher, Versammler und Exerziermeister neuer und reicherer Lebenserfahrungen. Freilich mit einem wichtigen Vorbehalt, der den Nimbus des Außerordentlichen klug einschränkt: Der Simulator von Lebenserfahrungen hat es leichter als jeder realiter Handelnde; er darf allenfalls im Sprachmaßstab, muß aber nicht im Lebensmaßstab auskosten, was er sich und seinen Lesern an physischen wie intellektuellen Abenteuern und als Lehrmeister der Bewußtseinserweiterung zumutet.

Zweierlei Einwände gegen die so verstandene soziale Hilfestellung der Experimentalliteratur sind jedoch heute bedenkenswerter als um 1800, wo sie in der Formel der progressiven Universalpoesie erstmals ihre theoretische Rechtfertigung fand.

1. Experimente und Versuchsanordnungen entspringen nicht, wie die Schöpfungsästhetik und die Wissenschaftstheorie des 19. Jahrhunderts glauben machen konnten, allein unmittelbarer Inspiration oder den Naturgegebenheiten des behandelten Gegenstandes. Sie entspringen auch – manche meinen heute: nur – unterschwelligen Rechtfertigungs-, Überzeugungs- oder Beherrschungsinteressen. Die Poeten der Romantik hielten damit in Sachen der Poesie keineswegs hinter dem Berge. Nichts weniger als das »ganze verkehrte Wesen« der Welt meinte Novalis mit der Kraft der Poesie verbannen zu können, und mit nicht geringerer Macht sollte auch Eichendorffs poetisches »Zauberwort« die Natur selbst sprechen und damit erkennbar machen. Diese Poeten glaubten freilich auch an den absoluten Erkenntnisvor-

---

* Siehe S. 329–340; hier: S. 335 f. des vorliegenden Bandes (Anmerkung des Herausgebers).

sprung der poetischen gegenüber allen anderen Formen der Einsicht. Wir sahen bei Heißenbüttel gerade diese Vorstellung erhalten in einer Zeit, in der sie mit größerem Recht als um 1800 bestritten werden kann. Deshalb ist hier wie in der weithin isoliert und spezialisiert betriebenen Grundlagenforschung heute ein schärferes Regulativ, mindestens eines der Selbstkontrolle, notwendig, um das Experimentieren vor purer Innovations- und Veränderungstrance zu schützen. Sonst tritt an die Stelle des begründet wichtigen, neuen Textes der chaotisierende Terror von Texten, die bloß Interesse beanspruchen, weil sie neu sind – eine Art literarischer Konsumzwang mit immer kürzerem Saisonwechsel, der das ermüdende Publikum entgegen der eigenen Theorie nur zur Resignation oder zu jähem Wechsel literarischer Moden anleitet.

2. Ungeklärt, wenngleich Behauptung und Gegenbehauptung sich jagen, ist die Frage nach dem Verhältnis der spielerisch-experimentellen Literatur zur praktischen Umgangssprache und allgemeiner zur Lebenspraxis der Gesellschaft, der sie vorgesetzt wird. Die Frage, die auch Wellershoff anschnitt, lautet grob gesprochen: Trägt derlei Literatur Muster des praktischen Handelns vor, leitet sie zu kritischem Handeln an oder reagiert sie Handlungsimpulse ab? Zwischen dem ersten und dem zweiten Modus, der Verhaltens-Suggestion oder der Erziehung zur Kritik, wissen wir heute die sprachlichen und ästhetischen Praktiken hinreichend zu trennen, und wir kennen die gefährlichen Machtmittel, die der poetischen Suggestionssprache innewohnen. Ob aber poetische Literatur schlechthin ein direktes praktisches Handeln stimuliert oder absorbiert, das ist eine nicht gelöste und, wie ich am zweiten Beispiel zeigen möchte, eine zwangsläufig aporetische, mithin im strengen Sinne nur demagogisch verwendbare Frage.

Tatsächlich haben Mißtrauen und Unsicherheit in der Einschätzung der reellen Wirkungsmöglichkeiten schöner Literatur am lärmenden Abzug der Literaten vom Parnaß nicht geringen Anteil. Immerhin führt der Zweifel an der Wirkung von noch so kritischer oder satirischer Dichtung auch nach ernsthafter Selbstprüfung Autoren immer wieder dahin, der poetisch-vieldeutigen Schreibweise zu entsagen zugunsten einer möglichst unmittelbaren Dokumentation sozialer Realitäten und damit zur Betätigung eines direkten politischen, sozialen, humanen Engagements. Dabei legt der eingangs dargelegte Konflikt heute den literarischen Partisanenkampf näher als die agitatorische Bekräftigung des schon Anerkannten und Legitimen. Das ist in Ländern mit einer verfestigt sozialistischen Gesellschaftsordnung im Prinzip nicht anders als in kapitalorientierten Systemen.

Rolf Hochhuth und Peter Weiss haben ein solches Dokumentationsethos entwickelt, das ihnen gebietet, zugleich genau und parteilich die Mißstände und Verbrechen der Zeit dem Tribunal einer breiten Öffentlichkeit, exakter gesagt, eines Theater-, Rundfunk-, Fernseh- und

Lesepublikums auszusetzen. Wer an Hochhuths erste Erprobungen eines neuen politischen Theaters oder an die über Dutzende von Fernsehstationen verbreitete ›Ermittlung‹ von Peter Weiss denkt, wird sich erinnern, daß Mitte der sechziger Jahre kein anderes Instrument eher geeignet war, die öffentliche Diskussion und auch die Selbstanalyse der Kriegsverbrechen unter vielen beteiligten Völkern neu zu erwecken und (für Monate) wirksam zu fördern.

Einen Sprung nach vorn, und einen sehr problematischen, machte Weiss dann mit dem Versuch, nicht vergangene Übel zur Nachbetrachtung aufzustellen und damit allenfalls paradigmatisch deren Fortbestehen anzuprangern, sondern gegenwärtige Übel beim Schopf zu nehmen und mit einer verschärften Agitationstechnik zu ihrer praktischen Beseitigung aufzufordern. So mit dem ›Lusitanischen Popanz‹ und, wiederum einen Schritt direkter, mit dem ›Viet Nam Diskurs‹. Er setzte sich dabei, wie er selbst in seinen ›Notizen zum dokumentarischen Theater‹ vermerkt, ein Fernziel, das bereits die Agitpropliteratur seit den späten zwanziger Jahren und zuvor schon die Expressionisten aufgestellt hatten: nämlich in Fabriken, Schulen und Sportarenen den »proletarischen« Massen die Notwendigkeit solidarischen Handelns unmittelbar vor Augen zu führen.

Der Mißerfolg dieses Konzepts beruht nur zum Teil auf dem Umstand, daß sich in einer pluralistischen Gesellschaft die Massenbasis für solche Veranstaltungen nicht ohne weiteres herstellen läßt. Das Dilemma dieser Literatur wurde vielmehr dort am deutlichsten, wo eine solche Basis andeutungsweise vorhanden zu sein schien, nämlich bei der Aufführung des Vietnam-Stückes in der Berliner Schaubühne am Halleschen Tor, vor einem mindestens revolutionär stimulierbaren Publikum und mit Hilfe von Schauspielern, die zu agitatorischem Spiel in allem Ernst bereit waren. Besonders im Zweiten Teil mit seinen zu direktem Befreiungskampf aufrufenden Texten versetzte das Stück nicht nur das Publikum in eine ziellose Rage gegen die bloße Texthandlung, es trieb vor allem die Schauspieler selbst in einen ausweglosen Widerspruch. Sind wir angesichts eines Stückes, mußten sie sich fragen, das uns so rigoros die Notwendigkeit der Tat verkünden läßt, noch berechtigt, zum zweiten oder zehnten Mal die Befreiung Vietnams zu *spielen,* wenn wir hernach nicht sofort die Befreiung Vietnams an Ort und Stelle praktisch betreiben?

Weiss selber war vorsichtig genug, seine Theaterstücke als ein *Modell* der Praxis von dieser selbst abzuheben. Es zeigt sich aber, daß dort, wo – wie in dieser Aufführung – von der Literatur ein unvermittelter Praxisbezug erstrebt wurde, diese Literatur sich selbst, gerade beim bestgemeinten Agitationsspiel, überflüssig macht, weil die Akteure wie die Agitierten das Vehikel Kunst schließlich für einen Umweg oder gar eine Schwelle vor der Praxis halten müssen. Dies aber ist früher oder später das Geschick aller Poesie und Prosa, die sich vor allem anderen als Instrument direkter politischer Agitation und Aktion verstehen will. Sie drängt aus der Kunst heraus und kann dann freilich durch angemessenere, das heißt, direkt handlungsanweisende Texte ersetzt werden.

Wenn deshalb Peter Weiss seinem Stück in einem anderen literarischen Genre einen unmittelbaren Erfahrungsbericht, nämlich ›Notizen zum kulturellen Leben der Demokratischen Republik Viet Nam‹, nachschickte, so verfuhr er nur besonnen, indem er damit zugleich sein Stück vor einer falschen Verwertung stärker absicherte. Freilich setzte er sich mit dieser Art von schriftstellerischer Tätigkeit auch entschlossen über den Schutzzaun hinweg, hinter dem sich der Poet seine relative Unangreifbarkeit zu bewahren suchte.

Wer deshalb nun glaubt, den Partisanen leichter jagen zu können, weil seine Meinungen schwarz auf weiß belegbar sind, der tut gut daran, abzuwägen, daß mit diesem Schritt – das gleiche Thema auf dem Podest des Schriftstellers und als Publizist abzuhandeln – eine erwünschte Klärung sich vollzieht, der man Nachfolge wünscht.

Literarische Gattungen nach ihrem Wirkungskreis abzusondern, war nicht nur eine Forderung der aufklärerischen Poetik, sondern schon eine Regel der Gebrauchsliteratur in der scheinbar kunstarmen, in Wahrheit wortmächtigen Reformationszeit. Damit wird die Verantwortung des Dichters auf einen besonderen Spielraum literarischer Freiheit eingeschränkt, derselbe Autor kann jedoch in seiner politischen Verantwortung wie jeder Bürger beim Wort genommen werden. Der Partisan ist damit auf dem Wege, neben anderen eine wichtige *Bürgerpflicht*, nämlich die der öffentlich bekundeten politischen Stellungnahme und Aktivität, wahrzunehmen.

Günter Grass hat diese Trennung bisher am energischsten theoretisch begründet und praktisch demonstriert. Sie ist womöglich geeignet, den Schriftsteller von morgen stärker zu entkrampfen als es heute noch denkbar scheint. Den zeitkritischen Romanen und Stücken von Grass hat man mangelnde Eindeutigkeit der politischen Stellungnahme, eine Beschränkung auf bloße Diagnostik, vorgeworfen. Was immer man seinen Werken vorwerfen kann – dies ist sicher einer der unangemessensten Vorwürfe. Denn Grass wählt in seinen Romanen, und noch ausdrücklicher in seiner Lyrik, die poetische Schreibart und damit eine Schreibart der Anspielung, des vielfältigen Deutungsangebots. Derselbe Grass ist in seinen Wahlkampfreden, in seiner Wahlhilfe-Organisation ein politisch agierender Bürger, der an Eindeutigkeit und Entschiedenheit seiner politischen Interessen, wie immer man sie beurteilt, nichts zu wünschen übrig läßt. Dies hat nicht zuletzt Martin Walser, der in politischen Angelegenheiten gewiß nicht sein Gefolgsmann ist, ihm als die Fähigkeit, an die Stelle des gesellschaftskritischen Rituals eine angemessene politische Praxis zu setzen, erst vor Jahresfrist im ›Kursbuch‹ 20 rückhaltlos bescheinigt.

Was das »gesellschaftskritische Ritual« angeht, zu dem zum Ärger Martin Walsers sich ein guter Teil heutiger Schriftsteller noch verpflichtet sieht, so habe ich seine historischen Vorbedingungen auszuleuchten versucht. Die Lösung aus umgrenzten Arbeitsaufträgen und die Übernahme des umfassenden Auftrages, für alle Menschen gleicher Zunge Vorsprecher in ihren wichtigsten Lebensfragen zu sein, hat dem Künstler zwischen feudalen, bürgerlichen und proletarischen Gesellschaftsklassen zu einer Autonomie verholfen, die aller konventionell marxistischen Klassentheorie widerstreitet. Mindestens seit dem 19. Jahrhundert galten für den Künstler im Allgemeinbewußtsein und zuvor schon faktisch nachgerade andere Rechte als für jedes andere Mitglied der Gesellschaft. Von ferne kann man das mit der Doppelung von kanonischem und profanem Recht im Mittelalter vergleichen, die auf einer besonderen, lange Zeit auch geistigen Vormachtstellung der Geistlichen beruhte. Von seinen Rechten hat der Dichter als Dichterfürst, als Dandy, als Bohemien auch sozial den äußersten Gebrauch gemacht. Dem Anspruch auf besondere Vorrechte entsprach jedoch nicht – wie für den mittelalterlichen Geistlichen – eine besondere obrigkeitliche Sicherung. So hat der Mangel eines eingegrenzten Platzes in der modernen Gesellschaft den Schriftsteller auch in besonderem Maße schutzlos gemacht und entsprechend empfindlich gegen öffentliche Kritik.

Inzwischen spricht übrigens manches dafür, daß die intellektuelle Jugend, gleichfalls – wenn auch mehr aus Not als aus Lust – aus speziellen Gesellschaftsaufträgen entlassen, den von den Künstlern geltend gemachten Anspruch auf zweierlei Gesetz sich übereignet hat. Auf sich gezogen hat sie freilich damit auch die gleichen Reaktionsneurosen von Obrigkeit und öffentlicher Meinung.

Was die Schriftsteller angeht, so ist wiederum der Fall des fürwahr nicht extremistischen Günter Grass besonders sprechend. Man muß sich nur eine Seite von Leserbriefen im ›Spiegel‹ aus der Wahlkampfperiode von 1969 vorhalten, um zu sehen, daß man auch heute noch nicht ungestraft als Schriftsteller unter Bürgern wandeln kann. Kein Beamter, kein Arbeiter und nicht einmal ein Wirtschaftsmagnat würde so viele hitzige Verdächtigungen auf sich ziehen, wenn er sich – etwa in Wahlkampfzeiten – in der Öffentlichkeit politisch betätigte. Diese Gereiztheit ist der Preis, mit dem die Schriftsteller einstweilen noch ihre Sonderstellung von ehedem zu bezahlen haben.

Wie wenig anderseits Schritte auf dem realpolitischen Parkett von deutschen Schriftstellern schon geübt und die Konsequenzen eines Eingriffs in öffentliche Konfliktfälle mit Bedacht kalkuliert sind, bewies derselbe Günter Grass zuletzt durch die Tonart, die er publizistisch anschlug, als seine Meinung über die politische Aggressivität eines (nicht ausgedruckten) Programmheftes der Münchener Kammerspiele mit der des Münchener Oberbürgermeisters konvenierte, nicht dagegen mit der des Dramaturgen Kipphardt. Nicht nur in Wortbildern mächtig, machte er hier von der überwunden geglaubten Rolle des anerkannten Poeten Gebrauch, die Gewissensposaune der anerkannten Gesellschaft zu sein. Dem weittönenden Auftritt jenseits der Theaterbretter entsprach wiederum das vielstimmige und hitzige Strafgericht über ihn, der da, mit dem Nimbus des Dichters behaftet, seine Meinung mitgeteilt hatte.

Die nervösen Formen des Engagements auf seiten der Literaten, aber auch die oft allergische Mischung von Aufmerksamkeit und Unmut, die man einem politisch sich betätigenden Schriftsteller entgegenbringt, sind nur abzubauen, wenn auch von seiten der Öffentlichkeit das Vorurteil abgelegt wird, daß der Schriftsteller mit dem Weltgeiste auf besonders vertrautem Fuße stehe und also auch eine *besondere politische Verantwortung* trage. Es gibt, so meint es unser Grundgesetz und schon die Weimarer Verfassung, *keine* politische Verantwortung des Schriftstellers, die sich von der aller anderen Bürger abhöbe. Wer sie fordert, befestigt nur den von der »Kunstepoche« her noch zäh sich haltenden Begriff von der Außerordentlichkeit des Dichters unter den Menschen. Er entstand, wie ich zu zeigen suchte, nicht unnützerweise, aber er ist heute für die Betroffenen selbst, wie immer sie ihn unwillkürlich weiterpflegen, eher eine Last geworden.

Dagegen ist eine besondere *öffentliche Verantwortung* des Schriftstellers tatsächlich zu umschreiben. Dabei handelt es sich aber nicht um eine individuelle, sondern um eine berufsspezifische, also arbeitsteilige Verantwortung innerhalb der Gesellschaft. Sie resultiert aus dem Umstand, daß die Arbeit des Schriftstellers darauf angelegt ist, Publizität zu gewinnen. Was er schreibt, und sei es auch ein persönliches Liebesgedicht oder eine Erfahrung mit seinen Nachbarn, das ist, sobald es gedruckt wird, dazu bestimmt, Tausende von Lesern zu erreichen. Sagt er im Fernsehen seine persönliche Meinung, spricht er unter Umständen zu Millionen. Nimmt er auf diesem Wege seine Bürgerrechte wahr, so tritt allerdings die Publizität, die er sich als Schriftsteller gewinnen konnte, als Multiplikator seiner öffentlichen Wirksamkeit mit ins Spiel, und dieses besondere Gehör, das ihm seine Berufsarbeit verschafft, lädt ihm tatsächlich auch eine besondere öffentliche Verantwortung auf.

Der Beruf, nicht nur Verfertiger, sondern auch Kommunikator von Vorstellungen, Anschauungen, Meinungen und Phantasiegebilden zu sein, verpflichtet ihn in einer Zeit, in der die technischen Mittel, in die Öffentlichkeit zu wirken, sich jäh vermehren, zu einer spezifischen und von Fall zu Fall konkreten Wahrnehmung dieser Verantwortung. Nur unterscheidet sich, wie schon die Beispielreihe zeigte, in diesem Punkte keineswegs mehr der »schaffende« Dichter prinzipiell von dem »nur« literarisch bzw. publizistisch Tätigen, wie es die restaurativen Dichter am Ende der Weimarer Republik noch im Sinne hatten.

Aus den sichtbaren Anstrengungen heutiger Schriftsteller, dem Teufelskreis eines historischen Konflikts zu entrinnen, folgt keineswegs zwingend eine Verwischung aller Unterschiede zwischen verschiedenen literarischen Berufen oder etwa poetischen und nichtpoetischen Äuße-
rungsformen; wohl aber ein Abbau traditioneller Rangunterschiede
zwischen ganzen Berufssparten. Was die Schriftsteller im engeren
Sinne angeht, so verbindet sich verständlicherweise mit einem Prozeß
der gesellschaftlichen Eingliederung das Bedürfnis nach einer sozialen
Sicherung all derer, die nicht die Stars des Büchermarktes und des
Fernsehgeschäftes sind. Dem entspricht deutlich die Konzeption des
Ende 1970 in Stuttgart neu begründeten Schriftstellerverbandes.
Schon sein Motto: ›Einigkeit der Einzelgänger – Schriftsteller in der
Arbeitswelt‹ verspannt die Schriftstellergeschichte der letzten beiden
Jahrhunderte mit einer neuen Einschätzung der öffentlichen Rolle, die
die heutige Gesellschaft dem Schriftsteller zumessen soll. Nicht mehr
als das gute oder schlechte »Gewissen der Nation«, aber auch nicht als
Randfiguren der holzverarbeitenden Industrie wollten die dort versammelten Schriftsteller sich selbst verstehen, geschweige denn verstanden wissen.
Hier scheint eine Gelenkstelle zwischen der »Kunstepoche« mit allen
ihren immer krasser gewordenen Abbauneurosen und einer Epoche
nüchterner, wenn auch darum keineswegs konfliktfreier Sozialpartner-
schaft der Schriftsteller innerhalb der gesamten Gesellschaft erreicht. Es
verdient alle Aufmerksamkeit, daß dieser Schritt gleichzeitig von zwei
Seiten her erfolgt ist. Erstmals haben sich nicht nur diejenige Autoren,
die der Öffentlichkeit kaum bekannt sind und deren karge Einkünfte
sie natürlicherweise zu Interessenten eines Schutzverbandes machten,
sondern auch diejenigen, die im Licht stehen und deren Auflagen sechs-
stellig sind, zu einem genossenschaftlichen Berufsverband ausdrücklich
und aktiv bekannt. Und erstmals hat – noch im Jahrzehnt des »Pinscher«-Odiums – derjenige Politiker, dessen Funktion es ist, die Richtlinien der Politik zu bestimmen, vor Schriftstellern deren berufsspezifische und politisch wünschbare Verantwortung gegenüber der Öffentlichkeit umrissen.
Brandt* war gut beraten, die Distanz bewußt zu halten, die den
Schriftsteller von der unmittelbar praktischen Betätigung auch des
Politikers trennt. Nur dank dieser Distanz kann in der Tat der Gewinn aus einem konfliktreichen historischen Prozeß gewahrt werden,
in dem die Schriftsteller ungebeten, aber genötigt, die Kritik der sittlichen Normen und der praktischen Verhaltensweisen der Gesellschaft
sich zur Aufgabe machten. Auch darin, daß er dem Schriftsteller die

---

* Siehe S. 385–390 des vorliegenden Bandes (Anmerkung des Herausgebers).

Sorge für das Niveau des allgemeinen Sprachgebrauchs als seine anteilige Pflicht an der Verwaltung öffentlicher Angelegenheiten zumaß, hat Brandt nur eine von Lessing bis zu Heißenbüttel reichende Tradition aufgenommen. Aber er hat darüber hinaus auch jene neuerlich gesteigerte Verantwortung bezeichnet, die sich aus der Expansion aller Publikationsmedien für den Schriftsteller als politisch handelnden Bürger herleitet: In den für die gesamte Gesellschaft jeweils wichtigsten Angelegenheiten komme es den Schriftstellern zu, die politische Ignoranz einzudämmen durch vervielfachte und verbreitete Stimmen der vernünftigen Aufklärung.

Schöne Worte und Wünsche zur Eröffnung eines neuen Arbeitsverhältnisses zwischen den Schriftstellern und der Öffentlichkeit in einem Lande, aus dem seit anderthalb Jahrhunderten mehr Schriftsteller in den Elfenbeinturm oder ins Ausland emigrierten als ihm gut tat. Man wird die schönen Worte und Wünsche nicht schon für Tatbestände nehmen. Auch der Kanzler kann allenfalls die *Richtung* der Politik angeben, und ob die Schriftsteller allesamt und mit einem Schlage nunmehr vernünftig reden, steht dahin, und die Frage ist, ob das überhaupt zu wünschen sei. Doch ein besonders wichtiger Bereich, in dem den Schriftstellern öffentliche Verantwortung zugemutet oder auch übertragen werden könnte, ist durch die Gunst der Stunde, nämlich durch den gerade abzuschließenden und kontroversen Polenvertrag, auf derselben Stuttgarter Tagung zur Sprache gekommen, und er verdient, eigens bedacht zu werden.

Gleichviel, ob jedes Dichterwort schon an sich ein »Sesam öffne dich« zu einer verschütteten Lebenswahrheit ist: Die letzten Jahre haben gezeigt, daß Schriftsteller über die Grenzen der Blöcke hinweg noch ihren Dialog führen können, wenn die heißen und die kalten Drähte der offiziellen Beziehungen verwickelt, brüchig oder tot daliegen. Von Land zu Land und zwischen den verschiedenen bezifferten »Welten« den Dialog aufrechtzuerhalten, wenn selbst die Notenwechsel der Regierungen stocken, und Brücken der Verständigung und der gegenseitigen Aufmerksamkeit dort aufzubauen, wo mächtige Interessenten die Bevölkerung ganzer Länder in verkrusteten Ideologien samt deren Sprachregelungen befangen halten: das könnte die Hauptaufgabe der Schriftsteller werden in einer Zukunft, in der viele Völker auf näheres Zusammenleben angewiesen sind, ohne schon eine gemeinsame, überregionale Sprache gefunden zu haben.

Dabei könnte sich herausstellen, daß auch die *Dichter,* die sich selbst, nach einer schwindelnden Berg- und Talfahrt ihres sozialen Nimbus während der letzten beiden Jahrhunderte, lieber hinter dem Titel Schriftsteller, Stückeschreiber, Literaturproduzent verschanzen, Leute sind, die heute und morgen noch gebraucht werden und die deshalb nicht mehr auf dem Absatze kehrt machen müssen, wenn man sie bei ihrem Namen nennt. Denn in einer Welt, in der die Kommunikation zwischen denen, die Recht suchen und denen, die es besitzen, aber auch die sprachliche Kommunikation ganzer Völker untereinander mit der wirtschaftlichen und technischen Entfaltung nicht Schritt hält, haben auch die Dichter genug zu tun. Dabei könnte das alte Wort von der *poetischen Lizenz,* die dem Dichter das sonst Verpönte oder Unterdrückte in prägnanten Bildern zu sagen erlaubt, einen neuen und guten Klang gewinnen.

Dokumente, Kontroversen, Folgerungen 1972

Der nicht eben häufige Fall, daß empirische Erhebungen die aus historischer Reflexion gewonnenen Ansichten über einen Gegenwartskonflikt und dessen Tendenzen hernach umfassender bestätigen, verdient schon wegen des Vergnügens, die Literarhistorie einmal dem Odium ihrer Überflüssigkeit entziehen zu können, einen besonderen Hinweis. So bietet nun die reichhaltige Autorenquete, die Karla Vohrbeck und Andreas Wiesand 1972 in ihrem ›Autorenreport‹ vorgelegt und ausgewertet haben, eine erwünschte Handhabe, um die hier vorgebrachten Überlegungen zu »untermauern«; und wenn Andreas Wiesand seinerseits feststellen konnte, daß dies »in erstaunlicher Weise« möglich sei, dann mag sich das eben auf das Vermerkenswerte eines solchen Falles beziehen. – Was den Autor betrifft, der in der Bundesrepublik seit einem Jahrzehnt den ausgiebigsten Gebrauch von der öffentlichen Tragweite einer Schriftstellerstimme gemacht hat, so liegt darüber jetzt eine besondere Dokumentation vor in der ›Edition Texte + Kritik‹: ›Grass. Dokumente zur politischen Wirkung‹, hrsg. von Heinz Ludwig Arnold und Franz Josef Görtz, 1971. – ›Die Zeit‹ läßt seit einem Jahr eine ganze Reihe von Autoren mit Abgesängen oder auch mit Aushaltebekenntnissen zu der anachronistischen Arbeitsform des selbstverantwortlichen Heimarbeiters und Einmannproduzenten literarischer Güter zu Wort kommen. Für und gegen Dieter Lattmanns Bemühungen um eine sozialpolitische Vereinigung der Schriftsteller sind Debatten und auch schon die Gründung von Gegenvereinigungen im Gange. – Welcher Steigerung die Reaktionen und Gegenreaktionen auf eine politische Confessio aus der Feder eines Schriftstellers noch fähig sind, ist an dem Sturm der Empörung zu ermessen, den Heinrich Bölls Stellungnahme in der Sache Ulrike Meinhofs ausgelöst hat. Weniger als ein Fünfzigstel der dazu vorgebrachten Äußerungen sind, nach den Angaben des Herausgebers Grützbach, versammelt in dem Band ›Heinrich Böll: Geleit für Ulrike Meinhof. Ein Artikel und seine Folgen‹, 1972. Er verzeichnet allerdings nur Dokumente und Stellungnahmen bis zum 23. Februar 1972, noch nicht also die Bundestags- und Landtagsdebatten im Juni dieses

Jahres, in denen der Fall Böll erneut als Argumentationshilfe diente für die teils schon eingerichtete, teils weiterhin geforderte Verstärkung der Maßnahmen zur »inneren Sicherheit« in der Bundesrepublik.

Bereits seit Mitte 1969, als die vorstehende Abhandlung abgefaßt, und noch einmal seit Februar 1971, als sie erweitert in der Beilage zur Wochenzeitung ›Das Parlament‹, ›Aus Politik und Zeitgeschichte‹, zuerst veröffentlicht wurde, haben sich die beschriebenen Kontroversen der Schriftsteller mit ihrer Umwelt und über ihre eigene Rolle förmlich in Jahresringen ausgeweitet, und das kennzeichnet einmal mehr den Krisenzustand zwischen dem herkömmlichen »Einzelkämpfertum« des Schriftstellers (so nennt es noch Böll, so gedenkt seiner in melancholischer Gefaßtheit Rudolf Walter Leonhardt in der ›Zeit‹ vom 30. Juni 1972) und der sich abzeichnenden sozialpolitischen Neuorientierung, die dieser schwer genug zu umschreibende Berufsstand durchmacht.

Die Verabschiedung der Autoren von einem »immer nur eingebildeten *Freiherrenstande*« konstatierte Dieter Lattmann schon im Februar 1971 als einen »Wandel von grundsätzlicher Art« (›Fazit‹ zu ›Einigkeit der Einzelgänger. Dokumentation des ersten Schriftstellerkongresses des Verbandes deutscher Schriftsteller‹, 1971, S. 119). Die Schreibenden selbst sehen jedoch, wie zornige Reklamationen (zuletzt der Leserbrief von R. Schoder in der FRs. vom 2. September 1972) aber auch nüchtern sprechende Prozentzahlen des ›Autorenreport‹ (S. 416 f.) bezeugen, in der Alleinvertretung der eigenen Sache sowohl vor als auch gegenüber der Öffentlichkeit die vorherrschend gewohnte und sogar erwünschte Betätigungsform.

Wie sehr auch im Urteil der Öffentlichkeit derselbe Schriftsteller als Einzelgänger oder als Repräsentant erscheinen kann, das lehrt am deutlichsten die Kampagne um Böll, die das erste Halbjahr 1972 beherrschte. Einige Schlußfolgerungen sind gerade aus dieser Kontroverse schärfer als zuvor abzuleiten. Ihre Ausführung kann freilich als nächste Aufgabe hier nur angezeigt werden:

1. Im Zuge der Kontroversen über Bölls ›Spiegel‹-Artikel hat Karl Heinz Bohrer schärfer als bisher die politische Zuständigkeit des Schriftstellers als eine subjektiv wahrgenommene »Kompetenz für moralische Fragen des Alltagslebens« bestimmt und daraus den gewissermaßen institutionellen Charakter der Konflikte hergeleitet, die ein Schriftsteller auf sich ziehen muß, wenn er auf Argumente der »Staatsräson« trifft oder in die Schere zwischen Gesinnungs- und Verantwortungsethik gerät (›Staatsräson und Moral. Am Beispiel Bölls‹, FAZ, 2. Februar 1972; bei Grützbach S. 153 – 156). Bohrer besteht darauf – und das führt auch über die vorstehenden Darlegungen einen wichtigen Schritt hinaus –, ein Autor könne und würde auch in aller Regel diese spezifische politische Kompetenz nicht einerseits als Dich-

ter ausüben und anderseits bei direkten Äußerungen zu politischen Vorgängen wie andere Bürger oder gar gemäß der Räson sich verhalten können, die ein Politiker wahrzunehmen hat. Was so gewonnen wird, ist eine Kompetenzabgrenzung, nach der beispielsweise die Notwendigkeit wie auch die Nichtbefolgung von Bölls Moralappell gleichermaßen erklärlich werden und am Ende noch Bölls überschüssiger Unmut als eine Art von Spielregelverletzung erscheint. Jedenfalls wird der Strich zwischen dem »Gewissen der Nation« von ehedem und dem Gewissen des einzelnen Schriftstellers hier noch einmal scharf gezogen. Eben an diesem Punkte ist jedoch, gerade angesichts der weiteren Entwicklung des Böll-Konfliktes, der schließlich bis zur Warnung vor einer drohenden »Intellektuellenhetze« führte, weiterzufragen nach der tatsächlichen oder nur eingebildeten Repräsentanz für eine Bevölkerungsgruppe, die gegenwärtig ein Autor, wie Böll zum Beispiel, gewinnen kann.

2. Unweigerlich wächst mit der Gelegenheit zu rascher und multimedialer Verbreitung einer persönlichen Stellungnahme für einen Autor, der sich als Poet einen Namen gemacht hat, die Verführung, die Öffentlichkeit bei aktuellem Anlaß mit seiner Meinung zur Lage zu beschäftigen und dabei von der alten Rolle des unerschrocken-empfindlichen Einzelrichters in öffentlichen Angelegenheiten Gebrauch zu machen. Die reichlich 150 Autoren jedoch, die bis zur Jahresmitte eine Sympathieerklärung für Böll unterschrieben, haben sich damit sicher nur zu geringem Teil seine Argumente zu eigen machen wollen. Sie solidarisierten sich gegen die »Einschüchterung unbequemer Stimmen«, gegen die Ausbreitung eines »Hetzklimas« in der Bundesrepublik, für die Wahrung einer »demokratischen Meinungsfreiheit«. Wie immer sie damit auch das alte Ethos des »Einzelkämpfers« zum Maßstab dieser Freiheit nahmen: Schon durch ihre Vielzahl wie auch durch ihre Zusammensetzung manifestieren die Unterzeichner einen durch den Kasus Böll provozierten Zweckverband aus eben jener Bevölkerungsgruppe, in deren Interesse die Warnung Bölls vor einer »Intellektuellenhetze« ausgesprochen worden war. Im Ernste: Böll ist in diesem Lande kein realer Gehetzter, er wird weder verarmen noch werden unter der jetzigen Verfassung seine Bücher verboten noch er des Landes verwiesen werden, wie er selbst es sich schon – womöglich im Blick auf die so behandelten Namensvettern Heine und Mann – zuständigkeitshalber vorgeschrieben sah. Dennoch ist beachtenswert, daß sich unter dem Namen eines geachteten Schriftstellers ein Solidarisierungsprozeß ereignet, dessen Beteiligte sich – gemäß der nur lockeren Bestimmbarkeit der »Intellektuellen« – in der Mehrzahl auszeichnen durch kommunikative, insbesondere schreibende Berufstätigkeiten und politisch durch eine vorwiegend zeitkritisch sich artikulierende Orientierung, für die man in der Bundesrepublik schon die Bezeichnung »links« bereithält. Ein solcher Solidarisierungsprozeß darf

als ein Zeichen dafür gelten, daß ein latentes Gruppenbewußtsein gerade durch die öffentliche Exponierung eines einzelnen *Schriftstellers* zu aktivieren ist und daß demnach ein Autor, selbst wenn seine Argumente sehr persönlich bleiben, doch eine öffentliche Instanz für mehr als nur sich selbst darstellen kann.

In ähnlicher Zusammensetzung wie jener okkasionelle Unterzeichnerkreis und in derselben, teils berufsständisch, teils vage politisch definierbaren Verbundenheit, wie sie für Genossenschaften in einer spätbürgerlichen Gesellschaft überhaupt bezeichnend ist, betreiben nun literarische Autoren oder auch Medienproduzenten, -mitwirkende und -interpreten ihren Zusammenschluß in einer IG Kultur. Gewiß ist auch eine gewerkschaftliche Bindung noch lange nicht als Garant für die Übernahme gesellschaftlicher Verantwortung anzusehen. Doch könnte hier das Organ geschaffen werden, das – eben unter möglicher Kontrolle der Beteiligten – die kommunikative Kompetenz des einzelnen Schriftstellers mehr als nur subjektiv handhaben läßt und ihrer Ausübung damit auch ein mehr als nur »moralisches« Gewicht gibt. Allerdings muß eine solche »Vereinigung der Einzelgänger« sehr bald und genau abstecken, was ihr und was ihren einzelnen Mitgliedern an öffentlicher Verantwortung wahrzunehmen bleibt.

Wenn der ›Autorenreport‹ feststellt, daß nur ein geringer Teil der Autoren sich für die Weiterverwertung der eigenen Manuskripte und fast die Hälfte sich im allgemeinen nicht einmal für die eigenen Verlagsverträge, mithin für die Publikationsbedingungen ihrer Arbeiten interessiert, so liegt hier ein wichtiger Verantwortungsbereich für einen Verband. Er könnte es erreichen, sowohl mit der anachronistischen Ideologie vom »unabhängigen Schriftsteller« unter den Schriftstellern selbst aufzuräumen, als auch jene Bedingungen zu schaffen, die das notwendige Maß seiner Unabhängigkeit garantieren: zum Beispiel durch Mitbestimmung in der immer mächtigeren Verwertungsindustrie, zum Beispiel auch durch ein Eingreifen bei Versuchen, den Gebrauch der Meinungsfreiheit mit Sanktionen zu belegen, was ja im Falle weniger berühmter Autoren sehr viel stiller, aber unerbittlicher vor sich geht als im Falle Böll.

Die Gesetze der Bundesrepublik begrenzen das politische Betätigungsfeld einer Gewerkschaft ziemlich eng, und das hat in einem Mehrparteienstaat auch gute Gründe für sich. Wenn jedoch von der spezifisch moralischen Zuständigkeit des einzelnen Schriftstellers etwas in einen solchen Verband eingehen und nicht bloß eine berufsständische Interessenwahrnehmung professioneller Interaktionäre das traurige Ziel einer solchen Solidarisierung sein soll, dann muß der Verband seine Mitglieder im Ernste dazu anhalten, den bereitwilligen Deklarationen einer Verantwortung »für den Abbau sozialer und politischer Mißstände«, die zwei Drittel aller Autoren laut ›Autorenreport‹ auf sich nehmen, die tatsächliche Verpflichtung folgen zu lassen, diese

Mißstände an ihrem Ort und unter Ausschöpfung besserer Informationsmöglichkeiten kennenzulernen als der Freundes- und Kollegenkreis und wiederum die Druckwerke für Gebildete sie bieten. Der ›Autorenreport‹ weist geradezu gnadenlos aus, wie klaffend der Unterschied ist zwischen dem Bekenntnis, sich der Unterdrückten oder der »unterprivilegierten Gruppen« der Gesellschaft schreibend anzunehmen und dem ausdrücklichen Studium ihrer Lebensbedingungen, geschweige denn ihrer Mitansprache als Publikum (S. 355 –369). Wenn der Verband solche und andere, auch aktuelle Aufgaben formuliert und ihre Wahrnehmung anregt, kann er womöglich einen wichtigen Teil der öffentlichen Verantwortung, deren Wahrnehmung heute noch weitgehend dem subjektiven Gewissen eines Schriftstellers anheimgestellt bleibt, als gesellschaftliche Verantwortung übernehmen, und damit erst wäre er mehr als nur eine ständische Einrichtung unter anderen.

3. Mit dem Literaten als ungebetenem Einzelgänger haben wir indessen – und dieses Faktum besteht auch in den sozialistischen Staaten fort – als einer kulturellen wie politischen Alltagserscheinung weiterhin zu rechnen. Daran werden auch Parteien, Gewerkschaften und Produktions-Vereinigungen nichts ändern. Den einen sei das zum Trost, den anderen zur Eindämmung hybrider Erwartungen gesagt. Schon eine Arbeitsform, die ein individuell gefertigtes »Werk« mit der Aufzeichnung des letzten graphischen, bildlichen, akustischen Zeichens abgeschlossen sein läßt, wird auch die Weiterverwerter, vom Agenten über den Verleger bis zum Publikum selbst, immer dazu anhalten, ihre Wunschvorstellungen, Werturteile, ihren Bedarf und ihre Nachfrage auf einen persönlichen Autor einzustellen. Das wirkt nicht nur auf das Produktionsethos eines Einmann-Autors zurück, dem so seine Unverwechselbarkeit immer neu zum Schaffensauftrag wird, es hält selbst Gemeinschaftsproduzenten dazu an, sich einen Autorennamen überzuziehen – dies übrigens keineswegs erst seit dem Vordringen industrieller Produktionsformen. Wenn auch die gerade unter Gebildeten noch verwurzelte Huldigung des schöpferischen Autors und marktwirtschaftliche Werbemethoden die Exponierung einzelner Autoren zusätzlich begünstigen, so ist es doch keineswegs ein bürgerlicher Mißstand, wenn ein bestimmtes Publikum »den« Autor seiner Wahl zu hören wünscht. Ist es einmal daran gewöhnt (worden), ihn gern zu hören, werden auch dessen persönliche Meinungen, kommen sie erwünscht, ein Propagandawerkzeug von Gewicht, kommen sie weniger erwünscht, für ihren Verbreiter je nach Lage ein Mutbeweis oder auch ein Geschäft. Wir wollen einen Augenblick annehmen, ›Der Spiegel‹ hätte, was sein gutes Recht ist, Böll zu einem Wort in der Sache Ulrike Meinhofs ermuntert – in Erinnerung waren ja Auftritte von einigem Nachhall wie seine Rede vom Staat als dem Laternenputzer oder seine Kölner Ankündigung, aus der Gesellschaft

auszutreten –, Augsteins Magazin hätte also mit seinem guten Sinn für den politischen wie auch für den geschäftlichen Ertrag Böll inszeniert: Ob Augstein und die Seinen hinter Böll standen oder nicht, sie konnten jedenfalls gewiß sein, daß der Autorname Böll eine Fangreuse der Aufmerksamkeit sein würde, während ein in der gewohnten ›Spiegel‹-Anonymität verfaßter Artikel gleichen Tenors in die Fülle der Baader-Meinhof-Glossen eingegangen und auch von der Mehrzahl der empört Reagierenden allenfalls als eine ›Spiegel‹-Unverschämtheit abgetan, kaum aber zum Gegenstand monatelanger Diskussionen gemacht worden wäre.

Wiederum kommt hier jene besondere moralische Qualität ins Spiel, die der politischen Äußerung eines Schriftstellers eignet. Eine moralische Kompetenz muß an eine sie ausübende Person gebunden sein, um nicht verhängtes Prinzip zu werden. Ein Schriftsteller wird deshalb, solange das Bedürfnis nach einem Korrektiv institutionalisierter Moral besteht, als *Person* gebraucht, und eben deswegen muß er imstande gehalten werden, als Person, unbequem, aufsässig, vielleicht folgenlos, vielleicht sekundiert von einer sich ihm solidarisierenden Gruppe und dann als Kristallisationspunkt für deren Interessen, seine Meinung zu sagen, in und außerhalb seiner poetischen Lizenz.

Weil er dies, unter sehr verschiedenen gesellschaftlichen Bedingungen, alleine tun *muß*, sollte man nicht nur sein Leben, sondern schon seine Meinungen besonders schonend behandeln – insbesondere dann, wenn gesellschaftliche Entwicklungen sich verlangsamen oder stagnieren, kurz: wenn die Restauration vorherrscht. Tatsächlich haben gerade in Zeiten anhebender Restauration oder schlimmerer Rückfälle die dichterliebenden Deutschen von Heinrich Heine bis Heinrich Mann mehr Schriftsteller ins Exil und ins Elend gezwungen, als ihre ästhetische Erziehung vermuten ließ. Heinrich Böll ist nicht in der Gefahr, aber er hat teil an dieser Geschichte. Und er ist heute, ob PEN-Präsident, ob gehegter Kiepenheuer und Witsch- und ›Spiegel‹-Autor, kraft der Wünsche seines Publikums, kraft der Exponierung durch seine Verleger, kurz: solange man ihm diese Verantwortung institutionell zumißt, eine Stimme für sich. – In der Sache Ulrike Meinhofs ist derzeit zu wünschen, daß solche abweichenden Stimmen gehört werden.

Einer Schriftsteller-Vereinigung, die einzelnen Autoren diese Möglichkeiten offenhält, stünde es jedoch ihrerseits zu, ihren Mitgliedern so gut wie der Öffentlichkeit den Blick dafür zu öffnen, in welchem Maße Autornamen und -bekenntnisse von Fall zu Fall im Dienste verschiedener Interessen oder auch nur als dankbares Medienfutter inszeniert werden können. Indem sie die Regeln des literarischen Lebens durchsichtig hält, könnte sie ihrerseits aktiver als einzelne Autoren diese Regeln mitprägen. Dabei liegt es an ihr, sich nicht in Anprangerungen und der Reklamierung von Autorrechten zu verschleißen, wohl aber die Aufmerksamkeit dafür zu schärfen, daß aus der »unabhängigen« Stimme eines Autors je nach Ort, Zeit und auch dem politischen Zweck ihrer Weiterverwendung sehr Verschiedenes gemacht wird: Eine Enklave der moralischen Besinnung in der Hitze des Gefechts, eine Gelegenheit zur Solidarisierung, ein Scheit zum Zündeln, ein Argument für die Notwendigkeit von »Maßnahmen«. In diesem Kräftespiel von Schreibakt, Publikationsform, Resonanz und Weiterverwertung kann nicht mehr der einzelne Autor, wohl aber eine Autorenorganisation als ganze mitreden und also eine öffentliche Mitverantwortung wahrnehmen. Vorläufig erfüllen fallweise diesen wichtigen Dienst die zuvor genannten Veröffentlichungen über Grass und Böll. Zum Weiterdenken verhilft der ›Autorenreport‹, ein Lehrbuch über und für Autoren von heute.

Von der Parabel zum Straßentheater

Notizen zum Drama der Gegenwart

Daß die Geschichte der ästhetischen Theorien ein Prozeß ist, der keinen Stillstand kennt, darüber gab sich der Verfechter des »dialektischen Theaters« gewiß am wenigsten einer Täuschung hin. Trotzdem steht die lebendige Epoche der deutschen Theatertheorie, die Brecht heraufführen half, immer noch unter der Anziehungskraft seiner teils bestechenden, teils unwillkommenen Fragen: noch im Widerspruch und in der Absage bekundet sie sich. Und mancher, der ihn zu überholen glaubt, ist zu Entdeckungen ausgezogen, die bei Brecht nur Wegstationen waren.

Ich will nicht mißverstanden werden, will nicht jenen Apologeten das Wort reden, die Brechts Theaterform als einen unantastbaren Besitzstand sichern möchten. Nicht sie sind seine geistigen Erben. Denn die »Autorität« seines Denkstils beweist sich gerade dort, wo der Autorität seiner Theorie mißtraut wird. Andererseits, so sollte man meinen, lassen sich Lehren aus seinen Experimenten ziehen. Aber vielleicht sind künstlerische Erfahrungen nur begrenzt übertragbar, und vielleicht muß jede zum Neuen drängende Generation sie durch eigene Versuche neu gewinnen.

Brecht erkundete während der letzten Jahrzehnte seines Lebens als Dramatiker, Theoretiker und Theaterpraktiker den Spielraum der Möglichkeiten, das künstlerische und das politische Element, das Ästhetische und das Didaktische ins Gleichgewicht zu bringen. Er war nicht mehr unbefangen genug, das Theater als Austragungsstätte für politisches Handeln anzubieten. Schon früh erkannte er den Versuch des Piscatorschen Theaters, sich der Politik zu bemächtigen, als revolutionär nicht »in bezug auf die Politik, sondern lediglich in bezug auf das Theater«.[1] Aber er war nie geneigt, die Bühne aus den politischen Prozessen zu isolieren und sie den bloß ästhetischen Bedürfnissen zu überlassen. Das Politische war für ihn auf dem Theater vertreten durch Gesellschaftskritik. Und die Abwehr gesellschaftskritischer »Tendenzen« stand bei ihm unter Ideologieverdacht; sie kam ihm »von denen, die unter dem Mantel, daß sie die Kunst verteidigen, einfach die bestehenden Zustände gegen Kritik verteidigen« (G. W., XVI, 922). Die Definition des Theaters als einer »Stätte der Unterhaltung

und der Belehrung« berief sich auf die großen Aufklärer Diderot und
Lessing (G. W., XV, 292). Und die »Krise« im Verlauf der Versuche,
dem Theater eine neue gesellschaftliche Funktion zu geben, sah Brecht
in dem Konflikt zwischen Unterhaltungs- und Lehrwert, etwa in einer
Piscator- oder einer ›Dreigroschenoper‹-Aufführung. »Die Entwicklung drängte auf eine Verschmelzung der beiden Funktionen Unterhaltung und Belehrung.« (›Über experimentelles Theater‹, 1939. G. W.,
XV, 294.)
Der Lösungsversuch bestand darin, die Lehre, das kritische Erkennen,
die Dialektik auf dem Theater selbst zur Unterhaltung, zum Vergnügen, zum Genuß zu machen. Wieder wird – in dem Gedanken, daß
sich kritische Unterrichtung und Kunstgenuß wechselseitig einschlie-
ßen – die geistige Nähe zur Aufklärung deutlich. Auch für Johann
Elias Schlegel, dem das »Vergnügen« schon zu den »Sachen« gehörte,
»die man um ihrer selbst willen sucht«, galt es als ausgemacht: »Es
vergnügt den Verstand des Menschen nichts so sehr, als was ihn lehret,
zumal ohne daß es ihn zu lehren scheint.«[2]
Die dramatische Form, in der Brecht die »beiden Funktionen Unterhaltung und Belehrung« verschmelzen konnte, ist das Parabelstück.
Was Lessing (in der Vorrede der ›Abhandlungen über die Fabel‹) für
die literarische Gattung der Fabel feststellt: daß sie auf dem »gemein-
schaftlichen Raine der Poesie und Moral« liege, läßt sich mit leichter
Abwandlung auch von der Parabel sagen. In ihr bewährt sich – mit
W. Benjamin zu sprechen – »die artistische Meisterschaft dadurch
[...] daß die Elemente der Kunst am Ende sich in ihr wegheben«.[3]
Sie macht die Lehre zur Kunst und das Künstlerische lehrhaft; die
Parabel ist eine ästhetische Form des Didaktischen. Auf Brecht bezogen: sie schafft der gesellschaftskritischen Intention ästhetischen Spielraum. Sie erspart der sozialen Dramatik den Zwang zur naturalisti-
schen Form. Indem sie aus der Realität nur ihre Strukturen, nicht ihr
Außen übernimmt, genauer: indem sie eine bestimmte gesellschaftliche
Wirklichkeit nicht in sklavischer Bestandsaufnahme abschildert, sondern an einem Gleichnisfall demonstriert, ermöglicht sie die poetische
Umschreibung. Sie wird zur Dichtung, ohne der Realität zu entsagen;
sie vermag zeitgeschichtliche Wirklichkeit zugleich zu verkleiden und
zu erfassen. Der Gleichnisfall erlaubt es, eine konkrete, gegenständliche Handlung im Sinne des Aristoteles zu benutzen – daß die Fabel
»die Seele des Dramas« sei, darin ist sich Brecht mit Aristoteles einig
(›Kleines Organon für das Theater‹, § 12). Und doch kann auf die
aristotelische Katharsis-Lehre verzichtet werden. Die Parabel verhilft
dem Dichter zur Freiheit des dramatischen Spiels gegenüber der In-
transigenz und Aufdringlichkeit der Lehre, und sie sichert die Lehre
gegen die Selbstherrlichkeit des Spiels.
Parabelstücke sind kein Reservat des Brechtschen Theaters; wir kennen sie aus dem Zeitalter der Reformation und finden sie auch bei

anderen zeitgenössischen Autoren. Doch gibt es geistige Voraussetzungen, von denen die Parabelform Brechts nicht abzulösen ist:

1. Das Vertrauen in die Belehrbarkeit des Zuschauers, die Zuversicht, das Publikum zu einer neuen, kritischen Zuschauerhaltung erziehen zu können.

2. Die Überzeugung von der Durchschaubarkeit der Welt und der Analysierbarkeit der Gesellschaft. Die Methode der Brechtschen Analyse ist die materialistische Dialektik.

3. Das Vertrauen in die Veränderbarkeit der Welt. Was das Theater leisten soll, ist, die Welt als eine veränderbare darzustellen, ein »praktikables Weltbild« zu geben. »Eine Kunst, die das könnte, würde in die gesellschaftliche Entwicklung tief eingreifen können, sie würde nicht nur mehr oder weniger dumpfe Impulse verleihen, sondern dem fühlenden und denkenden Menschen die Welt, die Menschenwelt, für seine Praxis ausliefern.« (›Über experimentelles Theater‹, G. W., XV, 297.)

Ihrer Intention wie ihren Formen nach bleibt die Brechtsche Parabel unverwechselbar. Nicht zufällig aber taucht das Parabelstück im 16. Jahrhundert, dem Zeitalter der Reformation und Gegenreformation, und im Jahrhundert der Konfrontation von bürgerlicher und sozialistischer Gesellschaftsordnung auf. Es hat zweimal seine – sozial- und geistesgeschichtlich bedingte – Stunde. Offensichtlich ist die Parabel als dramatische Form solchen Epochen angemessen, die von starken inneren Spannungen bestimmt, durch einen zugespitzten geistig-politischen Antagonismus geprägt sind.

Brecht hat für das Theater der Gegenwart die Parabel wieder anziehend gemacht. Und das Beispiel seiner Formerneuerung hat – wenigstens im Theoretischen – selbst dort zur Nachfolge gereizt, wo die Parabel ihrer Entfaltungs- und Wirkungsmöglichkeiten beraubt ist und nur noch als Metapher genommen werden kann. Es mußte wohl einem deutschen Dramatiker vorbehalten bleiben, die Parabel auch für das »absurde Theater« in Anspruch zu nehmen. In seiner ›Erlanger Rede über das absurde Theater‹ fragt Wolfgang Hildesheimer nach dem parabolischen Charakter absurder Theaterstücke. Es scheint um den Versuch zu gehen, zwischen zwei so gegensätzlichen Erscheinungen wie dem Brechtschen und dem absurden Theater zu vermitteln. In der Tat gibt es Berührungspunkte auf jener Ebene, wo Brechts sog. Verfremdungseffekt repräsentativ ist für den Epochenstil; Hildesheimer deutet sie an: die Absage an die aristotelische Katharsis, das Element des Grotesken, die Verfremdung. Da finden sich Sätze, mit denen Brecht selbst sich ins absurde Theater geschlichen zu haben scheint: »Verfremdung wahrt die Würde des Schauspielers. Sie gibt ihm in jedem einzelnen Moment die Möglichkeit, seine Distanz zur Rolle zu demonstrieren.«[4] Doch können solche Ähnlichkeiten die elementaren Unterschiede nicht verdecken. In der Absage an die aristotelische Dramaturgie geht das absurde Theater über Brecht noch einmal wesentlich hinaus: es läßt auch die Forderung nach der gegenständlichen Handlung, nach der erzählbaren Fabel fallen. Das entspricht dem allgemeinen Verzicht auf Sinnaussprache, mit dem der Dramatiker des absurden Theaters auf die Sinnentleerung einer für ihn undurchschaubar, unanalysierbar gewordenen Welt antwortet. Hildesheimer zitiert aus Ionescos Vorrede zu den ›Stühlen‹: »Wie könnte ich, da die Welt mir unverständlich bleibt, mein eigenes Stück verstehen? Ich warte, daß man es mir erklärt.«[5]

So ist auch mit dem Rückblick auf das epische oder dialektische Theater für die Genealogie des absurden Theaters wenig gewonnen, man übersähe zu sehr seine Herkunft aus dem Drama des Surrealismus. Scharf scheidet sich die Philosophie (bzw. Kunstphilosophie) des Absurden vom marxistischen und aufklärerischen Denken Brechts. »Das Kunstwerk«, sagt Albert Camus, »entsteht aus dem Verzicht des Verstandes, das Konkrete zu begründen.«[6] Bei Brecht sind es gerade die Bemühungen, »die Kunst gegenüber dem Verstande zu legitimieren«, welche »ihn immer wieder auf die Parabel verwiesen«.[7]

Deshalb aber kann Hildesheimer den Parabelbegriff für das absurde Theater nur retten unter Preisgabe des »Konkreten«. Aufgegeben ist die Möglichkeit des Analogieschlusses, der Einsicht in die Entsprechungen zwischen Vergleichendem (dem Gleichnis) und dem Verglichenen, und damit der »Lehrwert« der Parabel. Den Verlust der Lehrfunktion sieht Hildesheimer bedingt durch die Undurchsichtigkeit des Verglichenen selbst. Das absurde Theaterstück wird ihm »eben durch das absichtliche Fehlen jeglicher Aussage zu einer Parabel des Lebens [...] Denn das Leben sagt ja auch nichts aus«.[8] Aber er sieht sich gezwungen, die Gültigkeit des Parabelbegriffs noch einmal einzuengen: »Das absurde Stück [...] kann nicht ein der Aussagelosigkeit und der Fragwürdigkeit des Lebens analoges Geschehen darstellen, denn für etwas was fehlt, was also *nicht* ist, läßt sch schwerlich ein Analogon finden [...] Erst die Summe der Darstellungen ergibt das ganze Bild. Und erst die Summe der absurden Stücke – also die Existenz des absurden Theaters als Phänomen – wird zum Analogon des Lebens.« So offenbart »erst das absurde Theater als Ganzes die didaktische Tendenz der Parabel«.[9] Es ist »eine Parabel über die Fremdheit des Menschen in der Welt«.[10]

Hier erweist Hildesheimer gleichsam seine Reverenz vor der Parabel Brechts. Aber es leuchtet nicht ein, wie eine »didaktische Tendenz« noch faßbar und wirksam sein soll, die sich in die unüberschaubare, nie dem konkreten Theaterpublikum, sondern nur dem Historiker zugängliche Gesamtheit der absurden Stücke verflüchtigt. Hier verschleiert Hildesheimer eine Konsequenz, die Camus für das »Drama des Verstandes« oder das »intellektuelle Drama« gezogen hatte: »Das Kunstwerk ist [...] die Inkarnation eines intellektuellen Dramas.

Das absurde Kunstwerk verdeutlicht den Verzicht des Denkens auf sein Ansehen: seine Resignation, mehr sein zu wollen als die Einsicht, die die Erscheinungen in das Werk umsetzt und das, was keine Vernunft hat, mit Bildern zudeckt.«[11] Jenem letzten Akt der Resignation weicht Hildesheimer aus, wenn er dem absurden Theater noch die »didaktische Tendenz der Parabel« unterlegt, wo es doch – will man am Bild unbedingt festhalten – allenfalls Gleichnis für die Unmöglichkeit der Parabel sein kann.

In anderer Hinsicht freilich läßt es Hildesheimer an Folgerichtigkeit nicht fehlen. Er entsagt allem Glauben an die »Sendung des Theaters«. »Der absurde Dramatiker vertritt die Ansicht, daß [...] das Theater noch keinen Menschen geläutert und keinen Zustand verbessert hat, und sein Werk zieht – je nach Veranlagung seines Autors – bittere oder komische Konsequenz aus dieser Tatsache.«[12] – Zu einer ähnlichen Illusionslosigkeit bekennt sich in jüngerer Zeit Max Frisch.

Frisch gehört nicht, auch mit ›Biedermann und die Brandstifter‹ nicht, zu den Dramatikern des absurden Theaters – zu Unrecht reiht ihn Martin Esslin hier ein.[13] Auffällig immerhin ist die resignative Haltung bei einem Autor, der kein Hehl aus den Anregungen und Antrieben gemacht hat, die er dem Werk und der Person Brechts verdankt. Das Experimentieren mit dramatischen Formen führte ihn auch zur Parabel. Mit ›Biografie: Ein Spiel‹ (1967) hat er nun »die Suche nach einem andern Verfahren, Theater zu machen«, aufgenommen.

»›Biedermann‹ und ›Andorra‹ sind Parabeln. Ein bewährtes Verfahren, um dem Imitier-Theater zu entgehen, jener hoffnungslosen Art von Theater, das sich Realität durch Imitation von Realität verspricht. Das Verfahren der Parabel: Realität wird nicht auf der Bühne imitiert, sondern kommt uns zum Bewußtsein durch den »Sinn«, den das Spiel ihr verleiht; die Szenen selbst geben sich offenkundig als ungeschichtlich, als Beispiel fingiert, als Modell und somit aus Kunst-Stoff. Das geht; es hat nur einen Nachteil: Die Parabel strapaziert den Sinn, das Spiel tendiert zum *quod erat demonstrandum.* Es hilft dann wenig, wenn ich mich durch Untertitel verwahre: ›Lehrstück ohne Lehre‹. Die Parabel impliziert Lehre – auch wenn es mir nicht um eine Lehre geht. Vielleicht ist es mir nie in erster Linie darum gegangen. Daher das Unbehagen in der Parabel.«[14]

Frisch zieht sich auf keinen wolkigen Begriff zurück, er verbrämt nicht die der Parabelform eigenen Wirkungsabsichten. Welches Eigengewicht die Form gewinnen kann, zeigte ›Biedermann und die Brandstifter‹ (1958), wo sich trotz negierenden Untertitels und trotz der Unbelehrbarkeit der Hauptfigur ein didaktisches Moment behauptet. Gewiß liegt hier weder ein reines Lehrstück noch eine reine Parabel vor, aber unverkennbar sind die Züge dessen, was Brecht den »Parabeltypus mit Ideologiezertrümmerung« nannte. (G. W., XV, 288) Den ideologischen Mißbrauch des Schicksalsbegriffes entlarven am Eingang des Stückes Chorführer und Chor:

»Feuergefährlich ist viel,
Aber nicht alles, was feuert, ist Schicksal,
Unabwendbares.
Anderes nämlich, Schicksal genannt,
Daß du nicht fragst, wie's kommt,
Städtevernichtendes auch, Ungeheures,
Ist Unfug ...
Nimmer verdient,
Schicksal zu heißen, bloß weil er geschehen:
Der Blödsinn,
Der nimmerzulöschende einst!«[15]

Auch Brecht ging es darum, die historischen und die sich anbahnenden Katastrophen kritisierbar zu machen. Frisch teilt hier noch Brechts Vertrauen in die Durchschaubarkeit und Veränderbarkeit der Welt. Und die parabelhaften Züge verdichten sich noch einmal in ›Andorra‹ (1961). Erst mit dem Spiel ›Biografie‹ wird die Wende dramatisch manifest.

Doch die zunehmende Skepsis kündigt sich an; die Reflexion greift der Praxis des Dramatikers vor, zumal in der Rede ›Der Autor und das Theater‹ (1964). Frisch leugnet nicht den politischen Charakter des Theaters, stellt aber die Frage nach seiner Nutzleistung. Den Effekt des absurden Theaters versteht er geradezu als Entpolitisierung des Zuschauers. »Selbst die Poesie des Absurden, das sich ihm zu entziehen scheint, bestätigt das Politische des Theaters; das Publikum, das sich im Absurden befriedigt, müßte einen Diktator entzücken: es will keine Aufklärung von Ursachen, sondern genießen, was es ängstigt, Urlaub in apokalyptischer Gartenlaube.«[16] Wie aber verhält es sich mit den Möglichkeiten aufklärerischer Wirkung? Hier offenbart sich die ganze Illusionslosigkeit Frischs: »Millionen von Zuschauern haben Brecht gesehen und werden ihn wieder und wieder sehen; daß einer dadurch seine politische Denkweise geändert hat oder auch nur einer Prüfung unterzieht, wage ich zu bezweifeln.« (Öffentl. 72 f.) Was Frisch dem Theater noch zuspricht, ist die Fähigkeit, verborgene Verhaltens- und Wertnormen der Gesellschaft ins Licht, an die Öffentlichkeit zu bringen. Nicht mehr die Wirklichkeit kann kritisch entlarvt, sondern nur noch des Zuschauers Haltung zu ihr kann enthüllt werden. »Zumindest zeigt sich, was die Mitbürger wissen wollen, was nicht, was sie für heilig halten, was sie empört und womit sie zu trösten sind. Indem sie beispielsweise ein Vorgang, den sie in der Wirklichkeit jahrein jahraus hinnehmen, auf dem Theater entrüstet, zeigt sich (im Dunkel des Zuschauerraumes deutlicher als im hellichten Alltag) ihr Verhältnis zur Wirklichkeit außerhalb des Theaters.« (Öffentl. 71) Also das Theater als Ort der ungewollten Selbstoffenbarung einer durch das Publikum vertretenen Gesellschaft! »Theater als Prüfstand« nennt es Frisch. Aber der technologische Begriff kann über die äußerste Bescheidenheit des Anspruches nicht hinwegtäuschen. Nur als Beobachtungsfeld für den Soziologen, als Ort des Meinungstests für den Politiker scheint das Theater noch gesellschaftliche Bedeutung zu haben.

Brecht hatte auf die Frage: »Kann die heutige Welt durch Theater wiedergegeben werden?« geantwortet, daß sie nur noch als eine veränderbare Welt beschreibbar sei. (G. W., XVI, 929) Auch diese Maxime begegnet den Vorbehalten Frischs. Brecht zeige »nicht die vorhandene Welt, sondern Modelle der brecht-marxistischen These, die Wünschbarkeit einer anderen und nicht vorhandenen Welt: Poesie«. Für Frisch ist die Welt überhaupt unabbildbar geworden, und das »Spiel« ist ihm geradezu eine »Antwort auf die Unabbildbarkeit der Welt«. (Öffentl. 76) Also ein Rückzug allerorten! Dennoch bleibt die Faszination der Brechtschen Denkmodelle erhalten; es ist ein Rückzug mit verstohlener Rückwendung des Blicks auf sie. »Unser Spiel [...] ändert diese Welt noch nicht, aber unser Verhältnis zu ihr.« Nichts anderes hatte auch der spätere Brecht erstrebt, wenn er die Welt kritisierbar machen und sie dadurch dem Menschen »für seine Praxis ausliefern« wollte. Und sogar den Gedanken von der Veränderbarkeit der Welt läßt Frisch wieder ein: »dadurch, daß wir ein Stück-Leben in ein Theaterstück umzubauen versuchen, kommt Veränderbares zum Vorschein, Veränderbares auch in der geschichtlichen Welt, die unser Material ist«. (Öffentl. 79)

Freilich bleiben diese Zugeständnisse Überbleibsel einer früheren Dramaturgie – Gepäck, das der Zurückgehende noch nicht abzuwerfen wagt. Sicher ist, daß sich Frisch von der Parabel getrennt oder zumindest auf ihren ästhetischen Teilbereich, das Spiel, zurückgezogen hat. »Wir erstellen auf der Bühne nicht eine bessere Welt, aber eine spielbare, eine durchschaubare, eine Welt, die Varianten zuläßt, insofern eine veränderbare, veränderbar wenigstens im Kunst-Raum.« (Öffentl. 78) Sein Spiel ›Biografie‹ erweist das »wenigstens« als ein »nur«. Hier ist eine »Welt, die Varianten zuläßt«, ins theatralische Spiel gebracht, ist die Unwiederholbarkeit des Augenblicks, die Zeithörigkeit der Handlung aufgehoben, hier erhält der Mensch die Freiheit, Geschehenes zurückzunehmen und seine Wahl noch einmal – und mehrfach – zu treffen, seine Biographie neu zu entwerfen.

Das Spiel, hatte Frisch gesagt (Öffentl. 79), »ist eine Selbstbehauptung des Menschen gegen die Geschichtlichkeit«. Während Brechts Verfremdungseffekt sein Ziel nicht zuletzt darin hatte, des Menschen Bewußtsein von seiner Geschichtlichkeit zu schärfen und ihn in dieser seiner Geschichtlichkeit zu verantwortlichem Handeln zu verpflichten, sucht Frischs Spielbegriff dem Menschen eine Insel im Strom der Geschichtlichkeit zu errichten. In ›Biografie‹ tritt ein Gesetz geschichtlicher Abläufe, ihre Unumkehrbarkeit, außer Kraft. Am Beispiel zweier Ehepartner wird gezeigt, wie menschliches Leben außerhalb der Geschichtlichkeit gedacht werden kann. Mehrere Möglichkeiten des Verhaltens und der Entscheidung werden von der Hauptfigur, dem Verhaltensforscher Kürmann, durchgespielt. Die menschliche Biographie ragt nur mit Fragmenten in die Zeitlichkeit hinein, weil mögliche Alternativen sich gegen den Zeitfluß querstellen. Und die eine Alternative löscht die andere auf dem Band der Zeit.

Aber es ist dies ein Variantenspiel, das ganz in die Möglichkeiten der Bühne eingeschlossen bleibt (und sogar in der Kunstwelt selbst, für die Hauptfigur, an seine endgültige Grenze stößt). Es ist eine »Selbstbehauptung des Menschen gegen die Geschichtlichkeit«, der jegliche Entsprechung in der empirischen Wirklichkeit fehlt. Der Gedanke von der Veränderbarkeit der Welt ist aller politischen und sozialen Implikationen beraubt und in die ästhetische Fiktion verwiesen. Damit hat sich Frisch zugleich für die Reprivatisierung des Theaters entschieden – eine Reprivatisierung, die in dem Ehestück ›Biografie‹ auch thematisch sinnfällig wird.[17]

Andererseits ist ›Biografie‹ ein Experiment auf der Suche nach Möglichkeiten, das zu überwinden, was er in der Schillerpreis-Rede von 1965 die »Dramaturgie der Fügung« nennt: »die klassische, die unentwegt den Beweis erbringt, daß es so und nicht anders habe kommen müssen«. Es gelte eine Dramaturgie zu finden, die auch der Rolle des Zufalls ihr Gewicht belasse. Denn: »Tatsächlich sehen wir, wo immer Leben sich abspielt, etwas viel Aufregenderes: es summiert sich aus Handlungen, die oft zufällig sind, und es hätte immer auch anders sein können, es gibt keine Handlung und keine Unterlassung, die für die Zukunft nicht Varianten zuließe. Der einzige Vorfall, der keine Variante mehr zuläßt, ist bekanntlich der Tod.« (Öffentl. 97) Wieder zeigt sich, wie ein Brechtscher Denkansatz umspielt und letztlich verlassen wird. Schon Brecht hatte die Dramaturgie der notwendigen Abläufe durch den Entwurf eines »praktikablen Weltbildes« auf der Bühne zu ersetzen versucht. Im Titel des Stückes ›Der aufhaltsame Aufstieg des Arturo Ui‹ ist die dramaturgische Absicht, Vorgängen den Charakter der Zwangsläufigkeit zu nehmen, sogar auf eine programmatische Formel gebracht. Freilich lag Brecht der Gedanke fern, an die Stelle der klassischen eine Dramaturgie zu setzen, welche – wie Frisch will – »die Zufälligkeit akzentuiert«. (Öffentl. 99) Wo der eine dem Spiel des Zufalls, das er in der Lebenswirklichkeit antrifft, ästhetische Würde verleihen möchte, wünschte der andere die historischen Abläufe als beherrschbar zu zeigen: beherrschbar durch Vernunft.

Daß diese Vernunft eine der materialistisch-dialektischen Analyse sich bedienende, eine »brecht-marxistische« Vernunft ist, überliefert sie der Skepsis Frischs. Und gewiß ist die zunehmende Distanzierung von den marxistischen Denkansätzen Brechts mitverantwortlich auch für die Gebrochenheit der Parabelform bei Frisch und für seine schließliche Abkehr von ihr. Bei Brecht in den Dienst der Auseinandersetzung mit der bürgerlich-kapitalistischen Gesellschaft gestellt, also zum Mittel kompromißloser Gesellschaftskritik bestimmt, erwies sich die Parabel als ein für klare Parteinahme gemäßes künstlerisches Ausdrucksorgan. Von Brecht her gesehen, versteht sich Frischs gebrochenes Verhältnis zur Parabel aus seiner Unentschiedenheit zwischen bürgerlicher und sozialistischer Position.

Eine vergleichbare Entwicklung zeichnet sich – zumindest vorübergehend – im dramatischen Werk Martin Walsers ab. In seinen ersten Stücken bleibt Walser der sozialkritischen Tendenz des Brechtschen Theaters nahe, auch wo er dessen Formen nicht übernimmt. So demonstriert ›Eiche und Angora‹ (1962) den Verfall der politischen Moral. Walser führt eine Art Anti-Helden vor, der sich auf seinem Weg durch die verschiedenen Phasen der jüngsten deutschen Geschichte der jeweiligen politischen Situation anzupassen versucht, dessen Verhalten aber im Augenblick der Anpassung von der politischen Entwicklung immer schon überholt ist. Die Kritik gilt nicht nur dem opportunistischen Einzelnen, sondern zugleich einer Gesellschaft, die ihre politischen Prinzipien wechselt wie ein Hemd.

Mit dem Stück ›Die Zimmerschlacht‹ (1967) zieht sich Walser – wie Frisch – ins Ehedrama zurück. Bedeutsamer jedoch erscheint eine theoretische Neuorientierung. Walser wünscht die Bühne zu einer Stätte für »Handlungen des Bewußtseins« zu machen; er billigt dem Theater die Freiheit zu, alles zu vergegenwärtigen, was im menschlichen Bewußtsein vor sich geht.[18] Damit wird ein künstlerisches Mittel und Prinzip des modernen Romans, wie es etwa aus James Joyces ›Ulysses‹ bekannt ist, auf das Drama übertragen. Es muß dahingestellt bleiben, ob nicht ein solcher Entwurf auf das Monodrama und die Abstraktion zusteuert. Noch fehlen nennenswerte Beispiele dieses »Bewußtseinstheaters«, das der Subjektivität neuen Spielraum eröffnen und jener psychologischen Analyse wieder Einlaß gewähren würde, an der sowohl das expressionistische Theater wie auch Brecht und das »absurde« Theater uninteressiert waren.

Frischs und Walsers Abkehr von der Brechtschen Theaterauffassung kommt einer Kehre gleich, die sich dort erübrigte, wo die Vorbehalte gegen Brecht von vornherein stärker waren: bei Friedrich Dürrenmatt. Auch Dürrenmatt hat der Anziehungskraft Brechts seinen Tribut entrichtet; Verfremdung ist ein Stilelement auch seiner Dramatik. Und die parabolischen Züge in ›Besuch der alten Dame‹ (1955) lassen sich nicht übersehen. Von Anfang an aber hält er, deutlicher als Frisch, Abstand zu den Prämissen des Brechtschen Theaters. Davon geben seine Theaterschriften vielfaches Zeugnis. Eines findet sich in den ›Notizen‹ für Kurt Hirschfeld (1962) und bezieht sich auf Brechts »Theater des wissenschaftlichen Zeitalters«.

Angesichts der Tatsache, daß das gesamte menschliche Dasein in immer stärkerem Maße durch die Wissenschaften bestimmt wird, verstand

Brecht das zeitgemäße – und damit sein eigenes – Theater als ein »Theater des wissenschaftlichen Zeitalters«. In der Vorrede zum ›Kleinen Organon für das Theater‹ (1948) fordert er die Verknüpfung von Theaterästhetik und Wissenschaft; begründet wird sie mit der Verwandtschaft beider: »Es könnte ja heute sogar eine Ästhetik der exakten Wissenschaften geschrieben werden. Galilei schon spricht von der Eleganz bestimmter Formeln und dem Witz der Experimente, Einstein schreibt dem Schönheitssinn eine entdeckerische Funktion zu, und der Atomphysiker R. Oppenheimer preist die wissenschaftliche Haltung, die ›ihre Schönheit und der Stellung des Menschen auf Erden wohl angemessen scheint‹.« (G. W. XVI, 662) Brecht hielt an dem Begriff »Theater des wissenschaftlichen Zeitalters«, obwohl er ihn in den ›Nachträgen zum »Kleinen Organon«‹ für »nicht weit genug« erklärte (das., 701), auch später fest. Das wissenschaftliche Element sah er vertreten durch die marxistisch-materialistische Dialektik, an die er seine Dramen- und Theaterästhetik band. Marx hat auch als einer der ersten deutschen Soziologen zu gelten, und so handelt es sich in Brechts theoretischem und dramatischem Werk nicht zuletzt um die ästhetische Rezeption gesellschaftswissenschaftlicher Fragestellungen. Das entspricht durchaus dem zunehmenden Einfluß, den die Soziologie in den geistigen und wissenschaftlichen Auseinandersetzungen während des letzten halben Jahrhunderts gewonnen hat. Freilich teilt das wissenschaftliche Element in Brechts Theater mit der marxistischen Gesellschaftswissenschaft ihre Zweideutigkeit: die Verschränkung des wissenschaftlichen und des politischen Entwurfs.
Eben diesen Begriff von Wissenschaftlichkeit läßt Dürrenmatt nicht unwidersprochen. Er notiert zur »Dramaturgie des wissenschaftlichen Zeitalters«: »Ich verfolge mit diesen Hinweisen nicht die Absicht, die dramatische Methode, von der Aussage auszugehen, in Frage zu stellen. Sie ist eine der Möglichkeiten der Dramatik und leistet Hervorragendes [...] Nur ihren Anspruch möchte ich zurückweisen, die Dramaturgie des wissenschaftlichen Zeitalters zu sein. Sie hat keine Beweiskraft, sondern nur eine Demonstrationsfähigkeit. Sie kann propagieren, das ist alles, was sie ihrer Methode verdankt [...] ihrer inneren Struktur nach gehört sie mehr dem dogmatischen Zeitalter an [...].«[19] Es ist dieser Vorwurf des Dogmatischen, mit dem sich Dürrenmatt auf entscheidende Weise von den geistigen Voraussetzungen der Dramaturgie und – unausdrücklich auch – der Parabelform Brechts absetzt.
Aber in der Diskussion zur Theatertheorie gab es Kritik nicht nur auf seiten Dürrenmatts. Umgekehrt hat Dürrenmatt Brecht zu kritischer Antwort und zu einer Präzisierung seiner These von der Beschreibbarkeit der heutigen Welt herausgefordert (vgl. G. W., XVI, 929).
In der Abhandlung ›Theaterprobleme‹ (1955) verneint Dürrenmatt, obwohl mit Schillers Geschichtsdrama sich auseinandersetzend, eine

der wesentlichsten Bedingungen Brechtscher Dramatik: die Überzeugung von der Durchschaubarkeit der Welt: »Der heutige Staat ist [...] unüberschaubar, anonym, bürokratisch geworden, und dies nicht etwa nur in Moskau oder Washington, sondern auch schon in Bern [...] Die echten Repräsentanten fehlen, und die tragischen Helden sind ohne Namen [...] Die Kunst dringt nur noch bis zu den Opfern vor, dringt sie überhaupt zu Menschen, die Mächtigen erreicht sie nicht mehr«. (Theaterschr. 119 f.) Das zweifelt die Möglichkeit des klassischen »Helden« auf der heutigen Bühne an, bedeutet aber auch Verzicht auf die Analyse der Herrschaftsverhältnisse in der Gesellschaft und ist eine Äußerungsform dessen, was Hans Mayer in seiner Untersuchung der ›Physiker‹ (1962) die »Zurücknahme« genannt hat.[20] Es nimmt nicht wunder, daß Brecht gegen diese »Zurücknahme« protestierte: Nicht länger mehr könne der Mensch dem Menschen »als Opfer beschrieben werden, als Objekt einer unbekannten, aber fixierten Umwelt [...] Weil nämlich – im Gegensatz zur Natur im allgemeinen – die Natur der menschlichen Gesellschaft im Dunkeln gehalten wurde, stehen wir jetzt [...] vor der totalen Vernichtbarkeit des kaum bewohnbar gemachten Planeten.« (G. W., XVI, 930)

Damit ist der Dialog zwischen Dürrenmatt und Brecht nicht beendet. Dürrenmatt setzt ihn – wenn auch auf einseitige Weise – nach Brechts Tode fort. In der Rede zur Verleihung des Schillerpreises (1959) bezeugt er zwar seine Achtung für Brechts Dichtung, für »eine der wenigen ehrlichen Antworten auf unsere Phrasen [...] auch wenn es eine kommunistische Antwort ist« –, aber ebenso deutlich bekennt er seinen Zweifel: »Der alte Glaubenssatz der Revolutionäre, daß der Mensch die Welt verändern könne und müsse, ist für den einzelnen unrealisierbar geworden, außer Kurs gesetzt, der Satz ist nur noch für die Menge brauchbar, als Schlagwort [...].« (Theaterschr. 224 u. 228) Diese Absage hat den Charakter der Endgültigkeit. Aber der Stachel der Brechschen Fragen bleibt, wird erneut wirksam in der ›Standortbestimmung zu »Frank V.«‹ (1960): »Wie kann die Welt durch das Theater wiedergegeben werden? Brecht hält dies für eine gesellschaftliche Frage. Er hat recht. Die Welt, die durch das Theater wiedergegeben werden kann, ist die Gesellschaft, kann nur die Gesellschaft sein.« Die Zugeständnisse an Brecht sind freilich nur scheinbare. Denn zugleich wird der Verzicht auf eine Deutung der Welt und die Forderung nach der »Fiktion« ausgesprochen. »Der Realität muß im Theater eine Überrealität gegenüberstehen.« (Theaterschr. 184 u. 186)

Das hat mit einer Annäherung an den Surrealismus auf der Bühne nichts zu tun; ebensowenig kommt Dürrenmatt dem absurden Theater entgegen. »Die Fiktion darf nicht als bloße Absurdität konzipiert werden. Das Absurde umschließt nichts.« (Theaterschr. 186) Es geht Dürrenmatt in anderem Sinne als den Dichtern des Absurden um eine Objektivität selbst um den Preis der Grausamkeit. Und es ist der

Drang nach schonungsloser Objektivität, der ihn zum Grotesken und damit zu einer der bestimmenden Stilformen moderner Kunst geführt hat. »Das Groteske ist eine der Möglichkeiten, genau zu sein«, heißt es in der ›Anmerkung zur Komödie‹ (1952); es »ist eine äußerste Stilisierung, ein plötzliches Bildhaftmachen und gerade darum fähig, Zeitfragen, mehr noch, die Gegenwart aufzunehmen, ohne Tendenz oder Reportage zu sein«. (Theaterschr. 137 u. 136) Die ›Anmerkung zur Komödie‹ gehört zu den frühen Theaterschriften Dürrenmatts, und manches aus ihr ist in die ›Theaterprobleme‹ eingegangen; aber sie bleibt – aller späteren Äußerungen ungeachtet – für seine Theaterkonzeption grundlegend. Hier wird zum späteren Diktum von der unüberschaubar gewordenen Welt auch schon die Alternative geboten. Was die heutige Welt für eine abschildernde Darstellung nicht mehr herausgibt, das vermag das Groteske in überscharfer Belichtung herauszustilisieren. Nur das Groteske vermag das Anonyme noch zu benennen und das Ungesehene bildhaft zu machen. Nur in der künstlerischen Deformation kann die Form noch wahrgenommen werden.

Nicht das Groteske schlechthin meint indessen Dürrenmatt. Er scheidet »Groteskes einer Romantik zuliebe« von dem Grotesken »der Distanz zuliebe«, von jenem Grotesken, kraft dessen Aristophanes, Rabelais und Swift »ihre Handlungen *in* ihrer Zeit abspielen ließen, Zeitstücke schrieben, *ihre* Zeit meinten«. (Theaterschr. 136) Es sind Unterscheidungen, die sich ungefähr mit Wolfgang Kaysers Kategorien der phantastischen und der satirischen Groteske decken.[21] Nur die Distanz schaffende, Zeitprobleme aufnehmende Art kommt für Dürrenmatt in Frage.

Eingriffe in die Wirklichkeit von aristophanischer Konsequenz liegen nicht in Dürrenmatts Absicht (das stellen die späteren Schriften und seine »Zeitstücke« klar). Was jedoch aus der Aristophanesdeutung bindend bleibt, ist die Verknüpfung des Grotesken mit der Komödie. Sie mag sich von selbst verstehen: das Groteske hat seinen Ort nicht in der Distanz überwindenden Tragödie. Sie ergibt sich aber für Dürrenmatt nicht nur aus einer gattungsgesetzlichen, sondern auch aus einer historischen und einer gesellschaftlichen Voraussetzung, aus seiner Ansicht, daß die Tragödie in unserem Jahrhundert unmöglich geworden sei. – Ein erneuter Rückblick auf Brecht ist nötig.

Auch Brecht hatte die Tragödie gemieden, dem Komischen einen weiten Spielraum gewährt und das Groteske als eines der Verfremdungsmittel benutzt. Ihm war die Tragödie durch ihre Wirkungsintentionen verdächtig: als eine auf Erschütterung zielende und die kritische Haltung verhindernde Gattung. Er sah im Tragischen eine Weise der Welterfassung, welche historische Katastrophen als notwendig hinnehmen heißt und deshalb mittelbar dem Schutze bestehender Ordnungen und Herrschaftsverhältnisse dient. Andererseits wollte er die »ernste« Handlung nicht grundsätzlich preisgeben, nicht in die Komödie – und sei es auch die Gesellschaftskomödie – ausweichen (Komödien wie ›Mann ist Mann‹ und ›Puntila‹ bleiben in seinem Werk Ausnahmefälle). Um der »ernsten« Handlung die Elemente des Tragischen und des spezifisch Dramatischen, Kausalität und Finalität, zu nehmen, griff er zu Formen der Episierung und ersetzte das »Drama« durch das »epische Theater«. Das Epische sollte die dramatisch-tragischen Wirkungen neutralisieren und die distanzierte Haltung des Zuschauers erleichtern. Denn der epische Dichter erhält uns, nach Schillers bekanntem Brief an Goethe vom 21. April 1797, »die höchste Freiheit des Gemüts«, während uns »der tragische Dichter unsre Gemütsfreiheit« raubt. Man hat sich aber zugleich der Bestimmungen Schillers für die Komödie zu erinnern. Die »Freiheit des Gemüts in uns hervorzubringen und zu nähren«, wird im Aufsatz ›Über naive und sentimentalische Dichtung‹ als Aufgabe auch der Komödie gesehen; und in den Nachlaß-Notizen zur Tragödie und Komödie heißt es: »Unser Zustand in der Komödie ist ruhig, klar, frei, heiter [...].«[22] Tatsächlich sind es in Brechts Stücken neben den epischen die komischen Elemente, welche die Tragödie unterwandern. Zugleich war ihm das Komische wie das Groteske willkommen als Mittel der entlarvenden Klassensatire.

Wo sich für Brecht die Tragödie auf Grund seiner Wirkungsabsichten verbot, sieht Dürrenmatt nicht einmal mehr Bedingungen für ihre Entstehung.[23] In ›Theaterprobleme‹ erklärt er: »Die Tragödie setzt Schuld, Not, Maß, Übersicht, Verantwortung voraus. In der Wurstelei unseres Jahrhunderts [...] gibt es keine Schuldigen und auch keine Verantwortlichen mehr [...] Schuld gibt es nur noch als persönliche Leistung, als religiöse Tat. Uns kommt nur noch die Komödie bei. Unsere Welt hat ebenso zur Groteske geführt wie zur Atombombe [...].« (Theaterschr. 122) Die groteske Komödie also sei die von der Wirklichkeit unseres Jahrhunderts geforderte dramatische Gattung; Tragisches erscheint nur noch möglich, sofern es »aus der Komödie heraus« erzielt wird. ›Der Besuch der alten Dame‹ ist ein solcher Versuch, aus der grotesken Komödie heraus Tragisches »als einen schrecklichen Moment, als einen sich öffnenden Abgrund« (Theaterschr. 123) zu erzielen.

Nun ergänzt Dürrenmatt das »Groteske« noch durch eine Bestimmung, die wiederum auf einen entscheidenden Unterschied zu Brecht verweist: das »Paradoxe«. Das Groteske ist »ein sinnliches Paradox, die Gestalt nämlich einer Ungestalt, das Gesicht einer geschichtlichen Welt, und genau so wie unser Denken ohne den Begriff des Paradoxen nicht mehr auszukommen scheint, so auch die Kunst [...].« (Theaterschr. 122) Es muß gesehen werden, daß das Paradoxe als eine Gestaltungs-, Anschauungs- und Denkform bei Dürrenmatt keinen unmittelbar aktivierenden Charakter hat. Das (scheinbar) Widersprüchliche ist zu ertragen. Solche Hinnahme will sich nicht als Verzweiflung verstanden wissen, sondern als Entschluß, »die Welt zu bestehen«. Sie erfordert den »mutigen Menschen«. Als Beispiele dieses »mutigen Menschen« nennt Dürrenmatt u. a. Romulus (›Romulus der Große‹) und Übelohe (›Die Ehe des Herrn Mississippi‹); Ill (›Der Besuch der alten Dame‹) wäre hinzuzufügen. Der mutige Mensch will weder die Welt von einer politischen Idee her retten noch vor ihrer Hoffnungslosigkeit die Waffen strecken, er will nur nach seinen bedingten Kräften das Humane retten. Dem Paradoxen standzuhalten, ist auch ein Hauptgestaltungsantrieb des Dichters Dürrenmatt. »Die Welt [...] steht für mich als ein Ungeheures da, als ein Rätsel an Unheil, das hingenommen werden muß, vor dem es jedoch kein Kapitulieren geben darf.« (Theaterschr. 123) Die Hinnahme des Paradoxen setzt also einen Akt der Resignation voraus – einer Resignation, die freilich mit der »absurder« Dichtung nicht zu verwechseln ist –, ein Mißtrauen gegen den Optimismus marxistischer Weltdeutung. Indem Dürrenmatt Widersprüche aufzeigt, sie aber nicht aus historischen Prozessen, nicht aus der Geschichte von Klassenkämpfen zu erklären versucht, macht er vor den Konsequenzen der dialektischen Methode Brechts halt. So ist das Paradoxe in Dürrenmatts grotesken Komödien ein halber – kein völliger – Widerruf der Dialektik des Brechtschen Theaters.

Dürrenmatts Abkehr von der Tragödie begreift die Absage an das klassische Geschichtsdrama in sich. Der Untertitel von ›Romulus der Große‹: »eine ungeschichtliche historische Komödie«, ist dafür bezeichnend. Was für einen weit zurückliegenden historischen Stoff gilt, trifft um so mehr für den gerade historisch gewordenen oder den zeitgeschichtlichen Stoff zu. »Die heutige Welt, wie sie uns erscheint, läßt sich schwerlich in der Form des geschichtlichen Dramas Schillers bewältigen [...] Aus Hitler und Stalin lassen sich keine Wallensteine mehr machen [...] Die Macht Wallensteins ist eine noch sichtbare Macht, die heutige Macht ist nur zum kleinsten Teile sichtbar, wie bei einem Eisberg ist der größte Teil im Gesichtslosen, Abstrakten versunken.« (Theaterschr. 119) Dieses Abrücken vom klassischen Heldentypus stellt zugleich das idealistische, große sittliche Entscheidungen vergegenwärtigende Geschichtsdrama als eine Möglichkeit heutiger Dramatik in Frage. Hier wird eine »Abrechnung« gehalten, die schon im 19. Jahrhundert von Büchner vorweggenommen wurde. Und schon Grabbe und Büchner hatten mit ihren historischen Dramen (mit ›Napoleon oder die hundert Tage‹ und ›Hannibal‹ oder mit ›Dantons Tod‹) Gegenentwürfe gegen das idealistische Geschichtsdrama geliefert. Freilich tritt bei Dürrenmatt ein wesentliches, die Gegenbewegung verschärfendes Element hinzu: die Parodie.

Um so auffälliger ist der Versuch Rolf Hochhuths, Geschichtsdramatik wieder von der Idee her und auf die Entscheidung hin zu konzipieren. Gewiß, auch Brecht war mit seinem Schauspiel ›Leben des

Galilei‹ zur Form des Geschichtsdramas zurückgekehrt; aber er hatte
darin ein Gegenbeispiel zur Parabel gesehen und deshalb das Stück
»im Formalen« »nicht besonders kräftig« verteidigt (Tagebuchauf-
zeichnung vom 30. 7. 1945). Und die Veränderungen, die das Stück
von Fassung zu Fassung erfuhr, sind der Klarheit des Ganzen eher abträglich geworden. Dem unheldischen »Helden« der ersten Fassung ist
in der dritten das Gewicht einer weltgeschichtlichen Entscheidung auf-
gebürdet, von welcher der historische Galilei nichts ahnen konnte. Die
Angst und die List epikureischer Lebenshaltung sind zum Gesinnungs-
verrat und zum sozialen Versagen umgemünzt. Episches Theater und
Entscheidungsdrama treten miteinander in Widerstreit.

In diesem Punkt kündigt Brechts ›Leben des Galilei‹ die inneren
Schwierigkeiten Hochhuthscher Dramatik sogar schon an. Denn Hochhuth, obwohl dem Vorbild des Schillerschen Dramas verpflichtet, läßt
sich zu keinem bloß epigonalen Rückgriff herbei; er nimmt durchaus
auch Kunstmittel nachklassischer und moderner Dramatik, zumal Formen der Episierung, auf. Im Schauspiel ›Der Stellvertreter‹ (1962)
erweitern sich Szenen- und Regieanweisungen zu detaillierten epischen
und historischen Kommentaren. In den ›Soldaten‹ (1967) sorgen
außerdem der Prolog und der Epilog für ein Rahmengeschehen, für
die gleichzeitige Episierung und Aktualisation der eigentlichen dramatischen Handlung. Aber hier enthüllt sich auch die Unverträglichkeit
verfremdender Elemente mit der Dramaturgie des idealistischen Geschichtsdramas, die auf Einfühlung und auf den inneren Mitvollzug
der Entscheidungssituationen angelegt ist.

Denn (und hier verbietet sich nun jeder Gedanke an Brechts Galilei-
Schauspiel) Hochhuth hält an der Held-Gegenspieler-Konstellation
Schillers bzw. an dem Konflikt des »Pragmatikers« und des »Idea-
listen« fest. Die Kontrast-Konstellation des ›Stellvertreters‹ (Papst
Pius XII. – Riccardo) verdoppelt sich sogar noch in den ›Soldaten‹
(Churchill – General Sikorski, Churchill – der Bischof von Chichester),
sie bleibt erhalten auch in den ›Guerillas‹ von 1970 (im Kampf des
Geheimdienst-Gegenspielers gegen den tragischen Revolutionär Sena-
tor Nicolson). Konflikte drängen zu Entscheidungen; von der Pflicht
zur sittlichen Tat wird nichts abgelassen. Hochhuth besteht auf der
Verantwortlichkeit des Einzelmenschen – auch in den historischen
Prozessen unseres Jahrhunderts, wo politische Macht aus der Zuständigkeit der (austauschbaren) Person in die der anonymen Apparate
verlagert und dadurch ungreifbar geworden ist.

So erweist sich die Rückwendung zu Schiller als eine Gegenwendung
gegen Dürrenmatt. Hochhuths Bemerkungen am Ende der ›Historischen Streiflichter‹, die dem ›Stellvertreter‹ als Anhang beigegeben
sind, lesen sich wie ein Einspruch gegen Dürrenmatts Grabrede auf die
Tragödie: »Damit stellt sich [...] die Frage nach der Verantwortlichkeit, die, zu Ende gedacht, möglicherweise das Drama selbst als

nicht mehr zeitgemäß verwerfen muß – im Zeitalter des Neutrums [...] wenn aber der einzelne nicht mehr verantwortlich zu machen ist, weil er entweder nichts mehr zu entscheiden hat oder nicht begreift, daß er sich entscheiden *muß,* so ist das Alibi für jede Schuld geschaffen: das Ende des Dramas.«[24] Hochhuths Schauspiele, auf der Grenze zwischen historischem Drama und Zeitstück (neuerdings auch der Utopie) stehend, wollen die Schuld und die Schuldigen bei ihrem Namen rufen. Sie sind Versuche, das Theater als moralisch-politische Gerichtsstätte wiederherzustellen. Deshalb hat auch die Rückkehr zum rhetorisch-erhabenen Stil Folgerichtigkeit. Aber die versachlichte Sprache unseres Jahrhunderts verwehrt den Aufschwung in das Rhetorische der Prosa oder der Verse eines Schiller. Vielleicht auch ist nur die Sprachkraft Hochhuths nicht auf der Höhe seiner dichterischen Intention.

›Der Stellvertreter‹ und die ›Soldaten‹ sind erst nach ungewöhnlich intensiven historischen Studien entstanden. Hochhuth beglaubigt und rechtfertigt seine Dramen zudem durch ausführliche Dokumentationen. Trotzdem bewahrt er sich die Freiheit des Dramatikers (auch des Geschichtsdramatikers), seine Handlungen zu erfinden. Deshalb können seine Schauspiele nicht mit dem dokumentarischen Drama – etwa von Heinar Kipphardt und Peter Weiss – verwechselt werden. Wo das authentische historische (oder zeitgeschichtliche) Material bei Hochhuth in den Kommentar (in die szenischen Anweisungen) und den dokumentierenden Anhang verlegt ist, also die dramatische Handlung nur abstützt, ist es im dokumentarischen Theater Baustoff der Handlung selbst.[25] Das Verfahren, historische Dokumente unmittelbar zu Wort kommen zu lassen, kennt man von ›Dantons Tod‹: von jenen Reden in der Nationalversammlung, die aus den Geschichtsquellen übernommen worden sind. Doch was bei Büchner Zeugnis eines neuen dichterischen Verhältnisses zur Wirklichkeit und im übrigen nur *eines* der künstlerischen Mittel einer neuen Wirklichkeitserfassung war, was bei Büchner Zitat blieb, bietet sich im dokumentarischen Theater der Gegenwart als dramatischer Text selbst dar. »Das dokumentarische Theater enthält sich jeder Erfindung, es übernimmt authentisches Material und gibt dies, im Inhalt unverändert, in der Form bearbeitet, von der Bühne aus wieder. Im Unterschied zum ungeordneten Charakter des Nachrichtenmaterials, das täglich von allen Seiten auf uns eindringt, wird auf der Bühne eine Auswahl gezeigt, die sich auf ein bestimmtes, zumeist soziales oder politisches Thema konzentriert«, heißt es in Peter Weiss' ›Notizen zum dokumentarischen Theater‹.[26]

Der Dramatiker begnügt sich mit der Auswahl und künstlerischen Anordnung des dokumentarischen Materials, er vertraut der Überzeugungs- und Wirkungskraft des Rohstoffs. Das Drama wird zur szenischen Verbildlichung der bezeugten Geschichte, des historischen Protokolls. Von Protokollen läßt sich sogar in buchstäblichem Sinne reden; Kipphardts ›In der Sache J. Robert Oppenheimer‹ (1964) stützt sich auf Niederschriften des Untersuchungsverfahrens gegen den bekannten Atomwissenschaftler, Weiss' ›Die Ermittlung‹ (1965) auf Aussagen der Wächter und Opfer von Konzentrationslagern, Hans Magnus Enzensbergers ›Das Verhör von Habana‹ (1970) auf die Befragung der ›Konterrevolutionäre‹, die an der Invasion in der Schweinebucht (Kuba) teilnahmen. In anderer Weise als bei Hochhuth wird das Theater zum Tribunal: das Drama erhält die Form des Verhörs, der Gerichtsverhandlung selbst. Schon Brecht hatte die Leistungsmöglichkeit dieser Form: nämlich zu kritischer Urteilsfähigkeit zu erziehen, erkannt und vielfach wahrgenommen; die Gerichtsszene ist eine der wesentlichen dramaturgischen Formen seines Theaters. Der gerichtliche Prozeß auf der Bühne verstärkt noch jenen Öffentlichkeitscharakter, den das Theater ohnehin allen anderen Künsten voraushat. In Kipphardts, Weiss' und Enzensbergers Stücken bieten sich Vorgänge der (jüngsten) Geschichte dem Zuschauer als Prozesse, in denen er selbst zum Richter mitberufen ist.

Nicht nur in die kritisch-reflektierende Richterrolle gedrängt, sondern zum Handeln aufgerufen wird der Zuschauer im »politischen Theater« der Gegenwart. Zum »politischen Theater« im engeren Sinne lassen sich Günter Grass' ›Die Plebejer proben den Aufstand‹ (1966) und Tankred Dorsts ›Toller‹ (1968) nicht rechnen. Zwar wird hier ein bedeutsames politisches Motiv thematisch, nämlich das problematische Verhältnis des Künstlers (Dichters) zur politischen Praxis, doch verzichten Grass und Dorst auf die direkte agitatorische Geste, die zu bestimmtem Handeln in einer aktuellen politischen Situation auffordert. Legt man den Piscatorschen Begriff zugrunde, so versteht sich das »politische Theater« nicht als Ort der Reflexion, sondern als ein von der Straße in die Schauspielhäuser verlegtes und deren Instrumentarium nutzendes Agitproptheater.

In solchem Sinne weisen sich die letzten Stücke von Peter Weiss als »politisches Theater« aus (wobei allerdings der Zweiakter aus dem Jahre 1970, ›Trotzki im Exil‹, schon wieder eine Abwendung vom Agitationstheater andeutet). Lediglich als eine Vorstufe zum neuen politischen Theater erscheint heute ›Die Verfolgung und Ermordung Jean Paul Marats [...]‹ (1964). Denn hier wird der politische Appell noch in einer vielfach gebrochenen Dialektik, durch die ständige Wiederaufhebung der gewonnenen Standpunkte verklausuliert. Weiss hat mit dem Stück eine ganz moderne Version von Max Reinhardts theatralischem »Gesamtkunstwerk« geschaffen. Fast alle bekannten theatralischen Mittel sind hier vereinigt,[27] nicht um – wie bei Reinhardt – zu einer Einheit zu verschmelzen, sondern um sich – in letzter Zuspitzung des Brechtschen Stils – gegenseitig zu verfremden: Monolog, Dialog und Kommentar, Publikumsansprache und Aus-der

Rolle-fallen, Gesang und Musik, Tanz und Pantomime, Kammerszene und furiose Massenszene. Den Mangel an soziologisch-politischer Prägnanz sucht Weiss wettzumachen im ›Gesang vom lusitanischen Popanz‹ (1967), einem revuehaften Stück, das Lieder, statistische Informationen und direkte Anklagen mischt und gegen koloniale Unterdrückung (im portugiesischen Angola) agitiert. Mit diesem Stück liefert Weiss zugleich die künstlerische Legitimation für seinen Übertritt ins marxistisch-sozialistische Lager. Vollends der weltpolitischen Aktualität verschreibt sich der ›Diskurs über Viet Nam‹ (1968), der die zweieinhalbtausendjährige Geschichte Vietnams als eine einzige Unterdrückung des Volkes durch immer wechselnde Unterdrücker, als eine Geschichte der Klassenkämpfe vorführt. Die Trennung von Herrschenden und Beherrschten wird durch jeweils streng geschiedene schwarze und weiße Gruppen verdeutlicht; das Klassen-Schema bestimmt auch die Argumentation. Hier scheint der Geist des »politischen Theaters« von Erwin Piscator und der Lehrstücke Brechts (vor und um 1930) wieder herbeigerufen zu werden. Hier gilt der Versuch Brechts, den Konflikt zwischen Lehr- und Unterhaltungsfunktion des Theaters zu beenden, nicht mehr. Weiss versagt sich ästhetischen Ansprüchen; das Ästhetische ist in die Gruppen-Choreographie zurückgenommen. Er strebt das reine Agitationstheater an – ein Theater, in dem die Bühnenaktion die Rampe überspringt. Ein praktisches Beispiel bot die Münchener Aufführung (1968): die Aufforderung ans Publikum, für den Vietcong zu spenden, wird buchstäblich genommen; der Schauspieler geht ins Publikum, Geld für Waffen zu sammeln.

Eine Kunst, welche die Selbstaufgabe des Ästhetischen betreibt, setzt auch ästhetische Beurteilungsnormen außer Kraft. Sie fordert dafür die Frage nach ihrer politischen Effektivität heraus. Und hier melden sich kritische Bedenken. Wer das Theater zur politischen Arena macht, nährt die Illusion, als ließen sich Revolutionen schon im Theater erledigen. Das Theater kann leicht, in bloßer Ventilfunktion, zum Ersatzraum für politisches Handeln werden. Und wer die tatsächliche politische Aktion will, sollte billigerweise Konsequenzen für sein Dasein als Künstler ziehen. Es haben sich durchaus schon Künstler der letzten Probe auf den Ernst ihres politischen Engagements gestellt. Als in den dreißiger Jahren die spanische Republik in Gefahr war, ging der Schauspieler Ernst Busch – er mag hier stellvertretend für die übrigen Künstler und Schriftsteller stehen – zu den Internationalen Brigaden des spanischen Bürgerkriegs. Gewiß, das muß nicht jedermanns Sache sein; es gibt mancherlei Bewährungsformen politischen Engagements. Aber der qualitative Abstand zwischen der Aktionsbereitschaft des Schauspielers, der von der Bühne mit der Sammelbüchse ins Parkett geht, und jenes anderen, der das Theater mit der Realität des politischen Kampfes vertauscht, rührt doch an Fragen, die das politische Theater – wohlgemerkt nicht nur seinen Inhalten, sondern auch seiner Form nach – selber ständig beschwört. Die Struktur des politischen Theaters drängt zur Aufhebung des Theaters und unterwirft es Maßstäben, die am politischen Handeln gewonnen werden.

Dieser innere Widerspruch eines Engagements, das sich von der Bühnenrealität, welche die wirkliche Welt nur abbilden kann, lossagt und doch das Theater nicht verläßt, ist von Peter Handke erkannt worden. Die einzige Lösung des Widerspruchs scheint darin zu liegen, das Theater als Institution grundsätzlich in Frage zu stellen. Schon in seinem Stück ›Publikumsbeschimpfung‹ (1966) versuchte Handke, mit dem konventionellen Publikum und seinen konventionellen Erwartungen in unaufhörlichen, teils ironischen, teils unverhüllten Schmähtiraden abzurechnen. Später hat er zur gänzlichen Überwindung des Theaters als Theater aufgerufen – ohne allerdings selbst diesen letzten Schritt zu tun. Seine Stücke ›Kaspar‹ (1968), ›Das Mündel will Vormund sein‹ (1969) und ›Ritt über den Bodensee‹ (1971) bedürfen des Schauspielers und der Bühne; in ihnen ist Politisches durchaus künstlerisch vermittelt. So wird in ›Kaspar‹ die gesellschaftliche Dimension von Sprache aufgedeckt: ihre Tendenz, den Menschen abzurichten und zur Anpassung zu zwingen. Ein repressiver Zug der Gesellschaft wird im »Terror« der Sprache faßbar. Handkes gesellschaftskritische Methode ist hier eine linguistisch-kritische Methode. In Notizen aus dem Jahre 1968 aber bestreitet er die politischen Wirkungsmöglichkeiten der Bühne überhaupt.[28] Was man gemeinhin unter Theater versteht: das künstlerische Phänomen Theater, wird von ihm Theatertheater genannt. Er setzt dagegen das Straßentheater: die zwar spielerische, aber direkte politische Aktion.

Handkes Argumentation läßt das Verfahren Brechts, die Realität »zu einem Denkmodell von Widersprüchen« zu arrangieren und als Lösungsvorschlag »das marxistische Zukunftsmodell« ins Spiel zu bringen, ebensowenig gelten wie »die Sprechchöre für die Freiheit Vietnams« im politischen Theater. Denn »das Theater als Bedeutungsraum ist dermaßen bestimmt, daß alles, was außerhalb des Theaters Ernsthaftigkeit, Anliegen, Eindeutigkeit, Finalität ist, *Spiel* wird – daß also Eindeutigkeit, Engagement etc. auf dem Theater eben durch den fatalen Spiel- und Bedeutungsraum rettungslos verspielt werden [...] Das Theater als gesellschaftliche Einrichtung scheint mir unbrauchbar für eine Änderung gesellschaftlicher Einrichtungen.« Handkes Begriff des Straßentheaters fordert den Verzicht auf jegliche Kunstausübung, meint also auch nicht die vielfältigen Möglichkeiten des Agitationstheaters auf der Straße:[29] etwa den Vortrag eines kabarettistischen Sketchs mit anschließender Diskussion. Im »Straßentheater« gilt nur noch die Analogie zum Theater; es ist theatralisierte Wirklichkeit. »Das engagierte Theater findet heute nicht in Theaterräumen statt [...] sondern zum Beispiel in Hörsälen, wenn einem Professor das

Mikrofon weggenommen wird, wenn Professoren durch eingeschlagene Türen blinzeln, wenn von Galerien Flugblätter auf Versammelte flattern, wenn Revolutionäre ihre kleinen Kinder mit zum Rednerpult nehmen, wenn die Kommune die Wirklichkeit, indem sie sie ›terrorisiert‹, theatralisiert [...].«

Hier schleichen sich neue Widersprüche ein, droht die Gefahr einer bloßen Ästhetisierung der Wirklichkeit, der gegenüber die Trennung von ästhetischer und politischer Wirklichkeit den Vorzug der Klarheit und Objektivität hat. Den wesentlichen Einwand hat Hans Mayer formuliert: »Es gibt Spiele in der Wirklichkeit, gespielte Wirklichkeit, es gibt Wirklichkeit spielerisch dargeboten: Aber man kann nicht mit der Wirklichkeit spielen.«[30]

Zwei Motive für den Protest einer neuen Generation gegen das künstlerische Theater werden erkennbar: die Enttäuschung über die gesellschaftliche Wirkungslosigkeit des Brechtschen Theaters, das doch ein ästhetisches Phänomen blieb, und die Verdächtigung des Theaters als einer Institution der bestehenden Gesellschaft, welche die wahre Struktur der Gesellschaft verschleiern hilft. Junge Soziologen und Politologen, die diskussions- und kritikfreudigsten Zuschauer, sind dabei, das Theater als ihre Domäne zu besetzen. Solche Absichten sind nicht neu. »Die Soziologie«, sagt Brecht schon in der zweiten Hälfte der zwanziger Jahre, im Kölner Rundfunkgespräch, »soll [...] helfen, möglichst alles, was wir an Dramatik und Theater heute haben, möglichst vollständig unter den Boden zu schaufeln.« (G. W., XV, 147) Und auch für die Taktik, das Theater zu verwerfen und sich zugleich seiner zu bedienen, gab Brecht schon Anweisungen: »Leute, die die Welt so zeigen wollen, daß sie beherrschbar wird, tun gut, zunächst nicht von Kunst zu reden [...] nicht Kunst anzustreben [...] so werden sie ihre Sache rücksichtslos fördern können und dennoch nicht auf die Dienste der Kunst völlig verzichten müssen«. (G. W., XV, 260 f.) Brecht liefert auch denen noch die Methode, die sein Theater als überlebt zu liquidieren wünschen. Aber es wird der jungen Generation nicht erlassen bleiben, für neue Wirkungsziele, für ein neues politisches Engagement auch neue ästhetische Formen zu suchen. Und es muß sich erweisen, ob die Hoffnungen einer Voraussage wie dieser berechtigt sind: »Immer nur dort Kunst einsetzend, wo sie für ihre Absichten nötig ist, werden sie eine Kunst aufbauen; denn es wird zweifellos eine Kunst sein, die Welt so darzustellen, daß sie beherrschbar wird.« (G. W., XV, 261)

Anmerkungen

Bei der vorliegenden Abhandlung handelt es sich um die ergänzte und erweiterte Fassung eines Aufsatzes, der am 1. 2. 1969 vom Hessischen Rundfunk und am 26. 6. 1969 von Radio Bremen als Vortrag gesendet wurde und erschienen ist in: ›Gestaltungsgeschichte und Gesellschaftsgeschichte. Literatur-, kunst- und musikwissenschaftliche Studien‹, in Zusammenarbeit mit Käte Hamburger hrsg. von Helmut Kreuzer, Stuttgart 1969, S. 583–603.

1 ›Schriften zum Theater‹ I, in: Bertolt Brecht, ›Gesammelte Werke in 20 Bänden‹, Frankfurt/M. 1967. Künftig abgekürzt: G. W.; hier Bd. 15, S. 139.

2 ›Abhandlung von der Nachahmung‹ (1742), zitiert nach: ›Johann Elias Schlegels aesthetische und dramaturgische Schriften‹, hrsg. u. eingel. v. J. v. Antoniewicz (1887. ›Deutsche Literaturdenkmale des 18. u. 19. Jhs.‹, Bd. 26), S. 134 u. 157.

3 Walter Benjamin, ›Gespräche mit Brecht‹, in: ›Versuche über Brecht‹, 2. Aufl., Frankfurt/M. 1967 (= ›edition suhrkamp‹ 172), S. 117–135, hier S. 126.

4 Wolfgang Hildesheimer, ›Erlanger Rede über das absurde Theater‹, in: ›Akzente‹ 7 (1960), S. 543–556, hier S. 556.

5 Ebd., S. 547.

6 Albert Camus, ›Der Mythos von Sisyphos. Ein Versuch über das Absurde‹. Übertragen von Hans Georg Brenner und Wolfdietrich Rasch (›rowohlts deutsche enzyklopädie‹, Bd. 90), S. 82.

7 Benjamin, ›Versuche über Brecht‹, a. a. O., S. 126.

8 Hildesheimer, ›Erlanger Rede‹, a. a. O., S. 545.

9 Ebd., S. 546.

10 Ebd., S. 556.

11 Camus, ›Der Mythos von Sisyphos‹, a. a. O., S. 82 u. 83.

12 Hildesheimer, ›Erlanger Rede‹, a. a. O., S. 552.

13 Martin Esslin, ›Das Theater des Absurden‹, Frankfurt/M. 1964, S. 282 bis 284.

14 ›Noch einmal anfangen können. Ein Gespräch mit Max Frisch‹. Von Dieter E. Zimmer, in: ›Die Zeit‹, 22. Dezember 1967, S. 13.

15 Max Frisch ›Stücke‹, 2 Bde., Frankfurt/M. 1962, Bd. 2, S. 89 f.

16 Max Frisch, ›Öffentlichkeit als Partner‹, Frankfurt/M. 1967 (= ›edition suhrkamp‹ 209). Künftig abgekürzt: ›Öffentl.‹; hier S. 71 f.

17 Freilich bleibt Frischs Bewertung des »Privaten« zu beachten: selbstverständlich könne das »Private« Gegenstand der Literatur sein, und zwar »nicht nur einer apolitischen, sondern gerade einer Literatur, die sich auf eine gesellschaftliche Situation bezieht; diese bestimmt ja die Personen in ihrer ›privaten‹ Existenz«; in: Max Frisch, ›Dramaturgisches. Ein Briefwechsel mit Walter Höllerer‹, Berlin 1969, S. 40.

18 Martin Walser, ›Ein weiterer Tagtraum vom Theater‹, in: M. Walser, ›Heimatkunde‹, Frankfurt/M. 1968 (= ›edition suhrkamp‹ 269), S. 71–84.

19 Friedrich Dürrenmatt, ›Theaterschriften und Reden‹, Zürich 1966. Künftig abgekürzt: ›Theaterschr.‹; hier S. 151 f.

20 Hans Mayer, ›Brecht und Dürrenmatt oder Die Zurücknahme, in: H. M., ›Dürrenmatt und Frisch. Anmerkungen‹, Pfullingen 1963, S. 5–21.

21 Wolfgang Kayser, ›Das Groteske. Seine Gestaltung in Malerei und Dichtung‹, Oldenburg 1957. Vgl. im übrigen Reinhold Grimm, ›Parodie und
   Groteske im Werk Dürrenmatts‹, in: ›Der unbequeme Dürrenmatt‹,
   Basel 1962 (= ›Theater unserer Zeit‹, Bd. 4), S. 71–96.
22 ›Schillers Sämtliche Werke. Säkularausgabe‹, hrsg. v. E. von der Hellen
   u. a., 16 Bde., Stuttgart/Berlin 1904–1905; hier Bd. 12, S. 197 f. u. 329.
23 Vgl. Beda Allemanns Bemerkungen zum Problem des nicht mehr voll-
   ziehbaren tragischen Heldentodes, in der Interpretation von Dürrenmatts
   ›Es steht geschrieben‹, in: ›Das deutsche Drama vom Barock bis zur Gegenwart‹, hrsg. v. B. v. Wiese, Bd. 2, Düsseldorf 1958, S. 415–432.
24 Rolf Hochhuth, ›Der Stellvertreter. Schauspiel‹, Reinbek 1963, S. 272.
25 Vgl. Wilhelm Voßkamp, ›Deutsche Zeitgeschichte in der Gegenwartsliteratur‹, Flensburg 1968 (= ›Schriftenreihe der Grenzakademie Sankel-
   mark‹, N. F. 4).
26 Peter Weiss, ›Dramen‹, 2 Bde., Frankfurt/M. 1968; hier Bd. 2, S. 465.
27 Von »totalem« Theater spricht deshalb Rainer Taëni in: ›Drama nach
   Brecht‹, Basel 1968 (= ›Theater unserer Zeit‹, Bd. 9).
28 Peter Handke, ›Straßentheater und Theatertheater‹, in: ›Theater heute‹,
   9 (1968), Heft 4, S. 6 f.; Zitate S. 7.
29 Vgl. ebd., S. 6 f. – Zum agitierenden Straßentheater der Protestbewegung
   vgl. ›Straßentheater‹, hrsg. v. Agnes Hüfer, Frankfurt/M. 1970 (= ›edition suhrkamp‹ 424).
30 Hans Mayer, ›Die Bühne – ein Museum?‹, in: ›Die Zeit‹, 27. Sept. 1968,
   S. 22 f.; hier S. 23.

WALTER HINDERER

Probleme politischer Lyrik heute

Nicht ohne Pathos meint Hans Magnus Enzensberger in seinem bekannten Essay, daß Poesie und Politik »ein immer leidiges, zuweilen
blutiges Thema, getrübt von Ressentiment und Untertanengeist, Verdächtigung und schlechtem Gewissen«[1] gewesen sei. Trotzdem: zieht
man das Hyperbolische von dieser Behauptung ab, so bleibt immer
noch Grund genug, diesem leidigen Thema und seinen mäandrischen
Motiven ein wenig nachzufragen. In seiner Studie ›Über politische
Lyrik im 20. Jahrhundert‹ definiert Albrecht Schöne politische Texte
gleich von ihrem Gegenteil her: »Unser Gegenbegriff zum politischen
Lied heißt ›reine Lyrik‹«.[2] Geht man von der paradigmatischen
Isotopie[3] oder dem geläufigen Erwartungshorizont von Lyrik aus, so
scheint das Problem zunächst einmal grundsätzlich darin zu liegen,
daß Politik und Poesie Begriffe sind, die sich gegenseitig ausschließen.
Gotthart Wunberg hat das so ausgedrückt: »Politische Gedichte sind
eine heikle Angelegenheit. Meistens fehlt ihnen die Politik, dann handelt es sich zwar um Gedichte, aber nicht um politische. Häufiger noch
sind sie zwar politisch, dann handelt es sich nicht um Gedichte, sondern um Propaganda.«[4] Ein Gedicht, das politische Intentionen verfolgt, relativiert diese, sobald es ästhetisch gelingt, und diskreditiert
sie, wenn es mißglückt. Man könnte auch sagen: Das gelungene politische Gedicht ist im Grunde nur noch Gedicht, während das mißlungene eigentlich schon kein Gedicht mehr ist, sondern nur noch schlechte
Politik. Doch kann sich andererseits überhaupt ein politisches Gedicht
so sehr von seinen thematischen Voraussetzungen lösen, daß diese in
den ästhetischen Lösungsversuchen verschwinden, und den Zweck
transzendieren, den es ursprünglich intendierte?
Politische Lyrik scheint jenseits aller Qualitätsfragen an bestimmte
funktionale und inhaltliche Voraussetzungen gebunden zu sein; denn
trotz des ästhetischen Mehrwerts, der sich bei einem politischen Gedicht einstellen kann und der ein Prinzip der Darstellung, nicht des
Darstellungsgegenstandes ist, kann man diese Art von Poesie nicht
unter Ausschluß ihrer thematischen Intentionen gewissermaßen als
»Kunstgebild’ der echten Art« (Eduard Mörike) interpretieren. Ob
nun die außerästhetische Situation, auf die hin ein solches Produkt

angelegt ist, noch aktuell erscheint oder nicht, auch das gelungene politische Gedicht, wie etwa an den entsprechenden Exempeln Walthers von der Vogelweide, Brechts und Heines abzulesen wäre, bleibt an seine stofflichen Voraussetzungen gebunden; denn selbst die ästhetische Lösung steckt, wie Adorno einmal anmerkte, schon »potentiell in dem Material«.[5] Nun könnte man aber ganz allgemein in Anlehnung an Nicolai Hartmann[6] feststellen, daß der ästhetische Wert selbst in keinem Text der *Poésie pure* der intendierte Wert ist, sondern gleichsam »auf dem Rücken des Aktes« erscheint. Anders ausgedrückt: Die Qualität eines Textes kann nicht Gegenstand oder Zweck einer literarischen Aktion oder Intention werden, sondern immer nur ein außerästhetisches Moment; der ästhetische Wert erscheint dann erst an der literarischen Handlung oder Intention als Handlungs- oder Intentionswert. In diesem Verhältnis ließe sich dann der intendierte Wert als der »fundierende«, der Intentionswert als der »fundierte« bestimmen. Aufs politische Gedicht übertragen, würde das zu der vorläufigen Einsicht führen, daß hier der Sachverhaltswert, der intendierte Wert, in gleicher Weise durch die politische Thematik bestimmt wird wie in christlicher Dichtung durch die entsprechende christliche Thematik. Die Begriffe politische oder christliche Dichtung würden so verstanden primär nichts anderes namhaft machen als eben eine leitende außerästhetische Intention, die im Dienst spezifischer Interessen steht. Ist der Erwartungshorizont nun ein ästhetischer, so wird der Interpret solcher Lyrik, gleichgültig, ob es sich nun um politische oder christliche Dichtung handelt, weniger nach den Sachverhalts- und Funktionswerten, das heißt den intendierten politischen oder religiösen Werten fragen, als vielmehr nach den ästhetischen. Dabei wäre es durchaus notwendig, zumindest einmal versuchsweise darüber zu reflektieren, ob nicht ein gewisser möglicher Zusammenhang zwischen der Qualität von intendiertem Wert und Intentionswert bestehen könnte. Mit anderen Worten: Es müssen sich durchaus auch sachliche Gründe dafür finden lassen, daß es zwar marxistische, aber nicht faschistische Lyrik von Rang gibt, daß politische Lyrik, die in einem affirmativen Verhältnis zur herrschenden Gesellschaft und zur Herrschaft steht, nebst allen Formen des Herrscherlobs und der Panegyrik,[7] die bereits um 1140 zu einer interessanten Kontroverse[8] geführt hatten, von vornherein zum ästhetischen Scheitern verurteilt ist; daß sich falsches und richtiges Bewußtsein, falsche oder richtige Erfahrungen von Wirklichkeit eben auch ästhetisch niederschlagen, zum Beispiel in falschen oder richtigen Realitätssymbolisierungen; daß auch der begabteste und ingeniöseste formale Einsatz nicht die schlechte politische Ideologie rettet, wie allerdings auch umgekehrt nicht die beste Ideologie die Schwächen eines Textproduzenten. Man könnte der Problematik aus dem Wege gehen und sich auf die modische Formel von der »emanzipativen Parteilichkeit«, die bei allen Vorzügen, die sie haben mag, zunächst zu einer dezisionistischen Verkürzung der Reflexion verführt, zurückziehen oder bei ihr ausruhen. Ich möchte statt dessen unter verschiedenen Perspektiven den materialen Bedingungen der »heiklen Angelegenheit« nachfragen.

I.

Wenn Enzensberger apodiktisch bemerkt, daß seit Kleist »jedes Huldigungsgedicht an die Herrschenden auf den zurückschlage, der es verfaßt« habe, und diesen »dem Hohn oder der Verachtung«[9] preisgebe, so läßt sich das mühelos mit den von Albrecht Schöne in einem Textanhang zitierten Beispielen[10] belegen, ohne daß diese Behauptung damit in irgendeiner Weise inhaltlich festgemacht worden wäre. Im Gegenteil: die Folgerungen, die Enzensberger aus diesem historischen Phänomen, das seine soziologischen Gründe hat, zieht, führen dazu, daß er den Begriff »politische Lyrik« in der Nachfolge Theodor W. Adornos dem totalen Ideologieverdacht aussetzt. Während Albrecht Schöne die Qualität politischer Gedichte eines Walthers von der Vogelweide oder Brechts aus der Tatsache ableitet, daß hier »die auf politische Wirkung zielenden Energien [...] ein Kunstgebilde hervorgebracht« haben, »in dessen den Hervorbringungszweck überdauernder Form sie aufgehoben«[11] seien, was indirekt an die Richtung der Phänomenologie beziehungsweise deren Auffassung von Ästhetik anknüpft, meint Hans Magnus Enzensberger im Hinblick auf ein bekanntes Gedicht von Brecht, dieses spreche mustergültig aus, »daß Politik nicht über es verfügen kann«.[12] Die Nichtverfügbarkeit von Lyrik für politische Zwecke erklärt Enzensberger geradezu zum politischen Gehalt. Die ästhetische Autonomie, an die seit Jahrzehnten immer wieder aufs neue Repräsentanten bürgerlicher Literaturkritik appellieren, um die prinzipielle Unabhängigkeit und Überlegenheit der Poesie gegenüber den zweifelhaften und trivialen Forderungen der Realität zu erweisen, wird auch im Konzept Adornos und Enzensbergers überraschend zum Hauptargument gegen die Möglichkeit einer politischen Dichtung *sui generis* ausgebaut. Als gesellschaftliches Element der Literatur versteht man nun ihre »immanente Bewegung gegen die Gesellschaft, nicht ihre manifeste Stellungnahme«.[13] Auch Enzensberger nimmt deshalb eine klare Trennung vor: »Poesie und Politik sind nicht ›Sachgebiete‹, sondern historische Prozesse, der eine im Medium der Sprache, der andere im Medium der Macht.«[14] Der Begriff »politische Lyrik« wird auf diese Weise entweder wiederum zu einer *Contradictio in adjecto* erklärt, oder man definiert ihn herab, indem man ihm nur noch »Kampfgesänge und Marschlieder, Plakatverse und Hymnen, Propaganda-Choräle und versifizierte Manifeste«[15] subsumiert.

Von der dubiosen Identifizierung von Politik und Macht einmal abgesehen, scheint der Hinweis Enzensbergers, daß in der Poesie gesellschaftliche und politische Prozesse ausschließlich im Medium der Sprache stattfinden, eine einleuchtende Erklärung dafür zu liefern, warum Autoren wie Ezra Pound, T. S. Eliot oder auch Gottfried Benn, die nach ihren politischen Auffassungen und Überzeugungen bekanntlich als reaktionär einzustufen sind, in der lyrischen Praxis dagegen geradezu progressiv, wenn nicht gar revolutionär wirken. Zumindest seit der Sickingen-Debatte zwischen Marx, Engels und Lassalle gehört es zu den Selbstverständlichkeiten materialistischer Literaturbetrachtung, daß ästhetische Prozesse mit den Erfahrungs- und Wahrnehmungsmodellen politischer Wirklichkeit in enger Korrelation stehen, oder wie man heute in geläufiger Reduktion sagen würde: daß ästhetische Werte gesellschaftlich vermittelt sind. Jedes ästhetische System läßt sich auf einen spezifischen Wirklichkeitsraster zurückführen, was umgekehrt bedeutet, daß der literarische Produzent, will er einen spezifischen Wirklichkeitsaspekt und eine bestimmte Wirklichkeitserfahrung im Medium der Sprache darstellen, das ästhetische Äquivalent finden muß. Es scheint im Bereich der Literatur also weniger auf politisch-ideologische als vielmehr auf ästhetische Innovation anzukommen, wie ja auch keineswegs die progressive politische Gesinnung von sich aus schon die ästhetische Progression garantiert. Im Gegenteil: Die ästhetische Progression liegt auch bei der Lyrik primär nicht in der revolutionären, progressiven Ideologie, sondern im Experiment, in einem Prozeß, der sich eben nicht politisch, sondern sprachlich ereignet. Deshalb behauptete Adorno auch, daß der »Idee eines konservativen Kunstwerkes [...] Widersinn«[16] anhafte; denn der Begriff des Kunstwerks impliziere nicht nur den des Gelingens, der Qualität, sondern auch den historisch legitimierbaren Wahrheitsgehalt, durch den sich »im Werk richtiges Bewußtsein objektiviert«.[17]

Ob man nun wie zum Beispiel Friedrich Engels in seinem Brief an Miss Harkness es »als einen der größten Triumphe des Realismus und als einen der großartigsten Züge des alten Balzac«[18] feiert, daß dieser als Autor gezwungen wurde, »gegen seine eigenen Klassensympathien und politischen Vorurteile zu handeln«, oder ob man wie Adorno Kunst als die »gesellschaftliche Antithesis zur Gesellschaft«[19] definiert, in beiden Fällen bleiben die materialen Bedingungen einer möglichen Korrelation von Tendenz oder Parteilichkeit und Poesie gleichermaßen unbekannt. Ruft man auch noch wie eben Adorno und Enzensberger die Autonomie des Ästhetischen gegenüber Herrschaftsinteressen und die Funktionslosigkeit von Kunst bereits als Politikum aus, so bedeutet das in letzter Konsequenz eine politische Prämiierung der *Poésie pure,* und es ließe sich dann ohne weiteres mit Hilde Domin behaupten, »daß alle Gedichte ihrer Natur nach ›öffentlich‹ sind, nämlich virulente = ›ansteckende‹ Formulierungen von Erfahrungsmodellen«.[20] In solchen Auffassungen spiegelt sich deutlich das ästhetische Selbstverständnis der poetischen Moderne, als deren Anwalt sich zum Beispiel auch Adorno bis zuletzt verstanden hat. Der Rückzug auf die ästhetische Autonomie und die der eigenen Person läßt sich gewiß als eine »Kraft des Widerstands« gegen den »repressiven Kollektivismus«, gegen eine immer totaler werdende Gesellschaft und gegen die »allherrschenden Kommunikationssysteme« interpretieren, freilich aber auch als Flucht der Theorie vor der profanen Praxis in eine schwerelose Gegenwelt, in welcher der Geist, wie das Hugo Friedrich an Repräsentanten der modernen Lyrik analysiert hat, »frei von den Schatten des Wirklichen, [...] im Spiel seiner abstrakten Spannungen eine ähnliche Befriedigung des Herrschens« erfährt wie der Mathematiker in den »Formelketten der Mathematik«.[21]

Solche Literatur will ihre Inhalte nicht von außen empfangen, sondern selber herstellen, wie selbst noch die Lyrikbände ›verteidigung der wölfe‹ und ›landessprache‹ von Hans Magnus Enzensberger[22] beweisen, in denen von »prälaten und feuerschluckern«, »schaumgeborenen aufsichtsräten«, »blindekuhspielenden polizisten«, »radschlagenden prokuristen« und dergleichen ingeniösen metaphorischen Erfindungen die Rede ist, was allerdings mit der bundesrepublikanischen Wirklichkeit jener Tage nur wenig gemeinsam hat. Eine Lyrik, die sich bewußt desengagiert hat, kann im spezifischen Sinn des Wortes nicht mehr politisch engagiert sein, und man könnte dieses Problem mit Peter Rühmkorf auf die Formel bringen, daß »totales Engagement und totales Desengagement, totale Dienstbarkeit und absolut gesetzte Liberalität gleich tödlich für das Wesen der Kunst« seien.[23] Aber, so drängt sich sofort die Frage auf, wer oder was bestimmt und wo liegt eigentlich das gerade noch erträgliche Maß oder Mischungsverhältnis zwischen Engagement und Desengagement, zwischen Dienstbarkeit und Freiheit, und auf welche Weise kommt die ideale Legierung zustande? Man müßte dabei zunächst die Art und Weise des Engagements bestimmen, denn es macht schließlich einen Unterschied, ob eine kleine, auf Veränderung der bestehenden Verhältnisse drängende Gruppe in agitatorischen Versen zum Widerstand gegen die Herrschaft aufruft oder ihr politisches Selbstverständnis in Hymnen für Eingeweihte feiert oder Hofdichter die Herrschaft preisen und Parteidichter für eine Gemeinschaft Gleichgesinnter Texte zur ideologischen Erbauung liefern – oder ob ein einzelner Textproduzent politische Sachverhalte kritisch kommentiert. Außerdem können jedem Text innerhalb einer bestimmten zeitgeschichtlichen und soziologischen Konstellation Bedeutungen zuwachsen, die vorher gar nicht in ihm angelegt waren und die auch sofort wieder erlöschen, wenn die betreffende Konstellation sich ändert. Ebenso, wie ursprünglich unpolitische Texte durch entsprechende Kontexte politisch wirken und vor allem politisch verbraucht werden können, ist es möglich, ursprünglich politisch gemeinte Texte nur noch ästhetisch zu rezipieren. Der Dichtung, ob nach politischen Intentionen konzipiert oder nicht, wachsen im Laufe der Geschichte neue semantische Funktionen und Inhalte zu, die *in summa* das Wirkungspotential von Texten bestimmen.

Im Falle politischer Lyrik, die, wie noch zu erweisen sein wird, primär objektbezogen und wirklichkeitsorientiert ist, kann ein Textproduzent so verschlüsselt und in Abbreviaturen auf einen bestimmten gesellschaftlichen Kontext anspielen oder diesen dergestalt zur Voraussetzung seines Textes machen, daß den Sinnzusammenhang nur begreift, wer im gleichen Kontext lebt. Andererseits lassen sich immer wieder Intentionen von politischer Lyrik von außen, durch Veränderung des gesellschaftlich-ideologischen Kontextes, umfunktionieren, was sich mit der Wirkungsgeschichte sogenannter klassischer Literatur belegen ließe, aber auch überholen, wenn etwa die Ziele, die ein Text noch sprachlich propagiert, inzwischen in der Praxis realisiert worden sind. Aber wie müssen die politischen Intentionen eines Textes beschaffen und auf welche Weise sprachlich integriert sein, damit sie veränderten Situationen so schnell antworten? Kann nicht schon als Unterscheidungsmerkmal eines politischen Textes gelten, wie leicht oder wie schwer sich seine Intentionen umfunktionieren oder überholen lassen? Für die Beantwortung solcher Fragen ist es entscheidend, ob die politischen oder ästhetischen Erwartungen das Primäre sind, und man könnte ausführen, daß der politische Standpunkt vor allem am Gebrauchswert eines Textes und der ästhetische am Darstellungswert interessiert ist. Nun sind jedoch, wie eben festgestellt wurde, sowohl Gebrauchswerte als auch Darstellungswerte durch äußere Faktoren bestimmt, die sich dauernd im historischen Prozeß verändern und verändert werden, so daß sich aus ihnen nur vorläufige Einsicht ziehen läßt. Wenn aber gerade das politische Gedicht durch die Notwendigkeit gekennzeichnet scheint, zwischen beiden Wertschichten eine Korrelation herzustellen, so kann andererseits auf die Kategorie Qualität als einen konstituierenden Faktor nicht verzichtet werden. Dabei scheint es allerdings unumgänglich zu sein, die Kategorie Qualität aus dem System persönlicher Geschmackseinstellungen herauszulösen und in ein weiteres Feld von Beziehungen zu stellen, die auch die Aspekte der Vermittlung, Kommunikation und Rezeption mit einbeziehen. Zweifellos ist es für die politische Intention grundlegend, auf welche Weise sie dem Rezipienten vermittelt wird; denn die Art und Weise der Vermittlung wirkt auf die Qualität der Intention zurück. Bertolt Brecht erklärte in diesem Zusammenhang:

»Flach, leer, platt werden Gedichte, wenn sie ihrem Stoff seine Widersprüche nehmen, wenn die Dinge, von denen sie handeln, nicht in ihrer lebendigen, das heißt allseitigen, nicht zu Ende gekommenen und nicht zu Ende zu formulierenden Form auftreten. Geht es um Politik, so entsteht die *schlechte* Tendenzdichtung. Man bekommt ›tendenziöse Darstellungen‹, das heißt Darstellungen, welche allerhand auslassen, die Realität vergewaltigen, Illusionen erzeugen sollen. Man bekommt mechanische Parolen, Phrasen, unpraktikable Anweisungen.«[24]

Darstellungs-, Inhalts-, Wirkungs- oder Kommunikationsqualitäten erscheinen, so verstanden, gleichermaßen als konstitutive Elemente eines politischen Textes. Das Fragwürdige politischer Lyrik liegt nämlich viel weniger am ästhetischen Mißlingen, am Fehlen des sogenannten ästhetischen Mehrwerts, als vielmehr daran, daß durch die schlechten Exempel politischer Tendenzdichtung Unfreiheit vermehrt, Klischees an die Stelle von neuen Modellen von Wirklichkeitserfahrung gesetzt und die Kontrollmöglichkeit durch kritisches Bewußtsein unterbunden werden. Ein politischer Text muß wie jede Art von Dichtung Sprachklischees, Denkgewohnheiten, abgenützte Kommunikationsformen und erstarrte Leerformeln auflösen und, um neue Inhalte zu gewinnen, die neuen Erfahrungen auch sprachlich innovieren. In politischer Lyrik kann falsches Bewußtsein nicht nur durch logische Argumentation, sondern auch und oft noch überzeugender durch kritische Arbeit am Material der Sprache korrigiert werden, durch die Enttäuschung geläufiger Erwartungen.

Walter Benjamin entwickelte in seinem Vortrag ›Der Autor als Produzent‹ als Kriterium einer revolutionären Literatur, welche Funktion sie »innerhalb der schriftstellerischen Produktionsverhältnisse« ihrer Zeit hat und ob sie einen »Fortschritt oder Rückschritt der literarischen Technik«[25] bedeutet. Aus diesem »Begriff der Technik« leitete er die »Anweisung zur richtigen Bestimmung des Verhältnisses von Tendenz und Qualität« ab, und man könnte deshalb die früher gestellten Fragen mit Benjamins Diktum beantworten, »daß die Tendenz einer Dichtung politisch nur stimmen kann, wenn sie auch literarisch stimmt«,[26] daß also die politisch richtige Tendenz eine literarische Tendenz einschließt. Nicht die vielberufene geistig-politische Innovation stellt also letzten Endes die Bedingung der Möglichkeit politischer Lyrik dar, sondern »für den Autor als Produzenten« ist »der technische Fortschritt die Grundlage seines politischen«.[27] Das erklärt auch, warum ein Literaturproduzent mit reaktionärer politischer Gesinnung durchaus literarisch progessive Texte verfassen und ein Autor mit revolutionärem Impetus andererseits literarisch regressive Arbeiten liefern kann. Diese Auffassung würde eindeutig den Einfluß der ideologischen Beschaffenheit, die in einem politischen Text zur Sprache kommt, fast zur Gänze auf den Stand der Produktionsmittel, der literarischen Technik einschränken, was schon hier einer kleinen Korrektur bedarf.

Wenn die panegyrischen Klischees Fontanes bis Bechers von Enzensberger mit gutem Recht abgekanzelt werden,[28] so beweist das sicher zum Teil die historisch-soziologische Unmöglichkeit des Herrscherlobs; denn ein solches wäre auch nicht mit anderen Gegenständen, sagen wir Kennedy, de Gaulle oder Brandt, erfolgreicher praktizierbar. Nichtsdestoweniger offenbaren die Hitler- und Stalinhymnen primär die technisch-ästhetische Unfähigkeit der Produzenten, wobei sich durchaus das ästhetisch Dumme auch als das politisch Dumme identifizieren läßt, als Mangel an »immanenter Reflexion«.[29] Daraus sollte man aber nicht schon die technisch-ästhetische Überlegenheit gegenüber allen Fragen politischer Inhaltlichkeit ableiten, denn es gilt für den ganzen Problemzusammenhang immerhin zu bedenken, daß die politisch reaktionären Autoren mit den progressiv-revolutionären Schreibtechniken sich eben auf Texte ohne spezifisch politische Intentionen beschränkt haben, was nicht ausschließt, daß solche Texte unter gewissen Umständen eine politische Funktion ausüben können. Im Gegensatz zu der anregenden Studie ›Theorie der modernen politischen Lyrik‹[30] von Ingrid Girschner-Woldt bin ich der Ansicht, daß man dem Begriff politische Lyrik nur Texte subsumieren sollte, die von eindeutig politischen Intentionen geprägt sind. Als funktional politische Lyrik, die Girschner-Woldt[31] von intentionaler abhebt, läßt sich dann leicht alle Dichtung und Poesie beschreiben. Insofern beispielsweise ›The Waste Land‹ von T. S. Eliot neue Erfahrungs- oder Wahrnehmungsmöglichkeiten durch technische Innovation erschließt, kann man dem Gedicht wohl auch eine politisch-öffentliche Funktion zugestehen, was es aber noch lange nicht zu einem Exempel politischer Dichtung macht. Im Gegenteil: Man könnte sogar mit guten Gründen behaupten, daß T. S. Eliot, hätte er versucht, in einem Text seine politischen Überzeugungen darzustellen und zu propagieren, an einem solchen Unterfangen gescheitert wäre. Es kommt auch nicht von ungefähr, daß, wie Hilde Domin im Zusammenhang ihrer Anthologie ›Nachkrieg und Unfrieden. Gedichte als Index. 1954 bis 1970‹ bestätigt, politisch reaktionäre Gedichte »in diesem Zeitabschnitt bei uns nicht geschrieben worden«[32] sind, dagegen in der DDR aus naheliegenden parteipolitischen Gründen. Doch auch von diesen affirmativen Gedichten gilt, was Enzensberger an den panegyrischen Hymnen rügt: sie bedeuten nicht nur geistige und ästhetische, sondern auch politische Regression.

Diese »*schlechte* Tendenzdichtung«, bei der es sich vor allem um ein Versagen der »symbolischen Ökonomie« handelt, darf nun aber keineswegs als repräsentativ für die politische Lyrik der DDR gelten, die in vielen Exempeln von Brecht bis heute »einen immanenten Effekt des Durchbruchs zur Wirklichkeit«[33] erzielte. Es kommt eben auch bei einem politischen Text auf die Art und Weise an, wie er »die Geschichte liest und sich in die Geschichte einschreibt«.[34] So essentiell die sprachlich-technischen Aspekte fraglos sind, es sei an dieser Stelle nochmals darauf hingewiesen, daß politische Lyrik auch von der ideologischen Parteilichkeit mitgeschrieben wird; man könnte nämlich die

Kausalität vertauschen und die These aufstellen, je dogmatischer die ideologische Haltung ist, die ein Autor in einen politisch gemeinten Text investiert, desto regressiver wird am Ende auch die sprachlich-technische Transformation sein. Wenn nach Benjamin »die richtige politische Tendenz eines Werkes seine literarische Qualität« einschließt, so gibt es, wie es die faschistische Lyrik paradigmatisch zeigt, eben politische Tendenzen oder Ideologien, die sich von vornherein der Umsetzung in Kunst verweigern. Auf den fortgeschrittensten Stand der literarischen Produktionsverhältnisse kann eben nur gebracht werden, was programmierte und sanktionierte Empfindungen, Vorstellungen, Erfahrungen und Gedanken transzendiert. Brecht formulierte das so:

»Ein Werk, das der Realität gegenüber keine Souveränität zeigt und dem Publikum der Realität gegenüber keine Souveränität verleiht, ist kein Kunstwerk.«[35]

Im Grunde hängt auch das Gelingen politischer Lyrik heute an der »freien Verfügung über die Mittel durch Bewußtsein«;[36] denn Bewußtsein, Erfahrung, Erlebnis sind allzumal Einstellungen, Perspektiven, unter denen und mit denen zwischen Ich, Du und Welt sprachlich vermittelt wird. Da die Welt, die Realität, sich ständig verändert, bedarf es dauernd neuer Formen von Vermittlung und Kommunikation. Man sollte diese neuen Formen und technischen Innovationen, die Helmut Heißenbüttel und Heinrich Vormweg vornehmlich als Leistungen der experimentellen Literatur reklamieren, gleichermaßen bei allen Texten »nach ihrem Erfolg dem jeweiligen Objekt gegenüber beurteilen, nicht an sich, losgelöst von ihrem Objekt, durch den Vergleich mit alten Mitteln«.[37]
Politische Lyrik läßt sich nämlich durchaus auch von dem Stück Realität oder Welt aus beurteilen, das sie behandelt oder darstellt; im positiven Fall macht sie aus ihrer Intention, so möchte ich eine Formulierung der französischen Gruppe *Tel Quel* abwandeln, »eine szenische, operative, in die Ökonomie des Wirklichen eingeschriebene Sprache«.[38] Wenn Brecht deshalb die »Frage der Qualität [...] für eine echte sozialistische Kunst« als »politisch entscheidend« erklärt,[39] so hängt das nicht zuletzt mit den Realitätsverzerrungen und Wirklichkeitsfälschungen mißlungener Tendenzliteratur zusammen. Schon Friedrich Engels hatte zur Vorsicht im Gebrauch von alter Revolutionspoesie geraten und am 15. Mai 1885 an Hermann Schlüter geschrieben:

»Überhaupt ist die Poesie vergangener Revolutionen (die ›Marseillaise‹ stets ausgenommen) für spätere Zeiten selten von revolutionärem Effekt, weil sie, um auf die Massen zu wirken, auch die Massenvorurteile der Zeit wiedergeben muß — daher der religiöse Blödsinn selbst bei den Chartisten.«[40]

Es mag dann geradezu als verständlich erscheinen, daß man angesichts dieser Beobachtungen dazu neigt, entweder auf den Begriff politische Lyrik ganz zu verzichten[41] oder aus ihm die Literatur des Agitprop auszuklammern,[42] die angeblich ihr Ziel, wie es einer ihrer Vertreter formuliert, »nur als Teil einer organisierten politischen Praxis« erreichen kann. Nun tritt aber, so stellt Alexander von Bormann in seinem Überblick über die politische Lyrik der sechziger Jahre fest, das »politische Gedicht heute« zumeist als Song oder als sozialistischer Kampftext auf, als dessen oberstes Kriterium die »politische Wirksamkeit«[43] definiert wird. Doch genaugenommen impliziert schon der Begriff politische Lyrik, daß es sich hierbei um Texte handelt, die eben politisch wirken wollen, was nur beweist, daß sich unter diesem Gesichtspunkt agitatorische Texte nicht von sonstiger politischer Lyrik unterscheiden lassen.

Vielleicht hilft ein anderer Hinweis weiter. In der Einleitung zur ›Kritik der Politischen Ökonomie‹ hat Marx angemerkt, auch beim Kunstgegenstand sei die Konsumtion »als Trieb vermittelt durch den Gegenstand«, die Produktion produziere also »nicht nur einen Gegenstand für das Subjekt, sondern auch ein Subjekt für den Gegenstand«.[44] Auch politische Dichtung produziert und signalisiert solcherart den Rezipienten, auf den sie sich beziehen will, und legt im voraus die wirkungsästhetischen Richtlinien fest, die auch für die darstellungsästhetische Analyse von Interesse sind. Weil jedoch politische Lyrik als öffentliche Rede in das Gebiet der öffentlichen Kommunikation[45] gehört, ist sie auf kommunikationsgünstige Formen angewiesen, die allgemein verständlich sind. Das steht aber nun deutlich nicht nur im Widerspruch zu Benjamins Forderung nach technischer Innovation, sondern auch zu dem gegenwärtigen Syndrom, daß es angesichts des wachsenden Einflusses der Kommunikationsmittel in den spätindustriellen Gesellschaften immer schwieriger wird, über die in einer programmierten Sprache programmierten Wirklichkeitsklischees hinauszukommen, ohne daß man die mit der Kodierung gegebenen Mustervorstellungen enttäuscht.

Das Problem für den heutigen politischen Textproduzenten scheint, zugespitzt formuliert, darin zu liegen: Entweder er kommuniziert, erreicht mit seinen Informationen den Rezipienten und reproduziert die erwarteten Muster, oder aber er leistet »einen immanenten Effekt des Durchbruchs zur Wirklichkeit« und begibt sich der Chance, darüber einen größeren Rezipientenkreis zu informieren. Was die Gefahr der Massenmedien für die politische Lyrik betrifft, so wird diese sicher überschätzt. Mit guten Gründen hat deshalb Enzensberger die »Manipulations-These der Linken« aus einer Defensivhaltung erklärt, in welche die Sehnsüchte nach vorindustriellen Zuständen eingegangen sind; denn fraglos potenziert heute die Anwesenheit der Medien den »Demonstrationscharakter jeder politischen Handlung«,[46] was sich auch die studentische Protestbewegung schnell zunutze gemacht und was wieder auf die politische Lyrik zurückgewirkt hat.[47] Ja, wenn sich überhaupt im politischen Gedicht der sechziger Jahre irgendwelche neuen Formen herausgebildet haben, so liegt das am direkten oder indirekten mobilisierenden Einfluß der Medien. Sie halfen auch bei der Bildung der politisch aktiven Oppositionsbewegungen, für deren Praxis viele der politischen Texte verfaßt worden sind. Fallen nun all diese neuen Protestlieder und Protestsongs der sechziger Jahre ebenso wie die anderen Spielarten des Agitprop aus dem Rahmen politischer Lyrik? Die Frage läßt sich weder von der Wirkung noch von Prinzipien der Darstellung her ausreichend beantworten, sondern, wie mir scheint, nur von einer Betrachtung der sprachlogischen Struktur von Lyrik im allgemeinen und politischer Lyrik im besonderen.

II.

In seiner ›Ästhetik‹ bestimmte Hegel den Inhalt der Lyrik als »das Subjektive, die innere Welt, das betrachtende, empfindende Gemüt, das statt zu Handlungen fortzugehen, vielmehr bei sich als Innerlichkeit stehenbleibt und sich deshalb auch das *Sichaussprechen* des Subjekts zur einzigen Form und zum letzten Ziel nehmen kann.«[48] Hier herrscht also »keine substantielle Totalität, die sich als äußeres Geschehen entwickelt«, sondern auch das »Substantiellste und Sachlichste« wird mitgeteilt »als *ihre* Leidenschaft, Stimmung oder Reflexion«. Wenn Hegel auch nach einem inzwischen geläufigen Modell das »subjektive Innere« als den »eigentlichen Einheitspunkt des lyrischen Gedichts«[49] ansieht, so gesteht er der Lyrik durchaus wie generell aller Poesie zu, daß sie »den erwählten Inhalt bald mehr nach der Seite des Gedankens, bald mehr nach der äußerlichen Seite der Erscheinung«[50] hintreiben könne. Abstrahiert man diese Beschreibung, so wäre es möglich, einmal versuchsweise drei Formen von Lyrik zu unterscheiden: eine reflektierte, gedankliche; eine wirklichkeits- und objektbezogene; eine stimmungs-gefühlsmäßige und subjektorientierte. Die beiden letzten Bestimmungen stellen Lyrik oder genauer: die Beschaffenheit ihrer Aussageweisen in das Beziehungsfeld von Subjekt und Objekt. Käte Hamburger, die diesen Zusammenhängen in ihrem Buch ›Logik der Dichtung‹ nachgegangen ist, führt alle denkbaren Aussagen auf die drei Kategorien des historischen, theoretischen und pragmatischen Aussagesubjekts zurück.[51] In diesem Sinne sind die Verfasser autobiographischer Dokumente historische und die Autoren sachwissenschaftlicher Werke theoretische Aussagesubjekte; die Aussageobjekte sind in beiden Fällen Sachverhalte, die »im Modus des Berichtes oder der Feststellung erscheinen«, während Fragen, Befehle, Wünsche in die Kategorie des pragmatischen oder – wie ich lieber sagen würde – praktischen Aussagesubjektes gehören. Das pragmatische oder praktische Aussagesubjekt »*will* etwas in bezug auf das Aussageobjekt«, es verlangt, so könnte man auch sagen, vom Rezipienten der Aussage die in ihr intendierte entsprechende Handlungsweise.

Auch Lyrik ist im Aussagesystem der Sprache angesiedelt und ihre Form ist grundsätzlich auf jede Aussage übertragbar. Zwar läßt sich jede Aussage versifizieren oder in als lyrisch geltende Formen bringen, aber die Aussagen eines lyrischen Aussagesubjekts, das sich deutlich als solches durch seinen Kontext ausweist, muß dabei keineswegs den formalästhetischen Ansprüchen von Lyrik genügen. Jenseits von allen ästhetischen oder axiologischen Bestimmungen wird Lyrik durch das von anderen Aussagesubjekten unterschiedene lyrische Aussagesubjekt konstituiert, das keineswegs, selbst wenn es, sprachtheoretisch gesehen, Wirklichkeitsaussagen macht, notwendig mit dem Dichter oder Autor zu identifizieren ist. Käte Hamburger illustriert an Beispielen von Kirchenliedern, Psalmen und Gebeten, an Texten, die im Gottesdienst gebraucht werden, wie auch ursprünglich von Dichtern verfaßte Verse durch den veränderten Bezugsort in ihrer Aussagestruktur umfunktioniert werden: Ursprünglich lyrische Aussagesubjekte verwandeln sich in pragmatische oder praktische. Die Texte stehen nun in einem Wirklichkeitszusammenhang, der durch die christlichen Formen des Rituals bestimmt ist. Obwohl die Kirchenlieder Paul Flemings, Paul Gerhardts, Joachim Neanders alle äußeren und formalen Merkmale von Lyrik aufweisen, lassen sie sich, sobald sie im Kontext des kirchlichen Rituals stehen, von ihren Aussagen und praktischen Aussagesubjekten her nicht mehr der Lyrik zurechnen. Man kann diese Verhältnisse meiner Ansicht nach mühelos auf den Bereich der politischen Dichtung übertragen.

So wie jede Art von christlicher Gebrauchslyrik von der Aussage her pragmatisch oder praktisch ist, in einem außerästhetischen Wirklichkeitszusammenhang steht, der den Gebrauchswert der Aussageobjekte bestimmt, sind es auch die verschiedenen Spielarten politischer Gebrauchslyrik. Natürlich kann man solche Gebrauchslyrik aus ihrer praktischen Zweckgebundenheit, in der auch der ästhetisch geglückte Text nur nach seinem Gebrauchswert beurteilt und verwendet wird, herauslösen und beispielsweise durch Ausstellung in einem Gedichtband wieder ästhetischen Maßstäben unterwerfen.[52] Für die ›Marseillaise‹, das Protestlied in Hauptmanns ›Weber‹ oder den Text einer Nationalhymne ist es beispielsweise vollkommen gleichgültig, wer die entsprechenden Strophen verfaßt hat und ob sie nun nach literarisch-ästhetischen Gesichtspunkten als geglückt oder mißlungen zu bezeichnen sind; die Qualitätsfrage spielt hier so wenig eine Rolle wie bei einem Werbespruch, dessen Kodierung häufig darauf angelegt ist, die Regulative von rationaler Überlegung, Planung und Erfahrung auszuschalten, um den Impetus zu einer Handlung, nämlich den Kauf der betreffenden Ware, auszulösen. Politische Gebrauchstexte stellen einen ähnlichen Sprachtyp dar, den Hugo Steger folgendermaßen beschrieben hat:

> Er »paßt sich seiner Anlage nach der psychischen Konstitution und den gefühlsmäßig fixierten Erfahrungen des einzelnen wie der sozialen Gruppen an, tastet sie auf ihre Zugänglichkeit und ihre Schwächen, auf ihre offenen und geheimen, auf ihre bewußten und unbewußten Wünsche und Hoffnungen, ihre Ängste, Abneigungen und Widerstände ab, um sie durch Assoziationen und Analogien in bestimmte Richtung zu lenken.«[53]

Es versteht sich von selbst, daß ein solcher Sprachtyp ein direktes Kommunikationsschema bevorzugt, das heißt nur ästhetische Mittel verwendet, die verbreitet sind und ohne Anstrengung verkonsumiert werden können.

Die ästhetischen Mittel, die politische Lyrik verwendet, werden dem politischen Zweck ebenso unterstellt wie bei politischer Gebrauchsliteratur; letztere unterscheidet sich von politischer Lyrik mehr durch ein »allgemein erfassendes Gesamterlebnis«,[54] das ein Gruppengefühl und mit ihm eine Art politische Gemeinschaft konstituiert. Dagegen ist der »auffordernde Charakter« der agitatorischen Rede, wie ihn Brigitte Frank-Böhringer schematisiert, mit den Intentionen von »Gewinnung des Publikums für ein Ziel, eine Tat« und »Änderung der bei den Zuhörern herrschenden Meinung«[55] vielen politischen Texten eigen, die von der Aussagestruktur her zur Lyrik gehören. Trotzdem gilt sowohl für politische wie für christliche Gebrauchsliteratur, daß sie schon von ihrer Aussagestruktur her ganz in ihrer praktischen und pragmatischen Funktion innerhalb des spezifischen Wirklichkeitszusammenhangs aufgeht und sich darin auch erschöpft. Der Darstellungswert steht dabei ganz im Dienst des Gebrauchswerts; entscheidend bei der Herstellung eines solchen Textes ist nur, inwieweit die von der Praxis diktierten Ziele im Hinblick auf die anzusprechenden Kommunikatoren positiv in kodierenden Zeichen realisiert beziehungsweise vermittelt worden sind. Nun scheint es aber grundsätzlich ein Charakteristikum von politischer Lyrik zu sein, daß hier der Darstellungswert zugunsten des Gebrauchswerts oder der politischen Intention zurückgestellt ist. In diesem Zusammenhang wäre jedoch daran zu erinnern, daß eigentlich kein Textproduzent den ästhetischen Wert, wie ihn eine literarische Periode definiert und versteht, auf direktem Wege intendieren kann; er entsteht vielmehr »auf dem Rücken« einer außerästhetischen Intention gleichsam als Nebenergebnis, das später erst zum Hauptergebnis gemacht wird. Trotzdem scheint politische Lyrik vergleichsweise weniger zum Einsatz ästhetischer Techniken zu neigen als andere Lyrik. Doch stimmt das? Sind es nicht vielmehr andere Techniken und Mittel, die hier Verwendung finden und den

Zielen adäquater sind? Schon die Verpflichtung zur breiteren Kommunikation legen ihr in formaler und sprachlicher Hinsicht Beschränkungen auf; mit extrem formalen und sprachlichen Innovationen würden sich schwerlich Rezipienten in größerer Zahl erreichen oder gar Gruppenerlebnisse produzieren lassen. Aber auch diese Behauptung muß differenziert werden. Gelten die erwähnten Beschränkungen nicht eher für die praktischen Aussagen politischer Gebrauchstexte, die sich an eine bereits existierende Gruppe oder Bewegung wenden und für eine politische Praxis verfaßt worden sind, als für politische Gedichte, die sich mit ihrem lyrischen Aussagesubjekt zum Teil an ein vollkommen anderes, oft ästhetisch interessiertes Publikum richten, das möglicherweise gerade für Innovationen empfänglich ist? Die Interpretation politischer Gedichte muß deshalb notwendig die Leserrolle erschließen und beschreiben, die in ihnen angelegt ist.

Käte Hamburgers Unterscheidung von pragmatischem und lyrischem Aussagesubjekt würde also indirekt auch Rückschlüsse auf das Publikum zulassen, an das diese Aussagen gerichtet sind. Ist es ausschließlich politisch orientiert, wird es sich nur an den Gebrauchswert eines Textes, an seine Verfügbarkeit in der Praxis halten; ist es ausschließlich literarisch interessiert, wird es vornehmlich nach dem Darstellungswert fragen. Da nun viele politische Texte für eine politische Praxis geschrieben worden und die Grenzen zwischen politischer Lyrik und Gebrauchstexten nicht ohne Verschulden der Autoren auffallend fließend sind, kommt es des öfteren vor, daß solche Texte, aus ihrem zeitgeschichtlichen Wirklichkeitszusammenhang und aus ihrer praktischen Funktion in ihm herausgelöst, nicht »abstandhaltendes Zuhören, nüchterne Betrachtung vertragen«.[56] Das gilt, wie Albrecht Schöne nachgewiesen hat, für alle faschistische Lyrik, wobei sich die Ursachen überdies leicht auf die Beschaffenheit der Ideologie zurückführen lassen, aber ebenso auch für politisch scheinbar progressiv orientierte Lyrik, die es darauf anlegt, unter Ausschaltung rationaler Regulative emotionale Schichten zu mobilisieren und über sie in eine ideologisch-dogmatisierte Gruppensolidarität einzustimmen. Das kann allerdings nicht als ein repräsentatives Merkmal für alle politische Lyrik, die auf eine feste politische Praxis hin konzipiert worden ist, reklamiert werden. Eher schon mag es für jede Weise affirmativen Verhaltens gegenüber einer Gruppe, einer Ideologie, einem Staat, einer Regierung typisch sein; denn solches Verhalten reproduziert nicht nur Denk-, sondern auch Sprachklischees.

Im politischen Gedicht soll, wie Walter Benjamin nicht zuletzt auch im Hinblick auf Brecht forderte, die politische Innovation auch sprachlich beglaubigt sein: »Nicht geistige Erneuerung, wie die Faschisten sie proklamieren, ist wünschenswert, sondern technische Neuerungen werden vorgeschlagen.«[57] Dieser als notwendig beschriebenen Veränderung der Produktionsmittel entspricht auf der Seite des Kommunikators die Umwendung des rezipierenden Bewußtseins »auf den Horizont noch unbekannter Erfahrung«.[58] Das neue ästhetische Wahrnehmungsmodell vermittelt im Gegensatz zu alten und verbrauchten Denkformen und Erlebnisträgern neue Wirklichkeitsbezüge, wobei freilich nachzutragen wäre, daß das nicht allein für politische, sondern für jede Art von Lyrik oder Dichtung von Rang gilt. Obwohl also in einem politischen Gedicht die politische Tendenz nur stimmen kann, wenn sie auch literarisch stimmt, und sich hier politische Progression auf der sprachlich-technischen Seite vollziehen und artikulieren muß, kann es sich andererseits, wie gesagt, wegen seiner Verpflichtung zur Kommunikation nur bedingt auf literarische Experimente einlassen, zumal auch die Gefahr besteht, daß dadurch die politische Intention, die es verfolgt, aufgehoben oder zumindest relativiert wird. Diese Problematik versuchen die Lyriker heute, wie die entsprechenden Ausführungen beispielsweise Hilde Domins, Karl Krolows, Hans Magnus Enzensbergers und Helmut Heißenbüttels beweisen, dadurch zu umgehen, daß sie die politische Wirkung von Gedichten nur noch funktional erklären, das heißt auf jede inhaltlich-thematische Bestimmung verzichten.[59] Was ein Gedicht zu einem politischen macht, läge dann nicht mehr an seinem politischen Inhalt und der politischen Intention, die es mit ästhetischen Mitteln inszeniert, sondern an seiner ideologischen Störfunktion oder genauer an der Tatsache, daß es sich jeder ideologischen Programmierung enthält; es wäre dann, wie es auch Adorno immer wieder behauptet hat, gerade dadurch gesellschaftlich oder politisch, daß es sich nicht für gesellschaftliche oder politische Zwecke einspannen läßt. Die Gründe, warum sich auf diese Weise die Probleme politischer Lyrik nicht lösen lassen, wurden bereits dargelegt, und ich möchte deshalb nochmals zu den sprachtheoretischen Voraussetzungen unseres Themas zurückkehren.

III.

Nimmt man mit Käte Hamburger an, daß das lyrische Aussagesubjekt »nicht das Objekt des Erlebnisses, sondern das Erlebnis des Objekts zu seinem Aussageinhalt macht«,[60] so wird über die weitere Beschaffenheit der Inhalte eines Gedichts die Art und Weise entscheiden, wie das Erlebnis sprachlich mitgeteilt wird. Außerdem gibt es gerade beim modernen Gedicht lyrische Aussagen, die sich von objektgerichteten mitteilenden Aussagen schon dadurch unterscheiden, »daß das Objekt nicht Ziel, sondern Anlaß ist«.[61] Nichtsdestoweniger kann man allgemein von lyrischen Aussagen behaupten, daß sie dazu neigen, die Erlebnisobjekte von der subjektiven Erlebnisstruktur her zu überlagern oder gar in der Subjektivität des Erlebnisses verschwinden zu lassen. Solche Aussagen lösen sich dann vollständig von dem Wirklichkeitszusammenhang, auf den sie ihrer Subjekt-Objekt-Struktur nach angelegt sind. Man kann aus diesem Phänomen, wenn man will, das historisch kurzsichtige System der ästhetischen Autonomie ableiten, aber man sollte es dann nicht auch noch in einem Atemzug zum Politikum stilisieren.

Fraglos ist gerade politische Lyrik prinzipiell nicht subjekt-, sondern objektgebunden; ihre Aussagen stehen in einem nachprüfbaren zeitgeschichtlichen, sozialen und politischen Kontext, von dem sie mehr oder weniger deutlich bestimmt werden. Selbst Texte, die eindeutig politische Erlebnisse fixieren, Begeisterung reproduzieren oder mobilisieren, Affektverhältnisse artikulieren, können ihre Aussagen nicht gefahrlos aus dem Objektpol der Aussagestruktur in den Subjektpol zurückziehen. Dabei macht es einen essentiellen Unterschied, ob solche Aussagen auf ein pragmatisch-praktisches oder lyrisches Aussagesubjekt zurückgehen. In einem Beispiel ausgedrückt: Ich werde das Gedicht ›Das Lied der Deutschen‹ im Kontext der ›Gesammelten Gedichte‹ Hoffmanns von Fallersleben anders bewerten als im Kontext der Nationalhymne. Während man im ersten Fall die Aussagen des Gedichts automatisch auf das lyrische Aussagesubjekt bezieht, das selbst »intertextual« in einer historisch nachprüfbaren, politisch spezifischen Situation mit einer spezifischen Problematik steht, von wo aus man die patriotischen Vorstellungen zwar hermeneutisch verstehen, aber auch ideologie-kritisch reflektieren kann, werden sie im zweiten Fall einfach reflexionslos verbraucht; die praktischen Aussagen konstituieren das Gemeinschaftsgefühl, das kollektive Einverständnis und sind damit auch schon in ihrer Funktion zur Gänze beschrieben.[62] Wegen seiner leichten Verfügbarkeit konnte deshalb ›Das Lied der Deutschen‹ von der Weimarer Republik über das Dritte Reich bis zur Bundesrepublik immer wieder aufs neue für patriotische Zwecke verwendet und in den Dienst auch gegensätzlicher politisch-ideologischer Wirklichkeitszusammenhänge gestellt werden, wobei das semantische Material vom jeweiligen Kontext mit neuen Bedeutungen aufgeladen wurde. Hier deutet sich auch an, daß es für politische Gebrauchstexte ebenso konstitutiv ist, in welchem politischen Erfahrungszusammenhang und ideologischen Erwartungshorizont der Rezipient steht; so leicht Gebrauchswerte mit dem Funktionszusammenhang, in dem sie stehen, veralten, so leicht können sie auch weiter verwendet werden, oder aber sie erweisen sich dank der besonderen ästhetischen Realisation in einem spezifischen Text als dauerhafter, exemplarischer, weil humaner Wert.

An die Unterscheidung von praktischem und lyrischem Aussagesubjekt müßte sich nun eine Differenzierung der Wirklichkeitszusammenhänge anschließen, in deren Funktion nun ebenso politische Lyrik wie auch Gebrauchstexte stehen. Zwar sind politische Texte sowohl als lyrische wie als praktische Aussagen auf einen politischen Wirklichkeitzusammenhang bezogen, von dessen Beschaffenheit oft die Inhalte oder Tendenzen der Aussagen abhängen, aber der Begriff Wirklichkeitszusammenhang deckt hier nicht denselben Sachverhalt, was leicht übersehen wird. Politische Gebrauchsliteratur bezieht nicht nur die Inhalte ihrer Aussagen aus einem wie auch immer gearteten politischen Wirklichkeitszusammenhang und richtet ihre Intentionen auf ihn aus, sondern sie ist wie das christliche Kirchenlied wesentlich Teil einer Praxis, was eben politische Lyrik schon von der Aussagestruktur her gesehen nicht sein kann. Allerdings lassen sich auch, wie das Gedicht Hoffmanns von Fallersleben gezeigt hat, bestimmte lyrische Aussagen in praktische (die Tendenz dazu muß allerdings schon im Text angelegt sein) umfunktionieren. Dabei sei noch ergänzend angemerkt, daß die Inhalte eines Textes, der einem Wirklichkeitszusammenhang dient, nicht notwendig von diesem affirmativ geprägt sein müssen; so hat das Protestlied beispielsweise gerade seine Funktion darin, daß es eine revolutionäre Gruppe im Widerstandserlebnis gegen einen bestimmten politischen Wirklichkeitszusammenhang bestärkt und vereint oder auch neue, bisher unterdrückte und nicht realisierte Interessen sprachlich propagiert. Solche protestierenden und agitatorischen Texte unterscheiden sich von allen Formen herrschaftsbejahender, offiziöser Hof-, Staats- oder Partei-Literatur schon durch ihre ideologische Gegenposition, mit der sie gegen die herrschenden Verhältnisse protestieren und andererseits für die gemeinsamen Ziele ihrer Gruppe werben; eine herrschaftskritische Komponente zeigt sich also mit einer affirmativen verbunden, wobei es von dem Gebrauch der ästhetischen Mittel abhängen wird, in welcher Intensität sich die Komponenten jeweils akzentuieren. Doch diese Eigenschaft ist politischer Lyrik wie politischer Gebrauchs-Literatur immanent, für die ich nunmehr absichtlich den sprach-theoretisch definierten Begriff Lyrik vermeide.

Die *differentia specifica* zwischen politischer Gebrauchsliteratur und politischer Lyrik liegt ausschließlich in der Struktur der Aussage, die im ersten Fall auf das von einer politischen Praxis geprägte praktische oder kollektive Aussagesubjekt und im zweiten auch bei extrem objektorientierten Aussagen immer auf ein lyrisches Aussagesubjekt zurückweist. Aus diesem Grund kann man es eigentlich nur als konsequent bezeichnen, wenn kürzlich Produzenten und Theoretiker von Agitprop-Literatur, die grundsätzlich politische Texte nur als »Teil einer organisierten politischen Praxis«[63] gelten lassen wollen, massiv von der »individualistischen Produktionsweise« abrückten, obwohl sie anscheinend nicht bedacht haben, daß das, was kollektiv verbraucht wird, nicht unbedingt auch kollektiv hergestellt sein muß. Andererseits entspringt die Tendenz zur kollektiven Produktion zum großen Teil der Forderung nach Sozialisierung der Produktionsverhältnisse, was auch der in vieler Hinsicht einen Wendepunkt markierende Essay

›Baukasten zu einer Theorie der Medien‹[64] von Hans Magnus Enzensberger dokumentiert. Dabei ist ganz interessant, wie politische Lyrik versucht, die durch Ideologie oder Herrschaftsformen unterdrückten Interessen sprachlich zu aktualisieren und wieder sichtbar zu machen. Während etwa die gesellschaftskritische politische Lyrik in Ländern mit kapitalistischem Kontext zur Sozialisierung, Gemeinschaftsbildung und Entindividualisierung auffordert, möchten die politischen Lieder, die aus einem marxistisch-sozialistischen Kontext mit ausgeprägten Tendenzen zum Kollektiv stammen, dazu beitragen, wie es der Russe Bulat Okudshawa stellvertretend formuliert, »daß die menschliche Gesellschaft sich nicht in eine Kaserne verwandelt, daß jede menschliche Persönlichkeit die Chance zu einer einmaligen, individuellen Entwicklung erhält«.[65] So wie Enzensberger und Rühmkorf die Konsumgesellschaft mit ihren systemimmanenten Mitteln attackieren, so reflektieren Biermann und Kunert kritisch das Parteichinesisch, was wiederum eine Art Probe aufs Exempel liefert, daß jede Betrachtung politischer Lyrik den außersprachlichen Kontext und Bezugsort in die Interpretation einbeziehen muß. In beiden Fällen weigern sich die Autoren, eine konfliktreiche Realität im Sinne der herrschenden Ideologien zu beschönigen und mit entsprechender Ornamentik zu versehen; wenn Biermann und andere Autoren der DDR auf Ausmalung der Utopie verzichteten, so sollte man hier weder auf systemimmanente Wunschlosigkeit (die es überhaupt nicht gibt) noch auf eine resignative Absage an das ›Prinzip Hoffnung‹ zurückschließen, sondern die Motive, wie Hans Mayer einleuchtend beschrieben hat,[66] in der von Staats wegen übertriebenen »Hoffnungsschwindelei« suchen.

Ganz allgemein ließe sich mit Brecht auch im Hinblick auf die politische Lyrik der Gegenwart behaupten:

»Heute, wo unsere nackte Existenz längst zu einer Frage der Politik geworden ist, könnte es überhaupt keine Lyrik mehr geben, wenn das Produzieren und das Konsumieren von Lyrik davon abhinge, daß aus der Vernunft kommende Kriterien ausgeschaltet werden können. Unsere Gefühle (Instinkte, Emotionen) sind völlig verschlammt; sie befinden sich in dauerndem Widerstreit mit unseren nackten Interessen.«[67]

Deshalb überwiegt auch bei der modernen politischen Lyrik im Gegensatz etwa zu der patriotischen Lyrik des 19. Jahrhunderts die digitale (urteilende) oder mit dem Terminus der antiken Rhetorik: pragmatische (sachlich beschreibende und argumentierende) Redeweise, wenn man vom politischen Song absieht, der schon durch die Beteiligung der musikalischen Mittel von der Wirkung und der Rezeption her nicht der politischen Lyrik zuzurechnen ist. Wie im Gedicht ästhetische Mittel, denen es betont um die Evokation emotionaler Wirkung geht, politische Sachverhalte verfälschen können, ist zum Beispiel an Celans ›Todesfuge‹ dargelegt worden.[68] Nichtstdestoweniger gibt es auch politische Themen, die sich grundsätzlich – wie etwa das Thema »Auschwitz« – einer mit sprachlich-ästhetischen Methoden arbeitenden Darstellungsweise entziehen. Für die Intentionen politischer Lyrik ist es generell entscheidend, mit welchen ästhetischen Mitteln sie inszeniert, dargestellt oder mitgeteilt werden.

Definiert man einmal formelhaft das politische Gedicht als einen wie auch immer ästhetisch-sprachlich artikulierten Ausdruck einer Reaktion auf eine politische Situation oder einer Intention eines politischen Sachverhaltes, wird es gewiß einen wesentlichen Unterschied machen, ob ein solcher Ausdruck oder eine solche Aussage, die eben nicht Teil einer politischen Praxis sind, nach dem bereits von Hegel skizzierten Schema mehr verstandesbetont-reflexiv, mehr subjektbezogen-emotional oder objektorientiert-phänomenal angelegt sind. An diesem Punkt überschneiden sich nun, wie leicht einzusehen ist, Darstellungs- und Wirkungsästhetik. Je mehr sich beispielsweise eine lyrische Aussage am Objektpol orientiert, desto weniger wird sie pathetische oder Emotionen mobilisierende Stilmittel verwenden.

Die alten rhetorischen Regelbücher unterscheiden in ihrem Dispositionsschema mit Charakter- und Leidenschaftsdarstellung zwei Darstellungsweisen, die auf emotionale Wirkungen zielen. Die erste Darstellungsart will ausgleichen, beruhigen (*conciliare*), die zweite will aufwühlen, bewegen (*movere, permovere*). Nur die Darstellung von Sachverhalten appelliert an den Verstand (*probare, docere*). Den Gegenständen der Rede, den Sachverhalten (*pragmata*), Charakteren (*ethé*) und Leidenschaften (*pathé*), entsprechen ebenso die Redefunktionen von *probare, conciliare* und *movere* wie die spezifischen Stilarten: das *genus tenue, subtile* (pragmatischer Stil); das *genus medium floridum* (ethischer Stil); das *genus grave* (pathetischer Stil). Wie es die rhetorischen Regelbücher von ihrem anthropologisch motivierten Dispositionsschema aus entwickeln, stehen Gegenstand der Rede, intendierte Wirkung und Stilmittel in enger Korrelation. Da politische Lyrik schon von ihrer intendierten Thematik her in das Gebiet der öffentlichen Rede und Kommunikation gehört, kann die Analyse und Beschreibung solcher Gedichte nur davon profitieren, wenn sie an diese Einsichten anknüpft und sie mit relevanten Ergebnissen der Linguistik und Kommunikationsforschung verbindet.

Die Aussagen eines politischen Gedichts beziehen sich auf einen Wirklichkeitszusammenhang, was zunächst bedeutet, daß die Aussagen mitteilende Funktion haben und das lyrische Aussagesubjekt durchaus die Eigenschaften von historischen, theoretischen oder pragmatischen Aussagesubjekten annehmen kann.[69] So primär in der Lyrik ansonsten die Erlebnisqualitäten (*pathé* und *ethé*), das »subjektive Innere«, auch sein mögen, wenn sich im politischen Gedicht die Aussagen dergestalt aus dem Objektpol in den Subjektpol zurückziehen, erfährt der Rezipient nicht mehr Sachverhalte, Objekte, sondern nur noch

Reaktionsweisen, Stimmungswerte und Erlebnisse. Es kann dann wie in der Poesie der Moderne seit Baudelaire und Mallarmé der Fall eintreten, daß Objekte nicht mehr Ziel, sondern bloß noch Anlaß von Wörtern sind. Nun besteht zweifelsohne auch im Bereich der politischen Lyrik ein enger Zusammenhang mit den formalen Errungenschaften und den sprachlich-ästhetischen Methoden einer Zeit. Trotzdem lassen sich an den Texten von Walther von der Vogelweide bis Heine, Brecht und Fried eben deutlich Gemeinsamkeiten in der Aussagestruktur und den Ausdrucksweisen aufzeigen.[70] Ob nun Walther schonungslos den Papst attackiert, ihn als ein Werkzeug des Teufels, als einen Judas brandmarkt, als jemand, der das politische Weltbild, die Synthese zwischen *sacerdotium* und *imperium* zerstört hat, Heine in seinem bekannten Lied ›Die schlesischen Weber‹ soziales Unrecht an den Pranger stellt, Brecht für die Sache des Marxismus wirbt oder Fried gegen die Vietnampolitik Amerikas Partei ergreift, alle Aussagen bleiben, wenn auch ethische und pathetische Stilmittel zur Steigerung der Wirkung herangezogen werden, objektorientiert oder, wie Max Bense sagt, »objektrelevant«. Erst wenn im Kontextmodell eines Gedichtes, beim Vorgang der Semantisierung[71] auf jede außersprachliche Orientierung verzichtet wird, löst sich die Aussage aus dem Objektzusammenhang und konstituiert eine Sprachwelt mit eigenem, oft schwer zu dekodierendem Sinnzusammenhang. Man könnte das auch in Anlehnung an Max Bense texttopologisch so erklären: Je radikaler ein »hochfrequenter« Teilwortschatz (Umgangssprache) in einen »niederfrequenten« Teilwortschatz (poetische Sprache) transformiert, übertragen wird, desto mehr nimmt im Objektbezug die Iconisierung (Abbildung) und im Interpretantenbezug die Rhemaisierung (Bildung von Zeichen, die nicht verifizierbar sind, also weder falsch noch wahr sein können) zu; die Aussagen lösen sich in solchen Texten aus einem überprüfbaren Wirklichkeitszusammenhang, sie ziehen sich aus dem Objektbezug (Objektpol) ganz in den Interpretantenbezug (Subjektpol) zurück und verlagern auch beim Rezipienten automatisch das Interesse vom Objekt eines Erlebnisses[72] auf das Erlebnis eines Objekts.

Politische Lyrik, so sei an dieser Stelle nochmals zusammengefaßt, kann ihre Ziele mittels *pragmata, ethé* und *pathé* und den entsprechenden pragmatischen, ethischen und pathetischen Stilmitteln zu realisieren versuchen, aber in dem Augenblick, in dem das Erlebnis, das Gefühl oder auch das Medium wichtiger wird als der Gegenstand, löst sich die sie charakterisierende und definierende Aussagestruktur auf: Der Primat von intendiertem Erlebnis, Gefühl oder Sprache relativiert und vernichtet die politische Intention. Ich zitiere zur Illustration ein paar Verse, die aus einem längeren Gedicht stammen:

> die generalstäbe spielen weltraumgolf.
> hinter der schallmauer nimmt der fortschritt
> eine parade von lenkbaren lehrstühlen ab.

in den staatsbanken singen kastrierte kassierer
schaumige arien, bis die begeisterten damen
ihr gefrierfleisch aus dem chinchilla schälen.

Das innersprachliche materiale Übertragungsschema ist nicht ohne
Witz und kombinatorische Einfälle. Die semantischen Verschiebungen
geben Eindrücke wieder, die ein lyrisches Aussagesubjekt von keineswegs leicht auszumachenden und höchstens assoziativ zu erschließen-
den, nicht aber mit Sicherheit zu sistierenden Realitätsverhältnissen
hatte. Doch man könnte ebenso vermuten, daß der Verfasser dieser
Zeilen mit Metaphern Inhalte erzeugt habe, die ihre Realität nur in
der Sprachwelt dieses Textes – und nicht darüber hinaus – haben,
daß es sich also um eigenweltliche Poesie handelt, bei der nach Max
Bense »die wörter nicht vorwände für objekte, sondern die objekte
vorwände für wörter sind«.[73]
Der Aussagestil ist, rhetorisch gesehen, weder ethisch noch pathetisch,
auch nicht pragmatisch; er wäre am besten mit einem Begriff Benses
als rhematisch zu bezeichnen. Bei den zitierten Versen handelt es sich
um eine aus offenen, ergänzungsbedürftigen Wortfolgen und Metaphern gebildete Textur, bei der, genau betrachtet, noch Reste eines
Abbildungsschemas auszumachen sind. Die Darstellungsweise appelliert
weder direkt an Reflexion noch an Gefühle, ja evoziert nicht einmal
eine eindeutige Stellungnahme; mit ihrer kulinarisch zubereiteten metaphorischen Kombinatorik dient sie eigentlich nur der Beförderung
des ästhetischen Witzes und Vergnügens.
Die zitierten Verse, die im Kontext des politisch gemeinten Gedichts
»schaum«[74] von Hans Magnus Enzensberger stehen, haben sich mit
ihrer rhematischen Semantik und dem Rückzug auf den Interpretantenbezug von der Wirklichkeit, mit der sie sich eigentlich kritisch aus-
einandersetzen sollten, abgelöst; jede Aussage wird auf diese Weise
im Hinblick auf die intendierte Wirklichkeit irrelevant, also rhematisch. Eine akzentuierte Parteinahme dagegen findet sich in dieser
Strophe:

> Ein Fluch dem König, dem König der Reichen,
> Den unser Elend nicht konnte erweichen,
> Der den letzten Groschen von uns erpreßt
> Und uns wie Hunde erschießen läßt –
> Wir weben, wir weben!

Hier erzeugt keine kulinarische Metaphorik eine sprachliche Eigenwelt.
Die Darstellungsmittel sind vielmehr so benutzt, daß der Objektbezug
des Textes öffentlich und einsehbar bleibt. Diese Verse Heinrich Heines agitieren mit pathetischen Mitteln für ein politisches Ziel; sie engagieren sich gegen den monarchistischen Kapitalismus für die ausgebeuteten Weber, halten aber im Engagement und in der aufrühre-
rischen Funktion der Stilelemente die politischen Sachverhalte trans-

parent, die eben die geschilderte Parteinahme auslösen. Nirgends trennt sich hier die auf Emotionen hinarbeitende Wirkung von der Intention des politischen Sachverhalts oder verselbständigt sich der Interpretantenbezug. Der Text ist vielmehr so kodiert, daß die Zeichen trotz der engagierten Stellungnahme pragmatisch, das heißt dicentisch und argumentisch bleiben.[75]

Die Möglichkeiten und Grenzen politischer Lyrik lassen sich, wie auch diese Hinweise zeigen, in der Tat nicht von einem der vielen ästhetischen Systeme und von keiner der Einstellungen her beurteilen, sondern nur von den materialen Bedingungen her, der Aussagestruktur, den darstellungs- und wirkungsimmanenten Aspekten, den semiotischen und semantischen Verhältnisen. Um diese bisher mehr theoretischen Bestimmungen von politischer Lyrik auf ihre Tauglichkeit in der kritischen Praxis zu überprüfen und sie möglicherweise dadurch transparenter zu machen, möchte ich im folgenden einige Exempel aus der deutschen Lyrik nach 1945 im Hinblick auf unsere Fragestellung als geeignete Demonstrationsobjekte benutzen.

IV.

Das erste Gedicht stammt aus dem Band ›Ausgefragt‹ (1967) von Günter Grass und weist schon vom Titel her auf das praktizierte ästhetische Rezept. Der Text lautet:

Politische Landschaft

Uns Geschädigten, denen das Wissen
　　Mühe macht beim Verlernen,
　　　　ordnet die Geografie wirre Geschichte:
Seitlich Adenau und bis an das Flüßchen Hunte,
　　zwischen Galen und Frings,
　　　　buchen die Sozis kleine Gewinne,
　　　　mühen sich ab beim Verlernen.
Doch immerfort tagt am Wannsee die Konferenz;
　　immerfort werden in Eifellava, Basalt,
　　　　in grauen Globke, – nie wieder in Travertin, –
　　　　die Kommentare gezwungen.
Denn das soll bleiben
　　und sich nie mehr vertagen dürfen:
　　　　von der Jaksch bis zur Veba,
　　　　unausgesetzt wird zuendegedacht.
Schuld und die Forstwirtschaft
　　oder was nachwächst: Schonungen
　　　　geben dem Land Enge und Hoffnung,
　　damit Nutzholz und eine neue Generation
　　schon morgen vergißt,
　　　　wie verschuldet, wie abgeholzt
　　　　Schwarzwälder waren.

Schön ist das Land und Natur
stützt die Kurse und Reiseprospekte,
denn ein Blick bis zur Elbe
oder vom Bocksberg nach drüben zum Marx,
– wie sie sich abschirmen; wie wir uns abschirmen –
wo immer sich ernste Berge im Wege stehn
und der Gedanke nicht flügge wird,
lohnen sich Blicke
vom Blessing über den Rhein.
O, ihr linken und rechten Nebenflüsse:
die Barzel fließt in die Wehner.
Abwässer speisen das Sein.
Grauwacke, Rehwinkel, laubgesägt Tannen,
Karst, Abs und Kulmbacher Bier,
altfränkische Wolken über dem Heideggerland.

Wie der Titel ›Politische Landschaft‹ andeutet, sollen in diesem Gedicht zwei verschiedene Bereiche semantisch verschränkt werden. Namen, Partikel der politischen Wirklichkeit der Bundesrepublik stehen mitten unter geologischen und geographischen Ausdrücken und Bezeichnungen, die für einen Laien nicht einmal durchweg verständlich sind. Indem der Autor mit solchen Fachvokabeln spielt und sie mit einem zum Teil leicht veränderten Vokabular aus dem politischen Bereich vermischt, ziehen sich die objektorientierten Aussagen hinter die Interpretationsbezüge zurück. Zuweilen verstärkt sich das metaphorische Übertragungsschema dergestalt, daß es sich zu verselbständigen und von der ursprünglich gemeinten Realität zu isolieren beginnt. Das geschieht vor allem dann, wenn die Kodierung so spezialisiertes Material verwendet, daß es keine Objektbezüge mehr signalisiert. Setzt auch noch der Kommentar oder die Sinnzusammenhänge anzeigende Information aus, so wird die beabsichtigte Intention oder der Kommunikationskanal gestört. In der Strophe

Doch immerfort tagt am Wannsee die Konferenz;
immerfort werden in Eifellava, Basalt,
in grauen Globke, – nie wieder in Travertin, –
die Kommentare gezwungen.

markiert der ehemalige, wegen seiner Mitwirkung am Kommentar zu den ›Nürnberger Gesetzen‹ umstrittene Staatssekretär Hans Globke das signifikanteste politisch identifizierbare Signal; doch ist der Name, der eine politische Bedeutung evozieren will, zu einem geologischen Begriff umfunktioniert worden, der offenbar in »semantischer Verschiebung« etwas über die Beschaffenheit der im Text erwähnten Kommentare ins Bild bringen soll. Eifellava, Basalt, Globke stehen deutlich in einer Reihe und im Gegensatz zum Travertin (Kalksinter). Die Schwierigkeit ist nur, daß weder das metaphorische Übertragungsschema noch die Satzaussage dem Rezipienten die objektrelevanten Bezüge deutlich macht. Man kann allerdings auch nicht behaupten, daß sich die Aussagen wie in den zitierten Zeilen Enzensbergers ganz in den Subjektpol zurückgezogen hätten oder von ihrer sprachlichen Eigenwelt her eindeutig als rhematisch einzustufen wären. Sie bewegen sich eher auf einer Mittellage, das heißt sie zeigen in ihren semiotischen Verhältnissen sowohl iconisch-rhematische als auch indexikalisch-dicentische Merkmale. Mit anderen Worten: Einmal lassen sich die Aussagen von ihren Metaphern oder Inhalten her auf einen überprüfbaren und verifizierbaren Wirklichkeitszusammenhang beziehen, einmal nicht. Hinzu kommt das schon notierte Problem, daß es für den Rezipienten nicht immer leicht ist, die Kodierung zurückzuübersetzen.

Der Text bezieht sich zweifelsohne auf eine spezifische Wirklichkeit; aber aus ihr sind nur wenige Elemente in den Aussageinhalt aufgenommen worden, was praktisch bedeutet, daß der Text seinen Kontext voraussetzt und nicht mitteilt. Der Wirklichkeitszusammenhang, auf den das Gedicht sich bezieht oder auf den es anspielt, wird durch Namen signalisiert, deren Bedeutung nur für den entzifferbar ist, der in dem gleichen Wirklichkeitszusammenhang wie der Textproduzent gelebt und ähnliche politische Interessen verfolgt hat. Die Art und Weise der Signalisierung bestimmt also gleichzeitig das Publikum, das für eine adäquate Dekodierung in Frage kommt. Es muß bei den Namen Adenau(er), Galen, Frings, Globke, Jaksch, Blessing, Rehwinkel gleich die richtigen Bedeutungen assoziieren, ihren Stellenwert innerhalb der politischen Entwicklung der Bundesrepublik kennen, vor allem auch die kritischen Markierungen bei Namen wie Frings, Globke, Jaksch, Rehwinkel präsent haben, denn sonst wird sich kaum eine adäquate Rezeption einstellen. Der Leser muß auch in der Lage sein, die semantischen Spiele von Adenau und dem Flüßchen Hunte, von grauem Globke und Travertin, von der Jaksch bis zur Veba zu durchschauen und zu verstehen und sie entsprechend umzusetzen. Einmal lesen sich politische Namen wie Flüsse, Gesteinsarten oder andere geologisch-geographische Bezeichnungen, und ein andermal geographisch-geologische Fachtermini wie politische Zeichen. Der Rezipient muß das Spiel mit Bedeutungen durchschauen können, wozu er eben nur mit einem gehörigen Maß an Kenntnissen in beiden Bereichen imstande ist, damit die offenbar intendierte ästhetische, also nicht politische Wirkung zustande kommt. Nun bietet das Gedicht zweifelsohne durch die überraschenden semantischen Verschränkungen zweier getrennter Bedeutungsbereiche ästhetisch reizvolle Effekte, wenn man von den kalauerhaften »linken und rechten Nebenflüssen« Barzel und Wehner (wobei die Barzel auch noch neckisch in die Wehner fließt) und den »altfränkischen Wolken über dem Heideggerland« einmal absieht; aber gerade dadurch werden die politischen Energien im Gedicht lahmgelegt.

Schon in den ersten Zeilen teilt das Aussagesubjekt, das sich anheischig macht, für ein Kollektiv (in Wirklichkeit: eine ästhetisch-politisch interessierte Gruppe von Gleichgesinnten) zu sprechen, fast axiomatisch mit, daß »die Geografie wirre Geschichte« ordne, womit das hier praktizierte Rezept ›Politische Landschaft‹ anscheinend legitimiert werden soll. Aber im Laufe des Gedichts zeigt sich gerade – beabsichtigt oder unbeabsichtigt –, daß auch Geographie die »wirre Geschichte« nicht entwirren kann, sondern im Gegenteil die politischen Tarn- und Abschirmmanöver, die »Schonungen« und Verschleierungen nur noch eklatanter erscheinen läßt. Das Wissen, das Mühe macht beim Verlernen der Vergangenheit, soll auch gar nicht aufgegeben werden, sondern »sich nie mehr vertagen dürfen«. Wenn am Anfang des Textes noch die »Sozis« positiv mit ihren Mühen bei der Vergangenheitsbewältigung erwähnt werden, deuten die metaphorische Aussage »Abwässer speisen das Sein« (vermutlich ein metaphorisches Korrelat für die Koalition zwischen CDU und SPD) und die drei Schlußzeilen eher auf Resignation. Die politischen Inhalte lassen sich allerdings nur indirekt erschließen und können dann keineswegs als gesichert gelten, weil sie aussagemäßig von den metaphorischen Interpretantenbezügen verdeckt sind. Günter Grass behandelt in einem anderen Text[76] unter der Überschrift ›Schreiben‹ ein ähnliches Phänomen und gibt das Rezept: »Wenn Politik / dem Wetter / zur Aussage wird: / Ein Hoch über Rußland.« Das meint nichts anderes, als daß man wetterspezifische Aussagen auch politisch lesen könne, daß es im Grunde keinen Bereich gebe, der sich aus dem politischen Bezug ausklammern ließe. Deshalb sollte es eben, wie im Gedicht ›Politische Landschaft‹ proklamiert wird, möglich sein, Geschichte auch aus der Geographie herauszulesen und zu ordnen, und zwar denjenigen, »denen das Wissen Mühe macht beim Verlernen«, die nicht vergessen können und wollen, kurzum: den Mitintellektuellen, die so denken wie Grass und einen ähnlichen Erfahrungshorizont besitzen.

In dem Text ›Politische Landschaft‹ schränkt der Autor durch sein ästhetisches Verfahren den Rezipientenkreis und damit die öffentliche Funktion seines Gedichts ein, er schwächt durch das Aussparen von Information über den außersprachlichen Kontext, der mit wachsendem zeitlichen Abstand immer schwieriger zu rekonstruieren sein wird, die Intention politischer Sachverhalte ab und versteckt überdies die Aussageinhalte hinter den »semantischen Verschiebungen«. Zwar stiftet Grass mit seinen Bildern einen neuen Sinnzusammenhang, hinter ihm verdämmert aber der Objektzusammenhang. So entsteht auch in diesem politisch gemeinten Text wie in anderen Gedichten von Grass mehr eine Welt der Realien als eine reale Welt. Unter bestimmten ästhetischen Aspekten mag man die ›Politische Landschaft‹ durchaus als positiv einstufen, als politisches Gedicht ist es kaum zu retten.

Im Gegensatz dazu steht Hans Magnus Enzensbergers Gedicht:

Der Papier-Truthahn

Den ganz echten Revolutionär
finden Sie heute auf Seite 30
der Unterhaltungsbeilage

Der ganz echte Revolutionär
kann über den Kommunismus
nur noch mitleidig lächeln

Der ganz echte Revolutionär
steht irgendwo ganz weit links von Mao
vor der Fernsehkamera

Der ganz echte Revolutionär
bekämpft das System
mit knallharten Interviews

Der ganz echte Revolutionär
ist volltransistorisiert
selbstklebend und pflegeleicht

Der ganz echte Revolutionär
kriegt das Maul nicht zu
Er ist ungeheuer gefährlich

Er ist unser Lieblingsclown

Die Aussageinhalte werden hier in einem pragmatischen Redestil, der nur Sachverhalte vorstellt, unverschlüsselt mitgeteilt. In sechs Strophen beschreibt das lyrische Aussagesubjekt die Verhaltensweisen, Reaktionen und das Erscheinungsbild eines »ganz echten Revolutionärs«. Die sechsmalige Wiederholung des Hauptakteurs konzentriert fast stereotyp die Aussageinhalte auf dieses Zentrum und erwirkt durch die leitmotivische Überbetonung eine wachsende Ironisierung der Aussagen. Ohne in direkter Weise Stellung zu beziehen, lenkt der Autor die Einstellung des Rezipienten nur über das Arrangement der sparsam eingesetzten sprachlichen Mittel. Dabei sind die Beschreibungen des »Papier-Truthahns«, mit dem der Revolutionär nach dem maoistischen Schlagwort vom reaktionären »Papier-Tiger« metaphorisch etikettiert wird, in Form von Argumentationsreihen aufgebaut. Die Aussagen sind tendenziös auf das Objekt, den »ganz echten Revolutionär«, bezogen; die letzte Zeile zieht den Schluß aus den vorhergehenden Sätzen: der Truthahn erweist sich aus Papier, der Revolutionär als Lieblingsclown der Gesellschaft, die er zu bekämpfen vorgibt. Der Gegenstand ist zwar politisch, aber er wird nicht in einen spezifischen zeitgeschichtlichen Kontext gestellt. Andererseits lassen sich dem Sprachmaterial gewisse Hinweise auf den zeitgeschichtlichen Hintergrund entnehmen, zum Beispiel aus Werbeformeln wie »selbstklebend und pflegeleicht«, Vokabeln wie »volltransistorisiert« und Aussagen wie »steht irgendwo ganz weit links von Mao / vor der Fernsehkamera«. Diesen Indizien zufolge könnte man den beschriebenen und ironisierten Revolutionärtyp in der Bundesrepublik der sechziger Jahre ansiedeln und ihn als ein gemeinsames Produkt sowohl der bürgerlich-kapitalistischen Gesellschaft, die er verbal bekämpft, als auch der studentischen Protestbewegung verstehen. Obwohl die Aussagen für den Kommunikator direkt einsehbar sind und der Schluß, der vom Aussagesubjekt aus den mitgeteilten Sachverhalten gezogen wird, als einleuchtend und folgerichtig zu bezeichnen ist, stößt die Interpretation auf eine Leerstelle, die von der Aussagestruktur her nicht gedeckt wird. Man kann den Text, weil er zu wenig spezifische Hinweise auf den außersprachlichen Kontext enthält, sowohl als Kritik an Revolution überhaupt wie auch als Glosse auf einen bestimmten Revolutionärtyp lesen. So tendenziös alle Aussagen, die in diesem Text gemacht werden, gegen den »ganz echten Revolutionär« gerichtet sind und die Stellungnahme des Rezipienten mitbestimmen, die Beschaffenheit der Parteilichkeit gegenüber Revolution und Revolutionär läßt sich vom Text her nicht mit Sicherheit ausmachen. Liegt also doch ein Rhema vor, ein Ausdruck, der weder wahr noch falsch ist, obgleich die Textur eine klare Aussagefolge, also Argumente und dicentische Aussagen, die sich falsifizieren und verifizieren lassen, aufzuweisen scheint?

Die problematische Seite der Aussagestruktur liegt diesmal nicht an der ästhetischen Methode oder an der Art und Weise der Semantisierung, sondern an der Beschaffenheit der Aussage. Die Mitteilungen, die das Subjekt der Aussagen macht, sind nicht nur manipuliert, was noch kein Nachteil zu sein braucht, wie man an der früher zitierten Strophe Heines sehen kann, sondern vor allem von ihrem Wirklichkeitszusammenhang abgetrennt, von dem aus sie objektiv überprüft werden könnten. Der »ganz echte Revolutionär« erscheint auf diese Weise als eine Fiktion des Aussagesubjekts; es könnte durchaus gefragt werden, ob es ihn in der Realität überhaupt gibt, denn zumindest die tendenziösen Aussagen über ihn lassen sich nicht auf ihre Stimmigkeit hin überprüfen, was eben den rhematischen Charakter hervorruft. Wenn die Aussagen objektorientiert erscheinen, so sind sie es zwar in Beziehung auf das Aussageobjekt, den »ganz echten Revolutionär«, aber, da das Aussageobjekt keinen eindeutig identifizierbaren historischen Stellenwert in einem Wirklichkeitszusammenhang hat und fiktiv wirkt, verlieren auch die objektorientierten Aussagen ihren Mitteilungscharakter. Nur Aussagen, die sich auf Objekte innerhalb eines außerästhetischen oder außersprachlichen Kontextes beziehen, sind politisch intentional. Der Revolutionär, den Enzensberger in seinem Text erfindet, ist – mag er auch einige Züge von der Realität haben – deshalb ein sprachlich erzeugter, ein ästhetischer »Papier-Truthahn«. Ebenso sind damit die Gründe für die erwähnte Leerstelle und für die Tatsache genannt, daß sich die Richtung der Parteinahme nicht eindeutig bestimmen läßt und daher jede Partei die ihr genehme

Deutung dem Text unterschieben kann, was sicher nicht die Absicht Enzensbergers gewesen ist und den Intentionen politischer Lyrik prinzipiell widerspricht.

Daß man politische Sachverhalte generalisieren und abstrahieren kann, ohne sie aus ihrem außerästhetischen Kontext herauszulösen, mag ein Gedicht Erich Frieds zeigen. Es stammt aus dem Band ›Unter Nebenfeinden‹ (1970) und verwendet ähnliche sprachliche und formale Mittel:

Konflikte zwischen Alleinerben

Mein Marx wird deinem Marx
den Bart ausreißen

Mein Engels wird deinem Engels
die Zähne einschlagen

Mein Lenin wird deinem Lenin
alle Knochen zerbrechen

Unser Stalin wird eurem Stalin
den Genickschuß geben

Unser Trotzki wird eurem Trotzki
den Schädel spalten

Unser Mao wird euren Mao
im Jangtse ertränken

damit er dem Sieg
nicht mehr im Wege steht

Die mitgeteilten Aussagen beschreiben in sechs gleichnishaften Aktionen die ideologischen Auseinandersetzungen im kommunistischen Lager. Es geht dabei nicht nur um die Anhänger von Marx, Engels, Lenin, Stalin, Trotzki, Mao – alles Namen, mit denen deutlich realitätsbezogene Vorstellungen evoziert werden –, um die Anhänger verschiedener sozialistischer Vorbilder, sondern vor allem um den Sachverhalt, daß schon die Marx-, Engels-, Lenin-, Stalin-, Trotzki-, Mao-Anhänger wiederum in ihren eigenen Reihen in zwei feindliche Lager gespalten sind, die sich gegenseitig aus ideologischen Gründen bekämpfen. Die Stellungnahme des Aussagesubjekts richtet sich eindeutig kritisch gegen die »Konflikte zwischen Alleinerben«, die über dem Streit um Dogmenexegese die Aufgaben der Realität vergessen.

Die Aktionen oder parabolischen Modellsituationen, die im Text in die Zukunft verlegt werden, spielen zwar auf die Kenntnis der historischen Ideologiekonflikte an, setzen aber diese Kenntnis nicht notwendig voraus, da die vorgestellten Situationen von sich aus genügend Information über den Zusammenhang liefern. Auch hier werden die Beispiele nicht direkt aus der Wirklichkeit genommen, sondern als Ereignisse einer zukünftigen Wirklichkeit vorgestellt, und trotzdem ziehen sich die Aussagen nicht in den Subjektpol oder hinter den

Interpretantenbezug zurück. Dieser didaktische Text will durch seine einfachen, pragmatischen Aussagen den Rezipienten zum Nachdenken über einen Sachverhalt anregen; er macht in den imaginierten Modellsituationen oder Parabeln falsche »Verhaltensmuster« bewußt,[77] wobei die Richtung der Stellungnahme wie im Gedicht Enzensbergers durch die Art der Aussagen suggeriert wird. Die Aussagen haben allerdings wegen der Modellkonstellation theoretischen Charakter, was sie zwar gewissermaßen unangreifbar macht, aber auch gleichzeitig etwas generalisiert. Die Inhalte des Gleichnisschemas lassen sich ohne weiteres dem allgemeinen Titel ›Konflikte zwischen Alleinerben‹ subsumieren, einer zugegebenermaßen bescheidenen Einsicht, die aber in der Realisierung des Textes durch den Rezipienten doch mehr signalisiert, als sich der Überschrift entnehmen läßt. Aber zweifelsohne beschränkt der theoretische Charakter der Aussagen ein wenig den politisch-praktischen Wirkungsraum des Gedichts, woraus aber keine axiologischen Folgerungen gezogen werden können. Der Text von Erich Fried erfüllt vielmehr von seiner Struktur her die Intentionen, die sich aus den Aussageobjekten ablesen lassen, und die sprachlichen Mittel, die er einsetzt, realisieren adäquat das immanente Programm, das sich kurz als Auflösung dogmatisierter ideologischer Verhaltensweisen und Öffnung falschen Bewußtseins auf die Erfordernisse der Realität hin beschreiben ließe.

Was die einfachen, vor allem durch Brecht in die deutsche Lyrik nach 1945 wieder eingeführten didaktischen Formen mit ihrem pragmatischen Redestil heute noch für das politische Gedicht zu leisten vermögen, mag folgender Text von Helga M. Novak illustrieren:

> *Lernjahre sind keine Herrenjahre*
>
> mein Vaterland hat mich gelehrt:
> achtjährig
> eine Panzerfaust zu handhaben
> zehnjährig
> alle Gewehrpatronen bei Namen zu nennen
> fünfzehnjährig
> im Stechschritt durch knietiefen Schnee
> zu marschieren
> siebzehnjährig
> in eiskalter Mitternacht Ehrenwache
> zu Stalins Tod zu stehen
> zwanzigjährig
> meine Mitmenschen zu denunzieren
> sechsundzwanzigjährig
> das Lied vom guten und schlechten
> Deutschen zu singen
> wer hat mich gelehrt
> *Nein* zu sagen
> und ein schlechter Deutscher zu sein?

Das Gedicht, das sich auf Erfahrungen innerhalb des Kontextes DDR bezieht, aber gleichzeit auch einen Teil deutscher Vergangenheit in seinen Aussagen sichtbar macht, reflektiert über die ideologisch verplanten Lebensstadien; es ließe sich vom Thema her mit Hans Magnus Enzensbergers ›Geburtsanzeige‹[78] vergleichen und dabei zeigen, wie in den Strophen Enzensbergers die politische Intention durch die metaphorische Ausdrucksweise neutralisiert wird, während sich im Text von Helga Novak die dicentischen, in einem überprüfbaren Wirklichkeitszusammenhang stehenden Aussagen deutlich auf eine Tendenz hin verstärken, die in der Schlußpointe gipfelt: »wer hat mich gelehrt / *Nein* zu sagen / und ein schlechter Deutscher zu sein?« Bei Enzensberger wird dasselbe Problem in raffiniert kombinierte Metaphern übertragen. Das Gedicht von Helga Novak steuert eine direkte Kommunikation mit dem Leser an, der nicht einmal in dem Kontext zu leben braucht, auf den die Aussagen bezogen sind; selbst über den spezifischen Kontext hinaus drücken sie das Paradigma eines politischen Sachzusammenhangs aus.

V.

Wie sich jetzt schon gezeigt hat, lassen sich politische Gedichte in der Tat nach Aussagestruktur und Aussagefunktion, nach ihren ästhetischen Mitteln und der ihnen immanenten Art und Weise der Rezeption unterscheiden; außerdem kann man unter diesem Aspekt die auch für politische Lyrik unumgänglichen axiologischen Entscheidungen begründen. Da eine Bedingung der Möglichkeit von politischer Lyrik in deren Kommunikationsvermögen besteht, kann sie ihre Intentionen nur mit einem beschränkten Vorrat an Mitteln und Formen realisieren; sie stammen mehr oder weniger aus dem engeren und weiteren Bereich der didaktischen Dichtung, zu der neben den Spielarten des Gnomischen (Spruch, Aphorismus, Epigramm, Parabel, Fabel) auch die Varianten des Typus Satire, Chanson, Bänkelsang und Parodie gehören. Nicht nur im Kabarett, auch innerhalb der politischen Lyrik war die Parodie ein beliebtes Mittel, traditionelle Denk- und Ausdrucksformen durch übertriebene Imitation zu entlarven und der Lächerlichkeit preiszugeben. Die Wirkung der Parodie kommt durch die Veränderung thematisch-formal-stilistischer Elemente einer Vorlage zustande. Die Veränderung, mit der die politische Wirkung oder Tendenz angestrebt wird, kann entweder, wie Erwin Rotermund ausführt, »durch totale oder partiale Karrikatur«, durch »Substitution (Unterschiebung), Adjektion (Hinzufügung) oder Detraktion (Auslassung)«[79] erfolgen. Eine verwandte Form ist der *Cento*, ein »Flickgedicht«, das Verse, Wendungen, Sentenzen, Metaphern etc. aus verschiedenen Werken eines oder mehrerer Autoren zu einem neuen Text zusammenbaut und in einen anderen Funktionszusammenhang stellt.[80] Jede Parodie setzt nun aber selbstverständlich die Kenntnis des Originals voraus; es wird also der Kommunikationsraum desto begrenzter sein, je weniger volkstümlich die Vorlage ist, auf die sich die Parodie bezieht.

Für einen der bekannteren modernen Vertreter der Parodie, Peter Rühmkorf, scheint sich die kritische Absicht nicht mehr auf einen literarischen Stil oder ein Werk zu richten – aber das ist auch bei Bertolt Brecht nicht mehr der Fall –, sondern auf »ein Zeitproblem, einen Gegenwartsbefund, Gesellschaftszustand«; dabei sei dann der Parodand »als Filter, Medium und Transparentfolie, durch die der Autor mit seiner Welt in Vergleich tritt«,[81] zu betrachten. Das ›Gedicht in Parenthese‹, ›Vorüberlied und Dennochlied in einem‹, wie Rühmkorf seine Parodien nennt, läuft allerdings Gefahr, daß diese artistischen »Kunst-Stücke« aus erlesenen Kunstwerkpartikeln nur von einer kleinen, an dergleichen ästhetischen Spielen interessierten Elite, welche auch die komplizierten Bezüge richtig zu würdigen weiß, rezipiert werden können. Das »Evangelium vom absoluten, freien, unabhängigen Ich, geoffenbart im absoluten, freien, unabhängigen Kunstwerk«, ein Evangelium, das zu bekämpfen eben Peter Rühmkorf mit seinen Parodien ausgezogen war, scheint sich auf diese Weise *a tergo* gegen die Absicht des Verfassers mit solchen Kunststücken aufs neue zu etablieren. Nicht selten wirken auch die ästhetischen Energien der Vorlagen negativ auf die Versuche der Bewußtseinserweiterung zurück, oder die artifiziellen Reize, auf die es früher der Parodist insonderheit abgesehen hatte, überlagern die politische Intention. Was Rühmkorf etwa in der ›Variation auf *Gesang des Deutschen* von Friedrich Hölderlin‹[82] – allerdings mit beschränktem Kommunikationsraum – gelungen ist, scheint mit seiner parodistischen Methode, die in der Tat eine »Mischung aus Gumppenbergs Imitationsverfahren, Benns Ton, Brechts Hauspostillenstil und Elementen der Lyrik des 18. Jahrhunderts«[83] darstellt, nicht leicht wiederholbar zu sein. Der »verquere Anspruch, schlichter Sing-Sang zu sein, geselliges Lied – gleichzeitig aber exklusive Kunstform, an der vornehmlich der differenzierte und zugespitzte Kopf sein Vernügen findet«, wie Rühmkorf sein poetologisches Selbstverständnis bereits in ›Mein Gedicht ist mein Messer‹[84] formulierte, läßt sich nicht ohne Schwierigkeiten auf die politische Thematik übertragen; da können eben nicht die Strophen, was die Bände ›Irdisches Vergnügen in g‹ (1959) und ›Kunststücke‹ (1962) ausreichend belegen, »mit Vorbedacht zween Herren« dienen, »sich die Zwielichtigkeit zum Programm« machen und »besondere seelische Ambivalenzen versuchen, sich in ästhetischen Mischeffekten, Reibetönen und Interferenzen darzutun«. Als Paradigma mag das ›Wiegen- oder Aufklärelied‹ aus dem Band ›Irdisches Vergnügen in g‹ dienen:

Schlaf mein Kindchen-ungewollt,
Rubel-Mond durch Wolken rollt;
Silberdollar: dir und mir —
ratzepatz! zu Altpapier!

Papas Puschen schlurfen sacht;
hattu dichti-dichti macht?
Große Krise unterm Skalp:
Gram und Taumel halb-und-halb.

Bulle-bulle, geh zur Ruh;
Fenriswolf und Libby-Kuh,
wie das, bis der Himmel haart,
säugt und säbert, reißt und paart.

Wie es steigt und kopflos kippt,
Nike blind am Raume nippt —
bald fegt uns das Lämpchen aus
Bundeskriegsminister Strauß.

Schlaf ein, still mein Kind,
Brot in der Trommel, Speck im Spind;
gut, wenn dich das trösten mag:
im Kropf noch Hoffnung für einen Tag.

Fahre wohl, fahr weit!
Speichelwoge, flüssige Zeit —
Nun die Nacht das Riesenlid
übers tumbe Auge zieht.

Ein wenig Parodie auf Wiegenlied, ein wenig Imitation von Kinder-sprache, ein wenig raffinierte Montage und Kombination, stellt das Gedicht einen klangvollen, sangbaren *Cento* dar. Es richtet sich von den kunstvollen »ästhetischen Mischeffekten« her an den »differen-zierten und zugespitzten Kopf« und dient dergestalt dem literarischen Vergnügen, daß die politischen Elemente neutralisiert oder besser: in die ästhetische Reizwirkung einbezogen werden. Noch die Klang-werte des Reims arbeiten im Gedicht gegen die politischen Intentionen, auch gegen das »Aufklärelied«. Der einprägsame Rhythmus des Kin-derlieds, der parodistisch für ein ernstes Thema genutzt werden sollte, erweist sich als stärker denn der beabsichtigte »Gegengesang«. Die »große Krise unterm Skalp« (eine Aussage, die sich der vielleicht allzu niedlichen Kinderfrage an den dichtenden Papa »hattu dichti-dichti macht?« anschließt und sich in dieser Nachbarschaft recht harmlos ausnimmt), der das Lämpchen ausfegende Bundeskriegsminister Strauß, die »Hoffnung für einen Tag«, all die versteckten und offenen, durchaus zeitkritisch gemeinten Zeichen wirken in diesem so musika-lisch-kulinarisch auskomponierten Gedichtkörper eher wie genuß-potenzierende Dissonanzen.

Obwohl sich in dem Gedicht ebenfalls die Tendenz der modernen Poe-sie zu metaphorisch-rhematischen Ausdrücken an einigen Stellen nachweisen läßt, liegt die eigentliche Ursache, daß sich die Aussagen vom Objektpol mehr in den Subjektpol zurückziehen, hier an dem Primat der klanglichen Wirkung, dem sich alle sonst noch geplanten Intentionen unterordnen. Statt subjektiver oder objektiver politischer Wirklichkeitsaussagen liefert dieses Lied nur ein Stimmungserlebnis, einen Stimmungseindruck, ästhetischen Reiz. Es sagt weder etwas über politische Sachverhalte oder einen außersprachlichen Wirklichkeitszusammenhang aus noch über das lyrische Subjekt und dessen emotionale Korrelate innerhalb einer spezifischen politischen Situation. Der Text hat ästhetische, aber keine politische Funktion; er steht in einem sprachlich-ästhetischen Zusammenhang, aber nicht in einem realen Kontext und erfüllt also schon von seinen materialen Bedingungen her nicht die Voraussetzungen politischer Lyrik.

Daß aber politische Lyrik in ihrer Aussagestruktur nicht notwendig objektorientiert sein muß, sondern auch subjektorientiert sein kann, soll nun ein Gedicht aus dem Band ›Kerbholz‹ (1965) von F. C. Delius verdeutlichen:

Hymne

Ich habe Angst vor dir, Deutschland,
Wort, den Vätern erfunden, nicht uns,
du mit der tödlichen Hoffnung,
du im doppelt geschwärzten Sarg,
Deutschland, was soll ich mit dir,
nichts, laß mich, geh,
Deutschland, du steinigst uns wieder,
auf der doppelten Zunge zerläufst du,
auf beiden Schneiden
des Schwerts, ich habe Angst vor dir,
Deutschland, ich bitte dich, geh,
laß mir die Sprache und geh,
du, zwischen den Zielen, verwest schon
und noch nicht tot, stirb, Deutschland,
ich bitte dich, laß uns und geh.

Es scheint sich um eine Hymne in parodistischer Absicht zu handeln, eine Parodie nicht auf eine spezifische Hymne, sondern eher auf den national-hymnischen Ton, also eine Art Gegenhymne. Deutschland definiert sich in diesem Text sowohl durch eine spezifische historisch-politische reale Szene als auch durch das intentionale Semantem, das »Wort, den Vätern erfunden, nicht uns«. Der parataktisch und hypotaktisch verästelte Satz, durchwirkt mit einer Reihe rhetorischer Figuren (Anapher, Epipher, Subjectio, Parallelismus), erweckt den Eindruck einer pathetisch erregten[85] Sprachhaltung, des *genus grave*, das nach dem Modell der Hymne *pathé* intendiert, enthusiastische Begeisterung und das Gefühl der Erhabenheit, wie es in dem Vokabular der Klopstocktradition heißt. Doch der pathetische Stil wird von Delius nur äußerlich imitiert; die Inhalte, die er auf herkömmliche Weise transportiert, werden hier gerade einer Kritik unterzogen. Immer mehr zersetzen auch Elemente des niederen Stils, der Alltagssprache, den in satirischer Absicht imitierten oder persiflierten hohen Stil, der einen Großteil der patriotischen Hymnen kennzeichnet. Durch die sprachliche Gegenbewegung werden auch die alten Inhalte, der nationalistische Deutschlandbegriff, in Frage gestellt. Dieser Deutschlandbegriff ist der sprachliche Ausdruck einer verhängnisvollen ideologischen Auffassung, die für die gegenwärtige Misere der deutschen Wirklichkeit verantwortlich gemacht wird.

Deutschland, der zentrale Begriff in diesem Gedicht, dreimal an den Anfang der Zeile, zweimal an den Schluß, aber immer an betonter Stelle plaziert, repräsentiert Semantem, Ideologie und historische Wirklichkeit zugleich. Die Beziehungen werden deshalb auch synekdochenhaft ineinander verschoben wie etwa in diesen Zeilen: »Deutschland, du steinigst uns wieder, / auf der doppelten Zunge zerläufst du, / auf beiden Schneiden / des Schwerts [...]«. Wo der Text metaphorisch verschlüsselt scheint, läßt er sich meist mühelos dechiffrieren. Die Semantisierung ist betont objektbezogen, was schon aus den Periphrasen für das zweigeteilte Deutschland hervorgeht: »doppelt geschwärzter Sarg«, »doppelte Zunge«, »beide Schneiden des Schwerts«. Nicht nur die sprachliche Gegenbewegung, auch die metaphorischen Wendungen (»tödliche Hoffnung«, »doppelt geschwärzter Sarg«) und die wiederholten pragmatisch-praktischen Aussagen (»laß mich, geh«, »ich bitte dich, geh«) artikulieren prononciert das Gegenteil der affirmativen, hymnisch-feiernden Einstellung. Aber auch dieses Gegenteil spiegelt ein Affektverhältnis, das zwar weniger von der Stilhaltung evoziert als in der Aussage mitgeteilt wird. Bereits den hymnischen Aufschwung am Anfang des Gedichts hat das Aussagesubjekt für ein Hauptziel umfunktioniert: die Anklage. In diese Richtung sind auch die Aussagen über den Deutschlandbegriff der Väter programmiert, die indirekt für die gegenwärtigen politischen Mißverhältnisse verantwortlich gemacht werden. Das Aussagesubjekt protestiert gegen das Deutschland der Vätergeneration, das schon deutliche Merkmale des Verfalls zeigt. Obwohl die Aussagen subjektorientiert sind, die Wirklichkeit im Gedicht so erscheint, wie sie das Subjekt erlebt und sieht, bleibt der Objektzusammenhang deutlich. Indem aber nun die Aussageobjekte von der subjektiven Einstellung des Aussagesubjektes gefärbt sind, liefern sie noch zusätzliche Information über das Subjekt der tendenziösen Aussagen und über die Beschaffenheit des Wirklichkeiterlebnisses. Dies ist aber nur möglich, weil im Gedicht der Wirklichkeitszusammenhang trotz der subjektiven Manipulation bewahrt wird. Für den Rezipienten bleibt deshalb auch die »Intertextualität«,[86] die Art und Weise, in der ein Text die Geschichte liest und sich in die Geschichte einschreibt, präsent und kontrollierbar.

Die ›Hymne‹ macht Aussagen über ein Subjekt, das Angst vor Deutschland hat. Diese Angst mag sich sprachlich darin ausdrücken, daß der hymnische Bogen immer wieder in kleine Teile zerhackt wird, die so etwas wie Unruhe vermitteln, doch ihr emotionales Korrelat wird in diesem Text vor allem durch die periphrasierten Argumentationsreihen mitgeteilt. Zwar wird recht affektbezogen (»tödliche Hoffnung« etc.) semantisiert, aber die behauptete Angst drückt weniger einen emotionalen Zustand des Aussagesubjekts als vielmehr eine bestimmte Überzeugung aus, die auf spezifischen Erfahrungen mit der deutschen Geschichte und Gegenwart zu beruhen scheint. Nun setzt sich dieses Aussagesubjekt allerdings nicht weiter mit dieser Problemsituation auseinander, sondern gibt sich mit der Anklage und Absage an Deutschland zufrieden. Abgesehen von dem pragmatisch-praktischen Wunsch oder Befehl an die außersprachliche Wirklichkeit: »Deutschland, ich bitt dich, geh«, der eigentlich nur rhetorisch gemeint sein kann, enthält das Gedicht nur noch eine charakterisierende Stellungnahme: »laß mir die Sprache und geh«; damit geben sich die Interessen des Aussagesubjekts eindeutig als dichterisch-sprachliche zu erkennen. So problematisch die artikulierte Haltung politisch auch sein mag – Vergangenheit und Gegenwart der deutschen Geschichte werden abgelehnt und der Rückzug auf die deutsche Sprache indirekt vorgeschlagen –, bei dem Gedicht handelt es sich zweifelsohne um ein echtes Beispiel politischer Lyrik. Die Aussagen beschreiben hier weniger Sachverhalte, Situationen oder Wirklichkeit, als vielmehr die Art und Weise, wie ein Subjekt solche erfährt, erlebt und darauf reagiert.

Eine neuartige Variante einer Parodie[87] mit politischer Intention bietet ein Text von Nicolas Born, der vorgefundenes Material, genauer: Schlagworte der Springer-Presse, umfunktioniert und gegen die Produzenten wendet. Der Text selbst wurde, wie der Verfasser mitteilt, 1967 »während des Höhepunkts der Pressekampagne Springers gegen Studenten« geschrieben: »Ich habe damals die markigsten und markantesten Schlagzeilen der Springerzeitungen gesammelt und sie in tendenziöser Weise an den Absender zurückgeschickt, als Montage, aber auch als Beispiel defensiver Manipulation.«[88] Diese Gegenmanipulation adressiert die Klischees nicht nur um, sondern stellt sie auch bloß.

Berliner Para-Phrasen

Unsere Geduld ist am Ende.
Wir haben es satt uns von einer Mehrheit
auf der Nase herumtanzen zu lassen.
Wir haben es satt die Stadt vom Radau-
verleger beleidigen zu lassen
(: wenn er Berlin unappetitlich findet
soll er doch in den Osten gehen).

Wir haben es satt uns das Demonstrationsrecht
rationieren zu lassen.
Wir haben es satt uns von administrativen Krakeelern
in Deutsch unterrichten zu lassen.
Wir haben es satt uns von gewaschenen Schlägern
schlagen zu lassen.
Wir haben es satt uns von kurzmähnigen Greifern
greifen zu lassen.
Wir haben es satt den Kudamm von uniformiertem Mob
blockieren zu lassen.
Seht sie euch genau an diese Typen dann wißt ihr
denen kommt es nur darauf an
unsere freiheitliche Grundordnung zu zerstören.

Wir haben es zu tun mit einer Handvoll Radikaler
mit dem harten Kern der Reaktion
der Gewalt predigt.
Diese Handlanger des Kapitalismus
wollen eine jugendfreie Notstandsgesellschaft.
Sie wollen die Jugend abschaffen
im Rahmen der Unverhältnismäßigkeit der Mittel
aber was sie an deren Stelle setzen wollen
darauf sind sie bisher die Antwort schuldig
geblieben.

Obwohl der Text die geläufigen formalen Erwartungen von Lyrik
enttäuscht, weist er sprachtheoretisch alle Merkmale eines lyrischen
Aussagesubjekts auf. Dieses Aussagesubjekt deklariert sich als Sprecher für eine Gruppe, aber die Aussagen, die es in Form von parallel
angeordneten Protokollsätzen macht, enthalten für sich genommen
wenig Information über den Wirklichkeitszusammenhang und über
die spezifische politische Intention.[89] Ohne die Kenntnis, daß der
Text Schlagzeilen der Rechtspresse montiert und die Zielrichtung der
ideologischen Parolen für die eigene Sache ändert, kann man den Text
nicht adäquat rezipieren. Er setzt also die Kenntnis einer spezifischen
historischen Situation voraus, über die der Text eben kaum informiert. Es geht hier auch nicht um die sprachlich-ästhetische Bewältigung eines politischen Sachverhalts oder einer politischen Intention,
sondern um eine indirekte Demonstration ideologischer Schlagworte,
die aber im Gegensatz etwa zu Heißenbüttels oder Mons Demonstrationen gleich noch für die eigenen Zwecke eingesetzt werden. Trotzdem läßt sich der Text, wenn er auch in ›Agitprop‹ (1969) abgedruckt worden ist, nicht eigentlich als »Kampfmittel« verstehen.
Weder läßt sich das plakative Material ungestraft für andere politische Ziele benützen noch die regressive Semantik durch bloße Ver-
tauschung des Expedienten umfunktionieren. Der Sinn des Textes
kann nur sein, durch die »defensive Manipulation« die den Schlagworten immanente Ideologie zu entlarven. In keinem der bisherigen

Exempel waren die Aussageobjekte dergestalt außerästhetisch fixiert und die Aussagen so extrem auf einen außersprachlichen Wirklichkeitszusammenhang bezogen. Deshalb läßt sich auch das lyrische Aussagesubjekt der ›Berliner Para-Phrasen‹ trotz des Kontextes Gedichtanthologie kaum noch von einem praktischen politischer Gebrauchstexte unterscheiden. Der Text steht nicht nur in einem funktionalen Zusammenhang mit seinen Rezipienten, der studentischen Protestbewegung, sondern ist auch Teil oder Dokument einer politischen Praxis.

Wie ein Gedicht an eine politische Praxis oder Aktion anknüpfen kann, ohne die lyrische Aussagestruktur zu verleugnen, soll zum Abschluß dieses Beispiel[90] von Peter Schütt verdeutlichen:

Die Vergangenheit des Kanzlers
für Beate Klarsfeld

Der Schlag ins Gesicht
trifft einen Kanzler, der längst sein Gesicht
verloren hat. Der Skandal soll des Kanzlers Vergangenheit
Deutschland gegenwärtig machen. Schlagartig schwindet
des Kanzlers Gedächtnisschwund. Seiner Vorkanzler-Vergangenheit
erinnert er sich in beschleunigten Verfahren.
Um zu verhindern, daß wie in der Vergangenheit
Gewalt zum Mittel der Auseinandersetzung wird,
sorgt er für einen Gewaltspruch im Stil seiner Vergangenheit.
Der Kanzler möchte durch ein abschreckendes Urteil
der Gegenwart klarmachen, daß seine Vergangenheit
in Deutschland noch Zukunft hat. Zu den Folgen
schweigt der Kanzler, so wie er in der Vergangenheit
schweigend alle Demütigungen seiner Opfer ertragen hat.
Zu erkennen gibt der Kanzler sein wahres Gesicht
erst nach dem Schlag ins Gesicht.

Die demonstrative Handlung der Beate Klarsfeld wird hier in ihren interpretantenrelevanten semantischen Bezügen analysiert und kommentiert. Das geschieht mit geschickt eingesetzten rhetorischen Mitteln, die die Aktion und ihre symbolische Bedeutung sprachlich darstellen. In acht meist pointierten, sentenzhaften Aussagesätzen erklärt der Text die Funktion der Aktion im Hinblick auf den damaligen Bundeskanzler Kiesinger und entwirft ein deutlich negatives Bild vom Aussageobjekt. Aber dieses Bild muß vom Rezipienten ergänzt werden. Der Text setzt nämlich nicht nur die Kenntnis der politischen Aktion, der Klarsfeld-Ohrfeige für Kiesinger, voraus, sondern auch einige Information über die Vergangenheit des Kanzlers. Trotzdem signalisiert der Text entschieden mehr Nachrichten über diesen außersprachlichen Zusammenhang als die »Para-Phrasen« von Born. Die Aussagen sind objektorientiert und dicentisch, also überprüfbar; die Sprache ist digital (urteilend), pragmatisch und arbeitet mit Wortspielen, die weniger an die Reflexion appellieren als Urteile suggerieren. Das Aussagesubjekt verschwindet fast hinter dem Aussageobjekt und wird nur in etwa durch die den Aussagen immanente Parteilichkeit charakterisiert. Deutlich sind alle Intentionen in diesem Gedicht vom Subjektpol ab- und dem Objektpol zugewandt.

VI.

Um die an den Exempeln gewonnenen Einsichten überschaubar zu machen, seien sie nochmals zusammengefaßt und auf den theoretischen Ausgangspunkt zurückbezogen. Die Aussagen des politischen Gedichts können sich also durchaus, wie die Beispiele gezeigt haben, auf den Subjekt- oder den Objektpol beziehen, gleichermaßen pragmatische wie affektauslösende Stilmittel benützen, aber alle im Text angelegten Intentionen müssen sich auf einen Wirklichkeitszusammenhang beziehen, der nicht notwendig informatorisch im Sprachstück präsent zu sein braucht, obwohl ein solcher Verzicht fraglos die Rezeption erschwert.

In den zitierten Gedichten richten sich die Aussagen auf folgende Objekte: auf deutsche Zustände nach 1945 (Grass), auf einen eher fiktiven als realen Revolutionär (Enzensberger), auf den kommunistischen Ideologiestreit (Fried), auf die Programmierung menschlichen Lebens und Bewußtseins (Novak), auf Deutschland als Begriff, Vorstellung und Wirklichkeit (Delius), auf die Protestbewegung gegen Springer oder die Sprache der Springer-Presse (Born), auf den ehemaligen Bundeskanzler Kiesinger (Schütt). Aber diese Aufzählung, die Rühmkorfs Verse bewußt ausklammert, sagt noch nichts über die Beschaffenheit der Aussagestruktur aus. In den Arbeiten von Fried, Schütt und Born (bei ihm am vollständigsten, da er vorgefundenes Material nur umfunktioniert) tritt das Aussagesubjekt hinter dem Aussageobjekt zurück, während in den Texten von Helga Novak und Delius die Aussagen über das Objekt dergestalt vom Erlebnis- und Erfahrungshorizont des Aussagesubjekts geprägt werden (bei dem Text von Delius weitaus mehr als bei dem von Helga Novak), daß die Aussagen über das Objekt auch zugleich Aussagen über das Subjekt der Aussage sind. Bei dem Gedicht von Schütt ist der Anlaß, das Aussageobjekt, nicht nur der ehemalige Kanzler, sondern auch die politische Aktion der Beate Klarsfeld gegen Kiesinger, der genaugenommen unter diesem Aspekt erst zum kritisch kommentierten Aussageobjekt wird. Borns Text manipuliert die ursprünglich von der Springer-Presse gegen die studentische Protestbewegung gerichteten Schlagworte gegen den Absender und macht dadurch die Schlagworte selbst, das benutzte Material, zum Aussageobjekt; das Ergebnis ist eine Art sprachliche Demonstration.

Alle Aussageobjekte besitzen einen Stellenwert in einem bestimmten, kontrollierbaren außersprachlichen Wirklichkeitszusammenhang; nur bei Grass und Enzensberger haben sich die Aussageobjekte, freilich aus verschiedenen Gründen, vom Wirklichkeitszusammenhang gelöst. Enzensberger abstrahiert seinen Gegenstand auf eine Weise, daß sich dieser nicht mehr in einen bestimmten Kontext einordnen läßt und mehr wie erfundene als vorgefundene Realität wirkt. Grass dagegen liest Politik so geographisch-geologisch, daß sich die von ihm politisch gemeinte Geographie-Geologie nicht mehr direkt ins Politische zurückübersetzen läßt. Mit anderen Worten: statt eines außersprachlichen Objektzusammenhangs konstituiert sich ein innersprachlicher Sinnzusammenhang, statt der Aussagen über kontrollierbare deutsche Zustände findet man verschlüsselte Impressionen, die sich nicht leicht dekodieren lassen. Während bei Grass immer noch hinter dem Sinnzusammenhang ein Wirklichkeitszusammenhang wenigstens andeutungsweise erkennbar bleibt, scheint bei Rühmkorf der Zweck der Intention nicht das politische Aussageobjekt, sondern der Darstellungswert zu sein. Das kunstvolle Raffinement, mit der hier das Wiegenlied parodiert und auf moderne Weise aktualisiert wird, schadet der Intention des »Aufklärelieds«. Das, was in diesem Gedicht an politischen Aussageobjekten erwähnt wird, ist nur stoffliche Unterlage für den Darstellungswert, Vorwurf für die intendierte Ästhetisierung.

An der Kantilene Rühmkorfs und den metaphorischen Impressionen von Grass läßt sich beobachten, welche Konsequenzen es für die Aussagestruktur eines politischen Textes hat, wenn die klanglich-rhythmischen Mittel und die Semantisierung (Kodierung) sich verabsolutieren, also der Intentionswert gewissermaßen zum Wert der Intention wird. Die Aussagen ziehen sich dann automatisch vom Objektpol in den Subjektpol zurück, und das Objekt des Erlebnisses verschwindet hinter dem Erlebnis des Objekts. Man spricht dann auch von einem rhematischen Interpretantenbezug: die Aussagen können weder falsifiziert noch verifiziert werden, da sie sich auf keinen Wirklichkeitszusammenhang mehr beziehen. Für politische Lyrik hat sich deshalb als *conditio sine qua non* ergeben, daß alle Aussagen (natürlich auch die Aussagesubjekte und Aussageobjekte) in einem außersprachlichen, politischen, überprüfbaren Wirklichkeitszusammenhang stehen müssen; sie unterscheiden sich von allen Formen politischer Gebrauchsliteratur durch die Beschaffenheit des Aussagesubjekts, das sich durch den Kontext als lyrisches, also nicht als praktisches zu erkennen gibt. Es bedeutet einen Unterschied, ob ein lyrisches Aussagesubjekt in einem politischen Wirklichkeitszusammenhang steht oder ob ein praktisches Aussagesubjekt Teil einer politischen Praxis ist. Besteht im ersten Fall eine Korrelation von politischem Wert und Intentionswert, wobei aber nicht wie in der übrigen Lyrik der intendierte Wert der »fundierende«, sondern der »fundierte« ist, so spielt im zweiten Fall der

Intentionswert überhaupt keine Rolle, sondern ausschließlich der Gebrauchswert. Nun können durchaus in der politischen Praxis auch Texte mit höheren Intentionswerten verbraucht werden; aber in der Perzeption oder Konsumtion erscheinen sie nicht. Im politischen Gedicht dagegen verantworten die ästhetischen Mittel, mit denen die Intention realisiert wird, die Beschaffenheit des Aussageobjekts und natürlich die Aussagestruktur. Der Darstellungswert wird auch über die Informationsleistung und die Realitätsperspektive eines Textes entscheiden.

Von den behandelten Beispielen her könnte man behaupten: Je rhematischer die Aussagen eines Textes werden, desto weniger Information über außersprachliche Wirklichkeit liefern sie, und je weniger Information sie liefern, desto unpolitischer werden Struktur oder Intention der Aussage. Aber auch die Qualität der geforderten dicentischen oder digitalen Aussagen in einem politischen Gedicht hängt von ihrem Informationswert ab, der seinerseits als Ergebnis der Darstellung zu beschreiben ist. Ein ästhetisch mißlungenes politisches Gedicht wird deshalb immer auch informationsarm sein. Der höhere Informationswert hängt, wie es Hugo Steger formuliert hat, »von der Zahl und Anordnung der (normalen) Informationen« ab, »die vom Autor aus dem gesamtsprachlichen Kontinuum ausgewählt werden, sowie von der syntaktischen Weise, in der sie im abgegrenzten Text aufeinander bezogen werden«.[91] Erzeugt ein informationsarmer Text wie ein Werbespruch[92] vornehmlich nur »einen Gefühlsbereich des gegenständigen Einverständnisses«, eine intersoziale Affirmation, die sich auch in einer undifferenzierten Semantik, einer Polysemie von Wort und Ausdruck niederschlägt, so vermittelt ein informationsreicher Text neue Inhalte, die ihrerseits wieder ein Ergebnis der neuen Form sind.[93] Der Text von Peter Schütt steht deshalb an Qualität über dem von Born, weil er wegen der Beschaffenheit seiner sprachlich-ästhetischen Struktur mehr Information bietet.

Politische Lyrik von Rang bemüht sich auf der einen Seite um Innovation von Aussageinhalten durch neue Aussageformen, auf der anderen Seite geht es ihr um Kommunikation, um die direkte Perzipierbarkeit ihrer Intentionen. Obwohl also der experimentelle Charakter politischer Gedichte dadurch begrenzt wird, daß sie auf umgangssprachliche Kommunikationsformen angewiesen sind, darf andererseits nicht auf ihn verzichtet werden; denn »Experimente ablehnen, heißt«, wie Brecht notierte, »sich mit dem Erreichten begnügen, das heißt zurückbleiben«. Die kritischen Energien müssen also schon form- und darstellungsimmanent sein. Der politische Schriftsteller, so beschreibt es ebenso lakonisch wie bildhaft der Aufsatz ›Was ist Formalismus?‹, »wäscht die Wörter, sie verstauben leicht; er frischt die Situationen auf, sie verfahren sich leicht«.

Wirkungsästhetisch betrachtet, zielen politische Gedichte auf Veränderung von Bewußtsein, von Einstellungen und Verhaltensweisen der Kommunikatoren, oder sie fordern direkt zur Veränderung von gesellschaftlichen Verhältnissen auf. Im Gegensatz zum Selbstverständnis moderner Lyrik, die ihre Inhalte selber herstellt und ihre Autonomie gegenüber der Wirklichkeit betont, will auch heutige politische Lyrik im Sinne ihrer Überzeugungen und Realitätserfahrungen überreden und Wirkung ausüben. Im Text sind bereits die intendierten Reaktionsweisen des Rezipienten angelegt; es wird sprachlich signalisiert, ob er affirmativ-positiv auf den gegebenen Wirklichkeitszusammenhang reagieren soll oder kritisch-negativ, ob affektiv oder reflexiv. Unter diesem Aspekt kann man Parteilichkeit, worauf schon Schiller in seinen ästhetischen Schriften aufmerksam gemacht hat, nicht nur politisch, sondern auch ästhetisch auslegen. Selbst die dem Text eingeschriebene Rezipientenrolle läßt wieder Rückschlüsse auf den ideologischen Standort des Produzenten zu. Schränken Grass und Delius schon durch die Aussageinhalte ihren Rezipientenkreis ein, so wird dieser bei Helga Novak, Schütt und auch Fried erfolgreich durch die Aussageweise erweitert.

Definierte Benn als Vertreter der »reinen« Lyrik das Gedicht als monologisch und den Kunstträger als »statistisch asozial«, so verstand Brecht als Repräsentant politischer Lyrik Dichtung als Dialog und den Produzenten als ein soziales Wesen, einen Kommunikator.[94] »Die Wahrheit«, so steht es in den ›Fünf Schwierigkeiten beim Schreiben der Wahrheit‹, muß man »durchaus *jemandem* schreiben, der damit etwas anfangen kann. Die Erkenntnis der Wahrheit ist ein den Schreibern und Lesern gemeinsamer Vorgang [...] Die Wahrheit muß mit Berechnung gesagt und mit Berechnung gehört werden«.[95] Politische Lyrik mit der ihr inhärenten Kommunikationsaufgabe hat im Gegensatz zur *Poésie pure* wie die normale, intersoziale Objektsprache vor allem auch Mitteilungsfunktion. Außerdem kann sie von ihrer spezifischen Aussagestruktur her die humanitären und sozialen Erfahrungsgehalte, die in die natürlichen Sprachen eingelassen sind, mit den Ausdrucksformen des Kalküls verbinden.[96] Gerade in einer so durchrationalisierten und kompliziert gewordenen Welt wie der unseren scheint es eine notwendige Aufgabe zu sein, den »Intersozialtyp der Sprache« zu verstärken und ihn für zwischenmenschliche Beziehungen zu nutzen. Gleichzeitig würde ein solcher Text, wie es die Gruppe *Tel Quel* allgemein gefordert hat, eben das in der Sprache produzieren, »was die Wissenschaft durch Transformationen des Realen *bezeichnet*«.

Auch politische Lyrik darf deshalb trotz ihrer Verpflichtung zur Kommunikation nicht hinter den technischen Standard ihrer Zeit zurückfallen; denn die Regression der Darstellungsweise bedeutet auch die der Ideologie, oder, wie es Mao Tse-Tung nicht ohne warnenden Unterton, allerdings mißverständlich ausdrückte: »Kunstwerke, denen es an künstlerischer Qualität mangelt, haben keine Wirkung, mögen sie auch politisch noch so fortschrittlich sein.«[97] Nun haben aber in Vergangenheit und Gegenwart sehr oft Texte von mäßiger Qualität gerade die größte Wirkung gehabt. Es geht in diesem Zusammenhang nicht um ein wirkungsästhetisches Problem, sondern um ein sowohl darstellungsästhetisches als auch ideologiekritisches. Im Bereich politischer Lyrik sind Kritik der Produktionsverhältnisse, das heißt der ästhetischen Technik, und Kritik der konstitutiven Ideologie nur zwei Seiten einer Medaille. In mißglückten Texten lassen sich an den Aussageformen und in der Sprache falsche und absolute Erfahrungen, Erlebnisse, Denkstrukturen nachweisen. Es handelt sich dann entweder um mißlungene Versuche, Realität zu vermitteln, oder um bewußte Täuschung, Irreführung des Rezipienten und Fälschung, Verformung der Realität. Deshalb hat Brecht vor der schlechten Tendenzdichtung gewarnt, weil sie die Realität vergewaltigt, die Widersprüche beschönigt und verschleiert, Illusionen erzeugt, Parolen, Klischees, Phrasen verbreitet, und die »kritische Haltung« als »die einzig produktive, menschenwürdige« empfohlen.[98] Das bedeutet eine klare Absage an politische wie ästhetische Affirmation im Gedicht. Diese Absage wird in der zweiten Strophe des Poems ›Die Literatur wird durchforscht werden‹ zu einem Maßstab künftiger Kritik erweitert, die Ästhetisches auf sein Menschliches hin befragt:

> Ganze Literaturen
> In erlesenen Ausdrücken verfaßt
> Werden durchsucht werden nach Anzeichen
> Daß da auch Aufrührer gelebt haben, wo
> Unterdrückung war.
> Flehentliche Anrufe überirdischer Wesen
> Werden beweisen, daß da Irdische über
> Irdischen gesessen sind.
> Köstliche Musik der Worte wird nur berichten
> Daß da für viele kein Essen war.

Anmerkungen

1 Hans Magnus Enzensberger, ›Poesie und Politik‹, in: ›Einzelheiten‹, Frankfurt/M. 1962, S. 335.
2 Albrecht Schöne, ›Über politische Lyrik im 20. Jahrhundert‹, Göttingen 1969 (= ›Kleine Vandenhoeck-Reihe‹ 228/229), S. 3.
3 Vgl. dazu Wolf-Dieter Stempel, ›Möglichkeiten einer Darstellung der Diachronie in narrativen Texten‹, in: ›Beiträge zur Textlinguistik‹, hrsg. von W.-D. Stempel, München 1971, S. 71 ff.; ebenso Hans Robert Jauß, ›Literaturgeschichte als Provokation‹, Frankfurt/M. 1970 (= ›edition suhrkamp‹ 418), bes. S. 175 f., S. 177 f., S. 183 ff.

4 Gotthart Wunberg, ›Die Funktion des Zitats in den politischen Gedichten von Hans Magnus Enzensberger‹, in: ›Neue Sammlung‹ 4 (1964), S. 275.

5 Theodor W. Adorno, ›Ästhetische Theorie‹, Frankfurt/M. 1970, S. 249.

6 Nicolai Hartmann, ›Ästhetik‹, 2. Aufl., Berlin 1966, S. 338.

7 Ernst Robert Curtius, ›Europäische Literatur und lateinisches Mittelalter‹, 2. Aufl., Bern 1956, S. 168–175.

8 Ebd., S. 172.

9 Enzensberger, a. a. O., S. 340.

10 Schöne, a. a. O., S. 59, S. 62 ff., S. 66 ff., S. 71 ff., S. 74 ff., S. 78 f.

11 Ebd., S. 5.

12 Enzensberger, a. a. O., S. 350.

13 Adorno, a. a. O., S. 336.

14 Enzensberger, a. a. O., S. 350 f.

15 Ebd., S. 349.

16 Adorno, a. a. O., S. 264.

17 Ebd., S. 285.

18 Friedrich Engels, ›Brief an Miss Harkness‹, in: ›Marxismus und Literatur. Eine Dokumentation in drei Bänden‹, hrsg. von Fritz J. Raddatz, Hamburg 1969, Bd. I, S. 157 ff.

19 Adorno, a. a. O., S. 19.

20 Hilde Domin, ›Das politische Gedicht und die Öffentlichkeit‹, in: ›Nachkrieg und Unfrieden. Gedichte als Index, 1945–1970‹, Neuwied-Berlin 1970, S. 125; s. den Textauszug im vorliegenden Band S. 375–384.

21 Hugo Friedrich, ›Die Struktur der modernen Lyrik‹, erweiterte Neuausgabe Hamburg 1967 (= ›rowohlts deutsche enzyklopädie‹, Bd. 25), S. 100.

22 Vgl. dazu meinen Aufsatz ›Sprache und Methode: Bemerkungen zur politischen Lyrik der sechziger Jahre – H. M. Enzensberger, G. Grass, E. Fried‹, in: ›Revolte und Experiment. Zur Literatur der sechziger Jahre in Ost und West‹, hrsg. von Wolfgang Paulsen, Heidelberg 1972, S. 98 bis 143.

23 Peter Rühmkorf, ›Abendliche Gedanken über das Schreiben von Mondgedichten. Eine Anleitung zum Widerspruch‹, in: P. Rühmkorf, ›Kunststücke‹, Hamburg 1962, S. 127.

24 Bertolt Brecht, ›Die Dialektik‹, in: B. Brecht, ›Gesammelte Werke in 20 Bänden‹, Frankfurt/M. 1967, Bd. 19, S. 394.

25 Walter Benjamin, ›Der Autor als Produzent‹, in: ›Marxismus und Literatur‹, a. a. O., Bd. II, S. 264.

26 Ebd.

27 Ebd., S. 271.

28 Enzensberger, a. a. O., S. 340–345.

29 Vgl. Adorno, a. a. O., S. 260.

30 Ingrid Girschner-Woldt, ›Theorie der modernen politischen Lyrik‹, Berlin 1971; die Arbeit kommt, obwohl sie ganz unabhängig von ähnlichen Voraussetzungen wie meine 1971 entstandenen Aufsätze (›Sprache und Methode: Bemerkungen zur politischen Lyrik der sechziger Jahre – H. M. Enzensberger, G. Grass, E. Fried‹, a. a. O.; ›Von den Grenzen moderner politischer Lyrik: Einige theoretische Überlegungen‹, in: ›Akzente‹ 18 [1971], S. 505–519), ausgeht, zu anderen Ergebnissen.

31 Girschner-Woldt, a. a. O., S. 10.

32 Hilde Domin, a. a. O., S. 132.

33 Philippe Sollers, ›Infragestellung oder Revolution?‹, in: ›alternative. Zeitschrift für Literatur und Diskussion‹ 12 (1969), S. 104.
34 Ebd., S. 105.
35 Brecht, ›Über ästhetische Gesetze‹, a. a. O., Bd. 19, S. 411.
36 Adorno, a. a. O., S. 316.
37 Brecht, ›Realistische Kritik‹, a. a. O., Bd. 19, S. 416.
38 ›Antworten an »La Nouvelle Critique«‹, in: ›alternative. Zeitschrift für Literatur und Diskussion‹ 12 (1969), S. 98.
39 Brecht, ›Kulturpolitik und Akademie der Künste‹, a. a. O., Bd. 19, S. 543.
40 In: Marx/Engels, ›Über Kunst und Literatur in zwei Bänden‹, Berlin 1968, Bd. II, S. 219.
41 Neben Enzensberger ließen sich in diesem Zusammenhang auch die Verfasser des Artikels ›Politische Dichtung‹ (in: ›Reallexikon der Deutschen Literaturgeschichte‹, 2. Aufl., hrsg. von Werner Kohlschmidt und Wolfgang Mohr, Bd. 3, Berlin 1966, S. 157—220) zitieren, die politische Dichtung eher als eine Art »existentielle Zeitdiagnose« verstehen möchten, weil man sie »nicht ohne weiteres nach dem politischen Inhalt oder Thema als solche fixieren« könne.
42 So Adorno, Girschner-Woldt, Schöne u. a.
43 Alexander von Bormann, ›Politische Lyrik in den sechziger Jahren‹, in: ›Die deutsche Literatur der Gegenwart‹, hrsg. von Manfred Durzak, Stuttgart 1971, S. 173.
44 In: Marx/Engels, a. a. O., Bd. I, S. 116 f.
45 Vgl. dazu auch Heinrich Bosse, ›Versuch, politische Gedichte zu lesen‹, in: ›Neue Rundschau‹ 81 (1970), S. 579—587.
46 Enzensberger, ›Baukasten zu einer Theorie der Medien‹, in: ›Kursbuch‹ 20, 1970, S. 174.
47 Vgl. dazu von Bormann, a. a. O., S. 180.
48 Hegel, ›Ästhetik‹, hrsg. von Friedrich Bassenge, 2. Aufl., Frankfurt/M. 1955, Bd. 2, S. 400.
49 Ebd., S. 489.
50 Ebd., S. 398.
51 Käte Hamburger, ›Die Logik der Dichtung‹, 2., stark veränderte Auflage, Stuttgart 1968, S. 36 ff., 40 ff.
52 Zum Unterschied von Kult- oder Ritualwert und Ausstellungswert vgl. Walter Benjamin, ›Das Kunstwerk im Zeitalter seiner technischen Reproduzierbarkeit‹, 3. Aufl., Frankfurt/M. 1969 (= ›edition suhrkamp‹ 28), S. 9—63.
53 Hugo Steger, ›Zwischen Sprache und Literatur‹, Göttingen 1967, S. 25.
54 Rolf-Ulrich Kaiser, zit. bei von Bormann, a. a. O., S. 173.
55 Brigitte Frank-Böhringer, ›Rhetorische Kommunikation‹, Quickborn bei Hamburg 1963, S. 93.
56 Schöne, a. a. O., S. 29.
57 Benjamin, ›Der Autor als Produzent‹, a. a. O., S. 269.
58 Jauß, a. a. O., S. 178.
59 Neben den zitierten Titeln von Domin und Enzensberger sei hingewiesen auf Karl Krolow, ›Aspekte zeitgenössischer deutscher Lyrik‹, Gütersloh 1961, S. 83; und Helmut Heißenbüttel / Heinrich Vormweg, ›Briefwechsel über Literatur‹, Neuwied—Berlin 1969, S. 84 ff., S. 93 ff.
60 Hamburger, a. a. O., S. 222.
61 Ebd., S. 213.

62 Vgl. dazu die Interpretation von Girschner-Woldt, a. a. O., S. 25 ff.

63 Vgl. von Bormann, a. a. O., S. 173.

64 Siehe den Textauszug S. 367–374 des vorliegenden Bandes.

65 Zitiert bei von Bormann, a. a. O., S. 183.

66 Hans Mayer, ›Der totale Ideologieverdacht‹, in: H. Mayer, ›Zur deutschen Literatur der Zeit‹, Reinbek 1967, S. 381–393.

67 Brecht, a. a. O., Bd. 19, S. 393.

68 Reinhard Baumgart, ›Unmenschlichkeit beschreiben‹, in: R. Baumgart, ›Literatur für Zeitgenossen‹, Frankfurt/M. 1966 (= ›edition suhrkamp‹ 186), S. 33.

69 Vgl. dazu Hamburger, a. a. O., S. 211.

70 Vgl. dazu meinen Aufsatz ›Von den Grenzen moderner politischer Lyrik‹, a. a. O., S. 514.

71 Vgl. Max Bense, ›Einführung in die informationstheoretische Ästhetik‹, Reinbek 1969 (= ›rowohlts deutsche enzyklopädie‹, Bd. 320), S. 102 ff.

72 Der Begriff »Erlebnis« wird hier im Sinne eines intentionalen Bewußtseinserlebnisses gebraucht, wie es Edmund Husserl in: ›Logische Untersuchungen‹ (5. Aufl., Tübingen 1968, Bd. II, S. 346 ff.) definiert hat.

73 Zit. bei Hamburger, a. a. O., S. 206.

74 Hans Magnus Enzensberger, ›landessprache‹, Frankfurt/M. 1960, S. 40 ff.

75 Zu den Begriffen »Dicent«, »Argument« und »Rhema« vgl. Bense a. a. O., S. 92 ff.

76 Günter Grass, ›Ausgefragt‹, 2. Aufl., Neuwied-Berlin 1967, S. 15 f.

77 Vgl. dazu Erich Fried, ›Anmerkungen zu Verhaltensmustern‹, in: Baran/Fried/Salvatore, ›Intellektuelle und Sozialismus‹, Berlin 1968, S. 87.

78 Im Gegensatz zu Girschner-Woldt (a. a. O., S. 74 ff.) würde ich dieses Gedicht Enzensbergers nicht zur politischen Lyrik rechnen.

79 Erwin Rotermund, ›Die Parodie in der modernen deutschen Lyrik‹, München 1963, S. 9 ff., S. 19 ff.

80 Ebd., S. 24.

81 Rühmkorf, a. a. O., S. 119.

82 Ebd., S. 79 ff.

83 Rotermund, a. a. O., S. 176.

84 Rühmkorf, ›Paradoxe Existenz‹, in: ›Mein Gedicht ist mein Messer‹, hrsg. von Hans Bender, Taschenbuchausgabe, München 1961, S. 149–155.

85 Vgl. dazu auch die Interpretation dieses Gedichts von Girschner-Woldt (a. a. O., S. 40 ff.), die zu anderen Ergebnissen kommt.

86 Zum Begriff der Intertextualität vgl. Julia Kristeva, ›Wort, Dialog und Roman bei Bachtin. Russischer Formalismus und Strukturalismus‹, in: ›alternative. Zeitschrift für Literatur und Diskussion‹ 11 (1968), S. 201; siehe auch Sollers, a. a. O., S. 105.

87 Der Begriff der Parodie scheint sich meines Erachtens durchaus auf diese Montage ausdehnen zu lassen. Zwar handelt es sich bei dem Text von Born nicht mehr um ein Verfahren, das aus der totalen oder partialen Karikatur eines literarischen Werks oder Stils komische oder satirische Wirkung zieht, aber immerhin um die Veränderung eines Vorwurfs in satirischer und polemischer Absicht. Wenn auch die Aussagen der Schlagzeilen umfunktioniert werden, verändert sich deswegen der Objektzusammenhang kaum, denn im Grunde ist das Aussageobjekt die Sprache; sie wird satirisch ausgestellt.

88 Abgedruckt mit dem Text in der von Hilde Domin herausgegebenen Anthologie ›Nachkrieg und Unfrieden. Gedichte als Index, 1945–1970‹, a. a. O., S. 95 f.
89 Das gilt vor allem für die zweite Hälfte der ›Berliner Para-Phrasen‹. Während die erste umfunktionierte Hälfte in Form von praktischen Aussagen von der Aufkündigung der Geduld spricht, also deutlich aggressives Material für die eigenen Zwecke einspannt, informiert die zweite mehr über den Gegner (mit dessen Sprachmitteln) und dessen Intentionen (Abschaffung der Jugend).
90 Abgedruckt bei von Bormann, a. a. O., S. 185.
91 Steger, a. a. O., S. 45.
92 Vgl. dazu Steger, a. a. O., S. 23 ff.
93 Vgl. dazu Bertolt Brecht, ›Was ist Formalismus?‹, a. a. O., Bd. 19, S. 523 ff.; ebenso: ›Über Formalismus und neue Formen‹, Bd. 19, S. 526 f.
94 Vgl. dazu Ulla Lerg-Kill, ›Dichterwort und Parteiparole. Propagandistische Gedichte und Lieder Bertolt Brechts‹, Bad Homburg v.d.H.–Berlin–Zürich 1968, S. 27.
95 Brecht, a. a. O., Bd. 18, S. 230.
96 Vgl. Steger, a. a. O., S. 39.
97 ›Das Mao Tse-Tung Brevier‹, hrsg. und eingeleitet von Fritz C. Steinhaus, Würzburg 1967, S. 198.
98 Brecht, a. a. O., Bd. 19, S. 393.

HEINZ SCHLAFFER

Denkbilder

Eine kleine Prosaform zwischen Dichtung und Gesellschaftstheorie

Seinem Buch über ›Die Angestellten‹ hat Siegfried Kracauer zwei kurze ›Reportagen‹ vorangestellt; sie dienen als Motto:

I

Eine entlassene Angestellte klagt vor dem Arbeitsgericht auf Weiterbeschäftigung oder Abfindung. Als Vertreter der beklagten Firma ist ein Abteilungsleiter erschienen, der frühere Vorgesetzte der Angestellten. Um die Entlassung zu rechtfertigen, erklärt er unter anderem: »Die Angestellte wollte nicht als Angestellte behandelt werden, sondern als Dame.« – Der Abteilungsleiter ist im Privatleben sechs Jahre jünger als die Angestellte.

II

Ein eleganter Herr, zweifellos ein höherer Konfektionär, betritt abends in Begleitung seiner Freundin den Vorraum eines weltstädtischen Vergnügungsetablissements. Der Freundin ist auf den ersten Blick anzusehen, daß sie im Nebenberuf acht Stunden hinter dem Ladentisch steht. Die Garderobenfrau wendet sich an die Freundin: »Wollen gnädige Frau nicht den Mantel ablegen?«

Kein epischer Zusammenhang verbindet die Texte: keine Einheit der Handlung, keine Identität der Personen. Der Titel des Buches jedoch nennt, seine Darstellung entfaltet jene Größe, die einen genauen Bezug zwischen den beiden Szenen vor dem Arbeitsgericht und im Vergnügungsetablissement herstellt: die Situation der Angestellten. Auch dem, der nichts vom Publikationsort der Texte weiß, wird ihre Verbindung — und damit ihr Sinn — nur deutlich, wenn er hinter den zufälligen Erzählungen das soziale Milieu, dem sie entnommen sind, als Einheit und Thema erkennt. Dann erst kann er sie als spiegelbildliche Geschichten lesen, die im scheinbaren Gegensatz das gleiche lehren: daß der Angestellte seine wirkliche Lage im Arbeits- und Wirtschaftsprozeß nicht wahrhaben will und nach Geschäftsschluß im Schein der Feudalität die tagsüber verweigerte Menschenwürde wiederherzustellen versucht. Was der Angestellten I während der Bürozeit versagt bleibt, wird der Angestellten II am Abend bereitwillig gewährt: die Behandlung als »Dame«, als »gnädige Frau«. Die Divergenz zwischen dem falschen Bewußtsein der Angestellten und ihren realen Arbeitsbedingungen kommt in einer eigens erstellten Vergnügungsindustrie zum Schein des Ausgleichs, eben weil sie einzig aus dem Kontrast zur Arbeit konstruiert ist.

Expressis verbis steht dieser gedankliche Inhalt in keiner der beiden Geschichten; erst der konjizierte Zusammenhang treibt ihn hervor; er stellt deren Gemeinsamkeit *in abstracto* dar. D. h.: die sinnliche Äußerlichkeit jedes einzelnen Textes, sein – wollte man ihn als Poesie verstehen – poetisches Material (Figuren, Geschehen etc.) schließt den Sinn, die Intention des Autors nicht auf. Nur die Relation beider Geschichten, denen gerade der »poetische« Konnex fehlt, ermöglicht das rechte Verständnis jeder einzelnen. Diese Relation, diese abstrakte Gemeinsamkeit verhält sich zu den Texten I und II wie Theorie zu konkreten Fällen: von ihnen den Ausgang nehmend und von ihnen wiederum bestätigt, besitzt sie doch ihre eigene Substanz, gilt für alle, nicht bloß für die untersuchten Fälle und macht aus allgemeinen Gesetzen erst verständlich, warum dieser oder jener Fall der Fall ist. Die formale Einheit der beiden Berichte stellt sich her als übergreifende Theorie, die materielle als die gemeinsame ökonomische Basis. Auf sie wird der Blick gerade durch den Umstand gelenkt, daß beide Geschichten nicht unmittelbar von den Arbeitsverhältnissen berichten (wobei über der prallen Anschauung leicht die Erkenntnis verlorengehen könnte), sondern sie von distanzierten Orten aus gleichsam rekonstruieren und dabei eine Reflexion der bedenklichen Zustände unumgänglich machen. Zu solcher Reflexion ist das »Arbeitsgericht« von Amts wegen verpflichtet; ebenso bringt die aufdringliche Verschleierung der sozialen Rangordnung im »Vergnügungsetablissement« sie desto nachdrücklicher in Erinnerung – Überbau, als Überbau bewußt geworden, verweist notwendig auf seinen Unterbau. Von den Illusionen der Figuren, ihrem Habitus, der sozialen Hierarchie, den Institutionen wird die Erkenntnis schrittweise bis zur Ökonomie zurückgeführt, in der die widersprüchlichen und vielfältigen Erscheinungen des dargestellten Lebens ihren Grund haben. Vorbereitet, ja erzwungen ist solche analysierende, reduzierende Interpretation durch die Anonymität der Personen wie durch die Erzählung im Präsens: beide Momente verdeutlichen, daß hier nicht einmalige Ereignisse, sondern exemplarische Fälle von soziologischer Relevanz vorliegen, und sie verdeutlichen noch einmal, daß hier der Schein von Poesie im Anspruch auf Realitätsgehalt aufgehoben ist.

Warum so ausführlich von diesem Motto reden, das sich weder einem Begriff von Literatur (schon gar nicht von Poesie) noch von Wissenschaft und nicht einmal von Journalismus bequem subsumieren läßt? Immerhin liefert seine zwitterhafte Gestalt das Modell einer denkbaren Prosaform, welche aus der Überschreitung der gewohnten literarischen Grenzen ein eigenes Gebiet gewinnen könnte: indem sie, das Konkrete, Vereinzelte alltäglicher Wirklichkeit wahrnehmend, ihm mittels Reflexion auf den Grund geht und aus dem Zusammenhang einer Theorie verständlich macht (die sich auch theoretisch, d. h. begrifflich äußern dürfte, wenn – anders als bei Kracauer – keine ganze Abhandlung zu ihrer Explikation folgen sollte).

Kracauers Buch über ›Die Angestellten‹ ist 1930 erschienen.[1] Tatsächlich entstehen um diese Zeit Texte, welche die speziellen Eigenschaften jenes Mottos zum allgemeinen Formgesetz haben; sie finden sich fast ausschließlich unter Kracauers Freunden (die mit ihm den marxistischen Ansatz und – mit Ausnahme Brechts – die jüdische Herkunft teilen): man denke an Blochs ›Spuren‹, Benjamins ›Kurze Schatten‹ oder ›Einbahnstraße‹, Horkheimers ›Dämmerung‹,[2] Brechts ›Geschichten vom Herrn Keuner‹ und Adornos ›Minima Moralia‹.

Eine von Brechts Keuner-Geschichten scheint Kracauers Motto nach Form und Inhalt nur zu vervollständigen:

Eine gute Antwort

Ein Arbeiter wurde vor Gericht gefragt, ob er die weltliche oder die kirchliche Form des Eides benutzen wolle. Er antwortete: »Ich bin arbeitslos.« – »Dies war nicht nur Zerstreutheit«, sagte Herr K. »Durch diese Antwort gab er zu erkennen, daß er sich in einer Lage befand, wo solche Fragen, ja vielleicht das ganze Gerichtsverfahren als solches, keinen Sinn mehr haben.«[3]

Hatte sich Einsicht bei Kracauer unausgesprochen, aber notwendig aus dem Gegensatz der beiden Szenen und im Hinblick auf das folgende Buch entwickelt, so wird sie bei Brecht eigens und eindeutig formuliert. Die innere Zweiteilung dieses Typus von Texten zeichnet sich hier auch in der äußeren Gestalt ab: Bericht und Reflexion sind durch den Gedankenstrich schroff, ohne epische Überleitung geschieden; der Arbeiter und Herr K. sprechen in je eigenen Zusammenhängen, treten als Objekt und Subjekt der Erkenntnis auseinander und einander gegenüber. Nicht ganz mag befriedigen, daß Brecht-Keuner nur auslegt, was bereits die Antwort des Arbeiters »zu erkennen« gab, also auch der Leser schon vor dem Gedankenstrich erkannt haben wird. Eigenwilliger und weitreichender interpretiert Bloch einen unscheinbaren Vorfall:

Spielformen, leider 1

Nach viel sah der Tag heute nicht aus.

Kein Geld, auch Paris wird dann kleiner. Ging in die alte Arbeiterkneipe, es gibt schlechtere, die nicht billiger sind.

Da sah ich aber einen, der ging auf. So richtig, so schuldlos genießend, wie es sich gehört. Der Mann mir gegenüber hatte Hummer in den verschafften Fäusten, biß und spuckte rote Schale, daß der Boden spritzte. Doch dem zarten Wesen darin sprach er fröhlich zu, als er es einmal hatte, still und verständig. Endlich war hier ein Gut nicht mehr durch genießende Bürger geschändet; der Schweiß der Entbehrenden, die Schande der Kapitalrente schmeckte diesem da nicht mit. Seltsam genug in Paris, wo sich noch kein Bürger geniert, einer zu sein, sich nicht nur bequem, sondern auch stolz einen Rentier nennt. Am Arbeiter mit dem Hummer blieb noch andres erinnert, vom großen Einbruch damals, lange her. Erst recht schimmerte ein gewisses Später auf, wo das Geld nicht mehr um die Güter bellt oder in ihnen wedelt. Wo die überaus törichte Wahl zwischen reiner Gesinnung und reinem Bissen erspart bleibt.[4]

Wenigstens der Schauplatz ist hier Betrachter und Betrachtetem gemeinsam, die Arbeiterkneipe. Doch das Interesse, das jener an diesem hat, stiftet zwischen beiden keine Kommunikation: in den Hummer vertieft der eine, ins Nachdenken über das Gesehene der andere, bilden sie wiederum das distanzierte Verhältnis der Theorie zum Konkretum ab, welches auch den vorangehenden Beispielen eigen war. Mit dem Einsatz »Endlich war hier [...]« beendet Bloch den Bericht und beginnt seine Deutung: am »Arbeiter mit dem Hummer« erblickt er die Möglichkeit einer Befreiung des Proletariats (und damit der Menschheit überhaupt), bestätigt durch die Erinnerung an frühere Revolutionen (der »große Einbruch«: die Französische Revolution, der Aufstand der Kommune?) und geleitet von der Utopie einer klassenlosen Gesellschaft, welche die Waren- und Geldwirtschaft abgetan haben wird. Zwischen revolutionärer Vergangenheit und utopischer Zukunft vermittelt das Bild des Arbeiters, wird es als »Spur« des historischen Prozesses gelesen. In Abbreviaturen zeichnen sich die Hauptlinien von Blochs Geschichtsphilosophie ab, der diese »Spielform« als Motto voranstehen könnte – die Mottofunktion des Kracauerschen Textes war kein Zufall, sondern brachte nur die allgemeine Mottostruktur dieser Art kleiner Prosa an den passendsten Ort; sie demonstriert am Beispiel den gedanklichen Kern einer Theorie, deren materiale Ausführung noch aufgespart bleibt.

Da letztlich das primäre Interesse den theoretischen Folgerungen gehört, die sich aus dem dargestellten Fall ziehen lassen, ist es nicht verwunderlich, wenn sie an den Beginn des Textes zu stehen kommen. So in dieser Reflexion aus Benjamins ›Kurzen Schatten‹, welche die Präexistenz der Theorie gegenüber dem Text sichtbar macht, indem sie mit einem demonstrativen »Daß« beginnt (noch deutlicher verweist die Wiederholung »daß selbst« auf die Subsumtion des Einzelfalls unter das generelle Gesetz):

Armut hat immer das Nachsehen

Daß keine Galaloge so unerschwinglich ist wie das Eintrittsbillett in Gottes freier Natur, daß selbst sie, von der wir doch lernten, daß sie so gern sich

Vagabunden und Bettlern, Lumpen und Stromern schenkt, ihr trostreichstes, stillstes und lauterstes Antlitz dem Reichen verwahrt, wenn sie durch die großen tiefliegenden Fenster in seine kühlen, schattigen Säle dringt, – das ist die unerbittliche Wahrheit, die die italienische Villa den lehrt, der zum ersten Male durch ihre Pforten trat, um einen Blick auf See und Gebirge zu werfen, vor dem, was er dort draußen gesehen hat, verblaßt wie das Kodakbildchen vor dem Werk eines Lionardo. Ja, ihm hängt die Landschaft im Fensterrahmen, nur ihm hat Gottes Meisterhand sie signiert.[5]

Die Teile nur in umgekehrter Reihenfolge ordnend, bezeichnet auch hier der Gedankenstrich Grenze und Achse von Theorem und Beobachtung, »Wahrheit« und »Blick«. Gleichwohl ist die strenge Entgegensetzung gemildert: in den reflexiven Part dringen Bilder und Vergleiche ein (»Galaloge«, »Eintrittsbillett«, »Vagabunden« etc.), die im gleichen, nämlich sozialen Material gehalten sind wie das Hauptbeweisstück, die italienische Villa; deren Beschreibung läßt ihrerseits nie das Argumentationsziel aus den Augen, das »die unerbittliche Wahrheit [...] lehrt« und das im »Ja« des letzten Satzes Evidenz gewonnen hat. In dieser Vermischung von Abstraktion und Konstatierung deuten sich Möglichkeiten an, die den zweiteiligen Bau in der äußeren Form zum Verschwinden bringen, indem sie ständig zwischen These und Beleg wechselt.
Dies ist eine Eigentümlichkeit von Adornos ›Minimen‹; den bisher behandelten Vertretern in vielem verwandt und verpflichtet, lassen sie dennoch die Anschaulichkeit zugunsten der kritischen Reflexion zurücktreten:

Nicht anklopfen

Die Technisierung macht einstweilen die Gesten präzis und roh und damit die Menschen. Sie treibt aus den Gebärden alles Zögern aus, allen Bedacht, alle Gesittung. Sie unterstellt sie den unversöhnlichen, gleichsam geschichtslosen Anforderungen der Dinge. So wird etwa verlernt, leise, behutsam und doch fest eine Tür zu schließen. Die von Autos und Frigidaires muß man zuwerfen, andere haben die Tendenz, von selber einzuschnappen und so die Eintretenden zu der Unmanier anzuhalten, nicht hinter sich zu blicken, nicht das Hausinnere zu wahren, das sie aufnimmt. Man wird dem neuen Menschentypus nicht gerecht ohne das Bewußtsein davon, was ihm unablässig, bis in die geheimsten Innervationen hinein, von den Dingen der Umwelt widerfährt. Was bedeutet es fürs Subjekt, daß es keine Fensterflügel mehr gibt, die sich öffnen ließen, sondern nur noch grob aufzuschiebende Scheiben, keine sachten Türlinken sondern drehbare Knöpfe, keinen Vorplatz, keine Schwelle gegen die Straße, keine Mauer um den Garten? Und welchen Chauffierenden hätten nicht schon die Kräfte seines Motors in Versuchung geführt, das Ungeziefer der Straße, Passanten, Kinder und Radfahrer, zuschanden zu fahren? In den Bewegungen, welche die Maschinen von den sie Bedienenden verlangen, liegt schon das Gewaltsame, Zuschlagende, stoßweis Unaufhörliche der faschistischen Mißhandlungen. Am Absterben der

Erfahrung trägt Schuld nicht zum letzten, daß die Dinge unterm Gesetz ihrer reinen Zweckmäßigkeit eine Form annehmen, die den Umgang mit ihnen auf bloße Handhabung beschränkt, ohne einen Überschuß, sei's an Freiheit des Verhaltens, sei's an Selbständigkeit des Dinges zu dulden, der als Erfahrungskern überlebt, weil er nicht verzehrt wird vom Augenblick der Aktion.[6]

Das Thema macht Adornos Verfahren plausibel: seine Kritik will gerade das Gesamtphänomen der gegenwärtigen Zivilisation treffen; beim einzelnen sich länger aufzuhalten, gilt Adorno bereits als Anfang des Einverständnisses. Das »Absterben der Erfahrung«, die ja noch am Konkreten zu lernen glaubte, hindert den Kritiker selbst, detaillierter von ihr zu reden. Adornos Text, 1944 geschrieben, ist chronologisch der letzte unserer Reihe; die Grenzen der Form scheinen durch historische Grenzen bedingt zu sein.

Der Beispiele sei's damit genug. Mehr ist an ihnen abzulesen als die Einheitlichkeit ihres äußeren und inneren Aufbaus, die mehrfach bestätigte Zweiteilung in Erfahrung und Erkenntnis, Bericht und Reflexion, Fall und Theorem – wie immer man die Begriffe wählen mag. Zuerst legt solche Einheitlichkeit (die auch für viele andere Texte der genannten Autoren gilt) es nahe, sich nach einer einheitlichen und angemessenen Bezeichnung dieser Textgruppe umzutun. Ihre eventuelle Verwandtschaft mit traditionellen Formen – etwa Parabel, Aphorismus, Maxime – ist noch zu bedenken; es wäre jedoch voreilig, wenn nicht fehlgegriffen, wollte man diese eigentümlichen Prosastücke unter geläufigen Termini versammeln. Den bisher ausgemachten Merkmalen wird am ehesten ein Titel gerecht, mit dem Benjamin eine Reihe kurzer Texte, die wir ebenfalls dem skizzierten Typus zuzählen würden, überschrieben hat: ›Denkbilder‹.[7] Jene Doppelheit von Gedanke und Anschauung kommt darin zum knappsten Ausdruck. Innerhalb der Wortgeschichte bedeutet »Denkbild« »Idee«[8] oder »Emblem«. Benjamin, bei seinen Forschungen zur barocken Allegorie wohl auf den Ausdruck gestoßen, war an der zweiten, älteren Bedeutung vielleicht mehr als an der ersten, geläufigeren gelegen. Denn auch das Emblem charakterisiert, daß einem gegenständlichen Weltausschnitt, der »pictura«, eine ideelle Auslegung, die »subscriptio«, zugeordnet ist. Sogar die emblematische »inscriptio« läßt sich in den Überschriften der Denkbilder wiedererkennen: nicht zufällig sind sie in Benjamins ›Einbahnstraße‹ von fertigen, gefundenen Aufschriften, Schildern, Annoncen übernommen (›Für Männer‹, ›Baustelle‹, ›Coiffeur für penible Damen‹, ›Achtung Stufen!‹ etc.); Adornos ›Minima Moralia‹ folgen dem Benjaminschen Verfahren (›Umtausch nicht gestattet‹, ›English spoken‹, im zitierten Beispiel: ›Nicht anklopfen‹). Die Wirklichkeit hat sich gleichsam eine Devise umgehängt, die den Betrachter zum Lesen anhält, zur Beachtung auffordert, zur Deutung zwingt – wenngleich meist in einem Sinn, welcher der kommerziellen Absicht strikt zuwiderläuft. Bloch hebt den »philologischen Sinn« von Benjamins Denkweise hervor, der die Welt verstanden habe, »als wäre die Welt Schrift, als beschriebe der Gang der Dinge, indem er einen Kreis etwa beschreibt oder was sonst, als schriebe er zugleich ein Buch aus lauter Emblemen«.[9] Ruhelos wie der Emblematiker, der über die innere Bedeutung des ihm erscheinenden Weltstückes nachsinnt, versucht der kritische »Denker« den Grund, die »objektive Hieroglyphe der Sache«,[10] hinter der unbedachten Oberfläche alltäglicher Zufälligkeiten aufzuspüren, sie also ins »Bild« zu verwandeln, das der Deutung harrt. Nirgendwo werden sich bedeutendes Konkretum und notwendige Deutung näherkommen als im Kunstwerk; in ihm, das Wirklichkeit schon interpretiert und in der Interpretation fast vergessen gemacht hat, sind die emblematischen Teile Einheit geworden:

Florenz Baptisterium. – Auf dem Portal die »Spes« Andrea de Pisanos. Sie sitzt, und hilflos erhebt sie die Arme nach einer Frucht, die ihr unerreichbar bleibt. Dennoch ist sie geflügelt. Nichts ist wahrer.[11]

Freilich markiert diese ideale Lösung des Denkbilds zugleich seine Grenze: der Gegensatz von Realität und Reflexion ist getilgt; Benjamins Kommentar zu seiner Beschreibung wiederholt sie nur – »Nichts ist wahrer«.
Gerade die ästhetische Versöhnung, die in der Konsequenz des emblematischen Verfahrens liegt, weil es die Harmonie der natürlichen Phänomene (»res picta«) mit den moralischen Ideen (»subscriptio«) erzwingt, muß den Intentionen des Denkbilds – nach seinen bisherigen Beispielen betrachtet – suspekt sein. Was man dem Kunstwerk als die Ausnahme zugesteht, die es gegenüber der Realität darstellt, darf deshalb ihr nicht zugebilligt werden: Sinn in der Erscheinung. Trotz der etymologischen und strukturellen Verwandtschaft von Emblem und Denkbild muß die Differenz bewußt bleiben: die neuere Form sieht nicht Entsprechung, sondern Opposition zwischen Gedanke und Konkretum; und dieses Konkrete ist ihr nicht die Natur,[12] sondern die Gesellschaft.
Daß selbst die Natur gesellschaftlich vermittelt ist, war ja die Lehre von Benjamins Denkbild ›Armut hat immer das Nachsehen‹. Das Prädikat »gesellschaftlich« kommt einem einzelnen Phänomen nicht aus seiner Phänomenalität zu; erst in seine Gründe aufgelöst, wird es den sozialen Charakter eingestehen. Notwendig muß sich im Denkbild die Erkenntnis von Gesellschaft einstellen. Was die Erfahrung auf den Weg der Reflexion getrieben hatte, war der sichtbare Widerspruch: die unterschiedliche Behandlung der Angestellten während und nach der Arbeit (Kracauer), die gerichtliche Frage nach dem Eid und die persönliche Antwort aus den Lebensumständen

(Brecht), die Speise des Bürgers und ihr Verzehr durch den Arbeiter (Bloch), die freie Natur und ihr architektonischer Rahmen (Benjamin). Für keinen dieser Fälle ließ sich der zureichende Grund innerhalb der auftretenden Subjekte und Dinge finden. Etwas Fremdes, Überlegenes, den Subjekten nicht verfügbar, schien die Hand im Spiel zu haben. Durchsichtig wird es erst der theoretischen Abstraktion, welche die allgemeinen Gesetze von Besitzverteilung, Arbeitsverhältnissen und gesellschaftlichem Bewußtsein verklammert und bis in die Details des menschlichen Lebens wirken sieht. Ist aber dieser Charakterzug, ökonomisch abhängig und historisch bedingt zu sein, als der dominante, weil konstitutive bestimmt, also: als Wesen des scheinbar isolierten Phänomens erkannt, so wird dessen vorherige Selbständigkeit trügerisch; hinter der Maske der Vereinzelungen agieren in Wahrheit die allgemeinen, abstrakten Gesetze der Gesellschaft. An der scharfen Grenze, die das Denkbild zwischen der Anschauung des Konkreten und der Reflexion des Gesehenen zieht, vollzieht sich diese Verwandlung, nach der das vormals Isolierte nur noch in transparenter Gestalt weiterlebt: als Bild, dessen »Anschaulichkeit« lediglich die Funktion hat, auf die Wahrheit zu verweisen, die – ihres eigenen Zusammenhangs gewiß – das Bild nun als bloßes Beispiel hinter sich lassen kann.

In der Reduktion des Einzelnen, Konkreten aufs Allgemeine, Abstrakte konvergieren gesellschaftstheoretische und emblematische Deutung (was auch den – im doppelten Sinne – vorwissenschaftlichen Charakter der Emblematik verrät); aber der Unterschied des Materials – ob aus der Gesellschaft, ob aus der Natur genommen – bewirkt eine veränderte Einstellung des Interpreten. Im Emblem verhilft der Autor dem in der Natur zerstückelten, verschlüsselten Sinn nur zum angemessenen Ausdruck; zwischen Stoff und Idee waltet eine – wenngleich gewaltsame – Analogie, die er kundzutun hat. Anders der Autor des Denkbilds: ihn stellt die Erkenntnis der Abhängigkeitsverhältnisse allein nicht zufrieden; vielmehr hält er ihnen insgesamt noch seine Reflexion entgegen. Kritik ist also das leitende Interesse seiner Erkenntnis; sie ist in den Blick des Erkennenden eingegangen, der an den Phänomenen ihre Verunstaltung unter dem Druck der Verhältnisse bemerkt, nicht – wie es der Emblematiker tat – die rätselhaften, doch sinntragenden Bilder der moralischen Idee.

Die Struktur der Kritik in Denkbildern zu beachten, legt der Umstand nahe, daß ihre Autoren jene Richtung des Philosophierens begründet haben, die unter dem Namen der ›Kritischen Theorie‹ geläufig ist. Der Kritik selbst – die nicht anders zu denken ist denn als Kritik »von etwas« – eignet ein doppeltes Moment, das auch den Aufbau des Denkbilds bestimmt: sie ist Reflexion, aber Reflexion des Konkreten. Und »Reflexion des Konkreten« heißt, daß sie das Faktische des Scheins, mit naturgesetzlicher Selbstverständlichkeit dazusein, entkleidet, indem sie die Fakten aus ihrer Genesis begreift, aus dem historischen Prozeß die konkreten Inhalte hervorgehen sieht. In der ›Kritik der politischen Ökonomie‹ hat Marx exemplarisch beides geleistet: sowohl die Kritik der ideologischen Verfestigung der Fakten zu Gesetzlichkeiten (in der bürgerlichen »Wissenschaft« von der Ökonomie) wie die Kritik der nun bloßgelegten Inhalte als historisch bedingt und demnach aufhebbar (in der Wissenschaft von der kapitalistischen Ökonomie). Aus gleichem Gedankengang entworfen, meint auch die deutliche und wesentliche Zweiteilung des Denkbilds nicht Aufhebung oder Überwindung des Wirklichen zugunsten irgendeiner »höheren« Idee; vielmehr unternimmt es den Weg in die Theorie als notwendigen Umweg zur desto sichereren Bestimmung dessen, was wirklich vorliegt und was nicht so bleiben soll, wie es vorliegt. Kritische Bestimmung intendiert zumindest die Aufhebung der bestehenden Verhältnisse mit dem Ziel, den Subjekten den bislang unverfügbaren Grund ihrer Existenz verfügbar zu machen. (Eine Antwort, welche die realen Chancen dieses geforderten Praxisbezugs erwägt, soll später dem Denkbild abgefragt werden.) Kritik als objektive Vermittlung von Theorie und Wirklichkeit garantiert demnach die Einheit des Prozesses, den das Denkbild subjektiv darstellt, äußerlich zweigeteilt in Beobachtung und Gedanke, innerlich dreigegliedert in Erfahrung, Reflexion, Rückgang zur verstandenen, also jetzt erst konkret gewordenen Erfahrung.

Durch das vorwaltende Interesse am Konkreten setzt sich – um die Begriffe aus Horkheimers programmatischem Aufsatz zu gebrauchen[13] – »kritische« Theorie von »traditioneller« ab. Der Verdacht, daß spekulative Philosophie ihre geschichtliche Bedingtheit und Aufgabe gleichermaßen vergesse, hat formale Konsequenzen: die ›Kritische Theorie‹ scheut systematische Abhandlungen und hofft, in unmittelbaren, partikulären Ansätzen des Konkreten eher habhaft zu werden, und sei es um den Preis von »Lücken« in der Darlegung – Adorno wertet sie geradezu als Siegel für den Wirklichkeitsgehalt des Denkens.[14] Selbst von der marxistischen Gesellschaftstheorie unterscheidet die kritische der Vorbehalt, daß den Wahrheitsgehalt einer Erkenntnis zuerst die Augenzeugenschaft des empirischen Subjekts zu verbürgen habe. Von diesem Anspruch, eine umfassende Theorie auf die ephemere Erfahrung zu gründen, überfordert, wird das »kritische« Subjekt seine Zuflucht zum Geschichtenerzählen (z. B. Bloch) oder zum Journalismus (z. B. Kracauer) nehmen. Die beiden, unter sich verbundenen Momente – Prävalenz des Subjektiven, Tendenz zum Fragment, zur Kürze – zeitigen letztlich eine Denk- und Schreibweise, die einleuchtend auf die Form des Denkbilds zuläuft.

Deshalb sieht Adorno darin den Vorzug der Texte in Benjamins ›Einbahnstraße‹, daß sie »durch ihre Rätselgestalt schockieren und damit Denken in Bewegung bringen, weil es in seiner traditionellen begrifflichen Gestalt erstarrt, konventionell und veraltet dünkt«.[15] In ihrer Polemik und Abgrenzung gegen systematische Philosophie mobilisiert die ›Kritische Theorie‹ Energien, die von Hause aus poetische Valeurs besitzen: Spontaneität, Subjektivität, Erfahrung, Anschaulichkeit, konkretes Leben. Die ungescheute Nähe der Philosophie zur Poesie hat ihre Tradition seit Nietzsche[16] und ihren Grund in der Bemühung um das konkrete Ich (im Unterschied zum *ego cogitans*), wie sie auch in der Entdeckung Kierkegaards und des frühen Marx nach dem Ersten Weltkrieg sichtbar wurde. Mit Hilfe dieser quasi-poetischen Rücksicht auf das Konkrete kann philosophische Kritik am besten ihrer eigenen Neigung widerstehen, von allem »sachlichen Eingehen auf die eigentlichen Inhalte« befreit, sich am Gegenüber immer nur der eigenen Identität in »tautologischer Triftigkeit«[17] zu versichern. Eine Neigung übrigens, die das Werk Benjamins, das sich ihr stets versagte, von dem Adornos, das ihr meist verfiel, am deutlichsten scheidet (sie macht es auch zweifelhaft, ob man den ›Minima Moralia‹ den Titel »Denkbilder« zugestehen soll).

Der Rest von Poesie, welcher in der ›Kritischen Theorie‹ steckt, gelangt im Denkbild zur Entfaltung. Und doch bringt es zugleich zum Ausdruck, daß Kritik und Theorie der Poesie nur noch einen Rest einstiger Selbständigkeit belassen haben. Nicht nur in der thematischen Auswahl seiner Gegenstände, nicht nur in der verwendeten Methode seines Gedankengangs zeigt das Denkbild sich der Moderne verpflichtet; es spiegelt auch – vor allem, indem es zu diesen beiden Verpflichtungen steht – die Situation der modernen Kunst überhaupt, wenn wir den Überlegungen folgen, die Dieter Henrich im Anschluß an Hegels Ästhetik angestellt hat: »Vollends sind die abstrakt gewordenen Lebensverhältnisse der Moderne von sich aus außerstande, im Kunstwerk ein ihnen gemäßes Gesamtbewußtsein zu begründen. Die Kunst ist nicht nur hinter andere Bewußtseinsweisen zurückgetreten, mit denen sie sich in Übereinstimmung setzen muß. Sie ist auch ihrem Gehalte nach partial geworden.«[18]

Was aller modernen Kunst mehr gegen als mit ihrem Willen widerfährt, ist dem Denkbild als Voraussetzung bewußt und zum Inhalt geworden (der seinerseits die Form begründet): es führt die »abstrakt gewordenen Lebensverhältnisse der Moderne« an ihrem Ursprung wie an ihren Folgen vor, an den Arbeitsverhältnissen, der sozialen Organisation, den neuen Lebensräumen (der Großstadt); es bekennt die Überlegenheit »anderer Bewußtseinsweisen« (d. h. vorab der Theorie), welche der eigenen Unfähigkeit korrespondiert, »den Zusammenhang der Wirklichkeit als einer in sich vernünftigen zur Darstellung [mit bloß poetischen Mitteln; H. S.] zu bringen«; sichtbar steht es »auf dem Grunde eines bereits erwirkten Wissens.«[19] Daß es der Theorie eine leitende Funktion zugestanden hatte, enthüllt sich jetzt als Vollzug der historischen Relation, in welche alle Poesie gegenüber dem anderswoher »bereits erwirkten Wissen« zu stehen gekommen ist. Freilich hatte die problematische Situation schon frühere Jahrhunderte geprägt und Prosa zur eigentlichen Form der neueren Literatur erhoben. Insofern zieht das Denkbild nur die Konsequenz einer Prosa, die sonst meist geneigt ist, ihre eigene geschichtsphilosophische Bedingung zu vergessen und in der Sehnsucht nach der verlorenen Poesie aufzugehen. Einleuchtend wird dieser Zusammenhang an Hegels Bestimmung ursprünglicher Poesie *ex negativo,* d. h. aus dem Unterschied zur herrschenden Prosa:

»Die Poesie ist älter als das kunstreich ausgebildete prosaische Sprechen. Sie ist das ursprüngliche Vorstellen des Wahren, ein Wissen, welches das Allgemeine noch nicht von seiner lebendigen Existenz im einzelnen trennt, Gesetz und Erscheinung, Zweck und Mittel einander noch nicht gegenüberstellt und aufeinander dann wieder räsonierend bezieht, sondern das eine nur im anderen und durch das andere faßt. Deshalb spricht sie nicht etwa einen für sich in seiner Allgemeinheit bereits erkannten Gehalt nur bildlich aus; im Gegenteil, sie verweilt ihrem unmittelbaren Begriff gemäß in der substantiellen Einheit, die solche Trennung und bloße Beziehung noch nicht gemacht hat.«[20]

Eben jene prosaische »Trennung und bloße Beziehung« von »Allgemeinem« und »lebendiger Existenz«, von »Gesetz und Erscheinung« ist in der unverstellten Zweiteilung des Denkbildes ästhetisches (und schon nicht mehr ästhetisches, weil von der Autonomie des Ästhetischen nicht mehr gestütztes) Prinzip geworden. Ebenso führt das Denkbild die realistische Intention aller Prosa zu Ende, indem es sich ausschließlich Aufklärung über die Wirklichkeit zum Ziel setzt. Man muß – entgegen dem üblichen Vorurteil – einsehen, daß »Realismus« weniger eine Leistung irgendwelcher Mimesis der Welt, so wie sie eben ist, als eine Folge – sei's auch verschwiegenen – theoretischen Denkens darstellt. Genügen an nicht-interpretierten Phänomenen, Erzählen von dem, was geschehen ist, war immer der Grund von Poesie gewesen; die einfache, naive Wiedergabe wird die rätselhafteste, poetischste sein. Für alles Geschriebene gilt: einzig Deutung macht die Wirklichkeit wirklich, einzig Theorie versichert uns, daß der besondere Gegenstand konkret ist. Unsere anfängliche Feststellung, das Denkbild schließe an etwas Konkretes eine Reflexion an, muß jetzt der Erkenntnis weichen, daß erst Reflexion das Konkrete konstituiert; sie verhindert, daß der Fall, als Geschichte verkleidet, von der Wirklichkeit zur Poesie überläuft. – Ähnliche Überlegungen haben Brecht zum epischen Theater und zum Lehrstück geführt, das sich zum traditionellen Drama verhält wie das Denkbild zur poetischen Prosa. Daß Brecht beide Formen gebrauchte, mag als Indiz für ihren Indifferenzpunkt gelten.

An einem Denkbild Blochs, das die Geschichte einer gescheiterten

Schauspielerin referiert und reflektiert,[21] läßt sich ablesen, wie die Prävalenz eines Interesses, das Schlüsse aus dem Erfahrenen ziehen will, die erwartete Poetizität einer Geschichte verhindert: bereits der Name der »früheren Schauspielerin Karoline Lengenhardt« hat nur dokumentarischen Wert, schafft nicht eine literarische Figur, da er im ganzen Text kein zweites Mal gebraucht wird; selbst die einmalige Nennung scheint überflüssig, doch zerstört gerade dieser überflüssige Hinweis jene poetische Geschlossenheit, in der ein anonymer Lebensweg als sinnbildlich-exemplarischer aufgefaßt werden könnte. Und wenn der Autor bedenkt, »was in diesem Mädchen vorging, bis sie war, wo sie *ist*« (d. h. im Irrenhaus), stellt diese für die Geschichte, sogar für ihre Interpretation unnötige Anmerkung immerhin klar, daß die Person jetzt noch, außerhalb des Berichts wirklich existiert – d. h. das Nachdenken ernst auf Wirklichkeit eingehen muß. Daß ihr Lebenslauf der poetischen Rundung widerstrebt, hält Bloch bewußt, indem er von »Zufällen« spricht, die nichts vom »höheren Zufall« an sich haben, mit dem poetisches Erzählen nur desto nachdrücklicher Gesetz und Schicksal zum Vorschein bringt. Nicht die Harmonie, sondern die Diskrepanz zwischen dem »Zufall des Geschicks« und dem »phantastischen Auszug« des Mädchens ist Bloch der Überlegung wert und allein in der gesellschaftlichen Interpretation auflösbar: »dem Leben zwischen den Klassen, dem unbürgerlichen Ausritt, fehlte das Ziel, sogar das Pferd, sogar die Reiterin; da war nichts geraten und geworden.« Den verschwiegenen, in seiner Verschwiegenheit desto mächtigeren Nexus, den etwa der Roman zwischen allen erzählten Begebenheiten eines Lebens knüpft, stellt das Denkbild eigens in Frage: einen Zusammenhang vermag es nur dort zu glauben, wo es dessen Gründe rational erfaßt hat.

Ähnlich läßt sich die eigentümliche und notwendige Konkretheit der Gegenstände im Denkbild demonstrieren, wenn man an Blochs zitierten ›Spielformen, leider‹ den – untauglichen – Versuch einer symbolischen Auslegung unternimmt: man interpretiere etwa (was kein poetischer Text verbieten könnte) den Umgang mit dem Hummer bildlich, deute die Schale als harte Gegenwart, ihr Zerknacken als Revolution und das Fleisch als den Zustand der befreiten Gesellschaft – die Unsinnigkeit eines solchen Verfahrens ist evident. Denn so käme eine doppelte und in sich widersprüchliche Allgemeinheit zustande: die der geschichtsphilosophischen Schlußfolgerungen, welche sich aus dem Verhalten des Arbeiters ziehen lassen, und die der geschichtsphilosophischen Allegorik, welche im Hummer ein passendes, aber – im Unterschied zur originären Emblematik – von keiner Theologie garantiertes Bild arrangiert hätte. Dabei würde die zweite Allgemeinheit der ersten den Boden entziehen, da ihr dann die Realität als Bezugspunkt fehlte, von der allein sie ihr Recht herschreiben kann. Eine vom Interesse an geschichtlicher Praxis geleitete Theorie erfordert also zu ihrem Kontrapost das Konkrete, das von keiner anderen Instanz interpretiert und aufgelöst werden darf als von der Theorie selbst; sie wiederum hat ihr einziges Ziel darin, das Konkrete »konkret« zu machen, indem es als Produkt, Zeichen und Agens des historischen Prozesses verständlich wird.

Im einsichtigen Gegenüber von Realität und Theorie vergeht der sanfte Zwang, den alle Poesie auf das Gemüt des Lesers ausübt. Bereitwillig folgt er der in schöner Form vermittelten Einheit von Anschauung und Sinn, Begebenheit und Schicksal; der verständige Leser von Dichtung wird bestrebt sein, die organisierende Idee des Werks zu finden, nicht, ihr zu widersprechen – ihm mangelte ein Argument, da die dargestellte Welt ja nichts anderes ist als die Erscheinung der Idee, also nicht (zumindest im gelungenen Werk) gegen ihr eigenes Gesetz gewendet werden kann. Anders im Denkbild: ist ein wirkliches Stück Welt beschrieben, so können wir uns darüber ebensogut eine Meinung bilden wie der Autor, zumal dessen Interpretation deutlich als »Meinung« abgesonders ist und – mag sie auch theoretisch wohlfundiert sein – daher nicht jene Unausweichlichkeit einer poetischen Idee besitzt. Meinung heißt hier, daß das Gesagte nicht vom objektiven Geist des Erzählers, sondern vom subjektiven Intellekt des realen und also falliblen Autors abhängt – mit ihm dürfen wir es aufnehmen. Wo die auratische Weissagung dem fragwürdigen Vorschlag weicht, ist der Leser zur Diskussion herausgefordert. Manches Denkbild wird ihn nicht überzeugen: Blochs Deutung des Hummer essenden Arbeiters, die glauben machen will, die Ankunft des »ganz Anderen« kündigte sich im winzigen Detail beweiskräftig an, mag ihm »überspannt« erscheinen; Brechts Ratschlag für ›Maßnahmen gegen die Gewalt‹[22] wird er vielleicht zurückweisen. Sein Urteil über das Gelesene verschiebt sich von der ästhetischen Skala »stimmig – unstimmig« zu der logisch-praktischen »richtig – falsch«. Die Frage nach dem Gebrauchswert beendet das interesselose Wohlgefallen.

Nun kann dieser Schritt aus den Grenzen der Dichtung nur den überraschen, der den Umkreis der Literatur von der Gattungstrias episch, lyrisch und dramatisch zureichend abgesteckt wähnt. Wenigstens bis ins 18. Jahrhundert hielt sich daneben eine vierte Sparte, die der didaktischen Poesie; außerdem war noch die Rhetorik bereit, Zweckformen anzuerkennen, die aus dem engeren Kanon von Dichtung herausfielen. Unter ihnen läßt am ehesten die Parabel eine Verwandtschaft mit dem Denkbild erkennen. Besonders ihrer religiösen Fassung, dem biblischen Gleichnis, scheint das Denkbild, achtet man auf sein geschichtsphilosophisches Interesse, als säkularisierte Gestalt zu entsprechen: »Die Botschaft der Gleichnisse ist das Reich Gottes und der Umkehr. Die Wachstumsgleichnisse besagen, daß allem Augenschein zum Trotz das Wirken Jesu der verborgene Anbruch des Reiches ist, die der Ernte vorausgehende Zeit der Aussaat und des Wachsens.«[23] Unschwer ließen sich die Parallelen zu Blochs und Benjamins utopischer Philosophie ziehen (die sich ja auf messianische Gedanken der jüdischen und christlichen Theologie stützt), das Reich Gottes mit der befreiten Gesellschaft, sein Anbruch mit der Revolution, das Wirken Jesu mit der sozialistischen Agitation übersetzen. Doch selbst, wo solche Säkularisation am greifbarsten, in Blochs ›Spielformen, leider‹, ist der Unterschied nicht zu übersehen: ihnen ist der Arbeiter nicht Bild, sondern Ausgangspunkt der Überlegung. Zum Material der Anschaulichkeit zieht die Parabel die fremdesten wie alltäglichsten Dinge heran, die in bloß metaphorisch-willkürlichem, nicht in sachlich-notwendigem Zusammenhang mit der ideellen Bedeutung stehen; das Denkbild dagegen sieht die Theorie als den Schlüssel zu der ebenso alltäglichen wie befremdlichen Wirklichkeit selbst. Verschwindet deshalb das parabolische Bild, sobald sein Sinn entdeckt ist, vor diesem Sinn, auf den es einzig der Parabel ankommt, so hat der theoretische Gedanke nur mäeutische Aufgaben zum Verständnis der gesellschaftlichen Praxis, in der er letztlich aufgehen will – als Voraussetzung und Beitrag zu ihrer Veränderung.

Beide Besonderheiten des Denkbilds gegenüber der Parabel – das Gewicht der »Fakten«, die nicht in Symbole aufgelöst werden dürfen, und das Interesse an praktischer Wirkung – hat Benjamin am Beginn der ›Einbahnstraße‹, also an programmatischer Stelle, als Grundlage seines Schreibens formuliert:

Tankstelle

Die Konstruktion des Lebens liegt im Augenblick weit mehr in der Gewalt von Fakten als von Überzeugungen. Und zwar von solchen Fakten, wie sie zur Grundlage von Überzeugungen fast nie noch und nirgend geworden sind. Unter diesen Unständen kann wahre literarische Aktivität nicht beanspruchen, in literarischem Rahmen sich abzuspielen – vielmehr ist das der übliche Ausdruck ihrer Unfruchtbarkeit. Die bedeutende literarische Wirksamkeit kann nur in strengem Wechsel von Tun und Schreiben zustande kommen; sie muß die unscheinbaren Formen, die ihrem Einfluß in tätigen Gemeinschaften besser entsprechen als die anspruchsvolle und universale Geste des Buches in Flugblättern, Broschüren, Zeitschriftenartikeln und Plakaten ausbilden. Nur diese prompte Sprache zeigt sich dem Augenblick wirkend gewachsen. Meinungen sind für den Riesenapparat des gesellschaftlichen Lebens, was Öl für Maschinen; man stellt sich nicht vor eine Turbine und übergießt sie mit Maschinenöl. Man spritzt ein wenig davon in verborgene Nieten und Fugen, die man kennen muß.[24]

Die Texte, die diesem Programm folgen, die Denkbilder der ›Einbahnstraße‹, weisen zwar die »universale Geste des Buches« von sich, aber »Flugblätter, Broschüren, Zeitschriftenartikel und Plakate« können sie sich noch weniger nennen. Ihre Absicht mag auf diese politischen Formen von Literatur gehen, ihre Gestalt verrät nur, daß diese Intention nicht ans Ziel gekommen ist. Denkbilder analysieren den »Riesenapparat des gesellschaftlichen Lebens« *en détail*, »wirkend gewachsen« zeigen sie sich ihm nicht. Die Konkretheit ihrer Gegenstände beseitigt nicht die fast poetische Stille von Sprache und Form. Schwerlich kann man den Grund für dieses Scheitern eines politischen Vorhabens im literarischen Metier suchen, etwa in einer unglücklichen Wahl der Form oder der Publikationsart. Daß der Gattungscharakter des Geschriebenen – d. h. hier: Denkbild statt Flugblatt – vom politischen Charakter der Zeit abhängt, hat Benjamin an seiner eigenen literarischen Praxis bewahrheitet gesehen; 1931 schreibt er an Gershom Scholem:

»Insbesondere sollst du nicht meinen, daß ich das Schicksal meiner Sachen in der Partei, bezw. die Dauer einer möglichen Parteizugehörigkeit betreffend, die mindesten Illusionen habe. Aber kurzsichtig wäre es, diesen Umstand nicht für abänderungsfähig zu halten, wenn schon unter keiner kleineren Bedingung als der einer deutschen bolschewistischen Revolution. Nicht als ob eine siegreiche Partei im geringsten zu meinen heutigen Sachen ihre Stellung revidieren würde, wohl aber in dem anderen, daß sie mir anders zu schreiben möglich machen würde.«[25]

Solange der »deutschen bolschewistischen Revolution« die »Gewalt der Fakten« mangelt, sie bloße – und sei es auch noch so berechtigte – »Überzeugung« der kritischen Denker bleibt, ist ihnen versagt, »anders zu schreiben«, nämlich »Flugblätter« und »Plakate«. Das Denkbild hat Verhältnisse zum Inhalt, auf welche einzig die Revolution die richtige Antwort weiß, aber seine Form hat Verhältnisse zur Bedingung, welche eben diese Revolution noch fernhalten. An seinem originär politischen Anspruch gemessen, werden am Denkbild Züge der Resignation sichtbar: die Erkenntnisse der linken, genauer: marxistischen Intellektuellen wirken nicht im Klassenkampf; der Proletarier ist ihnen Gegenstand der Reflexion, die nicht zum solidarischen Handeln fortschreitet – auch diesen Widerspruch bildet die unvermittelte Zweiteilung der Texte ab. (Aus der Erkenntnis des gleichen Widerspruchs – Notwendigkeit einer Revolution vom Blickpunkt des kritischen Subjekts und Ausbleiben dieser Revolution durch Untätigkeit der proletarischen Klasse – sah sich die ›Kritische Theorie‹ zur Revision der marxistischen gezwungen.) Was im Interesse gesellschaftlicher Veränderung literarische Fiktionen zugunsten konkreter Reflexion abgebaut hatte, fällt, wenn sich die verändernde Wirkung nicht zeigen will, nicht zeigen kann, wieder in den Status von Literatur zurück. Die politische Resignation vermittelt dem Denkbild letztlich doch einen Schein poetischer Selbstgenügsamkeit und Immanenz: aus der Einsamkeit des kritischen Subjekts kommend, endet es in der Einsamkeit des kritischen Lesers – diese Grundstruktur moderner ästhetischer Kommunikation vermag es nicht zu überwinden.

Solche Spannung zwischen Anspruch und Verwirklichung erlaubt der in ihr befangenen Form nur eine ephemere Existenz: das Denkbild ist an die Jahre um 1930 gebunden. Die ökonomische und soziale Krise des Kapitals, die eine revolutionäre Auflösung erhoffen ließ, brachte es hervor – der ganz andere als erhoffte Ausgang der Krise, nämlich die faschistische Beseitigung ihrer Symptome durch Stabilisierung ihrer Gründe, beendete es. Adornos ›Minima Moralia‹, ohne das Vorbild Benjamins, Blochs und Horkheimers nicht zu denken, zeigen – gegen Ende der faschistischen Periode geschrieben – zugleich die historisch bedingte Distanz zu den früheren Texten an: sie haben die Ohnmacht der kritischen Erkenntnis gegenüber den politischen Ereignissen zum Thema; und sie sprechen kaum mehr von anschaulichen Erfahrungen. Auf sie hatte das Denkbild seine Evidenz gegründet, wenngleich ihm die Theorie als der einzig richtige Weg zur Interpretation der Erfahrungen erschienen war. An ihnen festhaltend, sollten sich die Widersprüche der bestehenden Gesellschaft in jener Materialität, Sinnlichkeit, Sichtbarkeit darstellen, die im vergangenen Jahrhundert das Elend des Proletariats besessen und sein revolutionäres Interesse notwendig hervorgetrieben hatte. Von der Hoffnung also, daß im Leben, am Konkreten politische Einsicht wachse, lebten Form und Ziel des Denkbilds. Aber nach Adorno ist, was einmal »Leben hieß, [...] zur Sphäre des Privaten und dann bloß noch des Konsums geworden, die als Anhang des materiellen Produktionsprozesses, ohne Autonomie und ohne eigene Substanz, mitgeschleift wird. [...] Der Blick aufs Leben ist übergegangen in die Ideologie, die darüber betrügt, daß es keines mehr gibt.«[26] Selber der Abstraktion nicht abgeneigt, wollte das Denkbild dennoch die abstrakten Verhältnisse, in denen die Klassengegensätze verschleiert andauern, durch den Rekurs aufs Sichtbare, d. h. ästhetisch: im Rückgriff auf Poesie, gleichzeitig demonstrieren und beseitigen.

Daß in den letzten zehn Jahren die hier besprochenen Autoren samt den Formen, für die der Begriff »Denkbilder« stehen soll, wieder vom literarischen Bewußtsein rezipiert werden, ist mehr als ein Akt der Wiedergutmachung.[27] Die historische Situation selbst weist analoge Züge auf (die wohl auch die erneute Wirkung der ›Kritischen Theorie‹ begründen); sie lassen sich in der Charakteristik finden, die Habermas 1963 für die Position marxistischer Theorie in der Gegenwart gab:

»Ein Klassenbewußtsein, zumal ein revolutionäres, ist heute auch in den Kernschichten der Arbeiterschaft nicht festzustellen. Jede revolutionäre Theorie entbehrt unter diesen Umständen ihres Adressaten; Argumente lassen sich daher nicht mehr in Parolen umsetzen. Dem Kopf der Kritik, selbst wenn es ihn noch gäbe [mittlerweile gibt es ihn wieder; H. S.], fehlt das Herz; so müßte Marx seine Hoffnung, daß auch die Theorie zur materiellen Gewalt werde, sobald sie die Masse ergreift, heute fahrenlassen.«[28]

Es ist der gleiche Befund, wie er Benjamin 1931 vorlag: die Zeit erlaubt Argumente, aber keine Parolen – doch hielt Benjamin eine Änderung in der Zukunft für möglich, während sie Habermas eher als eine verstrichene Möglichkeit in der Vergangenheit lokalisieren würde. Doch vermag die spätere Zeit an der früheren Verwandtes wahrzunehmen: der irrtümlichen Hoffnung entspricht die enttäuschte Hoffnung angesichts unveränderter Verhältnisse; gegen sie läuft vergeblich eine marxistische Interpretation an, welche gerade auf einen Kernpunkt marxistischer Theorie verzichten muß: ihre Umsetzung in Praxis. Aus der gleichen Vergeblichkeit der Jahre vor und der Jahre nach dem Faschismus schreibt sich die doppelte Poesie der Denkbilder her: die Poesie, welche sie als Vorbereitung zur Politik nützen wollten, und die Poesie, welche aller vergangenen Hoffnung eignet, der keine Erfüllung ward. Das historische Unglück dieser Form bedingt ihre Gegenwärtigkeit.

Anmerkungen

1 Die einzelnen Reportagen wurden bereits 1929 in der ›Frankfurter Zeitung‹ veröffentlicht.
2 1934 unter dem Pseudonym Heinrich Regius erschienen.
3 Bertolt Brecht, ›Gesammelte Werke. Werkausgabe edition suhrkamp‹, Frankfurt/M. 1967, Bd. 12, S. 389.
4 Ernst Bloch, ›Spuren‹, 2. Aufl., Frankfurt 1959 (= ›Bibl. Suhrkamp‹ 54), S. 19.
5 Walter Benjamin, ›Illuminationen‹, hrsg. von Siegfried Unseld, Frankfurt/M. 1961, S. 320.
6 Theodor W. Adorno, ›Minima Moralia‹, Frankfurt/M. 1964, S. 42 f. (= Nr. 19).
7 S. Benjamin, ›Illuminationen‹, S. 329–333. Über die Wortgeschichte, die bis ins 17. Jahrhundert und schließlich ins Holländische zurückführt, unterrichtet Eberhard Wilhelm Schulz, ›Zum Wort »Denkbild«‹, in: E. W. Schulz, ›Wort und Zeit‹, Neumünster 1968, S. 218–252 (zu Benjamin: S. 243).
8 In diesem Sinn gebrauchte es etwa Stefan George im Gedicht ›Franken‹ (aus dem ›Siebenten Ring‹): »Und für sein Denkbild blutend: MALLARMÉ.« Rudolf Borchardt kritisierte den Ausdruck als Hollandismus.
9 In: ›Über Walter Benjamin‹. Mit Beiträgen von Theodor W. Adorno u. a., Frankfurt/M. 1968 (= ›edition suhrkamp‹ 250), S. 17.
10 Bloch, ebd., S. 18.
11 Walter Benjamin, ›Einbahnstraße‹, Frankfurt/M. 1969 (= ›Bibl. Suhrkamp‹ 27), S. 82 (»Reiseandenken«). Vgl. als weiteres Denkbild über ein Kunstwerk Benjamins geschichtsphilosophische Interpretation von Klees ›Angelus Novus‹ (Geschichtsphilosophische Thesen IX, in: Benjamin, ›Illuminationen‹, a. a. O., S. 272 f.).

12 Zur Natur als eigentlichem Gegenstand der Emblematik vgl. Albrecht Schöne, ›Emblematik und Drama im Zeitalter des Barock‹, 2. Aufl., München 1968, S. 26–29.

13 S. Max Horkheimer, ›Traditionelle und kritische Theorie‹, in: M. Horkheimer, ›Kritische Theorie‹, hrsg. von Alfred Schmidt, Frankfurt/M., 1968, Bd. 2, S. 137–200.

14 Vgl. den Text ›Lücken‹ in den ›Minima Moralia‹ (a. a. O., S. 99–101 = Nr. 50). Ähnlich Benjamin: »Nicht der Fortgang von Erkenntnis zu Erkenntnis ist entscheidend, sondern der Sprung in jeder einzelnen Erkenntnis selbst« (»Geheimzeichen«, aus den ›Kurzen Schatten‹, in: Benjamin, ›Illuminationen‹, a. a. O., S. 325).

15 Theodor W. Adorno, ›Benjamins »Einbahnstraße«‹, in: ›Über Walter Benjamin‹, a. a. O., S. 56.

16 An programmatischer Stelle (›Kurze Schatten‹, in: Benjamin, ›Illuminationen‹, a. a. O., S. 328) verweist Benjamin auf die »Stunde Zarathustras«, »des Denkers im ›Lebensmittag‹, im ›Sommergarten‹. Denn die Erkenntnis umreißt wie die Sonne auf der Höhe ihrer Bahn die Dinge am strengsten.«

17 Rüdiger Bubner, ›Was ist Kritische Theorie?‹, ›Philosophische Rundschau‹ 16 (1969), S. 228.

18 Dieter Henrich, ›Kunst und Kunstphilosophie der Gegenwart‹, in: ›Immanente Ästhetik — Ästhetische Reflexion‹, hrsg. von Wolfgang Iser, München 1966, S. 15.

19 Ebd., S. 16.

20 Georg Friedrich Wilhelm Hegel, ›Ästhetik‹, hrsg. von Friedrich Bassenge, Frankfurt [o. J.], Bd. 2, S. 339.

21 Bloch, ›Spuren‹, a. a. O., S. 40 f. (›Kein Gesicht‹).

22 S. Brecht, ›Gesammelte Werke‹, Bd. 12, a. a. O., S. 375 f.

23 ›Religion in Geschichte und Gegenwart‹, 3. Aufl., Bd. 2, Sp. 1618 f. (Artikel ›Gleichnis und Parabel‹).

24 Benjamin, ›Einbahnstraße‹, a. a. O., S. 7 f.

25 Walter Benjamin, ›Briefe‹, hrsg. von Gershom Scholem und Theodor W. Adorno, Frankfurt/M. 1966, Bd. 2, S. 530.

26 Adorno, ›Minima Moralia‹, a. a. O., S. 7 (›Zueignung‹).

27 Man mag sogar die literarische und politische Intention der Denkbilder in analogen Formen der Gegenwart fortgeführt sehen, die zugleich dokumentarisch und diagnostisch sein wollen: in den Protokollen, Interviews und Dossiers, die Enzensberger, Delius, Lettau, Runge, Wallraff u. a. mittels der Befragung individuellen Lebens als »Nachrichten aus einer Klassengesellschaft« (Martin Walser) zusammengestellt haben. Allerdings verzichten die heutigen Autoren auf die peripheren Details, die diffizile Subjektivität und die extreme Verdächtigung des Realitätszusammenhangs zugunsten durchschnittlicherer und evidenterer Sozialanalysen (was wiederum die Andersartigkeit der Form zur Folge hat).

28 Jürgen Habermas, ›Theorie und Praxis‹, Neuwied/Berlin 1963, S. 164.

GISBERT TER-NEDDEN

Allegorie und Geschichte

Zeit- und Sozialkritik als Formproblem des deutschen Romans
der Gegenwart

I.

Gegenstand dieser Arbeit sind die zeit- und gesellschaftskritischen Romane der deutschsprachigen Literatur nach 1945, soweit sie vom Publikum, der Literaturkritik, der Literaturwissenschaft und dem Deutschunterricht gleichermaßen akzeptiert und rezipiert worden sind – die Romane von Grass, Böll, Frisch, Johnson, Lenz. Unsere Untersuchung soll zeigen, daß diesen Romanen ein bestimmtes Modell literarischer Zeitkritik zugrunde liegt, und sie soll einsichtig machen, daß dieses Modell einen Widerspruch aufweist, der die Romane problematisch und in literarischer wie politischer Hinsicht unergiebig macht.

Das gemeinsame Modell läßt sich als Versuch beschreiben, die aus dem 19. Jahrhundert überlieferte Tradition des historisch-biographischen Romans mit der des modernen Zeit- und Bewußtseinsromans zu vermitteln. Aus der Tradition der realistischen Sozialkritik stammt die Themenstellung dieser Romane, in der sich ihre politische Intention artikuliert: kritische Darstellung historisch-sozialer Sachverhalte (Faschismus, Teilung Deutschlands, »Wohlstandsgesellchaft« etc.). Ihre kritische Intention richtet sich nun aber nicht unmittelbar, d. i. in naiver Übernahme der Konventionen des realistischen Romans, auf die soziale Welt, sondern – darin der Tradition des modernen Romans verpflichtet – zugleich auf den Interpretationsrahmen selbst, den der realistische Roman zur Darstellung der sozialen Welt entwickelt hatte.

Der Widerspruch, der diese Vermittlungsversuche problematisch macht, liegt nun darin, daß im Nachkriegsroman Abstraktions- und Reflexionsformen, die ursprünglich den Sinn hatten, historisch-soziale Gegenständlichkeit zu hinterfragen, zur Darstellung bestimmter gegenständlicher Sachverhalte angewandt werden. So übernimmt z. B. Johnson in seinen Romanen Erzählstrategien, mit denen der moderne Roman die Selektionsmechanismen und Idealisierungen rückgängig gemacht hatte, die dem traditionellen, biographisch strukturierten Romanmodell zugrunde liegen. Er motiviert aber nun das Mißlingen einer solchen traditionellen Geschichte durch Verständigungsschwierigkeiten, die sich aus der Teilung Deutschlands ergeben. Die Aufgabe, die er sich stellt, ist die klassische des historisch-biographichen Romans: Spiegelung historisch-sozialer Sachverhalte in der Lebensgeschichte konkreter Individuen. Aber die Konflikte, die sich aus der Teilung Deutschlands ergeben und von den einzelnen ausgetragen werden müssen, kommen nur noch in äußerster Abstraktheit vor, weil ihm die Kategorien fragwürdig sind, nach denen die traditionelle Romanpsychologie den Zusammenhang zwischen sozialen Fakten und individuellen Motivationen begreift. Diese Formproblematik erscheint aber nun wieder als Ausdruck und Folge der Teilung Deutschlands, die die Verständigung verhindert. Daß die Romanfiguren sich selbst und einander nicht mehr in der fraglosen Weise des traditionellen Romans verständlich sind, soll aufschlußreich für die politischen Bedingungen sein, unter denen sie leben. Daher liegt den Romanen Johnsons eine übertrieben unproblematische Welt privater, vorgesellschaftlicher Sozialbeziehungen wortloser Kommunikation der Liebe, des Vertrauens, der Freundschaft, der Sympathie etc. zugrunde, in die das Trennende von außen in Gestalt der öffentlichen Welt zerstörend einbricht. Die Standards der traditionellen Romanpsychologie werden hier gerade deshalb noch einmal restauriert, weil alles Problematische den Konstellationen der Zeitgeschichte zugeschrieben wird.

Dieselbe Unentschiedenheit zwischen Moderne und Realismus, zwischen Abstraktion und sozialkritischer Konkretion macht auch eines der jüngsten und erfolgreichsten Werke des hier diskutierten Typus unergiebig, den Roman ›Deutschstunde‹ von Siegfried Lenz. Obwohl der historische Sachverhalt, um den es geht, völlig konventionell in aller epischen Breite erzählt wird, löst Lenz ihn dennoch sorgfältig aus allen historisch-sozialen Zusammenhängen heraus, die ihn erst verständlich machen würden. Übrig bleibt der abstrakte, unhistorisch-modellhafte Gegensatz zwischen dem Künstler, der sich im Umgang mit den tradierten Bildungsmächten Kunst, Natur, Liebe, Tod etc. als personifizierter Inbegriff des überlieferten Humanitätsideals erweist, und dem Inbegriff der Inhumanität, dem pflichtbewußten Polizisten, der darüber wachen soll, daß sein ehemaliger Freund das ihm auferlegte Malverbot einhält. Die Abstraktion soll den Leser mit einem sozial relevanten Syndrom konfrontieren und zugleich verhindern, daß diesem durch das Herbeischaffen von erklärenden Zusammenhängen die irritierende Monstrosität geraubt wird, die es literarisch ergiebig macht. Bewußtseinsbildend soll gerade der ästhetische Effekt der Fremdheit und Befremdlichkeit sein, der durch gegenständliche Ableitung aufgehoben würde; das motiviert die Polemik gegen die Psychologie innerhalb des Romans. Die durch methodische Abstraktion hergestellte Fremdheit wird zur gegenständlichen Qualität einer bestimmten Moral gegenüber einer anderen verkürzt, so wie Johnson die Formprobleme des biographischen Romanmodells zur Folge aktueller politischer Konflikte verkürzt. Damit verliert diese Abstraktionstechnik den Reflexionsgehalt, den sie bei Camus u. a. besitzt. In der Entgegensetzung der verständlich-humanen Welt des Künstlers und der unverständlich-inhumanen des Polizisten bildet sich ein moralischer Kontrast aus, der den Weg zur Selbstreflexion des Lesers abschneidet, die allein den hier praktizierten Verzicht auf gegenständliche Aufklärung legitimieren könnte.

Johnson und Lenz lassen das überlieferte historisch-biographische Romanmodell im wesentlichen unverändert. Die Abstraktionen, die sie vornehmen, lassen lediglich – bei Johnson stärker als bei Lenz – einen Vorbehalt gegenüber der praktischen Wahrheitsfähigkeit dieses Modells erkennen, der sich in einer Art »halbiertem« Realismus niederschlägt und die Grenzen des literarischen Modells fälschlicherweise zu außerhalb der Literatur angesiedelten Schwierigkeiten der Wahrheitsfindung uminterpretiert.

Die Frage, um die es im folgenden geht, lautet nun: Inwieweit läßt sich die literarische Ausdeutung der Vergangenheits- oder Gegenwartsgeschichte, die an ihrer Eigenständigkeit gegenüber den Formen politischer Publizistik festhält, mit theoretisch-praktischer Wahrheitsfindung über bestimmte soziale Sachverhalte widerspruchsfrei vermitteln? Die Autoren der zeitkritischen Nachkriegsromane gehen von der traditionellen Voraussetzung aus, daß die Literatur ein ausgezeichnetes Medium der Selbstaufklärung der Gesellschaft sein könne, weil sie mit der Kraft poetischer Imagination die Zeitgeschichte in den Stoff gelebten Lebens einbilde und so die konkrete Lebenswirklichkeit der Menschen gegen die Abstraktionen der Politik ideologiefrei und eben deshalb ideologiekritisch zur Geltung bringe.[1] Die oben diskutierten Beispiele sollten den Widerspruch vorläufig illustrieren, den wir in diesem literarisch-politischen Programm zu sehen glauben – den Widerspruch zwischen der zeitkritischen Intention des realistischen und der traditionskritischen Intention des modernen Romans, der eben jene Interpretationsmuster hinterfragt, die vorausgesetzt sein müssen, damit eine als kritische Gegeninstanz brauchbare »konkrete Lebenswirklichkeit« zustande kommt. Unsere Argumentation geht dabei von dem Leseeindruck einer eigentümlichen literarischen wie politischen Unentschiedenheit und Unergiebigkeit der Nachkriegsromane aus und knüpft an ihn den Verdacht, daß es sich bei der hier vorgetragenen Zeitkritik um eine illegitime Umdeutung der Grenzen der praktischen Wahrheitsfähigkeit der Literatur, wie sie in der Moderne offenkundig geworden sind, zu Resultaten politischer, ideologiekritischer Aufklärung handelt. Dieser Verdacht soll zunächst in einer historischen Vorüberlegung zur Geschichte der praktischen Wahrheitsfähigkeit der Literatur erläutert und dann an drei Beispielen im einzelnen überprüft werden.

»Der Faschismus läuft folgerecht auf eine Ästhetisierung des politischen Lebens hinaus [...] Der Kommunismus antwortet ihm mit der Politisierung der Kunst.«[2] Politisierung der Kunst als Antwort auf eine Ästhetisierung der Politik ist nicht an die historische Konstellation gebunden, von der Walter Benjamin sie ablas; sie ist Teil der Dialektik von Kunst und Politik, die mit der Aufklärung in Gang kam und noch die aktuelle literarisch-politische Diskussion bestimmt. In der bürgerlichen Emanzipationsbewegung befreiten sich Politik wie Kunst nicht nur gegenüber dem Zwang der Tradition, sondern auch voneinander; so wie das politisch-soziale Handeln mit der Entstehung der bürgerlich-industriellen Gesellschaft und des modernen Staats und durch »Entzauberung« der kulturellen Überlieferung seine eigene, durch Technik und Wissenschaft angeleitete Rationalität entwickelt, so löst sich die Kunst mit der Befreiung von den überlieferten religiösen, moralischen, politischen Zwecken von der Verpflichtung auf praktisch-politische Orientierung des Handelns überhaupt. Im Rahmen der zugleich literarischen wie politischen bürgerlichen Öffentlichkeit verloren die Kunst ihre politisch-praktische Wahrheitsfähigkeit und die »ausgebildeten, rechtlichen, moralischen und politischen Verhältnisse« des »heutigen Weltzustandes«[3] ihre poetisch-ästhetische Ausdeutbarkeit. Diesen Zusammenhang hatten bereits Schiller (in der Entgegensetzung des »ästhetischen« gegen den »dynamischen« und »ethischen Staat«), Hegel (in der Theorie vom Ende der Kunst) und Heine (in der Rede vom »Ende der Kunstperiode«)[4] in völliger Klarheit dargelegt:

»Die schönen Tage der griechischen Kunst wie die goldene Zeit des späteren Mittelalters sind vorüber. Die Reflexionsbildung unseres heutigen Lebens macht es uns, sowohl in Beziehung auf den Willen als auch auf das Urteil, zum Bedürfnis, allgemeine Gesichtspunkte festzuhalten und danach das Besondere zu regeln, so daß allgemeine Formen, Gesetze, Pflichten, Rechte, Maximen als Bestimmungsgründe gelten und das hauptsächlich Regierende sind [...] Deshalb ist unsere Gegenwart ihrem allgemeinen Zustande nach der Kunst nicht günstig.«[5]

Sie ist es einmal deshalb nicht, weil sich die Vernunft und Unvernunft der »zur Prosa geordneten Verhältnisse« poetischer Darstellbarkeit entzieht, aber sie entzieht sich ihr (wird prosaisch), weil das konkrete Subjekt sich den politischen u. a. Verhältnissen eben dadurch entzogen hat, daß sie ihm zum Gegenstand theoretischer Erkennbarkeit und praktischer Veränderbarkeit geworden sind. Die Bedingung poetischer (wie jeder ästhetischen) Darstellbarkeit vorgegebener Sachverhalte ist nach Hegel die »Individualisierbarkeit des Ideals«, die Selbstbeziehung des konkreten Subjekts im Medium der Objektivität. Es ist »die konkrete Subjektivität allein, für welche wir in den Darstellungen der Kunst ein tieferes Interesse empfinden«;[6] wo diese aber – wie in der »neuesten Zeit« der »Bildung der Reflexion«, der »Kritik« und »der

Freiheit des Gedankens« – »ihrem Stoff ganz gegenübertritt«, also nicht mehr »unmittelbar mit dem Gegenstande vereinigt, an ihn glaubend und dem eigensten Selbst nach mit ihm identisch«[7] ist, dort »erhält der Künstler seinen Inhalt an ihm selber und ist der wirklich sich selbst bestimmende, die Unendlichkeit seiner Gefühle und Situationen betrachtende und ausdrückende Menschengeist, dem nichts mehr fremd ist, was in der Menschenbrust lebendig werden kann.«[8]

Das Auseinander von Kunst und Politik ist also »kein bloßes zufälliges Unglück [...], von welchem die Kunst von außen her durch die Not der Zeit, den prosaischen Sinn, den Mangel an Interesse usf. betroffen wurde; sondern es ist die Wirkung und der Fortgang der Kunst selber, welche, indem sie den ihr selbst innewohnenden Stoff zur gegenständlichen Anschauung bringt, auf diesem Wege selbst durch jeden Fortschritt einen Beitrag liefert, sich selber von dem dargestellten Inhalt zu befreien.«[9] Nur der Stoff ist poesiefähig, der etwas »Dunkles und Innerliches« besitzt, in dem »noch ein Geheimes, Nichtoffenbares« steckt. »Dies ist der Fall, solange der Stoff noch identisch mit uns ist.«[10] Es ist deshalb derselbe Aufklärungsprozeß und Anspruch auf Autonomie, der sich politisch in der Forderung nach Rationalität und Gesetzmäßigkeit des sozialen Ganzen und ästhetisch als Selbstdarstellung des Subjekts in seiner Nichtidentität mit dem sozialen Ganzen artikuliert. »Das öffentliche Räsonnement des bürgerlichen Publikums vollzieht sich im Prinzip unter Absehung von allen sozial und politisch präformierten Rängen nach allgemeinen Regeln, die, weil sie den Individuen streng äußerlich bleiben, der literarischen Entfaltung ihrer Innerlichkeit; weil sie allgemein gelten, dem Vereinzelten; weil sie objektiv sind, dem Subjektivsten; weil sie abstrakt sind, dem Konkretesten einen Spielraum sichern.«[11] Die Emanzipation der bürgerlich-industriellen Gesellschaft vom Zwang der Tradition, wie sie sich in den neuen Rationalitäts- und Legitimitätsforderungen niederschlägt, und die Emanzipation des Subjekts von der Gesellschaft, wie sie sich in der thematischen und formalen Freigabe der Kunst artikuliert, verhalten sich komplementär zueinander. Politische Bewußtseinsbildung ist für uns untrennbar gebunden an theoretische Einsicht in soziale Prozesse und den Entwurf praktischer Projekte zur Veränderung der sozialen Realität. Für beides ist die Literatur inkompetent. Sie ist aber ein notwendiges Komplement politischer Bewußtseinsbildung, insofern das Subjekt sich in ihr seiner Nicht-Identität gegenüber dem Reich sozialer Zwecke und Normen bewußt wird. Die entfaltete, interpretierbare und tradierbare Artikulation dieser unveräußerlich ich-zentrierten Welt ist die moderne Kunst. Sie wird von Hegel bestimmt als »ein Zurückgehen des Menschen in sich selbst, ein Hinabsteigen in seine eigene Brust, wodurch die Kunst alle feste Beschränkung auf einen bestimmten Kreis des Inhalts und der Auffassung von sich abstreift und zu ihrem neuen Heiligen den Humanus macht«.[12]

Das komplementäre Verhältnis der Emanzipation der Gesellschaft von der Geschichte zu der des Subjekts von der Gesellschaft, wie sie sich in der Befreiung der Kunst von ihrer dienenden Funktion gegenüber den feudalen Gewalten einerseits und in der neu sich bildenden Identität der literarischen mit der politischen Öffentlichkeit andererseits niederschlägt, macht nun die von Benjamin genannte Alternative von illegitimer Ästhetisierung der Politik und legitimer Politisierung der Kunst erst möglich.

»Auf die Frage ›Inwieweit darf Schein in der moralischen Welt sein?‹ ist also die Antwort so kurz als bündig diese: Insoweit es ästhetischer Schein ist, d. h. Schein, der weder Realität vertreten will, noch von derselben vertreten zu werden braucht.«[13] Ästhetisierung der Politik, wie Benjamin sie »in den großen Festaufzügen, den Monstreversammlungen, in den Massenveranstaltungen sportlicher Art und im Krieg«[14] des Faschismus und deren Reproduktionen in den Massenmedien erkennt, zielt darauf ab, die ästhetische Differenz einzuebnen. Hier erfüllt der ästhetische Schein nur dann seine Funktion, »die Massen zu ihrem Ausdruck (beileibe nicht zu ihrem Recht) kommen zu lassen«,[15] wenn die scheinhaft ästhetische die reale politische Artikulation der Massen vertritt. Ästhetische Formierung der Massen ist hier Surrogat politischer Öffentlichkeit mit dem Zweck, politische Ziele unter Ausschaltung politischer Willensbildung durchzusetzen.

Bekanntlich kennen auch die Massendemokratien Mittel, mit ästhetisierenden Formen politische Ziele gegenüber einer entpolitisierten Öffentlichkeit durchzusetzen; in der Werbung für Parteien und Produkte kommen zwar die Wähler und Konsumenten zu ihrem ästhetischen Ausdruck, nicht aber zu ihrem politischen Recht, der politischen Willensbildung über die Ziele ihrer gemeinsamen Arbeit – mit dem Resultat gigantischer Fehlleitung menschlicher Produktivität.

Wenn nun aber die Praktiken öffentlicher Meinungsbildung, die wieder – wie in der vorbürgerlichen, repräsentativen Öffentlichkeit – sich vorwiegend ästhetisierender Mittel bedienen, auf eine »Refeudalisierung«[16] und Entpolitisierung hinauslaufen, so ist eben das der Grund für das Bedürfnis nach Politisierung der Kunst. Seit ihrer Entstehung hatte ja die literarische Öffentlichkeit nicht nur komplementäre, sondern auch kompensatorische Funktionen gegenüber der politischen Öffentlichkeit übernommen. Bereits die Jungdeutschen verstanden die literarische Diskussion als Fortsetzung der politischen in einer durch staatliche Zensur entpolitisierten Öffentlichkeit; und auch die Nachkriegsliteratur hat – von der »Literatur der Vergangenheitsbewältigung« bis zur »Literatur der Arbeitswelt« versucht, verdrängte politische Themen in die politische Diskussion wieder einzuführen. Dabei entsteht immer dann ein notwendiger Konflikt, wenn die Literatur zugleich komplementäre wie kompensatorische Funktionen glaubt erfüllen zu können, wenn sie also etwa – wie die *Gruppe 61*

- die Arbeitswelt zugleich zum Thema »künstlerischer Bewältigung« wie politischer Aufklärung zu machen versucht. Es wird dann zum Problem der Literatur selbst, eine falsche Ästhetisierung politischer Themen zu vermeiden. Nichts ist in der Geschichte politischer Literatur gewöhnlicher als die Entpolitisierung eines politischen Themas durch seine literarische Darstellung.

Als klassisches literarisches Modell gelungener Vermittlung von politischer Aufklärung und eigenständiger literarischer Artikulation galt und gilt der gesellschaftskritische Roman des 19. Jahrhunderts – hatte doch sogar Engels behauptet, aus der ›Comédie humaine‹ von Balzac »sogar in den ökonomischen Einzelheiten (zum Beispiel die Neuverteilung des realen und persönlichen Eigentums nach der Revolution), mehr gelernt [zu haben] als von allen berufsmäßigen Historikern, Ökonomen und Statistikern dieser Zeit zusammengenommen«[17]. Im folgenden soll – in der gebotenen Schematisierung – gezeigt werden, wie sich der von Hegel aufgewiesene Verlust der praktischen Wahrheitsfähigkeit der Kunst als Formproblem des Romans darstellt.

»Jedwede Untersuchung einer bestimmten epischen Form hat es mit dem Verhältnis zu tun, in dem diese Form zur Geschichtsschreibung steht. Ja, man darf weitergehen und sich die Frage vorlegen, ob die Geschichtsschreibung nicht den Punkt schöpferischer Indifferenz zwischen allen Formen der Epik darstellt. Dann würde die geschriebene Geschichte sich zu den epischen Formen verhalten wie das weiße Licht zu den Spektralfarben.«[18]

»Erzählung ist [. . .] Grundkategorie geschichtlicher Wahrnehmung«,[19] Erzählformen sind immer auch Formen des Geschichtsbewußtseins. Bezieht man den oben konstatierten Sachverhalt ein, daß der Übergang von einer traditionalen zu einer modernen Gesellschaft als Emanzipation von der Geschichte, der Autorität der Überlieferung zugunsten eines zukunftsorientierten Stils des sozialen Handelns bestimmt werden muß, so wird plausibel, daß die entscheidenden Zäsuren der Formgeschichte des Romans auf sozio-ökonomisch provozierte grundlegende Modifikationen des Zeit- und Geschichtsbewußtseins zurückgehen.

Walter Benjamin hat gezeigt, wie der neuzeitliche Roman sich von volkstümlich-archaischen Formen des Erzählens dadurch ablöst, daß in ihm Geschichte und Lebensgeschichte, also die Emanzipation von der Geltung der Überlieferung und die Emanzipation von der Geltung der »Kollektiverfahrung« formkonstitutive Kraft gewinnt.[20] Was Benjamin aphoristisch pointiert, haben Clemens Lugowski[21] und Arnold Hirsch[22] im einzelnen nachgewiesen. Formgeschichtlicher Ursprung des bürgerlichen Romans ist der Zerfall des »mythischen Analogons«,[23] das noch den barocken Picaro-Roman prägt, zur »Form der Individualität«, die den Roman-Formen des 18. und 19. Jahrhunderts fraglos-selbstverständlich zugrunde liegt.

Der durch das »mythische Analogon« geprägte vorbürgerliche Roman kennt noch keine Selbständigkeit der Romanfigur innerhalb der Romanwelt. Noch für den barocken Picaro-Roman gilt, daß der Romanheld ein unselbständiger Teil der Romanwelt ist, daß es nicht auf sein »Eigensein«, sondern auf sein »Zugegensein«[23a] ankommt. Mit der Verselbständigung der Romanfigur verzeitlicht sich nun auch die Romanform. Der vorbürgerliche Erzähler kann sich wie der mittelalterliche Chronist damit begnügen, die »Vorfälle, mit denen er es zu tun hat [...], als Musterstücke des Weltlaufs herzuzeigen«.[24] Gewinnt nun durch aufgeklärte Traditionskritik die Welt jene historische Kontingenz, die sie für den neuzeitlichen Historiker besitzt, so wird sie auch für den bürgerlichen Autor prosaisch, d. i. für sich selbst poetischer Vergegenwärtigung unzugänglich. Die Aufgabe des Romans verschiebt sich von der bloßen Exemplifikation vorgegebener Bedeutungen zur Darstellung des Deutungsvollzugs angesichts einer kontingenten, der Deutung aufgegebenen Wirklichkeit. Die Instanz, welche die poetische Interpretierbarkeit der prosaischen Realität weiterhin ermöglicht, wird nun die Lebensgeschichte des zum persönlichen Schicksal befreiten autonomen Subjekts. Sie ersetzt den fraglos als exemplarisch begriffenen »Weltlauf« der alten Epik.

Dieses neue Modell vollendet sich im realistischen Roman, in dem »beliebige Personen des täglichen Lebens in ihrer Bedingtheit von den zeitgeschichtlichen Umständen zu Gegenständen ernster, problematischer, ja sogar tragischer Darstellung«[25] gemacht werden. Das Form-Apriori ist hier die Relation »Einzelmensch – zeitgeschichtliche Umstände«, deren Relate sich aneinander bestimmen. Die Mächte der Gesellschaft und Geschichte werden interpretiert und kritisiert am Maß der Chancen und Grenzen eines guten Lebens, das sie den einzelnen in ihrem alltäglichen Leben gewähren oder verweigern. Gesellschaft und Zeitgeschichte werden thematisch als Ort der Anpassung oder des Widerstandes, der Desillusion, Resignation, Selbstbewahrung oder Selbstzerstörung der Individuen. Die historisch-soziale Welt braucht, um Gestalt zu gewinnen, als Korrelat ein mit Individualität, Charakter, Biographie und persönlichem Schicksal ausgestattetes Subjekt, damit sie sich – indem das Subjekt sich in ihr selbst erfährt – in ihrer Bedeutung, ihrem Wert und Unwert enthüllen kann; und umgekehrt wird das alltägliche Leben der Individuen erst darstellbar im Rahmen einer Umwelt, die in der Fülle ihrer objektiven Zusammenhänge aufgefaßt wird.

Dem entspricht die geläufige Erzählform des traditionellen Romans. Erzählt wird in ungebrochener Chronologie aus einer das Ganze der Geschichte überblickenden Erzähldistanz am Leitfaden einer Fabel das Schicksal der mit individuellem Charakter und individueller Lebensgeschichte ausgestatteten Figuren in einem detailliert gezeichneten historisch-sozialem Kontext.

Der Interpretationsrahmen des klassisch-realistischen Romans, die Vorstellung einer konkreten Totalität aus zeitgeschichtlicher Bewegung und individueller Lebensgeschichte, ist dem Geschichtsobjektivismus des 18. und 19. Jahrhunderts verhaftet. Die Leitvorstellung der *einen* singularisierten Geschichte als dem Ort gültiger menschlicher Selbsterfahrung meint keinen bloß faktischen Determinationszusammenhang von Fall zu Fall, sondern enthält Reste einer mythischen Schicksalsordnung, wie sie auch sonst aus den Geschichtskonstruktionen des 18. und 19. Jahrhunderts geläufig sind. So wie Hegel und Marx dem empirischen Material der Historie ein überempirisches Gesetz fortschreitender Selbstverwirklichung des Menschen glauben ablesen zu können, so lebt der realistische Roman von der Überzeugung, durch poetische Ausdeutung der Historie eine der historischen Realität enthobene Wahrheit in Gestalt des »Humanus«, des »Allgemein-Menschlichen« darstellen zu können – von der idealistischen Selbstverwirklichung ›Wilhelm Meisters‹ bis zur Resignationsstufe totaler Selbstentfremdung im Naturalismus.

Dieses Modell wird in der Folge einer doppelten, nämlich politischen und poetischen Kritik ausgesetzt, die sich gegen die historistischen Voraussetzungen richtet. Historistisch ist sowohl die Vorstellung eines ausdeterminierten Prozessierens der Zeitbewegung als konkrete Totalität, in welche die individuelle Lebensgeschichte eingebettet ist, wie die Hermeneutik des »Sich-Einfühlens« ins Allgemein-Menschliche, das die überhistorische, poetische Wahrheit des historischen Prozesses ans Licht bringen soll.

Die Determinationsmetaphysik begreift Geschichte als Herrschaft der Vergangenheit über die Gegenwart und wird damit inkompetent zur praktisch-politischen, auf Determinierbarkeit und Veränderbarkeit abzielenden, zukunftsorientierten Perspektivierung sozialer Zustände. Zwar hatte das bürgerliche Romanmodell die alte Moralistik, die ja immer Kritik an den vergesellschafteten Individuen aufgrund vorgegebener sozialer Normen gewesen war, durch Gesellschaftskritik abgelöst, insofern hier der Gesellschaft in Gestalt des seiner selbst bewußten Subjekts zum ersten Male eine zwar faktisch unterworfene, aber moralisch überlegene Gegeninstanz erwachsen war; aber eben dieses Gegeneinander der durch die individuelle Lebensgeschichte eröffneten und begrenzten Zukunft und der bestehenden Verhältnisse verlieh dem Bestehenden den Charakter einer zweiten Natur und seiner Ausdeutung einen kontemplativen, unpraktischen Sinn. Hegels affirmativ gemeintes Argument, die Vernunft der entwickelten gesellschaftlichen Verhältnisse sei poetischer Vergegenwärtigung unzugänglich, bewahrheitet sich auch an der Unvernunft der sich kapitalisierenden bürgerlichen Gesellschaft. Die Einsicht, daß das Elend der proletarisierten Massen schlechterdings kein Thema einer »künstlerischen Bewältigung« sein kann, sondern nur Gegenstand von Information und

Agitation, findet sich bereits bei den Jungdeutschen und hat sich in der aktuellen politisch-literarischen Diskussion durch die Trennung des *Werkkreises Literatur der Arbeitswelt* von der *Gruppe 61* aufs neue bestätigt.

Die poetische, innerliterarische Kritik hinterfragt die Selbstinterpretation des Subjekts, die der zwanglosen Beziehbarkeit von Lebens- und Zeitgeschichte zugrunde liegt. Am Beispiel des Romans ›To the Lighthouse‹ von Virginia Woolf hat Erich Auerbach gezeigt, wie die »ernste Darstellung [. . .] beliebiger Personen des täglichen Lebens in ihrer Bedingtheit von den zeitgeschichtlichen Umständen« bis zu dem Punkt radikalisiert wird, an dem »etwas ganz Neues und Elementares sichtbar« wird: »die Wirklichkeitsfülle und Lebenstiefe eines jeden Augenblicks, dem man sich absichtslos hingibt«.[26] Damit ist der Deutungsrahmen des realistischen Romans gesprengt. Indem die Darstellung hinter die Identität des Individuums als Einheit von Charakter, Lebensgeschichte, Handlung und Situation zurückgeht auf die diskrete Mannigfaltigkeit beliebiger und absichtsloser Bewegungen des Bewußtseins, aus denen heraus sich jene Einheit in einem selektiven Prozeß erst bildet, ist der Historismus des traditionellen Erzählens mit seiner »Priorität des Wissens über das Geschehen«[27] überschritten. Eine »Geschichte« kommt von nun an im Roman nicht mehr zustande. Historizität des Weltbegreifens ist nicht länger die fraglose formkonstitutive Voraussetzung des Erzählens, die sie zum Ersatz des alten mythischen Analogons hatte werden lassen. An die Stelle der biographischen Zeit- und Erzählform treten – zum ersten Male in Flauberts ›Education sentimentale‹ und dann in den Zeit-Romanen von Joyce, Proust und Thomas Mann – Formen, die durch die Struktur der erlebten Zeit selbst geprägt sind. Der Erzähler induziert hier in die epische Distanz, die der privilegierten Position des Historikers korrespondiert, Momente jener »absoluten Gegenwartsfolge«,[28] die den Zeitablauf des Dramas ausmacht (ein genaues Analogon zu Brechts »epischem Theater«, in dem spiegelbildlich zum Zeit-Roman durch die paradoxe Verflechtung der Perspektive des Wissens in die des Geschehens das Epische, die vorgegebene Situation, dramatisiert, d. i. unter der zukunftsorientierten Perspektive möglicher Veränderbarkeit, dargestellt werden soll). Damit wird das Erzählen, die Überführung einer unübersichtlichen Ereignismannigfaltigkeit in die Kontinuität einer Geschichte, zum Problem. Die Aufgabe lautet nun, etwas zu erzählen, was noch nicht die Form des Wissens angenommen hat. Das Geschehen hört auf, als immer schon gewußtes, gedeutetes, motiviertes, verständliches sich darzustellen, weil die Verständlichkeit stiftenden Kategorien selbst in Frage stehen. Diese Frage aber läßt sich nicht mehr – wie die historistische Hermeneutik poetischer Selbstdeutung des realistischen Romans meinte – durch wahrhaftige Darstellung der konkret gelebten Geschichte beantworten; denn die Geschichte hält keine

Aussage über den Menschen bereit, die er nicht vorher bereits ihrer Deutung zugrunde gelegt hätte.

Damit sind die Schwierigkeiten umrissen, die sich in der Gegenwart einer romanhaften Ausdeutung der Zeitgeschichte entgegenstellen. Wenn jede konkrete historische Situation nur noch auf die Notwendigkeit ihrer praktischen Veränderung verweist und wenn die poetische Selbstdeutung des Subjekts vor jeder konkreten, zeitgeschichtlich bedingten Verwicklung seiner Lebensgeschichte zum Problem geworden ist, hat sich der Abstand von Zeitgeschichte und Selbstwahrnehmung des Subjekts so sehr vergrößert (was nicht einfach als Selbstentfremdung, sondern ebenso als Fortschritt in der Entwicklung des Ich-Bewußtseins gewertet werden muß), daß nur das pointierte Gegeneinander, nicht das traditionelle Ineinander von Selbst- und Realitätsbewußtsein politische wie poetische Legitimität besitzt.

Einleuchtende Modelle, in denen diese Fremdheit von Geschichte und Bewußtsein angemessen dargestellt wird, bieten die allegorisierenden Romanformen Döblins, Thomas Manns, Musils u. a. An ihnen haben die wichtigeren der zeitkritischen Nachkriegsromane zu Recht angeknüpft.

II.

Heinrich Böll: ›Billard um halbzehn‹

Bölls Roman ist ein Zeit-Roman in der Bedeutung, die Thomas Mann diesem Begriff gegeben hat: es ist einerseits ein Roman der historisch begriffenen Zeitgeschichte, und es ist andererseits ein Roman, der sich die Zeit selbst als Bewußtseinsform zum Gegenstand macht.

Der Roman erzählt die Geschichte einer Architektenfamilie über drei Generationen hinweg, von denen jede das Schicksal einer Epoche spiegelt. Der Familiengründer Heinrich Fähmel verkörpert den Gründeroptimismus der Wilhelminischen Ära. Er beginnt seine Karriere im späten Kaiserreich mit dem Bau einer Benediktinerabtei und der Heirat einer Patriziertochter. Was ihm noch möglich zu sein schien – ein glückliches Leben in einer durch ironische Distanz gemilderten Kollaboration mit den herrschenden Mächten –, das sieht er in der Generation seiner Söhne während der faschistischen Ära scheitern. Der eine Sohn, Robert, setzt die Kollaboration fort und fällt als Nazi, der andere macht Ernst mit der ironischen Distanz des Vaters, wird erst in die äußere, dann – nach seiner Rückkehr – in die innere Emigration getrieben und sprengt kurz vor Kriegsende die Abtei, die den Ruhm des Vaters begründet hatte, in die Luft. Roberts Sohn Joseph wiederum leitet im Nachkriegsdeutschland den Wiederaufbau der Abtei und verkörpert so die Epoche der bundesrepublikanischen Restauration.

Von einer solchen in realistischer Manier auf Zeitgeschichte bezogenen Familiengeschichte finden sich freilich kaum mehr als die aufgezählten Rudimente. Sie sind eingefügt in die Erinnerungen der Hauptpersonen während eines einzigen Tages, des achtzigsten Geburtstags des Familienvaters. Dabei werden die erinnerten Sachverhalte, deren zeitgeschichtlicher Kern die Verfolgung und Ermordung junger Widerstandskämpfer durch die Nationalsozialisten ist, durch die Form der Erinnerung und des in ihr sich dokumentierenden Zeiterlebens gedeutet. Die drei Hauptfiguren – Heinrich, Johanna und Robert Fähmel – schließen sich wie mit Zauberkreisen von der Welt der historischen Zeit ab und gehen ein in einen durch Rituale und Formeln konstituierten Raum einer stehenden Zeit der Erinnerung, in der Vergangenheit, Gegenwart und Zukunft ununterscheidbar zusammenfließen. Die erlittene Geschichte erweist sich als Fluch, der denen, die sie erinnern, die erfüllte, lebendige Zeit einer gegen Vergangenheit und Zukunft nicht indifferenten Gegenwart raubt. Der Gedanke des Fluchs aber enthält – wie das Märchen und die biblische Geschichte zeigen – immer auch den der Erlösung; und wirklich verbindet Böll die Form des Märchens und der biblischen Apokalypse zu einer Art biblischen Märchens vom Fluch der Geschichte und seiner Lösung.

Aus der Apokalypse übernimmt Böll die Rede vom Kampf der »Büffel« gegen die »Lämmer«. Unter dieser Losung führen Robert und seine Freunde ihren Widerstand gegen die Nazis; in der Erinnerung der Hauptfiguren wird sie zum Zentrum eines Apparats leitmotivischer Formeln, in denen die Details der Lebens- und der Zeitgeschichte aufeinander bezogen werden.

Die »Büffel« – das sind die Nazis, aber auch Hindenburg, die Generale, das Wilhelminische Bürgertum, die offizielle Kirche; ihr »Sakrament« ist die »uralte Erbschaft der Dunkelheit und der Gewalt«, ihre Sphäre die des Ernstes, der Verantwortung, der realen Geschichte und »politischen Vernunft«, ihre Zeit die stupide, »unvergängliche«, tödliche Wiederholung des Immer-Gleichen.[29]

Ist die Zeit der »Büffel« die des Unheils, so ist die der »Lämmer« die »Zeit der Reife«.[30] Wie in der Offenbarung die Zeit selbst als Organ des göttlichen Willens zum Subjekt der Handlung wird, so auch im Roman: die »Zeit des Unheils« hatte Heinrich Fähmels Traum von der Goldenen Zeit der Patriarchen zerstört und ihn und seine Frau Johanna in eine Art ritueller Erstarrung versinken lassen, symbolisiert durch Heinrich Fähmels Frühstücksritus, Roberts Billardspiel und Johannas »verwunschenes Schloß«,[31] in dem die Zeit stillsteht. Aus ihr werden sie durch den Advent der »Zeit der Reife« in einem Märchen- und Komödienende erlöst, und zwar am 6. September 1954, dem Datum der Gegenwartshandlung und des achtzigsten Geburtstags

Heinrich Fähmels. Die Geburtstagsfeier wird zum Triumph der »Lämmer« über die »Büffel«, der richtigen über die falsche Gesellschaft. Die böse, unfreie Welt wird entlarvt und aus dem harmonischen Kreis der Freien ausgeschlossen: Johanna kehrt aus ihrem Dornröschenschloß in die Zeit zurück und schießt auf einen Bonner Minister. Der Hotelboy Hugo widersteht der melodramatischen Versuchung durch die falsche »Priesterin des Lammes«, die ihm die Reiche dieser Welt bietet (»du wirst die ganze Welt sehen, und sie werden dir in den schönsten Hotels zu Füßen liegen«[32]), und wird von Robert aus seinem Arbeitsverhältnis erlöst und adoptiert. Die zudringlichen »Büffel« Nettlinger und Gretz werden ausgeschlossen.

Der Befreiung von der Gesellschaft des Zwanges und der Unterdrückkung korrespondiert die Befreiung der Romanfiguren von dem »humour«, dem rituellen Zwang, in den sie verstrickt waren: Heinrich bestellt das seit einundfünfzig Jahren in täglich gleicher Weise verzehrte Frühstück ab, er nimmt symbolisch seine Karriere zurück, indem er das Kuchenmodell seiner Abtei zerschneidet und seinem Sohn, der das Original in die Luft sprengte, zum Verspeisen anbietet; Robert bricht das Billardspiel ab, Johanna verläßt die Heilanstalt. Der Roman endet mit der festlichen Komödiencognitio, in der Verwandtschaft entdeckt und gestiftet wird:

»Der Tag ist groß, er hat mir meine Frau wiedergegeben, und einen Sohn geschenkt – darf ich Sie so nennen, Schrella? Ediths Bruder – sogar einen Enkel hab ich bekommen, wie, Hugo?«[33]

Die erlöste Gesellschaft bildet eine Ordnung mit deutlich religiösen Zügen aus. Die natürliche Familiengemeinschaft geht über in die übernatürliche Gemeinschaft der »Engel« und »Lämmer«, gestiftet durch den »dunklen Engel«[34] Schrella und das »Lamm« Hugo mit dem Lächeln Ediths, der »Botin des Königs«.[35]

Böll greift mit diesem Romanmodell die klassischen Formen des modernen Zeit- und Bewußtseinsromans auf: vielpersonige Bewußtseinsdarstellung; der Versuch, die Lebensgeschichte der Figuren im Spiegel der Erlebnis- und Erinnerungsfülle weniger Augenblicke darzustellen; die Technik, archaische Interpretationsmuster wie die Apokalypse und das Märchen, welche die Autonomie des individuellen Bewußtseins gegenüber der Welt noch nicht kennen, zur Darstellung vorbewußter Verflochtenheit in die historische Welt zu nutzen. Damit knüpft er zwar an die Subjektivitätsthematik des modernen Romans an, deutet sie jedoch in einem frappierend traditionalistischen Sinn um. Die Figuren werden aus ihren gegenständlichen Weltbezügen herausgelöst und der Struktur ihres Erlebens nach in Frage gestellt, doch nur, um ihnen eine moralische Integrität zuzudenken und abzuverlangen, wie es unproblematischer in keinem klassisch-idealistischen Roman geschehen könnte. Das soll ein Vergleich mit Thomas Manns ›Doktor Faustus‹ zeigen, der ganz ähnliche, ebenfalls aus dem Vorstellungsbereich der Apokalypse stammende allegorische Motive dazu benutzt, eben jene Tradition in Frage zu stellen, die Böll mit ihrer Hilfe zu restaurieren versucht.

Die allegorisierende Erzählweise Thomas Manns gewinnt ihren Sinn dadurch, daß der Roman das prekäre Verhältnis von Allgemeinem und Besonderem sich selbst zum Gegenstand macht (»Der Anspruch, das Allgemeine als im Besonderen harmonisch enthalten zu denken, dementiert sich selbst«[36]). Das Archaische, das der Allegorie als Form der Bedeutungsstiftung anhaftet, erweist sich allein als angemessen, um eine »Geschichte« darzustellen, die sich den klassisch-realistischen Kategorien des Begreifens schlechterdings entzieht (sie erweisen ihre Ohnmacht in Gestalt des Humanisten Serenus Zeitbloom). Indem die Allegorie gerade die extremste Individualität, die esoterische Produktivität des Komponisten Adrian Leverkühn als unselbständigen Teil eines katastrophalen Ganzen begreift, hebt sie den schlichten Gegensatz von Geist und Ungeist, von autonomen, mit Bildung und Persönlichkeit ausgestatteten Individuen und den blinden, kollektiven Vorurteilen ausgelieferten Vielen auf. Zugleich überführt Thomas Mann damit die übersichtliche Eindeutigkeit der moralischen Bewertung, die sich gegenüber dem Faschismus so leicht herstellen läßt, in eine fundamentale Kritik der bürgerlichen Kultur. Zeitgeschichte, die nicht symbolisch-realistisch, als Korrelat konkret-individueller Lebensgeschichte, sondern allegorisch, als resultathaftes Ganzes thematisiert wird, dessen unselbständige Teile die einzelnen sind, kann nicht mehr in der gleichen Weise wie der historisch-realistische Roman auf die Frage nach dem guten Leben antworten. Vielmehr bringt die historische Katastrophe die Voraussetzung der alten Frage in den Blick. Die Idee der Selbstverwirklichung, der Autonomie, der Individualität, der Bildung, der moralischen Integrität, also der Maßstab, an dem sich im realistischen Roman Lebens- und Zeitgeschichte in ihrem Wert und Unwert enthüllen, steht nun in Gestalt des Künstlers Leverkühn und seines Biographen Zeitbloom selbst in Frage. Die Allegorie hat hier den Sinn, einer Verflochtenheit des einzelnen in das Ganze nachzugehen, die der Anpassung und dem Widerstand, den konkreten Konflikten, dem individuellen Sich-Bewähren und Versagen vorausliegt. Der damit verbundene Verlust an historischer Konkretion wird aufgewogen durch den gewonnenen Abstand der Reflexion, der die Geschichte des deutschen Bürgertums und seiner Wertewelt und Bildungstradition als Ganzes vergegenwärtigt und problematisiert.

Auch Böll thematisiert Geschichte nicht als Korrelat konkreter Lebensgeschichten, sondern als resultathaftes Ganzes. Auch er will nicht einfach konkrete Konflikte entfalten, sondern das elementare Selbstverständnis der Zeitgenossen angesichts der historischen Katastrophe in

Frage stellen. Auch er abstrahiert von der konkreten Geschichte, um sie auf ihren Grund hin zu bedenken. Das, was sich dabei enthüllt – der Antagonismus der »Büffel« und der »Lämmer«, der Täter und Opfer, der toten Zeit kollektiver Wiederholungszwänge und der lebendigen, lebensgeschichtlichen Zeit, in der das »Unvorhersehbare« Ereignis wird – ist aber nun nichts anderes als die abstrakte Formel des idealistischen Gegeneinander von autonomer Individualität und historisch-sozialer Realität. Böll fragt einmal – seiner normativen Intention gemäß – nach der moralischen Entscheidung der Individuen *gegenüber* der Geschichte, denkt die Subjekte also als autonome Gegeninstanz, und er fragt zugleich nach der Möglichkeitsbedingung der schuldhaften Verstrickung aller *in* der Geschichte, deutet die einzelnen also als unselbständige Teile des Ganzen. Das Resultat ist entsprechend trivial. Geschichte wird in der Kontrastierung der beiden Formen des Zeiterlebens reduziert auf das moralische Versagen der einzelnen. Dieses Versagen kann nun nicht mehr aus dem konkreten historisch-sozialen Kontext begriffen werden, sondern wird zum unmittelbaren Ausdruck einer nicht weiter ableitbaren personalen Substanz bzw. Substanzlosigkeit. Diese falsche Substantialisierung moralischer Qualitäten führt nun dazu, daß der Autor – der allegorisierenden Anlage des Buches gemäß – seine Figuren einerseits typisieren, also denkbar unindividuell halten muß, daß er ihnen aber auch zugleich in entsprechend outrierter, oft unfreiwillig komisch wirkender Weise die Kategorien der Individualität – »Unverkennbarkeit«, »Einmaligkeit«, sofortige Identifizierbarkeit ihrer moralischen Qualität – zuschreiben muß. Heinrich Fähmel erkennt das Wesen des »dunklen Engels« Schrella mit untrüglicher Sicherheit, während er ihn wenige Sekunden über einen Hof gehen sieht:

»Das Schreckliche an ihm war, daß er nichts Rührendes hatte; als ich ihn über den Hof gehen sah, wußte ich, daß er stark war, und daß er alles, was er tat, nicht aus Gründen tat, die für andere Menschen gelten konnten.«[37]

An dem aus jahrzehntelanger Emigration heimkehrenden Schrella geht in einer Hotelhalle ein Oppositionsführer vorbei. Schrellas Fähigkeit, auf Anhieb die moralische Substanz eines solchen Mannes zu erfassen, dokumentiert sich in folgender Charakterisierung:

»[...] ich glaube, wenn ich mal jemand umbringen würde, dann ihn. Seid ihr denn alle blind? Der ist natürlich klug und gebildet [...] aber ich hoffe, Robert, du würdest deine Tochter oder deinen Sohn nicht eine Minute mit diesem Kretz allein lassen; der weiß vor Snobismus ja gar nicht mehr, welches Geschlecht er hat.«[38]

Dieser moralischen Übereindeutigkeit entspricht die unproblematische Art, mit der die Figuren sich selbst in ihrer eigenen Lebensgeschichte verstehen. Keinerlei Interferenz zwischen der Perspektive des erlebenden und der des erinnernden Ichs stört die Selbstinterpretation. Zweifellos wissen sie im voraus, was für ihr Leben entscheidend werden wird:

»[...] ich hatte Angst, Hugo, weil ich ihn jetzt würde fragen müssen, und wenn ich die Frage aussprach, war ich drin, mittendrin, und würde nie mehr herauskommen [...] fast vollkommen war die Stille jetzt, gab der fälligen Frage ein großes Gewicht, bürdete sie der Ewigkeit auf, und ich nahm schon Abschied[...]«[39]

Bölls politisch-moralischer Impetus kann zwar verständlich machen, weshalb er in so melodramatischer Weise auf den Kategorien der Individualität insistiert; politische oder literarische Relevanz läßt sich mit ihnen jedoch nicht gewinnen.

Max Frisch: ›Homo faber‹

Auch für Frisch haben die Kategorien der Individualität – Schicksal, Lebensgeschichte, Schuldverstrickung, erlebte Zeit – keine selbstverständliche Gültigkeit mehr. Der Ich-Erzähler des Romans, der Ingenieur Faber, interpretiert sein Leben in seinen Tagebuchaufzeichnungen ausdrücklich in Abwehr gegen die Zumutung eines Schuldzusammenhangs und eines Lebensgeschicks, das die Abfolge der physikalischen Zeit und der in ihr herrschenden Wahrscheinlichkeiten transzendieren könnte. Ihm wird nun demonstriert, daß er eben dadurch den Tod seiner Tochter verschuldet, daß er die Lebenszeit, die ihren Wert aus ihrer Unwiederholbarkeit gewinnt, auf die gegen Wiederholung gleichgültige physikalische Zeit reduziert. Seine ehemalige Geliebte Hanna, die Mutter seiner Tochter, kommentiert das Resultat seines Lebens in diesem Sinn:

»Diskussion mit Hanna! – über Technik (laut Hanna) als Kniff, die Welt so einzurichten, daß wir sie nicht erleben müssen [...] Mein Irrtum: daß wir Techniker versuchen, ohne den Tod zu leben. Wörtlich: Du behandelst das Leben nicht als Gestalt, sondern als bloße Addition, daher kein Verhältnis zur Zeit, weil kein Verhältnis zum Tod. Leben sei Gestalt in der Zeit [...] Mein Irrtum mit Sabeth [d. i. Fabers Tochter]: Repetition, ich habe mich so verhalten, als gebe es kein Alter, daher widernatürlich. Wir können nicht das Alter aufheben, indem wir weiter addieren, indem wir unsere eignen Kinder heiraten.«[40]

Wie bei Böll wird auch hier die zeitgenössische Gegenwart, für die der Ingenieur Faber einsteht, charakterisiert durch das Fehlen bzw. Verleugnen der Geschichtlichkeit des Lebens. Fabers Reduktion des Lebens auf statistische Wahrscheinlichkeit findet ihr Gegenstück in Bölls »Büffeln« und ihrer stumpfen Wiederholung des Immergleichen.

Die positive Norm, von der die Zeitkritik ausgeht, ist auch hier eine kategorial begriffene Selbstfindung des Helden durch die Entdeckung der Geschichtlichkeit seiner Lebenszeit. Die Stationen der Selbstfindung sind markiert durch Erlebnisse erfüllter Zeit als solcher:

»Auf der Welt sein: im Licht sein. Irgendwo (wie der Alte neulich in Korinth) Esel treiben, unser Beruf! — aber vor allem: standhalten dem Licht, der Freude (wie unser Kind, als es sang) im Wissen, daß ich erlösche im Licht über Ginster, Asphalt und Meer, standhalten der Zeit, beziehungsweise Ewigkeit im Augenblick. Ewig sein: gewesen sein.«[41]

Die Geschichtlichkeit des Lebens kann nur dann in kategorialer Allgemeinheit überhaupt thematisch werden, wenn sie dem Autor nicht mehr als fraglos gültiges Formapriori zur Verfügung steht. Frisch ersetzt das traditionelle Schema durch die Form der unmittelbaren Selbstaussage des erlebenden Bewußtseins (hier durch das Tagebuch), die ihm die direkte Diskussion der Grundprinzipien der Selbstauslegung erleichtert, und durch allegorisierende Deutungstechniken, die das dargestellte Konkretum in einen allgemeinen Bedeutungshorizont stellen, der sich aus ihm selbst nicht mehr zwanglos-symbolisch ergibt. Hier übernimmt der Ödipus-Mythos die Funktion, in die geschlossene Welt technischer Rationalität die Offenheit der Geschichte einzuführen, gegen die sich der »homo faber« sperrt.

Dieser Lösungsversuch hat gegenüber Bölls ›Billard um halb zehn‹ den Vorzug, den Gegensatz von geschichtlicher und geschichtsloser Zeit als Dialektik dieses einen Lebens zu entfalten, während Böll aus moralischen Gründen die beiden Wertsysteme in trivialer Eindeutigkeit als Welt der »Büffel« und der »Lämmer« gegeneinandersetzt. Dennoch wird auch im ›Homo faber‹ der Widerspruch zwischen allegorisierendem Verfahren und propagierter Individualität nicht gelöst.

Auch hier ist es instruktiv, Frischs Lösungsversuch mit einem analogen Werk der »klassischen Moderne« zu vergleichen: mit Döblins ›Berlin Alexanderplatz‹.

Beide Romane bilden in grundlegender Weise das Schema des klassischen Bildungsromans fort, den Helden durch »Irrtum und Umkehr« zur realitätsgerechten Selbstverwirklichung heranreifen zu lassen. Beide heben die Selbstverständlichkeit auf, mit der sich im Bildungsroman ein Sinnzusammenhang im konkret-individuellen Erfahrungsvollzug herstellt, der die Kontingenz und Widerständigkeit der historisch-sozialen Welt mühelos integriert. An die Stelle der alten Bildungsmächte (die »gute« Gesellschaft und ihre kulturellen Traditionen, die Natur, die Liebe) tritt die bedeutungsfreie, rein faktische, technisch-industrielle Umwelt. Sie wird in beiden Romanen breit dokumentiert durch Detailinformationen aus dem Bereich der Mathematik, Medizin, Technik. Bedeutung stellt sich jedesmal im Rückgriff auf vorbürgerliche, archaische Traditionen her; wie Frisch den Ödipus-Mythos ausbeutet, so benutzt Döblin u. a. den Orest-Mythos und das allegorische Grundmodell des Kampfes überirdischer Mächte um den

Menschen (in Gestalt des »Trommler Tod«, der Biberkopf von der »Hure Babylon« erlöst etc.). In beiden Romanen hat diese archaische Welt schuldhafter Verstrickung die Aufgabe, gegen die bornierte Perspektive der Selbstbehauptung, welche die Helden einnehmen, ihre Abhängigkeit von einem Ganzen zur Geltung zu bringen, das sich ihrer Verfügung entzieht.

Döblin grenzt nun beide Perspektiven exakt gegeneinander ab. Gegen Biberkopfs Perspektive, der sein Scheitern zunächst so begreift, wie es ein realistischer Desillusionsroman tun würde, nämlich als individuelle Tragik mit sozialkritischem Index, steht die Perspektive des Erzählers, der die Frage nach dem immanent sich herstellenden individuellen Lebenssinn verabschiedet und in offener didaktischer Manier als Moritatensänger die Moral der Geschichte verkündet. Das traditionelle Ineinander von Faktum und Sinn wird transformiert in das Gegeneinander des authentischen Materials, durch das hier Realität nicht gedeutet, sondern mit den Mitteln der Montage dokumentiert wird, und der Lehre, die sich aus Biberkopfs Jedermann-Geschichte ziehen läßt. Der Apparat allegorischer Mächte, denen unterworfen zu sein Biberkopf lernen muß, hat aber nicht den Sinn, in die moderne Welt die Macht des Schicksals wieder einzuführen; ausdrücklich heißt es am Ende:

»Wenn Krieg ist, und sie ziehen mich ein, und ich weiß nicht warum, und der Krieg ist auch ohne mich da, so bin ich schuld, und mir geschieht recht. Wach sein, wach sein, man ist nicht allein. Die Luft kann hageln und regnen, dagegen kann man sich nicht wehren, aber gegen vieles andere kann man sich wehren. Da werde ich nicht mehr schrein wie früher: das Schicksal, das Schicksal. Das muß man nicht als Schicksal verehren, man muß es ansehen, anfassen und zerstören. Wach sein, Augen auf, aufgepaßt, tausend gehören zusammen, wer nicht aufwacht, wird ausgelacht oder zur Strecke gebracht.«[42]

Dieses einerseits dokumentierende, andererseits lehrhaft demonstrierende Verfahren bringt die Situation zeitgenössischer Lebenspraxis in den Blick, dergegenüber ein auf individuelle Selbstverwirklichung abzielendes Selbstverständnis anachronistisch ist. Am Ende steht vor uns nicht mehr der »Mann von Format, der weiß, was er sich schuldig ist«, sondern »ein kleiner Arbeiter«,[43] der gelernt hat, sein Leben als unselbständigen Teil des Kollektivschicksals zu begreifen.

Die im Roman vorgeführte entgrenzte und von Interpretationsansprüchen entlastete Wahrnehmungsform, in der die Faszinationskraft des Romans gründet, zielt von sich aus auf Ersetzung der Interpretationsbedürfnisse durch theoretische Einsicht und Anweisung zur praktischen Veränderung, weil eine nicht mehr vorweg schematisierte Realität auf das Bedürfnis des Subjekts nach Selbstfindung nicht mehr antwortet. Eine Umwelt, die in dieser Totalität in den Blick tritt, ist kein mögliches Korrelat eines individuellen Bildungsprozesses mehr.

Insofern sind hier die ausgreifenden Lehren mit der Romanform stringent vermittelt.

Für Frisch stellt sich die Aufgabe nun aber genau umgekehrt dar. Gerade die Ausweitung der Wahrnehmung ohne Rücksicht auf Interpretationsbedürfnisse wird ihm problematisch. Dem Techniker Faber, dem die Fähigkeit zur Selbstwahrnehmung zugunsten einer objektivistisch verkürzten Perspektive abhanden kam, soll die Voraussetzung der klassisch-realistischen Literatur demonstriert werden, nämlich daß das Leben an sich selbst Sinn, Zusammenhang und Bedeutsamkeit besitze. Im ›Homo faber‹ gelten also weder das problemlose Ineinander von Faktum und Sinn noch das prägnante Gegeneinander von authentischem Material und argumentativ eruierter Lehre: vielmehr wird die Bedingung des Ineinander von Faktum und Sinn – die biographische Form – in Gestalt einer kruden faktischen Verkettung selber zum transportierten Inhalt des Romans. Weil Fabers Lebensweg die Figur des Ödipus-Mythos wiederholt, soll sich enthüllen, daß sein Leben eine Bedeutung besitzt, die er selbst nicht wahrhaben will. Da aber dieser Sinn weder durch ihn konkret vollzogen und geleistet wird, noch vom Erzähler argumentativ aus einer die Perspektive Fabers überschreitenden Perspektive abgesichert ist, bleibt er ohne Legitimation und verweist auf das unverbindliche, weil nicht eingestandene und nicht in die Reflexion mit aufgenommene Arrangement des Autors.

Günter Grass: ›Die Blechtrommel‹

Das konsequenteste Modell allegorisierender Geschichtsdarstellung hat Grass in der ›Blechtrommel‹ entwickelt. Er beutet zu diesem Zweck extensiv vorbürgerliche Traditionen der Welt- und Selbstinterpretation aus, die jene Interpretationskategorien noch nicht besitzen, welche in der Moderne problematisch geworden sind; dazu greift er zurück auf den Picaro-Roman in seiner barocken Form, die Saturn-Mythologie und -Astrologie, die Todsündenschematik der mittelalterlichen Theologie, die christliche Symbolik und die barocke Emblematik.

Das Romangeschehen der ›Blechtrommel‹ bildet eine Ereigniskette, deren Glieder fast durchgängig den Tod eines oder mehrerer Romanfiguren aus sich hervorbringen. Oskar Matzerath, der Ich-Erzähler des Romans, ist nicht nur mitschuldig am Tod seines Großvaters, seiner Väter, seiner Mutter, seiner Geliebten Roswitha, seiner Jünger, der Nonne Agneta, der Schwester Dorothea, des Wirtes Schmuh, des Gemüsehändlers Greff u. a. m., er widmet überhaupt sein Interesse mit Vorliebe dem Tod (in dessen Rolle er sich gern hineindenkt),[44] Leichen und Friedhöfen. Bereits bei seiner Geburt erweckt das Sterben eines Falters seine Aufmerksamkeit. Oskar erblickt »das Licht dieser

Welt in Gestalt zweier Sechzig-Watt-Glühbirnen«. Der »hellhörige Säugling« beobachtet und belauscht:

»[...] einen Nachtfalter, der sich ins Zimmer verflogen hatte. Mittelgroß und haarig umwarb er die beiden Sechzig-Watt-Glühbirnen, warf Schatten, die in übertriebenem Verhältnis zur Spannweite seiner Flügel den Raum samt Inventar mit zuckender Bewegung deckten, füllten, erweiterten. Mir blieb jedoch weniger das Licht- und Schattenspiel, als vielmehr jenes Geräusch, welches zwischen Falter und Glühbirne laut wurde: Der Falter schnatterte, als hätte er es eilig, sein Wissen loszuwerden, als käme ihm nicht mehr Zeit zu für spätere Plauderstunden mit Lichtquellen, als wäre das Zwiegespräch zwischen Falter und Glühbirne in jedem Fall des Falters letzte Beichte und nach jener Art von Absolution, die Glühbirnen austeilen, keine Gelegenheit mehr für Sünde und Schwärmerei.«[45]

Oskars Geburt steht also unter dem Zeichen eines geläufigen Emblems; Lohensteins ›Sophonisbe‹ beginnt mit dem Vers: »Die Schuld schwermt umb Verterb, wie Mutten umb das Licht.« Daß der Falter an eben jenen Birnen den Tod findet, die für Oskar das Licht der Welt bedeuten, nimmt den »endgültigen Kurzschluß aller Lichtquellen« vorweg, der ihm die Lebenslust nimmt, »bevor dieses Leben unter den Glühbirnen anfing«; zugleich macht ihm die »zuchtvolle und entfesselte« Trommelorgie jene ihm von seiner Mutter in Aussicht gestellte Blechtrommel immer »begehrlicher«.[46] Damit erweist sich Oskar als Nachfahr des »Trommler Tod« aus Döblins ›Berlin Alexanderplatz‹. Auch Oskar trommelt, wie der Falter, von todbringender »Sünde und Schwärmerei«.

Das Falter-Licht-Emblem, »Sinnbild verderblicher Leidenschaft«, das die »Selbstbestrafung des Schuldigen« bzw. allgemein die »Selbstvernichtung des Begehrenden, der alle Gefahr mißachtet«,[47] darstellt, wird zur zentralen Bildidee des Romans. Nach diesem Muster einer Leidenschaft, die sich selbst vernichtet, sind die Figuren konstruiert, in denen sich die Romanhandlung zu Allegorien kristallisiert und in ihnen sich deutet. Es sind Figuren des selbstverschuldeten, dennoch einem Zwang unterworfenen Sterbens. Der Zwang geht dabei von Dingen aus (Wasser, Luzies Dreieck, das Parteiabzeichen, der Betonbunker, der 13. Spatz, die hölzerne Niobe etc.). Seine Gewalt ist der Einfühlung nicht zugänglich, ist magischer, nicht psychologischer Natur.

Nach Walter Benjamins genialer Formel ist der größte Triumph des Allegorikers »das Leben, welches den Tod bedeutet«.[48] Das Leben muß den Tod selbst vollziehen, und darf ihn dennoch nicht in Freiheit verwandeln, wie es im realistischen Roman geschieht, in dem der Tod nichts anderes als das Siegel auf die Identität von individuellem Schicksal und Charakter ist. Dem entspricht die paradoxe Pointe des Falter-Licht-Emblems. Hier bringt gerade das lebendigste Leben, das Leben unter der Gewalt einer Leidenschaft, den Tod hervor. Die Liebe zum Licht tötet den Falter; der »leidenschaftliche« Koch und Esser Matzerath verschluckt sich am Parteiabzeichen; Oskars Mutter Agnes, die in ihrer Liebe zu Jan Bronski »den großen Appetit« beweist, »der nie aufhört, der sich selbst in den Schwanz beißt«,[49] ißt sich am Fisch zu Tode; Oskars Freund Herbert Truczinski stirbt, weil er in brünstiger Liebe die hölzerne Niobe bespringt. Im Vollzug des Todes erweist es sich, daß das Leben nicht aus sich selbst sinnvoll und verständlich werden kann, sondern als unselbständiger Teil eines Ganzen begriffen werden muß, dessen Verführungsgewalt es unterliegt. Dieses Ganze ist in der alten Emblematik die Hinterwelt der universalia ante rem, die das Emblem als das überzeitliche und identische Wesen der physischen, moralischen und historischen Welt sichtbar macht; näherhin stellt es sich als Kampf der Mächte des Himmels und der Hölle um den Menschen dar.

Grass übernimmt dieses Modell, um Geschichte außerhalb des Rahmens darstellbar zu machen, in dem sie im realistischen Roman selbstverständlich begriffen wird. In der ›Blechtrommel‹ wird die metaphysische Hinterwelt der alten Emblematik ersetzt durch einen Apparat allegorischer Gespenster, deren Unsterblichkeit das zeitlose, weil in aller konkreten Geschichte wiederkehrende Substrat der Geschichte personifiziert. Allegorien der Geschichte sind vor allem die »Menschenfresserin« Luzie, die Hexe Niobe und die Schwarze Köchin, die die Suppe einbrockt, welche die Zeitgenossen auslöffeln müssen. Im Unterschied zur Tradition bildet der allegorische Apparat nun aber keine Alternativen zwischen Himmel und Hölle aus. So besitzt Luzie zwar die Attribute, die in der christlichen Symbolik dem Satan zugedacht werden: ihr »Fressen«, das sie nur »dünner« und »hungriger«[50] macht, verweist auf Satan, den »hungrigen Allesverschlinger«; ihr »Fuchsgesicht«[51] ist Attribut des »arglistigen Weltbetrügers«; ihre »fadenscheinige Kriegswolle«[52] ist Teil jenes Stricks, mit dem der Teufel die Verdammten in den Höllenschlund zieht. Mit ihrer Unfruchtbarkeit, die nur töten, nicht lebendig machen kann, usurpiert sie jedoch zugleich die Embleme der Heilsgeschichte: sie ist die »Dame mit dem Einhorn«[53] (dem Emblem des Gottessohnes, der sich in den Leib der Jungfrau bettet) und verführt die Stäuber mit ihrem »unverletzten Dreieck«, ihrer »Jungfräulichkeit« und »Keuschheit«[54] zum tödlichen Sprung, d. h. zu dem Glauben, der jungfräuliche Schoß der Geschichte sei der überirdisch unbefleckten Empfängnis eines Erlösers fähig. Im »zweiten Prozeß Jesu«[55] breitet sie vor Oskar die keineswegs herrliche Totalität des Weltgeschehens aus, zeigt ihm »den Faden des Zeitgeschehens, der vorne noch hungrig war, Schlingen schlug und Geschichte machte, hinten schon zur Historie gestrickt wurde«,[56] um auch ihn zur himmlischen Liebe der Selbstaufopferung zu verführen.

Die Alternativen, welche die allegorisierte Geschichte anbietet, erweisen sich gleichermaßen als tödlich – das hatte Oskar bereits in seiner Geburtsstunde der letzten Beichte des von »Sünde und Schwärmerei« trommelnden Falters entnommen. Die Verführungsgewalt der Geschichte über die Figuren dokumentiert sich nicht nur in der Herrschaft der sieben Todsünden, vor allem der Wollust, der Völlerei und der Trägheit (welche die allegorische Beziehbarkeit der Sexualität, des Essens und Erbrechens, der Melancholie und des »Betthütens« usw. auf die Zeitgeschichte ermöglichen), sondern ebenso in der Herrschaft der drei theologischen Tugenden »Glaube, Liebe, Hoffnung«. Tödlich ist nicht nur die Verführung zum besinnungslosen Mitmachen (die den »Fresser« und Mitläufer Matzerath sterben läßt), sondern auch die zur Geschichtsflucht; das zeigt u. a. Herbert Truczinskis Flucht aus der »wahrhaft europäischen Kneipe«[57] in das Museum zu Niobe.

Der Sinn der allegorischen Konstruktion wäre nun um die entscheidende Pointe verkürzt, wollte man sie einfach als lehrhaft vermittelte Warnung vor den beiden Formen der Geschichtsblindheit (Flucht und besinnungsloses Mitmachen) lesen. Vielmehr bedient sich Grass der traditionellen Allegorie in einer charakteristischen Inversion: in der alten Emblematik zerstört die Allegorie die natürlichen Zusammenhänge, um eine Hinterwelt zu konstruieren; Grass entwirft eine Hinterwelt, um die natürlichen Zusammenhänge zu zerstören. Der Witz der Grass'schen Allegorie liegt gerade darin, daß in ihr die Menschen von der Geschichte vor die Wahl zwischen Himmelfahrt und Fahrt zur Hölle gestellt werden. Die Unsinnigkeit einer solchen Alternative hat die Funktion, ein Moment des Widersinns in aller Geschichte zur Geltung zu bringen, das durch die symbolisch-realistische Darstellung so gut wie durch die alte Allegorie eliminiert wird. Das sei illustriert durch ein Bild aus Oskars Sprungturm-Vision, in der ihm Luzie – die Versuchung Jesu nachahmend – den Blick auf die Totalität des Weltgeschehens öffnet:

»Da schwammen mitten im Pazifik zwei mächtige, wie gotische Kathedralen verzierte Flugzeugträger aufeinander zu, ließen ihre Flugzeuge starten und versenkten sich gegenseitig. Die Flugzeuge aber konnten nicht mehr landen, hingen hilflos und rein allegorisch gleich Engeln in der Luft und verbrauchten brummend ihren Treibstoff.«

Das Bild, das die Flugzeuge bieten, ist eine Allegorie in der genannten Inversion, also nicht Sinnfindung, sondern Sinndestruktion: sie »hängen in der Luft«, und ihnen bleibt nichts übrig, als gleich Engeln zum Himmel bzw. zur Hölle zu fahren, weil der irdische Zusammenhang zerstört ist, in dem ihr Tun allenfalls verständlich werden könnte.

»Widersinn« ist deshalb hier keine bloß kritische, einen Mangel diagnostizierende Kategorie. Das gedachte Positive in dem zitierten Bild ist nicht der Sieg des richtigen (z. B. auf der demokratischen Seite kämpfenden) über den falschen (z. B. auf der faschistischen Seite kämpfenden) Flugzeugträger; denn ihre Bewegung ist nur dann die der Selbstvernichtung, also eine emblematische Figur, wenn sie prinzipiell symmetrisch verläuft. Wäre die Symmetrie nur der zufällige Grenzfall der Asymmetrie, so wäre ihre Bewegung zwar kontingent, dem Mißlingen ausgeliefert, aber dennoch sinnfähig. Diese fraglose Deutbarkeit verliert der historische Vorgang in der ›Blechtrommel‹ deshalb, weil hier Geschichte als Ort konkreten Ge- und Mißlingens nicht mehr selbstverständlich vorausgesetzter Rahmen, sondern selber problematisches Thema des Romans geworden ist. Sie wird hier erfahren als das Resultat von Zweckhandlungen, das nicht nur keinen Zweck hat, sondern – angesichts der zielstrebig sich wechselseitig vernichtenden Zweckhandlungen – zweckwidrig ist.

Damit hört die historisch dimensionierte Zeit mit ihren Momenten der Kontinuität und Irreversibilität auf, Formprinzip des Romans zu sein. An seine Stelle treten die Formen des »mythischen Analogons« – »Gehabtsein«, »Wiederholung«, »Motivation von hinten«.[59] Sie unterscheiden sich von denen der historischen Zeit dadurch, daß in ihnen »nicht das Ergebnis durch die Prämissen der Handlung bestimmt [ist], sondern die Einzelzüge der Handlung durch das nur seine Enthüllung fordernde Ergebnis«.[60] Für Oskar sind die empirischen Zeitverhältnisse denn auch bloßer Schein; er weiß bereits bei seiner Geburt über das Leben Bescheid, lehnt es ab, sich zu entwickeln usw.

Grass hat sich damit die normative Ausdeutung der Zeitgeschichte schwerer gemacht als die anderen zeitgenössischen Romanautoren. Dennoch bricht auch er die Reflexionsbewegung, die nach den Bedingungen des historischen Handelns fragt, zugunsten der direkt normativen Frage ab, was denn unter den gegebenen (aber ebenfalls abstrakt gefaßten) Bedingungen das gute Handeln sein könnte.

Wie oben gezeigt, tritt die Geschichte als Kategorie dadurch in den Blick, daß die konkreten Alternativen in methodischer Abstraktion in alternativelose Symmetrie überführt werden. Dieses Ganze wird aber nun doch wieder daraufhin befragt, wie ein vernünftiges Handeln in diesem Rahmen aussehen könnte. Eine solche gutartige, nicht-destruktive, aber dennoch symmetrische Alternative zur zielstrebigen Selbstvernichtung des »er oder ich« der Flugzeugträger wäre das Spiel, die rhythmische Auflösung der zielstrebigen Bewegung, bei der das Erreichen und Verfehlen des Ziels in ein zielloses, aber geordnet-rhythmisches »Hin und Her« zusammenfallen. Die Auflösung des ernsten Irrsinns in spielerischen Unsinn ist denn auch die Pointe der Emblematisierung. Der trommelnde Falter ist eben deshalb die Grundfigur des Romans und »Oskars Meister«,[61] weil er beides sinnfällig macht, die tödliche Verstrickung wie ihre Verwandlung in einen Spielraum freier wie geordneter Bewegung.

Ein solches Spiel ist Oskars Trommeln auf einer Kindertrommel, das ihm gestattet, eine Spielwelt in Abgrenzung gegen die Welt der

Zwecke der Erwachsenen und der Geschichte zu behaupten, auf die sie doch nachahmend bezogen bleibt. Sein Trommeln, Metapher seines Schreibens, trifft den Rhythmus des Zeitgeschehens und teilt den vielfältigen Spielen, von denen er erzählt, ihr theatralisch-mimetisches Moment mit. Das Kartenspiel seiner mutmaßlichen Eltern bildet das Verhältnis Polens, Danzigs und Deutschlands ab, das Kartenspiel der polnischen Postverteidiger nimmt den Kriegsausgang vorweg; die dem »krausen Bastlergehirn« Greffs entsprungene Trommelmaschine, in der er sich auf »theatralische« Weise erhängt, bietet mit seinem »mißtönenden Finale«[62] ein akustisches Gegenstück zum Ende des Dritten Reichs; Brunos Bindfaden- und Knotengeschöpfe bilden in die Zeitgeschichte verstrickte Figuren nach; Oskar bezieht seine Liebesspiele auf Zeitgeschichte, läßt in Marias Hand grünlich aufbrausendes Brausepulver wie »grünliche Volkswut kochen«[63] und vergleicht seine »Schaumschlägerei« im Bett der Schlampe Lina Greff mit der »Schlammperiode«,[64] in der sich die Wehrmacht 1941 vor Moskau festfuhr. Oskars Sprachspiele überführen den historischen Widersinn in spielerischen Unsinn, der mimetisch auf die Historie bezogen bleibt, indem er im freigesetzten Spiel der Assoziationen die historischen Anwendungsbereiche der Wortbedeutungen miterinnert und in der wechselseitig sich aufhebenden Konkurrenz der Bedeutungen die freigesetzte Gewalt der Selbstzerstörung abbildet; dafür nur ein Beispiel:

»Außerdem gibt es ein Griechisches Kreuz neben dem Lateinischen Kreuz oder Passionskreuz. Wiederkreuze, Krückenkreuze und Stufenkreuze werden auf Stoffen, Bildern und in Büchern abgebildet. Das Tatzenkreuz, Ankerkreuz und Kleeblattkreuz sah ich plastisch gekreuzt. Schön ist das Glevenkreuz, begehrt das Malteserkreuz, verboten das Hakenkreuz, de Gaulles Kreuz, das Lothringer Kreuz, man nennt das Antoniuskreuz bei Seeschlachten: Crossing the T. Am Kettchen das Henkelkreuz, häßlich das Schächerkreuz, päpstlich des Papstes Kreuz, und jenes Russenkreuz nennt man auch Lazaruskreuz. Dann gibt's das Rote Kreuz. Blau ohne Alkohol kreuzt sich das Blaue Kreuz. Gelbkreuz vergiftet dich, Kreuzer versenken sich, Kreuzzug bekehrte mich, Kreuzspinnen fressen sich, auf Kreuzungen kreuzt ich dich, kreuzundquer, Kreuzverhör, Kreuzworträtsel sagt, löse mich.«[65]

Solche Wortspiele deuten die Welt nicht, sondern imitieren sie in ihrer Deutungsbedürftigkeit. Das gilt generell: das Spiel, Kernstück der immanenten Romanpoetik, parodiert die Geschichte, weil und sofern sie ein Spiel ist, also ein zweckloses Hin und Her, ohne Subjekt, ohne Zielgerichtetheit, sich wiederholend und keinem Sinnverstehen zugänglich. Insoweit ist Geschichte freilich nur metaphorisch Spiel, nämlich eines, das mit den Menschen getrieben wird. Im Nachspielen bildet sich jedoch eine geschichtsimmanente Transzendenz aus. Das spielerische Trommeln Oskars hat den Doppelsinn, sich von der Geschichte dadurch zu emanzipieren, daß es sie als Totalität und sich als deren Teil begreift.

Damit hat die historische Erfahrung eine Interpretation im Roman erfahren, die dem Leser verständlich wird als Zumutung einer praktischen Einstellung. Das Spiel des Romans wird zum Modell gekonnter sozialer Praxis, denn nur ein Handeln, das die Spielregeln akzeptiert, welche die poetische Anschauung unter dem Titel Geschichte gibt, kann – das ist die »Lehre« des Romans – den Widersinn der Selbstzerstörung in Selbstüberschreitung überführen. Das Spiel ist das positive Gegenmodell zur zweckwidrigen Symmetrie von Sieg und Niederlage, sofern es die Perpetuierung der Problemstellung, die Unvorhersehbarkeit des Spielverlaufs, die Partikularität der Zwecke als Bedingung akzeptiert, sofern es also anti-utopisch und anti-eschatologisch die jederzeit mögliche, begrenzte Realisierung von Vernunft zum Regulativ macht. An die Stelle des Endzwecks der Geschichte tritt die begrenzte, punktuelle Balance als Ziel des Handelns. Sinnbild einer solchen Praxis ist z. B. das jeden Gedanken an Ewigkeit ausschließende Kartenhaus, das Jan Bronski im Innern der bereits eroberten polnischen Post in dem Augenblick glückt, in dem seine Mörder bereits die Treppe heraufeilen. Oskar, der »beim Anblick von Baugerüsten immer an Abbrucharbeiten denken muß«,[66] gesteht, daß auch ihm »der Glaube an Kartenhäuser als einzig menschenwürdige Behausung«[67] nicht fremd sei. Bilder solcher gelingenden Balance sind u. a. die Skatrunde mit Agnes und ihren beiden Männern, Herberts Mord und Totschlag verhindernde Kellnerei in jener »wahrhaft europäischen Kneipe«, Oskars »angstmachendes, angstvertreibendes«[68] Spiel. Es ist das Spiel eines, der sich unwiderruflich im Innern der Geschichte findet, wie Däumling im Bauch des Wolfs, aber ein Däumling, dem die Rückkehr zu den Eltern mißlang.

Diese Auflösung des Darstellungs- und Interpretationsproblems, das die Geschichte für den Nachkriegsroman ist, folgt dem wohlbekannten Reflexionsmodell der humoristischen Selbstanwendung der Satire, wie es sich bei Jean Paul und Wilhelm Raabe findet. »Der Humorist [leugnet] seine eigene Verwandtschaft mit der Menschheit nicht«,[68] heißt es bei Jean Paul. So überschreitet auch Oskar die exterritoriale Position der satirischen Weltverneinung und erkennt die eigene Schuld an dem satirisch Dargestellten an. Das deutet bereits der erste Satz des Romans an: »Zugegeben: ich bin Insasse einer Heil- und Pflegeanstalt.« Die satirische Strafpredigt hat die Form der Lebensbeichte; Schuld wie Narrheit der Welt erschließen sich dem Satiriker zugleich mit seiner eigenen Schuld und Narrheit, und gerade in dieser humoristischen Wendung, der Selbsterkenntnis des Satirikers, versichert sich der Roman der Fähigkeit zur Vernunft, der Freiheit des Subjekts, das die eigene Partikularität überschreitet. So ist es denn auch die traditionell begriffene gemeinsame Menschennatur, die Oskar gegen die Herrschaft der Geschichte und Gesellschaft über die Individuen einklagt. Es sei gestattet, dafür wenigstens ein programmatisches Beispiel zu zitieren.

Oskars Lehrerin Spollenhauer verfällt – wie die anderen beiden »Vertreter der Ordnung«, der SA-Mann Meyn und Oskars Zimmerwirt Zeidler, – in die Todsünde teuflischen Jähzorns, als sie gegen Oskars »dreieinige, alleinseligmachende Trommelschläge« die Schulordnung durchsetzen will. Dennoch erkennt Oskar in ihr die bessere, humane Alternative:

Spollenhauer »gab sich für ein Minütchen als ein nicht unsympathisches älteres Mädchen, das, seinen Lehrberuf vergessend, der ihm vorgeschriebenen Existenzkarikatur entschlüpft, menschlich wird, das heißt kindlich, neugierig, vielschichtig, unmoralisch.«[70]

Oskar verteidigt hier die »Vielschichtigkeit« der inneren und äußeren menschlichen Wirklichkeit, die sich den gesellschaftlich verordneten »geradlinig dummen Rollen« und »scheinheiligen Schablonen« nicht fügt. Diese Verteidigung der Humanität steht nun aber in demselben Widerspruch zur Romanform wie in den bereits diskutierten Beispielen, denn die allegorisierenden Erzähltechniken unterscheiden sich ja eben dadurch von denen des traditionellen Romans, daß sie nicht mehr die vielschichtige Motiviertheit des individuellen Handelns darstellt, sondern eine der Einfühlung unzugängliche Identität von Lebens- und Zeitgeschichte konstruiert.

Dieser Widerspruch korrespondiert der genannten Zweideutigkeit der Geschichtsdarstellung, die einerseits Geschichte als Rahmenbedingung allen Handelns thematisiert, aber nur, um die vertraute Alternative zwischen richtigem und falschem Handeln auszubreiten. So treten zwar Geschichte und das in ihr lebende Subjekt in ihren allgemeinen Bestimmungen in den Blick, aber so, daß diese Bestimmungen nicht selber zum Ausgangspunkt einer Reflexionsbewegung werden. Unvernunft und Unfreiheit, die die Emblematisierung der Lebens- und Zeitgeschichte ins Bild setzen, sind hier nur die Mittel, um noch einmal, aber nun in äußerster Allgemeinheit und Unverbindlichkeit, von der Autonomie des Subjekts und der möglichen Vernunft in der Geschichte zu künden.

Damit löst sich die Fremdheit, die Grass durch den Rückgriff auf archaische Deutungsmodelle gewinnt, in der leicht gewonnenen Verständlichkeit des humoristischen Romans wieder auf. Im realistischen Roman war die Deutung aus differenzierter Realitätswahrnehmung und der Imagination konkreter Lebensgeschichten entwickelt worden; Döblin, auf den sich Grass als auf seinen Lehrer beruft,[71] stellt einer authentischen, der Deutung sich entziehenden Realitätsfülle mit den Mitteln der Allegorie eine offen argumentativ gewonnene Deutung gegenüber; Grass ersetzt beides durch das humoristische Verfügen über den allegorisch verdinglichten Realitätsstoff. Mit Hilfe der Stilprinzipien der »humoristischen Sinnlichkeit«, wie sie Jean Paul unter diesem Titel in der ›Vorschule‹ katalogisiert, stellt sich ein umfassender Verweisungszusammenhang her, in dem alle Details ihre Ausdeutbarkeit gewinnen und ihre Befremdlichkeit verlieren.

III.

Hans Heinz Holz hat in einem Essay über Max Frisch diesem zugebilligt, er habe in seinem Stück ›Andorra‹ den Indifferenzpunkt von Politik und Ethik zu finden gewußt:

> »Frisch bildet die Wirklichkeit illusionslos ab: er weiß, daß keiner seine Mitschuld einzugestehen bereit ist. Doch indem er die Fehler, indem er das Verschulden zeigt und mit fadenscheinigen Apologien konfrontiert, fördert er die Selbsterkenntnis. Politik und Ethik erweisen sich plötzlich als nicht mehr getrennte, als grundsätzlich nicht trennbare Bereiche.«[72]

Damit ist in der Tat nicht nur die Intention Frischs, sondern der ganzen zeitkritischen Nachkriegsliteratur auf eine Formel gebracht. Politische Funktion glaubte diese Literatur dadurch zu gewinnen, daß sie den Zuschauer bzw. Leser zur Selbstreflexion angesichts der historischen Erfahrung, also zu einem Bildungsprozeß anhielt. Die Einsicht in die Mitschuld sollte zur Änderung der Selbsteinschätzung motivieren, sollte falsche Einstellungen und Mentalitäten bewußt machen und zu ihrer Revision verpflichten.

Wir haben zu zeigen versucht, daß diese politisch-moralische Ausdeutung der Zeitgeschichte eigentümlich stumpf und abstrakt geblieben ist, weil sie die Aufgabenstellung des historisch-biographischen Romans mit den Mitteln des modernen Zeit- und Bewußtseinsromans glaubte einlösen zu können. Die Nachkriegsromane übernehmen die allegorisierenden Formen, durch welche die Geschichte als Form des Prozessierens der Gesellschaft im modernen Roman ihre historistische Selbstverständlichkeit verloren hatte, und sie übernehmen die Formen der Bewußtseinsunmittelbarkeit, mit denen die überlieferte überempirische, ethisch-ästhetische Romanpsychologie ihre fraglose Gültigkeit verloren hatte. Sie benutzen diese Formen aber nun dazu, die erst in der Moderne sichtbar gewordenen Voraussetzungen der traditionellen literarischen Sozialkritik selber zum moralischen Postulat zu erheben. Es geht in diesen Romanen nicht so sehr um konkrete Sozialkritik, sondern um die Restauration ihrer Bedingungen, vor allem um die autonome moralische Persönlichkeit als Gegeninstanz zur Gesellschaft, die Kritik erst möglich macht. An die Stelle der realistischen Vermittlung von Lebens- und Zeitgeschichte tritt die allegorisierend-abstrakte Entgegensetzung einer Bewußtseinsform, die sich in autonomer, verantwortlicher Weise auf Zeitgeschichte bezieht, mit einer Bewußtseinsform, die ihr bewußtlos unterworfen ist. Das zeigt sich an der verbindlichkeitstiftenden Rolle, die der Form des Zeiterlebens im Nachkriegsroman zukommt. Verdrängen, Vergessen, Erinnern sind einerseits – im Kontext der »Vergangenheitsbewältigung« – politisch-moralisch relevante Sachverhalte, sie sind andererseits klassische Themen des modernen Bewußtseinsromans. Das macht verständlich, weshalb Böll, Frisch, Grass u. a. der Mehrzahl ihrer Zeitgenossen eine reduzierte Form des Zeiterlebens zudenken, die durch Erfahrungs- und Erinnerungslosigkeit gekennzeichnet ist, und ihr ein Zeiterleben entgegensetzen, das durch Erfahrung und Erinnerung hindurch ein Lebensganzes konstituiert, in dem die Zeitgeschichte eigentlich erst wahrgenommen und gedeutet werden kann. Der Rückzug auf die moralische Integrität der Person verfehlt einerseits die Ebene politischer Gesellschaftskritik und bleibt andererseits der traditionell vorgegebenen Selbstdeutung des Subjekts verhaftet. Das Resultat des Versuchs, die Reflexionsformen der Moderne für die überlieferte moralkritische Aufgabenstellung fruchtbar zu machen, bleibt unbefriedigend. Indem Bewußtseinsformen, die jenseits der Alternative von »richtigem« und »falschem« Bewußtsein liegen, mit einem praktischen Sinn versehen werden, verliert eben dadurch die poetisch dargestellte Zeitgeschichte jene irritierende Fremdheit, in deren Artikulation der genuin literarische, zur gegenständlichen Aufklärung über politische Sachverhalte komplementäre Beitrag zur Zeitkritik liegen könnte.

Anmerkungen

1 Ein repräsentatives Dokument dieses literarisch-politischen Programms ist Max Frischs Büchner-Preisrede von 1958; vgl. M. Frisch, ›Öffentlichkeit als Partner‹, Frankfurt/M. 1967 (= ›edition suhrkamp‹ 209), S. 46.

2 Walter Benjamin, ›Das Kunstwerk im Zeitalter seiner technischen Reproduzierbarkeit‹, in: W. Benjamin, ›Illuminationen‹, hrsg. von Siegfried Unseld, Frankfurt/M. 1961, S. 175 f.

3 Georg Wilhelm Friedrich Hegel, ›Ästhetik‹, hrsg. von Friedrich Bassenge, Frankfurt o. J., S. 192.

4 Vgl. dazu Hans Robert Jauß, ›Das Ende der Kunstperiode – Aspekte der literarischen Revolution bei Heine, Hugo und Stendhal‹, in: ›Literaturgeschichte als Provokation‹, Frankfurt/M. 1970 (= ›edition suhrkamp‹ 418), S. 107 ff.

5 Hegel, a. a. O., S. 22.   6 Ebd., S. 221.   7 Ebd., S. 578.

8 Ebd., S. 581.   9 Ebd., S. 578.   10 Ebd., S. 578.

11 Jürgen Habermas, ›Strukturwandel der Öffentlichkeit. Untersuchungen zu einer Kategorie der bürgerlichen Gesellschaft‹, Neuwied 1962, S. 66.

12 Hegel, a. a. O., S. 581.

13 Friedrich Schiller, ›Sämtliche Werke‹, hrsg. von G. Fricke und H. Göpfert, München 1967⁴, Bd. 5, S. 660.

14 Benjamin, a. a. O., S. 184.

15 Ebd., S. 175.

16 Habermas, a. a. O., S. 157.

17 Zit. nach Peter Demetz, ›Marx, Engels und die Dichter. Ein Kapitel deutscher Literaturgeschichte‹, Frankfurt 1969, S. 171.

18 Walter Benjamin, ›Der Erzähler. Betrachtungen zum Werk Nikolai Less-
   kows‹, a. a. O., S. 422.
19 Jauß, ›Geschichte der Kunst und Historie‹, a. a. O., S. 228.
20 Benjamin, ›Der Erzähler‹, a. a. O.
21 Clemens Lugowski, ›Die Form der Individualität im Roman. Studien
   zur inneren Struktur der frühen deutschen Prosaerzählung‹, Berlin 1932.
22 Arnold Hirsch, ›Bürgertum und Barock im deutschen Roman. Zur Ent-
   stehungsgeschichte des bürgerlichen Weltbildes‹, Köln/Graz 1957².
23 Lugowski, a. a. O., S. 12 ff.
23a Hirsch, a. a. O., S. 28.
24 Benjamin, a. a. O., S. 422.
25 Erich Auerbach, ›Mimesis. Dargestellte Wirklichkeit in der abendländi-
   schen Literatur‹, Bern/München 1964³, S. 515.
26 Ebd., S. 513.
27 Vgl. Hans Robert Jauß, ›Zeit und Erinnerung in Marcel Prousts »A la
   recherche du temps perdu«. Ein Beitrag zur Theorie des Romans‹, Heidelberg 1955, S. 21.
28 Peter Szondi, ›Theorie des modernen Dramas‹, Frankfurt/M. 1963 (=
   ›edition suhrkamp‹ 27), S. 17.
29 Heinrich Böll, ›Billard um halb zehn‹, München/Zürich 1963, S. 126.
30 Ebd., S. 207.   31 Ebd., S. 122.   32 Ebd., S. 233.
33 Ebd., S. 234.   34 Ebd., S. 103 u. ö.   35 Ebd., S. 138.
36 Thomas Mann, ›Doktor Faustus‹, Frankfurt 1960, S. 322.
37 Böll, a. a. O., S. 140.   38 Ebd., S. 231.   39 Ebd., S. 38.
40 Max Frisch, ›Homo faber‹, Frankfurt/M. 1957, S. 241 f.
41 Ebd. S. 282 f.
42 Alfred Döblin, ›Berlin Alexanderplatz. Die Geschichte von Franz Biberkopf‹, Freiburg/Br. 1967, S. 488.
43 Ebd., S. 489.
44 Vgl. Günter Grass, ›Die Blechtrommel‹, Frankfurt/M. 1962, S. 222.
45 Ebd., S. 36.   46 Ebd., S. 36 f.
47 Albrecht Schöne, ›Emblematik und Drama im Zeitalter des Barock‹,
   München 1964, S. 99, 102.
48 Benjamin, ›Zentralpark‹, a. a. O., S. 252.
49 Grass, a. a. O., S. 81.   50 Ebd., S. 316.   51 Ebd., S. 311.
52 Ebd., S. 318.   53 Ebd., S. 312.   54 Ebd., S. 319.
55 Ebd., S. 316.   56 Ebd., S. 319.   57 Ebd., S. 143.
58 Ebd., S. 319.   59 Lugowski, a. a. O., S. 68 ff.   60 Ebd., S. 82.
61 Grass, a. a. O., S. 36.   62 Ebd., S. 255.   63 Ebd., S. 223.
64 Ebd., S. 251.   65 Ebd., S. 113.   66 Ebd., S. 201.
67 Ebd., S. 201.   68 Ebd., S. 259.
69 Jean Paul, ›Werke‹, hrsg. v. Norbert Miller, Bd. 5: ›Vorschule der Ästhetik‹, München 1963, S. 128.
70 Grass, a. a. O., S. 63.
71 Günter Grass, ›Über meinen Lehrer Döblin und andere Vorträge‹, Literarisches Colloquium, Berlin 1968.
72 Hans Heinz Holz, ›Max Frisch — engagiert und privat‹, in: ›Über Max
   Frisch‹, hrsg. von Thomas Beckermann, Frankfurt/M. 1971 (= ›edition
   suhrkamp‹ 404), S. 246.

FRIEDRICH ROTHE

Sozialistischer Realismus in der DDR-Literatur

> *Die Trennung Deutschlands ist eine Trennung zwischen*
> *dem Alten und dem Neuen. Die Grenze zwischen DDR und*
> *Bundesrepublik scheidet den Teil, in dem das Neue, der*
> *Sozialismus, die Macht ausübt, von dem Teil, in dem das*
> *Alte, der Kapitalismus, regiert. Aber die Macht wird in*
> *beiden Teilen bekämpft, und so ist eine Trennung überall*
> *in ganz Deutschland zu fühlen, überall kämpft das Neue*
> *mit dem Alten, der Sozialismus mit dem Kapitalismus.*
> *Wir haben das günstigere Kampfgelände, aber wir sind*
> *nicht fertig mit dem Kampf.*
>
> Bertolt Brecht, 1956

I. Der sozialistische Realismus in der westdeutschen Kritik

Über DDR-Literatur zu schreiben und so zu tun, als handele es sich um ein relativ beliebiges literarisches Thema, hieße verdrängen, daß das Verhältnis der bundesrepublikanischen Kritiker und Leser zur DDR-Literatur vor allem ihre Stellung zur DDR selbst widerspiegelt. Sicher tritt der politische Standort des literarischen Beurteilers selten so offen zutage wie bei dem ehemaligen Außenminister der Bundesrepublik Heinrich von Brentano. Auf dem Höhepunkt des »Kalten Krieges« im Frühjahr 1957, nachdem die allgemeine Wehrpflicht eingeführt und die KPD verboten worden war, stellte er ausdrücklich den späten Brecht als DDR-Autor auf dieselbe Stufe mit dem Dichter des SA-Liedes ›Die Fahne hoch‹.[1] Der reaktionäre Standort westdeutscher Literaturkritiker wie Wilhelm Grenzmann und Karl August Horst zeigt sich daran, daß sie in ihren Büchern über deutsche Gegenwartsliteratur die Hallstein-Doktrin der Nichtexistenz der DDR literaturkritisch anwenden und die DDR-Literatur mit keinem Wort erwähnen.[2]

Im Unterschied dazu könnten westdeutsche Kritiker schon auf Grund der Tatsache, daß sie über DDR-Literatur schreiben, als liberal bezeichnet werden. Sie bemühen sich, den sozialistischen Realismus und die Literatur der DDR als literarische Geschmacksfrage zu behandeln und lehnen diese Literatur – ohne allzu viele Umstände zu machen – aus angeblich rein künstlerischen Gründen ab oder stehen ihr »kritisch« gegenüber. Im Unterschied etwa zu den Ausführungen Heinrich von Brentanos fühlen sie sich der liberalen Kunstauffassung verpflichtet, daß Literatur vor allem an ästhetischen Kategorien gemessen werden soll und der politische Standpunkt des Autors nur zum Verständnis, aber nicht zur Bewertung seines Werkes herangezogen wird. Ohne daß es für diese Kritiker nötig wäre, auf die politische Stoßrichtung in den Werken der DDR-Autoren explizit einzugehen, zeigt sich dann sehr bald, daß die Werke der DDR-Literatur ihren »künstlerischen« Anforderungen nicht genügen und deshalb keine eingehende und ernsthafte literaturkritische Behandlung – wie etwa die Werke von Günter Grass und Uwe Johnson – verdienen.

Ein Musterbeispiel für die Trennung von politischen und künstlerischen Kriterien in der liberalen Literaturkritik ist der Artikel ›Die literarische Situation in der DDR‹, den Jan Peddersen für das ›Handbuch der deutschen Gegenwartsliteratur‹ geschrieben hat. Der erste Teil behandelt nur die Kulturpolitik der SED, der zweite die literarischen Werke nach Gattungen geordnet. Die kulturpolitischen Phasen der DDR, die Peddersen an den Diskussionen und Entschließungen der Schriftstellerkongresse und SED-Parteitage abliest, werden ziemlich detailliert dargestellt. Peddersen hebt damit die Führungstätigkeit der Partei auch auf literarischem Gebiet hervor, und es wäre tatsächlich ein schwerer Fehler, diese Zusammenhänge bei der Behandlung des sozialistischen Realismus zu übergehen. Bei der Darstellung der literarischen Entwicklung jedoch kommt Peddersens Gespür für den Zusammenhang von Politik und Literatur nicht zur Geltung. Bei der Schilderung der Entwicklung von Epik, Drama und Lyrik zeichnet er dreimal analog zu jeder Gattung eine auf angeblich ästhetischen Kriterien basierende Kurve des Leistungsniveaus. Diese sinkt vom ermutigenden Neuanfang der antifaschistischen Literatur der ersten Jahre nach 1945 in die künstlerischen Untiefen der Gegenwartsliteratur der 50er Jahre ab. Sie steigt Anfang der 60er Jahre wieder an, als »die jüngste Generation einen relativ unbekümmerten Ton in die Prosa bringt«,[3] als die jungen Dramatiker mit der »genremäßigen Spezialisierung« beginnen, als »das Hör- und Fernsehspiel, von einer mißverstandenen Formtradition weniger belastet, junge Autoren anzieht«[4] und die Lyriker den »Anschluß an das zeitgenössische Formrepertoire«[5] erreichen. Peddersen, der sich nicht scheut, in einem Artikel über Literatur die Kulturpolitik der SED politisch anzugreifen, drückt sich zugleich vor einer politischen Kritik an der kämpferischen sozialistisch-realistischen Literatur der 50er Jahre und flüchtet sich in eine Ablehnung aus angeblich künstlerischen Gründen.

In Marcel Reich-Ranickis vielgelesenem Werk ›Deutsche Literatur in

Ost und West‹ (1. Aufl. 1963) ist festzustellen, daß dieser Kritiker Werke aus der DDR in dem Maße für künstlerisch von Belang oder auch nur für »interessant« hält, in dem sich die Autoren tatsächlich oder nach Reich-Ranickis Meinung von der Parteilinie entfernen. Dieses uneingestandene Kriterium führt ihn zu Konstruktionsversuchen, bei denen er selbst allgemein bekannte Tatsachen unterschlagen muß. Er behandelt z. B. Bruno Apitz' Roman ›Nackt unter Wölfen‹ (1958), in dem geschildert wird, wie eine kommunistische Widerstandsgruppe unter großen Opfern im KZ Buchenwald ein dreijähriges polnisches Waisenkind beschützt. Reich-Ranicki lobt diesen Roman wegen seiner angeblichen untergründigen Kritik an der Forderung absoluter Unterordnung des einzelnen unter die Partei: »Die hartgesottenen politischen Kämpfer, die dem Komitee angehören, stehen [...] vor einem Dilemma: Sollen sie das unbekannte Kind opfern oder aber die Aufdeckung der mühselig aufgebauten Organisation und den Tod zahlloser ihrer Mitglieder riskieren? Es braucht wohl kaum gesagt zu werden, daß dieser Konflikt ebenso lebensfremd wie unaufrichtig ist. Denn keine konspirative Organisation – geschweige denn eine kommunistische – würde unter den dargestellten Umständen auch nur einen Augenblick zweifeln. In ›Nackt unter Wölfen‹ hingegen entscheiden sich die politischen Häftlinge zugunsten des Kindes: Sie lassen sich peinigen und sogar töten, aber sie verraten das Versteck nicht.«[6] Die große Resonanz dieses Werkes in der DDR (zwei Jahre nach Erscheinen eine halbe Million Exemplare) erklärt er folgendermaßen: »In einem Land, in dem ein Lied gesungen wird, das mit den Worten beginnt: ›Die Partei, die Partei, die hat immer recht ...‹, ist man für einen Roman dankbar, der eine Aktion rühmt, die möglich wurde, weil ein Genosse sich der Partei widersetzt hat.«[7] Was Reich-Ranicki jedoch unterschlägt, ist der jedem DDR-Leser dieses Buches bekannte Umstand, daß Apitz als ehemaliger Insasse des KZs Buchenwald und Funktionär der Kommunistischen Partei die Geschichte des Polenkindes Juschu nicht erfunden hat, sondern daß die Rettung dieses Kindes bei dem bewaffneten Aufstand der Häftlinge im Frühjahr 1945 tatsächlich gelungen ist. Reich-Ranicki sieht dort wirklichkeitsferne Moralkasuistik und konstruiert ein geheimes Widerstandmotiv gegen die Partei, wo Apitz, dicht an der Realität seines KZ-Erlebnisses bleibend, zeigt, wie das Parteikollektiv organisiert Menschlichkeit in die Tat umsetzt, wie gerade *der* Konflikt, der dem bürgerlichen Realisten Reich-Ranicki »höchst unaufrichtig« und »rührselig«[8] erscheint, in einer Weise gelöst wird, die auf eine mit bürgerlichen Kategorien nicht mehr faßbare Humanität verweist.

Scheinbar am wenigsten politisch, dafür aber um so schärfer vom »ästhetischen« Standpunkt argumentiert Lothar von Balluseck in seinem Buch ›Dichter im Dienst. Der sozialistische Realismus in der deutschen Literatur‹ (1963²). Ihm geht es vor allem um den Nachweis, daß auch Autoren mit hohem künstlerischem Niveau wie Brecht, Seghers und Arnold Zweig, die, wie v. Balluseck sagt, »zur Spitzenklasse«[9] gehören, auf ein erschreckend niedriges Niveau absinken, sobald sie aus dem Exil in der DDR ankommen und von der Kritik am Kapitalismus und Faschismus zum Lob des sozialistischen Aufbaus und zum Kampf für den Sozialismus übergehen. v. Balluseck würdigt die neuen Themen der DDR-Literatur, die Bodenreform als den Versuch, die Trennung von Stadt und Land aufzuheben und die Darstellung der Probleme des sozialistischen Aufbaus in der Industrie keines Blickes. Er beschäftigt sich in erster Linie mit stilsicher herausgeklaubten »Sprachsünden« und klagt über »gigantische Gemeinplätze der Langeweile und der formalen Armut«; »in Hymnen und Oden wurde der Mangel an Ausdruck durch Superlative kompensiert und die Aufbaustücke offenbarten einer organisierten Zuhörerschaft das Trauerspiel von Abbau künstlerischen Vermögens«.[10] Man müßte über soviel literarische Insuffizienz, Mangel an Ausdruck und künstlerischer Gestaltung fast verzweifeln, teilte v. Balluseck nicht gleichzeitig mit, in welcher Situation seines Erachtens auch kommunistische Schriftsteller »Ausdruck« und »Gestaltungsvermögen« besaßen: »Die deutschen kommunistischen Schriftsteller hatten ihre Stunde, als sie, Freischärler einer Bewegung in hoffnungsloser Opposition, die Erniedrigten und Beleidigten, die ausgemergelten Gestalten des Lumpenproletariats und der Arbeitslosen, die Bewohner der Elendsquartiere in den grauen Vorstädten zu ihren keineswegs positiven Helden machten. Als sie diese Menschen mitleidig und zornig wie Käthe Kollwitz, bissig und böse wie der frühe George Grosz, gütig und mit fleischnaher Wärme wie Heinrich Zille malten. Das war ihre Stunde, ihre Zeit.«[11] Die Schriftsteller dürfen nach seiner solchermaßen »liberalen« Anschauung nicht fest organisiert, sondern müssen Freischärler sein und allenfalls einer Bewegung angehören, die sich in *hoffnungsloser* Opposition befindet; sie dürfen keineswegs das organisierte Industrieproletariat im Kampf zeigen, sondern werden von ihrem künstlerischen Gewissen verpflichtet, Objekte des bürgerlichen Mitleids zu gestalten: Lumpenproletariat und Arbeitslose sollen die keineswegs positiven Helden ihrer Werke sein.

Man sieht deutlich, wie hier die politische Abwehr in ein »literarisches« Kriterium, in die ästhetische Unmöglichkeit des »positiven Helden« umgemünzt wird. Es drängt sich die Analogie zu einer uns heute borniert erscheinenden Auffassung der absolutistischen Dramentheoretiker des 18. Jahrhunderts auf, die, wenn sie überhaupt eine Person niederen Standes auf der Bühne zuließen, diese nur in einer komischen Rolle mit den dramatischen Kunstregeln im Einklang sahen. Diderots bürgerliches Schauspiel dagegen, das den »trivialen« bürgerlichen positiven Helden in den Mittelpunkt stellte, wiesen sie als grobe Geschmacksverirrung empört zurück. Beide Male wird der neuen aufstrebenden Klasse auf Grund von angeblich allgemeingültigen Lehrsätzen der Ästhetik das Recht auf positive Selbstdarstellung streitig gemacht, wird versucht, eine Klasse, die selbstbewußt als Subjekt der Geschichte auftritt, wenigstens auf dem Gebiet der Kunst im Objektstatus festzuhalten. Heute sieht niemand mehr die angeblichen Mängel des ›Père de Famille‹ (1758) von Diderot, dessen Drama für ein breites bürgerliches Publikum geschrieben und von ihm dankbar begrüßt wurde. Vielmehr wird, was den Kritikern des 18. Jahrhunderts als Hauptmangel erschien, heute als das entscheidend Neue erkannt: Es ist der neue Inhalt, der in einer bürgerlich-realistischen Form den politischen und kulturellen Anspruch des französischen Bürgertums artikuliert.

Westdeutsche Kritiker eines Werkes der DDR-Literatur sollten immer geprüft werden, ob sich nicht hinter ihrem Urteil über die Langeweile und den Schematismus eines Werkes äußerste politische Ablehnung des dargestellten Inhalts verbirgt, ob nicht ästhetische Kategorien als politische Waffe benutzt werden. Wieviel überzeugender wäre Reich-Ranickis Klage über »einen so unbegabten und langweiligen Autor wie Otto Gotsche«,[12] erführe man gleichzeitig, daß er die Bodenreform und die Anfänge der Kollektivierung der Landwirtschaft, das Thema von Gotsches Roman ›Tiefe Furchen‹ (1949), als Feuilletonchef des großbürgerlichen Organs ›Die Zeit‹ ungerecht und verwerflich findet.

II. Volkstümlichkeit und Parteilichkeit

Der Vorwurf, sozialistisch realistische Werke seien niveaulos und streiften den Bereich der Trivialliteratur, wirft ein bezeichnendes Licht auf die Qualitätskriterien bürgerlicher Literaturkritik. Den formalen Ausdruck an die erste Stelle setzend, begreift sie das als Niveau, was nur einer kleinen Schicht ästhetisch Sensibilisierter aus dem durch Bildung gehobenen Kleinbürgertum zugänglich ist und mit dem politischen Horizont dieser Schicht, die sich politisch heimatlos fühlt, übereinstimmt. Nicht trivial erscheinen ihr etwa die Rätsel, die der Romancier Uwe Johnson zu lösen aufgibt, der den Leser zwingt, sich in seine durch Idiosynkrasien aufgeladenen Gegenstandsbeschreibungen zu vertiefen. Die Beschreibungen eines Rennrades, das gemessen am objektiven Stand des technischen Fortschritts ein wenig relevanter Gegenstand ist, lassen in dem Roman ›Das dritte Buch über Achim‹ für diese Literaturkritik keineswegs den Eindruck von Trivialität entstehen, weil es hier die Kargheit eines Autors zu bewundern gilt, der sich radikal der Darstellung der Phänomene verschrieben hat und in vorbildlicher Weise seinen Drang, etwas auszusagen, unterdrückt. Aus der stereotypen bedauernden Feststellung, daß die anspruchsvolle

Literatur ohnmächtig sei, weil sie von so wenigen gelesen werde, spricht eher die Zufriedenheit, zum Kreis der Verständnisvollen zu gehören, als der Wunsch, die Literatur zu popularisieren und die Flut der Groschenromane, die Millionen-Auflagen der Landserhefte produktiv zu bekämpfen.

Der kulturellen Spaltung in hoch und nieder, avantgardistisch und trivial, – auf der einen Seite der esoterische Gedichtband mit einer Auflage von wenigen hundert Exemplaren und auf der anderen das Groschenheft für hunderttausend Leser – stellen sich die Literatur und Kunst des sozialistischen Realismus entgegen. Sie bekämpfen diese Spaltung als eine Arbeitsteilung, die die kapitalistische Unterdrückung und Benachteiligung der breiten Massen auf dem kulturellen Sektor reproduziert. Um sie aufzuheben, wird eine Massenliteratur gefordert, die das Niveau ihrer Leser heben und zu ihrer Qualifizierung beitragen soll. Diese Auffassung richtet sich gegen die kapitalistische Trivialliteratur, die den Bewußtseinsstand ihrer Leser unangetastet läßt und die erwiesenermaßen mehr verdummt als aufklärt.

In ›Parteiorganisation und Parteiliteratur‹ (1905), dem ersten theoretischen Dokument des sozialistischen Realismus, schreibt Lenin über die zukünftige sozialistische Literatur: »Das wird eine freie Literatur sein, weil sie nicht einer übersättigten Heldin, nicht den sich langweilenden und an Verfettung leidenden oberen Zehntausend dienen wird, sondern den Millionen und aber Millionen Werktätigen, die die Blüte des Landes, seine Kraft, seine Zukunft verkörpern. Das wird eine freie Literatur sein, die das letzte Wort des revolutionären Denkens der Menschheit durch die Erfahrung und die lebendige Arbeit des sozialistischen Proletariats befruchten und zwischen der Erfahrung der Vergangenheit (dem wissenschaftlichen Sozialismus, der die Entwicklung des Sozialismus, von seinen primitiven, utopischen Formen an, vollendet hat) und der Erfahrung der Gegenwart (dem heutigen Kampf der Genossen Arbeiter) eine ständige Wechselwirkung schaffen wird.«[13]

Die Schriftsteller des sozialistischen Realismus haben die Aufgabe, in ihren Werken die Anwendung und Erweiterung der sozialistischen Theorie im politischen Kampf der Arbeiterklasse zu veranschaulichen. Sie sind keine Avantgardisten, die den Massen voraneilen und oft genug fürchten, daß sie eingeholt werden könnten, sondern ihre Kunst wird daran gemessen, ob es ihnen gelingt, durch die Gestaltung revolutionärer Praxis breiten Massen die Theorie des wissenschaftlichen Sozialismus begreiflich werden zu lassen und die produktive Entwicklung des wissenschaftlichen Sozialismus, die durch die Praxis der Arbeiterbewegung vorangebracht wird, zu veranschaulichen.

Der große Wert, der in den sozialistischen Ländern auf die Literaturdiskussion der Arbeiter untereinander und der Schriftsteller mit den

Arbeitern und Bauern gelegt wird, hat seinen Sinn darin – ob dieser Zweck immer erreicht wird, sei hier dahingestellt –, daß dieser Vermittlungsprozeß, die Wechselwirkung, von der Lenin spricht, gefördert und weiter entwickelt wird. Im Unterschied zu der bei uns auf der Ebene der Volkshochschulen stattfindenden Begegnungen von Autor und Publikum, bei denen sich das Publikum zumeist um ein literarisches Niveau der Diskussion bemüht und dem Autor »gewachsen« sein will, geht es bei der Auseinandersetzung der Schriftsteller in den Betrieben um die inhaltliche Seite, um die Frage, ob der Autor das richtige Thema gestaltet und die Wirklichkeit angemessen wiedergegeben hat. Einige Sätze aus dem ›Offenen Brief‹ der Werktätigen des VEB Braunkohlenwerks Nachterstedt aus dem Jahre 1955 an den Schriftstellerkongreß charakterisieren die Anforderungen, die an die sozialistischen Schriftsteller in der DDR gerichtet werden:

»Wie die kulturellen Bedürfnisse unserer Werktätigen gestiegen sind, das möchten wir Ihnen am Beispiel unseres Betriebes zeigen. 48 Prozent der Angehörigen unseres Betriebes sind ständige Leser der Bücher unserer Betriebsbibliothek. Da ist zum Beispiel der Schlosser Aktivist Fritz Jahnscheck. Er liest gern über den Kampf der deutschen Arbeiterklasse. Der dreifache Aktivist Erich Rautzenberg interessiert sich besonders für solche Bücher, die über die Anwendung von Neuerermethoden oder über vorbildlich arbeitende Menschen in der Produktion und im gesellschaftlichen Leben berichten. Der Lehrling Annemarie Bach hat besonders aus dem Buch ›Und keiner bleibt zurück‹ von Rainer Kerndl wertvolle Anregungen für seine Arbeit erhalten. [...] Sehr beliebt sind Buchbesprechungen und Autorenlesungen. Wir führten z. B. im vergangenen Jahre allein für Erwachsene 31 Leserveranstaltungen (Autorenlesungen und Buchbesprechungen) durch, an denen durchschnittlich 45 Personen teilnahmen. [...] Es gibt aber noch viel zuwenig Bücher, in denen unsere Schriftsteller den Neuaufbau in den Betrieben und das Leben in der Deutschen Demokratischen Republik künstlerisch gestalten. Wir richten deshalb an unsere Schriftsteller die Bitte, daß sich der 4. Schriftstellerkongreß sehr ernsthaft mit dieser Frage beschäftigen möge. [...] Ihnen gab unser Arbeiter-und-Bauern-Staat die Möglichkeit, frei und ohne materielle Sorgen zu arbeiten. Seien Sie sich als Schriftsteller stets Ihrer großen Verantwortung bewußt. Machen Sie auch unsere Vorschläge und Wünsche zum Gegenstand Ihrer Beratungen auf dem Kongreß. Wir Werktätigen [...] wünschen dem Schriftstellerkongreß in seiner verantwortungsvollen Arbeit für die Entwicklung der deutschen Literatur und Kunst vollen Erfolg.«[14]

Eine besondere Schwierigkeit, die die Literatur des sozialistischen Realismus für ein bürgerliches Verständnis von Literatur und Literaturtheorie bietet, ist die Frage der Parteilichkeit der Schriftsteller. Nicht, daß die bürgerliche Literaturauffassung den engagierten Schriftsteller ablehnte, aber das Engagement soll immer das eines auf sich selbst gestellten »Freischärlers« sein, der, seiner Individualität jederzeit mächtig, über den Inhalt und die Form seines Engagements frei entscheidet. Prototyp dieser *littérature engagée* ist das Leben und Werk Jean Paul

Sartres, der sich mit der Sache der Kommunistischen Partei Frankreichs ebenso mutig verbunden hat, wie er dieser Partei den Kampf ansagte, als er ihre Politik mit seinem Gewissen nicht mehr vereinbaren konnte. Es liegt in der Natur dieses individuellen Engagements, daß Sartres Werk kaum die Spuren seiner politischen Tätigkeit zeigt, daß er der Theorie des Marxismus-Leninismus als der verbindlichen Ideologie einer kommunistischen Partei nicht folgt und, was die Form seines Oeuvres angeht, nicht den Versuch macht, einen anderen Adressaten zu erreichen als die aufgeschlossene kleinbürgerliche Intelligenz.

Zur Überwindung dieses linksintellektuellen Status des Schriftstellers, der politisch ein Verbündeter der Kommunistischen Partei ist, sich aber mit seinem literarischen Werk nur an eine begrenzte Schicht der bürgerlichen Intelligenz wendet, trug am Ende der Weimarer Republik die Gründung des *Bundes proletarisch-revolutionärer Schriftsteller* bei. Hier verbanden sich kommunistische Schriftsteller bürgerlicher Herkunft wie Becher, Renn, Ottwalt, Anna Seghers und Friedrich Wolf, die zuvor in ihren Werken einen literarischen Avantgardismus vertreten hatten, mit mehreren hundert Arbeiterkorrespondenten, die für die kommunistische Tagespresse über ihre Betriebe berichteten und zugleich die Politik der Kommunistischen Partei in den jeweiligen Betriebszeitungen propagierten. Der BPRS *(Bund proletarisch-revolutionärer Schriftsteller)* war die organisatorische Form, die das Bündnis zwischen der Arbeiterpartei und der mit ihr sympathisierenden Intelligenz bürgerlicher Herkunft festigte und einen zweiseitigen Lernprozeß anleitete: Die Arbeiterkorrespondenten wurden literarisch soweit gefördert, daß sie eigenständig Werke zu schreiben lernten; die Schriftsteller bürgerlicher Herkunft lernten, sich nunmehr an den Bedürfnissen des politischen Kampfes zu orientieren und den Weg von der *littérature engagée* zur kommunistischen Massenliteratur zu finden. Die Tätigkeit des *Bundes proletarisch-revolutionärer Schriftsteller* wurde zur Zeit der nationalsozialistischen Herrschaft in organisatorisch lockerer Form und unter stärkerer Beteiligung exilierter bürgerlicher Schriftsteller im Zeichen der antifaschistischen Volksfront fortgesetzt. Gestützt auf die Informationen deutscher Widerstandsgruppen entlarvten die Schriftsteller jetzt die nationalsozialistische Herrschaft vor den Augen der Weltöffentlichkeit und machten vor allem im westlichen Ausland Propaganda für die Anti-Hitler-Koalition.

Dieses Bündnis der Kommunistischen Partei und der Schriftsteller, die gewillt waren, ihr Schaffen an den Bedürfnissen des politischen Kampfes der Kommunistischen Partei zu orientieren, ein Bündnis also, das sich schon vor der Niederlage des deutschen Faschismus bewährt hatte, bildet die Voraussetzung der Kulturpolitik der SED in der DDR. Ohne die Kenntnis dieser Tradition – und diese Kenntnis wurde bisher in den westdeutschen Publikationen, die sich nur ungern

und dann unter dem entpolitisierten Sammeltitel »Exilliteratur« mit
der kämpferischen antifaschistischen Literatur beschäftigen, nicht gerade gefördert – müssen freilich die Schriftstellerkongresse und SED-
Parteibeschlüsse über Kunst und Literatur unbegreiflich bleiben.

III. Antifaschistische Literatur und sozialistischer Realismus

Die Geschichte der DDR-Literatur teilt sich in drei Phasen, die zeit-
lich nicht genau abzugrenzen, aber an dem Inhalt der Werke deutlich
abzulesen sind: Die kurze Phase der antifaschistischen Literatur, seit
1948/49 der sozialistische Realismus der Aufbauetappe und schließlich, seit der ersten Hälfte der sechziger Jahre, der von der klassen-
kämpferischen Parteinahme gegen die Bourgeoisie in den fünfziger
Jahren gereinigte sozialistische Humanismus im »entwickelten gesellschaftlichen System des Sozialismus«.

In den ersten Jahren nach 1945 wurden die Werke der antifaschistischen Literatur massenhaft verbreitet. Diese Literatur sollte der deutschen Bevölkerung zum Bewußtsein bringen, daß nicht der Sturz des
Faschismus im Mai 1945 die deutsche Katastrophe bedeutete, sondern
sein Machtantritt im Jahre 1933, daß die Niederlage des Hitler-
Regimes nicht als Niederlage des deutschen Volkes aufzufassen sei,
sondern als Befreiung von einer Herrschaft, die das deutsche Volk als
Kriegspotential ausnutzte und sich die grausamste Unterdrückung
anderer Völker zum Ziel gesetzt hatte. Es erschienen die Werke von
Heinrich und Thomas Mann, Lion Feuchtwanger, Arnold Zweig,
Ludwig Renn, Friedrich Wolf, Willi Bredel, Bodo Uhse und F. C.
Weiskopf. Der meistgelesene Roman dieser Zeit war das ›Siebente
Kreuz‹ von Anna Seghers. Auch die neu entstehende Literatur be-
schäftigte sich vornehmlich mit der Zeit der nationalsozialistischen
Herrschaft: Günter Weisenborns ›Memorial‹, Falladas ›Jeder stirbt
für sich allein‹, ›Totentanz‹ von Bernhard Kellermann und ›Die
Toten bleiben jung‹ von Anna Seghers sind die typischen Werke die-
ses Neubeginns, an dessen Anfang die Abrechnung mit der Vergangenheit steht.

Entspricht es aber der Tatsache, daß – wie man es oft kritisch vor-
gebracht hört – die SED in ihrer Literaturpolitik zu sehr den antifaschistischen Kampf hervorgehoben und die Forderung nach der Darstellung des sozialistischen Aufbaus vernachlässig habe? Dieser Eindruck konnte aus verschiedenen Gründen entstehen. Einmal sind in
der Bundesrepublik am ehesten die Werke der »Antifa«-Literatur bekannt, die bis heute in den Verlagsprogrammen der DDR einen großen Raum einnehmen; Werke, die den sozialistischen Aufbau darstellen, sind hingegen aus den oben angeführten »rein künstlerischen«
Gründen mit einem Tabu belegt. Zum andern arbeiten und arbeiteten
auch Schriftsteller in der DDR, deren Hauptinteresse darin besteht,

das Wiedererstarken des Faschismus auf deutschem Boden zu verhindern, die aber als Schriftsteller mit bürgerlichem Hintergrund dem sozialistischen Aufbau nicht so positiv gegenüberstehen, als daß sie sich literarisch dafür einsetzten. Eine Rede Ulbrichts vom September 1948 zeigt jedoch, daß die Partei schon frühzeitig ihre Schriftsteller aufgefordert hat, die sozialen Veränderungen der Gegenwart literarisch zu gestalten:

»Die Hauptfrage scheint mir zu sein, daß unsere Genossen Schriftsteller und bildenden Künstler vor allem dazu übergehen müssen, mehr mit dem Neuen, das sich entwickelt hat, zu leben und es zu erfassen. [...] Ist es ein Zufall, daß die Mehrzahl der Werke, die herausgegeben werden, Emigrationsliteratur, KZ-Literatur usw. ist, während Andere sich mit der Zeit vor dem ersten Weltkrieg befassen? Ich habe nichts dagegen, daß unsere Jugend aus diesen Romanen die Probleme des Klassenkampfs der Vergangenheit kennenlernt, aber es muß alles in einem gesunden Verhältnis zueinander stehen. Zum Beispiel die Bodenreform. [...] Es brauchen nicht gleich dicke Romane zu sein, aber hätte nicht ein Schriftsteller in diesen drei Jahren in kurzen Erzählungen schildern können, wie ein Großgrundbesitzer die Landarbeiter usw. auf seinem Hof drangsaliert hat, wie dann die Befreiung kam und der Großgrundbesitzer verjagt wurde? Das ist doch ein Thema für einen Schriftsteller, und ein solches Buch fände auch in Westdeutschland bei allen Werktätigen Absatz. Warum gibt es diese Literatur nicht? Der Stoff ist doch da. Aber als der Kampf geführt wurde, waren wir allein. Unsere Genossen Schriftsteller haben in dieser Zeit Emigrationsromane geschrieben, und so ist ein großer Teil zurückgeblieben. Inzwischen ist der Kampf um eine neue gesellschaftliche Ordnung geführt worden, aber ihr hinkt Jahre hinterher und fangt an, jetzt Probleme zu gestalten, die längst gestaltet sein sollten. [...] Warum kann ein Schriftsteller nicht das Thema wählen, wie der Kampf um den Aufbau eines Betriebes geführt wurde? Es ist doch ein sehr interessantes Thema, zu zeigen, wie man den Unternehmer und einige andere Leute hinausexpediert und unter riesigen Anstrengungen den Kampf um den Neuaufbau geführt hat, welche menschlichen Schicksale sich dabei offenbarten, wie Ingenieure, die zunächst mit der neuen Ordnung nicht einverstanden waren, langsam begannen, mitzuarbeiten. Einige haben sabotiert, andere wurden schließlich von der Aufbaubewegung erfaßt und sind ganz vorbildliche Menschen geworden.«[15]

Unter Hinweis auf die Bodenreform und den Aufbau des volkseigenen Sektors in der Industrie faßt Ulbricht hier die Hauptpunkte der sozialistisch realistischen Literatur zusammen. Sie soll für die breiten Massen der Arbeiter und Bauern geschrieben werden, und sie soll vor allem Gegenwartsliteratur sein, die die aktuellen Probleme des Klassenkampfs gestaltet. In der neuen Phase soll nicht länger der antifaschistische Kampf, sondern der sozialistische Aufbau im Mittelpunkt stehen.

Das erste größere parteiliche Werk der Gegenwartsliteratur in der DDR war der Roman ›Tiefe Furchen‹ (1949) von Otto Gotsche, einem Autor, der aus der Arbeiterkorrespondentenbewegung der 20er Jahre hervorgegangen war und dem *Bund proletarisch-revolutionärer Schriftsteller* angehört hatte. In den Jahren 1945/46 für die Bodenreform im Regierungsbezirk Halle-Merseburg verantwortlich, hat Gotsche seinen Roman 1947/48 in den Nebenstunden geschrieben, die seine Parteiarbeit ihm übrig ließ. Er schildert, wie das Gut eines Grafen und die Höfe zweier Großbauern unter die Landarbeiter und die Bauern eines Dorfes aufgeteilt werden. Es zeichnet diesen Roman aus, daß er die Rückständigkeit eines großen Teils der Landbevölkerung nicht unterschlägt und gerade die Widersprüchlichkeit des Prozesses der Bodenreform thematisiert. So tritt die Gräfin von Waalen, deren Mann sich als General der Wehrmacht am Putsch des 20. Juli 1944 beteiligt hatte, mit ihren drei Kindern hilfesuchend vor eine Belegschaftsversammlung ihres Gutes, und die Belegschaft beschließt, sich an der Aufteilung des Gutes nicht zu beteiligen. Sie bittet in einer Resolution sogar darum, die Aufteilung zurückzunehmen. Gotsche schildert nun, wie die Landarbeiter und Bauern, die für die Bodenreform eintreten, die Belegschaft des Gutes davon überzeugen, daß ihr Beschluß falsch war, daß die Aufteilung des Gutes im Interesse aller ist. Die Enteignung der beiden Großbauern, die unter der Herrschaft des Nationalsozialismus die Landarbeiter besonders grausam ausbeuteten und das Land verschuldeter Kleinbauern billig aufkauften, wurde von der Dorfbevölkerung als gerecht empfunden. An der Gestalt der Gräfin, die wegen ihrer philanthropischen Neigung besonders bei den Frauen der Gutsarbeiter beliebt ist, versucht Gotsche den Lernprozeß der Landarbeiter zu zeigen, der sie schließlich zu der Erkenntnis führt, daß die Bodenreform keine individuelle Sühne oder Strafe bedeutet, sondern ein Teil des Klassenkampfes ist, bei dem die früher Herrschenden von den ehemals Unterdrückten verdrängt werden.

›Tiefe Furchen‹ weist sicher Schwächen in der Handlungsführung und sprachliche Mängel auf, aber die unfreundliche Aufnahme durch die bürgerlichen Kräfte des *Kulturbundes* zeigt doch – hier wird das Verhältnis von Partei und Schriftsteller einmal von der andern Seite aus beleuchtet – wie schwer es ein Parteischriftsteller hatte, bei den Kritikern des *Kulturbundes,* die weithin den Wertvorstellungen bürgerlicher Kultur nachhingen, Gnade zu finden. Gotsche wurde im ›Aufbau‹, dem Organ des *Kulturbundes,* der Rat zuteil, es wäre besser gewesen, »die Stunde reifen zu lassen, bis aus dem Schoße des sozialen Umbruchs das zukunftsträchtige Dorfepos zutage tritt. Man sollte über Thomas Münzer und die Steinschen Reformen schreiben.«[16] Wenn Reich-Ranicki die Devotion der DDR-Literaturkritik gegenüber dem »unbegabten und langweiligen Schriftsteller« Otto Gotsche beklagt, muß gesagt werden, daß Gotsches wichtigstes Werk in der DDR kaum positiv gewürdigt worden ist.

Mit dem Argument, die neue sozialistische Literatur dürfe nicht unter das Niveau des literarischen »Erbes« aus der Vergangenheit sinken, hat sich in den Verlagen und in der Literaturkritik der DDR eine große Zahl kulturell bürgerlich denkender Intellektueller halten und etablieren können, für die die Sprache dieser Rezension im ›Aufbau‹ charakteristisch ist. Die »Systemkonkurrenz« von DDR und Bundesrepublik macht sich auf dem kulturellen Sektor darin geltend, daß unter dem Stichwort »literarische Qualität« die kämpferischen Werke des sozialistischen Realismus in den Hintergrund gestellt werden. Dies gilt für den Roman ›Tiefe Furchen‹ nicht weniger als für Brechts bedeutendes Drama ›Die Tage der Commune‹.

In den Jahren 1948/49 arbeitete Bertold Brecht, der seit dem Jahre 1948 in der DDR lebte, an seinem wenig bekannten letzten Drama. Seit seiner Dramatisierung von Gorkis ›Mutter‹ gestaltete er hier zum ersten Male wieder positive proletarische Helden, aus deren Fehlern die Zuschauer lernen sollten, mit deren revolutionärem Elan aber sich das Publikum identifizieren konnte. Die Aktualität der Pariser Commune sah Brecht in der bürgerkriegsähnlichen Situation, die sich mit der Spaltung Deutschlands herauszubilden begann. – Er warnt mit seinem Werk davor, den Fehler der Sorglosigkeit, den die Pariser Kommunarden gegenüber der Versailler Regierung begangen hatten, zu wiederholen und die Schlagkraft der Bundesregierung unter der Führung von Konrad Adenauer zu unterschätzen. Bezeichnend ist die Antwort, die er im November 1952 Wolfgang Weyrauch auf die Frage erteilt: »Schämten Sie sich, weil Sie [...] Ihre ›Hundert Gedichte‹ veröffentlichten, mit dem Gedicht ›Resolution der Kommunarden‹ darin, dessen Refrain lautet: ›In Erwägung: Ihr hört auf Kanonen / andre Sprache könnt Ihr nicht verstehn / müssen wir dann eben, ja, das wird sich lohnen / die Kanonen auf Euch drehn!‹?« – »Ich schäme mich nicht, mein zwanzig Jahre altes Lied ›Resolution der Kommunarden‹ in einem Sammelband von Gedichten veröffentlicht zu haben. Wenn Sie auch nur noch ein paar Zeilen mehr dieses Liedes abgedruckt hätten, wäre es ersichtlich geworden, daß es die Antwort der Kommune von Paris im Jahre 71 darstellte auf die Drohung einer verkommenen französischen Bourgeoisie, Paris an Bismarck und den Reaktionär Thiers auszuliefern. Ich kann nichts dafür, daß das Lied eine schauerliche Aktualität aufweist.«[17]

Brecht tritt mit seinem Drama für die bewaffnete Diktatur des Volkes ein, als das einzige Mittel, das den neuerlichen Vormarsch der Reaktion aufhalten kann und es ermöglicht, die in der DDR gewonnenen Positionen zu verteidigen. Daß dieses Werk von der ausufernden Brecht-Forschung stiefmütterlich behandelt und – wenn es erwähnt wird – als außergewöhnlich schwach, als langweiliges Historienstück empfunden wird,[18] zeigt: Selbst Brecht verliert, wenn er als kämpferischer sozialistischer Realist auftritt, den künstlerischen Kredit, den man seinen Werken sonst überschwänglich einräumt.

Anfang der 50er Jahre beginnt die literarische Gestaltung der Probleme des industriellen Aufbaus. Ein Pionierwerk in mehrfacher Hinsicht ist Eduard Claudius' Roman ›Menschen an unserer Seite‹ (1951). Er erzählt die Geschichte des Maureraktivisten Hans Garbe, der Ende 1949 mit seiner Brigade in einen glühenden Ringofen gestiegen war und ihn reparierte, ohne daß die Produktion in den übrigen Kammern des Ofens eingestellt werden mußte.

Bei dem Aufbau aus eigener Kraft in der SBZ im Unterschied zu den Westzonen war die Aktivistenbewegung, die nach dem Vorbild der Sowjetunion zur Steigerung der Arbeitsproduktivität ins Leben gerufen wurde, von großer Bedeutung. Nur durch die Erhöhung der Arbeitsproduktivität konnten die Grundlagen für das Anwachsen der Industrieproduktion und die Hebung des Lebensstandards der Bevölkerung geschaffen werden. Durch die Zahlung von Leistungslöhnen wurde auch das unmittelbare materielle Interesse der Aktivisten, die zumeist Mitglieder der SED waren, berücksichtigt. Im Unterschied zur Praxis in der DDR schildert Claudius, wie mit der Bildung der Brigade im Anschluß an die Einzelleistung des Aktivisten Hans Aehre die kollektive Entlohnung eingeführt wird. Mit dieser Darstellung beabsichtigte Claudius eine Kritik an der Tendenz zur Verschärfung der Lohndifferenzierung durch die SED.

Claudius gelingt es, an den Konflikten, die das ungewöhnliche Vorhaben seines Helden in der Fabrik auslöst, die neuen gesellschaftlichen Probleme und ihre Lösung zu veranschaulichen. Er zeigt die Bedeutung des materiellen Anreizes für die Arbeiter, schildert aber zugleich an der Entstehung und der Arbeitsweise der Brigade den Übergang vom kapitalistischen Arbeitsprozeß zur solidarischen Arbeit des sozialistischen Aufbaus. Auf Grund seines unbändigen Drangs, sich durchzusetzen als ein Mensch, der eine bedrückende und deformierende Vergangenheit hinter sich lassen und überwinden will und der zugleich Teil der Arbeiterklasse ist, die nicht mehr nur produziert, sondern sich zum Herrn der Produktion macht, reißt Aehre auch Personen aus anderen Schichten in einen Entwicklungsprozeß hinein, in dem sie sich verändern und bewähren oder aber, unfähig sich zu wandeln und ohne Zukunftsperspektive, Sabotage treiben und die Flucht ergreifen. Claudius, der die Frage, wie sich die DDR angesichts des Aufbaus der NATO und der Roll-back-Strategie der USA als Staat erhalten kann, nur am Rande behandelt, stellt in den Mittelpunkt seines Romans den industriellen Produktionsprozeß und zeigt, wie die bewußte Kooperation im Arbeitsprozeß die gesellschaftlichen Beziehungen verändert. Der alte technische Direktor v. Wassermann, der resigniert ist und nur aus der Verbundenheit mit dem von ihm vor Jahrzehnten errichteten Werk nicht in den Westen geht, findet hier ebenso zu einer Neubestimmung seines Lebens wie der unruhige Maler Andrytzki. Mit dieser letztgenannten Figur gestaltet Claudius das

Selbstporträt eines antifaschistischen Künstlers, der an seiner Kunst in dem Augenblick verzweifelt, als er nicht mehr das Zerstörende des Faschismus, sondern das neue Leben malen will.

Wie Andrytzki durch seine Arbeit in der Fabrik eine neue Beziehung zu den Menschen gewinnt, die es ihm ermöglicht, wieder – und auf eine neue, realistische Weise – zu malen, so hat Claudius selbst die »ruhelosen Jahre« seines Exils, seines Kampfes gegen den Faschismus in Spanien und Italien durch seine Arbeit mit Hans Garbes Brigade abgeschlossen[19] und einen Roman geschrieben, der in einer für die Literatur der deutschen Arbeiterbewegung bahnbrechenden Weise die aktive Gestaltung des Arbeitsprozesses, die Anstrengungen um eine höhere Qualifizierung der Arbeit als Grundlage der Selbstverwirklichung der Arbeiterklasse aufzeigt.

Die unruhige, selbstkritische Frage bei den Podiumsdiskussionen bürgerlicher Schriftsteller ›Können Dichter die Welt verändern?‹ erhält am Beispiel dieses Romans, der in der DDR beliebt und weit verbreitet ist, eine konkrete Lösung: Durch die Nähe zum Produktionsprozeß können Schriftsteller ihre Distanz zu den Massen überwinden und Werke schreiben, die auf das Bewußtsein der Produzenten einwirken und damit den Produktionsprozeß verbessern helfen.

Auf den Roman ›Menschen an unserer Seite‹, der in der Tradition des sowjetischen Aufbauromans steht und ohne ein so eindrucksvolles Vorbild wie Gladkows ›Zement‹ (1925) nicht denkbar ist, folgen eine ganze Reihe von Romanen und Dramen, die die Probleme des sozialistischen Aufbaus zu gestalten versuchen. Die beiden eindrucksvollsten und gelungensten Werke dieser Literatur haben die Arbeiterschriftsteller Karl Mundstock und Hans Marchwitza geschrieben. Ihre Romane ›Helle Nächte‹ (1952) und ›Roheisen‹ (1955) stellen die erste Phase der Errichtung des Eisenhüttenkombinats Ost (EKO) dar, das in der Geschichte der DDR eine große Bedeutung hatte, weil es die schwerindustrielle Basis entscheidend erweiterte und die DDR von Stahllieferungen aus der Bundesrepublik unabhängig machte.

Um dem Leser aus der Bundesrepublik die materielle Basis des Pathos dieser Romane zu erklären und um ihm einen Eindruck von den Produktionsleistungen dieser Jahre zu geben, sei auf Arnulf Barings Darstellung des schwerindustriellen Aufschwungs in den Jahren 1950 bis 1952 hingewiesen. Dieser keineswegs DDR-freundliche Autor schreibt: »Tatsächlich gelang es in den Jahren 1950 und 1951, wenn auch bei starker Drosselung der Konsumgüterindustrie und mit Hilfe großer Investitionen, die Erzförderleistungen, die Produktionsziffern der eisenerzeugenden Industrie und die Schwermaschinenproduktion ganz beträchtlich zu erhöhen. So stieg z. B. die Rohstahlerzeugung auf 1,88 Mill. t und die Walzstahlerzeugung auf 1,35 Mill. t (1936: 1,2 bzw. 0,9 Mill. t); ein in Anbetracht der großen Demontagen in diesem Industriezweig ganz erstaunliches Ergebnis!«[20]

Mundstocks Roman ›Helle Nächte‹, der aus Anlaß einer Zeitungsreportage über das Hüttenwerk entstand und ähnlich wie ›Menschen an unserer Seite‹ als literarische Widerspiegelung der sozialistischen Produktion zu betrachten ist, zeichnet sich vor den meisten Werken der Produktionsliteratur aus der DDR dadurch aus, daß er erstens den Aufbau der Wirtschaft in eine enge Beziehung zur Politik bringt und zweitens die Frage der Aufhebung der Trennung von »Hand«- und »Kopf«-Arbeit schon in der Phase des sozialistischen Aufbaus thematisiert.

Im Vordergrund der Romanhandlung stehen die Leistungen und Probleme der Jugendbrigaden, die die FDJ anleitet. Mundstock begründet die Arbeitsanstrengungen der Brigaden weder mit einem naturwüchsigen, verschwenderischen Aufbauwillen der Arbeiterklasse, noch gibt er pessimistisch den materiellen Anreiz – wie etwa Heiner Müller in seinem Drama ›Der Lohndrücker‹ (1957) – ausschließlich als den Hebel für produktive Arbeit im Sozialismus aus. Er zeigt vielmehr, wie das Stahlwerk durch den Wettbewerb von Kollektiven errichtet wird, die ihre Leistungen bewußt als Arbeit am sozialistischen Aufbau begreifen. Die FDJ tritt als die politische Organisation auf, die den Jugendlichen sozialistisches Bewußtsein vermittelt und es ihnen ermöglicht, eigene Impulse wirksam umzusetzen und so gesellschaftlich effizient zu machen. Besonders für die Mädchen, die sich trotz guter Arbeit gegen Vorurteile nur schwer durchsetzen können, ist die FDJ eine wichtige politische Kraft, die ihnen hilft, ihre Gleichberechtigung auch gesellschaftlich zu realisieren.

Im Unterschied zu Eduard Claudius, der den sozialistischen Aufbau fast ausschließlich von der Produktionsseite her gestaltet und die Widersprüche und Auseinandersetzungen im Betrieb nicht in den politischen Zusammenhang des »Kalten Krieges« zwischen Sozialismus und Kapitalismus in Deutschland einordnet, behandelt Mundstock die politischen Bedingungen, unter denen dieser Aufbau vonstatten geht. Mit der bestrickenden Sekretärin Fräulein Schreivogel, deren Desorientierung in der Nachkriegszeit ausgenutzt wurde, hat eine amerikanische Geheimorganisation eine Agentin in dem obersten Leitungsgremium des Werkes. Die Anwesenheit dieser Figur im Roman stellt die Gefährdung des Aufbauwerks durch die Roll-back-Strategie der USA, die die Existenz der DDR bedrohte, beständig vor Augen. Die Tätigkeit einer Bande, die unter Anwendung physischer Gewalt ihr Ziel der Sabotage zu erreichen sucht, zeigt, daß der sozialistische Aufbau nicht ungestört, allein durch die Aktivierung der Massen und die Verbreitung von sozialistischem Bewußtsein vollbracht werden kann, sondern daß die DDR auf ihrem Territorium mit der erbitterten Feindschaft imperialistischer Kräfte zu rechnen hatte.

Als sozialistischer Realist vergißt Mundstock jedoch über dem Hauptwiderspruch, der Auseinandersetzung zwischen sozialistischen und kapitalistischen Kräften, nicht die Widersprüche im eigenen Lager. So zeigt er den Bürokratismus in der Konstruktionsabteilung, die den Werkaufbau anleitet, und benennt die Gefahren, die er mit sich bringt. Dem Leiter der Konstruktionsabteilung, der zugleich Werkdirektor ist, gelingt es auch nach seiner ehrlichen Selbstkritik in einer großen Aussprache mit den Jugendbrigaden nicht, die umfassende Perspektive des Planers und Leiters mit den berechtigten Forderungen und den Bedürfnissen der arbeitenden Menschen zusammenzubringen. Obwohl er selbst aus der Arbeiterklasse stammt, ist er inzwischen derart von »Sachproblemen« in Anspruch genommen, daß er für die Probleme der Arbeiter keine Zeit findet. Vertieft in die Pläne für den ersten Hochofen, den er in seiner Laufbahn baut, empfindet er eine Delegation der dort arbeitenden Mädchen, die ihm den Plan einer Berufsausbildung für bisher unqualifizierte Arbeiterinnen darlegt, als lästige Störung und weist sie ab.

Anstatt mit dem allgemeinen Begriff der »Werktätigen« die Widersprüche zwischen technischer Intelligenz und Arbeiterschaft zuzudekken, macht sie Mundstock zu einem wichtigen Gegenstand seines Romans. Die Schwierigkeiten und Widersprüche in der Realität der Anfangsphase des sozialistischen Aufbaus werden von diesem Autor nicht künstlerisch »überhöht«. Der Widerspruch zwischen körperlicher und geistiger Arbeit wird nicht einfach als gelöst dargestellt, nur weil die Arbeit dem Aufbau einer sozialistischen Gesellschaft dient, sondern bleibt eine Aufgabe, die es zu lösen gilt. Mundstock deckt die »inneren« Widersprüche nicht auf, um seine Leser in unauflösliche Schwierigkeiten zu verstricken, sondern er gibt in seinem Roman auch die Richtung an, in der sie gelöst werden können. Zwei Hauptpersonen des Romans, die FDJ-Funktionäre Jürgen und Günther, verlassen nach dreijähriger Tätigkeit im Kreisbüro der SED ihre Schreibtische und gehen auf die Baustelle, wo sie als Straßenbauarbeiter anfangen. Die beiden begreifen diesen Schritt als notwendige Korrektur einer Haltung, die sie nach und nach von der Einsicht in die wirklichen Verhältnisse bei den Massen entfernt und bürokratisch hat werden lassen. So rechtfertigt Günther seinen Schritt vor der Parteikommission der Kreisleitung:

»Ihr habt meine Arbeit anerkannt, [...] ihr habt mir zugebilligt, daß ich meine Funktionen gewissenhaft erfüllt habe. Ich sage euch aber, meine Arbeit war mangelhaft, und ich bin ein schlechter Funktionär gewesen. Ich wußte bisher nicht, was die Menschen gegenüber meinem Büro im Kochtopf haben. [...] Ich dachte, wenn es mir gut geht, wird es allen gut gehn. Fragt mal nach, wie sie in der Stube gegenüber wohnen: zu viert in Untermiete mit einem kranken Vater, einem Säugling, und allesamt leben sie von der Rente und dem bißchen Verdienst einer Reinemachefrau. Und ich referierte am Abend vielleicht über das Thema: Die Sorge um den Menschen! Berichte, Referate, Sitzungen bis in die Nacht hinein und manchmal die Nacht hindurch, und wie ein Gott mit Stempelgewalt: das war mein Leben. Oder nicht? Die von der Stube gegenüber kamen nicht zu mir, und ich ging nicht zu ihnen, und das ist die Kluft, die nicht sein darf, die aber da ist, obwohl unsere guten Gesetze sie nicht gestatten. Freunde, drei Jahre Papier und kein wirkliches Leben – man darf nicht zögern, diesen schweren Fehler wettzumachen.«[21]

In engem Zusammenhang mit der Problematik der Trennung von körperlicher und geistiger Arbeit steht ein anderes Motiv im Roman: Es wird gezeigt, wie technologische Lücken, an denen die bürgerlichen Fachleute verzweifeln, durch den Erfindungsreichtum und die besonderen Anstrengungen der Brigaden überbrückt werden können. Ein besonders eindrucksvolles Beispiel für die Überwindung von technischen »Sachzwängen« zeigt sich an dem Unglücksfall, bei dem ein mühsam errichteter Damm zerstört und Kipploren in den Sumpf gefahren werden und zu versinken drohen. Mundstock zeigt,[22] daß die Arbeiter sich nicht damit begnügen, den Zustand vor dem Unglück wieder herzustellen. Dieser Unfall gibt vielmehr den Anstoß, ein unkonventionelles Verfahren zu erfinden, wodurch der Sumpf beseitigt wird. Die Arbeiter realisieren nicht nur, was die Ingenieure geplant haben; die Schwierigkeiten und Engpässe mobilisieren bei ihnen Kräfte, die sie früher bei sich nicht vermutet hätten.

Angesichts der unabschließbaren Debatten über die besondere Berufung des Schriftstellers in einem sozialistischen Land, die in den letzten Jahren durch den »Prager Frühling« aktualisiert wurde, ist die Darstellung des Dichters Schurek in diesem Roman besonders bemerkenswert. Mundstock ist weit davon entfernt, in diesem wißbegierigen, aber höchst aufgeregten und verwirrten Menschen den Schriftsteller zu sehen, der dazu berufen wäre – wie es Hildegard Brenner in dem Vorwort zu ihrer ›Anthologie der neuen DDR-Literatur‹ als Aufgabe des Schriftstellers in der DDR formuliert hat –, »die Gegenwart [offenzuhalten] in Richtung auf eine Zukunft, die den Kommunismus als repressionslose Gesellschaft impliziert«.[23] In Mundstocks Roman wird realistisch dargestellt, welche Mühe es den Schriftsteller kostet, sein Bewußtsein erst einmal auf das Niveau der Gegenwart, die Phase des sozialistischen Aufbaus, zu heben. Schurek hat auf der Baustelle viel zu lernen; er muß Überspanntheiten ablegen und seine Desorientiertheit überwinden, bevor er in der Lage ist, Betriebsreportagen zu schreiben, die er selbst als eine höhere Stufe seiner schriftstellerischen Arbeit begreift. Der sozialistische Schriftsteller hat nicht die Aufgabe, das Ideal einer kommunistischen Gesellschaft zu vertreten, an der er die Unvollkommenheiten des gegenwärtigen Aufbauprozesses »kritisch« mißt, sondern er soll die Gegenwart voll erfassen und ihre Entwicklungstendenz aufzeigen. Dies wird im Roman ›Helle Nächte‹ als Aufgabe des Schriftstellers formuliert, der sich zum sozialistischen Realisten entwickelt.

Hans Marchwitzas Roman ›Roheisen‹ (1955) stellt den in der Geschichte der deutschen Literatur bisher einzigen Versuch dar, die Arbeiterklasse und die ihr verbündeten Schichten in ihrer Vielfalt beim sozialistischen Aufbau zu gestalten. Nicht einzelne Helden stehen im Mittelpunkt, obwohl Marchwitza die Entwicklung einiger Figuren sorgfältig herausarbeitet, sondern der Arbeitsprozeß als gesellschaftliche Kooperation ist der Hauptgegenstand dieses Romans. Seine drei Teile – Rodung des Waldes und Bau der Werkstraße, Errichtung des ersten Hochofens und schließlich Inbetriebnahme der Hochöfen – zeigen die verschiedenen Phasen, in denen sich der Arbeitsprozeß vom relativ unorganisierten Einsatz der Körperkräfte beim Roden des Waldes bis hin zur Meisterung der metallurgischen Verfahren durch genaueste Organisation der Arbeit kompliziert. Die Entfaltung der industriellen Produktion, in der die materiellen Grundlagen des Sozialismus durch die Arbeiterklasse geschaffen werden, wird hier in einer Breite vor Augen geführt, die der Bedeutung der materiellen Produktion angemessen ist. Marchwitza läßt in seinem Roman die Erkenntnis des historischen Materialismus Gestalt annehmen, daß nicht die Ideen maßgeblich wirksam sind, sondern daß die materielle Produktion durch die Volksmassen den Verlauf der Geschichte bestimmt, und leistet damit einen bedeutenden ideologischen Beitrag zur Kulturrevolution in der DDR.

Der Roman spielt nicht nur, wie bei Karl Mundstock, auf dem Gelände der Großbaustelle, sondern bezieht die kleinstädtischen Einwohner von Fürstenberg und die überwiegend feindseligen Reaktionen der Bauern in der Umgebung des Werkes in die Handlung mit ein. So gelingt es Marchwitza, die Führungsrolle der Arbeiterklasse, die in der marxistischen Theorie vor allem mit der Fähigkeit dieser Klasse, die Produktivkräfte vollkommen zu entfalten, begründet ist, nicht nur zu behaupten, sondern sie dadurch zu demonstrieren, daß er das unterschiedliche Verhalten der Klassen und Schichten zum Aufbau des Werkes gestaltet. Die Führungsrolle der Arbeiterklasse aufzeigen heißt für Marchwitza nicht, seinen Roman mit idealisierten Figuren bevölkern. Hier arbeiten rückständige und aufgeschlossene Menschen in großer Vielfalt nebeneinander, die besondere Anteilnahme des Autors gilt gerade den problematischen Charakteren, die nur schwer Zutrauen fassen und mit der Bürde der Vergangenheit kaum fertig werden können. Sozialistischer Realismus nimmt in ›Roheisen‹ in dem Vertrauen Gestalt an, daß nach der Beseitigung der Herrschaft des Kapitalismus und Faschismus durch die planmäßige Kooperation der Arbeiterklasse mit den verbündeten Schichten eine neue Gesellschaftsordnung entstehen wird, in der die früher Unterdrückten und Ausgebeuteten zu Hause sind.

Neben dem Aufbau des sozialistischen Staates und den Problemen der materiellen Produktion in Stadt und Land ist die Darstellung der

Emanzipation proletarischer Frauen einer der thematischen Schwerpunkte des sozialistischen Realismus. Seit August Bebels bahnbrechendem Werk ›Die Frau und der Sozialismus‹ hat es in der Arbeiterbewegung das Bewußtsein davon gegeben, daß die Befreiung des Proletariats Hand in Hand gehen muß mit der Befreiung der Frauen, die in der kapitalistischen Gesellschaft unterbezahlt werden und zugleich häuslicher Unterdrückung ausgesetzt sind. Angefangen bei Gorkis ›Mutter‹ und M. A. Nexös ›Ditte Menschenkind‹ tritt die sozialistische Literatur immer wieder für die Emanzipation der Frauen ein und schildert die Bedingungen dieses Kampfes. In allen hier behandelten Werken der DDR-Literatur spielt diese Frage eine wichtige Rolle. Elfriede Brüning hat mit ihrem Roman ›Regine Haberkorn‹ (1955) das bedeutendste Werk der DDR-Literatur über die Emanzipation einer Arbeiterfrau geschrieben. Der Roman zeigt den Weg einer anspruchslosen Hausfrau zur geachteten Aktivistin in einer Elektrofabrik und gestaltet zugleich die inneren Krisen, die diesen Prozeß begleiten und auch niemals restlos aufzuheben sind. E. Brüning hebt den großen Fortschritt hervor, den die aktive Teilnahme am Produktionsprozeß für diese Frau bedeutet, behandelt aber zugleich das gravierende Problem, daß die Heldin ihr privates Leben nicht so verändern kann, wie es ihrer neuen Tätigkeit im gesellschaftlichen Bereich entspricht. Regine Haberkorn entwickelt sich von der sorgsamen Hausfrau und Mutter zur selbstbewußten Neuererin am Arbeitsplatz; die neugewonnene Selbständigkeit kann sie jedoch nicht in ihrer Ehe realisieren, und so verharrt sie in einer abhängigen Haltung ihrem Mann gegenüber, den sie selbstlos liebt, obgleich sie von ihm wenig geachtet wird. Es gelingt E. Brüning in ihrem Roman, realistisch zu zeigen, wie unerläßlich in der Phase des sozialistischen Aufbaus die aktive Teilnahme der Frauen an diesem Prozeß ist und wie dabei mit ihrer produktiven Tätigkeit ihre gesellschaftliche Anerkennung einsetzt. Die Aufhebung der Trennung von öffentlichem und privatem Bereich, dieses Makels der alten Gesellschaft, ist jedoch noch nicht vollständig vollzogen und bleibt weiterhin als Aufgabe bestehen.

In der zweiten Hälfte der 50er Jahre, als nach vollzogener Wiederbewaffnung die Bundesregierung, bestärkt durch die Eisenhower-Administration, hoffen konnte, ihrer Politik durch den direkten Zugang zu Atomwaffen Nachdruck zu verschaffen, kommt es in der DDR als Teil der Kampagne gegen die Atomrüstung zu einem Wiederaufleben der antifaschistischen Literatur. Sie ruft noch einmal den Terror und den Krieg unter der Nazi-Herrschaft ins Gedächtnis und weist damit auf den Preis hin, den die breiten Massen für das Wiedererstarken Deutschlands zur imperialistischen Großmacht bezahlen mußten. In dieser Zeit wurden Bruno Apitz' Roman ›Nackt unter Wölfen‹ (1958), die ersten Erzählungen Franz Fühmanns und Otto Gotsches Roman ›Die Fahne von Kriwoi Rog‹ (1959) geschrieben.

IV. Der sozialistische Humanismus in der DDR-Literatur

Seit dem Beginn der sechziger Jahre werden keine Werke des kämpferischen sozialistischen Realismus mehr geschrieben. Es entstehen statt dessen Arbeiten wie Christa Wolfs ›Der geteilte Himmel‹ (1963), Hermann Kants ›Die Aula‹ (1965), ›Spur der Steine‹ (1964) von Erik Neutsch und die Gedichte von Wolf Biermann. Die wohlwollende Rezeption der DDR-Literatur in der Bundesrepublik beginnt – wenn auch spärlich – mit dieser Phase, die als die Periode des »sozialistischen Humanismus« zu kennzeichnen ist. Die Anthologie der neueren DDR-Literatur, die Hildegard Brenner unter dem Titel ›Nachrichten aus Deutschland‹ (1967) herausgegeben hat, ist ein Ausdruck dieses einseitigen Interesses, das die DDR-Literatur erst in ihrer letzten Phase ernst nimmt. Ein Satz aus dem Vorwort könnte als Motto über dieser Anthologie stehen; er bringt die literarischen Erscheinungen des sozialistischen Humanismus auf eine Formel und grenzt sie von denen des kämpferischen sozialistischen Realismus ab: »Die ›Helden der Arbeit‹ – einst Klischeefiguren offiziellen Arbeitsenthusiasmus' – sind bei der Problematik von Individuum und Gesellschaft angekommen.«[24] In dem Maße, in welchem die SED seit dem Bau der Mauer, der die offene Grenze in Berlin verschloß, die These vom endgültigen Sieg der sozialistischen Produktionsverhältnisse in der DDR vertritt und die Zeit nach 1961 als neue Etappe des »entwickelten gesellschaftlichen Systems des Sozialismus« beschreibt, die eine eigene Gesetzmäßigkeit in Politik und Ökonomie hervorgebracht hat, sind in der Literatur der DDR deutliche Veränderungen festzustellen. Auch die Parteischriftsteller der SED behandeln in ihren Werken nicht mehr die Probleme der Diktatur des Proletariats, des Klassenkampfs in Politik und Ökonomie. Die literarischen Figuren werden nicht mehr als Angehörige einer Klasse oder Schicht dargestellt, sondern treten als Individuen auf, die ihre Konflikte – sei es als Arbeiter, Angehörige der Intelligenz oder Parteifunktionäre – durch ihre individuelle Veränderung lösen oder zu lösen versuchen. Hildegard Brenner charakterisiert diese neue Literatur, wenn auch polemisch gegen den sozialistischen Realismus gerichtet, zutreffend, wenn sie schreibt: »Es bedarf bezeichnenderweise seit geraumer Zeit keiner feindlichen Agentenfiguren mehr, um gegenwärtige Widersprüche und Schwierigkeiten zu erklären. [...] Die Zeit der positiven Helden ist vorbei: ›Ein Denkmal weiß nichts von Geschichte.‹ Die Titelfiguren erscheinen in dem Maße gebrochen, wie die derzeitigen Widersprüche durch sie hindurch gehen.«[25] Die Werke des sozialistischen Humanismus beziehen ihre Überzeugungskraft aus dem beruhigten Rückblick auf die schwierigen Jahre des sozialistischen Aufbaus. Die Zukunftsperspektive gründet auf der Zuversicht, das Begonnene fortsetzen und erweitern zu können.

Das Individuum mit seinen Widersprüchen wird literarisch derart aufgewertet, daß z. B. der bürgerliche Entwicklungsroman in Erik Neutschs ›Spur der Steine‹ als die Entwicklungsgeschichte eines Zimmererbrigadiers wieder aufersteht. Hannes Balla entwickelt sich von einem selbstherrlichen Kolonnenführer, der sich mit seinen Arbeitskollegen gegen die Partei verbündet, zum verantwortungsbewußten Vermittler der neuen industriellen Bauweise; die Baustellen der Republik werden sein Handlungsspielraum. Wenn auch im Gegensatz zum ›Wilhelm Meister‹ die Wandlung des Helden aufs engste mit den Veränderungen in der materiellen Produktion verknüpft ist, an denen der Held selbst großen Anteil hat, so steht hier doch das seelische Erleben und die »zunehmende Welterkenntnis«[26] des Helden im Mittelpunkt. Der Roman endet mit den Worten: »Das Leben in uns wird das Leben der Menschheit sein. – Und plötzlich begreift er [Balla] auch, was geschehen ist. Er trennt sich von einer Welt, die ihn schon wieder erwartet. Es gibt keinen Abschied mehr für ihn. Die Heimat ist überall.«[27] Als ob es keinen Vietnamkrieg, keine imperialistische Unterdrückung mehr gäbe, wird hier die ganze Welt zur Heimat des tätigen Menschen erklärt, dem es gelingt, sein inneres Leben als das »Leben der Menschheit« zu gestalten und die Trauer des Abschieds in die Freude über den Neubeginn zu verwandeln. Die »Welt« erwartet den friedlich Tätigen, der mit seiner Arbeit verwirklichen kann, was in ihm steckt.

Der sozialistische Humanismus rekurriert auf ein Theorie-Praxis-Verhältnis, das allein am Prozeß der gesellschaftlichen Produktion orientiert und von den Bedingungen des politischen Kampfes befreit ist. Die ideologische Ausrichtung auf den »realen Humanismus«, der von Marx in den ›Ökonomisch-philosophischen Manuskripten‹ (1844) konzipiert wurde, geschieht jedoch um den Preis, daß bei politischen Entscheidungen eine Kluft zwischen der Wirklichkeit und dem Anspruch des sozialistischen Humanismus entsteht, der eine neue Welt errichten will, obwohl die alte noch nicht besiegt ist.

Es ist sehr zu begrüßen, daß in der Bundesrepublik die literarische Überwindung der Hallstein-Doktrin mit der Anerkennung der DDR-Literatur in ihrer sozialistisch humanistischen Gestalt begonnen hat. Dies darf aber nicht darüber hinwegtäuschen, daß den Werken der sechziger Jahre weitgehend der Stachel des sozialistischen Realismus genommen ist und man sich mit einer Literatur auszusöhnen beginnt, die dem kritischen Realismus Heinrich Bölls und Martin Walsers nicht mehr sehr fern steht. Bei diesem Aussöhnungsprozeß sollten die Werke des sozialistischen Realismus nicht als Steine des Anstoßes beiseite geräumt werden und völlig in Vergessenheit geraten. Gerade in der Beschäftigung mit diesen Leistungen einer proletarisch-revolutionären Literatur hat sich die Freiheitlichkeit und Offenheit des kulturellen Lebens in der Bundesrepublik zu erweisen.

Anmerkungen

1 »Sie waren der Meinung, daß Bert Brecht einer der größten Dramatiker der Gegenwart sei. Man mag darüber diskutieren. Aber ich bin wohl der Meinung, daß die späte Lyrik des Herrn Bert Brecht nur mit der Horst Wessels zu vergleichen ist«. Verhandlungen des Deutschen Bundestages, 2. Wahlperiode, Stenographische Berichte Bd. 36, Bonn 1957, S. 11995 (B).

2 Vgl. Wilhelm Grenzmann, ›Deutsche Dichtung der Gegenwart‹, Frankfurt/M. 1953; Karl August Horst, ›Die deutsche Literatur der Gegenwart‹, München 1957; Wolfgang Kayser [u. a.], ›Deutsche Literatur in unserer Zeit‹, Göttingen 1959.

3 ›Handbuch der deutschen Gegenwartsliteratur‹, hrsg. v. Hermann Kunisch, München 1970², S. 448.

4 Ebd., S. 450.   5 Ebd., S. 452.

6 ›Deutsche Literatur in Ost und West‹, München 1966, S. 458.

7 Ebd., S. 459.   8 Ebd., S. 459.

9 ›Dichter im Dienst‹, Wiesbaden 1963, S. 40.

10 Ebd., S. 133.   11 Ebd., S. 132.

12 ›Deutsche Literatur in Ost und West‹, S. 478.

13 ›Werke‹, Bd. 10, S. 34.

14 ›Kritik in der Zeit. Der Sozialismus — seine Literatur — ihre Entwicklung‹, hrsg. v. Klaus Jarmatz, Halle/S. 1970, S. 320 ff. Nach dem Bericht F. C. Weiskopfs, der in Jarmatz' Anthologie unmittelbar nach dem ›Offenen Brief‹ abgedruckt ist, hatte das Nachterstedter Werk 1955 rund 4000 Arbeiter und Angestellte. Auf diese Zahl sind die Angaben im ›Offenen Brief‹ zu beziehen.

15 ›Der Künstler im Zweijahresplan‹, in: ›Zur Geschichte der deutschen Arbeiterbewegung‹, Berlin 1960, S. 308 ff.

16 ›Kritik in der Zeit‹, a. a. O., S. 217.

17 ›Appell an die Vernunft‹, in: ›Gesammelte Werke in 20 Bänden‹, Frankfurt/M. 1967, Bd. 19, S. 497 f.

18 Vgl. Hans Kaufmann, ›Bertolt Brecht. Geschichtsdrama und Parabelstück‹, Berlin 1962, S. 14 f.

19 Vgl. Eduard Claudius, ›Ruhelose Jahre. Erinnerungen‹, Halle/S. 1968, S. 356 ff.

20 ›Der 17. Juni 1953. Bonner Berichte aus Mittel- und Ostdeutschland‹, Bonn 1957, S. 13 f.

21 ›Helle Nächte‹, Halle/S. 1953², S. 29 f.

22 Der Autor stützt sich hier auf einen Zeitungsbericht von einer anderen Baustelle. Vgl. ebd. ›Nachspiel‹, S. 573.

23 ›Nachrichten aus Deutschland‹, Hamburg 1967, S. 14.

24 Ebd., S. 12.

25 Ebd., S. 12.

26 Eberhard Röhner, ›Arbeiter in der Gegenwartsliteratur‹, Berlin 1967, S. 144.

27 ›Spur der Steine‹, Halle/S. 1965⁸, S. 911.

GERHARD KLUGE

Die Rehabilitierung des Ich

Einige Bemerkungen zu Themen und Tendenzen
in der Lyrik der DDR der sechziger Jahre

I.

Jede Erörterung der Literatur in der DDR hat sich zunächst an
jenem Programm zu orientieren, das diejenigen festgelegt haben, die
über das kulturelle Leben in der DDR wachen. Die Literatur ist
in diesem Staate in doppelter Weise präformiert: gehaltlich-thematisch
und formal. Sie hat sich der Doktrin des sozialistischen Realismus
verschrieben, spätestens seit dem 2. Schriftstellerkongreß der DDR im
Jahre 1950, auf dem die Delegierten sich der beispielgebenden
Rolle sowjetischer Literatur versicherten und ein Programm akzep-
tierten, das die konsequente und allgemeinverbindliche Normierung
der Literatur nach den Gesetzen des sozialistischen Realismus
beinhaltete. Diese verpflichten den Schriftsteller nicht nur zu strikter
Parteilichkeit, zu einer botmäßigen Befolgung des jeweils parteioppor-
tunen ideologischen Dirigismus der Massen resp. der jeweils oppor-
tunen Propaganda nach innen und außen, sie begrenzen darüber hinaus die Inhalte, die dem Schriftsteller zur Behandlung angeraten
werden, auf bestimmte Bereiche – mit der Folge, daß – thematisch gesehen – die Gegenwartsfragen, die behandelt werden, land-
auf, landab überall dieselben sind und auch in allen Gattungen begegnen, im allgemeinen kreisend um Probleme des Aufbaus der sozialistischen Gesellschaft, der Erziehung zu sozialistischem Bewußtsein, zur Liebe zur Nation, sprich: zum Arbeiter- und Bauern-Staat,
und zu Haß auf die Feinde dieses Staates.*
Der ideologischen Aufbereitung der Literatur, die, wie Lukács
schrieb,[1] in der Stalinzeit »eine grobe Manipulation der Gegenwart«
war, weil sie stets »durch die jeweiligen Beschlüsse des Apparates
dem Inhalt und der Form nach bestimmt war« und »aus der Kom-
mentierung von Beschlüssen entstand«,[2] korrespondieren die die literarische *Gestalt* des Werkes vorschreibenden Regulative. An ober-
ster Stelle steht die Forderung nach einer realistischen Kunst, d. h.
nach einer solchen, die qua marxistische Lehre »den Gesetzen der
spezifisch künstlerischen Widerspiegelung von Wirklichkeit folgt«,[3]
wobei die Widerspiegelung des Wirklichen die objektiven gesellschaft-

lichen Triebkräfte im geschichtlichen Leben zu erfassen und deren Reflexion im menschlichen Bewußtsein zu zeigen hat, weil das sozialistisch-realistische Kunstwerk einen Erkenntniswert besitzen soll und »einen bereichernden Bestandteil des gesellschaftlichen Bewußtseins« darstelle.[4] Realistisch wird diese Kunst auch deshalb genannt, weil sie den Menschen befähigt, die gesellschaftliche Entwicklung entsprechend den Gesetzen des dialektisch-historischen Materialismus zu diagnostizieren, und ihm dadurch erlaubt, all seine Kräfte in den Dienst des »Fortschritts« zu stellen. Nicht individuelle Einzelschicksale werden dabei in dieser Literatur thematisch, sondern gesellschaftlich relevante Prozesse und Charaktere, die – so Engels in seiner berühmten Realismus-Definition – typisch sind in typischen Verhältnissen einer spezifischen historischen Situation und Klassenlage. Individualität ist der »gesellschaftliche Beziehungsreichtum des einzelnen«.[5] Insofern interessiert nur das »gesellschaftliche Bewußtsein«, d. h. das Bewußtsein des Menschen von seiner unabdingbaren Zugehörigkeit zu einer spezifischen Klasse und zu einem Staatswesen, das seine Mitglieder zu Funktionen des Staates erzieht und ihrem individuellen, personalen Dasein zunehmend entfremdet, so daß einer der jungen Schriftsteller in der DDR sich zu dem bissigen, ›Ethik‹ überschriebenen Aperçu veranlaßt sieht: »Im Mittelpunkt steht / der Mensch / / Nicht / der einzelne«.[6]

Die Forderung nach Realismus bedeutet aber auch, daß die Literatur sich gängiger, d. h. traditioneller Darstellungsmittel und -formen bedient. Das Verhältnis der sozialistischen Gegenwart zur kulturellen Tradition ist einer der am meisten erörterten Themenkreise in der sozialistischen Kulturpolitik, und aus diesen Diskussionen ist sogar ein eigenes Gesetz für den sozialistischen Dichter hervorgegangen, die Anknüpfung am sogenannten nationalen Kulturerbe, sei es an der progressiv bürgerlichen oder an den Frühformen der sozialistischen Literatur;[7] allerdings wird in den Verpflichtungen des Dichters auf die beispielgebende Vorbildlichkeit gewisser literarischer Traditionen und ihrer Formen gern die dialektische zugunsten einer unhistorischen, statischen Betrachtungsweise verlassen. Gemeint ist die Gültigkeit und Musterhaftigkeit einzelner Gattungen. Die ästhetische Fixierung des Schriftstellers auf eine realistische Kunstdoktrin ist nicht nur inzwischen verkrustetes marxistisches Erbe, sondern zugleich und zu allererst eine politische Notwendigkeit, die der SED-Propagandachef Kurt Hager 1963 in einer Rede über ›Parteilichkeit und Volksverbundenheit in Literatur und Kunst‹ so umschrieben hat:

»Mit der Forderung nach einer ›offenen‹ Kunst, nach der Freiheit für den Formalismus und die Moderne verbindet sich doch wohl bei einigen Schriftstellern und Künstlern eine ablehnende Haltung nicht nur zum sozialistischen Realismus und zu unserer Kulturpolitik. Sie beginnen, sich als Kenner der politischen Ökonomie aufzuspielen, sprechen in ihren Gedichten davon, daß die Alten abtreten sollen, erklären, daß nicht die Arbeiterklasse, sondern die Intelligenz die Führung haben müsse, und landen unversehens dort, wo der Gegner sie haben will, nämlich im Lager der Feinde der Arbeiter- und Bauern-Macht.«[8]

Der kulturpolitische Dirigismus gibt sich hier unverhüllt und entlarvt zugleich im Angriff auf die Intellektuellen seine eigene intellektuelle Inferiorität. Entscheidend ist, daß den Schriftstellern nicht die Möglichkeit zum dichterischen Experiment gewährt wird, daß sie sich an doktrinär verfestigte Maximen für das Kunstschaffen zu halten haben, denn wenngleich man permanent diskutiert über den sozialistischen Realismus, so betrifft das bislang nur selten konkrete formale Fragen, meist aber Probleme, die durch neue gesellschafts- oder sozialpolitische Situationen bewirkt werden. Die Rezeptur des sozialistischen Realismus liegt fest, und der Schriftsteller wird an die tradierten Gattungen verwiesen. So wie man ganze literarische Etappen aus dem Bewußtsein der Leser auszuklammern suchte[9] und damit von den entscheidenden literarischen Entwicklungen der zwanziger Jahre im europäischen Maßstab nicht Kenntnis nahm, vollzog man den Prozeß der Veränderbarkeit und Umgestaltung künstlerischer Darstellungsformen, die Aufhebung der tradierten literarischen Gattungen nicht mit, sondern hielt fest an den klassischen Unterscheidungen und Mustern. Bechers Maxime zufolge, die er in der ›Verteidigung der Poesie‹ niederschrieb, äußert sich das Neue »in herkömmlichen Formen, das Neue tritt formal unscheinbar und konventionell auf und schafft sich so die Möglichkeit, leichter verständlich zu sein und auch bei denen Zugang zu finden, die literarisch nicht vorgebildet sind«.[10] Becher selbst hat die herkömmlichen Formen für die neuen Inhalte der sozialistischen Poesie erneut erprobt: Volkslied und Sonett. Andere dichten Oden, Kantaten und Oratorien – Gattungen, die für das sozialistische Pathos des Aufbaus, das missionarische Anliegen, den Preis- und Lobgesang auf den Sozialismus geeignete Gefäße werden, ohne daß ihre Formeigenheiten, die z. T. ja einer ausgesprochen ständischen Literatur verpflichtet sind, neu reflektiert oder grundsätzlich weiterentwickelt werden. Bechers Worten zufolge macht das Gebot der Volkstümlichkeit, d. h. auch der Massenwirkung, die Pflege tradierter Formen verbindlich; es verbirgt sich dahinter allerdings auch eine beträchtlich antiquierte ästhetische Konzeption von der Unveränderlichkeit der dichterischen Gattungen. Während die westliche Literaturwissenschaft seit geraumer Zeit schon den Wandel der Dichtungsgattungen zu einem grundsätzlichen Axiom ihrer Arbeit gemacht hat und Skepsis gegenüber einer unhistorisch oder anthropologisch konzipierten Poetik mehr und mehr äußert, gehört es zu den Thesen des sozialistischen Realismus, daß »die Gattungsgesetze, die immer ein Form-Inhalt-Problem bezeichnen, [...] innerhalb der literarischen Entwicklung das konstanteste

Element« sind. »Ihre Anwendung im Hinblick auf die neuen Gegebenheiten des Inhalts ist entscheidend für den Realismus eines Werkes.«[11] Dem übernommenen Gattungsmuster entsprechen meistens unreflektierte Bildklischees und an der Dichtung des 18. Jahrhunderts und an Hölderlin orientierte Sprachformen.[12] Die Auffassung, daß Form und Gehalt eines Kunstwerkes auseinanderdividierbar seien, postuliert eine beliebige Anwendbarkeit überlieferter Dichtungsformen auf neue Inhalte, deren Primat damit akzentuiert ist, also die Auffassung von der alleinigen Relevanz des *ideellen Gehaltes*, der propagandistischen Wirkung. Diese Dichtung erhält ihre Bestimmung als Weltanschauungsdichtung. Man könnte meinen, daß damit zugleich – ästhetisch – ein Freibrief ausgestellt ist für die so zahlreichen sprachlichen Verschluderungen in den Erzeugnissen der von der Aktion »Bitterfelder Weg« (Greif zur Feder, Genosse) erfaßten schreibenden Werktätigen, wie z. B. in dem beliebig ausgewählten Gedicht ›Zur Reife‹ von Heinz Packhäuser:

Ich freu' mich, wenn der Bauer sät
im *Herbst* gar oft bis abends spät,
und wenn aus jedem Korn erwächst
dann guter Weizen – den er schätzt.
Ich freu' mich, wenn der Sonnenschein
die Halme zieht ins Licht hinein,
die dann im *Juli*monat bleichen
und mir schon bis zum Munde reichen.
Ich freu' mich, wenn zum *Aust* die Ähren
dann unser aller Wohlstand mehren
und wenn die Menschen es begreifen;
– daß sie mit diesem Weizen reifen!

Die immer wieder diskutierte Frage nach der Dialektik von Form und Inhalt reduziert sich darauf, daß neue Inhalte alten Gattungen und Sprachformen nur angepaßt werden und daß vielfach schon pathetische und parteiliche Sprache, der Bekenntnischarakter der Sprache in alten Formen als diese Dialektik gilt. Wie das Gedicht einerseits »das Hinreißende der Sache zur Sprache« bringen muß,[13] so soll es andererseits »gut gefügt sein wie ein solides Möbelstück, handhabbar wie ein praktisches Küchengerät«.[14] In allen Debatten über das Verhältnis von Form und Inhalt im sozialistischen Realismus bleiben diese beiden Aspekte – der überredende Ausdruck, das handliche und für mannigfache Zwecke handhabbare Gefüge – unveränderlich. Das Resultat ist nicht Volkstümlichkeit und Einfachheit, sondern Simplizität von der Art, wie sie die Bilder in dem zitierten Vergleich zu erkennen geben.

War die Literatur der DDR bis etwa in die Mitte der fünfziger Jahre planvoll und planmäßig auf die Erfüllung der gesetzten Normen bedacht, so zeigen sich in einer vorläufigen Retrospektive auf das vergangene Jahrzehnt doch vor allem in der Lyrik Ausbrüche aus dem ideologischen und formalen Klischee. Zumeist sind es Stimmen einer Jugend, die distanzierter, kritischer jenem Staat gegenübersteht, in dem sie herangewachsen ist, und die den Kampf der Älteren gegen Nationalsozialismus und Faschismus nur noch vom Hörensagen kennt. Sie ist mit der vollzogenen Spaltung Deutschlands konfrontiert und, zum Bewußtsein ihrer selbst gelangt, in neuer Weise nach den Bedingungen ihres Lebens, ihrer Umwelt zu fragen bereit. Dennoch wäre es falsch, diesen Wandel mit der eingängigen Formel eines Generationswechsels erklären zu wollen, denn nicht nur haben ältere Schriftsteller (die Generation der um 1920 geborenen) an ihm teil, er ist vielmehr begünstigt durch eine Entwicklung, die bis etwa 1957 zurückreicht und in einer Neuorientierung der Weltpolitik des Ostens wurzelt, die für die Kulturpolitik nicht ohne Folgen bleiben konnte. Gemeint sind die Veränderungen, die nach dem Tode Stalins durch die Beschlüsse des 20. Parteitages der KPdSU sichtbar wurden. Die neue Losung der ideologischen Koexistenz begünstigte in einzelnen Staaten eine gewisse Liberalisierung im Kulturleben, eine zaghafte Orientierung auch nach Westen, eine Lockerung der Zügel, damit in der Auseinandersetzung zwischen West und Ost bewiesen werden könne, »wessen geistige Grundlage den Anforderungen der Welt von heute besser entspricht und als Ausgangspunkt für die Welt von morgen größeres Vertrauen erweckt«.[15]
Aus Polen und der ČSSR vornehmlich kam Kunde von früher oder später unterbundenen Versuchen einer experimentierfreudigen Dichtung, einer umfassenden kulturellen Regeneration, die, was die ČSSR angeht, geradezu eine Explosion bisher gebundener künstlerischer Energien auslöste. Und auch in der ČSSR kündete die Kafka-Konferenz von 1963 auf Schloß Liblice bei Prag, auf der sich marxistische Literaturwissenschaftler aus Ost und West zusammenfanden, um die Grundlagen für ein marxistisches Kafka-Bild zu erarbeiten, im internationalen Maßstab am sichtbarsten von dem »neuen Kurs«, den die Ergebnisse des 20. Parteitages den Parteigremien vorschrieben. Daß eben dieser »neue Kurs« in der DDR von Anfang an beargwöhnt wurde und sich am wenigsten auswirkte, daß der Dogmatismus der Stalinzeit die erheblichsten Barrieren setzte, ist bekannt und beweisen z. B. die Beschlüsse des 30. Plenums des ZK der SED von 1957, in denen dem Revisionismus härtester Kampf angesagt wurde, denen zufolge auch Georg Lukács seine Rolle als kanonischer Kronzeuge marxistischer Literaturwissenschaft ausgespielt hatte; zeigen die Ab-

setzung Peter Huchels als Chefredakteur der Zeitschrift ›Sinn und Form‹, die Rüge Stefan Hermlins, der den damals noch unbekannten Wolf Biermann zu einer öffentlichen Lesung geladen hatte; zeigen schließlich die Versuche, eine parteigefällige und -hörige Literatur von den Werktätigen selbst schreiben zu lassen – Versuche, die unter dem Schlagwort »Bitterfelder Weg« bei uns mehr als Kuriosum betrachtet worden sind, weniger als Teil eines kulturpolitischen Bestrebens, das Kulturschaffen, wie man sagt, zu demokratisieren und eine »Literaturgesellschaft« zu etablieren, in der der Gegensatz von Arbeitenden und Künstlern hinfällig werden soll. Diese Bewegung liefert zugleich aber ein im Interesse der Partei wirkungsvolles Instrumentarium, abweichlerische, revisionistische Künstler unter Hinweis auf die Literaturprodukte von Polizisten, Soldaten, Bauern usw. unter eine Norm zu stellen und ihnen jeden Versuch einer eigenwilligen, persönlich geprägten künstlerischen Sprache und Thematik als ideologischen Rückfall – und das bedeutet: als feindliche Haltung gegenüber dem Staat – anzukreiden. Die Aktion »Bitterfelder Weg« ist somit eines der äußersten Mittel der dogmatischen Kulturpolitik, das literarische Leben, das Kunstschaffen, gleichzuschalten und dirigistisch-propagandistisch zu funktionalisieren, indem man sich dazu einer breiten Massenbasis im werktätigen Volk versichert und damit jede gewünschte Legitimation für Angriffe auf solche erhält, die im »ideologischen Sumpf« versinken.[16] Daß gerade in den Jahren 1957/59 einige Schriftsteller sich von der vorgegebenen Parteilinie entfernten und nach einer differenzierteren ästhetischen Fundierung ihres Schaffens suchten, nach neuen Ausdrucksformen, d. h. nach künstlerischer Freiheit verlangten, löste solche scharfen Angriffe aus, wie den auf Paul Wiens, in dem der Abweichler gleich zum Verräter und ideologischen Parteigänger des Imperialismus gemacht wird.[17] Zwei grundsätzliche Hinweise sind in diesem Zusammenhang noch erforderlich:

1. Angesichts der Verleumdungen, denen einige Schriftsteller ausgesetzt waren, sei ausdrücklich darauf verwiesen, daß alle jene »Revisionisten« ihrer Grundüberzeugung nach Sozialisten sind und sich zum Marxismus-Leninismus bekennen. Indem sie die legitime Methode des Marxismus, die Dialektik, wieder fruchtbar werden lassen, rufen sie den Widerstand jener wach, die dialektisches Denken zugunsten einer Wahrung und Unverletzbarkeit orthodoxer Gesetze und normativer Denkformeln aufgegeben haben.

Paul Wiens gab sein Bekenntnis zur DDR 1959 mit folgenden Worten ab:

> Sei mir gegrüßt, du unsere kleine, arme, unfertige,
> unorganisierte, zurückgebliebene, provinzielle, strampelnde
> Republik. Du Aschenputtel-Deutschland von heute, du Neues
> Deutschland von morgen – ich liebe dich.[18]

Nur wer an einzelnen, isolierten Wörtern hängt und kontrolliert, ob diese im Lexikon des sozialistischen Realismus stehen, wessen Gehör nur darauf abgerichtet ist, ob es die vertrauten, geläufigen Vokabeln vernimmt, aber nicht den Tonfall, in dem diese Zeilen geschrieben sind, wahrzunehmen in der Lage ist, kann an der Aufrichtigkeit der letzten Worte zweifeln. Und wer in diesem Vierzeiler gleich »die Leugnung aller sozialistischen Errungenschaften« zu sehen meint,[19] der ist gegenüber den Valeurs eines spottend-ironischen, aber doch von Güte und Wohlwollen durchdrungenen Verses ebenso blind wie gegenüber den nun einmal nicht zu retuschierenden Schwächen und Fehlern in den Jahren des Aufbaus, d. h. er ist unfähig, das Gedicht auf eben *die* Wirklichkeit zu beziehen, deren Spiegelung es ja sein soll. Es verrät sich die Schwäche und Ängstlichkeit derer, die dem Neuen gerade nicht offen und objektiv gegenüberstehen können und die pathetische Überhöhung und Idealisierung ihrer Überzeugungen brauchen, um an diesen angesichts einer widerspruchsvollen und komplexeren Wirklichkeit noch festhalten zu können. Nicht die »kleinbürgerlichen Auffassungen« des Dichters Paul Wiens verraten sich, sondern es verrät sich in solchen Reaktionen die keinem wirklichkeitsfixierenden Blick standhaltende Unsicherheit eines sozialistischen Bewußtseins, das nur an Schemen und Normen des sozialistischen Glaubens orientiert ist, es verrät sich die Angst vor der »Dialektik des Konkreten«. Dieses Bewußtsein hat nach zehn Jahren des Aufbaus noch keine Legitimation in der *realen Wirklichkeit*, sondern sucht sie verkrampft aus Leit- und Lehrsätzen einer Ideologie zu erbringen, aus einer »gesellschaftlichen Rechtfertigungslehre«.[20] Das Pathos, das in Wiens Gedicht vermißt wird, ist für dieses Bewußtsein die fundamentale Selbstbestätigung, ja, das sozialistische Bewußtsein *ist* überhaupt nur vermöge des Pathos, und wo es fehlt, sieht man mithin – so der undialektische Kurzschluß – den Feind im eigenen Haus.[21]

2. Wenn es im folgenden darum geht, vor allem für jene dichterischen Versuche Verständnis zu gewinnen, die nicht einfach mehr Parteilosungen und Kampfaufrufe sein wollen und auf propagandistische Wirksamkeit verzichten, so geht es um *Tendenzen* in der Lyrik der sechziger Jahre, die natürlich nicht übersehen lassen, daß unter den Neuerscheinungen und in Anthologien die Gedichte in Form versifizierter Leitartikel oder Treuebekenntnisse zu Staat und Regierung noch durchaus überwiegen. Doch stechen jene Gedichte ab aus einem einförmigen und massierten Elaborat von Versen, die in floskelhaften Wendungen und klischierten Phrasen stets das nämliche verkünden und kaum eine eigene persönliche Handschrift des Autors zu erkennen geben. Was hier als eine das Dogma sprengende Tendenz erscheint, bietet nicht schon die Gewähr für eine grundsätz-

liche Erneuerung oder Richtungsänderung und Neuorientierung der mitteldeutschen Lyrik. Gerade Ende der sechziger Jahre beginnt man, die literaturpolitischen Konsequenzen aus diesen von Anfang an mit Mißtrauen beargwöhnten Abweichungen zu ziehen: Rückblicke auf das Jahrzehnt kreisen immer wieder um die Frage, inwiefern die sechziger Jahre eine »Saison für Lyrik« gewesen seien; zudem versucht man, den Anschluß an die abgebrochene Tradition der proletarisch-agitatorischen Lyrik der fünfziger Jahre wieder herzustellen. Das Einheitsbild von sozialistischer Lyrik ist verwischt. In der Lyrik der zweiten Hälfte der sechziger Jahre sei nicht mehr »jene relative Geschlossenheit und jener Schwung zu bemerken, mit dem die Lyrik Anfang der 60er Jahre besonders von der damals jüngsten Lyriker-Generation vorgetragen wurde«.[22] Die Ursachen dafür sucht man in weltweiten Zusammenhängen, nämlich in der »durch die Entwicklung in China und in der ČSSR zunehmend komplizierte[n] internationale[n] Lage«,[23] in der neuen Ostpolitik der Bundesrepublik, der vom Schriftsteller mit einem hohen Maß »an politisch-ideologischer Bewußtheit und Wachsamkeit« zu begegnen sei. Man gibt zu, daß Ratlosigkeit und Unsicherheit sich ausgebreitet haben,[24] und ganz zweifellos haben die Ereignisse vom August 1968 in der Tschechoslowakei die *kritische* Wachheit der jungen Generation in der DDR, die von den allgemeinen Liberalisierungstendenzen im Ostblock zu Anfang der sechziger Jahre nur zögernd erfaßt worden ist, verstärkt. Diese Bewußtseinsveränderungen zeigen sich im Literarischen am auffallendsten in der Lyrik.

III.

Das spezifisch Neue dieser Lyrik läßt sich am ehesten erfassen, wenn man auf ihr Menschenbild achtet. Durch eine andersartige, intensivere Bewußtheit und Personalisierung des Gedichtes hebt sie sich ab von einer gleichmacherischen, vom Individuellen völlig absehenden Glorifizierung des sozialistischen Menschen und bezeugt eine bis dahin seltene Intensität der Selbstreflexion und Selbstprüfung und eine – man möchte sagen – Neuentdeckung der Subjektivität des Menschen, der nicht mehr in jedem Falle als Repräsentant seiner Klasse oder des »Staatsvolkes« der DDR spricht und sich kaum noch an die Kampfgenossen wendet. Diese »Rehabilitierung des Ich« mündet nicht mehr, wie in einem gleichnamigen Gedicht von Günter Wünsche, in eine Identifikation des Einzel-Ich, der Individualität mit »dem Menschen des befreiten Jahrtausends, / dem kommunistischen Menschen«,[25] sondern ist eine kritische Begegnung des einzelnen mit sich selbst und der Versuch zu neuer Orientierung in der bisher als selbstverständlich hingenommenen Umwelt sowie Besinnung auf *deren* ge-

sellschaftspolitische Voraussetzungen. In dem Lied ›Die Partei‹ von
Louis Fürnberg, das paradigmatisch für die Propaganda- und
Kampflyrik der Stalinzeit stehen mag, erscheint der Mensch bar
jeder Eigengesetzlichkeit und -verantwortlichkeit; er ist bloß Produkt und Funktion der Partei, einer hochstilisierten anonymen Instanz, die metaphorisch als All-Erhalterin, idealisch kostümiert als
»Mutter der Massen« erscheint. Die Bildlichkeit in diesem Gedicht,
in sich nicht stimmig und zum leeren Klischee herabgesunkene Re-
miniszenz naturreligiöser Lyrik,[26] verlöre sich ins Kitschige, würde
sie nicht durch das insistierende Hämmern des Refrains, der allein
auf ideologische Infiltration des Bewußtseins berechnet ist, immer
wieder überspielt.

> Sie hat uns alles gegeben,
> Sonne und Wind, und sie geizte nie,
> und wo sie war, war das Leben,
> und was wir sind, sind wir durch sie.

> Sie hat uns niemals verlassen,
> wenn die Welt fast erfror, war uns warm.
> Uns führte die Mutter der Massen,
> es trug uns ihr mächtiger Arm.

> Die Partei,
> die Partei,
> die hat immer recht,
> Genossen, es bleibt dabei!
> Denn wer
> für das Recht kämpft,
> hat immer recht
> gegen Lüge und Heuchelei!
> Wer das Leben beleidigt,
> ist immer schlecht.
> Wer die Menschheit verteidigt,
> hat immer recht,
> denn aus Leninschem Geist
> wächst, was Lenin geschweißt,
> die Partei,
> die Partei,
> die Partei!

> Sie hat uns niemals geschmeichelt.
> Sank uns im Kampf aber einmal der Mut,
> so hat sie uns leis' nur gestreichelt:
> Zagt nicht! – und gleich war uns gut.

> Zählt denn auch Schmerz und Beschwerde,
> wenn uns das Gute gelingt,

wenn man den Ärmsten der Erde
Freiheit und Frieden bringt?
Die Partei...

Sie hat uns alles gegeben,
Ziegel zum Bau und den großen Plan,
und sprach: Jetzt baut euch das Leben!
Vorwärts, Genossen! Packt an!

Hetzen Hyänen zum Kriege,
bricht euer Bau ihre Macht!
Zimmert das Haus und die Wiege!
Bauleute, seid auf der Wacht!
Die Partei...

Irrationale Emotionalisierung (die Partei als zärtliche Lebensspenderin) sowie eine apodiktische rationale Sachlichkeit sind Darstellungsmittel einer raffiniert agitatorischen Lyrik, die den Menschen überhaupt nur noch als Kollektivwesen anspricht und jedes persönlichkeitsbezogene Bewußtsein unter der Vormundschaft der Partei verdrängen will. Die Unwiderlegbarkeit der Argumentation, dies mehrfach rekapitulierte »hat immer recht« schließt jede Bewußtseinskontrolle und mögliche bewußtseinsbildende wie korrigierende Denkprozesse aus. Die »motorische Suggestion« dieses Massenliedes geht nicht nur den Intellekt an, sondern motorisiert zugleich, wie Schöne an einem ähnlichen Typus aus anderer Zeit zeigt, »tiefere Schichten«.[27] Es ist eine Lyrik, die auf totale Abrichtung des Lesers (Hörers) zielt und auf diese angewiesen ist. Die schematisierende Anlage des Gedichts, die ungeheuer vereinfachende Gegenüberstellung dessen, was recht und was schlecht ist, die pauschale Verurteilung derer, die das Leben, d. h. die Partei, beleidigen, das »imperative Weltbild« (Benn) solcher Lyrik dient einer blinden, unreflektierten Identifikation des Angesprochenen mit der Partei.

Demgegenüber künden nun Gedichte aus dem verflossenen Jahrzehnt davon, wie dieser hörige, unmündige Mensch zu einem neuen Selbstsein erwacht und das Gedicht zum Medium seiner Orientierungsversuche zur Selbstgestaltung macht. Paul Wiens (Jahrgang 1922) ist von allen Autoren der mittleren Generation wohl derjenige, der seit seinen Gedichtpublikationen ›Beredte Welt‹ (1953) und ›Nachrichten aus der dritten Welt‹ (1957) bis hin zum jüngst erschienenen Band ›Dienstgeheimnis‹ (1968) den Anspruch auf eine eigene dichterische Sprache am energischsten verfochten hat. In einem vor vier Jahren publizierten Interview spricht er sich gegen eine programmierte Kunst aus, die in »proletkultische Sackgassen« führe.[28] Ohne sein grundsätzliches Bekenntnis zum Marxismus-Leninismus und zum

Sozialismus zu verschweigen, weicht Wiens doch mit ironischer List den direkten und bohrenden Fragen eines Ostberliner Germanisten aus, der Wiens auf die offizielle Kultur- und Literaturpolitik festlegen möchte: Wie ist die Realität der DDR für Ihre Dichtung fruchtbar geworden? Wozu schreibe ich? Für wen schreibe ich? Unterschiede der spätbürgerlichen zur sozialistischen Lyrik. Wiens' Anteil an letzterer usw. – Wiens, der bereits 1957 geziehen wurde, an die falsche Tradition anzuknüpfen, nämlich an Oswald von Wolkenstein, den er sich als eine Maskeradenfigur geschaffen hat, in der es sich »mit Ernst schabernacken läßt«,[29] bekennt sich zu Spinoza, Herodot und der Bibel, zu Heinrich Mann, Gorki, Maupassant, Becher, Nazim Hikmet und gar zu Stefan George, weil dieser ihm »das wunderbare Arbeitsfeld der Sprache« einst erschloß[30] – wahrhaftig kein Katalog mit Namen aus der Geschichte der sozialistisch-revolutionären Literatur. »Grundsätzlich setze ich mich gern allen geistigen Winden aus, selbst den widrigsten und giftigsten. Fitness des Bewußtseins und ideologische Wetterfestigkeit sind, meine ich, in der keimfreien Ozonkammer nicht zu gewinnen«.[31] Entsprechend verteidigt er die Poesie als einen »Sonderfall des menschlichen Tätigkeitsdranges«,[32] als »eine wörtliche Erhebung und Erhöhung des Lebens, Verwirklichung der poetischen Person in der poetischen Sache«.[33] Die Literatur wird entfunktionalisiert und in neuer Weise als Sprachgebilde begriffen, das als Sprach*spiel* den Luxus des Überflüssigen an sich trägt, den »Luxus des realen Spiels der Gedanken und Gefühle« nämlich.[34] Wiens argumentiert gegen eine Problemdichtung, in der der Dichter im Gegenstand aufgeht und sich seiner eigenen Stimme begibt. Statt dessen deute der Dichter »auf sich und auf uns, auf sein und unser Menschwerden«.[35] Das heißt: die Literatur ist hier wieder Medium menschlichen Selbstverständnisses und menschlicher Selbstverwirklichung und zugleich Medium der geistigen Selbstbehauptung angesichts der Gefahren totaler Vergesellschaftung, sofern sie die »Rätsel« des Menschseins, die »Prozesse«, in denen der Mensch sich verstrickt sieht, lösen hilft und dabei auf die Bewußtseinskräfte, die sich frei spielend entfalten sollen, angewiesen ist. Die Dichtung beansprucht wieder das Recht auf das Experiment, ohne welches eine Progression im Leben, in der Gesellschaft undenkbar ist. »Ich zeichne Muster, ich spiele, teste, rate. Ich will mir ein Bild machen und im Bilde sein.«[36] Im Spiel des Geistes setzt sich der Mensch ins Bild über sich und seine Umwelt, und so allein wird die Poesie wahrhaft effektiv. Solche Gedichte »informieren – aber auf eine eigene, eigentümliche art. Beim umgang mit ihnen ist im glücksfall sogar dieses oder jenes zu erfahren«.[37] Diese Dichtung legitimiert sich als Spiel, d. h. als »Versuchsgelände« kämpferischer Ideen in der »dritten Welt«. Diese »dritte Welt« meint das Hirn des Poeten, sie meint dessen Zweifel, Schwanken und Suchen. Die »dritte Welt« des

Schriftstellers Paul Wiens ist die sich von der objektiven Wirklichkeit und die von deren objektiv-parteilicher Widerspiegelung in der Dichtung sich absetzende Welt eines kritischen, fragenden Bewußtseins, die Welt des Vorbehalts, des Aber:

Aber
— ist mein liebster laut,
werkzeug,
waffe,
widerhaken.
Immer,
noch im letzten laken,
noch verschlungen und verdaut,
habenichts
und doch inhaber,
widersteh ich,
sprech ich:
Aber . . .[38]

Die »dritte Welt« ist freilich auch Zustimmung, Zustimmung zu den ursprünglichen Gefühlen und Emotionen des Menschen, zum Eros, zum Tod – Zustimmung zum Leben:

Schöpfung
Liebe:
    licht, erstes **wort.**
Ich und du:
    wir erkennen
    uns
    — und verbrennen
    langsam
    und geben
    den tod
    mit dem leben
    euch
    und fort.[39]

Diese »dritte Welt« behauptet sich gegenüber dem Anspruch der objektiven gesellschaftlichen Realität, der ja nicht kurzerhand negiert wird, so sehr in ihrer Eigengesetzlichkeit, daß sie, »ich bürg dafür – in keinem bund die dritte« sei.[40] Das parodistisch-witzige Spiel mit dem eigenen Programm und dem Zitat schafft einen Freiraum, evoziert lustige Verblüffung, die für ein unmanipuliertes Bewußtsein zeugen. Natürlich ist solche Dichtung nicht mehr identisch mit dem, was die dogmatische Ästhetik als realistisch versteht. Sie fordert für sich die Freiheit der Themenwahl und der Behandlungsweise. »Wichtig, poetisch erheblich ist dabei alles: jede Seite jeder Erscheinung in jeder Beleuchtung. Dazu benutze ich mein Licht.«[41] Will sagen: der Schriftsteller restituiert sich als Schöpfer, als sprachbegabte Individualität, die sich in ihrer Eigentümlichkeit nicht verleugnet im »Kampfspiel« der Dichtung. Elemente einer subjektiven artifiziellen Darstellungsweise, Formen des Witzes, der Ironie, der Parodie erhalten neue Bedeutung, weil sie von der Entschiedenheit des Menschen zeugen und bewußtseinerhellende Funktion erhalten, weil sie die Erscheinungen des Lebens in *individueller* Beleuchtung zeigen und damit bekunden, wie die Dichtung wieder eine Weise menschlicher Selbstverständigung werden soll. Der Witz diene dazu, »auf das Wesen [einer Sache] zu kommen, es beim Namen zu nennen, und wenn es auch nur ein vorläufiger Spitznamen ist«.[42] Die bewußtseinerhellende Sprache, die Kombinatorik des Witzes eröffnen einen Raum geistiger Freiheit im poetischen Spiel, indem sie zugleich einen Beitrag zum *Begreifen* der Wirklichkeit leisten, dem freilich im dialektischen Sinne das Wort »vorläufig« anhaftet. Es ist eine Dichtung, die die geistigen Kräfte des Menschen anspornt, an seine Fähigkeit zu dialektischem Denken appelliert und eben darin ihren *Erkenntniswert* trägt. »Hoffentlich treffen sie auf potenzen«,[43] d. h. auf die Bereitschaft des Menschen, in die geistige Auseinandersetzung mit sich selbst einzutreten, auf die Bereitschaft zur aktiven und unausgesetzten Reflexion (und diese wird auf die Wirklichkeit verändernd wirken), auf die Bereitschaft zur Selbsterkenntnis, und das bedeutet: Selbstveränderung. Zugleich wird damit deutlich, wer es nun ist, der »immer recht« hat – nicht mehr die anonyme Instanz der Partei, sondern:

»im unendlichen raum der sprache, namentlich im klingenden all der sinnbilder, hat der schöpfer immer recht. Seine geschöpfe sind seine beweise, naturgemäß. Im gesellschaftlichen bezirk jedoch sollte er tunlichst nicht die jugend verderben und gegen die sitten verstoßen, sofern sie aus gutem grund sprossen. Neues land ist empfindlicher boden.«[44]

Die Rehabilitierung des schöpferischen Bewußtseins bedeutet nicht die Einkehr in die private Existenz, es steht durchaus »das geschichtliche Verhältnis des Subjekts zur Objektivität, des Einzelnen zur Gesellschaft«[45] zur Debatte. Dessen gesellschaftliche Effektivität besteht darin, daß die Dichtung »hinderliche affekt-knoten« bei denen, wo sie »ins falsche gefühlsnäpfchen« tritt, »poetisch von den nieren« entfernt, »an die es sonst geht und behutsam ins bewußtsein« hebt,[46] daß sie also im Menschen in neuer Weise durch sprachliche Gestaltung Bewußtseinsvorgänge auslöst und freisetzt, in denen sich der Wille zur individuellen Selbstbestimmung dokumentiert und behauptet. Die Erzeugnisse des Schriftstellers »sind wesen aus worten. Kein geheimnis, daß sie am verkehr teilnehmen und als zuträger fungieren.«[47]

Wiens begegnet seinen dogmatischen Gegnern mit Schabernack und Eulenspiegelei. Hatte man 1957 versucht, ihn aus seiner eigenen

Domäne, seiner »dritten Welt«, zu vertreiben bzw. diese ideologisch zu versumpfen, so enthält der Band ›Dienstgeheimnis‹ eine Gedichtfolge ›Nachrichten aus der siebenten Welt‹, eingeleitet durch einen Prosaabschnitt ›Umtauschein‹, in dem er die Kritiker seines »Zwischenreiches« damit verspottet, daß er vorgibt, diesem stünde die »Sieben« besser an »als die anrüchige Drei. Die Sieben ist der Drei um vier voraus, dabei erfreulicherweise wieder eine primzahl, ganz nur dem eigenen nenner gerecht, beruhigend unauflösbar«,[48] eine Schalksidee, mit der Wiens' poetisches Prinzip sein Eigenrecht behauptet.

Sein Gedicht ›Dichtersoll‹ (1960) mag das Verfahren erläutern:

```
 1 Ein Spaß für die Kleinen
   ein Rauch für die Reinen
   ein Lied für die Leisen
   ein Blitz für die Weisen
 5 und für die Jugend
   ein Traum ohne Tugend ...

   Wenn's wir Poeten
   doch wagten und täten,
   nicht selbst uns belögen,
10 daß wir's zwar vermögen,
   daß aber ...
   ja, ja
   der Staat ist noch da!
```

Diese Verse sind ebenso rätselhaft wie überraschend, denn nicht nur entziehen sie sich auch bei wiederholter Lektüre dem Verständnis, sie stehen zudem in merkwürdiger Unstimmigkeit zum Titel des Gedichtes. Man rechnet mit parteilichem Bekenntnis des Dichters, erwartet eine Erfüllung des Dichtersolls oder dessen Negation und Abwehr; statt dessen scheint der Dichter sich beiden ganz unverbindlich zu entziehen. Niemand wird doch in den ersten sechs Versen eine Umschreibung dessen vermuten wollen, was dem sozialistischen Dichter als Soll auferlegt ist; aber der Dichter formuliert in ihnen doch auch keine andere ästhetische Position, denn natürlich bezeichnen diese Verse auch nicht das Programm eines nichtsozialistischen Dichters. Ist das Dichtersoll also nicht ein Spaß für die Kleinen, so ist es doch die Dichtung auch nicht. Wer sind die Kleinen, die Reinen, die Leisen und Weisen? Fragen, auf die es vorerst keine Antwort gibt, da die Aussagen sich verflüchtigen, und sie werden auch nicht wesentlich konkreter, bezieht man die folgenden Verse ein. Was denn ist gemeint mit dem verschliffenen »es« (V. 7, 10), ist es zu beziehen auf die vorangehenden Verse? Und womit belügen sich die Poeten: mit dem Soll oder mit der Dichtung und mit welcher? Die Worte fügen sich von sich aus nicht zu einem sinnvollen Zusammenhang, der Ton des Gedichts, sein leiriger Rhythmus, die Spielerei mit Alliterationen deuten auf Parodie. Parodie aber des Dichtersolls? Kaum. Parodie vielleicht des Dichtens überhaupt? Das wiederum wäre eine zu gewichtige Denunzierung dieses Tuns in solchen leichten, harmlosen Zeilen. Man nähme sie nicht ernst.

Vielleicht eröffnet sich ein Zugang zum Verständnis des Gemeinten, wenn man alle diese bewußt gesetzten Unklarheiten hinnimmt, die eine besondere Situation des Dichters in einer Gesellschaft bezeichnen sollen, in der ein Werk nur danach beurteilt wird, ob es ein Soll erfüllt. Hier spricht offenbar einer, der so tut, als wüßte er nicht, worin dieses Soll besteht, der dieser Verpflichtung ausweichen möchte und letztlich doch nicht weiß, wie und wofür er sonst seine Stimme erheben soll. Es heißt, daß die Poeten sich belügen. Man schließt: weil sie das Soll wider besseres Wissen erfüllen. Setzt man aber die Aussage von Zeile 7 und 8 in Beziehung zu der Aussage in den Zeilen 1 bis 6, so gewinnt der Dichter zwar eine »poetische Freiheit«, er wäre unabhängig von jedem Soll, schriebe leichte, vielleicht auch geistreiche Gedichte (für die Weisen), gefühlvolle (für die Leisen im Lande), schriebe die Reinheit der Reinen beleidigende Gedichte, in ihrer Utopie leere und unkonkrete Gedichte (für die Jugend). Tut der Dichter das, *belügt* er sich aber auch, wird er zum altmodischen »Poeten«, das abgerissene »daß aber ...« wäre dann Eingeständnis einer Hilflosigkeit, einer verfahrenen Situation, aus der die Besinnung auf den Staat den Ausweg weist. Die Zeilen 7 bis 10 sind doppeldeutig: Sie können auf die Feigheit des funktionalisierten Dichters bezogen werden, aber genauso auch darauf, daß ihm als verantwortungsvollem Schriftsteller gar keine Wahl bleibt, als an den Staat zu denken. So gelesen, gälte der letzte Vers nicht als Einwand, als klagendes Erwachen aus einem Poetentraum (den entlarven aber schon Vers 7–9), sondern als Besinnung auf die Tugenden des Schriftstellers; dann wäre das Gedicht eine verklausulierte, ironische Reflexion ex negativo auf den Auftraggeber, der das Dichtersoll festlegt, und eine Absage an den unverbindlichen *Poeten*. Die dialektische Struktur läge darin beschlossen, daß das Gedicht seine Überschrift doch bestätigt, nur in einer Weise, die dem dichterischen Wort einen freien Raum der Selbstbehauptung schafft und es nicht von vornherein auf ein unreflektiert apologetisch feierndes *Bekenntnis* zu diesem Soll festlegt, es nicht ohne weiteres zum Vehikel dieses Solls, zu dessen Transparent und Spruchband macht oder dieses Soll positiv ausformuliert. Das Gedicht geriete dann in Zusammenhang mit jenem ›Dienstgeheimnis‹ überschriebenen Band, dessen Titel ja auch eine amüsante Doppelsinnigkeit verschleiert. Er bezieht sich, obwohl Wiens es dementiert, wahrscheinlich doch auf Lothar von Ballusecks 1956 in Bonn erschienene Schrift ›Dichter im Dienst‹.[49] Die witzige Dialektik der Anspielung liegt darin, daß Wiens v. Ballusecks Bezeichnung des dienstverpflichteten Dichters auf-

nimmt, aber so, daß er aus dem Dienst ein Dienst*geheimnis* denen
gegenüber macht, die ihn nach der Art und Weise dieses Dienstes
und seiner Befolgung fragen, daß er sich als Dichter im Dienst doch
eine eigene Domäne des freien, d. h. dialektisch spielenden Wortes,
seine »dritte« oder »siebente« Welt, bewahren kann. Er akzeptiert den
Dienst, aber nur, weil er für die anderen ein Geheimnis daraus machen kann. Sein Dienstgeheimnis ist der Spielcharakter der Kunst,
das dialektische Spiel mit der Sprache. Es bewährt sich darin, wie
er die Sprache als Domäne des Dichterischen gerade vor denen bewahrt, die sie gänzlich in Dienst nehmen wollen. In der dialektischen
Konstruktion des Gedichtes, das sich unter changierender Optik: als
Stoßseufzer des »Poeten« und als Kritik am Reglement des Staates,
die aber doch eine heimliche Zustimmung enthält, lesen läßt, behauptet sich eine geistige Wendigkeit, die natürlich nie jene Popularität
erreicht wie die naive, volksliedhafte Sprache Bechers oder das
plumpe und primitive Pathos Kubas.

Das Gedicht Kurt Bartschs, eines jungen, 1937 geborenen Schriftstellers zeigt eine ähnliche Anlage:

> *Möbliertes Zimmer*
> als ich eines abends,
> zurückkehrend von einer reise,
> die wohnungstür aufschloß,
> erkannten mich meine stühle nicht mehr.
>
> ohne aussicht, dem tisch näher zu kommen,
> zog ich mich in meinen mantel zurück
> und ging, ohne gewohnt zu haben.
> ich ließ meine stühle sitzen.

Gewiß ist dieses Gedicht ein Beleg dafür, daß entgegen allen anders-
lautenden Prognosen und Deklarationen die Entfremdung zwischen
Mensch und Umwelt im Zeichen des Sozialismus nicht beseitigt ist.[50]
Doch ist auch hier die dichterische Verfahrensweise genauer zu beachten, vor allem die pointenhafte Zuspitzung des Gedichts. Thema
ist nicht der Eintritt des Menschen in eine fremd gewordene Umwelt,
sondern genauer: das Verhältnis des seiner selbst bewußt gewordenen
Menschen in eine statische, entwicklungslose Gegenwart; eine Konfrontation, die zu einem scheinbar belustigenden, in Wahrheit aber doch
resignierenden Schluß führt. Die Entfremdungsthematik wird so dargeboten, daß von der erstarrten Objektwelt aus der Reflex auf den
veränderten Menschen fällt und er, der Mensch, diesen Reflex der
Dinge auf sich wahrnimmt. Dieser Trick, die Umkehrung der gewöhnlichen und normalen Perspektive, bewirkt einerseits, daß der
Autor sich jeder direkten Kritik an dieser toten Umwelt enthalten
kann; die Kritik wird nur vermittelt ausgesprochen im Mißverhält-

nis zwischen weiterentwickeltem Bewußtsein und zurückgebliebener Wirklichkeit, ohne daß der Autor selbst Partei ergreift und ohne daß er die Umwelt angreift. Die Kritik liegt in der Dialektik der Situation, nicht in der Form einer persönlichen Stellungnahme. Die zurückgebliebene Umwelt entlarvt sich im Reflex auf das sprechende Ich. Der Autor schafft damit ein parodistisches Gegenbild zu den üblichen propagandistischen Vorwürfen, daß das Bewußtsein des Menschen hinter der gesellschaftlichen Wirklichkeit zurückgeblieben sei. Indessen erschöpft sich das Gedicht nicht in solcher Provozierung und Verkehrung einer parteioffiziellen Losung. Es macht eine persönliche Situation bewußt und gewinnt darin erst seine Aussage, denn andererseits verstärkt die gewählte Perspektive die Passivität des Ich, das sich resignierend in sich selbst zurückzieht. Die parabolisch-dialektische Art der Aussage transponiert gesellschaftliche Widersprüche auf die Ebene bewußtseinsmäßiger Reflexion, so daß sie die Situation einer ganz vereinzelten Individualität kundgeben. Der Dichter spricht ganz für sich selbst, nicht im Auftrag einer Klasse oder des Volkes. Das Gedicht ist Ausdruck der in der Begegnung mit einer zurückgebliebenen Wirklichkeit wiedergefundenen Freiheit der Selbstgestaltung, die unter den bestehenden Verhältnissen allerdings zur inneren Emigration zwingt.

Diese junge Generation nimmt die Gesellschaft und den Staat, in dem sie lebt, nicht mehr als harmonisch und widerspruchsfrei hin wie die Älteren, sie identifiziert sich weder mit dem Staat noch mit der Partei, sondern fragt zuallererst nach sich selbst und besinnt sich auf die poetische Aktivität im individuellen Subjekt; die Stimmen gerade dieser jungen Dichter bezeugen doch sehr eindrucksvoll, wie wenig es Staat und Regierung bisher gelungen ist, dieser Generation ein eigenes Staats- und Nationalbewußtsein anzuerziehen. Wenn der Verfasser der ›Zehn Thesen zur Entwicklung der Lyrik in der DDR‹ es am Ausgang der sechziger Jahre bedauert, daß in der Lyrik der Jüngeren viele Gedichte ihrer Eindeutigkeit beraubt seien, daß sie mit Möglichkeiten der Verfremdung arbeiten, die oft »das Zurückweichen vor einer konsequenten Verfechtung der sozialistischen Ideologie« zudecken,[51] daß die »offene Parteinahme sozialistischer Dichtung, die Lenin als ihre Besonderheit gegenüber aller früheren Literatur aus der welthistorischen Funktion des Proletariats abgeleitet hat und im rhetorischen Urteil des Ich einen eindeutigen Ausdruck findet, [. . .] stark durch Formen der verschlüsselten Aussage ersetzt« sei,[52] so ist damit für ihn zugleich eine Diskriminierung der rhetorischen und agitatorischen Elemente in sozialistischer Lyrik gegeben, und es zeigt sich erneut die Inflexibilität einer ästhetischen Doktrin, die sich ihrer genuinen Methode, der Dialektik, selbst entfremdet hat.

Rainer Kirsch

Meinen Freunden, den alten Genossen

Wenn ihr unsre Ungeduld bedauert,
Und uns sagt, daß wir es leichter hätten,
Denn wir lägen in gemachten Betten,
Denn ihr hättet uns das Haus gemauert.

Schwerer ist es heut, genau zu hassen
Und im Freund die Fronten klar zu scheiden
Und die Unbequemen nicht zu meiden
Und die Kälte nicht ins Herz zu lassen.

Denn es träumt sich leicht von Glückssemestern;
Aber Glück ist schwer in diesem Land.
Anders lieben müssen wir als Gestern
Und mit schärferem Verstand.

Und die Träume ganz beim Namen nennen,
Und die ganze Last der Wahrheit kennen.

Als Kirsch diese Verse 1963 in einer Wochenzeitung (›Sonntag‹,
Nr. 7) publizierte, geriet er bald ins Feuer ideologischer Kritik, weil
er eine Kluft zwischen sozialistischem Traum und der realen Wirklichkeit, die diesen Traum noch verweigert, aufgerissen hatte, weil die
Kontrastierung von glückloser Gegenwart und erträumtem Glück den
Leser ohne Orientierung im sozialistischen Sinne lasse. Gerade die
Orientierungslosigkeit der Jugend angesichts einer nur durch Losungen und Formeln konkretisierten Zukunftsperspektive ist aber das
Thema des nicht sonderlich gelungenen Gedichts. Im Gesellschaftlichen wie Privat-Menschlichen geht es um den Abbau der Denk-
und Gefühlsklischees und um die Reflexion auf die Bedingungen
künftigen Glücks. Das Gedicht bezieht vorsichtig die unkonkrete
Glücksutopie auf die Glücklosigkeit der Gegenwart, und darin hat
es seine dialektische Fundierung. Das Glück ist schwer in diesem Land,
nicht weil der Sozialismus schlecht wäre oder die Bedingungen
menschlichen Glückes nicht gewährte, sondern weil der Sozialismus aufgebaut werden muß »unter den Bedingungen einer gespaltenen Nation«
und mit der Last einer faschistischen Vergangenheit, über die diese
Generation die Wahrheit wissen will, da sie sich nicht mehr mit der
Nachricht über die erfolgte Liquidierung des Faschismus östlich der
Elbe zufriedengibt. »Der Dichter muß sich der Zukunft versichern,
muß sich auf die so zweifelhafte Vernunft der Geschichte berufen,
um sich ebenso aus seiner erstarrten Gegenwart wie von einer mör-
derischen Vergangenheit zu befreien, heiße sie nun Faschismus oder
Stalinismus.«[53] Schwer ist das Glück in diesem Land, weil das politisch und gesellschaftlich Notwendige nicht ablösbar ist von legitimen menschlich persönlichen Interessen und weil diese Generation mit
einem Erbe angetreten ist, das nicht nur Verpflichtung, sondern auch

Last ist. Indem Kirsch diese Dialektik zur Sprache bringt, sprechen die Verse aus – unbeholfen zwar, aber ehrlich – was die Ideologie verbirgt.

Volker Brauns Gedicht ›Selbstverpflichtung‹ verfährt nur methodisch, nicht prinzipiell anders.

> Ich bin für den Wasserhahn. Er tropft so fein. Ah –
> Die Lampe leuchtet. Fast kann man was sehn! Und
> Die Straßenbahn fährt richtig hin und zurück!
> Ich vertrete diese Art der Fortbewegung aller
> Künftigen Menschen. Von den Häusern
> Fallen die Kacheln selten. Ich bin noch nie so
> Getroffen worden, daß es der Red wert wäre. Es lebe
> Die realistische Baukunst! Oh –
> 3. Klavierkonzert c-Moll. Beethoven. Ich bitte
> Weiteres Komponieren einzustell'n. Matter Glanz
> Der Kohle! Sanftes Perlen des Schweißes
> Unter Tage! Ich – bin aus der Ofenbranche
> Wolln wir den Enkeln das Vergnügen vorweg-
> Nehmen der Entwicklung rentabler Reaktoren?
> Den Chemikern die Chance, fast ohne Kohle
> Riesige Plastikwerkstätten am Leben zu halten? Mehr
> Bescheidenheit! Sind wir denn jetzt allwissend?!
> Erprobte Technologie! Kein Nachdenken mehr
> In einer ganzen Fabrik seit dreißig Jahren!
> Erfolgreiche Beibehaltung ehrwürdiger Normen! Und
> Edler Sport des Sandschippens: dieser traditions-
> Gebundenen Kunst der Weltveränderung!
> Ich begeistere mich für die großen Leistungen der
> Vergangenen Geschlechter. Ich schwör auf
> Die Erfindungen der Steinzeit. Ich
> Bleibe beim Leisten, ich Schuster.

Auch hier ist die Kritik am Gegenwärtigen kein Infragestellen der »Errungenschaften des Sozialismus«, sondern der Verfasser (geboren 1939) bleibt in ähnlicher Weise wie Bartsch und Kirsch dialektisch auf die gegenwärtige Wirklichkeit bezogen, d. h. er nimmt, wie Brecht es formulierte, dem Stoff nicht seine Widersprüche, die Dinge treten in ihrer »lebendigen, das heißt allseitigen, nicht zu Ende gekommenen und nicht zu Ende zu formulierenden Form« auf.[54] Das Gegenwärtige wird im Blick auf das Vergangene ironisch in Frage gezogen, um das, was sich als Fortschritt etabliert hat, als durchaus noch nicht so fortschrittlich zu dekuvrieren. Das Verhältnis des Möglichen zum Wirklichen wird hier thematisch, aber in der Weise, daß das, was eigentlich möglich ist, nicht auf den »gesellschaftlichen Finalzustand« (Mayer) projiziert wird, sondern das noch Mögliche springt in dialektischer Umkehrung aus dem Lob des Vergangenen als *Forderung* an die Gegenwart heraus. Der Verfasser schaut aufs

Antiquierte, um den Stillstand im Gegenwärtigen zu beweisen. So zollt der Dichter dem Geleisteten zwar seine Anerkennung, ohne in pathetische Töne zu verfallen, zugleich läßt er es in der ironischen Gleichsetzung mit dem Gestrigen als »Vorläufiges« hinter sich und sucht nach dem noch nicht sichtbaren Morgen. Die östliche Literaturkritik hat offenbar wenig Gespür für diese dialektische Intention der Gedichte Brauns und argwöhnte hinter seiner ironischen oder satirischen Behandlung der Gegenwart ideologische Quertreiberei. Wohl bescheinigt man ihm, daß er seine Verse »als mobilisierenden Faktor« bei der Beschleunigung »heutiger revolutionärer Prozesse in unserer Gesellschaft« konzipiert habe,[54] aber man sieht »anarchische Züge«, spürt »Momente von Ungerechtigkeit gegenüber den tatsächlichen historischen Errungenschaften der sozialistischen Revolution«,[55] man vermißt Pathos und Eindeutigkeit.

Die als revisionistisch verketzerten Lyriker orientieren sich, wo von ihnen eine bekennerische Aussage zum Sozialismus verlangt wird, nicht länger an der Utopie eines geschichtsfernen Finalzustandes, vielmehr an der Widersprüchlichkeit des Systems in der Gegenwart, an der Dialektik des Konkreten. So knüpft man an eine andere Tradition an als vorgeschrieben, an die Sageweisen Brechts. Realistische Lyrik sei, schreibt Günter Kunert, eine solche, »deren Spannungsmoment oder Grundmotiv oder Absicht oder Erkenntnis in der Wirklichkeit liegt. Der Realismus liegt im Gleichnis, in der Gesamtmetapher, im Gestus – nicht unbedingt in dem, was da auf dem Papier steht.« Mit dem, was der sozialistische Realismus fordert, ist diese Aussage unter Umständen nur schwer vereinbar, das besprochene Gedicht von Kurt Bartsch wäre demnach ein realistisches Gedicht. Zur realistischen Schreibweise in der Lyrik führe nicht die plane oder fotographische Abbildung der sichtbaren Realität, der Aufbauerfolge usw., sondern deren Gegen-Bild, an dem die Widersprüche im Gegenwärtigen im dialektischen Sprung sichtbar werden.

»Eigentlich sind alle Gedichte, ich meine realistische Gedichte, Lehrgedichte. – Lehrgedichte heute müßten *schwarze* Lehrgedichte sein, die mit schlechtem Beispiel vorangehen, das Negative (was ist das?) als Ziel zeigen – auf eine Art aber, die aus dieser Lehre eine ›Gegenlehre‹ ziehen läßt. Kurzer Sinn dieser Umständlichkeit: Alles direkte Vermitteln ist unmöglich geworden. Das klassische Lehrgedicht, wie es noch Brecht gemacht hat, immerhin schon mit einem Augenzwinkern, ist heute unmöglich.«[55a]

Auch das Gedicht von Volker Braun wäre demnach ein realistisches Gedicht. Nur noch in den intellektuellen Formen des dialektischen Spiels, der parabolischen Verschlüsselung, kann offenbar die Vernunft, vor welcher sich der Lyriker nach Brecht nicht zu fürchten habe, wirksam werden in jener schwierigen Zweifrontenstellung des Schriftstellers in der DDR zwischen Parteidoktrin und kleinbürgerlicher Passivität.[56] Nur dadurch entsteht zugleich das diese Gedichte bestimmende paradoxe Verhältnis von Zustimmung und Kritik gegenüber dem Staat und der Gesellschaftsordnung, in der man lebt, das zugleich der parabolischen Form ihre Vieldeutigkeit gibt.

Im Widerstreit zwischen gesellschaftlicher und individueller Existenz, zwischen Öffentlichem und Privatem ist das Spiel mit der dialektischen Verweigerung, das Zustimmung im prinzipiellen nicht ausschließt, dennoch nicht die einzige Möglichkeit, daß sich bei diesen jungen Autoren ein neues und ungewöhnliches lyrisches Sprechen herstellt. Daneben greift man zu einer Sprache, die gleichfalls über jene »Zwischentöne und Andeutungen« verfügt, ohne die eine Kunst trotz aller Redseligkeit »eine stumme Kunst«[57] ist: zur direkten oder metaphorisch verschlüsselten Klage.

IV.

Das Neue in der Lyrik der sechziger Jahre ist die Wiederentdekkung der eigenen Persönlichkeit als Grund und Gegenstand dichterischer Aussage. Das Gedicht wird Selbstgestaltung, ist nicht mehr Weltanschauungs- oder feiernde Bekenntnisdichtung. Erstaunlich bleibt, wie die ostdeutschen Literaturwissenschaftler vor dieser »Privatisierung« der Lyrik förmlich zurückschrecken. Nach wie vor ist »das Private [...] als poetisches Prinzip«[58] verpönt, da es zu einer Entpolitisierung der Lyrik führe. Volker Braun wird eben deshalb akzeptiert, weil er sich in der Mehrzahl seiner Gedichte »mit den arbeitenden Menschen« identifiziere, deren »produktives und sich immer mehr verwissenschaftlichendes Bemühen« er »als eigenes Anliegen überzeugend im Gedicht« fixiere.[59] Dennoch hat Braun sehr entschieden ein ganz persönliches Bekenntnis abgelegt und das kollektivistische Prinzip, den Modellcharakter der Geschehnisse, fallen gelassen, als es wirklich um das Schicksal eines einzelnen ging, um Reiner Kunze, der heute in allen Anthologien der DDR totgeschwiegen wird. Das Gedicht heißt ›R‹

>I.
>
>Er ist kein Krieger, kein Lohnsklave, kein Konzernschreiber
>Und doch kennt er Kampf und Not und Qual.
>Er lebt unter uns. Sein Name ist bekannt.
>Es betrifft diesen Einzelnen. Einen Menschen mit einem Namen.
>Ist es erlaubt, von *einem* Menschen zu reden?
>
>Er hat ein Herz, wie es die Liebenden malen
>Zwei volle Bögen, die endlich einander begegnen:
>Es pocht den vollen Bogen der Lust aus und den vollen Bogen der
>   Ungeduld
>Doch wir sagten ihm: dieser simple Hohlmuskel
>Pocht bißchen viel Lärm aus sich!

Und wir wollten den Schlag der Hämmer nur hören und nicht den
                                                        Herzschlag
Oder wir wollten, daß beides synchron erschalle
Den schnelleren Herzlärm wollten wir nicht begreifen.

Und sein Herz litt Not, kämpfte, quälte sich
Mitten unter uns, sein Name war uns bekannt.

Und als sein Lärm ausblieb, mußte sein Herz
In die Obhut der Ärzte, dieser
Simple Hohlmuskel.

II.

Darf auch nur *ein* Mensch
Allein treiben im Schiff seiner Lust?
Darf auch nur *ein* Mensch
Fliegen am Mast seiner Ungeduld?

Darf auch nur *ein* Mensch
Verlorengehn?

III.

Hier?

Diese Verse beeindrucken durch die Unmittelbarkeit ihrer Geste, ihrer
»Gesamtmetapher«. Hier, wo das einzelmenschliche Schicksal in Frage
steht, bedarf es nicht der ironischen Zweisinnigkeit, nicht des Gegen-
Bildes. Nur der Grund der Aussperrung Kunzes ist metaphorisch
chiffriert; im privaten Bereich, in der persönlichen Anteilnahme, wird
die Lyrik der DDR wieder bekennerisch, selbst wenn sich diese
Unmittelbarkeit noch hinter Fragen verbirgt, und es ist m. E. verfehlt, aus der mangelnden »sprach-reflexiven Komponente« einen
Vorwurf zu machen.[60] In den Gedichten Kunzes stellt sich eine in
moderner Lyrik nur selten zu findende, weil nicht mehr gewagte Unmittelbarkeit der lyrischen Sprechweise wieder her, deren Prinzip
auf Zurücknahme und Reduktion sprachlicher Mittel, der Rede selbst
beruht.

Zwei Erlebnisse prägen Kunzes Verse: das geteilte Deutschland und
die Begegnung mit dem tschechoslowakischen Volk in der Dubček-
Ära 1967-1968. Fehden mit der parteioffiziellen Orthodoxie wecken
das Gefühl der Fremdheit im eigenen Land. Wohl bei keinem der
jüngeren Lyriker sind Verlorenheit, Ratlosigkeit, das Ungenügen an
der Gegenwart, das Bewußtsein der Enge des Lebensraumes so heftig
zum Ausdruck gekommen. Der nur in der Bundesrepublik erschienene Band ›Sensible Wege‹, dem tschechoslowakischen Volke gewid-
met, enthält Gedichte von einer verzweifelten Bitterkeit, Parabeln
und Fabeln, in denen Spott und Satire keine Perspektiven mehr aufreißen, sondern eher die desparate Stimmung des Autors verstärken
und intensivieren. Er spricht vom Ende der Fabeln, d. h. vom Ende
der Kunst unter dirigistischem Zwang:

Das Ende der Fabeln

Es war einmal ein fuchs...
beginnt der hahn
eine fabel zu dichten

Da merkt er
so geht's nicht
denn hört der fuchs die fabel
wird er ihn holen
Es war einmal ein bauer...
beginnt der hahn
eine fabel zu dichten

Da merkt er
so geht's nicht
denn hört der bauer die fabel
wird er ihn schlachten

Es war einmal — — —

Schau hin schau her
Nun gibt's keine fabeln mehr[61]

Dahinter steht die Angst vor totaler Vereinsamung, weil der Staat der individuellen Stimme sein Gehör verweigert. Die Isolation des *Menschen*, das abgekapselte Leben in einer kleinen deutschen Stadt, »Ausgesperrt aus Büchern, / ausgesperrt aus Zeitungen / ausgesperrt aus sälen / eingesperrt in dieses land / das ich wieder und wieder wählen würde«,[62] ist die Qual des *Künstlers*, der sich verbissen noch zu diesem Staat bekennt. Der dritte Teil des Bandes heißt ›hunger nach der welt‹ und enthält einen Zyklus über ›die post‹: Ausdruck eines unbändigen Verlangens nach menschlicher Kommunikation über die Grenzen hinweg, nach der Versicherung eines eigentlich Menschlichen in unserem Leben, in das die zensierenden und kontrollierenden Maßnahmen des Staates eingreifen. Im Titelgedicht ›Sensible Wege‹, halb warnend, halb resignierend, das Bild menschlicher Verödung, des Raubbaus am Menschen:

Sensibel
ist die erde über den quellen: kein baum darf
gefällt, keine wurzel
gerodet werden

Die quellen könnten
versiegen

Wie viele bäume werden
gefällt, wie viele wurzeln
gerodet
in uns

Und auch das nationale Problem wird bei Kunze zu einem individuellen: Durch das geteilte Deutschland bricht im Menschen der Mensch entzwei:

Der Vogel Schmerz

Nun bin ich dreißig jahre alt
und kenne Deutschland nicht:
die grenzaxt fällt in Deutschland wald
O land, das auseinanderbricht
im menschen ...
Und alle brücken treiben pfeilerlos.

Gedicht, steig auf, flieg himmelwärts
Steig auf, Gedicht, und sei
der vogel Schmerz.

Wenn auch der leicht pathetische Anflug der Schlußzeilen in nicht
ganz stimmigem Kontrast zu der so unmittelbaren Klage des Eingangs steht und eine Poesieauffassung zu erkennen gibt, die auf klassische Muster einer Bekenntnisdichtung deutet, die nicht mehr völlig
überzeugt, zeigen sie doch, wie hier der Dichtung eine humane Dimension zurückerobert wird in der Unmittelbarkeit der Klage. In dem
Gedicht ›Wie die dinge aus ton‹ ist die Klage einer Verzweiflung
gewichen, die Destruktion des Menschlichen, die Selbstentfremdung
radikalisiert:

wir werden sein wie die scherben
der dinge aus ton: nie mehr
ein ganzes, vielleicht
ein aufleuchten
im wind.

Die vom sozialistischen Realismus geforderte Perspektivgestaltung
ist pervertiert. Auch in diesem Gedicht begegnet der Entwurf eines
Gegen-Bildes, aus dem aber nicht mehr eine Gegenlehre zu ziehen
ist, durch welches das negative Bild sich schließlich dialektisch wieder
aufheben würde.

Das Erlebnis dieser Jugend, abgekapselt, eingeschlossen in den Grenzen ihres Staates zu leben, findet ergreifenden Ausdruck in einem
Gedicht der 1935 geborenen Sarah Kirsch, betitelt ›Abendland‹:

1 Der Himmel hängt in Wolken
  Meer treibt auf Segeln, eilige Pflanzen
  bewegen sich fort, die Fische schrein
  zerschlagen die Flossen, fliegen im Rauch.

5 Wir wolln unser Haus
  öffnen, Feuer und Wind
  solln uns willfährig finden, wir geben
  den Lämmern vom Brot, dem Gras den Wein, mehr
  kann hier keiner tun, wir selbst
10 hängen in blauen Fäden des Himmels
  wir haben die Füße im Rauch
  wir können vor Tränen nicht sehen.

Das für die DDR-Lyrik formal erstaunlich kühne Gedicht ist in seiner komprimierten Bildersprache von einprägsamer Wirkung und künstlerischer Geschlossenheit. Beide Teile scheinen kaum aufeinander bezogen zu sein; die Bilder der ersten vier Verse lassen den personalen Bezug vermissen, der den folgenden Teil, freilich in einem unbestimmten Plural, ganz erfüllt. Einzig das Bild des Rauches erscheint später noch einmal. Den Eingang als Naturszenerie zu lesen, auch als deformierte, wäre verfehlt. Er ist allerdings auch keine bedeutungsfreie Bildmontage. Weder überhöht die Metaphorik dieses Eingangs noch zerstört sie einen Bezug des Menschen zur Außenwelt, spiegelt also kein Subjekt-Objekt-Verhältnis wider, sondern ist Chiffre menschlicher Befindlichkeit in bestimmten Lebensverhältnissen und wird sprechend für Lebenssituationen und deren Bedingungen; auch das Titelbild ›Abendland‹ bleibt unkonkret und ist weder als Stimmungsphänomen noch in geographischem Sinne gemeint, sondern Zeichen für ein von abendlich-nächtigem Dunkel umschlossenes Leben. Gemeinsam ist den Bildern die Verkehrung der gewohnten Ordnung der Dinge, der natürlichen Ordnung des Lebens; die ersten vier Verse malen eine verkehrte Welt: Der Himmel hängt in den Wolken, das Meer treibt auf den Segeln; Pflanzen bewegen sich von der Stelle, Fische erhalten Flügel und Stimmen. Was ist der Sinn dieser Umkehrung? Nicht die satirische Entlarvung einer unzulänglichen Gegenwart im Spiegel des Gegenbildes. Diese verkehrte Welt ist Chiffre der Orientierungslosigkeit und Hilflosigkeit des Menschen. Die Chiffre »Rauch« entschlüsselt das Gemeinte: Diese Welt ist vernebelt, die natürlichen Lebensbedingungen sind den Lebewesen entzogen; die Bewegung der Fische bleibt ziellos; der Rauch erstickt die Naturwesen wie die Menschen. Diese Chiffrensprache wird in ihrer Aussagekraft intensiviert durch die begleitenden, unmittelbaren Gesten, mit denen die Menschen ihr gefesseltes Dasein zu verändern hoffen: der Wille, das Haus zu öffnen, Wind und Feuer, das Leben also, hereinzulassen; sich denen, die draußen sind, den Fremden, anzuvertrauen; die sehnsüchtige Bereitschaft, vom eigenen zu geben, damit das Neue, das Lebendige, eintrete und die Demut vor dem Draußen, ihm zu willfahren: »mehr/ kann hier keiner tun«. Noch in der zweiten Gedichthälfte bleibt die Verkehrung der natürlichen Verhältnisse in den Gesten der Willfährigkeit und Demut durchgeführtes Strukturprinzip: den Lämmern vom Brot, dem Gras den Wein geben – Gesten einer ins Absurde gesteigerten, aber dadurch um so ausdruckskräftigeren Hingabe – und Opferbereitschaft da, wo es um die Beziehung zum abgekapselten Draußen geht.

In dieser Besinnung auf das Humane liegt doch wohl, allen ideologischen Verleumdungen und Fanalen zum Trotz, der Keim eines Neuen in der DDR-Lyrik, sofern eben dadurch auch der Dichtung selbst eine Bestimmung zurückgegeben wird, die sie in der Funktion einer Übermittlerin von Leitartikeln und Kampfparolen, in der Stupidität der Massengesänge verloren hatte. Wenn diese Gedichte überhaupt noch eine Perspektive aufweisen, so ist das nicht der Blick auf eine ferne Endphase des Sozialismus, sondern der Blick auf den Menschen.[63] Johannes R. Becher schrieb in seinen tagebuchartigen Aufzeichnungen ›Auf andere Art so große Hoffnung‹: »Das Neue in der Kunst beginnt mit dem neuen Menschen, zu dem sich der Künstler selbst zu wandeln hat.«[64] Die Entwicklung des Menschenbildes in der lyrischen Dichtung der DDR (wie auch in der gesellschaftlichen Wirklichkeit) ist anders verlaufen als man wollte; der »neue« Mensch lebt und handelt nicht aus der Ausschließlichkeit eines starren sozialistischen Bewußtseins, er ist nicht länger entindividualisierte Funktion der Partei, sondern einer, der in kritischer Weise bereit ist, nach sich selbst und nach seiner Umgebung zu fragen. Dialektisch-parabolisches Lehrgedicht, Klage und Elegie sind die lyrischen Formen, in denen sich dieser »neue« Mensch auszusprechen sucht. Die Saat Kubas und Fürnbergs, die Saat der fünfziger Jahre ist nicht überall aufgegangen. In der zweiten Hälfte der sechziger Jahre hat sich die lyrische Sprache in einigen Dichtungen junger und begabter Autoren in der DDR freigemacht von der Ideologie, »von den politischen Handlangerdiensten« und sichtbar werden lassen, daß »das Humane ein Wesenszug der Kunst, ja eine Bedingung des Kunstwerk ist«.[65]

Anmerkungen

* Dieser Beitrag wurde 1969 für die Zeitschrift ›Duitse Kroniek‹ verfaßt und erschien in deren 1. Heft des 22. Jahrgangs 1970, S. 2–25. Er ist jetzt geringfügig umgearbeitet und ergänzt worden. Zu größeren Änderungen sah sich der Verfasser nicht veranlaßt. Die Neuveröffentlichung der Studie scheint dadurch gerechtfertigt zu sein, daß in den inzwischen zahlenmäßig beträchtlich gewachsenen Publikationen zur Literatur in der DDR die hier behandelten Tendenzen nur wenig beachtet worden sind. Am eindringlichsten weist Peter Hamm, ›»Glück ist schwer in diesem Land...«‹ Zur Situation der jüngsten DDR-Lyrik‹ (›Merkur‹ 19 [1965], S. 365–379) auf die hier diskutierten Vorgänge hin, ohne freilich im einzelnen die von ihm vorgestellten Gedichte hinsichtlich ihrer dialektisch-didaktischen Struktur sprachlich zu analysieren. Vgl. ferner auch Fritz J. Raddatz, ›Zur Entwicklung der Literatur in der DDR‹ in: ›Die deutsche Literatur der Gegenwart. Aspekte und Tendenzen‹, hrsg. von Manfred Durzak, Stuttgart 1971, S. 337–365.
1 Vgl. Georg Lukács, ›Sozialistischer Realismus heute. Kritische Auseinandersetzung mit der Stalinzeit‹, in: ›Neue Rundschau‹ 75 (1964), S. 401 bis 418.
2 Ebd., S. 404.

3 ›Thesen zum sozialistischen Realismus‹, in: ›Neue Deutsche Literatur‹ 6 (1958), H. 3, S. 124.

4 Ebd., S. 125.

5 Michael Franz, ›Zur Geschichte der DDR-Lyrik‹, in: ›Weimarer Beiträge‹ 15 (1969), S. 1205.

6 Reiner Kunze, ›Sensible Wege. Achtundvierzig Gedichte und ein Zyklus‹, Reinbek 1969, S. 35.

7 Die Besinnung auf die wichtigen und richtigen literarischen Vorbilder wird gerade in den jüngsten Arbeiten zur Geschichte der Lyrik in der DDR in den Mittelpunkt gerückt, da eben in den letzten Jahren die Kontinuität in der Entwicklung einer sozialistischen Lyrik unterbrochen worden ist. Der Aufsatz von Michael Franz, ›Zur Geschichte der DDR-Lyrik‹, T. 1: ›Theoretische Grundlagen‹; T. 2: ›Ästhetische Differenzierungen; T. 3: ›Wege zur poetischen Konkretheit‹ (›Weimarer Beiträge‹ 15 [1969], S. 561–619, 763–810, 1166–1228) bezweckt nichts anderes, als die Lyrik wieder auf »Vordermann« zu bringen, d. h. mit der offiziellen Literaturpolitik wieder ins Einvernehmen zu setzen, und die ideologischen Abweichler wieder ans rechte Vorbild, die agitatorische Lyrik Erich Weinerts, zu gemahnen.

8 Zitiert nach Lothar von Balluseck, ›Literatur und Ideologie. Zu den literaturpolitischen Auseinandersetzungen seit dem 6. Parteitag der SED‹, Bad Godesberg 1963, S. 5.

9 Vgl. Hans Mayer, ›Zur Gegenwartslage unserer Literatur‹, in: H. Mayer, ›Zur deutschen Literatur der Zeit‹, Reinbek 1967, S. 365–373.

10 Johannes R. Becher, ›Verteidigung der Poesie. Vom Neuen in der Literatur‹, Berlin 1960, S. 109.

11 ›Thesen zum sozialistischen Realismus‹, a. a. O., S. 127.

12 Vgl. Gregor Laschen, ›Lyrik in der DDR. Anmerkungen zur Sprachverfassung des modernen Gedichts‹, Frankfurt/M. 1971 (= ›Literatur und Reflexion‹, Bd. 4), bes. S. 50–73.

13 Georg Maurer, ›Essays‹, Halle/S. 1968, S. 5.

14 Ebd., S. 7.

15 Eduard Goldstücker, ›Über Franz Kafka aus der Prager Perspektive 1963‹, in: ›Franz Kafka aus Prager Sicht‹, Prag 1966, S. 24.

16 Einem ähnlichen Zweck diente die vor einigen Jahren propagierte »Singebewegung«, in der alle Volksschichten, vor allem aber die Jugend, aufgefordert wurden, gegen den Einfluß westlicher zersetzender Schlager eine sozialistische Literatur zu pflegen (einschl. Volkslied und revolutionären Kampfliedern aus früheren Jahren). In den »Singe-Clubs« soll die Jugend in kollektivistischem Sinne zusammengehalten und von der individuellen, privaten Poesie der jungen Dichter weggeführt und wieder für die Lyrik interessiert werden, die »gesellschaftliche Objektivität im Kommunikationsprozeß« garantiert (Franz, a. a. O., S. 808). Das bedeutete abermals ein Anknüpfen an die Tradition des proletarischen Massenliedes, wie sie »in den Liedern der DDR-Lyrik von Anfang der fünfziger Jahre gegeben« ist (Horst Haase, ›Zehn Thesen zur Lyrik. Bemerkungen über die Entwicklung der Lyrik in der DDR seit der Delegiertenkonferenz des Deutschen Schriftstellerverbandes im Mai 1963‹, in: ›Neue Deutsche Literatur‹ 9 [1969], S. 182). Das Ziel ist, wie Haase rückschauend schreibt, den lyrischen Aussageformen eine größere Massenwir-

kung zurückzugewinnen, indem man das im Massenlied herrschende »anonyme Wir« durch ein lyrisches Ich ersetzt, »das sich zwar meist als Bestandteil eines Kollektivs empfindet, sich aber in stärkerem Maße diese Beziehungen bewußt zu machen sucht, beziehungsweise auf ihre bewußte Gestaltung einwirken will« (ebd.). Der politisch-propagandistische Zweck ist offenkundig. Man mußte einerseits Rücksicht nehmen auf die emanzipatorischen Tendenzen bei der jungen Generation, die sich in der »Freizeitgestaltung« dem Zugriff einer staatlich gelenkten Vergnügungsmaschinerie entzog, andererseits wollte man eben dadurch den *Prozeß* der Neueingliederung des einzelnen in ein Kollektiv fördern, daß man diese Lieder so konzipierte, daß der einzelne Sänger oder eine kleine Singegruppe eine stärkere Rolle spielt als im Massenlied und der einzelne also »mit dem Publikum konfrontiert ist, sich vor ihm bekennt und um seine Einbeziehung oder Mitwirkung ringt« (ebd.). Auch bei dieser Kollektivierung geht es also darum, individuelles Bewußtsein in gesellschaftliches umzufunktionieren und die »Entgegensetzung des ›Individuellen‹ und des ›Gesellschaftlichen‹, des Menschen als soziales Wesen und als Naturwesen« (ebd.), die als eine der beunruhigenden Tendenzen in den sechziger Jahren erscheint, aufzuheben.

17 Vgl. Dieter Schiller, ›Kuba, Wiens. Über einige Probleme der neuesten deutschen Lyrik‹, in: ›Weimarer Beiträge‹ 4 (1958), Sonderheft S. 75–94.

18 Zitiert nach Schiller, a. a. O., S. 87.

19 Schiller, a. a. O., S. 87.

20 Werner Hofmann, ›Universität, Ideologie, Gesellschaft. Beiträge zur Wissenschaftssoziologie‹, Frankfurt/M. 1968, S. 54.

21 Hans Mayer hat darauf aufmerksam gemacht, daß in der Dichtung der DDR das Verhältnis von Wirklichkeit und Möglichkeit keine Rolle mehr spielt, da nur »die Möglichkeit, nämlich die Welt der Nachgeborenen« zur Darstellung freigegeben ist. »Nicht so die Wirklichkeit der DDR überall dort, wo sie sich schlechterdings vor dem Blick des Heutigen nicht in ein dialektisches Verhältnis bringen läßt zum gesellschaftlichen Finalzustand« (a. a. O., S. 380). Es fragt sich aber doch, ob diese Dialektik nur auf den Umschlag von Theorie und Praxis bezogen werden darf und ob nicht in zunehmendem Maße Strukturen in die Lyrik Eingang finden, die zunächst einmal eine Dialektik des Denkens zu erkennen geben, das sich einen Freiraum geistiger Selbständigkeit schafft, so daß das Gedicht eben sprechen läßt, »was die Ideologie verbirgt«, daß es »übers falsche Bewußtsein« hinausgeht (Theodor W. Adorno, ›Rede über Lyrik und Gesellschaft‹, in: Th. W. Adorno, ›Noten zur Literatur I‹, Frankfurt/M. 1958, S. 77). Was Hans Mayer noch 1967 als Beispiele der »neuen Lyrik der DDR« anführt, wird keineswegs dieser neuen Literatur gerecht. So wird u. a. als Fazit seiner Betrachtungen ein Gedicht Brechts zitiert, das kurz nach Kriegsende geschrieben worden ist.

22 Haase, a. a. O., S. 175.

23 Ebd.   24 Ebd.

25 Günter Wünsche, ›*Rehabilitierung des Ich*‹

Gescholtenes, geschmähtes, denunziertes Ich,
wir schalten dich des Individualismus, der ist
eine Verkrüpplung des Hirns durch Aussperrung,

wir schmähten dich des Hochmuts, der ist
Ersatz für gestohlene Potenz,
wir denunzierten dich der Kollaboration mit den Krupp und Stinnes.

Gescholtenes, geschmähtes, denunziertes Ich,
wir bogen dich zu Gliedern einer Kette, reichend
von der Elbe bis zum Pazific, mit der erdrosselten wir
das Untier Kapitalismus, mit der zerrissen wir
den gigantischen Kadaver zu nützlichem Dung, mit der spannten wir
den Bogen für die Schußfahrt in den Kosmos.

Gescholtenes, geschmähtes, denunziertes Ich,
der klirrende Werktag in der gigantischen Kette schlug dir
den Schorf vom Antlitz, ließ dein Hirn in harmonischen Windungen wachsen,
öffnete deine Keimdrüsen springbrunnengleich. Daher verleihen wir
deinen Namen dem Menschen des befreiten Jahrtausends,
dem kommunistischen Menschen.

26 Vgl. dazu Albrecht Schöne, ›Über politische Lyrik im 20. Jahrhundert‹, Göttingen 1965 (= ›Kleine Vandenhoeck-Reihe‹, 228/229), insbes. S. 23 ff.; Gregor Laschen, a. a. O., bes. S. 112 ff.

27 Schöne, a. a. O., S. 21. Vgl. zu den Versen »die Partei / die Partei / die hat immer recht« das bei Schöne zitierte, sehr sprechende Pendant zu der Rede von Rudolf Heß vom 25. Juni 1934: »Mit Stolz sehen wir: Einer bleibt von aller Kritik stets ausgeschlossen − das ist der Führer. Das kommt daher, daß jeder fühlt und weiß: Er hatte immer recht, und er wird immer recht haben.« Schöne, a. a. O., S. 24.

28 Horst Haase, ›Interview mit Paul Wiens‹, in: ›Weimarer Beiträge‹ 15 (1969), S. 528.

29 Paul Wiens, ›Nachrichten aus der dritten Welt‹, Berlin 1957, S. 26.

30 Haase, ›Interview‹, a. a. O., S. 521 f.

31 Ebd., S. 526.   32 Ebd., S. 522.   33 Ebd., S. 522.

34 Ebd., S. 523.   35 Ebd., S. 522.   36 Ebd., S. 524.

37 Paul Wiens, ›Dienstgeheimnis, ein nächtebuch‹, Berlin 1968, S. 9.

38 Ebd., S. 115.   39 Ebd., S. 119.   40 Ebd., S. 68.

41 Haase, ›Interview‹, a. a. O., S. 524.

42 Ebd.

43 Wiens, ›Dienstgeheimnis‹, a. a. O., S. 9.   44 Ebd., S. 70.

45 Adorno, a. a. O., S. 82.

46 Wiens, ›Dienstgeheimnis‹, a. a. O., S. 70 f.   47 Ebd., S. 9.   48 Ebd., S. 71.

49 Haase, ›Interview‹, a. a. O., S. 528.

50 Verwiesen sei auf die heftige Diskussion, die darüber auf der Prager Kafka-Konferenz entbrannt ist. Vgl. ›Franz Kafka aus Prager Sicht‹, a. a. O.

51 Haase, ›Zehn Thesen‹, a. a. O., S. 178.

52 Ebd., S. 184.

53 Hamm, a. a. O., S. 374.

54 Bertolt Brecht, ›Gesammelte Werke in 20 Bänden‹, Frankfurt/M. 1967, Bd. 19, S. 394.

55 Christian Löser, ›Saison für Lyriker − genügend genutzt?‹ in: ›Neue Deutsche Literatur‹ 7 (1969), S. 157 f.

55a Zitiert nach Laschen, a. a. O., S. 95 f.

56 Hamm, a. a. O., S. 374.
57 Raddatz, a. a. O., S. 363.
58 Franz, a. a. O., S. 807.
59 Haase, ›Zehn Thesen‹, a. a. O., S. 177.
60 Laschen, a. a. O., S. 104.
61 Kunze, a. a. O., S. 13.
62 Ebd., S. 19.
63 Zum Begriff der Perspektivgestaltung vgl. Karl Otto Conrady, ›Zur Lage der deutschen Literatur in der DDR‹, in: ›Geschichte in Wissenschaft und Unterricht‹ 17 (1966), S. 740 ff.
64 Johannes R. Becher, ›Auf andere Art so große Hoffnung‹, Berlin 1951, S. 152.
65 Schöne, a. a. O., S. 54.

WOLFGANG R. LANGENBUCHER

Unterhaltung als Märchen – Unterhaltung als Politik

Tendenzen der Massenliteratur nach 1945

An den Triebstrukturen des Menschen und deren Bedürf-
nissen hat sich seit Jahrtausenden außer ihrer graduellen
Verfeinerung kaum etwas geändert.[1]

I. Methodische Fragen

»Wer sich vom Geniebegriff der deutschen Tradition freigemacht und
davon überzeugt hat, daß auch große Dichter nur im Zusammenhang
und im Vergleich mit der sie umgebenden Welt verstanden und gewertet werden können, findet zu seinem Erstaunen, daß die deutsche
Literaturgeschichte noch kaum begonnen hat.«[2] Diese resolute Behauptung Friedrich Sengles bringt hundertfünfzig Jahre deutscher Litera-
turgeschichtsschreibung auf einen knappen Nenner.
Über die Gründe dieses Versagens gibt es viele einleuchtende Ver-
mutungen. Eine wissenssoziologisch darauf konzentrierte Geschichte
des Faches muß erst noch geschrieben werden. Ein Kapitel, wahrscheinlich das längste einer solchen Studie, hätte der Frage nachzugehen, wie sich diese Wissenschaft an einen Literaturbegriff fixieren
konnte, der so ziemlich das meiste an »Literatur« unter den Tisch fallen ließ und so zur »Gratwanderung zu den hohen Gipfeln der Dichtung« (Martin Greiner) wurde.[3] Bis heute lassen sich viele Literaturwissenschaftler in dieser gewiß ästhetisch genußreichen und geistig anregenden Apologetik ihres hehren Gegenstandes nicht irritieren. Ihr
oft weihevoller Dienst an einer – vorgeblich – rational nicht auflös-
baren »höheren Wirklichkeit« der Literatur ließ ein Bewußtsein für
den tatsächlichen Umfang ihrer höchst irdischen Wirklichkeit gar nicht
erst aufkommen. Mehrfach wurde dem Fach diese Naivität von
Außenseitern angekreidet. Aber für logische Argumentation und methodische Überlegungen hatten seine Vertreter nur selten etwas
übrig.
Das provozierte schon 1870 Karl Krumbacher in seiner ›Geschichte
der byzantinischen Literatur‹ zu satirischen Anmerkungen: »Wenn ein
Naturforscher erklärte, er wolle nur mit dem Löwen und Adler, der
Eiche und Rose, mit Perlen und Edelsteinen, nicht aber mit widerwär-

tigen oder häßlichen Gegenständen wie der Spinne, der Klette, der Schwefelsäure sich beschäftigen, er würde einen Sturm von Heiterkeit entfesseln. In der Philologie sind solche Feinschmecker die Regel, die es unter ihrer Würde finden, ihre kostbare Kraft anderem als dem majestätischen Königsadler und der duftigen Rose zu weihen – und wir haben noch nicht gelernt, über diese Würdevollen zu lächeln.«[4]

Manches spricht dafür, daß heute eine jüngere Generation von Wissenschaftlern dabei ist, dieses Lächeln zu lernen. Allerdings: Wer die Hochschulschriftenverzeichnisse der letzten Jahre genauer durchforscht, wird erstaunt registrieren, wie wenige »Löwen« und »majestätische Königsadler«, »Eichen« und »Rosen« die Germanistikprofessoren und ihre Studenten als untersuchungswürdig kanonisiert haben. Ein paar bekannte Dichter wurden bis in die letzten Winkel durchforscht. Hier sei unterstellt, daß diese Arbeiten alle ihren guten Sinn haben – aber die Kehrseite dieser Akribie ist eklatant. Daß sich spätestens seit dem 18. Jahrhundert neben dem Höhenweg der Dichtung ein immer unübersichtlicheres System von Talwegen entwickelte, »die auf halber Höhe oder im tiefen Grund entlangführen« (Martin Greiner),[5] erregte nur selten die wissenschaftliche Neugier. Man resignierte vor den Stoffmassen oder rettete sich in eine Haltung hochmütig-herablassender Distanz.

In den letzten Jahren sind nun immerhin eine ganze Reihe literaturwissenschaftlicher Abhandlungen erschienen, die diese Behauptung zu widerlegen scheinen. Sie konkurrieren dabei mit psychologischen, soziologischen und kommunikationswissenschaftlichen Studien. Der Vergleich zeigt, wie groß die methodischen Unsicherheiten noch sind. *Moralische* oder *pädagogische Vorurteile* steuern das Interesse oft viel mehr als schlichte Erkenntnisabsichten. Unreflektierte *ästhetische Bewertungen* verhindern schon im Ansatz die unvoreingenommene Beschäftigung mit dem Gegenstand.

Nirgends wird diese ganze Problematik so deutlich wie beim Begriff »Trivialliteratur«. Mit dieser Bezeichnung wird völlig undifferenziert hantiert. Dabei impliziert sie zwei höchst fragwürdige Annahmen. Das Wort Trivial-Literatur als Name für kaum noch übersehbare weite Felder der Populärkultur suggeriert, daß es immer um Triviales und immer um Literatur ginge. Mit gutem Grund warf Robert Neumann in seinem geistreichen Essay ›Kitsch as Kitsch can‹ die Frage ein: »Nur weil auch hier das Buchdruckereigewerbe bemüht wird?«[6] Zu so lapidarer Argumentation sieht man sich veranlaßt, wenn man bedenkt, wie viel zum Phänomen »Trivialliteratur« analysiert und nachgedacht wurde, um am Ende versichern zu können, daß diese »Trivialliteratur« dichterischen Ansprüchen nicht genüge. Das klingt lächerlicher, als es ist, aber an mehreren Beispielen ließe sich demonstrieren, daß es den Erkenntnisgewinn so mancher Studie zwar vereinfacht, aber doch ohne Bosheit resümiert.

Bestes Demonstrationsobjekt für diese Thesen: ein 1964 unter dem Patronat von Walter Höllerer erschienener Sammelband mit diversen einschlägigen Aufsätzen. Die Autoren spüren ihrem Thema in vielen seiner Verästelungen nach. Von Karl May und Courths-Mahler ist ebenso die Rede wie von Comic strips, Schlagern, Science Fiction und dem Unterhaltungsroman vieler Sparten.

Und das alles wird über die Leiste »Trivialliteratur« geschlagen. Wo es die Autoren selbst nicht tun, sorgen die Herausgeber (Gerhard Schmidt-Henkel, Horst Enders, Friedrich Knilli und Wolfgang Maier) mit ihren prätentiösen Zwischentexten dafür.[7]

Erst am Ende, im Nachwort, dämmert den Herausgebern, wie fahrlässig es war, ihn von Anfang an zu strapazieren: »Es geriet so eine pejorisierende Zwangsvorstellung in die Argumentation.«[8]

Es lohnt, dieser Zwangsvorstellung und dem daraus resultierenden förmlichen Begriffsfetischismus nachzugehen. Einigkeit herrscht – von ein paar fragenden Nebenbemerkungen abgesehen – im Pauschalurteil von der Trivialität der analysierten Phänomene. Unentschieden bleibt nur, was mit diesem Verdikt nun ganz konkret gemeint ist: die Wortwahl, der Stil, die Psychologie, die formale Struktur, die Fabel, die Intentionen der Verfasser oder was es sonst noch geben mag?

Eindeutig ist Ulf Diederichs: »Die Diagnose ›trivial‹ ist eine ästhetische Entscheidung.«[9] Ihn interessiert das Problem des Trivialen, um es am Ende einem »schlüssigen ästhetischen Urteil überantworten« zu können. So geht üblicherweise der Literaturwissenschaftler vor. Trivialliteratur wird, genau wie sonst die Dichtung, zum »Objekt eines werkimmanenten Zugriffs«.[10] Wir erfahren etwas über die Anfänge und Schlüsse, den Gebrauch des Dialogs, verschiedene Sprachformen oder die Modelle der Erzählung. Solche Beschreibungen und Analysen sind durchaus aufschlußreich. Aber damit begnügen sich die Autoren nicht, da sie die »niedere« Literatur nicht nur »erkennbar« machen, sondern »auch denunzieren« wollen. Im gleichgesinnten Ästhetenkreis reicht fürs Denunzieren das bloße Vorlesen: Trivialität als ästhetischer Befund ist im Grunde banaler Nachweis. Hier mit einem imponierenden Apparat struktureller, werkimmanenter und literaturkritischer Methoden aufzuwarten, die sich am »sprachlichen Kunstwerk« bewährt haben, wirkt grotesk. Der Erkenntnisgewinn hält sich in bescheidenen Grenzen. Um darüber hinauszugelangen, um andere Befunde zu entdecken, muß man das Instrumentarium der Literaturwissenschaft ergänzen.

So werden immer wieder psychologische Begriffe zu Hilfe genommen: Trivialität erscheint als psychologischer Befund, denn die so beschaffene Literatur sei auf Gefühlserregtheit gerichtet und wende sich an das Gemüt. Sie »appelliert an vorhandene Spannungen und Verletzungen in den Lebenserfahrungen der Leser«,[11] aber sie tut es auf verlogene und triviale Weise, etwa durch ihren Konformismus, durch ihre widerspruchslose Anpassung an die jeweiligen gesellschaftlichen Verhältnisse. Auch guter Stil bewahrt in einem solchen Falle nicht vor Trivialität.

Die Reihe dieser »Befunde« und ihre Katalogisierung ließe sich ziemlich beliebig fortsetzen, wenn man der Verwendungsweise des Wortes »Trivialliteratur« einmal genau nachginge und dabei auf säuberliche Trennung der verschiedenen Bedeutungen achtete. Der erwähnte Band des Berliner ›Literarischen Colloquiums‹ bietet für das hier herrschende verwirrende Durcheinander erstaunliche Belege. Einmal bezieht sich der Vorwurf der Trivialität auf die psychologische Fundierung der Gestalten, dann auf die Konzeption eines »organischen Menschenbildes«, bei der Heimatliteratur auf deren reaktionären Charakter (den Abstand zur technischen und zivilisatorischen Entwicklung), dann ist es eine Frage der Optik; viele Formulierungen suggerieren, daß es a priori triviale Themen gebe (etwa Science Fiction), und andere, trivial bedeute, daß es nur um die menschlichen Instinkte gehe. Kurz, die Autoren verheddern sich völlig in dem Netz, das ihr Begriff darstellen soll, um damit die vielfältige Wirklichkeit der Gebrauchsliteratur zu analysieren.

Bleibt die Frage, warum die vielen Ornamente und Bedeutungen, die sie dem Wort »Trivialliteratur« gaben, so wenig zur Klärung und so viel zur Desorientierung beitragen; diese Frage zielt auf die »pejorisierende Zwangsvorstellung«, die die Herausgeber am Ende selbst in der Argumentation ihrer Autoren entdeckten. Daß diese unnötig sein könnte, bestreiten sie schlicht mit der schicksalsträchtigen Frage: »Aber wie ginge es anders?«[12]

Das wird schnell erkennbar, wenn man die Voraussetzungen dieser Zwangsvorstellung untersucht. Direkt oder indirekt rekurrieren alle Bewertungen, alle Verdikte gegen die Trivialliteratur auf eine Definition der anderen, der »hohen« Literatur, auf eine bestimmte Idee von »Dichtung«. Die Annahme solcher Prämissen macht die darauf bezogenen Urteile zu Resultaten eines bloßen Definitionstricks. Die raschen Werturteile verhindern das notwendige Verstehen der Tatsachen.

Durch einige neuere Arbeiten läßt sich literaturhistorisch nachweisen, daß die Ursprünge des modernen Unterhaltungsromans nicht aus einer Umformung und Teilhabe an der »literarischen Hochform« Roman erklärbar sind. Von der klassischen Kunsttheorie ohnehin verachtet, fand der unterhaltende Roman seine Gestalt durch ganz andere Einflüsse. Sie reichen vom schlichten mündlichen Erzählen über die religiöse Erbauungsschrift, die Form des Briefes und der Autobiographie bis hin zum stilisierten Dialog, wie er in der Konversation der literarischen Salons gepflegt wurde. Der Unterhaltungsroman entwickelte sich aus der realen gesellschaftlichen Kommunikation, aus dem aktuell bedingten Gespräch der Menschen untereinander. Prosaromane, nicht selten nur aus Dialogen bestehend, versuchen dieses Gespräch künstlich herzustellen: Sie sind Manifestationen der Kommunikation, in der die Gesellschaft sich selbst darstellt.[13]

Der so im 18. Jahrhundert entstandene bürgerliche Roman ist die »Zweckform« einer damals erst sich bildenden Leserschaft. Worin immer seine Bedeutung für diese liegt, was immer seine Funktion sein mag: die durch ästhetische Wertmaßstäbe definierte Bedeutung und Funktion des sprachlichen Kunstwerks setzt sich klar dagegen ab. Die Unterhaltungsliteratur ist nicht weniger als die »normschaffende Dichtung«, sondern »überhaupt etwas ganz anderes«.[14] Diese Bemerkung des Literaturhistorikers Martin Greiner hat für die Beschäftigung mit der populären Literatur eine befreiende Wirkung. Zwar wußten das auch schon Montaigne und etwa Schiller, aber die jahrhundertelange Auseinandersetzung mit den Produkten der Massenkultur wurde immer durch bestimmte Ansichten von den Funktionen der Kunst verdunkelt. Diese meist auf außerästhetische religiöse oder ethische Werte bezogenen Ansichten wechselten zwar, verstellten aber allesamt den Blick für jene Phänomene, die äußerlich der Kunst zwar ähnlich scheinen, aber in Wirklichkeit schon immer etwas ganz anderes waren. Geht es im einen Fall primär um ästhetische Weltgestaltung, so im anderen um die Erfüllung sozialer Bedürfnisse.

Mit diesen kritischen Anmerkungen zur Kritik der literatur-ästhetischen Beschäftigung mit der Trivialliteratur wird ein psychologischer, soziologischer und kommunikationswissenschaftlicher Blick auf dieses Phänomen vorgeschlagen. Es gilt, die Frage wissenschaftlich ernst zu nehmen, welche Bedeutung die Überfülle der Gebrauchsliteratur für den Menschen hat, welchen Einfluß sie in der Gesellschaft gewinnt, was wir aus ihr über das Gegenwartsbewußtsein ablesen können.

Aus solchen methodischen Vorüberlegungen sind auch begriffliche und definitorische Konsequenzen zu ziehen. Einen heuristisch interessanten Vorschlag dazu hat Helmut Kreuzer gemacht. Er weist nach, daß jede feste, vorgeblich »objektive« Grenzziehung zwischen »Literatur« und »Trivialliteratur« theoretisch willkürlich bleibt und definiert als »Trivialliteratur« einfach jenen Literaturkomplex, »den die dominierenden Geschmacksträger einer Zeitgenossenschaft ästhetisch diskriminieren«.[15] Dieses historisch-geschmackssoziologische Vorgehen schaltet allzuoft und unreflektiert einfließende subjektive ästhetische Werturteile des Analysierenden aus und führt auf eine umfassendere literarische Realität – das literarische Leben einer Zeit.

II. Überblick

Ein knapper Überblick – wenigstens über einen Sektor der Massenliteratur: den Roman – soll diese Begriffsbildung kurz erproben. Welche literarischen Produkte werden heute von den dominierenden Geschmacksträgern ästhetisch diskriminiert? Als Antwort auf diese

Frage sei die These formuliert, daß das heute jene Literatur ist, die in den literaturkritischen Organen der literarischen Elite gar nicht oder nur höchst sporadisch, als gleichsam exotisches Einsprengsel, behandelt wird.

Dazu gehören vorab die Millionen *Groschenromanhefte*. Es sind nur ein Dutzend Verlage, die sich hier betätigen, aber sie beschäftigen nahezu 2000 Autoren und erreichen mit ihren Produkten jeden dritten Deutschen zwischen 25 und 70 Jahren, unter den Jugendlichen sogar sicherlich einen noch höheren Prozentsatz. Neben den tratitionsreichen Frauen- und Liebesromanen hat ein Umschwung des Publikums-geschmacks in den fünziger Jahren härtere Serien zu großen Erfolgen gemacht. An der Spitze steht ›Jerry Cotton‹, jede Woche erscheint ein Heft in einer Auflage zwischen 200 000 und 300 000. Jedes Exemplar erreicht im Durchschnitt acht Leser! Ähnliche hohe Auflagen erzielt die Weltraumserie ›Perry Rhodan‹, die Science Fiction populär machte. Ein anderer Verlag hat sich seit langem auf Landser-Reihen spezialisiert und nährt damit des deutschen Mannes Kriegserinnerungen. Die Gesamtauflage all dieser Heftchenromane, die in über 100 Serien erscheinen, beträgt 14 Millionen pro Monat.[16]

Nächste Stufe: Romane, die speziell für gewerbliche *Leihbüchereien* produziert werden, in Art und Zuschnitt nicht viel anders als Heftromane. Historisch war die Leihbücherei einmal eines der wichtigsten Distributionssysteme für das Buch, heute handelt es sich um »ein verkümmerndes Gewerbe am Rand der Unterhaltungsindustrie«.[17]

Auch die *Taschenbuchproduktion* muß hier erwähnt werden, weil es ja nicht nur die Reihen der »seriösen« Verlage gibt. In Hamburg erscheinen die ›Bücher der Gartenlaube‹, aber auch bei den großen, bekannten Taschenbuchverlagen – Goldmann, Rowohlt, Heyne etwa – enthalten die Titellisten zahllose in- und ausländische Unterhaltungsromane im hier verstandenen Sinne.

Weiter wären die Angebote der *Buchgemeinschaften* und *Leseringe* genau unter die Lupe zu nehmen. Ihr Programm unterscheidet sich in vielen Teilen zwar kaum von dem des traditionellen Buchhandels, aber im Sektor Unterhaltung fällt auf, wie groß neben den gängigen Bestsellern die Zahl gleichsam »klassischer« Unterhaltungsromanciers ist. Karl May, Alexandre Dumas, Ludwig Ganghofer, Margret Mitchell, Vicky Baum, John Knittel, Gwen Bristow und viele Dutzend weiterer Namen – sie wandern seit Jahrzehnten von Programm zu Programm und finden immer neue Lesergenerationen.

Die Premieren der unterhaltenden Bestseller-Literatur finden im *Sortimentsbuchhandel* statt, meist aus dem großen Reservoir der anglo-amerikanischen Unterhaltungsliteratur stammend. Aber auch in der Bundesrepublik gibt es »gute Konfektion«. Namen wie Hans Helmut Kirst, Willi Heinrich, Johannes Mario Simmel oder Alice Ekert-Rotholz signalisieren, was damit gemeint ist.

Immer wieder findet man auf dem Buchmarkt auch Einzelgänger – so etwa Hans Ernst, den sein Verlag als einen »Dichter der Bergwelt und ihrer Menschen« anpreist, Zeichen einer literarischen Sonderkultur, die kaum je ins Blickfeld der dominierenden Geschmacksträger tritt.

Neben dem Buchmarkt ist es vor allem die Presse, die Unterhaltungsliteratur in die Gesellschaft hineinvermittelt. Nach 1945 sah es eine Weile so aus, als ob die Tageszeitungen auf den *Fortsetzungsroman* verzichten würden, aber das änderte sich schnell wieder. Heute druckt jede Zeitung wieder täglich ihren Roman, teilweise Vorabdrucke, zum größeren Teil aber eigens für diesen Zweck geschriebene Werke, die von Romanbüros, z. T. als fertige Matern, vertrieben werden.

Interessanter als die Fortsetzungsromane der Tagespresse sind die *Illustriertenromane*. Sie gehören zum wichtigsten Ingrediens der Stoffmischung dieser Publikumszeitschriften mit Millionenauflagen, heute freilich nicht mehr so zentral wie um 1960. Mit den großen Erfolgen verbinden sich Namen wie Hans Ulrich Horster (ein Pseudonym für mehrere ›Hör-zu‹-Autoren), Heinz G. Konsalik (ein Vielschreiber ohne Beispiel in der Branche), Stefan Olivier (ein Pseudonym für Reinhart Stalmann, der einst 1951 mit einem Kriegsroman debütierte, den viele Kritiker zusammen mit Heinrich Bölls Erstling rezensierten!), Johannes Mario Simmel (der inzwischen nur noch Buchromane schreibt), Will Berthold (einst Spezialist für Kriegsromane), Stefan Doerner, Jens Bekker, Henry Pahlen, Linda Strauß und viele andere.[18]

Diese Hinweise deuten den Umfang der Unterhaltungsliteratur an. Bezeichnenderweise gibt es bei uns darüber keine Gesamtdarstellung, dafür beschäftigten sich die Literaturwissenschaftler der DDR um so intensiver damit, zuletzt Klaus Ziermann, der diese »Romane vom Fließband« als imperialistische Massenliteratur analysiert.[19]

III. Ansatz

Wie läßt sich nun die Fülle dieser ästhetisch diskriminierten Literatur in den Griff bekommen? Die Antwort gibt der – fast beliebige – Blick in die tägliche Produktion, am deutlichsten bei den Publikumszeitschriften, den großen Illustrierten und Frauenjournalen.

Als 1966 in Bonn die Große Koalition an die Regierung kam, konnte man ihren Roman schon wenige Wochen später in einer Illustrierten nachlesen. ›Geliebte Hölle‹ überschrieb die ›Quick‹ ihren »großen Schlüsselroman« über Bonn, »wie es liebt und intrigiert«, dieses »Nest voll Intriganten und ehrgeizigen Emporkömmlingen«, dieses »Pflaster, auf dem Gemeinheit gedeiht«. Nun werden auch die Herren von der SPD in diesen »Sumpf« gezogen, mitsamt ihren Sekretärinnen und

Referenten bis hin zum Chauffeur. Und: »Es ist verdammt schwer, sauber zu bleiben, sobald man erst mal im Dreck von Bonn steckt.«

Im Frühsommer 1967 fand im Nahen Osten der Sechs-Tage-Krieg statt. Wohl nur Stunden nach den ersten Nachrichten machte sich Heinz G. Konsalik als einschlägig erfahrener Romancier ans Diktiergerät und schrieb für die ›Neue Revue‹ die epische Fassung dieser Geschehnisse: ›Liebe auf heißem Sand‹. Schon im November lag die Buchausgabe vor: ›Haß und Spionage im Vorderen Orient‹.

Das »Ereignis« des Schahbesuchs in Deutschland war wohl weniger inspirierend, fand aber einige Monate später auch seinen Erzähler. T. S. Laurens schrieb für die ›Bunte Illustrierte‹ den »neuen, großen Abenteuerroman« mit dem Titel ›Arabische Nächte‹. Unter ihren Sternen werden die Pläne für die Demonstrationen in der Bundesrepublik ausgedacht. Die Drahtzieher: Großgrundbesitzer und Ölscheiche, die der fortschrittliche Schah naiverweise glaubte entmachtet zu haben. Ihre Devise: »Der Besuch des Schahs in Deutschland muß zu einem Fiasko werden.«

Die Reihe dieser Beispiele ließe sich fortsetzen. Zu den Illustriertenromanen kämen zahllose Titel aus der Buchproduktion vieler Verlage.

Eines wird evident: Diese Romanautoren sind gängigen Zeitthemen flink auf den Fersen. Sie sind Reporter, die sich der Form des Epischen bedienen. Von ›Contergan‹ bis zur »Republikflucht«, von der »Krankenhausbürokratie« bis zu ›Lebensborn‹, vom »Waffenschiebergeschäft« bis zur »Diagnose Krebs«, vom tödlichen »Verkehrsunfall« bis zur »Anti-Baby-Pille«, über die »Herztransplantation« zur Giftgasproblematik oder den Prager August-Ereignissen von 1968: Aktualitäten aller nur denkbaren Art sind Versatzstücke ihrer »epischen Welten«.

Das Vier-Millionen-Funk- und Fernsehblatt ›Hör zu‹ hat es auf einen kurzen Nenner gebracht. In einem Prospekt wird für die unter den drei verlagseigenen Namen Hans Ulrich Horster, Adrian Hülsen und Klaus Hellmer von wechselnden Autoren zusammengeschriebenen Romane postuliert: »Menschen der Gegenwart, Probleme der Gegenwart: eine Romanreihe, die im besten Sinne ein blanker Spiegel unserer Zeit ist.«

Es ist die eigentliche These dieses Beitrages, daß die Werbetexter von ›Hör zu‹ recht haben und daß ihre »Erkenntnis« in spezifischer Weise auf alle Unterhaltungsliteratur zutrifft. Wie das zu erklären ist, hat einleuchtend Siegfried Kracauer klargemacht, der in der alten ›Frankfurter Zeitung‹ eine noch heute höchst lesenswerte Serie des Titels ›Wie erklären sich große Bucherfolge?‹ inaugurierte. Resümierend formulierte Kracauer: »Der große Bucherfolg ist das Zeichen eines geglückten soziologischen Experiments, der Beweis dafür, daß wieder einmal eine Mischung von Elementen gelungen ist, die dem

Geschmack der anonymen Lesermassen entspricht. Eine Erklärung für ihn bieten allein die Bedürfnisse dieser Massen, [...] nicht aber die Beschaffenheit des Werkes selber – oder doch nur insofern, als sie jene Bedürfnisse stillen. Und sollten sie gar wirkliche Spuren von Substanz mit sich führen: sie verschaffen dem Buch sein Renommee nicht in ihrer Eigenschaft als Gehalte, vielmehr als Widerspiel der im sozialen Raum verbreiteten Tendenzen.«[20]

Zwischen den Konsumenten und Produzenten der massenhaft verbreiteten Unterhaltungsliteratur herrscht eine gleichsam prästabilierte Harmonie. Erfolgreiche Bücher sind das tönende Echo ihrer Leser, Ausdruck ihrer geheimsten Wünsche und Träume, Spiegel der tatsächlichen Kommunikationsstruktur der Gesellschaft. Ein Schriftsteller trifft den Geschmack einer Millionenleserschaft, wenn er diese nicht anspricht, sondern ausspricht, wenn es ihm gelingt, ein treffendes Bild der anderen zu entwerfen. Er leistet damit eine sprachliche Vermittlung von Gefühlen und Träumen, Emotionen und Wünschen, Erlebnissen und Sehnsüchten, deren Relevanz – wie der Sozialpsychologe Peter R. Hofstätter meint – wir gern unterschätzen, weil unser Leitbild vom Menschen in der technischen Zivilisation noch immer allzu puritanisch ist.[21]

So liefert diese Gattung der Romanliteratur eine Chronik der Zeit auf ihre Art. In ihr werden die Themen aufgegriffen, die im Gespräch sind, die die Menschen aktuell bewegen. Das fördert die Identifikationsmöglichkeit: sie ist vollkommen, wenn der Leser die »Welt« der Romanpersonen als »seine Welt« empfinden kann. Der Held sollte ein Mensch sein »wie du und ich«. »Ein Mensch« – das ist unbestimmt genug, um auf vieles zuzutreffen. Ein Mensch – gleichen Geschlechts, gleicher Herkunft, gleichen Denkens. So wird ein emotionales Partizipieren erreicht mit anderen Menschen in einer anderen Welt – wenigstens für ein paar Stunden. Wichtigstes Vehikel solcher Identifikation aber ist das Anbinden der Fiktion an die dem Leser bekannte Gegenwart. So spielen viele der erfolgreichsten Romane vor dem Hintergrund einer vertrauten Welt. Sie suggerieren Lebensnähe.

Aber der direkte, historische Zeitbezug macht nur die Oberfläche aus. Deshalb gilt es zu differenzieren, wenn man den Begriff der »Aktualität« zum Ausgangspunkt einer Analyse der Unterhaltungsliteratur vorschlägt. So häufig Zeitthematiken in diesen Romanen aufgegriffen werden – sie stellen nicht die Wirklichkeit dar, wie sie ist. So sehr ihre Aktualität ständig betont wird – es sind nur dünne Fäden, die sie an die Gegenwart binden. Ansonsten sind sie bestimmt von der subjektiven Gegenwart menschlicher Wünsche und Träume. Diesen geheimen, halbbewußten Sehnsüchten der Leser passen sie sich an. So kann die Werbung für einen Prager-August-Roman (von Heinz G. Konsalik) lauten: »Die süße, romantische, zu jedem Opfer bereite Liebe [...] die wilde, alle Dämme einreißende Leidenschaft [...] sie können jetzt unser Herz rühren, sie hätten es vor zehn Jahren gekonnt und werden es auch noch in zwanzig Jahren können [...] Es ist deshalb auch kein politischer Roman, sondern die bittersüße, ewig sich erneuernde Liebesgeschichte junger Menschen im Schatten der Politik.«

Diese Romane sind also paradoxerweise Zeitromane, weil sie – zeitlos sind. Sie könnten heute spielen oder vor tausend Jahren. Sie sind nicht tagesaktuell. Sie erzählen von einer Wunschwelt, sie sind Märchen für Erwachsene. Aber für den Leser sind sie aktuell, aktuell für sein ganz persönliches Leben, gerade wenn es um »allgemein menschliche« Probleme geht. Hier wird sichtbar, was man die anthropologische Dimension dieser Literatur nennen könnte. Sie ist Zeitliteratur, gerade weil sie von zeitlosen Themen wie der Liebe handelt. Ihre Themen sind immer aktuell, weil ständig subjektiv aktualisierbar und zugleich nie tagesaktuell, weil von »ewigen« Dingen handelnd. Deshalb ist gerade die Liebe der Angelpunkt aller Traumfunktionen des Romans. Daran hat sich von Marlitt zu Barbara Noack, von Friedrich Spielhagen zu Willi Heinrich und Stefan Olivier wenig geändert.

Karl Kraus hat dafür den griffigen Ausdruck gefunden, daß diese Geschichten darauf aus seien, »die Ewigkeit zu journalisieren«.[22]

Zur Gewinnung eines analytischen Instrumentes ist es nützlich, *drei Grundformen dieses Zeitbezuges* der Unterhaltungsliteratur zu unterscheiden:

– *Der Zeitbezug kann sich als Wirklichkeitsbezug zeigen.* Ein Romancier versucht, über das zu informieren, was in der Welt vorgeht. Seine Erzählhaltung, seine Methoden der Stoffbeschaffung nähern sich der des Reporters.

– *Der Zeitbezug resultiert aus der Manifestation und Befriedigung der Wünsche und Träume einer Gesellschaft,* die – eingelagert in die Realität – jederzeit aktualisierbar sind.

– *Der Zeitbezug besteht in einer »publizistischen« Intention.* Der Roman wird so zu einem Mittel gesellschaftskritischer und politischer Publizistik. Er dient der Belehrung, der ideologischen Beeinflussung, er wird zum Instrument im Meinungskampf.

Diese drei Grundformen kommen selten »rein« vor: Das bloße Wunschbild ist ebenso selten wie die nüchterne Zeitdarstellung. Interessant für die kritische Analyse sind die Mischungsverhältnisse, das unterschiedliche Gewicht der jeweils erfüllten Funktionen. Der Typ I – der Tatsachenvermittler – und der Typ III – der politische Publizist – sind kaum voneinander zu trennen. Und beide verschmähen in der Regel auch nicht die erzählerischen Kunstmittel des Typ II – des Märchenerzählers –, um ihre Leser bei der Stange zu halten. Nur so können sie ihren eigentlichen Zweck, die politische Wirkung, erreichen.[23]

IV. Unterhaltung als Märchen

Zwei Beispiele aus den fünfziger und aus den sechziger Jahren: die ›Hör zu‹-Romane und Anne Golon mit ihrer ›Angélique-Serie‹ können demonstrieren, welche Tendenzen die Massenliteratur hier entwickelte.

Hans-Ulrich Horster war das Pseudonym eines wechselnden Autorenteams, das – inspiriert vom Chefredakteur Eduard Rhein – in den Jahren nach 1950 der Funkzeitschrift ›Hör zu‹ ihre großen Auflagenerfolge eintrug. Alle diese Romane wurden verfilmt – meist mit prominenten Schauspielern wie Ruth Leuwerik oder O. W. Fischer. Typisch z. B.: ›Ein Student ging vorbei‹. Der Klappentext verspricht »einen Kampf der Leidenschaften, der das solide Familiengefüge völlig erschüttert [...] Liebe [...] Tragödie [...] Ruhe und Geborgenheit [...] abgeschirmte Welt [...] alles zerstörende Flammen [...].« Die Grundbestandteile und -motive in den Romanen Horsters bleiben ziemlich konstant, nur Orte und Landschaften und die Namen der Personen wechseln. Die Hauptthemen sind: Liebe und Reichtum und – oft sehr typisch damit verquickt – Schönheit. Auch Sicherheit, Ruhm und Pflichterfüllung spielen eine Rolle. Eng mit dem Reichtum ist außerdem die Sehnsucht nach der Ferne gekoppelt.

Der Roman beweist nachdrücklich, welch überragende Bedeutung dem Thema »Liebe« in solchen Kommunikationsformen zukommt. Das gilt sehr allgemein. 80 Prozent aller Filme, Romane und Fernsehspiele in den USA haben die Beziehungen zwischen Mann und Frau zum Hauptthema.

Alle Befriedigung wird aus dem Lieben und dem Geliebtwerden erwartet.

Bei Horster ist auch Reichtum fähig, fast alle Probleme zu lösen. Er macht, daß auf dem Umweg über den Schönheitschirurgen aus dem »Entlein« ein »strahlender Schwan« wird. Die Liebe läßt dann nicht mehr lange auf sich warten, und auch innere Sicherheit ist durch Schönheit schnell gewonnen. Reichtum erfüllt dazuhin den sehnsüchtigen Wunsch nach der Ferne. Sie ist das Zeichen der Weltflucht. Die Ferne trägt von unserer Wirklichkeit hinweg in »gleichgültige Weiten«.

Für den, der es sich nicht selbst leisten kann, reisen die Gestalten der Romane. Horster weiß das und holt sich seine Personen aus Übersee, läßt sie Ferien und Reisen machen und den Luxus in berühmten Städten genießen.

Als zwei der Hauptgestalten geheiratet haben, verbringen sie einige Tage in einem kleinen Dorf: »Der Spätherbst dieses Jahres ist hochsommerlich warm. Es ist, als verströme die Natur noch einmal ihren Glanz, bevor Kälte und Frost sich lähmend über alles Leben legen. Die Wirklichkeit hat in dieser Traumwelt für Brandt und seine junge Frau die Gewalt verloren. Ein Rausch des Glücks läßt sie die Sorgen völlig vergessen. Brandt schließt die Augen. Das ist das Ende einer Woche voller Seligkeit.«

Diese Sätze tragen die kritische Analyse des Zustandes, den sie schildern und hervorrufen wollen, schon mit sich. Besser läßt sich kaum beschreiben, wie der wunschbildliche Roman zum »bewußten und unbewußten Umgehungsmanöver« (Siegfried Kracauer)[24] wird.

›Ein Student ging vorbei‹ spielt im Tübingen des Jahres 1954. Diese geographische, historische und soziale Situation wird als real nur durch Banalitäten suggeriert. Einige Details haben das Signum der Authentizität. Darüber hinaus aber? Von einer Familie heißt es einmal, sie bewohne eine typische »neureiche« Villa. Doch zu mehr als dem Satz: »Heute fragt es sich, ob der Schrotthändler den Apothekersohn akzeptiert«, schwingt sich solche »Zeitkritik« kaum auf. Vor schwer verdaulicher Wirklichkeit wird der Leser verschont, seine Wunschbilder dagegen werden bestätigt. Ein tatsächliches »Heute« wird selten vergegenwärtigt. Schauplatz ist das »liebe, alte Tübingen«, auf dessen Marktplatz das Mondlicht scheint, »wie schon vor hundert und zweihundert Jahren, wenn hochgestimmte junge Zecher das Lokal verließen«. »Der Marktbrunnen rauscht sein altes Lied.« Man sieht: hier läßt die »Heimat« ihre Macht walten.

Was ausgeklammert bleibt, ist die Arbeit. Nur in einer Gestalt wird, was Arbeit ist, deutlicher. In ihr realisiert sich das Ethos selbstloser Pflichterfüllung, das als moralisches Moment in der deutschen Gesellschaft lange genug seine fatale Rolle spielte und für die Selbstaktualisierung einzelner auch heute noch immer hat.

Sein »Gesellschaftsbild« holt sich der Roman aus der Vergangenheit. Die »gute Gesellschaft« wirkt als ein soziales Regulativ. Sie legt »Eis« um das Haus derer, die sie verachtet oder nicht akzeptiert. Was diese Gesellschaft als soziale Realität ist, bleibt im Dunkel. Sie wird nie in ihrer tatsächlichen Struktur angedeutet, geschweige denn abgebildet. Sie manifestiert sich einzig als »Klatsch«. Das Verhalten der Personen bestimmt, daß sie »das kleine Geschwätz dieser Stadt« fürchten. Man kann zum »Gespött der ganzen Stadt« werden (Tübingen hat über 50 000 Einwohner!). Gerüchte ergießen sich wie eine »Springflut durch die Straßen und Gäßchen Tübingens«.[25]

Nicht Taten also zählen, wirkliche gesellschaftliche Mechanismen, Machtverhältnisse, Schichtunterschiede: der Klatsch reguliert alles, er ist *die* soziale Macht.

Die gesellschaftliche Wirklichkeit wird auf bald harmlose, bald verruchte Weise beschönigt und entstellt. Politische Phänomene gibt es in dieser Welt nicht; in ihr spielen sich – wie ein Untertitel von Horster lautet – »Balladen vom flimmernden Rummelplatz des Lebens« ab.

Man kann diesen Untertitel förmlich auf der Zunge zergehen lassen: Er registriert zeichenhaft, wie die Gesellschaft sich in diesen Romanen spiegelt. Eindeutige Gefühle produzieren sonnenklare Schicksale. Aus Konkursen und Karrieren, aus Unglück und Pech schlagen die Autoren die Stoffe für ihre immer-gleichen Geschichten. Die Darstellung konkreter »Welten« wird ersetzt durch Allerweltsthemen aus dem bürgerlichen Traumbasar: Liebe, Abschied, Ferne ...

Die Horsterschen Romane, hier als Modell des reinen Wunschbildes analysiert, dienen der Verklärung und Apologie bestehender Verhältnisse, sie bestätigen, ohne je in Frage zu stellen. Ihr Blick wendet sich der Vergangenheit zu, sie sind rückwärts gerichtete Utopien. Ihre Ideologie ist konservativ bis reaktionär, die Leitbilder autoritär; die Psychologie resultiert nicht aus konkreten Verhältnissen, sondern elementargewaltigen Gefühlen, die seit Ewigkeit zum Menschen gehören.

Solche Autoren und Autorinnen gehen eifrig die Trippelschritte der Marlitt und Courths-Mahler. Was sie schreiben, ist die rigorose Trivialisierung einer typisch deutschen Spielart von »Dichtung« im Stile von Hermann Hesse oder Ina Seidel, Hans Carossa oder Ernst Wiechert. Robert Minder nennt das die »Gipsklassik«: eine reine Welt aus Innerlichkeit, ein Stilleben im Riesenausmaß.[26]

Zu diesem Romantyp zählen vor allem auch die meisten historisch-abenteuerlichen Frauenromane. Neuestes, geradezu kolossalisches Beispiel: die ›Angélique‹-Serie von Anne Golon. Sieben Bände – aus dem Französischen übersetzt – haben in den letzten Jahren die deutschen Bestsellerlisten geziert – ein Ende ist noch nicht abzusehen.

Man muß schon zu der Sprache der hier zu analysierenden Objekte greifen, um ihnen gerecht zu werden: was ist das »Geheimnis« des Erfolges der ›Angélique‹-Roman-Reihe von Anne Golon? Woher rühren die »Magie«, die »Verzauberung«, die von den bislang sieben Bänden über »Leben und Liebe« der »unbezähmbaren Angélique« ausgehen? Was läßt Millionen Leserinnen – auch Leser? – in über dreißig Ländern dieser Erde »außer Fassung geraten«, wenn wieder einer dieser fünfhundertseitigen Schmöker auf dem Ladentisch der Buchhändler landet? Was steckt dahinter? Wie läßt sich dieses literarische Ereignis eigener Art erklären?

Anne Golon liefert die Ansätze einer Wirkungsanalyse in ihren Romanen gleich mit. Sie ist offen und frei genug, auch ihren Lesern genau zu sagen, wie gut sie die psychologischen Gesetze ihrer Branche kennt: »Wußte man, aus welch unterschiedlichen Träumen die Frauen ihr Glück schmiedeten? Für die eine war der Gipfel ein Perlenkollier, für eine andere war es der Blick des Königs, für eine dritte die Liebe eines einzigen Wesens, für andere wiederum waren es die bescheidenen Befriedigungen der Hausfrau, das Gelingen des Eingemachten, zum Beispiel.«

Träume sind es, aus denen die Frauen ihr Glück schmieden, unsicher nur bleibt: welche? Dieser Unsicherheit begegnet Anne Golon mit

Massenhaftigkeit, mit einem breiten Sortiment, mit einem wahren Traumbazar. Reich und unausschöpflich, immer wieder neu sind die Träume fabulierend instrumentiert und alles »Suchen nach dem Sesam, dem Zauberspruch« endet bei dem *einen* Traum: »Und plötzlich fand sie den Schlüssel – die Liebe«. Und genau damit findet, wie es über einen »Verführer« in ›Angélique und ihre Liebe‹ heißt, Anne Golon »unfehlbar zu den Herzen der Frauen«.

Angélique ist die vollkommene Inkarnation des ewigen Wunschtraumes vom Glück und der Erfüllung romantischer Liebe. Die körperliche Liebe wird mit dieser Frau zu einem »mystischen Geschenk des ganzen beteiligten Seins« und jeder Kuß zu einer »mysteriösen Vereinigung«.

Anne Golon ist eine um Einfälle nie verlegene Rhapsodin solcher Gefühlswelten. Sie propagiert die Liebe als die »gewaltigste irdische Erschütterung«, als einen »Akt jenseits aller Vernunft«. Das ist durchaus wörtlich gemeint, denn in diesem Roman gibt es kaum psychologische Motive oder gesellschaftliche Zustände, die die Handlung bewirken. Das Geschehen wird von der »Vorsehung« bestimmt, vom geheimnisvollen »Zufall«, ja, von »Dämonen« und den »unsichtbaren Geistern des Bösen«. So läßt die Autorin keinen Zweifel, welchem Genre sie ihren Roman zurechnet: ›Angélique und die Versuchung‹ ist ein Märchen für Erwachsene. Und lesen sollen dieses sprachlich und szenisch wie eine pomphafte Oper von Giacomo Meyerbeer inszenierte Märchen vom überirdischen Glück der Liebe die Frauen, dieses »seit Jahrtausenden unterdrückte und gedemütigte Geschlecht«. Triebgesättigte, gierige, »die knisternden Flammen der Liebe« schildernde Szenen sind die eigentlichen Höhepunkte der ›Angélique‹-Romane. Alle anderen Ereignisse sind nur erzählerisches Dekor, Windstillen vor einem neuen »Sturm der Gefühle«. Nichts ist in diesen Büchern bunter, lebhafter und »beglückender« instrumentiert als der »ewige« Wunschtraum von der romantischen Liebe. Für Angélique verwirklicht er sich in allen nur denkbaren Intensitätsgraden. Auch im Traum erlebt sie »herzzerreißende, fast schmerzhafte Gefühle«: »ihr ganzer Körper atmete die wahnwitzige Liebe, die sie empfunden hatte, in dem Zustand, in dem er sich jetzt befand, konnte er nur der Anziehungskraft einer Lockung erliegen, die so alt wie die Welt war.« Immer wieder kehren in der Erinnerung ihre Erlebnisse mit verschiedenen Männern zurück: »Die archaische, erregende Leidenschaft des armen Normannen, die derben, fröhlichen Vergnügen, die sie dem Polizisten Desgray verdankte, die weit raffinierteren, die sie mit dem Herzog de Vivonne genossen hatte.« Und doch kann das alles noch übertroffen werden, als sie im fünften Bande schließlich ihren Mann wiederfindet, auf den »ihr sanftes, goldenes Fleisch« eine Macht ausübt, die an »Magie« grenzt: »Er würde nicht genug Tage und Nächte finden, sie zu lieben, zu zähmen, zu besänftigen, mit ihr die ewige Trilogie zu erneuern: ein Mann, eine Frau, die Liebe.« Angélique wird von Anne Golon zur mythischen Gestalt dieser ewigen Trilogie stilisiert. Angélique ist die »leidenschaftlichste aller Frauen«, die »heimliche Venus der Liebesnächte«, die »alle Frauen in sich vereint«. Von ihr geht ein »Zauber aus, der von »diabolischer, fleischlicher und mystischer Art« ist. Angélique ist das »Mysterium« des »Ewig-Weiblichen«, vergleichbar nur den »Göttinnen des Olymps«.

Unvergleichlich auch ihre Schönheit: »Sie mochte in grobes Barchent, in Fetzen gekleidet sein, wild zerzaust, vom Meer gepeitscht oder angstvoll und von Erschöpfung gezeichnet wie heute, oder nackt, schwach und hingegeben wie in jener Nacht, als er sie in seinen Armen gehalten hatte, sie, die weinte, ohne es zu wissen – *immer würde sie schön sein*, schön wie die Quelle, über die man sich neigt, um seinen Durst zu löschen.«

Hier wird Ersatzbefriedigung offeriert. Mit Literatur hat das kaum zu tun, viel eher mit Psychotherapie, mit Frustrationen und Neurosen. Das kaum absehbare Ende der ›Angélique‹-Serie und ihre nun wirklich »märchenhaften« Auflageerfolge demonstrieren, wie real und mächtig diese Wunschtraum-Bedürfnisse auch in einer modernen Industriegesellschaft sind. Es wäre zynisch, darüber einfach den Stab zu brechen, denn solche Wunschbilder – Ernst Bloch hat uns dies gelehrt – sind Träume von einem besseren Leben. Sie sind Teil des »Prinzips Hoffnung« und zugleich Kapitel aus einer Pathologie der Phantasie – Anlaß genug, hinter ein solches literarisches Phänomen zurückzufragen nach der Gesellschaft, auf deren Boden es sich entwickelt.[27]

V. Unterhaltung als Politik

Lange Jahre galt es in der literarischen Diskussion als unbefragtes Faktum, daß es in der Bundesrepublik keine politische Literatur gebe. Das hat sich inzwischen – vor allem durch das Theater – gründlich geändert, aber diese Behauptung war auch schon in den fünfziger und frühen sechziger Jahren falsch. Nur wer mit einem engen Literaturbegriff operierte, konnte sie aufstellen, denn die Unterhaltungsromane von den Kriegsgeschichten in Heftchenform über die Illustriertenromane bis hin zu den Büchern, die einige erfolgreiche Autoren wie H. H. Kirst oder J. M. Simmel regelmäßig schreiben, können – wenigstens zu einem Teil – als die eigentlich politische Literatur der Gegenwart in der Bundesrepublik gelten. Hier wurden schon immer politische Themen aufgegriffen. Oft genug ist dabei die Politik – wie andere Zeitereignisse – nur Vorwand für Geschichten nach altbewährtem Muster, aber häufiger ist, daß die Autoren durchaus politische Absichten mit dem Erzählen verbinden. Sie benützen die Darstellungsform Roman, um ihre Leser publizistisch zu beeinflussen. Sie haben den Ehrgeiz, die Leser von ihren politischen Einsichten zu überzeugen. Sie sind dem Leitartikler der Tageszeitung vergleichbar: sie betreiben politische Meinungsbildung. Was liegt näher als die Frage: In welcher Richtung wird politisch beeinflußt? Welcher ideologischen Tendenz befleißigt sich, was Millionen als politischen Roman lesen? Eine bündige Antwort auf diese Frage läßt sich nicht geben. Niemand hat sich bislang die – für den »gebildeten« Analytiker zugestandenermaßen quälende – Mühe gemacht, einmal systematische Inhaltsanalysen einer großen Zahl dieser Romane anzustellen. Punktuelle Ergebnisse, gelegentliche Stichproben und einige kulturkritische Essays, die in den letzten Jahren da und dort erschienen, machen es aber schwer, der These von Carl Amery zu widersprechen, daß diese »Gebiete von der Reaktion verwaltet werden«.[28] Wo unsere bei den Massen erfolgreiche Literatur nicht nur Träume produziert und zum Eskapismus verführt, wo sie politische Inhalte hat, da schlägt das Meinungspendel viel weiter nach rechts, als nach links aus. Die Darstellung des Schahs als eines fortschrittsfreudigen Herrschers, der von konservativen Kräften Persiens bekämpft wird, mag noch ein harmloses Beispiel sein. Aber wie ist es mit dem kleinbürgerlichen Ressentiment, das aus dem Bonn-Roman der ›Quick‹ spricht?

Und wie stand es mit den in den letzten Jahren seltener werdenden Kriegsromanen? Allzu häufig wird ihr Inhalt von einem unverhüllt nationalistischen Rechtfertigungsdenken und dumpfen Schicksalsglauben beherrscht. »Warum marschieren wir? Auf diese Frage hat es seit Jahrhunderten keine Antwort gegeben. Und es wird auch nie eine geben, weil die Millionen immer dorthin latschen werden, wohin einer winken wird [...] Um sich selbst zu beruhigen, nennt man das dann Politik.« Das ist die Antwort von Heinz G. Konsalik auf die Schlacht von Stalingrad.

Gerade an solchen »zeitgeschichtlichen« Romanen ließe sich unschwer nachweisen, wie darin Dialog und Bericht, Charakterzeichnung und innerer Monolog zum Instrument eines politischen Denkens werden, das sich ansonsten hierzulande nicht so recht an die Oberfläche wagt – oder doch nur in rechtsradikalen Blättern.

Diese Autoren verharmlosen nicht nur, indem sie aus Politik ein privates Schicksal werden lassen – häufiger ist die tendenziöse Verzerrung, etwa wenn auf den gängigen Antikommunismus oder auf nationale Vorurteile spekuliert wird. Die Leitbilder dieser Romane kommen dem sehr nahe, was Adorno und seine Mitarbeiter das »autoritäre Syndrom« nannten: Die Schicksalsideologie; ein Wunschbild gesellschaftlicher Verhältnisse, das reaktionäre Züge hat. Die selbstlose Opferbereitschaft der Figuren aus niederem Stande. Die unbefragte, herrscherliche Autorität der Helden. Die Führersequenz: Befehl und bedingungsloser Gehorsam.

Diese Romane spiegeln präzise wider, was in Deutschland noch immer geschätzt wird: Autorität, »Tüchtigkeit«, Schicksalsglauben, Befehl und Gehorsam. Sie manifestieren Tiefenschichten der »Kollektivseele«, die allerdings mit den NPD-Erfolgen auch in der politischen Öffentlichkeit wieder sichtbar wurden.

Erreichen Erfolgsromanciers nur so ein Millionenpublikum? Muß diese »Gebrauchsliteratur« notwendig konservativ bis reaktionär und anti-aufklärerisch sein – notwendig, weil sie sprachlich und formal traditionell gearbeitet ist? Wer ästhetisch – und ausschließlich ästhetisch – argumentiert, mag an ein solches Dogma glauben. Aber fatalerweise verhindert das in der Regel sogar, daß wenigstens die paar Ausnahmen der Massenliteratur zur Kenntnis genommen werden, die es immerhin auch gibt. Sie lassen sich schon in den fünfziger Jahren finden. 1954 brachte die ›Hör zu‹ ihren Roman ›Suchkind 312‹, der über den Suchdienst des Roten Kreuzes informierte. Im gleichen Jahr löste der ›Stern‹ leidenschaftliche Diskussionen mit dem Roman ›Weil du arm bist, mußt du früher sterben – oder der Triumph der Krankenkassenbürokratie über den Patienten, der nicht selber zahlen kann‹ aus. Was Hans Gustl Kernmayr erzählte, ist nur vordergründig ein Arztroman. Die faktenreiche Darstellung sollte Kritik üben, sollte aufrütteln, sollte ein drängendes Zeitproblem bewußt machen. Ähnliches kann von manchem Kriegsroman gesagt werden.

Gewiß: es sind seltene, fast zufällige Einzelbeispiele. Aber an ihnen läßt sich studieren, wie verschieden man die Frage nach dem Nutzen dieser Literatur beantworten muß. Es gibt eben auch Romane, die diese literarische Form in den Dienst politischer Aufklärung stellen. Es gibt Autoren, die sich des Romans bedienen, um an Menschen heranzukommen, die anders mit der politischen Wirklichkeit nicht zu konfrontieren wären. Bei Johannes Mario Simmel z. B. bestimmen solche Motive das Schreiben. Gestern war Berlin sein Thema, heute ist es die NPD, und einer seiner letzten Bestseller handelt von den B- und C-Waffen. Seine Romane sind mit allen Mitteln raffinierter Kolportage erzählt. Es sind Reißer ohne Rücksicht auf feinsinnige ästhetische Gesetze. Johannes Mario Simmel interessiert nicht die Literatur, sondern der aufklärerische Effekt bei Menschen, die er nur mit solchen Reißern erreicht. Über weite Strecken wird der Roman bei ihm zur politischen Reportage und zum dialogisierten Leitartikel. Das wird bei uns allzu unreflektiert als ein Verrat an der Literatur denunziert. Aber heiligt hier nicht der Zweck die Mittel? Literaturkritiker in Deutschland, die dem beipflichten, sind allerdings selten. Nur das linke Polit-Magazin ›konkret‹ fand z. B. für Simmels ›Alle Menschen werden Brüder‹ richtige Maßstäbe: »Der Autor ist unverkennbar in die amerikanische Schule gegangen, er verkauft auf die härteste Tour: Die eine Hand blättert in Statistiken über NPD-Siege, während die andere eine körperlich wohlgeratene Fabrikantentochter auszieht.

Aber der Zeitblick dieses Autors zielt auf andere Enthüllungen denn die des weiblichen Körpers ab. Simmel schont seine Leser nicht, und sicherlich ist diese Härte berechnet, ist das Ganze einer sadomasochistischen Leserschaft auf den Leib geschrieben. Dennoch erfährt aus diesem Buch, wem Sonnemann zu hoch und Herbert Marcuse zu links ist, Unvergeßliches über Judenverfolgung, Demokratie, Notstandsgesetze und Griechenland.«[29] Und nur darauf kommt es Simmel an. Die reißerischen Effekte sind ihm nur Mittel zum Zweck, und dieser Zweck heißt Aufklärung über den Neo-Nazismus, heißt Warnung vor den Folgen eines Rückfalls in eine barbarische Epoche. Sein Roman ›Alle Menschen werden Brüder‹ ist gleichsam die Krimifassung einer These, deren wissenschaftlich anspruchsvolle analytische Darstellung fast gleichzeitig in einer politischen Taschenbuchreihe erschien: ›Die Restauration entläßt ihre Kinder‹.[30]

Simmel aber will nicht die erreichen, die ohnehin durch den Bazillus »Nationalismus« kaum gefährdet sind, sondern jene angeblich Unbelehrbaren, die vor einigen Jahren mehr und mehr der NPD zuströmten. Sie versucht er anzusprechen und ins Gespräch zu ziehen. Er schweigt nicht tot, was an Deutschlands Stammtischen geredet wird – aber er artikuliert dieses neonazistische Denken, um behutsam bei seinem Leser einen Prozeß des Nachdenkens einzuleiten. Sein Roman ist Anklage und Warnung zugleich, geschrieben in der Hoffnung, damit ein paar Vorurteile zu zerstören, wo wieder der Haß zu regieren beginnt. Schon 1961 hatte Simmel diese seine politische Sorge in dem Roman ›Bis zur bitteren Neige‹ formuliert. Aus der Ironie des Titels seines Berlin-Romanes ›Lieb Vaterland magst ruhig sein‹ spricht, worauf es ihm ankommt: kritische Unruhe und Nachdenklichkeit. Er verpackt sie mit so viel erzählerischem »Pfeffer«, daß auch jene plötzlich die Politik wieder etwas angeht, deren Indolenz am Zustand unserer Demokratie mit schuld ist.

Einer der erfolgreichsten und profiliertesten Autoren dieses Genres ist Hans Helmut Kirst. 1950 schrieb er seinen ersten Roman. 1952 nahm er sich die Alliierten Internierungslager zum Vorwurf; als 1954 die Bundeswehr entstand, erinnerte er in seiner Trilogie ›08/15‹ an den alten Barras; zehn Jahre später suchte er nach ›08/15‹ auf dem bundesdeutschen Kasernenhof; jüngste Geschichte erzählte er dann wieder in seinem ›Roman des 20. Juli 1944‹. Dieser Katalog seiner Themen ließe sich beliebig fortsetzen. Das seinen Fabeln zugrundeliegende Material ist oft völlig authentisch, sorgsam recherchiert. Im Roman über den 20. Juli bleibt der Ablauf des historischen Geschehens dokumentarisch genau gewahrt.

Am Beispiel seines 1967 erschienenen Romans ›Die Wölfe‹ läßt sich ein wichtiger Wirkungsmechanismus solcher politischen Massenliteratur demonstrieren. Kirst erzählt in drei Etappen: 1932/33 – Die Stunde der Wölfe; 1938/39 – Das Fest der Wölfe und 1944/45 – Flucht der

Wölfe. Wir erleben Zeitgeschichte als Heimatroman; Machtergreifung, Kriegsanfang und Kriegsende in einem kleinen Dorf – »im letzten Winkel des Großdeutschen Reiches«. An einem Festtag »gestaltet« Ottheinrich Schnirch vom Reichssender Königsberg eine Reportage über dieses Dorf: »Wir melden uns heute aus dem Dorf Maulen. Es ist ein kleines Dorf mit schlichten, arbeitsamen, braven Menschen – eingebettet in sanfte Hügel, umgeben von Feldern, die vom vorbildlichen Fleiß seiner Bewohner zeugen. Ein Idyll der besinnlichen Schaffensfreude, erfüllt von still-bescheidener, deutscher Innigkeit [...]«

Aber selbst für einen solchen Ort, der im Grunde nichts als Idylle sein kann, stimmt das in dieser Zeit nicht mehr. Wie Ostpreußen und Großdeutschland wurde auch »Maulen brauner mit jedem Tag«. Gewalt, Terror und Zerstörung verdrängen die dörfliche Idylle. Im Mittelpunkt des Romans aber steht ein Mann, der sich dagegen wehrt, der »Blut nicht für einen notwendigen Dünger der Heimat hält«. Alfons Materna ist entschlossen, mit den Wölfen zu heulen, um überleben, um leben zu können. Aber schon bald brüllen die »Wölfe« so lautstark, daß es nicht mehr möglich ist, sie zu übertönen. Innere Ablehnung reicht nicht mehr aus, die Zustände verlangen Handeln. Als Maternas Freund, der Viehhändler Siegfried Grienspan, als Jude in Schutzhaft genommen werden soll, entsteht im Dorf Maulen eine Widerstandszelle, weil Alfons Materna »um keinen Preis in dieser Welt« sich aufgeben will.

Im Lauf der Jahre sammelt sich um Materna der Widerstand. Dazu gehört auch ein strafversetzter Kriminalkommissar, der die Untergrundsarbeit am Ende deckt. Aus einem knappen Dialog mit seinem Kriminalinspektor läßt sich heraushören, wie der Autor Kirst diesen Widerstand motiviert: »›Dieser Hermann Materna ist sicher ein ganz vorbildlicher Nationalsozialist.‹ ›Meinen Sie? Ich würde ihn eher für einen guten Deutschen halten.‹ ›Ist das nicht dasselbe?‹ Tantau lachte vor sich hin.« Die Zeichnung der Figuren läßt keinen Zweifel aufkommen: um Materna sammelt sich das andere, das bessere Deutschland. Und Materna selbst ist eine durch und durch positive, eine leuchtende Heldengestalt, gerade weil er ein guter Deutscher ist. Über eine solche der Wirklichkeit nicht eben gerecht werdende, klischeehafte Glorifizierung kann man sich leicht mokieren, vielleicht zu leicht. Denn Hans Helmut Kirst – so ist zu befürchten – könnte seinen Kritikern mit leider allzu guten Gründen entgegenhalten, daß allein eine solche Personifizierung des antifaschistischen Widerstands Chancen hat, bei den Lesern eine positive, also Vorurteile zerstörende Wirkung zu tun. Psychologische Voraussetzung dafür ist die Möglichkeit, sich bei der Lektüre mit den Romanfiguren zu identifizieren. So erreicht Kirst vielleicht Leser, die sich bestimmt nicht mit einem Kommunisten – dem historisch viel typischeren Widerständler –, aber doch mit einem »guten«, charaktervollen Deutschen identifizieren.

Solche Taktik mag dem ästhetisch anspruchsvollen Literaturfreund ein Greuel sein. Aber ist es nicht eine höchst notwendige literaturpolitische Kärrnerarbeit?

Ein anderer Name, der in diesem Zusammenhang genannt werden muß: Stefan Olivier. Wird man Reinhart Stalmann, der als Stefan Olivier den Roman ›Jedem das Seine‹ schrieb, im Ernst bestreiten können, daß er damit einige Millionen Leser der Illustrierten ›Stern‹ darüber informierte, was in den KZ's geschah? Und nur deshalb schrieb er diesen Roman. In der Buchausgabe findet der Leser hinten ein Verzeichnis der benützten Sachliteratur zum Thema »Konzentrationslager« und ein Nachwort. »Da ich das Konzentrationslager aus eigener Anschauung nicht kenne, sah ich mich verpflichtet, alle erreichbare Sachliteratur über diesen Gegenstand [...] durchzuarbeiten, bevor ich zu schreiben beginnen konnte. Aber auch das reichte nicht aus, um die KZ-Verhältnisse bis ins Detail schildern zu können. Großen Dank schulde ich Herrn Professor Eugen Kogon, dem Verfasser des ›SS-Staates‹, der mehr als sechs Jahre als politischer Häftling im Konzentrationslager Buchenwald zugebracht hat. Mit ihm wurden alle Lagerszenen in sachlich-historischer Hinsicht kritisch durchgesprochen.« Kogon vermittelte sein Wissen einem kleinen Kreis interessierter Leser; Stefan Olivier erreichte – mit einer populären Darstellungsform: eben dem Tatsachenroman – ein Millionenpublikum.

Zugegeben: politische Aufklärung solcher Art ist ein Balanceakt auf schwankendem Seil. Allzu leicht wird Politik in diesen Spannungsreißern zum Nervenkitzel, Gesellschaftskritik zum billigen Effekt, das historische Geschehen zur auswechselbaren beliebigen Staffage für private Schicksale. So kann leicht das Gegenteil der intendierten Wirkung eintreffen, was sich auch an den drei eben zitierten Autoren zeigen läßt. – Simmel ist heute sicher der engagierteste Vertreter des politisch intendierenden Unterhaltungsromans, aber auch er entgeht den Gefahren dieses Genres nicht. Sein Verständnis von Politik, ob direkt ausgedrückt oder in seinen »stories« zutage tretend, hat eine höchst bedenkliche Komponente. Er suggeriert seinem Leser, letztlich ein Spielball unbegriffener Mächte zu sein, und vermittelt ihm das Gefühl, hoffnungslos den »bösen« Politikern ausgeliefert zu sein. Ob das in einem »philosophischen« Sinn so formuliert werden kann und muß, darüber soll hier gar nicht gerechtet werden. Aber fördert Simmel damit nicht das Unbehagen an der Politik und vertieft eine hierzulande ohnehin noch immer grassierende irrationale Distanzierung – auch vom demokratischen System? Manchmal scheint es, als ob sein Paradies die politikferne Welt des »kleinen Mannes« sei – eine kleinbürgerliche Idylle aus dem 19. Jahrhundert. Simmel, der von sich sagt: »Recherchieren ist die halbe Arbeit an einem Roman, den ich schreibe«, müßte dies vielleicht noch weiter ausdehnen. Was er will, ist – so seltsam das vielleicht klingen mag – politische Bildung mit den

Mitteln des Romans. Was ihm bis heute dazu fehlt, ist eine zeitgemäße Didaktik. Simmels politischem Engagement liegt ein allzu unreflektiertes Politik- und Demokratieverständnis zugrunde. Anders gesagt: Ein Romancier wie er müßte sich nicht nur um die Fakten kümmern, sondern auch um die Psychologie und Soziologie der Politik. Nur so könnte aus seinem »kleinen Mann« das Leitbild des Bürgers werden – und wir hätten eine politische Unterhaltungsliteratur, die schlicht als demokratisch zu qualifizieren wäre.

Nachbemerkung

»Das immer allgemeiner werdende Bedürfnis zu lesen, auch bei denjenigen Volksklassen, zu deren Geistesbildung von seiten des Staates so wenig zu geschehen pflegt, anstatt von guten Schriftstellern zu edleren Zwecken benutzt zu werden, wird viel mehr noch immer von mittelmäßigen Skribenten und gewinnsüchtigen Verlegern dazu gemißbraucht, ihre schlechte Ware, wär's auf Unkosten aller Volkskultur und Sittlichkeit, in Umlauf zu bringen [...] Kein geringer Gewinn wäre es für die Wahrheit, wenn bessere Schriftsteller sich herablassen möchten, den schlechten die Kunstgriffe abzusehen, wodurch sie sich Leser erwerben, und zum Vorteil der guten Sache davon Gebrauch zu machen.«[31]

Anmerkungen

Bei der vorliegenden Abhandlung handelt es sich um die überarbeitete und erweiterte Fassung eines Aufsatzes, der zuerst veröffentlicht wurde in: ›Tendenzen der deutschen Literatur seit 1945‹, hrsg. von Thomas Koebner, Alfred Kröner Verlag, Stuttgart 1971 (= ›Kröners Taschenausgabe‹, Bd. 405).

1 Tobias Brocher, ›Die Unterhaltungssendung als Instrument gesellschaftspolitischer Bewußtseinsbildung‹, in: Christian Longolius (Hrsg.), ›Fernsehen in Deutschland‹, Mainz 1967, S. 289.
2 Friedrich Sengle, ›Vorwort‹, zu: Eva D. Becker, ›Der deutsche Roman um 1780‹, Stuttgart 1964 (= ›Germanistische Abhandlungen‹, Bd. 5), S. V.
3 Martin Greiner, ›Entstehung der modernen Unterhaltungsliteratur. Studien zum Trivialroman des 18. Jahrhunderts‹ (Hrsg. und bearb. von Therese Poser), Reinbek 1964 (= ›rde‹, Bd. 207), S. 10.
4 Zitiert nach: Horst Kunze, ›Gelesen und geliebt. Aus erfolgreichen Büchern 1750–1850‹, (Ost-)Berlin 1959.
5 Greiner, a. a. O., S. 10.
6 Robert Neumann, ›Kitsch as Kitsch can‹, in: ›Die Zeit‹, Nr. 38 bis 40/1962.
7 Gerhard Schmidt-Henkel/Horst Enders/Friedrich Knilli/Wolfgang Maier (Hrsg.), ›Trivialliteratur. Aufsätze‹, Berlin 1964 (= ›Literarisches Colloquium Berlin‹).

8 Ebd., S. 260.
9 Ulf Diederichs, ›Zeitgemäßes und Unzeitgemäßes. Die Literatur der Science Fiction‹, in: G. Schmidt-Henkel [u. a.], a. a. O., S. 111–141.
10 Diederichs, a. a. O.
11 G. Schmidt-Henkel [u. a.], a. a. O., S. 74.
12 Ebd., S. 260.
13 Vgl. Wolfgang R. Langenbucher, ›Schwierigkeiten mit der Unterhaltungsliteratur‹, in: ›Bertelsmann Briefe‹, Nr. 43/1965, S. 23–29. Wilhelm Füger, ›Die Entstehung des historischen Romans aus der fiktiven Biographie in Frankreich und England‹, Diss. phil. München 1963.
14 Greiner, a. a. O., S. 79: »Man hat sie [die moderne Trivialliteratur; W. R. L.] bisher vor allem unter dem Aspekt des minderen Wertes betrachtet, eben als bloße Unterhaltungsliteratur gegenüber jener anderen, die ›höhere Werte‹, gültige Normen, echte Kunst vermittelt; insofern hat man sie auch als abgesunkene Literatur, als Stoff- und Motivreservoir und als kultur- und zeitgeschichtliches Quellenmaterial beachtet und ausgeschöpft. Die Feststellung ihrer geringeren literarischen Qualität ist selbst eine Banalität. Es kommt nicht darauf an zu betonen, daß sie weniger ist als die normgebende und normschaffende Dichtung, sondern daß sie überhaupt etwas *ganz anderes* ist.«
15 Helmut Kreuzer, ›Trivialliteratur als Forschungsproblem, Zur Kritik des deutschen Trivialromans seit der Aufklärung‹, in: ›Deutsche Vierteljahresschrift für Literaturwissenschaft und Geistesgeschichte‹ 41 (1967), S. 184 f.
16 Vgl. Klaus Ziermann, ›Romane vom Fließband. Die imperialistische Massenliteratur in Westdeutschland‹, (Ost-)Berlin 1969.
17 Bernd von Arnim/Friedrich Knilli, ›Gewerbliche Leihbüchereien. Berichte, Analysen und Interviews‹, Gütersloh 1966 (= ›Schriften zur Buchmarktforschung‹, Bd. 7), S. 105 ff.
18 Vgl. Herbert Knittel, ›Der Roman in der deutschen Illustrierten 1946 bis 1962‹, Diss. phil. Berlin 1967. Walter Hollstein, ›Betrogene Sehnsucht. Das Menschenbild im deutschen Illustriertenroman 1955–1962‹, Münster 1966 (= ›Arbeiten aus dem Institut für Publizistik der Universität Münster‹, Bd. 6).
19 Ziermann, a. a. O.
20 Siegfried Kracauer, ›Über Erfolgsbücher und ihr Publikum‹, in: S. Kracauer, ›Das Ornament der Masse‹, Frankfurt/M. 1963, S. 67.
21 Vgl. Peter R. Hofstätter, ›Psychologie‹, Frankfurt/M. 1957 (= ›Das Fischer-Lexikon‹), S. 230.
22 Karl Kraus, ›Sprüche und Widersprüche‹, Frankfurt/M. 1965, S. 118 (zit. nach Hermann Bausinger, ›Wege zur Erforschung der trivialen Literatur‹, in: H. O. Burger, ›Studien zur Trivialliteratur‹, Frankfurt/M. 1968 (= ›Studien zur Philosophie und Literatur des 19. Jahrhunderts‹, Bd. 1) S. 25.
23 Vgl. Wolfgang R. Langenbucher, ›Der Roman als Quelle geistesgeschichtlicher Forschung‹, in: ›Zeitschrift für Religions- und Geistesgeschichte‹, 30 (1968), S. 259–272.
24 Siegfried Kracauer, ›Film 1928‹, in: S. Kracauer, a. a. O., S. 300.
25 Vgl. die ausführlichere Analyse dieses Romans, in: Wolfgang R. Langenbucher, ›Der aktuelle Unterhaltungsroman. Beiträge zur Geschichte und

Theorie der massenhaft verbreiteten Literatur‹, Bonn 1964 (= ›Bonner Beiträge zur Bibliotheks- und Bücherkunde‹, Bd. 9), S. 174 ff.

26 Vgl. Robert Minder, ›Deutsche und französische Literatur — inneres Reich und Einbürgerung des Dichters‹, in: R. Minder, ›Kultur und Literatur in Deutschland und Frankreich‹, Frankfurt/M. 1962. (›Insel-Bücherei‹ Nr. 771), S. 5–43.

27 Vgl. Ernst Bloch, ›Das Prinzip Hoffnung‹, Bd. I, Frankfurt/M. 1967.

28 Carl Amery, ›Zwischenbilanz für Intellektuelle. Nach dem 19. September — Vorschlag für eine neue Taktik‹, in: ›Die Zeit‹, 15. 10. 1965.

29 ›Konkret‹, Nr. 9/1967.

30 Vgl. Freimut Duve (Hrsg.), ›Die Restauration entläßt ihre Kinder. Der Erfolg der Rechten in der Bundesrepublik‹, Reinbek 1967 (= ›rororo-aktuell‹, Bd. 990).

31 Friedrich Schiller, ›Merkwürdige Rechtsfälle als ein Beitrag zur Geschichte der Menschheit. Vorrede‹, in: F. Schiller, ›Sämtliche Werke‹, hrsg. von Gerhard Fricke und Herbert G. Göpfert, München 1958, Bd. 5, S. 864.

URS JAEGGI

Politische Literatur

Die Grenzen der »Kulturrevolution«

Kunst als Politik?

Die Frage stellte sich in den letzten Jahren nicht bloß als Antwort auf die Leichenreden der Literaten bezüglich der Literatur; beide zehrten vom selben Unbehagen: Kunst heute. Lange Zeit war man sich, zumindest im Groben, einig: die Diskussion über die beiden Pole, *l'art pour l'art* hier, als Spitze gegen das Gegenwärtige, und politische Kunst dort, *Engagement*, das sich an den extremen Subjektivismus hielt, um diesen mit den objektiven Zuständen zu konfrontieren: beides blieb, mehr oder weniger, im Rahmen einer akademisch geführten Auseinandersetzung; *in-group*-Debatte. Beides ließ sich auf die von Adorno geprägte Formel bringen: Kunst könne heute nicht heißen, Alternativen zu pointieren, sondern: nur durch ihre Gestalt könne sie dem Weltlauf widerstehen, der den Menschen immerzu die Pistole auf die Brust setzt. Kunst als Widerstand – so verstanden es die Autoren. So verstanden es auch die Kritiker und die Konsumenten. Solange, im Thematischen, Hauptangriffspunkt der Kulturbetrieb war, der den »eigentlichen« Sinn des Geschaffenen ins Gegenteil immer tendenziell zu verkehren drohte, solange es die gar nicht so leicht sichtbaren, aber doch sehr konkret ausgeübten Unterdrückungsmechanismen im eigenen Gewerbe aufzudecken galt: solange hatte diese Parole uneingeschränkten Sinn. Das, was gemessen wurde, wurde gemessen an der »hohen« Kultur, die allein den notwendigen Schonraum zu bieten schien. Den Schonraum, in welchem die kulturell und gesellschaftlich Entfremdeten ihr Protestpotential realisieren konnten. Heute sagen viele: Es war eine Spielweise.

Es *war* eine Spielweise, in einem vieldeutigen Sinn. – Man schrieb, um nicht schreiben zu müssen. – Man sprach, um schweigen zu können. Um dieses zu lernen. Man schrieb, wie Max Frisch es sehr ehrlich formuliert hat, weil Schreiben noch eher gelang als Leben und weil für diesen Versuch, das Leben schreibend zu bewältigen, der Feierabend nicht ausreichte.

Man schrieb nicht ohne politische Gesinnung, aber diese zeigte sich in direkten Antworten weit häufiger als im Geschriebenen, in den Texten.

Das änderte sich. Und mit der von den Studenten angefachten Radikalisierung rutschte bei manchen die neue Gesinnung recht unvermittelt und krud in das hinein, was er bislang getan hatte. Engagement wurde proklamiert, die »zweckfreie« Kunst auf den Müll geworfen. Andere fingen mit dem Schreiben erst an oder waren besser aufs Neue vorbereitet: die Verunsicherung war allgemein. Propaganda, Agitation, das Plakative, Aufrufende, Aufrüttelnde, unmittelbar Verständliche wurden akut, alsbald auch schon in vielen Variationen modisch; dem Betrieb integriert. Das Polemische, die Demontage wurden stilbildend, genauso wie die Montage: das ästhetisch Autonome wurde überführt in Parteilichkeit. Nicht als Einheitsschema – wie hätte es dies geben können; auch nicht unnuanciert. Aus dem, was in Deutschland in den letzten Jahren geschah, keineswegs bloß provinziell, sondern im Rahmen einer weltweiten Diskussion und Problematik (zumindest einer Problematik, die sich in den spätkapitalistischen Ländern zeigte), läßt sich jedenfalls einiges ablesen; einiges, noch nicht allzuviel. Denn auch eine sich politisch nennende Kunst muß, mehr noch als die avantgardistische, über ihre Wirkung reflektieren und diese analysieren. Sonst verfällt sie in der Tat einer naiven Identität zwischen dem Individuum und der gesellschaftlichen Zirkulation. Das Bornierte schleicht sich erneut ein. Die Zusammenhänge grell und richtig und von jener Gruppe, für die man schreiben möchte, akzeptiert und verständlich darzustellen: das ist das Ziel. – Ist es erreichbar? Und wie?

Man kann einige Thesen wagen:
1. Kunst im Spätkapitalismus ist notwendigerweise individualistisch. Sie ist es, weil sich der Kunstproduzent in der Rolle des »Erfinders« und des Unterhalters wiederfindet. Das zeigt sich besonders deutlich in der sogenannten »hohen« Literatur. Um »gut« schreiben zu können, muß der Schreibende wissen, wie unwichtig und unreal das ist, was er schreibt; er muß aber auch wissen, daß das, was er schreibt, nicht ganz unreal und nicht ganz unwichtig ist. Man erwartet von ihm, daß er das, was er beschreibt und umschreibt, besser kennt als derjenige, der es liest. Der Schreibende muß alle Mittel kennen, zumindest viele, und er muß viele Nuancen ins Spiel bringen. In jedem Fall wählt er eine Form und Schreibweise. Der Schreibende setzt die Chiffren; das Dechiffrieren ist die Aufgabe des Lesers. Kunst ist eine direkte oder indirekte Aussage über den jeweiligen Zustand einer bestimmten Gesellschaft; sie spiegelt den ökonomisch-sozialen Entwicklungsprozeß. Sie bildet diesen nicht ab, sie setzt Widerstand gegen das Gegebene. So geht Lukács davon aus, daß der Schreibende die Dinge in einer neuen Beleuchtung zeigt: er ermöglicht den »Schock der Bewußtwerdung«. Im Kunstwerk erkennen sich die Menschen wieder, soweit sie nicht schon eingegliedert sind (Horkheimer). Und eingegliedert sein, heißt

verloren an die »totale Tauschgesellschaft« (Adorno). Unerschütterlich wird davon ausgegangen, daß die Funktionslosigkeit der Kunst ihre eigentliche Funktion ist; daß sie um so tiefer ist, je weniger sie auf die Gesellschaft achtet. Richtig daran ist: die Verwandlung der literarischen Texte in Ware verändert nicht notwendig den Charakter des Produktes. Dieses ist *auch* autonom, allerdings nicht so autonom, wie es die eben angeführten Bestimmungen gerne haben möchten.

2. Noch jene Schreibenden, die heute ihre Texte politisch verstehen und politisch verstanden sehen wollen, heben den Warencharakter nicht ohne weiteres auf. Noch die avantgardistische Kunst, die sich hier frei wähnt, ist frei nur innerhalb der vom Markt gewährten Grenzen. Der moderne Schriftsteller, auf der Suche nach seiner Schreibweise, isoliert sich in seinem Tun. In einer Gesellschaft, die alles möglich macht und alles als möglich akzeptiert und schon deshalb pathologische Züge haben muß, können alle Emotionen und alle Fakten eingesetzt werden. Wer den Code beherrscht, wer »lesen« kann, imitiert nicht nur das Gelesene; er transformiert es. Er gibt es auch weiter, gebraucht es. Beide, der Lesende und der Schreibende, sind Käufer und Verkäufer jener Ware, die mit dem Wort gehandelt wird: der Literatur. Der Unterschied ist nur: der Schreibende (als guter Schriftsteller) glaubt den Leser zu kennen. Der Leser kennt den Schriftsteller meist nur in einer artifiziellen, mystifizierten Form.

3. Dadurch, daß die unterprivilegierten Gruppen sich nicht adäquat auszudrücken vermögen, bleiben ihnen nur zwei Möglichkeiten: entweder zu versuchen, sich das Symbolsystem der dominierenden Gruppe anzueignen oder aber die Überlegenheit zu unterlaufen. Die Assimilation führt dabei zu einer Aufgabe der eigenen Ziele und Möglichkeiten; andererseits verlangt die Durchbrechung des dominierenden Symbolsystems ein eigenes Konzept, das heute fehlt.

Es lassen sich Gegenthesen formulieren:

1. Auch im Spätkapitalismus muß die Kunst nicht bloß individualisierend und isolierend sein. Der eine Weg plädiert dafür, daß die Erfahrungen und Reflexionen der unterdrückten Gruppen selbständig artikuliert werden; daß die politische und gesellschaftliche Phantasie durch eben diese Gruppen ausgedrückt wird und daß diese auch selbst dafür sorgen, daß ihre eigenen Produkte in den Reihen ihrer Gruppe ernst genommen werden. Der zweite Weg plädiert für eine neue Sensibilität und eine neue Authentizität, die sich nicht allein auf die unterprivilegierten Gruppen bezieht. Die Selbstreflexion oder besser: die Selbstbestimmung, die in beiden Fällen anvisiert wird, setzen freilich den Abbau der bestehenden Privilegien bereits voraus. Oder in der Übergangszeit – zumindest die Entwicklung eines eigenen gesellschaftlichen und damit politischen und kulturellen Standortes dieser Gruppen. Denn solange diese nicht für sich sprechen können, bleibt

jede »Revolutionierung« Rhetorik; im besten Fall geht der Periode der materiellen Veränderung eine Periode der Aufklärung voraus. Diese zeigt sich in Demonstrationen, in der Konfrontation und der Rebellion. Diese tragen, wie die Hippiebewegung und die Bewegung der sogenannten Gegenkultur zeigen, mehr unpolitische als politische Züge. Diese Gruppen sabotieren zwar das Gängige; sie liefern aber gleichzeitig Material für die müde gewordene Kulturindustrie.

2. Die modernen Medien erleichtern und erschweren die Versuche, »gegenkulturelle« Ansätze zu realisieren. Brecht hat die »totale schöpferische Selbstverwirklichung des Menschen« in »einer Selbstauflösung der Kunst gesehen«, und Trotzki war der Ansicht, daß die Scheidewand zwischen Kunst und Industrie fallen werde. Das ist nicht eingetreten; noch nicht einmal die Haltung eines »zerstreut Genießenden und zugleich fachmännisch Testenden« (Benjamin) wurde wirklich gefördert. Die technische Reproduzierbarkeit des Kunstwerkes hat das Verhältnis des Durchschnittskonsumenten nicht geändert. Zwar haben die Reproduktionsmittel es vermocht, die bisherige Kunst dokumentarisch festzuhalten, ins Museum zu bringen, nicht allerdings für ein breiteres Publikum. Gibt es andere Möglichkeiten? Enzensberger postuliert, daß zum ersten Mal in der Geschichte der Medien die massenhafte Teilnahme an einem gesellschaftlichen und vergesellschafteten produktiven Prozeß möglich wird, weil die praktischen Mittel sich in der Hand der Massen selbst befinden. Die elektronische Technik kennt keinen prinzipiellen Gegensatz von Sender und Empfänger; jedes Transistorradio ist, von seinem Bauprinzip her, zugleich auch ein potentieller Sender. Hier gilt allerdings dasselbe wie für Sprache im allgemeinen: man muß den Code kennen, um die Botschaft entziffern zu können. Auf die »Berührungsangst« der Intellektuellen vor den Medien läßt sich die Tatsache, daß die »spontane Produktivität der Massen« selbst fehlt, gewiß nicht reduzieren.

3. Daß die gesellschaftlich dominanten Gruppen die Kunst in ihrem Sinne benützen (Kommerzialisierung und Konsum), ist verständlich. Die Frage ist: weshalb haben die Hersteller selbst die Spielregeln so lange akzeptiert oder mit falschen Mitteln aufzuheben versucht? Ist die These, daß der Schriftsteller dadurch, daß er objektiv mit den unterdrückten Gruppen dieselbe Ausgangsposition hat, so eindeutig falsch? Ist er wie diese von den eigenen Produktionsmitteln ausgeschlossen?

Er ist es und er ist es nicht, und aus diesem Grund gelangt der Schreibende leicht in die Lage, sich als eigener Produzent und doch als abhängig zu sehen.

Literatur war nach dem Zweiten Weltkrieg eine weitgehend private Angelegenheit. Zwar hatten sich einige Schriftsteller frühzeitig auch wieder politisch engagiert; privat. Ihre politischen Absichten äußerten sie neben ihren literarischen Arbeiten.

Dem radikalen Protest, aufbrechend in der Mitte der sechziger Jahre, standen deshalb die meisten Schreibenden nicht ablehnend, aber skeptisch und distanziert gegenüber. Es waren in der Mehrzahl jüngere Autoren, die anders dachten und handelten. Ausgehend davon, daß Schreiben fragwürdig geworden ist (für einige ein Anachronismus), prüften sie ihre (und fremde Texte) auf ihren politischen Gebrauchswert. Mit Parolen wie »Soyons réalistes, demandons l'impossible« benützten z. B. die Studenten das Pamphlet, die Karikatur, Spruchbänder, Wandsprüche und das Straßentheater auf einem deutlich ästhetischen Hintergrund zu politischen Zwecken. *Agitprop*-Schriftsteller – mehrheitlich von Studenten getragen – fanden sich zu losen Gruppen zusammen, mit einem Schwerpunkt in Hamburg. Sie waren programmatisch, allerdings kaum dogmatisch. »Demokratische Lyrik zeigt Not und Macht des Schwachen, der Mehrheit« (Carlo Bredthauer). Das ist so gut gemeint wie harmlos. Die Frage ist: War Agitprop »die Möglichkeit für einen Schriftsteller, seine Wahrheit zu wagen. Schnell. Sofort. Eine plakatgrelle Wahrheit. Am Morgen in der Zeitung gelesen, am Abend schriftlich Konsequenzen gezogen. Verbreitet. Vorgetragen. Auf Flugblättern ausgeteilte Aktion« (Heike Doutiné)? – War Agitprop so scharf wie ein Messer?

Liest man die in Anthologien abgedruckten Beiträge, könnte man leicht folgern, daß es sich, verglichen mit den studentischen Wandsprüchen und Flugblättern, um zweiten Aufguß handelt. Allerdings sehen es die Autoren selbst: Agitprop gehört auf die Straße, an die Wände, in die Säle. Aufgereiht in einer Anthologie, fällt das Spontane weg; es wird endgültig versammelt, was zum Sammeln und zum betulichen Lesen gar nicht gemacht war. Die »explosive Mischung« hatte andere Ziele.

»Entscheidend ist, daß ein verständlicher Text in einen Zusammenhang gebracht wird, in dem er zum Denken, Formulieren und Handeln anregen kann« (Erich Fried). Und genauer: »Agitprop sollte für den Tag, für bestimmte Aktionen und Kampagnen geschrieben werden, nicht, wie dies heute meist üblich ist, auf Vorrat, für die abstrakte Öffentlichkeit, den linksliterarischen Markt [...]« (Diederich Hinrichsen). Agitationstexte sind für ein bestimmtes Publikum verfaßt. Sie »variieren das politische Thema, zu dessen Behandlung oder Demonstration sich das Publikum zusammengefunden hat«. Agitationstexte zielen darauf, »Überzeugung und Enthusiasmus hervorzurufen und dadurch auf Aktionen vorzubereiten« (Erasmus Schöfer).

Uwe Timm sieht zwei Gruppen von Texten:

1. Das parodistische, ironisierende Gedicht, das bestimmte gesellschaftliche Mißstände entlarvt und sie dadurch für die Leser oder Zuhörer kritisierbar macht.

2. Das analytisch-perspektivistische Gedicht, das gesellschaftliche Zusammenhänge kritisch aufzeigt, darüber hinaus aber auch die Rich-

tung einer möglichen Änderung angibt.[1] In einem Gedicht oder einem Lehrstück läßt sich diese Trennung allerdings kaum je rein aufrechterhalten: beides ist vermischt.

Mit welchen Fragen befassen sich die Autoren?
Die im Quer-Verlag Hamburg herausgebrachte repräsentative Anthologie ›agitprop‹ zeigt im Aufbau deutlich die Themenkreise ›Formierte Gesellschaft‹ – ›Ein zweites 1933?‹ – ›Notstand und Demokratie‹ – ›Macht aus Soldaten gute Demokraten‹ – ›Kuras und Konsorten‹ – ›Haft-Beugehaft-Vorbeugehaft‹ – ›Brecht die Macht der Manipulateure‹ – ›Konzertierte Aktion‹ – ›Kleiner Mann was nun‹ – ›Imperialistische Globalstrategie‹ – ›Vietnam den Vietnamesen!‹ – ›Wacht auf, Verdammte dieser Erde!‹
Die Themen lesen sich wie Überschriften zu einem politischen Bilderbuch; sie sind zentriert um die Gesetzgebung, die Justiz, das Militär, die Polizei, die Massenmedien. Die meisten Gedichte prangern entweder undemokratische oder autoritäre Verhaltensweisen an; jene Gedichte, die unter dem Stichwort ›Wacht auf, Verdammte dieser Erde‹ versammelt sind, könnte man ebensogut in eine der andern genannten Gruppen einreihen oder entsprechen nicht dem Thema, z. B. das Gedicht: »Manche sagen: Eßt die Tollkirsche nicht! / Sie ist gefährlich für jedermann. / Manche sagen: / Nicht für alle. / Es kommt darauf an, wer sie ißt!«
Das entspricht dem allgemeinen Eindruck. Die direkte politische Aussage, sofern sie sich nicht auf Tagesereignisse bezieht, erfolgt unverbindlich, vorsichtig. Das sagt nichts gegen die Texte. Aber erreichen die Texte jene Wirksamkeit, die man erreichen möchte? Und wer wird angesprochen?
Agitprop ist, soweit ich es sehe, in den letzten Jahren eher auf der Straße (also vor einem gemischten Publikum) oder aber vor politischen, an einem Thema orientierten Versammlungen (vor einem sympathisierenden Publikum) oder in Schulen und Universitäten (ebenfalls vor einem sympathisierenden Publikum) vorgetragen worden. Die generelle politische Ausrichtung (Sozialismus; Radikaldemokratie) wurde deutlich. Es überwiegen Texte mit radikaldemokratischen Formulierungen. Es war eine weitgehend antiautoritäre Rebellion, welche die bestehenden Formen der politischen Macht und Unmoral anprangerte. Das »Schreiben für den Tag«, das Ausnützen politischer Möglichkeiten, wurde ernst genommen. Schon aus diesem Grund hat Agitprop begreiflicherweise am ehesten die Schüler, Studenten, den literarisch interessierten Mittelstand und höchstens eine kleine Gruppe politisch-aktiver Arbeiter erreicht. Agitprop-Autoren legten es (von da her verständlich) nicht auf einen Bruch mit dem sprachlichen Universum des Establishments an. Ihre Texte sind Literatur. Literarische Vorbilder (Brecht, Majakowski u. a.) lassen sich im einzelnen Fall

leicht ausmachen. Die Sprache ist einfach. Sie will eingänglich sein, einhämmernd, meistens sehr direkt, zuweilen mit einer raffinierten Dialektik im Inhaltlichen (am deutlichsten bei Erich Fried). Liest man die Selbstkritik der Autoren, so wird deutlich, daß die meisten sich keine falschen Illusionen machen. So schreibt Guntram Vesper: die »öffentlich-unöffentlichen Zustände zeigen sich weitgehend stabil gegenüber Gedichten«. Und kritisch vermerkt Diederich Hinrichsen: die vorherrschende Produktionsform bleibe auch bei der linken Literatur Heimarbeit; linke Autoren und Literatur-Zirkel stehen isoliert neben den politischen Gruppen. Der Grund: Agitprop werde heute zumeist von Leuten gemacht, die, aus kleinbürgerlichem Milieu kommend, die bildungsbürgerliche Hochschätzung von Kunst und Kultur geteilt, sie als Aufstiegsvehikel begriffen haben, bevor sie noch sich politisch engagierten. Das ist ein hartes, aber nicht ungerechtes Urteil. Zählt man aus, welche Vorbildung die in der Anthologie vereinten Autoren haben, dann stehen siebzehn Akademikern sieben Nichtakademiker gegenüber (vier sind nicht genau lokalisierbar). Es spiegelt sich außerdem unsere Gesellschaft darin, daß bei den Nichtakademikern die Frauen überwiegen.

Die binnenliterarische Diskussion zeigt sich am deutlichsten in der Frage nach einer möglichen Ästhetik. Die Auffassungen sind geteilt. Einerseits: »Es gibt keine Ästhetik für Agitprop. Formale Erwägungen geschehen immer in Hinblick auf die zu erzielende Wirkung« (Uwe Friesel). Dagegen schreibt Peter Schütt, daß die bloß provokatorische Phase der Arbeit vorbei sei: sie habe ihr taktisches Nahziel, das eingeschläferte Bewußtsein der Bevölkerung aufzurütteln und demonstrativ auf die Aktivitäten der demokratischen Opposition hinzulenken, erreicht. Jetzt könne man sich die Verengung auf bestimmte Rohformen der literarischen Gestaltung, auf Agitation und Dokumentation kaum noch leisten. Jetzt dürfe kein Stilmittel (außer der Lüge) mehr der Reaktion überlassen werden: »Aus den vorhandenen Stilformen, egal ob Op oder Pop, müssen wir das Brauchbare heraussuchen, um sie für unsere Sache einzusetzen.« Und dezidiert wird das Experiment verlangt, das politische wie das literarische. »Die Literatur sollte sich nicht auf die bloße Beschreibung der Wirklichkeit beschränken, sondern den Mut zur künstlerischen Gestaltung des Stoffes mitbringen.« Eine andere Aussage zeigt ebenfalls deutlich die Literarisierungstendenz, die bewußt politisch bleiben will: »Zu entwickeln wären Formen kollektiver Aneignung in Produktion und Konsumtion von Literatur« (Martin Jürgen). Damit nähert sich Agitprop der allgemeinen Problematik der Literaten.

Im Bereich des Ästhetischen bewegt sich heute ja kaum ein Wortmacher noch unbefangen (und das überträgt sich auf den Produktions- und Vertriebsprozeß). Beispiele sind leicht zu finden. »Die Poesie, die Romane, die Erzählungen sind merkwürdige Antiquitäten, die niemand oder fast niemand mehr täuschen. Gedichte, Erzählungen, wozu? Es bleibt nur noch die Schreibweise« (J. M. G. Le Clézio). Und dezidierter wurde schon sehr viel früher gesagt: der professionelle Künstler ist ein »Irrtum und bis zu einem gewissen Grade heute auch eine Anomalie« (Karel Teige). Freilich: dieser Tatbestand wird eher rhetorisch beklagt als faktisch aufgehoben. So meint etwa Peter Handke, das engagierte Theater finde heute nicht in den Theaterräumen statt, sondern in Studentendemonstrationen in der Universität; seine eigenen Stücke freilich sind Theaterstücke. Gatti betrachtet das Theater als ein dauerndes Mittel zur Befreiung – nicht bloß von Vorurteilen und Ungerechtigkeiten, sondern auch von Konformismus und gewissen Arten des Denkens, die nichts anderes seien als Särge. Gattis Theater ist ebenfalls die Bühne. Man kann dies dialektisch nennen; richtiger ist es wohl, darin einfach die ambivalente Situation zu sehen, in der der Schreibende sich heute befindet. Wie weit reichen denn überhaupt die Mittel? Enzensberger hat vermutlich nicht unrecht: »die politische Alphabetisierung Deutschlands ist ein gigantisches Projekt. Sie hätte selbstverständlich, wie jedes derartige Unternehmen, mit der Alphabetisierung der Alphabetisierer zu beginnen [...]« Ein solches Vorhaben beruht auf dem Prinzip der Gegenseitigkeit: »Es eignet sich dafür nur, wer fortwährend von jenen lernt, die von ihm lernen.« Die Autoren haben gelernt. Es wäre dennoch eine eigene Untersuchung wert, nachzufragen, wo sie gelernt haben und von wem sie gelernt haben. Jedenfalls ist Hans Mayers skeptische Schlußfolgerung schwerlich abzuweisen: so lange nicht in der Wirklichkeit, jenseits der Ära von Bildung und Besitz, jene Voraussetzungen geschaffen werden, die ein Ende machen mit der Selbstentfremdung, bleibt nur das Spiel: »je bewußter und leidenschaftlicher gespielt wird, ohne daß die Spielrealität transzendiert würde, um so wirksamer löst sich der heutige Mensch aus dem Zustand der Selbstentfremdung.«[2] Genügt das? Oder bedarf es der unbedingten Parteilichkeit, um dieses Ziel zu erreichen? Wenn ja: wie?

Die sicherste Art, jeder Literarisierung zu entgehen, ist die klare und entschiedene Parteinahme für eine bestimmte Klasse (Sartre). So klar und entschieden erfolgt dies allerdings selten; nicht einmal in der Agitprop-Literatur. Eine Tendenz auszudrücken bedeutet, strategisch zu denken. Der Schreibende muß wissen, was er will. Er muß wissen, wie er schreibt, weil er bestimmte Gruppen ansprechen will. Heißt das, daß es ihm nur auf den Inhalt ankommt und nicht auf die Form?

Der Schreibende muß es sich untersagen, doktrinär zu sein, weil er immer mehrdeutig arbeitet. Er arbeitet mehrdeutig, noch wenn er sich sehr klar ausdrückt. Brecht ist hier das beste Beispiel. Da der Schreibende das Wort benutzt, kann er kein naives Bewußtsein haben. Aber heißt das auch, daß die Nachricht weniger wichtig ist als die Bearbeitung der Nachricht?

Lukács betont, daß es darum gehe, die Wirklichkeit nicht zu entstellen, nicht zurechtzurücken, nicht »tendenziell« umzufärben. Denn die Forderungen, die der Schriftsteller vertritt, seien integrale Teile der Selbstbewegung dieser Wirklichkeit und zugleich Folge und Voraussetzung ihrer Selbstbewegung. Daß sie es tun, aber nicht wissen, was sie tun, schadet dem Schriftsteller so lange nicht, wie es ihm gelingt, die gesellschaftliche Wirklichkeit adäquat auszudrücken. Es genügt, wenn das in der Realität Stummbleibende einen evokativ-verständlichen Ausdruck erhält. Die Verschwommenheit und Erstarrung werde überwunden; es werde die Welt entfetischisiert, die den Menschen umgebe: dieser nehme die Wirklichkeit wahr, und zwar so, wie sie sich unter den gegebenen gesellschaftlich-geschichtlichen Umständen ihm objektiv darbieten kann.

Was bedeutet das?

»Aktiv« ist der Text; der Leser bleibt passiv. Auch jene Autoren wie Roland Barthes, die die Literatur in der Schwebe halten, auf die Schreibweise allein und nicht auf den Inhalt verweisen, verneinen nicht die soziale Funktion der Kunst; sie übergehen sie. Sie interessieren sich nicht für die Wirkung der Produktions-Elite auf die Konsumenten-Elite. Das korrespondiert mit Adornos Antwort: Kunstherstellen bedeute Widerstand, Funktionslosigkeit. Mehr als Praxis sei die Kunst, weil diese durch die Abkehr von jener zugleich die bornierte Unwahrheit am praktischen Wesen denunziere.

Es ist die alte Illusion der Avantgarde. Die Frage ist nicht gestellt: Weshalb haben die Texte keine Beziehung zu unterprivilegierten Gruppen?

Eine Antwort, die davon ausgeht, daß eine künstlerische Avantgarde keine Beziehung zu den konservativen Organisationen der Parteien, der Gewerkschaften usw. haben könne, ist freilich zu einfach. Wenn das Motto der Avantgarde »Kratze die Schminke ab!«, »Benütze alles, was es gibt als Mittel für deine Zwecke!«: wenn diese Sätze ernst genommen werden, dann könnten und müßten die »Unterprivilegierten« der natürliche Bündnispartner sein. Warum aber folgt die Avantgarde bewußt oder unbewußt eher Nietzsche und Freud als Marx (oder, wenn sie ihm folgen, dann in einem rhetorischen Sinn)? Es gibt eine Erklärung. Freud und Nietzsche bewegen sich im Rahmen der Selbstreflexion. Die Verdrängungen, die repressiv gegen das eigene Selbst gerichtet sind, können eine progressive Wendung nach außen erfahren; es sind jene Mechanismen, die in den meisten Texten auftauchen. Die Schreibenden erfahren das pathologische dieser Gesellschaft zunächst an sich selbst: sie bringen es zur »Sprache«, und dieser Code wird von jenen verstanden, die diese Sprache gelernt haben. Es gilt, was Walter Benjamin über Baudelaire geschrieben hat: Es hat wenig Wert, seine Position »in das Netz der vorgeschobensten Befestigungen im Befreiungskampfe der Menschheit einbeziehen zu wollen. Es erscheint von

vornherein sehr viel chancenreicher, seinen Machenschaften dort nachzugehen, wo er ohne Frage zu Hause ist: im gegnerischen Lager [...]
Baudelaire war ein Geheimagent. Ein Agent der geheimen Unzufriedenheit seiner Klasse mit ihrer eigenen Herrschaft. Wer ihn mit dieser
Klasse konfrontiert, der holt mehr heraus als wer ihn vom proletarischen Standpunkt aus als uninteressant abtut.«

Es gibt Gegenversuche; Agitprop ist ein Beispiel. Der auffälligste und
kontinuierlichste Ansatz engagierter Kunst in Deutschland nach dem
Zweiten Weltkrieg ist aber zweifellos die *Dortmunder Gruppe 61*.
Diese ist von den Gründern zunächst bewußt auch in der Tradition
der Arbeiterliteratur verstanden worden. Der Bruch mit der Tradition wurde freilich rasch sichtbar. Es war in der Nachkriegszeit
schwer, an sie anzuknüpfen. Das Bedürfnis nach Restaurierung
machte es unmöglich, die agitatorische und propagandistische Literatur der zwanziger Jahre wieder aufleben zu lassen. Diese konnte
davon ausgehen, daß eine politische Revolution durch Verrat, Un-
geschick und Nichtverstehen der Situation versäumt worden war.
Nach 1945 waren für einen ähnlichen Optimismus weder die inneren
noch die äußeren Bedingungen gegeben. Die Kahlschlagliteratur war
der adäquate literarische Ausdruck. Als die Literaten »neue Wege«
suchten, schien nicht einmal mehr eine vernünftige Reformpolitik möglich. Die *Gruppe 47* reagierte auf dieses Phänomen mit einer Literarisierung. Die Geschichte dieser Gruppe ist vorwiegend in Eigendarstellun-
gen geschrieben, die deshalb nicht uninteressanter sind. Eine Inhalts-
analyse der auf den Tagungen präsentierten Texte würde unsere
These belegen. Auch der publizistische Aufwand und die immer
engere Verbindung von Literatur und Markt sind mehrfach sowohl
konstatiert als auch verteidigt worden. Unpolemisch kann man sagen:
die Entwicklung der *Gruppe 47* verlief in den 15 Jahren ihres Bestehens parallel zur Entwicklung der westdeutschen Gesellschaft; dazu
gehört auch, daß immer eine Gruppe innerhalb der »Gruppe« zumindest außerliterarisch ihr politisches Gewissen bewahrte. Grass' Wahlkontor für die SPD war vielleicht der deutlichste Ausdruck für diese
Politisierung, während Peter Weiss' dezidierte, wenn auch nicht konsequente Hinwendung zur DDR und zum Marxismus und Enzensbergers ebenso massives Plädoyer für die Unterdrückten der Dritten Welt
von der Gruppe her Randerscheinungen blieben und bleiben mußten,
weil sie die interne Politik der Gruppe vor nicht lösbare Probleme
gestellt hätten. Die Amerikareise der Gruppe, in einer Zeit, als die
USA nicht nur außerhalb, sondern auch innerhalb des eigenen Landes
auf heftige Kritik stießen, war nicht nur Ironie: sie spiegelte sowohl
das Interesse, den in Deutschland schwelenden Konflikten auszuweichen, als auch den Wunsch nach internationaler Anerkennung. 1968,
auf der Buchmesse, erfolgte die erste öffentliche Aktion der »Literatur-

produzenten«; 1969, bei der Gründungsversammlung des Verbandes deutscher Schriftsteller e. V., hielt der erste Vorsitzende (Dieter Lattmann) eine Rede: ›Der Poet auf dem Supermarkt‹; Heinrich Böll sprach vom ›Ende der Bescheidenheit‹.

Die Dortmunder *Gruppe 61* reagierte ebenfalls literarisch, in anderer Weise. Dadurch, daß die »offizielle« Literatur die Arbeitssituation des lohnabhängigen Arbeitnehmers nahezu gänzlich ausgespart hatte, konnte es nicht ausbleiben, daß die Gruppe ehrgeizige Jungliteraten anzog, die genau dieses Thema literaturfähig machen wollten. Die Gruppe war dadurch von vornherein heterogen; dennoch kann man ihr schwerlich voreilige Kompromißbereitschaft vorwerfen. Daß sie sehr bald versucht hat, die widersprüchlichsten Vorstellungen auf einen gemeinsamen Nenner zu bringen, spiegelt auch hier in einer sehr aufschlußreichen Weise die Zustände der deutschen Literaturproduktion. 1968 zog die Gruppe – zusammen mit Kritikern – die folgende Bilanz: »Der Dortmunder Gruppe 61 als einer Gruppe von – überwiegend – Arbeiterschriftstellern und ihnen verbundenen Mentoren (Journalisten, Verlagslektoren, Gewerkschaftsfunktionären u. a.) sei es gelungen, Zustände und Auswirkungen eines bisher nicht öffentlichen Herrschaftsbereichs, nämlich des Herrschaftsbereichs westdeutscher Industriebetriebe, aufgedeckt zu haben. Sie habe so eine Ortsbestimmung des gesellschaftlichen Standortes der Arbeiter und aller Lohnabhängigen in der Bundesrepublik geleistet und die Frage nach der Legitimität der beschriebenen Herrschaftsverhältnisse neu gestellt.«[3] Diese Bilanz ist zweifellos zu wohlwollend. Allerdings ist die Selbstkritik während der ganzen Zeit intensiv gewesen. Die Frage bleibt dennoch, ob die Gruppe, ob vor allem die Gruppenziele hinreichend interpretiert worden sind. Im literarischen Rahmen ist dies vielleicht noch am ehesten geschehen. Einerseits wollte die Gruppe als Agentur für schon fertige Texte fungieren (Peter Kühne); die Kritik geschah »nach literarischen Gesichtspunkten« (Wolfgang Körner). Der Schwerpunkt lag bei einer immanenten Gesellschaftskritik; literarisch: Realismus, bis hinein in seine neueste avantgardistische Spielart, war gefragt. Die überlieferte Sprache galt als inadäquat gegenüber den neuen Gegebenheiten der industriellen Arbeitswelt; die literarische Auseinandersetzung, beispielsweise mit der Situation eines hochqualifizierten Programmierers, werde weder kompositorisch noch sprachlich mit überlieferten Mitteln möglich sein (Wolfgang Körner); andererseits werden »respektable Figuren«, die das »klassenkämpferische Pathos« nicht abgestreift haben und sprachlich konservativ arbeiten, zwar kritisiert und in den Guppenveröffentlichungen nur »dosiert« aufgenommen. Aber sie werden, schon um die alte, wenn auch fragwürdig gewordene Tradition der Arbeiterliteratur nicht ganz aufzugeben, mitgezogen. Daß das Gruppenlektorat sich, angesichts dieser zweideutigen Ausrichtung, den Vorwurf der »Manipulation« auflud, ist verständlich. Eine geschickte »Regie« vermittelt; sie hält die Gruppe in einem produktiven Konflikt und ermöglicht literarische Erfolge. »Luchterhand, Rütten und Loening, Rowohlt, Karl Rauch und Piper editieren Arbeiten von Dortmunder Autoren, Studentische Organe und Foren, Evangelische Akademien und Goethe-Institute bemühen sich um die Gruppe. Die Feuilletons der überregionalen bürgerlichen Tages- und Wochenzeitungen, der 3. Rundfunk- und Fernsehprogramme rezensieren, wenn auch nicht ohne gelegentlichen Hohn« (Peter Kühne).

Kurz vor der heftigsten Erschütterung (der Abspaltung des *Werkkreises*), sieht es eine Weile so aus, als ob die *Gruppe 61* auf Literaten mehr Anziehungskraft ausübe als die verknöcherte *Gruppe 47*. Hierin spiegelt sich eine Konvergenz zwischen den beiden Gruppen. Freilich, wie es lapidar formuliert wird: Arbeiter sind von dieser Kommunikation ausgeschlossen.

Vielleicht ist dieser Kommentar, auf die ganze Gruppe bezogen, zu scharf. Auf die prominenten Gruppenarbeiten trifft er zu. Die Literarisierung ist freilich nur der eine Punkt.

Es zeigt sich – auch hier durchaus konform mit der allgemeinen Stimmung – gleichzeitig eine Krise im literarischen Selbstverständnis. Die »Literatur-ist-tot-Parole« erfaßt die bürgerlichen Literaten (Kritiker eingeschlossen) just in dem Moment, als die *Gruppe 61* literarisch, d. h. mit dem Versuch, bestimmte Schreibweisen als exemplarisch herauszustellen, sich profiliert. Allerdings, zumindest bei einigen Autoren, mit schlechtem Gewissen. Verständlich und konsequent, daß angesichts der »Politisierungstendenz« der Schriftsteller die Idee aufkommt, »in einer einfachen unliterarischen Sprache aus eigener Erfahrung wirklichkeitsgetreu Geschehen« darzustellen. Verständlich, daß die Querverbindung zur Dokumentationsliteratur, die inzwischen zum Literaturersatz für Literaten hochgespielt worden ist, sichtbar wird. Die *Gruppe 61* hat für die Entstehung dieser Schreibweise einen entscheidenden Beitrag geleistet, noch bevor diese modisch wurde. Um Alltagssprache handelt es sich, entgegen einem Mißverständnis, dem verschiedene Kritiker aufsaßen, allerdings schon deshalb nicht, weil die Texte redigiert, montiert und zum Teil selbst produziert sind. Dennoch lehnt die *Gruppe 61* im Herbst 1969 das Programm einer »einfachen unliterarischen Sprache« mehrheitlich ab. Es konstituiert sich im März 1970, teils gruppenintern, allerdings mit einem deutlichen Akzent nach außen, der von der Gruppe unabhängige *Werkkreis Literatur der Arbeitswelt*. Das Programm ist aufschlußreich. Die Gründer waren nicht naiv. Sie wissen, daß eine Wiederbelebung der »Arbeiterliteratur« nur Sinn hat, wenn sie die Arbeiter erreicht; sie wissen auch, daß dies weder leicht noch mit den üblichen Mitteln erreichbar ist. Das Programm liest sich denn auch über weite Strecken wie ein von Soziologen verfaßtes Manifest:

»Seine Aufgabe [die Aufgabe des Werkkreises; U. J.] ist die Darstellung der Situation abhängig Arbeitender, vornehmlich mit sprachlichen Mitteln [...] Der Werkkreis hält eine [...] Zusammenarbeit mit den Gewerkschaften, als den größten Organisationen der Arbeitenden, für notwendig [...] Die im Werkkreis Literatur der Arbeitswelt hergestellten Arbeiten wenden sich vor allem an die Werktätigen, aus deren Bewußtwerden über ihre Klassenlage sie entstehen. Die kritischen und schöpferischen Kräfte der Arbeitenden, deren Entfaltungsmöglichkeiten behindert werden, versucht der Werkkreis durch theoretische Anleitung und praktisches Beispiel zu unterstützen [...] Alle erprobten und neuen Formen realistischer Gestaltung werden benutzt. Er paßt sich der Vermarktung der Literatur in den Händen und im Interesse Weniger nicht an [...]« (7. März 1970).

Ein Beobachter, der die Neuentwicklung (die ich für wichtig und notwendig halte) begrüßt, folgert wohl etwas zu optimistisch: »Elemente des ursprünglichen Dortmunder Ansatzes werden so erneuert und weitergeführt: Die Arbeitenden selbst kommen zu Wort. Die Öffentlichkeit der Arbeiter ist primärer Adressat. Es wird Werkstattarbeit geleistet; es werden Publikationshilfen gegeben: vorerst im Rahmen des bestehenden Mediensystems (und in geschickter Kombination seiner Möglichkeiten), sofern nur die gewünschten Adressaten tatsächlich erreicht werden. Ansätze einer Selbstverständigung abhängig Arbeitender über ihre gesellschaftliche Lage sind bereits erkennbar« (Peter Kühne). Mir scheint: weder im Programm noch in den Erläuterungen sind die Fragen, die es in diesem Zusammenhang zu stellen gäbe, genügend vorgeklärt (was sich allerdings in der Arbeit der Werkkreise selbst nachholen läßt). Die Neuerung wird ausschließlich darin gesehen, daß die Hersteller und die Adressaten der Texte abhängige Arbeiter sein sollen und daß es zu einer Zusammenarbeit von berufstätigen Amateur-Schreibern mit »Professionellen« kommen muß.

Die Frage bleibt: welchen Auftrag kann, neben dieser Aufgabe, die Literatur (oder jeder Versuch, expressive Formen zu gebrauchen) noch haben? Die Veröffentlichung von Erstarbeiten aus diesem Kreis in einem Verlag und in einem Zusammenhang, der das Literarische wieder an die oberste Stelle setzt, zeigt auch hier die rasch erfolgende Literarisierung. Die Tatsache, daß der erste kritische Überblick in der prominentesten literarischen Zeitschrift der Bundesrepublik erfolgt, erhärtet diesen Verdacht. Oder anders formuliert: Wenn man diese Literarisierung will (und es gibt Gründe dies zu wollen), dann dürfte man das ästhetische Anliegen nicht verbrämen. Man müßte, neben dem Lehrhaften, neben dem Versuch, Bewußtseinsbildung zu fördern, das Ästhetische ernst nehmen. In jedem Fall scheint der Versuch, abhängig Arbeitende zum Schreiben zu bringen, sie »anzulernen«, vorerst zu bedeuten, daß Texte von oben nach unten weitergegeben werden. Konkret: es gibt Herausgeber, die Texte auswählen. Es gibt Verlage und Lektoren, die darüber mitbestimmen. Es ist diese Art der Betreuung allerdings nicht bloß falsch. Abhängig Arbeitende sind literarisch sprachlos. Günter Wallraff hat diese Praxis vielleicht am deutlichsten reflektiert. Aufgabe der Werkstätten kann und darf es seiner Meinung nach nicht sein, in einer Art 2. Bildungsweg oder auch nur als Hilfsschule dem großbürgerlichen Kultur- und Literaturleichnam Frischzellen einzuspritzen. Ein neuer Typ des Schriftstellers (den er auch Wortarbeiter nennt) ist gefordert: ein Wortarbeiter, der nicht länger die Schutzbezeichnung »Künstler« tragen soll.[4] Die Hersteller von Texten sollen in Zusammenarbeit mit anderen Gruppen Basisöffentlichkeit suchen oder, wo diese nicht vorhanden ist, herstellen. Weder sollen also die Produkte in den Werkstätten selbst »eingemottet« werden, noch sollen sie in herkömmlicher Weise in den öffentlichen Vertrieb gebracht werden.

Wallraff sagt: »Bevor wir uns den Sprachmöglichkeiten zuwenden, sollten wir taktisches, methodisches Vorgehen erörtern. Bevor wir uns unseren eigenen subjektiven Empfindungen überlassen, sollten wir bereits politisch arbeitende Gruppen und betroffene Einzelne konsultieren.« Und er erläutert: »Wir sind zum Beispiel dabei, Fragebögen zu entwickeln, die durch eine Vielzahl informativer und kritischer Fragen, von einer Anzahl Kollegen eines bestimmten Betriebes beantwortet, einen Betrieb erst mal transparent werden lassen, neuralgische Punkte herauskristallisieren, um daraufhin innerhalb der Gruppe eine Dokumentation zu erstellen oder Flugblätter zu verteilen. Falls die Organisation innerhalb des Betriebes noch zu schwach ist und Repressalien zu befürchten sind, mit Gruppen von außerhalb zusammenzuarbeiten, die es sich leisten können, die Flugblätter oder Papers vor oder nach Schichtschluß vor den Werktoren zu verteilen und gleichzeitig für einen bestimmten Zeitpunkt zu einer Veranstaltung aufzurufen.« Für die Dokumentationen ist wichtig, »alles Erreichbare erst mal zusammenzutragen und zu sichten: Betriebsordnungen, Firmenbilanzen, Prospekte, Jubiläumsschriften, Chefreden, mitgeschriebene oder auf Band aufgenommene Betriebsversammlungen, Lehrlingsbesprechungen oder Jubilarverabschiedungen, Einweihungsfeier eines neuen Werkteils, Betriebsausflug, bestimmte Aushänge vom Schwarzen Brett, Entlassungsschreiben, Firmen-Schreiben, die die Kündigungen androhen, zur Anpassung oder zu Wohlverhalten auffordern, Weihnachtsschreiben, Würdigungen der Firma in der Lokalpresse, Anzeigen usw. usw.«[5]

Wallraffs Vorgehen ist soziologisch; vordergründig erreicht es sogar jenes Ziel, das jüngeren Soziologen heute vorschwebt: die unmittelbare Verbindung von Methodologie und Praxis. Es holt auch Flauberts Epitaph ein: »Die Kunst von morgen wird unpersönlich und wissenschaftlich sein«; mit einem gleichzeitigen Verzicht auf »Kunst«.

Die Materialsammlungen sollen, wenn ich recht sehe, zwei Bedeutungen haben: einerseits demjenigen, der sie vorträgt, gesellschaftliches Bewußtsein vermitteln; andererseits soll selektioniertes Material in einem breiteren Rahmen für propagandistische Zwecke eingesetzt werden. Die Devise ist: nicht »Literatur-machen-wollen«, sondern Vorkommnisse und Zustände für sich sprechen lassen. »Das festgehaltene geschriebene Wort schafft Distanz, macht das Gesprochene festlegbar, nachprüfbar [...]«

Wallraff generalisiert, nicht zu unrecht, bei dieser Vorstellung seine eigene Methode: »Hervorragendes Mittel der Dokumentation ist die Montage, sie soll über die bloße Wiedergabe von zufälligen Realitätsausschnitten hinausgehen. So kann sich der Zusammenhang für den Leser entweder durch die Anordnung und Kombination der Realitätspartikeln herstellen; vor allem das Mittel des Kontrastierens, das auf Widersprüche und Brüche der Realität hinweist, setzt den Leser in die Lage, selbst aus dem ausgebreiteten Material Schlußfolgerungen zu ziehen.«

Nun ist nicht daran zu zweifeln: dieser Ansatz, differenziert genug angewendet, kann auch komplizierte gesellschaftliche Prozesse darstellen. Die Literatur gewänne hier eine ihrer alten Aufgaben zurück: dem wissenschaftlichen Establishment zu zeigen, was dieses verleugnet oder formalisiert und verharmlost. Auch ist es wohl richtig, daß die Schriftsteller am besten lernen, indem sie gleichzeitig lehren. »Sie erarbeiten am besten Wissen, wenn sie es gleichzeitig anderen erarbeiten« (Brecht).

Aber: das Lernen aus Dokumentationsmontagen stellt die gleiche Frage, die sich auch aus der Lektüre »hoher« Literatur ergibt: lernen gut, aber wofür? Brecht hat in diesem Zusammenhang richtig bemerkt: »Berichte sind immer schwierig abzufassen, wenn auf Grund dieser Berichte die Leser instand gesetzt sein sollen, zu handeln [...] Impressionen [...] eines Geologen sind nicht besonders wertvoll für Pioniere, die auf Erdöl bohren wollen.« Oder anders gesagt: die reine Dokumentationsliteratur hat Grenzen. Runges ›Bottroper Protokolle‹, auch Günter Wallraffs ›Industriereportagen‹, geraten leicht zu einem unentbehrlichen Nachschlagewerk für Schriftsteller und Soziologen, zur ergreifenden Lektüre für Nichtarbeiter. Günter Wallraff sieht das übrigens genau, wenn er schreibt, daß der Arbeiter – überaupt der Produktionsbereich – langsam auf dem Literaturparkett gesellschaftsfähig wurde. Einsichten in die Produktionsprozesse, wohldosiert und verallgemeinert, nicht nachprüfbar und für die meisten unverständlich bleibend, sind literarische Werke wie andere auch. Als Modeerscheinung, aus Übersättigung des Marktes an großbürgerlichen Gerichten plötzlich goutiert. Zur Abwechslung einmal Schwarzbrot (Wallraff). Kein Zweifel: auch hier wird verbraucht und genossen. Und weniger die, die es herstellen, als die, die es vertreiben, vertreiben es unter der

Parole: Mal was anderes. Den tauben Ohren und den halbblinden Augen werden »neue« Themen vorgesetzt. Und die Erwartung trifft zu, daß es, zumindest zu Beginn, der Unterschiede wegen beklatscht wird.

Will das die *Gruppe 61*? Will das der *Werkkreis*?

Nach allem, was diese Gruppen programmatisch glaubhaft versichern: nein. Es liegt an den Umständen; auch die besten Programme und die besten Absichten lassen sich nicht leicht verwirklichen. Das Handikap sehe ich darin: die Unterprivilegierten vermögen sich auf rein politischer Ebene (wenn auch mit Mühe), noch immer besser durchzusetzen als auf rein sprachlicher. Differenzierte Sprache (elaborierte Sprache, wie es die Sprachsoziologie heute nennt), bleibt ihnen verschlossen. Wer sie sich aneignet, wer sich richtig auszudrücken vermag, wer eine Schreibweise findet, ist damit in einer gewissen Weise auch schon angepaßt, integrierbar und integriert. Unsere Gesellschaft ist in der Tat potent genug, alle in künstlerischen Ansätzen ausgedrückten politischen oder moralischen Inhalte aufzunehmen. Sie hat tausend Hände. Sie ist potent, aber es ist ihr nicht möglich, den Unterprivilegierten weiterzuhelfen. Blind perpetuiert sie Vorurteile; blind beharrt sie auf einer allgemeinen Kultur, die allgemein gar nicht sein kann. Sie glaubt alles auszudrücken und kann doch gerade das Einfachste nicht: über einen ökonomisch und damit bildungsmäßig eingegrenzten Kreis hinauswirken. – Gruppen, die deshalb nur die Verbesserung ihrer Position innerhalb der gegebenen sozialen Struktur anstreben, können nicht ihre eigenen Bedürfnisse durchsetzen; sie passen sich an, »steigen« auf. Und dieses Aufstiegsschema ist von der Soziologie nicht nur erklärt, sondern propagiert worden, nicht sehend, wie dadurch die Verhältnisse nicht geändert werden. Gibt es eine Alternative?

Es ginge, scheint mir, nicht nur darum, die Situation »realistisch-dokumentarisch« darzustellen (so wichtig dies sein kann). Es ginge darum, den unterprivilegierten Gruppen klarzumachen, wo ihre eigenen Probleme liegen und wie sie ihre eigenen Ausdrucksweisen finden können. Die pure Selbstdarstellung der abhängig Arbeitenden ist für den Literaten und für das literarische Publikum immer dann lehrreich, wenn sie vermeintlich »ungebrochen« wirkt. Sie wäre für den Schreibenden (und für den Leser) lehrreicher, wenn diese Gruppe alles, auch das Übertriebene, das Unreale, das Kitschige selbstbewußt sagen könnte. Die Parodie, die Groteske, die Transzendierung der Naivität könnte die Brutalität der Umwelt darstellen; dann erst wäre sie über den Berg. Es läßt sich mit Recht sagen: Gerade die Lohnabhängigen können gar nicht besonders daran interessiert sein, *nur* ihre eigene Lage dargestellt zu sehen oder in Dokumenten ihre eigene Situation zu lesen, die ihnen ohnehin vertraut ist. Auch für sie ist Phantasie wichtig. Die Frage freilich bleibt: wie ist dies ausweitbar? Die hochartifizielle

Schreibweise unserer Kunst ist aufhebbar nur durch das Erfinden neuer Schreibweisen. Dies wäre möglich, wie sich, auf anderer Ebene, bei den Sonntagsmalern zeigt. Die Emanzipation kann *gegen* die Kunst erfolgen und trotzdem ihre Struktur beibehalten. An Extremgruppen läßt sich das vielleicht am besten zeigen. So haben zum Beispiel die amerikanischen Schwarzen heute eine Sprache, die nicht nur ihre eigene Unterdrückung reflektiert. Diese Gruppe weiß nicht nur, wie sie leidet, sie weiß auch, wie der Weiße leidet. Sie hat, weil sie die beidseitige Erfahrung kennt und erfährt, einen natürlichen Vorsprung. Sie weiß, daß keine Oberklasse je eine Unterklasse wirklich gekannt hat (und selbst wenn dies in dieser apodiktischen Form nicht stimmt: solange der Unterdrückte das Gefühl hat, daß es so ist, hilft es ihm im eigenen Ausdruck weiter). Oder anders gesagt: Der Schwarze weiß, daß die weiße Oberklasse nur deshalb existentiell – sozial allerdings weitgehend unverbindlich – an sich selbst leiden kann, weil die untere Klasse ihr dieses Leiden verschafft oder zumindest dazu beiträgt, es aufrechtzuerhalten. Man kann es auch so ausdrücken: welcher Herr kennt je seine Sklaven; welcher Kolonialherr je die Kolonisierten; welcher herrschsüchtige Mann seine Frau (S. Diamond)? Jean Genet hat, als Weißer, dieses Verhältnis literarisch vielleicht am Nachdrücklichsten dargestellt. Für die Schwarzen ist es kein Problem mehr, sich ähnlich zu artikulieren. Nicht nur literarisch, aber *auch* literarisch. Wie die schwarzen Musiker es in den letzten Jahren verstanden haben, sich aus der weißen Umklammerung zu befreien, ist ein Beispiel auf einer anderen Ebene (auch wenn die Erfahrung zeigt, daß dieser Vorsprung nie lange gehalten werden kann). Oder im Sport; es genügt, sich daran zu erinnern, wie die Harlem Globetrotter im Basketball (einem von Weißen »erfundenen« Spiel) die Regeln brechen, sie neu formulieren, das Spiel als Spiel spielen (und das ganze kommerziell höchst geschickt ausnützen). Oder Muhammed Ali, der alle Register des Marktes virtuos zieht und sich, parodistisch und ironisch, von ihnen distanziert, auch im Kampf selbst. Die Frage bleibt: wie ist so etwas übertragbar? Die Frage bleibt: wieso ist die europäische Arbeiterschaft (und besonders die deutsche) so paralysiert? Als Soziologe kann man ohne Mühe die Verbürgerlichungsthese heranziehen. Man kann erklären, weshalb sich diese Gruppen zu integrieren versuchen. Historisch (auch soziologisch) ist damit allerdings nichts darüber gesagt, weshalb es so ist, wie es ist. Die Annahme, der relative Wohlstand erkläre alles, ist zu einfach. Die Integration eines Teiles dieser Gruppe in den Mittelstand, zumindest dem Einkommen nach, ist gegeben. Dieser Wohlstand ist relativ: alle Zeugnisse (die wenigen, die wir haben) zeigen, daß eine größere Gruppe durchaus in der Lage ist, Machtverhältnisse richtig zu sehen. Die Lohntüte (oder die Angst vor der leeren Lohntüte) ist nicht die adäquate Antwort! Auch nicht die Manipulationsthese, die These also, daß die Mehrheit der Arbeiterschaft nicht nur dieselben Bedürfnisse anstrebe wie die Mittelklasse, sondern diese, zum Teil, auch schon befriedigen könne. Nicht die Manipulation durch die Massenmedien verhindert eine Kontrastkultur. Wäre diese These richtig, dann würden die Probleme gar nicht mehr gesehen. Indes werden sie noch immer gesehen und es kommt nicht darauf an, wie breit oder wie schmal die Gruppe derer ist, die diese Einsicht hat. Trotzdem bleibt der vorhin gezogene Vergleich mit Minoritäten problematisch. Die amerikanischen Schwarzen (die Farbigen überhaupt) haben ein äußeres Differenzierungsmerkmal: die Hautfarbe. Sie sind leicht diskriminierbar. Und wenn sie nicht diskriminiert werden, fällt es leicht, die Nichtdiskriminierung als die andere Seite derselben Münze anzusehen (was auch für die Rolle der Frau gilt). Anders der weiße Arbeiter: er hat es leichter, außerhalb des Fabriktores, außerhalb des Büros, in einem größeren Rahmen das Gefühl zu haben, dabei zu sein. Im Auto fahrend oder vor dem Fernsehapparat sitzend, wird ihm nicht nur Gleichberechtigung vorgegaukelt; er hat sie, in einer gewissen Weise. Daß ihm die öffentliche Kommunikation, die Beziehungen zu den ästhetischen Werten seiner Gesellschaft, verweigert werden, kann ihm, wenn überhaupt, nur spurenweise klar werden. Außer der Weigerung, an etwas teilzunehmen, das er ohnehin nicht versteht, bleibt die Reaktion lau.

Ist diese provozierbar? Kann es der Literatur gelingen, diesen Bann zu brechen? Oder, im Jargon jugendlicher Gruppen: Ist eine Kulturrevolution möglich?

Seit dem Ende des 19. Jahrhunderts geht in die Kunst die Entwicklungstendenz ein, entweder die in ihr enthaltene Kommunikationschance über- oder unterzubewerten. Daniel Bell[6] moniert, daß Kultur heute aus zwei Gründen von höchster Bedeutung sei; einerseits enthalte sie die dynamische Komponente unserer Gesellschaft, dynamischer selbst als die Technologie; und zweitens sei eine Legitimierung dieser kulturellen Dynamik erfolgt. Ihre Mission sei heute die unaufhörliche Suche nach einer neuen Sensibilität. Die Exploration des Neuen geschehe allerdings mit geringen Kosten, begegne kaum Widerstand und breite sich rasch aus, auf diese Weise das Denken und Handeln breiter Bevölkerungschichten verändernd.

Nach dieser Auffassung hat die »Revolution« bereits begonnen: die Trennung in Kunst und Leben falle weg; was dort erlaubt sei, sei es auch hier. Bell, der schon das Konzept der postideologischen Gesellschaft überzogen hat, überzieht auch im kulturellen Bereich das Gegebene, wenn er annimmt, daß es heute keine Avantgarde mehr gebe, weil *alles* sich gegen Ordnung und Tradition auflehne; was bleibe, sei die pure Sucht nach Neuem. Mit dieser falschen Generalisierung, die auf der Voraussetzung aufbaut, daß heute eine radikale Trennung von Kunst und Sozialstruktur gegeben sei, werden jene Konflikte zugeschüttet, die tatsächlich existieren. Klassengrenzen und schichtspezifische Kommunikationssysteme spielen, folgt man dieser These, keine Rolle mehr. Eine »radikale Umwertung der Werte« findet indes gerade nicht auf einer umfassenden Ebene, sondern höchstens bei einzelnen Gruppen statt. Diese Randgruppen suchen tatsächlich eine Praxis, die einen »Bruch mit dem Wohlvertrauten, den routinierten Weisen des Sehens, Hörens, Fühlens und Verstehen der Dinge« umfaßt, »so daß der Organismus für die potentielleren Formen einer nichtaggressiven, nichtausbeuterischen Welt empfänglich werden kann«.[7] Charles Reich (›The Greening of America‹) sieht ebenfalls, ausgehend von »gegenkulturellen Gruppen«, eine »Revolution«, die sich von den bisher gegebenen Revolutionen dadurch unterscheidet, daß das Bewußtsein verändert wird und dies die politischen Strukturen radikal transformiert. Keine Gewalt mehr, keine Entfremdung; »alle werden durch und durch ehrlich sein, keiner wird den anderen zum Mittel degradieren«. Marcuse ist vorsichtiger und unvorsichtiger zugleich (und damit der Prophet für unpolitische Revolutionen, die andere nach ihm im kulturellen Bereich ausgeheckt haben). In der französischen Mai-Rebellion sah er die großartige, reale, transzendierende Kraft, die *idée neuve,* die erste machtvolle Rebellion gegen das Ganze der bestehenden Gesellschaft, eine Rebellion für eine qualitativ radikal andere Lebensweise: »Die Wandaufschriften der ›jeunesse en colère‹ vereinigten Karl Marx und André Breton; die Parole ›*l'imagination au pouvoir*‹ paßte gut zu ›*les comités (soviets) partout*‹; das Piano mit dem Jazz-Spieler stand trefflich zwischen den Barrikaden; schicklich zierte die rote Fahne die Statue des Autors von Les Misérables [...]« Die neue Sensibilität ist zur politischen Kraft geworden.[8] Aber Marcuse ist vorsichtig darin: er sieht in dem, was hier geschah, die einfache und elementare Negation, die unmittelbare Verweigerung. Die eingetretene Entsublimierung läßt die traditionelle Kultur, die illusionistische Kunst, unbesiegt hinter sich. Ihre Wahrheit und ihre Ansprüche bleiben gültig neben und zusammen mit der Rebellion innerhalb derselben gegebenen Gesellschaft.[9] Die Befreiung wird ein vitales Bedürfnis, aber nur für Randgruppen, während die Mehrheit der organisierten Arbeiter, die integrierte Mehrheit, beiseite steht und ihren Haß gegen die Minderheiten richtet. Marcuse sieht, daß die »neue Gesellschaft« lediglich aus der kollektiven Praxis der Produktion von Umwelt hervorgehen kann; die Wirklichkeit hat insgesamt eine Form anzunehmen, die das neue Ziel ausdrückt. Und die wesentlich ästhetische Qualität dieser Form würde aus ihr ein Kunstwerk machen. Da die Form indes aus dem gesellschaftlichen Produktionsprozeß hervorgehen muß, hätte Kunst ihren traditionellen Ort und ihre Funktion geändert; sie wäre ein integraler Faktor beim Gestalten der Qualität. Und dies würde zu einer Aufhebung von Kunst führen.[10] Es ist offensichtlich: Marcuse versucht den moralischen Inhalt des Radikalismus mit ästhetischen Formen der Sinnlichkeit zur neuen Spontaneität zu verbinden. Überschätzt er damit die Bedeutung des Individuums, auf das die Befreiung reduziert wird? Unterschätzt er die Praxis der materiellen Produktionsbedingungen? Überschätzt er, die Arbeiterklasse in den Rahmen eines totalen Systems integrierend, die Versteinerung der späten Industriegesellschaft, welche sich dann bloß noch als ein geschlossenes Gehäuse interpretieren läßt?

Daß er die Aktivitäten der radikalen Minderheiten richtig sieht (auch ihre Grenzen deutlich macht), ist nicht zu bezweifeln. Nicht allerdings wird deutlich, *wie* die unterprivilegierte Mehrheit die Verschmelzung von Technik und Herrschaft, Rationalität und Unterdrückung aufheben könnte. An diesem Punkt stocken freilich alle Interpretationen der neuen Sensibilität. Diese Autoren insistieren auf einer notwendigen Vereinigung des Rationalen mit dem Wirklichen. In der Umsetzung des Potentiellen ins Aktuelle wird die Arbeit der politischen Praxis gesehen (Lefèbvre, Marcuse); oder im herrschaftsfreien Dialog aller mit allen (Habermas).

Noch ist der Gebrauch und die Produktion der Kunstprodukte freilich eine Produktion und ein Gebrauch durch die Klasse, und sie trägt eindeutig die Züge des jüngsten historischen Nutznießers: der bürgerlich-kapitalistischen Kultur. Die künstlerische Produktion, die heute, gerade in ihrer avantgardistischen Ausprägung, immer wieder auf die »Leere« hinweist, auf die »tabula rasa«, auf das Einsetzen aller Mittel, zeigt aus diesem Grunde zwar die Fähigkeit, alles zu modellieren, alle Spiele zu spielen; etwas, was innerhalb der Klassenschranke durchaus real ist. Aber nicht darüber hinauskommt.

Die Rebellierenden benutzen dieselben Formen, aber mit einem anderen Ziel. Die Frage, wer diese Gruppen sind und an welche Gruppen sie appellieren, ist deshalb notwendig. Marcuse definiert die aktiven Gruppen damit, daß diese, vermittelt durch ihre Funktion und Position in der Gesellschaft, das Bedürfnis haben und in der Lage sind, das, was sie besitzen und was ihnen im gegebenen System zustünde, aufzugeben. Aufzugeben mit dem Ziel, das bestehende System zu verändern – ein radikaler Wandel, der zur Vernichtung und Auflösung der spätindustriellen Gesellschaft führt (oder zumindest führen kann). Die Arbeiterklasse zählt in ihrer Mehrheit nicht zu diesen Gruppen; die militanten Gruppen (etwa die Studenten, die jetzt nicht mehr notwendigerweise eine freischwebende Intelligenz sein müssen) sind allein allerdings auch nicht in der Lage, die Veränderung herbeizuführen: Es geht nicht ohne die letzte Klasse, und damit ist der Zirkel geschlossen. Die »revolutionäre« Gruppe allein kann nicht; die Mehrzahl der unterprivilegierten Gruppen, die könnten, wollen nicht, weil sie objektiv an dem, was sie haben, und mit dem, was sie im Rahmen des Bestehenden zu erreichen können glauben, zufrieden sind.

Teilt aus diesem Grund Marcuse mit anderen Propagandisten der

Gegenkultur einen subjektiven Standpunkt, der zum reinen Subjektivismus führt? An einigen Stellen ganz gewiß: »Jetzt geht es um die Bedürfnisse selbst. Auf dieser Stufe lautet die Frage nicht mehr: wie kann das Individuum seine Bedürfnisse befriedigen, ohne andere zu verletzen, sondern vielmehr: wie kann es seine Bedürfnisse zufriedenstellen, ohne sich selbst zu verletzen, ohne durch seine Wünsche und Befriedigungen seine Abhängigkeit von einem ausbeuterischen Apparat zu reproduzieren [...]«[11] Es ist hier nicht nur schwer zu sehen, wie dies zu erreichen ist; es ist auch schwer zu sehen, wo neue gesellschaftliche Institutionen entstehen. Dennoch überschreitet diese Diskussion zumindest die im ästhetischen Bereich dürftig gewordene Diskussion um die Parteilichkeit oder Tendenz der künstlerischen Aussage; es geht nicht mehr um die überholte Frage nach »hoher« Kunst oder Agitation. Ebenfalls wird klar, daß ästhetisch die Wahrheit nicht nur im Kunstwerk, im autonom gestalteten Kunsterlebnis weiterlebt (Lukács); Kunst wird nicht nur dort als radikal erkannt, wo sie sich dem unmittelbaren gesellschaftlichen Druck entzieht. Sie produziert diesen.

Nicht zufällig wurde freilich von den Rebellierenden nie präzise gefragt, inwieweit es sich hier um Pathos, um ein neues Kulturgewäsch, um Manifestationen des politischen Desengagements und inwieweit es sich um eine tatsächlich politische Literatur handelt. In einer eigenartigen Verkennung haben einzelne Gruppen der Neuen Linken »Arbeit« und »Kultur« in einen metaphysischen Rahmen gestellt. Marcuse hat im *eindimensionalen Menschen* die »Arbeiterklasse als revolutionären Faktor« zu früh aufgegeben (eine These, die er später revidierte). Gewiß ist es richtig: solange es dem Kapitalismus gelingt, den Lebensstandard, und sei es nur relativ, zu heben, bleibt das Phänomen der Ausbeutung etwas Abstraktes. Das führte bei den *Aufklärern* durch »Aktion« zur Überschätzung der eigenen Kraft, zum Nichtwarten-Können, und es führt zur Tendenz, unerläßliche Schritte und Phasen zu überspringen. Die Verkünder des *Paradise Now,* des »Gegen-Milieus«, konnten ihren Protest theoretisch fast nur an der anarchistischen Tradition festmachen. (Und hier hätten sie aus der Geschichte lernen können; der anarchistische Protest trifft immer nur die Randerscheinungen, nicht aber den Kern der gesellschaftlichen Macht). Die »Kulturrevolution« hat bei uns und in anderen spätkapitalistischen Gesellschaften die »Kultur« verändert, ihr neue Impulse gebracht; auch das ist gewiß. Richtig war ein Kern, auf den Gramsci schon früher mit Recht hingewiesen hat: ohne eine neue, revolutionäre Kultur kann es keine revolutionäre Bewegung geben. Der Vulgärmarxismus sah in der Kultur immer nur ein Überbauphänomen; die »Revolutionen« werden schematisch in die Reihenfolge gepreßt: zuerst die politische, dann die ökonomische und schließlich die kulturelle Revolution.

Freilich führt die simple Umdrehung dieses Schemas ebenfalls wieder zu Fehlschlüssen. Die sogenannte »Kulturrevolution« im Westen ist nicht identisch mit der Neuen Linken, gottlob nicht. Gemeinsames Moment war die Negierung der offiziellen Ideologie, Wissenschaft, Kunst, des Bildungssystems, und die Versuche, Gruppen auf neuen Grundlagen zu organisieren. Hier gab es freilich eine Zeitlang auch fatale Illusionen: »[. . .] nimm deine Tomaten, nimm deine faulen Eier und handle! Sag nein zu allem! Geh hinaus auf die Straße, reiß alle Plakate ab, um endlich zurückzufinden zu den Formen der politischen Manifestationen der Mai-Juni-Tage. Dann bleib einfach auf der Straße stehen, schau dir die ausdruckslosen Gesichter der Leute an und sage dir: Das Wichtigste ist nicht gesagt worden, weil es erst noch gefunden werden muß. Also handle! Suche ein neues Verhältnis zu deiner Freundin, liebe anders, sag Nein zur Familie! Beginne, nicht für die anderen, sondern mit den anderen für dich selbst, hier und jetzt mit der Revolution« (G. und D. Cohn-Bendit). Die Frage ist hier berechtigt: Was ändert das?

Während der eine, unpolitische Teil von Anfang an lediglich die offizielle Gesellschaft floh (deutlichster Ausdruck: die Brücke zwischen der Klasse, aus der man kam, und sich selbst abzubrechen), ist auch in der Neuen Linken das Moment der Destruktion und der schlichten Antithesen wirksam geworden. Noch auf dem Höhepunkt der antiautoritären Phase, die jetzt niemand mehr wirklich durcherlebt haben will, war bei den politisch Denkenden der Anarchismus strukturiert und zumindest lose organisiert. Solidarität gewann eine neue Qualität, freilich keine so neue, daß in der nächsten Phase sich die neuformierten Gruppen nicht bloß über Nuancen (die wichtig sind) zerstritten, sondern diesen Streit dogmatisch und teilweise überheblich führen.

Eines hat die Bewegung (in ihren politischen und unpolitischen) Ansätzen gezeigt: es war weniger ein Aufbegehren gegen die Technologie als gegen die Technokratie; vor allem aber ein Aufbegehren gegen das »boxed-in«. Cooper hat dieses Mißbehagen sehr richtig formuliert: »Aus dem Mutterleib werden wir in den Familienkasten hineingeboren, von dort geht es weiter in den Schulkasten. Wenn wir die Schule verlassen, sind wir so daran gewöhnt, uns in einem Kasten zu befinden, daß wir von nun an selbst Kästen, Gefängnisse, Behälter um uns herum errichten – bis man uns schließlich erleichtert in den Sarg steckt.«[12]

In der »Gegenkultur« wurden Momente der Befreiung sichtbar. Man darf sie nicht überschätzen. Die hier ausgelösten Impulse mag man, sehr vorsichtig, als Mosaiksteinchen für eine neue Kultur bewerten.

Nicht nur in der Literatur, ja nicht einmal vorwiegend im sprachlichen Symbolsystem, gab es neue Ansätze. Musik wird nicht mehr nach Noten gespielt, die den einzelnen in eine Melodie zwingen; Musik wird spontan »gemacht«, ob der einzelne selbst ein Instrument spielt oder nicht. Das Teilnehmen, das Mitmachen und das Mitfühlen sind wichtig. Das gemeinsame Dabeisein ist so entscheidend wie die Musik selbst. Oder anders: nicht allein die Musik, sondern das Mitmachen ist das gemeinsame. In der darstellenden Kunst ist es nicht anders: auch hier ist das exakte Malen oder Herstellen nicht mehr das Entscheidende; entscheidender ist die ästhetische Sensibilität, Formen als solche zu sehen und zu empfinden. Der Musiker zum Beispiel, der die Geräusche des Publikums und der Umwelt in seine Musik integriert. Oder der darstellende Künstler, der das Material, verformt oder unverformt, dadurch zum »Werk« macht, daß *er* es zum Werk erklärt (und dieses Werk diese Qualität auch tatsächlich hat, weil alle Gegenstände und Strukturen Formen haben, meist raffiniertere, als der »Künstler« sie herzustellen vermag). Die Improvisation, die Imagination, die perzeptive Sensibilität sind die wesentlichen Merkmale, stärker als handwerkliches Geschick. (Das heißt nicht, daß die handwerkliche Fertigkeit keine Rolle mehr spielt; wohl aber heißt es, daß diese allein nicht mehr genügt.) Es steht nicht mehr ein »Künstler« als Schöpfer einem nur Rezipierenden gegenüber. Und kein Zweifel: diese »Ästhetisierung« hat von vornherein kollektiveren Charakter als die früheren Stile und Formen. Das Gruppenerlebnis ist miteingebaut, jederzeit möglich. Jederzeit notwendig. In der Literatur freilich sind diese spontanen Ansätze schwerer erreichbar, am ehesten noch in der Lyrik und im Schauspiel. Wenn zum Beispiel Negerlyriker vor größeren und kleineren Gruppen aufgrund einiger Stichworte minutenlang Zwischenrufe und Rhythmus des Publikums in ihre Texte einbauen, Texte improvisieren, dann ist das Publikum nicht bloß Publikum. Das gleiche gilt für jene Theaterversuche, die, auf einigen vorgeübten Szenen aufbauend, das Spiel improvisieren und mit Hilfe des Publikums und zusammen mit diesem das »Stück« von Mal zu Mal verändern. Daß hier eine andere Art von Lyriker und eine andere Art von Stückeschreibern, Regisseuren, Schauspielern, aber auch Publikum die Voraussetzung sind, ist offensichtlich. Diese Experimente sind dabei keineswegs isoliert; es scheint, als ob die gesamte Avantgarde-Kunst sich in diese Richtung bemüht. Das Paradoxe (wenn dieses auch erklärbar ist) liegt allerdings darin, daß zwar Literatur, Musik, darstellende Kunst jetzt publikumsorientiert sind, bereit, alle anzusprechen, ja dies zur Voraussetzung haben, und dennoch ihre Wirkung auf eine kleine Elite beschränkt bleibt. Eine Elite, die überdies durch ihre Kunsterziehung kaum oder nur mit Mühe in der Lage ist, das Improvisierte in Eigenimprovisationen umzusetzen. Das angeblich traditionelle Mißtrauen der Lohnarbeitenden gegen die »Kunst« allein kann das Nichtakzeptieren dieser »Spiele« nicht hinreichend erklären. Solange diese einem hierarchischen System, oft bis zur Grenze der psychischen und physischen Belastung, ausgesetzt sind, bleibt nicht nur »Kunstmachen« sondern auch »Kunstgenuß« auf Privilegierte beschränkt. Der Abhängige könnte das dort Gelernte ja auch in keiner Weise in seine tägliche Arbeit einbringen. Das Beispiel, das mir ein Musikpädagoge erzählte, ist deshalb signifikanter, als es das Anekdotische zunächst vermuten läßt: Ein Koch, der einen Improvisationskurs besuchte, spielte in freien Minuten auf Kochtopfdeckeln »Musik« und holte, überzeugt, daß sein Meister ebenfalls Spaß daran fände, diesen zu einem »Konzert«; er wurde als »verrückt« auf der Stelle entlassen.

Etwas anderes kommt hinzu. Literatur, Musik und darstellende Kunst: auch in der hier skizzierten Form sind diese, selbst wenn das Produzent-Konsument-Verhalten auf der ästhetischen Ebene durchbrochen ist, dadurch keineswegs der Kommerzialisierung auch schon enthoben. Im Gegenteil: Sie bieten sich dieser geradezu an, in einer Weise, wie sich keine Avantgardekunst früherer Zeiten angeboten hat. Der Markt reagiert sensibler und gekonnter auf das Neue als das Publikum. Es gelingt ihm, die Spontaneität der Produktion so aufzufangen und umzuformulieren, daß das Produzent-Konsument-Verhältnis endgültig wiederhergestellt ist.

Kunst, daran zweifelt kein Vernünftiger mehr, kann sich nicht am eigenen Schopf aus dem Sumpf ziehen. Ihre relative Autonomie ermöglicht es, Bewußtsein zu bilden. Nicht wird deswegen allerdings die These richtiger, daß die künftige »Revolution« ausschließlich oder auch nur vorwiegend eine Revolution des Bewußtseins sein werde. Die in der politisierten Literatur und in der Gegenkultur jetzt schon gegebenen expressiven Äußerungen; die sich dort abzeichnenden neuen Kommunikationsstrukturen sind lediglich Symptome, die eine mögliche Veränderung anzeigen. Die »Revolution« freilich wird eine primär politisch-gesellschaftliche und damit ökonomische sein müssen und keine bloß ästhetische. Eine Politisierung der Kunst ohne eine Politisierung der Gesellschaft ist pure Selbsttäuschung. Kunst ist nicht nur Widerstand. Sie kann, in ihrem Rahmen, fast alles. Sie kann nur diesen Rahmen nicht ändern.

Anmerkungen

1 Uwe Timm, in: ›agitprop‹, Hamburg [o. J.], S. 210.
2 Hans Mayer, ›Das Geschehen und das Schweigen‹, Frankfurt/M. 1969 (= ›edition suhrkamp‹ 342).
3 Peter Kühne, ‹Schreiben für die Arbeitswelt‹, in: ›Akzente‹ 17 (1970), S. 321.
4 Günter Wallraff, ›Wirkungen in der Praxis‹, in: ›Akzente‹ 17 (1970), S. 313.
5 Ebd., S. 315.

6 ›The Cultural **Contradiction** of Capitalism‹, in: ›The Public Interests‹, Fall 1970.
7 Herbert Marcuse, ›Versuch über die Befreiung‹, Frankfurt/M. 1969 (= ›edition suhrkamp‹ 329), S. 19.
8 Ebd., S. 41.   9 Ebd., S. 74.   10 Ebd., S. 54.
11 Ebd., S. 16.
12 David Cooper, ›Psychiatrie und Anti-Psychiatrie‹, Frankfurt/M. 1971, S. 30.

Nachtragnotiz:

Unter dem Titel ›Das Dilemma der bürgerlichen und die Schwierigkeiten einer nichtbürgerlichen Literatur‹ veröffentlichte der Autor den vorstehenden Essay (mit geringfügigen Modifikationen) als Einleitungn zu der Abhandlung von Peter Kühne, ›Arbeiterklasse und Literatur. Dortmunder Gruppe 61. Werkkreis Literatur der Arbeitswelt‹, Frankfurt/M. 1972.

II. DOKUMENTATION

ROLF HOCHHUTH

Soll das Theater die heutige Welt darstellen?*

1. Soll das Theater die heutige Welt darstellen?

Den heutigen Menschen soll es darstellen, ja – und soll damit, ohne diese Zielsetzung als grob verpflichtendes Engagement mißzuverstehen, ankämpfen gegen die bis zum Gähnen wiederholten Redensarten vom »Untergang des Individuums, als einer Kategorie der bürgerlichen Ära, in der durchorganisierten Industriegesellschaft« (Adorno).

Das Theater wäre am Ende, wenn es je zugäbe, daß der Mensch in der Masse kein Individuum mehr sei – eine unannehmbare Formel, so stereotyp sie uns auch seit Jahrzehnten von Schablonendenkern in jedem zweiten Feuilleton vorgebetet wird. Es ist so inhuman wie die per Fernschreiber verordneten Ermordungen selbst, zu ignorieren, daß der einzelne heute wie immer individuell *sein* Leid, *sein* Sterben ertragen muß, gerade auch dann, wenn er keine Wahl hat und keine Waffe, und wenn er nicht mehr allein stirbt, sondern gleichzeitig mit achthundert Menschen, die er nicht kennt, in der gleichen Gaskammer, wo er seinem Mörder sowenig ins Auge sehen kann wie der Städter dem Bomberpiloten – wie aber schließlich auch schon vor dreitausend Jahren der Galeerensklave dem Kapitän des Schiffes, das seines in den Grund gerammt hat. Natürlich kommt der Tod im technischen Zeitalter oft in anderer Gestalt als im Biedermeier. Und doch stirbt jeder Mensch als Individuum »seinen« Tod im Sinne Rilkes, so wie er dazu verurteilt war, »seinen« Partner zu lieben oder nicht zu lieben, sein Leben hinzuschleppen, sei es als Unternehmer oder als Ausgenommener, als Verwalter oder verwaltet. Ein Snob, der übersieht, daß auch die Fabrikarbeiterin und ihre Geschwister, die nie ein Buch lesen, mehr sind und bleiben als ein großgezogener Wurf aus der Mietskaserne, nämlich Menschen mit ganz persönlichen Konstellationen, der soll

---

* Aus: Rolf Hochhuth, ›Die Hebamme. Komödie. Erzählungen, Gedichte, Essays‹, Rowohlt Verlag, Reinbek 1971 [Antworten auf Fragen der Zeitschrift ›Theater heute‹, 1963].

284

nicht lamentieren, wenn er selbst von jenen, die den Terror durchs Megaphon anweisen, eines Tages der Anonymität und Numerierung überantwortet wird, weil die Schurken sich nur zu gern einreden ließen, ihre Opfer hätten kein Gesicht mehr, sie seien nur Stimmvieh und in geringerem Maße noch Einzelwesen als etwa die Städter des Mittelalters, denen nicht das Fernsehen, sondern der Pastor alltäglich in den Ohren lag. Ob das lähmendste Verbrechen, das Menschen je begingen, ob Auschwitz – oder ob eine Naturkatastrophe, die ganze Länder ersäuft, in einem Drama wenigstens erwähnt werden sollen, denn über die bloße Erwähnung solcher undarstellbaren Katastrophen kommt kein Stück, kommt kein Dichter hinaus – selbst diese Berührung des entsetzlichsten *Massen*schicksals in einem Drama kann nur geschehen unter dem ewig wahren ästhetischen Gesetz Schillers:

> »Ehret ihr immer das Ganze, ich kann nur einzelne achten,
> Immer im einzelnen nur hab ich das Ganze erblickt.«

Daß man momentan den Baum vor lauter Wald nicht mehr sieht, das heißt: nicht achtet, weil noch immer der Schrei des Hitler gilt: »Du bist nichts, dein Volk ist alles« – hat im Volksmund dazu geführt, daß groteskerweise die Formel: »Der wird sofort *persönlich!*« zu einem Vorwurf wurde, zu einer Anklage. In Wahrheit ist aber einer *gerechter* in dem Maß, in dem er persönlicher und ad personam urteilt. Es sei denn, wir würden uns geschlagen geben, als Menschen, und kapitulieren vor den Sachen. Human ist aber nur, das Sachliche *nicht* vom Persönlichen zu trennen; das Drama, das den Menschen in Entscheidungen führt – denn wo er nichts mehr entscheiden kann, da ist kein Drama, die Erschlagung einer Personengruppe durch eine Lawine ist keine dramatische Konstellation, sowenig wie die Erschlagung durch eine Fliegerbombe; dramatisch ist nur mehr die Frage, ob die Bombe geworfen werden darf –, Entscheidungen im Drama also setzen die Personalisierung von Konflikten voraus: das ist auch dann wahr, wenn Vulgär-Marxisten das als Verstoß gegen ihr Glaubensbekenntnis verwerfen. Der Mensch ändert sich nicht von Grund auf. Eine Epoche, die das behauptet, überschätzt sich im Ablauf der Geschichte. Und heute wird das täglich behauptet.

Ich kann Adorno nicht zustimmen, wenn er sagt, »jedes vermeintliche Drame des Atomzeitalters wäre Hohn auf sich selbst, allein schon, weil seine Fabel das historische Grauen der Anonymität, indem sie es in Charaktere und Handlungen hineinschiebt, tröstlich verfälscht und womöglich die Prominenten anstaunt, die darüber befinden, ob auf den Knopf gedrückt wird«.

Von solchen Formulierungen eines Namhaften ist man so lange gebannt, bis man wieder primitiv oder unverschämt genug ist, zu fragen, ob nicht vielleicht das Gegenteil wahr ist – nämlich die Einsicht, daß ein Drama des Atomzeitalters gerade nur dann und so lange noch möglich ist, wie wir bereit sind, ganz altmodisch zu empfinden, was

Kogon angesichts der Skeletthalden von Buchenwald forderte: »Betrachter der Zeitgeschichte, denke, dieser Rest von Fleisch und Bein sei *dein* Vater, *dein* Kind, *deine* Frau, sei der Mensch, der *dir* lieb ist!« – Und die Prominenten, die auf den Knopf drücken – man muß sie nicht anstaunen, nein: aber ist das nicht eine faszinierende Szene, Stalin und Truman in Potsdam, mit der Verschrottung Deutschlands viel zu sehr beschäftigt, um mehr als einige Nebensätze der Frage zu widmen, ob der Krieg gegen Japan weitergeführt werden soll, da doch der Tenno die Kapitulation schon seit zehn Tagen angeboten hat? Und Trumans möglichst beiläufig vorgebrachte Feststellung, er habe da eine neue Waffe; Stalin tut so, als höre er kaum hin – und dann der Entschluß, dieses Ding demnächst mal auszuprobieren, natürlich nicht ohne daß der Herr Pfarrer die Flugzeugbesatzung gesegnet hat ...

Das ist doch die wesentliche Aufgabe des Dramas: darauf zu bestehen, daß der Mensch ein verantwortliches Wesen ist. Oder trug Truman keine Verantwortung für die Vernichtung Hiroshimas? Das Atomzeitalter war angebrochen, gewiß. Ob der Präsident Truman hieß oder Smith, ob er ein Kleinbürger war oder der geborene Condottiere: er hatte dieses Zeitalter nicht heraufgeführt, selbst Roosevelt hätte dessen Anbruch nur verzögern – aber niemals verhindern können, würde er nicht auf Grund des Briefes von Szilard, der ihm mit Einsteins Unterschrift am 11. Oktober 1939 überreicht worden war, den Bau der Bombe angeordnet haben. Einstein selbst wurde nie müde, später zu beteuern, er habe »eigentlich nur als Briefkasten gedient« – mit solchen und ähnlichen Wendungen haben stets entscheidende einzelne ihre Mitwirkung an historischen Ereignissen zu bagatellisieren gesucht, haben sich Treiber als nur Getriebene kleingemacht. Und zweifellos trifft auf sehr viele zu, was einmal Burckhardt sagt: »Eitle und Ehrgeizige, wie Peter von Amiens und Konsorten am Anfang des ersten Kreuzzuges; sie hielten sich für Urheber und waren nur armselige Phänomene oder Symptome ... Das bunte und stark geblähte Segel hält sich für die Ursache der Bewegung des Schiffes, während es doch nur den Wind auffängt, welcher jeden Augenblick sich drehen oder aufhören kann.« Und schrieb auch der Mathematiker Whitehead über jene Sitzung der *Royal Academic Society* am 6. November 1918, als zuerst die experimentelle Bestätigung der Einsteinschen Theorie vom »gekrümmten Raum« erfolgt ist: »Die Gesetze der Physik sind die Sprüche des Schicksals« – so ist doch dieses Schicksal: im Atomzeitalter und nicht im Rokoko, in Indien und nicht in Bolivien geboren zu sein, kein Notausgang zur Verantwortungsflucht: Nachweisbar hatten Truman und seine intellektuellen Hiwis von Stimson bis Oppenheimer *die absolute Freiheit,* zu entscheiden, ob sie den geschlagenen Japanern, genauer: deren Frauen und Kindern die zwei A-Bomben noch »antun« – oder ob sie ihnen die ersparen wollten! Man lese doch nach in den Geheimakten der Potsdamer Konferenz, die zuerst Julius Epstein einsah (›Spiegel‹, 22. März 1961), oder im Tagebuch des britischen Marschalls Lord Alanbrooke. Drei Männer oder fünf besaßen *die volle Freiheit* der Entscheidung – und entschieden sich für den Massenmord, der militärisch so zweckvoll war wie die Enthauptung eines Säuglings. Kriegsverbrecher *leben* geradezu von der Auffassung unserer Modephilosophen, nicht Menschen, sondern »anonyme Instanzen« machten Geschichte – und sprächen *sie* also frei von ihren Verbrechen!

Dem kommt Adorno entgegen, da er nämlich die angebliche »Undarstellbarkeit des Faschismus« im Drama mit der Behauptung »begründet«, daß es »in ihm sowenig wie in unserer Betrachtung Freiheit des Subjekts mehr gibt«.

Gut formuliert – aber auch wahr? Ich dächte doch, vom Führer persönlich (oder soll vielleicht auch Hitler schon kein Individuum mehr gewesen sein?) bis zum letzten seiner Ausführer, der als Blockwart die Wahl hatte – er hatte meist die Wahl, vergessen wir das nicht –, einen ihm denunzierten »Schwarzhörer« nur zu warnen oder aber vor den Volksgerichtshof zu schleppen, gab es Freiheit des Subjekts und gibt es sie stets – mehr oder weniger. Wer das bestreitet, müßte heute so viel Anstand haben, dagegen zu protestieren, daß man SS-Männer ins Zuchthaus steckt, weil sie den Befehl ausgeführt haben, Juden zu ermorden. Uniformen haben am Hals ihre Grenze. Gesichter erscheinen nur dem unterschiedslos, der sie so oberflächlich betrachtet wie reisende Europäer die Asiaten, die scheinbar alle gleich aussehen – oder wie die Intellektuellen, die auf tausendköpfigen Kongressen über die Vermassung debattieren, ohne einmal zu erwägen, ob nicht vielleicht schon der Kongreß ein Auswuchs dessen ist, worüber sie sich entrüsten. Die »Masse« von außen betrachten, statt sich selbst, ihr zugehörig, als einzelner in ihr sehen wie die anderen einzelnen: diesem Aspekt entspringt erst das moralische Niveau, das den modernen Mördern und ihren gedankenlosen Zuhältern in allen Schichten ihr »geistiges« Rüstzeug gibt – und führt zu durchschlagend inhumanen Erkenntnissen, wie: »Bei vielen Menschen ist es schon eine Unverschämtheit, wenn sie ich sagen« (Adorno).

Ein Drama, das den Menschen als Individuum achtet, braucht über diese Achtung hinaus kein weiteres »Engagement«. Es leistet damit schon mehr, als ihm die augenblickliche Mode erlauben will.

2. Ist die heutige Welt auf dem Theater überhaupt darstellbar?

Nicht alle ihre Bereiche. Es gab aber stets unüberschreitbare Grenzen. Klopstock, im 2. Gesang des ›Messias‹, bezeichnet die Hölle als das Unbildsame: »Ewig unbildsam, unendliche lange Gefielde voll Jammer.« Das bestätigt sich, wenn wir an Auschwitz denken – und auf der

Bühne nur seine Bahnsteige andeuten können, die vergleichsweise noch humane Vorhölle, deren Personal bekanntlich gute Durchschnitts-Deutsche stellten. Man kann sagen: wo das Humane, auch in reduzierter Form, nichts mehr zu suchen hat, hat auch das Theater sein Recht verloren. Daher seine durchaus legitime Ohnmacht vor der technischen Welt, die völlig inhuman ist, schon äußerlich betrachtet: ohne Gesicht, weil sie den Menschen, der einmal Maß aller Dinge war, aus ihren Bereichen verbannt hat. Weder ein Geschwindigkeitsrekord noch industrielle Kapazität sind meßbar an menschlicher Kraft oder auch nur dem Verstande noch begreiflich; sowenig wie das unübersehbare Meer oder Naturkatastrophen oder das Schlachtfeld und seine Abfälle, die Verstümmelten in ihren geschlossenen Baracken: inhumane Wüsten, deshalb auch der Kunst verschlossen. (Man weiß schon von Schillers Kummer, die Armee als Basis des Ganzen nicht zeigen zu können.)

Manches können andere Gattungen leisten, die Epik vor allen, was das Theater nur unzulänglich andeuten kann: die Liebe, zum Beispiel. Ist ein Drama denkbar, das sie so gründlich auslotet wie einige Kapitel in Musils ›Mann ohne Eigenschaften‹ oder in Flakes ›Fortunat‹ oder in Ludwig Marcuses ›Nachruf‹?

3. Ist sie noch oder wieder mit realistischen Mitteln darstellbar?

Realismus – bezeichnet man mit diesem Etikett die denkbar exakteste Darstellung der inneren und äußeren Situation des Menschen: so kommt die Bühne, meine ich, heute sowenig wie jemals ohne »realistische Mittel« aus. Entscheidend ist doch nur, wie eng oder wie weit wir die Welt des Realistischen abstecken. Ein Traum, eine Erinnerung können für uns sehr viel wirklichkeitshaltiger sein als ein Gespräch im Buchladen oder beim Schneider. Oder der Tod, der mir heute einen Angehörigen wegholt und morgen mich selber: natürlich ist er eine unverhältnismäßig stärkere Realität für mich als der Briefträger, dem ich nur die Post abnehme. Warum also den Tod nicht auf die Bühne stellen, auch im sogenannten realistischen Drama. Realismus allein war ja niemals mehr als ein Vorsatz: erst durch seine Verknappung, durch seine Vergeistigung, Beseelung und Übertragung, vor allem auch in der Sprache, wurde er zur Kunst verklärt, verhärtet oder verinnerlicht – je nachdem. Oder das Alter: es ist uns ja stets auf den Fersen, viel belangvoller also und darstellenswerter als der Polizist oder Journalist, sofern die uns nur vorübergehend belästigen; man müßte es darstellen können, wie die Zeit, dieses große Mysterium. Gewiß sind das Realitäten.

Auch in der Literatur stimmen nur die Theorien, die man nicht verallgemeinert. Ich kann nur von meinen Anfängererfahrungen sprechen und nur für meine eigenen Skizzen. Was ist im Drama heute noch *möglich?* Diese Frage drängt sich zunächst dem unsicher Tastenden naturgemäß stärker auf als jene, was auf der Bühne *nötig* wäre. Hier eine Abschweifung: kennzeichnend für unsere epochale Unsicherheit gegenüber der Kunst ist seit einigen Jahrzehnten, daß jeder zweite nickt, wenn ein Maler erklärt, er erst müsse (da ja der Mensch seit vierzig Jahren »kein Gesicht mehr hat«) in ein Porträt Karl Barths oder Jaspers' das Wesentliche »hineinlegen«. Als hätten die Natur (momentan ein Schimpfwort) und das Leben zur Vergeistigung und Erhöhung selbst solcher Köpfe zu wenig beigetragen. Der komische Dünkel kommt dann häufig noch zu der Feststellung, das Ergebnis ihrer Pinselei verständen nur sie selber, weil sie allein mit ihren Röntgenaugen das Essentielle aus einem solchen Menschen herausgelesen hätten; alle anderen Betrachter haben sich zu »bemühen«. Und verstehen sie es dann noch immer nicht (und sind sogar so dumm, das einzugestehen), so sind sie von gestern. Nun soll man nicht denken, ich sei Werbetexter für die Fotografie: das Foto gibt nur einen Augenblick wieder, der Porträtist von Rang aber die Summe unzähliger Augenblicke. Vor einiger Zeit beauftragt, in öffentlichen und privaten Sammlungen, auch in Bibliotheken, nach Porträts, Graphik oder Gemälden der bedeutenden deutschen Erzähler der ersten Jahrhunderthälfte zu suchen, mußte ich einsehen, daß hier der »Masche« eine ganze Gattung der bildenden Kunst, typischerweise ihre humanste, zum Opfer gefallen ist. Es gibt da fast nichts mehr, was man vorzeigen könnte. Die großartige Zeichnung des 80jährigen Thomas Mann, von Marini, ein Blatt von Orlik, von Corinth, Liebermann, König, der Kollwitz, drei, vier weitere noch und ebenso wenige Namenlose in Privatbesitz – und Schluß. Die bedrückendste »Illustrierung« der Worte Hofmannsthals, man könne in eine Zeit, in ein Klima geraten, die kein Gedeihen mehr zulassen. »Es ist wie mit der Vegetation, der Fauna: ganze Reihen sterben aus. Das Wort, das gestern noch Zauberkraft hatte, fällt heute sinnlos zu Boden.«

Wie besteht vor einer solchen Erkenntnis das realistische Drama? Es ist mir oft geraten worden, mein Stück, da es manche Elemente des Realismus enthält, durch Versetzung seiner Fabel in eine surrealistische Welt oder in eine absurde zu modernisieren. »Das Absurdeste, was es gibt« aber ist – nicht das absurde Theater, sondern, laut Goethe, die Geschichte. Er nannte sie voller Ekel einen »verworrenen Quark« und lehnte in höheren Jahren ab, sie überhaupt zu betrachten. Und wahrhaftig, ihre Wirklichkeit, die bethlehemitische oder Nürnberger Kindermord-Gesetze immer wieder auf die Speisekarte des Tatmenschen setzt, läßt sich nicht steigern durch Verlagerung in eine absurde Welt. Ermächtigungsgesetz oder der Verkauf Alaskas, der 20. Juli oder der Verrat des Christentums an den Staat unter Konstantin, das war absurdes Welttheater. Trotzdem ist die Versuchung, ins Surrealistische auszuweichen, für den Anfänger fast zwingend, schon deshalb, weil er dann vor Scherereien mit hochdotierten Feiglingen der Kulturindustrie sicher wäre, die ja seit Hitlers Ende noch niemals ein Produkt der Gegenstandslosen oder Absurden angeklagt haben, da es auch keinem ein Auge ausschlägt. Empören kann es den Konsumspießer, der längst seinen gegenstandslosen Kunstdruck von Neckermann oder Piper über ein »Nierentischchen« gehängt hat, schon deshalb nicht mehr, weil eine ganze Landplage von genormten Meinungsverkäufern ihm eingedrillt hat, er mache sich durch Achselzucken gegenüber der sogenannten Moderne völlig unmöglich – etwa wie ein Bürger bei Andersen, der gewagt hätte, über des Kaisers neue Kleider zu lachen.

Und wer nicht den Papst auftreten läßt und nicht einen Krupp-Ingenieur, sondern vorsichtshalber und »hintergründig« sagen würde: »Der Herr des Orakels« und: ein »Ephore der Heloten« – der dürfte nicht nur den Beifall der Würzburger Sonntagszeitung und der Arbeitgeberverbände, der Züricher ›Weltwoche‹ und der CDU-Fraktion einstreichen, sondern er hätte auch noch eine metapherngesättigte – wie man gern sagt: dichterische Sprachvorlage übernehmen können, etwa aus dem ›Turm‹. Es ist kein Spaß, sich jahrelang damit zu plagen, aus Diplomaten-Rotwelsch und Tagesbefehlen, aus medizinischen Folterprotokollen und aus den Selbstgesprächen der Hoffnungslosen selber eine Sprache, einen Rhythmus herauszumendeln, Dialoge, die stellenweise dem stumpfsinnigen Vokabular der Fakten bewußt verhaftet bleiben und es ökonomisch einsetzen, ebenso wie das anheimelnde Platt im Munde eines Genickschuß-Spezialisten oder wie alttestamentliches Pathos im Monolog eines Geschändeten.

Auch wäre man dann dem Vorwurf entgangen, »nur eine Reportage« zu liefern, den der Verfasser eines historischen Dramas schon deshalb von jedem drittklassigen Feuilletonisten hinnehmen muß, weil er pedantisch Quellen studiert und Dokumente eingeblendet hat, »Wirklichkeiten« also, die er – um Goethe noch einmal zur Hilfe zu holen – wahrhaftig für »genialer« hält als jedes Genie. (Wenn Reportage heute noch Bericht heißt, wie ich dem Lexikon immer geglaubt habe, so werde ich nie begreifen, wieso Reportage nicht mehr sein soll, was sie seit Herodot und Sophokles stets gewesen ist: ein nicht nur legitimes, sondern unentbehrliches Grundelement aller nicht-lyrischen Dichtung.)

Solche »Wirklichkeiten« wie das Gutachten eines britischen Luftmarschalls über den Effekt von Flächenbränden in Wohnquartieren; wie Stalins Dialog mit Sikorski über das hokuspokushafte Verschwinden von achttausend polnischen Offizieren; wie der Orgasmus der Wiener beim Einzug ihres Hitler 1938 – und ihre Ernüchterung: sind das nicht Angstträume, Volksmärchen und Parabeln, schon als Rohmaterial so beklemmend wie alles, was wir bei Poe, Grimm und Kafka durchgeschwitzt haben? Picasso, in seinem Guernica-Bild, hat von dem

Schrecken der historischen Vorlage nichts eskamotiert, sowenig er sie nur »abgemalt« hat: *dieser* Surrealismus ist deshalb legitim, weil er der Wirklichkeit noch in ihrer Demontage und in ihrer Abstraktion verpflichtet bleibt. Weil er nichts weniger ist als »gegenstandslos«. Auch eine verdichtete, stilisierte und rhythmisierte Führerrede zum aufputschenden Blech des ›Badenweilers‹ – lehrt noch heute jeden das Gruseln, der auszog, das Fürchten zu lernen, aber Chaplins infantiler Diktatorenfilm oder selbst Brechts ›Arturo Ui‹? Treiben sie nicht nur mit Entsetzen Scherz?

Selbst Adorno schrieb neulich: »Was in Malerei und Musik an den von gegenständlicher Abbildlichkeit und faßlichem Sinnzusammenhang sich entfernenden Gebilden als Spannungsverlust beobachtet wurde, teilt vielfach auch der nach abscheulichem Sprachgebrauch Texte genannten Literatur sich mit. Sie gerät an den Rand von Gleichgültigkeit, degeneriert unvermerkt zur Bastelei ...«

»Spannungsverlust« – was Adorno damit umschreibt, ist wahrscheinlich zurückzuführen auf die Vertreibung des Eros aus der Kunst. Neben dem Durst nach Wasser ist der nach Schönheit der elementarste – und er wächst in uns Menschen proportional mit der Inwelt- und Umweltverschmutzung, die unser Jahrhundert charakterisiert. Wenn noch Thomas Mann – um *ein* Beispiel zu nennen – sich als Pennäler regelmäßig Drucke nach Werken zeitgenössischer Maler übers Bett hing, so waren vielleicht schon van Gogh und Marc die letzten, die diese spezifische Wirkung in die Breite nicht nur, sondern in die Tiefe erzielt haben; denn was ginge tiefer, wurzelte zäher als Kunstwerke, die es vermögen, die Träume, die Sehnsucht pubertärer Menschen zu nähren.

In der intimsten Darstellung der Jugendseele, in ›Henri Brulard‹, findet sich das Geständnis, daß die Entdeckung der Kunst und der Ausbruch der Sexualität für Stendhal *identisch* waren – aber welcher Jugendliche *heute* könnte von sich sagen: »Um diese Zeit bemächtigten sich die Künste meiner Einbildungskraft, und zwar ... auf dem Wege der Sinnlichkeit.«

Heute holen die Jugendlichen ihre Posters und Aktbilder und Songs und Ideen und Ideale (die sie nach wie vor haben) nicht mehr aus der *Kunst*, der sie mit einem Achselzucken begegnen, das Adorno nur schwach umschreibt, wenn er es »Gleichgültigkeit« nennt; es ist ein Todesurteil. Warum fragen wir niemals, ob wir es uns leisten können, so permanent die radikalste Maxime Stendhals zu mißachten: »Für mich ist Schönheit in allen Zeitaltern die höchste Eigenschaft des Nützlichen.« Wenn das stimmt – und wenn wir an dieser Einsicht unser Unvermögen messen, die Sucht nach Schönheit zu stillen: dann ist kaum einer von uns mehr »nützlich«. Überleben lassen uns dann nicht die Bedürfnisse der Zeitgenossen, sondern – Subventionen. Der Staat, die Industrie bestellen nicht mehr ein Mosaik, um eine Wand zu schmücken – sondern um den gesetzlich festgelegten Steuergroschen für Kunst unterzubringen. Es ist billig, die Ursache dafür, daß der Eros aus der Kunst verjagt ist – und der Eros ist der stärkste aller Vermittler –, außerhalb der Künstler zu suchen. Sie legen sich nicht mehr quer gegen die seit Jahrzehnten dogmatisierten Werturteile und ästhetischen Gesetze – und wundern sich, daß sie langweilen und sich wiederholen. Burckhardt schrieb 1852 – und immer muß das neu geleistet werden: »Zu der ganzen Operation gehört außerdem, daß man die Augen fest zumache gegen alle jetzt gepredigte ›Ästhetik‹.« Dazu gehört Mut zum Alleinsein – und laut Benn entsteht alle Kunst nur durch »Gewaltakt in Isolation«. Wenige Stunden vor Goethes Tod, vielleicht in seiner letzten Stunde, zeigte man ihm das soeben eingetroffene Porträt der schönen Gräfin Vaudreuil – und sein letztes verbürgtes Wort war eine Huldigung an den Eros: »Wie gut ist es doch, wenn der Künstler nicht verdirbt, was Gott so schön gemacht hat.«

Unser Zeitalter jedoch, in dem Verfremdung ein Modewort ist, hat sich in den Künsten so weit der Natur entfremdet, daß nur mehr belächelt wird, wer noch auf Schönheit beharrt, auf Eros – »der alles begonnen«.

Auch käme man weiter, würde man nicht jede neue Richtung in der Kunst verabsolutieren, sobald sie ausgeschrien ist, zur alleinseligmachenden. Zum Beispiel der Unfug – wie heute üblich –, realistisches Theater und absurdes als Gegensätze auszuspielen. Unsere Welt, des Absurden so voll, daß man jeden Tag seine Stunde hat, wo man in Gefahr ist, sie überhaupt absurd zu finden, sollte wenigstens als unausschöpfliche Requisitenkammer und als niemals zu überhörende Kontrollinstanz auch dem künftigen Theater dienen, denn mit jeder Entfernung von ihr nimmt das Unverbindliche zu, das Nicht-Gezielte.

Ein simples Beispiel: Wer einen Rechtshüter der Hitlerzeit zeigen will, der elf Menschen köpfen ließ und 1950 als Oberregierungsrat Rentenanträge von Opfern des Faschismus begutachtet – eine absurde und deshalb typische Situation in unserer realen Welt –, der täte sicherlich gut daran, diesen Zeitgenossen samt seinen Träumen, Verdrängungen, Schwiegersöhnen, Haustieren und seinem Weihnachtsbaum mit geradezu fotografischer Perfidie zu modellieren, ohne ihn auch nur zu karikieren; die Komik wäre hier, wie meist, ein versöhnliches, also abschwächendes Surrogat. Denn wenn vor dieser Figur dem Betrachter nicht das Lachen vergeht; wenn er nicht so erschrickt, daß er sich das Auge ausreißen möchte; wenn er in diesem Rechtshüter nicht seinen Vorgesetzten, seinen Bruder, Vater oder sich selber erkennt: dann könnte man ebensogut einen Affen in der Manege zeigen.

PETER WEISS

10 Arbeitspunkte eines Autors in der geteilten Welt*

1

Jedes Wort, das ich niederschreibe und der Veröffentlichung übergebe, ist politisch, d. h. es zielt auf einen Kontakt mit größeren Bevölkerungsgruppen hin, um dort eine bestimmte Wirkung zu erlangen. Auf meine Mitteilung, die ich einem der Kommunikationsapparate übergebe, folgt die Verarbeitung meiner Mitteilung durch die Konsumenten. Die Art, in der meine Worte aufgenommen werden, ist weitgehend bedingt von der jeweiligen Gesellschaftsordnung, unter der sie verbreitet werden. Da meine Worte immer nur einen verschwindend kleinen Teil ausmachen innerhalb der allgemeinen Opinion, muß ich die größtmögliche Präzision erreichen, um mit meiner Meinung durchdringen zu können.

2

Die Wahl der Sprache, die ich zum Schreiben benutze, hat nur handwerkliche Funktion. Ich wähle die Sprache, die ich am besten beherrsche. In meinem Fall ist dies die deutsche Sprache.
Der Vorteil in der Benutzung dieser Sprache liegt darin, daß jedes Wort sogleich in eine verschärfte Beleuchtung gerät. Die Aufteilung Deutschlands in zwei Staaten von diametral entgegengesetzter Gesellschaftsstruktur stellt die Teilung der Welt dar. Die Aussagen eines deutschsprachigen Autors liegen sogleich auf der Waagschale, wo sie den beiden verschiedenen Bewertungssystemen unterworfen werden. Dies vereinfacht meine Arbeit. Was ich schreibe, gerät unmittelbar in den Brennpunkt der Opinionen. Jedoch sind die Probleme und Konflikte, die ich benenne, nicht an dieses bestimmte Sprachgebiet gebunden, sondern nur Teil des Themas, das heute in allen Sprachen behandelt wird.

---

* Aus: ›Materialien zu Peter Weiss’ »Marat / Sade«‹ zusammengestellt von Karlheinz Braun, Suhrkamp Verlag Frankfurt/M. 1967 (= ›edition suhrkamp‹ 232) [Erstdruck in: ›Dagens Nyheter‹, Stockholm, 1. September 1965].

3

Obgleich die Zweiteilung der Welt in sich vielfach gebrochen und von komplizierten, einander oft bekämpfenden Tendenzen durchsetzt ist, ergeben sich aus ihr doch zwei deutliche Machtblöcke. Der eine Machtblock enthält die teils etablierten, teils sich heranformenden sozialistischen Kräfte, sowie die Freiheitsbewegungen in den ehemals kolonialisierten oder noch unter Gewaltherrschaften stehenden Ländern. Der andere Machtblock enthält die vom Kapitalismus bedingte Ordnung, ansteigend vom freien, unbändig miteinander konkurrierenden Unternehmergeist, bis zu den höchsten imperialistischen Konzentrationen. Innerhalb dieses Blocks sind jedoch auch, vor allem in den skandinavischen Staaten, umfassende Demokratisierungen zu finden und vom Klassenkampf hervorgezwungene soziale Einrichtungen. Das Werk der Arbeitsbewegungen oder -regierungen bleibt letzten Endes eingeschlossen unter der Oberherrschaft der Großkapitalverwalter, die ihren Besitz nie freiwillig herausgeben. Die hochentwickelte Wohlstandsgesellschaft ist nichts anderes als eine Klassengesellschaft auf erhöhtem Niveau, wo das ehemals revolutionäre Arbeitertum die Neigung entwickelt, die Normen der Bürgerlichkeit zu übernehmen.

4

Meine Aufgabe ist, zu untersuchen, auf welche Weise meine Worte von den Gesprächspartnern in der geteilten Welt aufgenommen werden.

Die Erfahrung zeigt mir, daß innerhalb jenes Blocks, der sich selbst FREIE WESTLICHE WELT nennt, jede künstlerische Äußerung, die von subjektiven Erlebnissen und formalen Experimenten geprägt ist, Anerkennung findet, wie auch eine soziale Kritik gewürdigt wird, soweit sie die unter Humanismus und Demokratie getarnten Grenzen der Gesellschaftsordnung nicht durchbricht. Während im Ästhetischen keinerlei Grenzen gezogen sind und jede Neuentdeckung auf diesem Gebiet seine geschäftstüchtigen Zwischenhändler und Konsumenten findet, werden Vorstöße im Sozialen genauester Kontrolle unterzogen. Für den Autor ist das Erkennen der sozialen Grenzen mit großen Schwierigkeiten verbunden, da er die Freiheit, die ihm zugesprochen wird, oft für eine absolute Freiheit hält. Er hat einen langen Weg zurückzulegen, bis er dorthin gelangt, wo seine Freiheit der Gesellschaft nicht mehr ungefährlich ist.

5

So wie die künstlerische Arbeit im westlichen Block den größten Kaufwert hat, wenn sie dem Konsumenten einen ästhetischen und geistigen Genuß oder eine emotionale Sensation vermittelt, so wird auf der Gegenseite nach der praktischen Funktion des Kunstwerks gefragt. Das formale Experiment, der innere Monolog, das poetische Bild bleiben wirkungslos, wenn sie der Arbeit an der Neuformung der Gesellschaft nicht von Nutzen sind.

Herangewachsen unter der Vorstellung einer unbedingten Ausdrucksfreiheit, sehen wir uns hier in unserm Vorhaben behindert – solange wir den Eigenwert der Kunst höher schätzen als ihren Zweck. Erkennen wir den Zweck, können wir auch um die Durchsetzung der kühnsten Formen kämpfen, denn wir wissen: zu einer Revolution der Gesellschaftsordnung gehört auch eine revolutionäre Kunst.

Es ist deshalb ein Widerspruch, wenn in einigen Ländern des Sozialismus die Kunst auf Grund ihrer innewohnenden Kraft niedergehalten und zur Farblosigkeit verurteilt wird, während sie sich in den bürgerlichen Ländern aus Mangel an Bindungen bis zum Anarchismus entfaltet.

6

Hier tritt die Frage der Wahl schon an mich heran. Für welche der beiden Seiten entscheide ich mich? Auf welcher der beiden Seiten sehe ich hinter den Unvollkommenheiten, den Widersprüchen und Fehlern die Möglichkeit zu einer Entwicklung, die meinen Vorstellungen von Humanität und Gerechtigkeit entspricht? Kann ich meine eigene Ungewißheit, meine Ambivalenz überwinden und in meine Arbeit bewußt die politische Wirkung einbeziehen, die sich bisher nur passiv äußerte, indem ich mich den Konsumenten als anonymer Gesprächspartner anbot? Kann ich den bequemen dritten Standpunkt aufgeben, der mir immer eine Hintertür offen ließ, durch die ich in das Niemandsland bloßer Imagination entweichen durfte?

7

Schon das Aufwerfen dieser Frage ist der Beginn ihrer Beantwortung. Im Verlauf der Untersuchungen, die ich betreibe, um zu einer Antwort zu gelangen, sehe ich, daß es nur zwei Möglichkeiten gibt und daß das Verharren im Außenstehn zu einer immer größer werdenden Nichtigkeit führt.

Wenn ich als Arbeitsbeispiel meinen deutschen Sprachbereich wähle, so finde ich, daß im westlichen Staat meine Unentschlossenheit, meine Zweifel nicht nur akzeptiert, sondern auch gutgeheißen werden. Dies ist natürlich: solange ich nur meinem Unbehagen, meinem Überdruß in der Gesellschaft ausdruck gebe, bleibt dies ein psychologisches Problem, das die Herrschenden in ihren Machenschaften nicht stört. Unbehindert darf ich den Zustand meiner Ausweglosigkeit schildern, denn meine Ausweglosigkeit setzt ja die Stärke ihrer Institutionen voraus. Abgekauft werden mir auch meine absurdesten Ideen, mein Hohn, meine Ironie, denn dadurch erstelle ich den Machthabenden nur den Beweis für ihre Freigebigkeit. Sie fühlen sich so sicher in ihren Positionen, daß ich für vieles eintreten darf, was mir fortschrittlich erscheint. Sie genehmigen wohlwollend, wenn ich mich der Meinung hingebe, die bestehenden sozialen Unterschiede ließen sich allmählich ausgleichen. Eines der Hauptargumente der Steuernden ist ja, daß diese Unterschiede schon weitgehend behoben seien und daß sich Arbeitgeber und Arbeitnehmer heute in einer gleichberechtigten Interessengemeinschaft befänden. Hier stehe ich ihrer ganzen Welt von raffiniert gelenkten Wirklichkeitsfälschungen gegenüber. Indem sie im Besitz der Kommunikationsmittel sind und das Unterrichtswesen beherrschen, haben sie alle Bevölkerungsschichten mit ihren Ansichten durchsetzt. Da sie eine linke Opposition teils unschädlich gemacht haben oder diese Opposition sich teils auf Grund der äußerlichen Erfolge einer Illusion des Wohlstands angepaßt hat, wird die Frage nach dem Hintergrund dieses Wohlstands auf die Frage, auf wessen Kosten dieser Wohlstand erlangt wurde, nur selten gestellt. Wenn es geschieht, dann wird der Fragende allerdings auf das Unflätigste beschimpft und es zeigt sich, wie fadenscheinig der Begriff von Humanität und Demokratie im Wappen der Besitzenden ist.

8

Im östlichen deutschen Staat wird mein Mangel an Farbebekennen als Zeichen eines Untergangs bewertet. Selbst meine negativsten Schilderungen der bürgerlichen Zivilisation bleiben sinnlos, solange ich darin nicht den Versuch unternehme, mich aus der Eingeschlossenheit zu befreien. Solange ich mir einbilde, daß sich dort meine Integrität und Bewegungsfreiheit bewahren läßt, bleibe ich ein Gefangener dieser Gesellschaft, und meine ich, daß sie noch durch soziale Bestrebungen verändert werden könnte, so beruhige ich damit nur mein Gewissen und idealisiere die Tatsache, daß ich von dieser Gesellschaft meinen Lebensunterhalt beziehe.

Die Angriffe auf die Korruption, die Ausbeutung und die von privaten Monopolen geleitete Meinungsverseuchung führen zu nichts, wenn sie nicht eine deutliche Alternative anzeigen. So wie im westlichen Staat vor allem eine politische Zurückhaltung vom Autor erwartet wird, so wird im östlichen Staat vor allem die eindeutige politische Haltung gefordert.

9

Damit entferne ich mich wieder von dem engen Begriff eines Sprachgebiets und setze die ganze Welt als Wirkungsfeld für die künstlerische Arbeit voraus.

In dieser Welt fällt die Entscheidung.

Die Besitzenden der Erde, eine verhältnismäßig kleine Gruppe, bemühen sich heute darum, ihre Stellungen zu befestigen und zu verteidigen. Nachdem sie die Notlage nach dem Krieg ausgenützt und sich daran noch einmal äußerst bereichert hatten, sehen sie sich jetzt den wiedererwachenden Kräften der ausgeplünderten Völker gegenüber. Das Gespenst, das vor ihnen aufsteht, geht nicht nur in Europa um, sondern überall, wohin sie ihren Blick wenden. Wo sie auch ihre Bastionen bauen, in Afrika, Asien oder Lateinamerika, wachsen Freiheitsbewegungen an, die nicht mehr aufzuhalten sind. Noch sind sie an vielen Orten dank ihrer Waffen und Söldner in der Übermacht. Noch können sie Terror verbreiten mit dem Niederbrennen von Dörfern und Landschaften, noch können sie Nationen überwachen mit ihrer Brutalität und mit den Erpressungen ihrer Gelder, historisch aber kämpfen sie um eine verlorene Sache.

Ihnen gegenüber setzt sich eine Macht langsam durch, die davon ausgeht, daß die Güter der Welt jedem Menschen im gleichen Maß gehören sollen. Noch befinden wir uns im Anfangsstadium dieser umfassenden Veränderung. Einige Länder haben weitgehend die von der Teilung der Welt bedingten ökonomischen Schwierigkeiten überwunden und eine kommunistische oder sozialistische Ordnung hergestellt, andere bemühen sich um diese Ordnung zunächst unter den Vorzeichen eines nationalen Befreiungskampfes. Überall aber treten durch den kalten Krieg, dessen innere Glut ständig zu offenen Kampfherden aufflammt, die Unausgeglichenheiten und Streitpunkte in der Auffassung der neuen Gesellschaftsordnung zutage. In dieser Situation findet der Gegner reichlichen Stoff, um auf das Versagen oder die Utopien des Sozialismus hinzuweisen.

Die Aufgabe eines Autors ist hier: immer wieder die Wahrheit, für die er eintritt, darzustellen, immer wieder die Wahrheit unter den Entstellungen aufzusuchen.

10

Die Richtlinien des Sozialismus enthalten für mich die gültige Wahrheit. Was auch für Fehler im Namen des Sozialismus begangen worden sind und noch begangen werden, so sollten sie zum Lernen da sein und einer Kritik unterworfen werden, die von den Grundprinzipien der sozialistischen Auffassung ausgeht. Die Selbstkritik, die dialektische Auseinandersetzung, die ständige Offenheit zur Veränderung und Weiterentwicklung sind Bestandteile des Sozialismus. Zwischen den beiden Wahlmöglichkeiten, die mir heute bleiben, sehe ich nur in der sozialistischen Gesellschaftsordnung die Möglichkeit zur Beseitigung der bestehenden Mißverhältnisse in der Welt.

Ich bin selbst aufgewachsen in der bürgerlichen Gesellschaft, und ich habe in meiner Arbeit und in meinem persönlichen Leben die größte Zeit damit verbracht, mich von der Eingeengtheit, den Vorurteilen und dem Egoismus zu befreien, die mir von diesem Milieu auferlegt wurden. Ich habe lange geglaubt, daß mir die künstlerische Arbeit eine Unabhängigkeit verschaffen könnte, die mir die Welt öffnete. Heute aber sehe ich, daß eine solche Bindungslosigkeit der Kunst eine

Vermessenheit ist, angesichts der Tatsache, daß die Gefängnisse derjenigen Länder, in denen Rassenunterschiede und Klassengegensätze mit Gewalt aufrecht erhalten werden, angefüllt sind mit den tortierten Vorkämpfern der Erneuerung. Jedes meiner in vermeintlicher Freiheit gewonnenen Arbeitsresultate hebt sich ab von der Notlage, die für den größten Teil der Welt noch gegeben ist.

Ich sage deshalb: meine Arbeit kann erst fruchtbar werden, wenn sie in direkter Beziehung steht zu den Kräften, die für mich die positiven Kräfte dieser Welt bedeuten. Diese Kräfte sind heute überall auch in der westlichen Welt zu verspüren, und sie würden ein noch stärkeres Gewicht, eine größere Solidarität und ein noch umfassenderes Engagement bekommen, wenn sich die Offenheit im östlichen Block erweiterte und ein freier undogmatischer Meinungsaustausch stattfinden könnte.

GÜNTER GRASS

Vom mangelnden Selbstvertrauen
der schreibenden Hofnarren
unter Berücksichtigung nicht vorhandener Höfe*

Denn fremd und selten genug stehen sie sich gegenüber: die über-
müdeten Politiker und die unsicheren Schriftsteller mit ihren rasch
formulierten Forderungen, die immer schon morgen erfüllt sein wollen. Welcher Terminkalender erlaubte den Mächtigen auf Zeit, Hof
zu halten, utopischen Rat einzuholen oder sich, närrischen Utopien
lauschend, vom kompromißreichen Alltag zu erholen? Gewiß, es gab
die schon legendäre Kennedy-Periode; ein Willy Brandt hört bis
heutzutage erschöpft und angestrengt aufmerksam zu, wenn Schriftsteller ihm Fehler von einst aufrechnen oder düster von zukünftigen
Niederlagen unken. Beide Beispiele sind mager und beweisen allenfalls, es gibt keine Höfe und also keine Berater und Narren. Doch,
wie zum Spaß angenommen: es gibt ihn, den schreibenden Hofnarr,
der gern bei Hofe oder in irgendeinem Außenministerium persönlicher Berater sein möchte; und angenommen, es gibt ihn nicht: der
schreibende Hofnarr ist vielmehr die Erfindung eines seriösen und
langsam arbeitenden Schriftstellers, der sich in Gesellschaft fürchtet,
als schreibender Hofnarr verkannt zu werden, nur weil er seinem
Bürgermeister ein paar Ratschläge gegeben hat, die nicht befolgt wurden; und beides angenommen: es gibt ihn und gibt ihn nicht, gibt
ihn als Fiktion und also wirklich: ist er der Rede wert, der schreibende Hofnarr?
Shakespeares und Velasquez' närrisches Personal musternd, also das
Barock und seine zwergenhafte Machtkomponente betrachtend, –
denn Narren haben ein Verhältnis zur Macht, Schriftsteller selten –
rückblickend also wünschte ich, es gäbe ihn, den schreibenden Hofnarr; und ich kenne eine Reihe Schriftsteller, die das Zeug hätten, diesen, wie die Geschichte beweist, politischen Hofdienst abzuleisten. Nur
sind sie allzu genierlich. Wie etwa einer Raumpflegerin das Wort
»Putzfrau« nicht paßt, paßt ihnen der Titel »Narr« nicht. Narr

* Aus: Günter Grass, ›Über das Selbstverständliche. Politische Schriften‹,
(= ›dtv report‹, Bd. 579), vom Autor neu durchgesehene und ergänzte Ausgabe, München 1969, © Hermann Luchterhand Verlag, Neuwied und Berlin.
Rede auf der Tagung der ›Gruppe 47‹, Princeton, April 1966.

ist nicht genug. Simpel als Schriftsteller wollen sie steuerlich veranlagt werden; und selbst hoch hinaus will niemand greifen und »Dichter« genannt werden. Die selbstgewählte gutbürgerliche, also mittlere Position erlaubt, angesichts der unbürgerlichen Asozialen, also der Narren und Dichter, die Nase zu rümpfen. Wenn immer die Gesellschaft Narren und Dichter fordert, – und die Gesellschaft weiß, was ihr fehlt und schmeckt, – wenn immer, in Deutschland zum Beispiel, ein Lyriker oder Erzähler anläßlich einer öffentlichen Diskussion von einer alten Dame oder von einem noch jungen Mann als »Dichter« angesprochen wird, beeilt sich der Lyriker oder Erzähler – der Vortragende eingeschlossen – bescheiden darauf hinzuweisen, daß er Wert darauf lege, Schriftsteller genannt zu werden. Kleine verlegene Sätze unterstreichen diese Demut: »Ich übe mein Handwerk aus, wie jeder Schuster es tut.« – »Sieben Stunden lang arbeite ich jeden Tag mit der Sprache, wie andere brave Leut' sieben Stunden lang Ziegel setzen.« – Und je nach Stimmlage und östlicher wie westlicher Ideologie verteilt: »Parteilich nehme ich meinen Platz ein in der sozialistischen Gesellschaft; ich bejahe die pluralistische Gesellschaft und zahle Steuern als Bürger unter Bürgern«.

Wahrscheinlich ist diese manierliche Haltung, dieser Gestus des Sichkleinmachens, zum Teil eine Reaktion auf den Geniekult des 19. Jahrhunderts, der in Deutschland, bis in den Expressionismus hinein, seine streng riechenden Treibhauspflanzen hat gedeihen lassen. Wer will schon ein Stefan George sein und mit glutäugigen Jüngern umherlaufen? Wer schlägt die Ratschläge seines Arztes in den Wind und lebt wie Rimbaud heftig konzentriert und ohne Lebensversicherung dahin? Wer scheut nicht dieses allmorgendliche Treppensteigen hinauf zum Olymp, diese Gymnastik, der sich Gerhart Hauptmann noch unterwarf, diesen Kraftakt, den selbst Thomas Mann – und sei es, um ihn zu ironisieren – bis ins Greisenalter vollbrachte?

Modern angepaßt leben wir heute. Kein Rilke turnt mehr vor Spiegeln; Narziß hat die Soziologie entdeckt. Genie ist nicht, und Narr darf nicht sein, weil der Narr ein umgestülptes Genie ist und allzu genialisch. Da sitzt er also, der domestizierte Schriftsteller, und fürchtet sich, bis zum Einschlafen vor Musen und Lorbeer. Seine Ängste sind Legion. Wiederholen wir: die Angst, Dichter genannt zu werden. Und die Angst, mißverstanden zu werden. Die Angst, nicht ernst genommen zu werden. Die Angst zu unterhalten, d. h. genossen zu werden: eine in Deutschland erfundene und mittlerweile auch in anderen Ländern wuchernde Angst, Lukullisches von sich gegeben zu haben. Denn wenn der Schriftsteller auch ängstlich bedacht ist, Teil der Gesellschaft zu sein, legt er doch Wert darauf, diese Gesellschaft nach seiner Fiktion zu formen, wobei er der Fiktion als etwas Dichterisch-Närrischem von vornherein mißtraut; vom »Nouveau Roman« bis zum »Sozialistischen Realismus« ist man, von Sekundärchören unterstützt, redlich strebend bemüht, mehr zu bieten als bloße Fiktion. Er, der Schriftsteller, der kein Dichter sein mag, mißtraut seinen eigenen Kunststücken. Und Narren, die ihren Zirkus verleugnen, sind wenig komisch.

Ist ein Schimmel mehr Schimmel, wenn wir ihn »weiß« nennen? Und ist ein Schriftsteller, der sich »engagiert« nennt, ein weißer Schimmel? Wir haben es erlebt: er, weit weg vom Dichter und vom Narren und mit der adjektivlosen Berufsbezeichnung nicht zufrieden, nennt und läßt sich »engagierter« Schriftsteller nennen, was mich immer – man verzeihe mir – an »Hofkonditor« oder »katholischer Radfahrer« erinnert. Von vornherein, und das heißt, bevor er den Bogen in die Maschine spannt, schreibt der engagierte Schriftsteller nicht Romane, Gedichte und Komödien, sondern »engagierte Literatur«. Kein Wunder, wenn es angesichts solch deutlich firmierter Literatur daneben, darunter und darüber nur noch nichtengagierte Literatur geben soll. Der nicht unerhebliche Rest wird als l'art pour l'art diffamiert. Falscher Beifall von rechts ködert falschen Beifall von links, und die Angst vor dem Beifall der jeweils falschen Seite läßt, gleich dreimal gestützten Zimmerlinden, die Hoffnung grünen, es gäbe ihn, Vorhang auf Vorhang, den Beifall der richtigen Seite. Solch wirre und angstverquälte Berufsverhältnisse lassen die Manifeste sprießen und absorbieren, an Stelle von Angstschweiß, Bekenntnisse. Wenn, zum Beispiel, Peter Weiss, der doch immerhin das Buch ›Der Schatten des Körpers des Kutschers‹ geschrieben hat, plötzlich erkennt, er sei ein »humanistischer Schriftsteller«, wenn also ein mit allen Sprachwässerlein gewaschener Dichter und Poet dazu nicht bemerkt, daß dieses Adjektiv als Lückenbüßer schon zu Stalins Zeiten verhunzt worden ist, wird die Farce vom engagiert-humanistischen Schriftsteller bühnenwirksam. Wäre er doch lieber der Narr, der er ist.

Sie werden bemerken, daß ich mich ganz und gar provinziell an deutsche Verhältnisse klammere, also einen Mief bewege, an dem ich Anteil habe. Dennoch vertraue ich darauf, daß es auch in den Vereinigten Staaten von Amerika Dichter, Schriftsteller, engagierte und humanistische, und den rasch diffamierten Rest gibt, womöglich sogar schreibende Narren; denn dieses Thema wurde mir hierzulande gestellt: Persönlicher Berater oder Hofnarr.

Das »oder« mag wohl bedeuten, daß der Hofnarr niemals persönlicher Berater sein kann, und daß der persönliche Berater sich auf keinen Fall als Hofnarr fühlen sollte, wohl mehr als engagierter Schriftsteller. Er, der große Wissende, er, dem die Finanzreform kein böhmisches Dorf ist, er, dem Streit der Parteien und Fraktionen enthoben, er spricht jeweils das letzte beratende Wort. Nach jahrhundertelanger Feindschaft versöhnen sich die fiktiven Gegensätze. Geist und Macht wandeln Händchen in Händchen, etwa dergestalt: Nach vielen schlaflosen Nächten ruft der Bundeskanzler den Schriftsteller

Heinrich Böll in seinen Kanzler-Bungalow. Wortlos, vorerst, nimmt der engagierte Schriftsteller Anteil an den Sorgen des Kanzlers, um dann, sobald der Kanzler in seinen Sessel zurücksinkt, knapp und unwiderstehlich zu beraten. Nach der Beratung federt der Bundeskanzler erlöst aus seinem Sessel, schon bereit, den engagierten Schriftsteller zu umarmen; doch dieser gibt sich abweisend. Er will ja kein Hofnarr werden und ermahnt den Kanzler, Schriftstellers Rat in Kanzlers Tat umzusetzen. Die verblüffte Welt erfährt am nächsten Tag, Bundeskanzler Erhard habe sich entschlossen, die Bundeswehr abzumustern, die DDR und die Oder-Neiße-Linie anzuerkennen und alle Kapitalisten zu enteignen.

Von solchem Erfolg ermuntert, reist der humanistische Schriftsteller Peter Weiss, von Schweden kommend, in die soeben anerkannte DDR ein und meldet seinen Besuch beim Staatsratsvorsitzenden, Walter Ulbricht, an. Dieser, wie Ludwig Erhard um guten Rat verlegen, empfängt den humanistischen Schriftsteller sogleich. Rat wird erteilt, Umarmung abgelehnt, Rat wird in Tat umgesetzt; und am nächsten Tag erfährt die verblüffte Welt, daß der Staatsratsvorsitzende den Schießbefehl an den Grenzen seines Staates annulliert und die politischen Abteilungen aller Gefängnisse und Zuchthäuser in volkseigene Kindergärten verwandelt habe. So beraten, entschuldigt sich der Staatsratsvorsitzende bei dem Dichter und Liedersänger Wolf Biermann und bittet ihn, mit lustigen und frechen Reimen seine, des Staatsratsvorsitzenden, stalinistische Vergangenheit zu zersingen.

Mit solch gewaltigen Leistungen können natürlich Hofnarren, sollte es sie geben, nicht konkurrieren. Habe ich übertrieben? Natürlich habe ich übertrieben. Doch wenn ich an die Wünsche und oft genug halblaut gemurmelten Wünsche engagierter und humanistischer Schriftsteller denke, habe ich gar nicht so sehr übertrieben. Auch fällt es mir leicht, mich in meinen schwächsten Momenten in ähnlich wohlgemeinter, also engagierter und humanistischer Weise agieren zu sehen: Nach verlorener Bundestagswahl ruft der Kanzlerkandidat der Opposition ratlos den hier vortragenden Schriftsteller zu sich. Dieser hört zu, erteilt Rat, läßt sich nicht umarmen; und am nächsten Tag erfährt die verblüffte Welt, daß die Sozialdemokraten das Godesberger Programm vom Tisch gefegt haben und an seine Stelle ein Manifest setzten, das scharf, funkelnd und endlich wieder revolutionär die Arbeiterklasse ermuntert, Ballonmützen aufzusetzen. Nein, es kommt nicht zur Revolution, denn bei aller Schärfe ist dieses Manifest so sachlich, daß weder Kirche noch Kapital sich den Argumenten verschließen können. Kampflos wird den Sozialdemokraten die Regierung übertragen usw. usw. Ähnliche Wünsche und Leistungen, nehme ich an, ließen sich auch in den Vereinigten Staaten von Amerika realisieren, wenn z. B. Präsident Johnson meinen Vorredner, Allen Ginsberg, zu Rate zöge.

Diese kurzatmigen Utopien finden nicht statt, die Realität spricht anders. Es gibt keine persönlichen Berater, es gibt keine Hofnarren. Ich sehe nur – und mich eingeschlossen – verwirrte, am eigenen Handwerk zweifelnde Schriftsteller und Dichter, welche die winzigen Möglichkeiten, zwar nicht beratend, aber handelnd auf die uns anvertraute Gegenwart einzuwirken, wahrnehmen oder nicht wahrnehmen oder halbwegs wahrnehmen. Dieser in sich gemusterten, von Ehrgeiz, Neurosen und Ehekrisen geschüttelten Vielgestalt gegenüber hat es keinen Sinn, pauschal vom Verhalten der Schriftsteller in der Gesellschaft zu sprechen. Hofnarr oder persönlicher Berater, beide sind Strichmännchen, wie sie auf den Notizblöcken gelangweilter Diskussionsredner entstehen. Dennoch wird mit ihnen ein Kult betrieben, der, zumal in Deutschland, beinahe sakral anmutet. Studenten, Gewerkschaftsjugend, Evangelische Jugend, Oberschüler und Pfadfinder, schlagende und nichtschlagende Verbindungen, sie alle werden nicht müde, zu Diskussionen aufzurufen, in denen es um die vielvariierte Frage geht: »Soll sich der Schriftsteller engagieren?« – »Wie weit darf sich ein Schriftsteller engagieren?« – »Ist der Schriftsteller das Gewissen der Nation?« Sogar erklärte Literaturliebhaber und leidenschaftliche Kritiker wie Marcel Reich-Ranicki, den wir heute noch hören dürfen, werden nicht müde, die Schriftsteller zu Protesten, Erklärungen und Bekenntnissen aufzurufen. Nicht etwa, daß man von ihnen verlangt, sie sollten angesichts der Parteien Partei ergreifen, etwa für oder gegen die Sozialdemokraten sein, nein, aus Schriftstellers Sicht, gewissermaßen als verschämte Elite, soll protestiert, der Krieg verdammt, der Frieden gelobt und edle Gesinnung gezeigt werden. Dabei lehrt einige Branchenkenntnis, daß Schriftsteller exzentrische Einzelwesen sind, auch wenn sie sich auf Tagungen zusammenrotten. Zwar kenne ich viele, die mit rührender Anhänglichkeit die revolutionären Erbstücke hüten und also den Kommunismus, dieses weinrote Plüschsofa mit seinen durchgesessenen Sprungfedern, für nachmittägliche Träumereien benutzen, aber auch sie, die Progressiv-Konservativen, sind aufgespalten in Ein-Mann-Fraktionen, und jeder liest seinen eigenen Marx. Andere hinwiederum mobilisiert kurzfristig der tägliche Blick in die Zeitung und das Entsetzen beim Frühstück: »Man müßte was tun, man müßte was tun!« Wenn es der Ohnmacht an Witz mangelt, wird sie wehleidig. Dabei gibt es die Menge zu tun und mehr, als sich in Manifesten und Protesten ausdrücken läßt. Und es gibt auch die Menge Schriftsteller, bekannte und unbekannte, die, weit entfernt von der Anmaßung »Gewissen der Nation« sein zu wollen, gelegentlich ihren Schreibtisch umwerfen – und demokratischen Kleinkram betreiben. Das aber heißt: Kompromisse anstreben. Seien wir uns dessen bewußt: das Gedicht kennt keine Kompromisse; wir aber leben von Kompromissen. Wer diese Spannung tätig aushält, ist ein Narr und ändert die Welt.

MARTIN WALSER

Engagement als Pflichtfach für Schriftsteller

Ein Radio-Vortrag mit vier Nachschriften*

Jeder Redakteur jeder Schülerzeitschrift stellt die Frage: wie halten
Sie es mit dem Engagement. Diese Redakteure, besonders wache Schüler, haben die Frage nicht erfunden, sie sind bloß das unschuldige und
unerbittlichste Echo des neuen Gesellschaftsspiels. Die Gesellschaft
unterhält sich unter anderem auch mit ihrem Interesse für Schriftstelle-
risches. Da aber nach 45 die Elfenbein-Türme nicht wieder aufgebaut
wurden, mußte dem Schriftsteller ein zeitgemäßer Aufenthalt angewiesen werden. Unter herzlicher Mitarbeit der Schriftsteller fand man
schließlich das Engagement. Das hatte man aus Frankreich importiert,
ohne auf seine seriöse Herkunft genauer achten zu können. Dann hat
man es hergerichtet zu einem Tummelwort für jeden Willen, der sich
nicht deutlicher erklären konnte oder wollte. Dann war es brauchbar
geworden für jedes Gerede. Die Schriftsteller bezogen Wohnung im
Engagement. So wurde das Engagement ein gesellschaftlicher Standort, der sich an Deutlichkeit mit dem Elfenbeinturm messen kann.
Jeder weiß, wo ein engagierter Schriftsteller heute steht, beziehungsweise zu stehen hat. Jeder weiß, wie ein engagierter Schriftsteller
diese oder jene Frage zu beantworten hat. Und der Engagierte weiß
es auch. Die nie erlassene, aber deutlich spürbare Anweisung lautet:
in Passau muß man dich für einen Knecht Ulbrichts halten, aber Ulbricht darf sich über dich auch nicht freuen können. So hat sich der
Engagierte einzupendeln zwischen Passau und Pankow. Die Presse
freut sich über jeden aggressiven Jux des engagierten Schriftstellers,
weil sie den als Vehikel benutzen kann für ein Tändeln mit Tabus, das
in den sachlicheren Spalten des Blatts nicht statthaft wäre. Der Engagierte hat gegen einen offiziellen status quo anzubellen, der im
Bewußtsein der aufgeklärteren Bevölkerung schon nicht mehr anerkannt wird. Die Paragraphen 175 und 218 werden deswegen noch
nicht abgeschafft, aber die, die gern wirklich im 20. Jahrhundert lebten, freuen sich, wenn dann und wann einer öffentlich sagt, wie überfällig diese Paragraphen sind. Der Leitartikler und der Staatssekretär

---

* Aus: Martin Walser, ›Heimatkunde. Aufsätze und Reden‹, Suhrkamp Verlag, Frankfurt/M. 1968 (= ›edition suhrkamp‹, 269). [Vortrag, gesendet
  im Hessischen Rundfunk am 7. Mai 1967, Nachschriften von 1968].

dürfen die DDR und die Oder-Neiße-Linie nicht anerkennen, der engagierte Intellektuelle darf es. Ob Kardinal Frings, Globke, 17. Juni, Landsmannschaften, KPD-Verbot oder Lübke-Pannen, der Engagierte liefert den Reizlärm, durch ihn wird deutlich die Kluft zwischen der offiziell behaupteten Fassade und dem wirklichen Bewußtsein der Zeitgenossen. So wie der Leitartikler und der Staatssekretär darüber reden und schreiben, denkt ja kaum mehr jemand in der Bevölkerung über sogenannte Tabus. Wichtig aber ist, daß das Gebell des Engagierten nichts bewirkt. Lediglich das Klima wird erträglicher; das Viktorianische in der Bundesrepublik wird sichtbar, die Komik seines Herrschaftsanspruchs erkennbar. So entsteht Betrieb. Weil sich in Wirklichkeit nichts ändert, darf man sagen, so entsteht Spiel. Reizvoll, unterhaltend. Ein Anschein von Bewegung in einer wirklichen Lethargie.

Der engagierte Intellektuelle ist natürlich nur *ein* Element dieses Spiel-Betriebs. Er gehört dazu wie die Gammler, Frankenstein, Jugendstildosen, *Living Theater*, Leserbriefe im ›Spiegel‹, Karajan-Nachrichten, Lübke-Blüten, Moosröschen, Gunter Sachs, *Gruppe 47*, die Prinzen Aurel oder Berthold oder Barzel, *Lach- und Schießgesellschaft*, *Volkswartbund*, Kokoschka, die jeweilige Leuwerik und das jeweilige Alka-Selzer.

Ein Sonderling, wer sich dem entzöge. Also gut. Verlangen wir weiterhin dieses Spiel-Engagement auch vom Schriftsteller. Er soll ganz zufrieden sein. Die Gesellschaft könnte genauso gut Hochsprung oder Nasenringe oder Lebertrantrinken verlangen.

Keine Sorge, der Engagierte wird weiterhin liefern, was von ihm erwartet werden kann. Man kann sich da ganz auf uns verlassen. Das Komische: uns ist es sogar ernst bei diesem Spiel. Wir sind gar nicht imstande, jedes Mal, wenn wir willkürlich oder unwillkürlich Laut geben, gleich zu durchschauen, daß wir gerade wieder einen Beitrag zu einem notwendigen Gesellschaftsspiel liefern. Gerade unser Ernst macht ja den erwünschten Effekt.

Diese reine Aufführung von scheinbar ganz Unangepaßten kommt einem Bedürfnis vieler entgegen, die sich für allzu angepaßt halten. Sie sehen gern dieses gepflegte Außenseiterische des Schriftstellers, diese kultivierte Unkämmbarkeit, das gewissermaßen Rücksichtslose. Wer, wenn er als Angestellter sein Fortkommen ganz auf Rücksichten gründen muß, nähme nicht gerne teil an der scheinenden Freiheit einer solchen außenseiterischen Gebärde.

Also, diese Gebärden werden geliefert mit blutigem Ernst oder mit Hohn oder Delikatesse oder Bravour oder Zorn, je nachdem. Wir sind programmiert für die am liebsten vorkommenden Fälle und Fragen. Und je weniger wir unsere Reiz-Rolle durchschauen, desto besser werden wir dieser gesellschaftlichen Erwartung entsprechen. Dem Engagierten kann nicht daran gelegen sein, seinen Beitrag als Beitrag zu einem Spiel zu erkennen. Wüßte er bei jeder Aktion, daß der den Viktorianismus, den er abschaffen will, durch seine Aktion nur erträglicher macht, dann litte wohl die Spontaneität.

Eine schon anspruchsvollere Form des Engagements wird sichtbar an jenen Schriftstellern, die so bekannt sind, daß ihnen repräsentative Gesten möglich werden.

Solche Gesten wirken, als wolle sie der, der sie tut, ganz und gar verantworten. Es scheint ihm recht zu sein, daß seine Handlungen oder Wörter zeremoniellen Charakter annehmen. Nicht mehr, was er sagt oder was er tut, ist wichtig, sondern was er damit sagen will dadurch, daß er gerade das und das sagt oder tut. Es ist wie bei der Brückeneinweihung. Der Brückeneinweihungs-Gestus ist die eine Seite dieses Engagements, die positive. Die andere Seite, ebenso rein gestisch, ist das Happening. Beispiele: Günter Grass im Starfighter, Peter Handke beleidigt Polizisten, bis sie zugreifen. Beides bekommt seinen ganzen Sinn nicht an Ort und Stelle, sondern erst, wenn es in der Zeitung steht, ob das die Agierenden nun wollen oder nicht.

Oder ein anderes Beispiel: eine Zeitungsmeldung besagt, Hans Werner Richter bespricht mit MdB Martin kulturpolitische Fragen in Berlin, das ist eine positive Geste; die negative Geste: Hans Magnus Enzensberger stellt die 6000,- Mark des Nürnberger Kulturpreises denen zur Verfügung, die wegen ihrer politischen Gesinnung bei uns vor Gericht gestellt werden. Oder: es steht in der Zeitung, Uwe Johnson schafft mit Hilfe seines oder eines Fahrrads ›Spandauer Volksblätter‹ auf den Kudamm, wo sie von Kollegen verkauft werden; oder: Hans Mayer und Jean Paul Sartre lehnen angesehene Preise ab.

Diese Gesten sind von unterschiedlichem Rang, sie können sympathisch oder unsympathisch sein, geistreich, ergreifend, lächerlich oder bewundernswert. Auf jeden Fall kommt in diesen Gesten Engagement zum Ausdruck. Zum Glück haben die Gestiker des Engagements auch Bücher geschrieben, von denen die Gesten erst ihre Ladung beziehen. Ohne diese Bücher hätten die Gesten weniger Sinn als die bandzerschneidende Hand des Verkehrsministers bei der Brückeneinweihung. Und trotz diesen Büchern sind, gaube ich, die Gesten des Engagierten in Gefahr, in die Nähe der Zeremonie zu geraten. Auch das Happening ist ja eine Zeremonie; es wirkt nur deshalb unschuldiger, weil es sich für negativ hält.

Um die nächste und wieder subtilere Form des Engagements zu benennen, kommt man ohne das Wort links nicht mehr aus. Linksintellektuelle, *Gruppe 47*, solche Synonyme braucht man da. Auch SPD. Ja, vor allem SPD. Das Engagement für diese Partei ist fast zu einer Pflicht geworden, seit im Wahljahr 65 ein ›Wahlkontor deutscher Schriftsteller‹ für die SPD gegründet wurde. Einige haben Wahlreden verbessert, andere haben welche gehalten und öffentlich herbe Worte geworfen auf Kollegen, die in diesem Jahr keine Wahlreden halten wollten für die SPD.

Als dann die Große Koalition der beiden Parteien auch in der Regierungsbildung zum Ausdruck kam, zuckten manche unserer Engagierten zusammen, offenbar waren sie noch zu überraschen, offenbar hatten sie die krisenfreie Vermischung unserer beiden Parteien vorher nur deshalb nicht wahrgenommen, weil die noch gegen einander Wahlkämpfe führten. Ich gestehe, ich war fast befriedigt, als diese Koalition zustande kam. Weil ich immer befriedigt bin, wenn eine Sache den ihr entsprechenden Ausdruck findet. Und die politische Substanz dieser beiden Parteien kann nicht besser zum Ausdruck gebracht werden als durch eine Koalition. Es ist doch ein bißchen komisch und der demokratischen Sache eher abträglich, wenn zwei Parteien, deren Politik immer schwerer unterscheidbar wird, einander gegenüberstehen wie Gegner. Das sieht doch aus, als handle es sich nur noch um die Kämpfe von Personen, die an die Macht wollen. Das wäre übrigens nicht das Schlimmste. Bloß, glaube ich, sollten die Parteien das zugeben. Wahlkämpfe sollten geführt werden nicht mehr für Programme, sondern für Personen. Die Tarnung durch scheinbare Programm-Unterschiede gelingt längst nicht mehr. Wenn wir die gesellschaftspolitischen und außenpolitischen Grundsätze unserer beiden Parteien vergleichen, sehen wir, daß wir fast in einem Einparteien-Staat wohnen. Darüber muß man nicht gleich erschrecken. Auch ein solcher Staat kann eine Demokratie werden.

Ich mußte meine Ansicht von unserer demokratischen Entwicklung kurz mitteilen, um mich nun dafür entschuldigen zu können, daß ich im Wahljahr 65 keinen Finger und keinen Mundwinkel gerührt habe für die SPD. Das Engagement für die SPD ist in jenem Jahr zu einer Selbstverständlichkeit erhoben worden. Die Vorwürfe der SPD-Werber haben nicht aufgehört. Diese Vorwürfe sind ausgestattet mit einer einfachen Denkweise; etwa so: der deutsche Intellektuelle oder Schriftsteller ist vorwiegend weltfremd, hat politische Utopien im Kopf, schwärmt für was schön Unerreichbares, gackert lieber abstrakt marxistisch und protestiert lieber gegen die USA in Vietnam, als daß er sich zu Hause einsetzt für die SPD, praktisch, pragmatisch, konkret, nüchtern, mit beiden Beinen auf dem Boden usw. Da zeigt es sich also, wie weit es her ist mit dem Engagement! Jetzt, wo es endlich praktisch werden kann, jetzt kneifen welche, schaut sie an! Die sind sich zu gut, braven SPD-Rednern die Wahlrede zu verbessern, das Verbum zu schleifen, das Adjektiv betörend zu machen und in Trauchtelfingen für die liebenswürdig-irdische SPD zu singen, für diese so herzlich unvollkommene und eben dadurch so hinreißende Partei aller Geistestätigen.

So etwa rufen und schreiben die, die das allein vertrauenswürdige, das praktische Engagement gepachtet haben.

Schade, daß es einem Schriftsteller in einer Demokratie verübelt werden kann, seine Bürgerpflicht lediglich mit dem Stimmzettel zu erfüllen. Schade noch mehr, daß man das Politische eines Schriftstellers weniger nach seinen literarischen Hervorbringungen beurteilt als nach seinem aktuellen Auftritt. Was soll mir ein Unterschriftenleister oder einer, den alle vier Jahre einmal das Wahlfieber packt, und in der übrigen Zeit konjugiert er eine eher weltlose Lyrik, eine Prosa, in der nichts mehr zu finden ist von den schneidenden Himmelsrichtungen unserer Welt. Ich frage mich, ob so einer im saisonalen Engagement nicht ein bißchen überanstrengt wirkt. Und ich glaube, vertrauenswürdiger ist der Autor allemal in seinen Arbeiten, die einer weniger öffentlichen Mobilmachung zu verdanken sind. Es kommt mir schon grotesk vor, Engagement zu verlangen wie einen Arier-Ausweis. Und noch grotesker, dieses Engagement zu binden an die jeweilige Wahl-Equipe der SPD.

Was kann denn der deutsche Schriftsteller heute noch tun für die SPD?

Er kann den Rednern die Syntax verbessern, daß die, von Wehner ohnehin in ihrer Spontaneität schon arg geschädigt, auch noch einen fremden Satzbau nachplappern müssen. Dann kann der Schriftsteller auch selber auftreten und reden. Worüber? Doch wohl nicht über das Programm der SPD? Er weiß es: er muß einfach werben für die SPD, werben für die Persönlichkeiten der SPD. Das ist durchaus nichts Negatives. Das ist etwas Schönes. Vor allem, wenn es einem liegt. Wenn man so angeregt ist von dieser und jener SPD-Persönlichkeit, daß eine mitreißende Arie gelingt.

Ich finde, das ist eine bewunderungswürdige artistische Anwendung der Talente eines Schriftstellers. Er wirbt für eine Persönlichkeit, von der er sich Gutes verspricht. Er selber versteht seinen Einsatz aber als politisches Engagement. Da würde ich schon ein wenig zögern.

Ich kann mir nicht helfen, aber ich halte alle Empfehlungskampagnen heutiger Wahlkämpfe für Kosmetik. Politische Kosmetik, von mir aus, aber doch viel mehr Kosmetik als Politik. Die Parteien gründen ihre Wahlkampf-Führung nicht umsonst auf die Beratung und Mitarbeit von Werbe-Agenturen. Und Markus Kutter und sonst eine Agentur sind für eine Partei wichtiger als die Mitarbeit eines Schriftstellers. Aber beide, der Werbe-Fachmann und der Schriftsteller, arbeiten kosmetisch. Sie haben ein Image zu empfehlen, einen durch und durch wählbaren Mann. Auch die Schriftsteller des Jahres 1965 waren sich dessen bewußt. Hans Werner Richter selbst hat es formuliert, daß es nicht um politische Programme gehe, sondern um die Empfehlung neuer Persönlichkeiten. Tatsächlich ist etwa Professor Schiller, dessen wirtschaftspolitische Anschauungen im CDU-Programm ohne Anstoß Platz haben, ein besserer Wirtschaftsminister als sein Vorgänger von der CDU; daran kann niemand zweifeln. Er ist vielleicht ein viel besserer CDU-Wirtschaftsminister als irgendeine Persönlichkeit aus dem momentanen Angebot der CDU.

Der Schriftsteller, der sein Engagement darin sieht, Schiller zu empfehlen, für Schiller zu werben, darf natürlich nicht mehr an die alten Parteien-Unterschiede denken; er darf sozusagen keine Parteien mehr kennen, sondern nur noch Persönlichkeiten. Er müßte für Schiller auch werben, wenn der zur CDU gehörte, zu der er ja mindestens ebenso gehört wie zur SPD. Das heißt, er muß vom Partei-Politischen eher absehen, er muß dem Kosmetischen den Vorzug geben wie der Werbe-Fachmann.

Wird man aber den Werbe-Fachmann »engagiert« nennen? Oder wird man ihn nur deshalb nicht »engagiert« nennen, weil der seine Empfehlung für viel Geld ausarbeitet, während der Schriftsteller damit nichts verdienen will? Ist also Engagement etwas, was man um seiner altruistischen Note willen so nennt? Ich will die selbst verschuldete Frage nicht beantworten. Aber ich glaube, mein Zweifel an diesem speziellen Werbe-Engagement des Schriftstellers stammt aus meiner altmodischen Vorstellung von der gesellschaftlichen Anwendung schriftstellerischer Talente.

Ich setze voraus, daß man die politische Einstellung eines Autors ohnehin vertrauenswürdiger kennenlernt in seinen literarischen Produktionen. Wenn er sich aber ganz direkt einmischt in einen aktuell politischen Prozeß, dann doch nur, weil er provoziert ist durch einen besonderen Umstand. Wenn, sagen wir einmal, Aufklärung nötig ist. Oder er glaubt, es sei Aufklärung nötig.

Ein Schriftsteller kann, zum Beispiel, durch Lektüre amerikanischer Zeitungen zur Ansicht kommen, daß wir hierzulande schlecht unterrichtet werden über den Krieg in Vietnam, er kann feststellen, daß wir diesen Krieg mehr unterstützen als jedes andere westeuropäische Land; er kann sich gegen die schlecht unterrichtete öffentliche Meinung wenden, kann Aufklärung befördern, mit dem Ziel, eine sachlichere Beurteilung dieses Krieges zu ermöglichen; mit dem Ziel auch, die materielle und moralische Unterstützung dieses Kriegs zum allerersten Mal einer öffentlichen Kritik auszusetzen. Wer unsere *und* ausländische Zeitungen liest, der weiß, daß wir, wahrscheinlich aus falsch verstandener Bündnistreue, unvollkommen und falsch informiert werden. Dieser Sachverhalt provoziert. Dadurch wird man aufmerksam. Man spielt sich nicht auf als Weltverbesserer. Man möchte nur die Bindung an Amerika aus krassem Anlaß einer Diskussion ausgesetzt sehen. Das scheint einem ein innenpolitisches Thema zu sein. Ein anderer kann das für ganz unnütz halten. Offenbar denkt so einer geringer von den Amerikanern. Ich persönlich glaube, Amerika ist empfindlich für alle Beurteilungen dieses Krieges, besonders wenn sie aus dem Ausland kommen, ganz besonders, wenn sie aus Europa kommen.

Wie auch immer: ein solcher Krieg kann einen provozieren, man kann

Aufklärung für nötig halten. Und Aufklärung, scheint mir, ist traditionell der Inhalt dessen, was man Engagement nennt. Und fast immer war diese Aufklärung provoziert von einem besonderen Übel. Seltener kommt es vor in der Geschichte, daß der Schriftsteller zum Werber wird für Persönlichkeiten, die – mit welchem Recht auch immer – an die Macht wollen.

Zu der Zeit, als die SPD noch ein roter Schreck war für viele, da war Aufklärung im Dienst dieser Partei noch nötig und möglich. Es spricht nicht gegen den Werbe-Einsatz der Schriftsteller, wenn man sieht, daß Gina Lollobrigida auf dem Foto mit einem SPD-Politiker diese Werbung auch bewirkt, vielleicht sogar noch besser. Aber kann man Gina Lollobrigida deshalb engagiert nennen? Sie kann, wenn sie Lust hat, auch mit dem Gegenkandidaten posieren. Ebenso wie eine Werbe-Agentur durchaus einem CDU- *und* einem SPD-Kandidaten das Image polieren könnte. Man wird sich fragen dürfen, ob das Wort Engagement nicht darunter leidet, wenn es von jetzt an reklamiert und abhängig gemacht wird von der Beteiligung an den Kosmetik-Kampagnen in Wahljahren.

Man darf vermuten, daß das Wort einen anderen Sinn hatte. Sollte es aber in Zukunft ganz zu einem Wort für solche Kosmetik-Prozeduren werden, dann wird es viel leichter fallen, Fragen nach dem Engagement zu beantworten. Dann kann man leichten Herzens und ohne persönliche Verbrämung einfach Nein sagen. Nein, danke, ich bin nicht engagiert. Es wird noch eine Zeit lang schmerzlich bleiben, daß man sich damit dem Mißverständnis ausliefert, an der Entwicklung der Gesellschaft, der man doch angehört, kein Interesse zu haben, aber das wird man eben in Kauf nehmen müssen. Ja, vielleicht sollte man dieses Mißverständnis sogar anstreben. Um sich zu schützen gegen den Spielbetrieb, in dem man verwendet wird als einer, der auch seinen Senf dazu gibt.

Mir schwebt vor – und das ist nun wirklich Schwärmerei und Utopie –: ein Schriftsteller läßt sich provozieren nur noch zum Schreiben, nur noch zu seiner eigenen Arbeit und weigert sich, den Reizlärm zu verursachen, den man von ihm erwartet als einen Beitrag zum Betrieb. Ob er ein Zeitgenosse war oder nicht, ob die Gesellschaft etwas hat von ihm oder nicht, wäre an seinen sogenannten Werken festzustellen.

Es liegt mir nicht, anderen vorzuschreiben, wie sie sich verhalten sollen.

Aber mir selber schriebe ich gern vor, mich in jedem Fall so lang als möglich zu wehren gegen die Provokation der Zeitgeschichte. Man weiß ja schon, daß es der Zeitgeschichte gleichgültig ist, ob man ihr mit Plakaten oder mit Gedichten kommt. Aber es nützt nichts, das zu wissen.

Neulich hat sich die besserwissende Allerweltsvernunft sogar des

Mundes von Joachim Kaiser bemächtigt, um der Benommenheit der Protestierer zu Hilfe zu kommen mit einem Beispiel, das seine Weisheit nicht zu verbergen trachtet: »Steter Tropfen höhlt den Stein. Schön und gut. Aber wenn der Tropfen im Stein keine sichtbaren Wirkungen hinterläßt, dann widerlegt der Stein das Wasser.«

Ich frage mich: Wie viele Fehler enthält dieses Beispiel sowieso? Und wie viele, wenn es empfohlen wird zur Anwendung auf Bewußtseinsvorgänge? Eines ist sicher: der Tropfen gehorcht einer Notwendigkeit, er fällt sowieso, auch dann, wenn ihm ein Material hingelegt werden könnte, dem er nichts anhaben kann. Aber auch wir müssen uns nicht mit Joachim Kaiser einlassen und aufzählen, wie oft schon die Summierung winziger Kräfte Kolosse zu Fall brachte. Die uns zugemuteten Ereignisse geben den Ausschlag. Sie sind schuld am Engagement des Protestierenden, das man auffassen kann als eine Folge unfreiwilliger Bewegungen. Die Frage, wer recht hat und wer nicht, wird in der ›Washington Post‹ anders beantwortet als in ›Le Monde‹. Aber einer von beiden Antworten wird etwas hinzugefügt durch die Anteilnahme einer großen Anzahl von Menschen in allen möglichen Ländern. *Für* den amerikanischen Einsatz gibt es nur offizielle Engagements – und auch die nur in wenigen Ländern dieser Erde.

Trotzdem sehe ich mir bei diesem Engagiertsein nicht mit Freude zu. Auch ohne Belehrung steht mir jenes bessere Wissen zur Verfügung und predigt mir die Aussichtslosigkeit und scheinbare und anscheinende Wirkungslosigkeit dieser unfreiwilligen Handlung. Denn ausrechnen und beobachten läßt sich da keine Wirkung.

Andererseits fühle ich mich einem solchen Krieg gegenüber einfach nicht frei. Mag sein, daß ich mich nur beruhigen will durch Bewegung. Vielleicht ist Protest nichts anderes als das Singen der Kinder, wenn sie durch den Wald gehen. Sie haben Angst, weil es plötzlich so dunkel wird. Gut, dann zeigt der Protest wenigstens, daß wir uns jetzt auf einer solchen Dunkelstrecke bewegen. Mag sein, dieses Engagement ist überhaupt nicht zu begründen und zu rechtfertigen vor einem, der nicht dieser Notwendigkeit unterliegt.

Am wenigsten wird Engagement gewünscht, wenn es seinen Eifer richtet gegen den Eifer der Rüstenden und gegen die neuesten Rechtfertiger des Krieges.

Ich möchte so humorlos sein und dieses Engagement für das wichtigste halten. Weit draußen, am wenig besuchten, kaum beliebten und nur von Verfassungsschützern belichteten Rand des freundlichen Betriebs, sammeln sich Leute zu Ostermärschen, Protestkundgebungen, Aufklärungsaktionen. Das sind Leute, die man schwer unterbringen kann in den herrschenden Gruppierungen. Nicht in Akademien, nicht in Parteien, nicht in Interessenverbänden, nicht in der *Gruppe 47*. Sie haben gemeinsam ein Interesse an gesellschaftlicher Veränderung und die Machtlosigkeit. Sie wirken allesamt provoziert. Sie kommen nicht freiwillig zusammen. Ich will diese Leute nicht verklären. Aber es muß etwas passiert sein, sonst wären sie nicht zusammengekommen. Ich habe mich so lange als möglich bemüht, denen fernzubleiben. Je mehr passierte, desto schwerer fiel das. Mir kommt vor, in diesen Gruppen ohne feste Überschrift, ist eine Fähigkeit zur Teilnahme lebendig, die in der übrigen Gesellschaft zwischen Revers und Kolumne verlorenging. Soll von mir aus weiterhin der Werbe-Einsatz für eine Person Engagement heißen, soll Engagement weiterhin auch heißen jene gesellschaftliche Parade-Rolle des Schriftstellers, in der er den von ihm erwarteten prickelnden Reizlärm liefert, ich persönlich möchte das Fremdwort lieber verwenden für Handlungen jener Außenseiter, die provoziert sind von der Teilnahmslosigkeit unserer Gesellschaft. Dort an der Peripherie nämlich gibt es nicht diese kulinarische Einteilung in engagierte Schriftsteller und ein Publikum, das sich durch solche unterhalten läßt. Dort nehmen alle nach ihren Möglichkeiten teil an den Aktionen gegen die Lethargie, an den Aktionen des Protests oder der Aufklärung. Dort sind wenig Schriftsteller zu finden. Dafür aber Studenten, evangelische Pfarrer, Gewerkschaftler, Grafiker, Maler, Rechtsanwälte, Volkshochschul-Beauftragte, Schauspieler, homöopathische Ärzte, Lokalredakteure, Dozenten, Volksschullehrer usw. Diese engagierten Demokraten haben sich am Rande verbittert und optimistisch zusammengetan, um in wenig begrüßten Aktionen Aufklärung zu befördern, Protest zu verbreiten; ob mit Wirkung oder ohne Wirkung, sie haben keine andere Möglichkeit, sie sind engagiert; das ist das Gegenteil von freiwillig, und das Gegenteil von teilnahmslos.

1. Nachschrift

Ich glaube nicht mehr, daß Protest genügt. Die Parteien und die Regierung haben es nicht nötig, von unserem Protest Notiz zu nehmen, weil ihre Wähler keine Wahl haben. Die Parteien haben ein Kartell gebildet. Ihr Demokratie-Monopol ist gesetzlich geschützt. Konkurrenz wird zugelassen nur von rechts, denn nach rechts sind die Parteien konkurrenzfähig; hoffen sie; wieder einmal.
Folgerungen für das Engagement der Intellektuellen: ich glaube, die Zeit der unterhaltsamen Bürgerschreckeffekte ist vorerst vorbei. Es wirkt zumindest momentan ein bißchen frivol, wenn wir uns den reizvollen Gesellschaftsspielen hingeben und mit Herakles-Gesten dann und wann ein zum Abschuß freigegebenes Tabu vernichteln; oder wenn wir einer braven Bürgerschaft durch politikfreie Distanzierungshilfe ein Abführmittel fürs belastete Gewissen verschaffen. Egal ob es sich um Vietnam handelt oder um die »analytische Arbeitsplatzbewertung«, es darf in keinem Fall mehr genügen, ein Symptom spöttisch

hinzurichten. Man muß von uns verlangen, daß wir die im System liegende Ermöglichung des Symptoms beschreiben. Es ist eine ganz miese Aufklärung, die den Vietnamkrieg verurteilt und die Entwicklung der SPD seit 1960 gutheißt. Wer also sein Engagement darin sieht, gegen den Vietnamkrieg zu protestieren, muß es so tun, daß seine Zuhörer sich nicht mehr von dem Krieg der USA distanzieren können, ohne sich dadurch auch von der gegenwärtigen politischen Praxis der eigenen Gesellschaft zu distanzieren. Eine Diskussion über Vietnam kann nicht beendet sein, bevor sie nicht zum innenpolitischen Thema geworden ist.

Aus den Erfahrungen der Nachkriegszeit, die jetzt deutlich aufgehört hat, ergibt sich, daß es nicht genügt, von Fall zu Fall zu reagieren. Es gibt jetzt die außerparlamentarische Opposition. Zu ihr zählen alle, deren Bedürfnis nach mehr Demokratie nicht zu betäuben war. Die erste Aufgabe dieser Opposition: jeder Schlag, den das Einparteien-System Es-pe-de-ce-de-uh der parlamentarischen Demokratie versetzt, muß sorgfältig registriert und publik gemacht werden. Ohne Polemik. Man kann diese Parteien nicht einfach »ersetzen«. Sie sind nichts Defektes, sondern etwas vollkommen Aufklärendes; sie sind unsere wichtigste politische Erfahrung seit 1945. Das grelle Geschick der SPD, zum Beispiel, ist ein Aufklärungsmaterial, so brisant, daß ich nicht weiß, ob es nicht als jugendgefährdend bezeichnet werden muß. Die Große Koalition ist, verglichen mit dem, was ihr unmittelbar voranging, eine fortschrittliche Regierungsform. Sie demonstriert das Ende des naiven Parlamentarismus und präpariert unser Bewußtsein für die notwendige Ablösung der Privilegien-Demokratie.

Die Opposition muß den immobilen Parteiführungen unaufhörlich bestreiten, daß diese Parteiapparate ein Monopol auf Demokratie haben; schließlich waren sie es, die den Demokratie-Versuch zur Oligarchie verkommen ließen. Es muß bestritten werden, daß nur der politische Wille das Gütesiegel »demokratisch« verdient, der durch die Opportunitätsfilter der beiden Parteiapparate gegangen ist.

Wir alle haben mitgearbeitet, um den angelsächsischen Import hierzulande heimisch zu machen. Aber da die menschliche Geschichte noch 100 oder 100 000 Jahre dauern kann, ist doch denkbar, daß das angelsächsische Modell der Privilegien-Demokratie überholbar wird. An die herrschenden Parteiapparate ist die Frage zu richten: haltet ihr euch für das Ziel unserer Geschichte? So hitlerhaft wird keiner sein, diese Frage mit Ja zu beantworten.

Nächste Frage: warum führt ihr euch dann so auf? Warum wehrt ihr euch gegen den nächsten Schritt wie sich einmal Adel und Monarchie gegen euch gewehrt haben? Es ist heute schon zu sehen, daß die beiden Parteiführungen ihren heiliggesprochenen Immobilismus verteidigen werden mit Majestätsparagraphen und Bannflüchen. Sie werden jeden denkbaren Fortschritt über sie hinaus als unsittlich ahnden. Dadurch wird die Gegenkraft gestärkt. Vielleicht aber auch radikalisiert.

Gefährlich für die immobilen Apparate und demokratisch wirksam wird die Opposition aber erst, wenn sie sich befreit hat von der lähmenden und zersplitternden Schein-Alternative. Evolution oder Revolution.

Sicher ist – und das sollten Mao lesende Studenten wissen – daß eine Revolution nicht importiert werden kann. Ebenso sicher ist: wer bei uns, gelenkig vor lauter Realismus, die Evolution als einzig fromme Gangart predigt, der ist schon von der Vertröstung geschluckt; er wird wider besseren Willen dazu dienen, die herrschende Immobilität mit einem Anschein von Bewegung zu dekorieren; zu diesem Dienst sind vor allem Intellektuelle leicht zu verführen. Daraus ergibt sich: wer die Evolution wirklich will, der muß die Revolution betreiben. Das heißt: er muß die Demokratisierung dieser Gesellschaft fordern bis zu einem Grad, der von den jetzigen Stoppern als sündhaft, gesetzeswidrig oder gar kommunistisch diffamiert wird. Diese Revolution wird, wie es unserer Tradition entspricht, eine Revolution auf Raten sein.

In den Universitäten macht sie gerade ihre ersten Gehversuche, aber schon ist absehbar, daß diese Hochburgen der Zurückgebliebenheit der Demokratisierungswelle nicht widerstehen können. Das wichtigste Ziel bleibt natürlich die Demokratisierung der Arbeit; noch gilt ja bei uns, absolut wie ein Naturgesetz, daß die Demokratie in der Wirtschaft an ihre Grenze komme; für den Wirtschaftsprozeß, also für den Prozeß, dem das Leben der Majorität ganz und gar unterworfen ist, für den ist Demokratie bei uns nicht anwendbar. Die beiden Parteiapparate haben mit dieser Ansicht ihren Frieden gemacht.

Dies ist die schwächste Stelle dieser immobilen Apparate, die sich christlich und/oder sozial nennen. Dies ist der Angriffspunkt für die außerparlamentarische Opposition in den kommenden Jahren. Jedes Engagement, das nicht die Demokratisierung der Arbeit als Zielvorstellung enthält, ist Freizeitgestaltung und Showbusiness.

2. Nachschrift

Es wird immer Schriftsteller geben, die nicht auf dem Papier bleiben können. Sie brauchen einen Augustus oder wenigstens dessen Ohr. Sie sind erfüllt. Auch von sich. Aber neben diesen Goethe-, Paul Heyse- und Gerhart Hauptmann-Figuren existieren die, die für niemanden sprechen können als für sich selbst. Die nicht überzeugt sind. Denen es schwerfällt sich zu rechtfertigen. Die mehr Schwierigkeiten mit sich selber haben als mit der Umwelt. Deren Selbstbewußtsein nicht ausreicht für sie selbst. Denen nichts so unerwünscht ist wie Einfluß,

Autorität, Macht. Die anderen nur Vorwürfe machen, die sie an sich selbst ausprobiert haben.

Ich glaube, diese Schriftsteller kommen häufiger vor als die, die sich zum Hofastrologen eignen. Diese Schriftsteller sind keine Ratgeber. Sie wissen nichts besser. Sie bringen in ihren Büchern ihre eigenen Schwierigkeiten zum Ausdruck. Da sie sich um Genauigkeit bemühen, kann man in ihren Büchern lesen, wie es momentan steht. Man kann diese Bücher nicht bestellen wie demoskopische Umfragen. Und man kann sie nicht ganz so beliebig auslegen. Deshalb ziehen die Politiker wahrscheinlich die Lektüre der Umfragen vor.

Sicher ist, daß die Bücher, so brauchbar sie mir auch politisch erscheinen, nicht für diese Brauchbarkeit geschrieben werden, sondern weil dieser oder jener mit seinen Schwierigkeiten auf keine andere Weise fertig zu werden glaubt.

3. Nachschrift

Politiker tun so, als seien sie überzeugt. Sie treten auf und sprechen für andere. Wenn ich einem Politiker zuhöre, höre ich, daß er die Person ist, die wir alle brauchen. Er weiß, was für uns notwendig ist. Er läßt uns spüren: wir brauchen ihn mehr als er uns. Er sagt nicht nur das Richtige, er verkörpert es.

Wenn er das, was er tut, vor uns rechtfertigt, wenn er zum Beispiel erläutert, warum man die DDR nicht anerkennen darf, dann gelingt ihm diese Rechtfertigung so, daß sie so widerspruchsfrei ist wie ein Auto ohne Bremse, also widerspruchsfreier als man es sich wünschen kann. Ihm fällt nur ein, was zur Rechtfertigung seiner Überzeugung dienlich ist. Seine Rechtfertigung setzt erst da ein, wo schon alles gerechtfertigt ist.

Ich habe in der Bundesrepublik in den letzten 15 Jahren nicht ein einziges Mal erlebt, daß ein Politiker zweifelte. Sie strömten alle eine Art Heilsgewißheit aus. Was sie sagten, war so gesagt, daß es nicht mehr bestritten und auch nicht mehr diskutiert werden sollte. Trotz dieser unermüdlichen Charismatiker existieren heute noch oppositionelle Meinungen. Viele von einander verschiedene Zeitgenossen sind der Ansicht, daß unsere Entwicklung zur Demokratie seit Jahren, mindestens seit 1960, stagniere. Diese Ansicht existiert in unzähligen theoretischen Beweisführungen. Aber sie wird kaum politisch vertreten. Intellektuelle sind offenbar zu wenig fähig, politisch aufzutreten, das heißt, zu reden nur noch, um recht zu haben.

Es bedürfte der Einführung eines neuen politischen Stils, eines Stils, der den radikalen Zweifel zuläßt. Erst wenn der Stil der politischen Auseinandersetzung dieses demokratische Prinzip erlaubte, wären Intellektuelle fähig zur Mitwirkung. Aber offenbar ist keine Öffentlichkeit diesem Prinzip so entgegengesetzt wie die Öffentlichkeit dessen, was wir zur Zeit als unsere Demokratie haben.

4. Nachschrift. Ein Besuch in Bonn

Am 11. 3. 68 hat Bundeskanzler Kiesinger in seinem ›Bericht über die Lage der Nation‹ auch Vietnam erwähnt. Kurz und heftig. Er hat nicht über Vietnam gesprochen, hat nichts gesagt über die Politik der USA, nichts über die Ursachen und den Verlauf dieses Krieges. Die Heftigkeit, mit der er in genau zwei Sätzen die Distanz der Deutschen zu diesem Krieg formulierte, stand in groteskem Widerspruch zu der Nebensächlichkeit, zu der Kiesinger das Thema Vietnam in seinem Bericht verurteilte. Eine rasche, jäh rhetorische Erwähnung, dann noch eine satellitenhafte Floskel zur Ehrenrettung der USA, dann der schlimmste Satz: »Gerade wir haben nicht den geringsten Grund, uns zu Schulmeistern Amerikas aufzuwerfen.« Das heißt doch: wir haben Völkermord begangen, die begehen Völkermord, und eine Krähe soll der anderen kein Auge aushacken. Das heißt das doch. Aber das wollte der wortgewandte Kanzler nicht sagen. Er wollte lediglich die deutsche Zerknirschungscharge schnell einsetzen, um seine Satellitenpflicht besser erfüllen zu können, und dann noch zwei »von ganzem Herzen« humanitäre Sätze, die überall kostenlos zu haben sind, und damit hatte es sich.

Am 14. 3. diskutierte der Bundestag über den Kanzlerbericht. Drei Fraktionssprecher (CDU, CSU, SPD) erwähnten Vietnam wie der Kanzler Vietnam erwähnt hatte.

Der FDP-Sprecher lieferte eine Vietnam-Erwähnung nach Art der Opposition ab. »Für viele ist eben das, was in Vietnam geschieht, auch wenn sie objektiv nicht recht haben mögen, Völkermord.« So flau liest es sich im FDP-Manuskript. Der Sprecher formulierte dann den Nebensatz, der alles zur bloßen Oppositionsmasche erniedrigt, so: ». . . sie mögen dabei recht haben oder nicht recht haben, ich will das nicht im einzelnen untersuchen . . .«. Aber er erinnerte immerhin an die Nürnberger Kriegsverbrecherprozesse und forderte zum Schluß, »daß wir genau so klar und deutlich Stellung nehmen, wie es in anderen Nato-Ländern schon geschehen ist«. Warum fordert er das, wenn er selber sich drückt? Warum redeten die überhaupt über diesen Krieg, wenn sie dann doch nur rhetorische Drechseleien ablieferten und sich sorgsam hüteten, etwas zu sagen? Nur Barzel sagte wirklich was. Er war sich nicht zu fein, simpel und brutal die nur noch von Rusk gebrauchte, unverbesserte Dulles-Schablone als Maßstab für jeden nationalen Befreiungskrieg gut sein zu lassen. Wer angreift, ist ein Kommunist. Mehr wollen wir über einen Angreifer gar nicht wissen.

Warum redeten die also überhaupt über diesen Krieg? Ganz einfach: der Studenten wegen.

Am liebsten reden unsere Politiker zwar über die Deutsche Frage, aber an diesem Tag wurde die seit gut 15 Jahren unbeirrbar dauernde scholastische Monsterdiskussion (die sich leicht zur Dreißigjährigen Diskussion auswachsen wird) empfindlich gestört durch die Allgegenwart der Studenten-Bewegung. Die außerparlamentarische Opposition droht eine Konkurrenz zu werden. Seit mehr als zwei Jahren hätte dieses Parlament Gelegenheit gehabt, Vietnam zu erwähnen. Seit mehr als zwei Jahren haben Regierungsmitglieder und Parlamentarier monoton zum Krieg gratuliert. Jetzt sind sie durch Demonstrationen aufgestört worden. Jetzt spüren sie, daß weiteres Verschweigen zum Beweis der eigenen Abgestorbenheit werden könnte. Daß in der Bevölkerung der von den Amerikanern verschuldete Krieg immer hörbarer und demoskopisch meßbarer verurteilt wird, wissen unsere Politiker. Also sieht es doch so aus, als drücke sich in den Veranstaltungen der außerparlamentarischen Opposition die Meinung des Volkes ungleich genauer aus als im Hause der gewählten Volksvertreter. Also entschließen sich Regierung und Parteien endlich zur öffentlichen Handlung. Und siehe da: sie versagen. Selbstgefällig und auf grellem Gefühlsplakat liefern sie ihr verbales Vietnamscherflein ab und halten dann lange Reden über ihr ausgezeichnetes Verhältnis zu den ach so berechtigten Sorgen der Studenten, jetzt müsse man endlich handeln, die Hochschulreform realisieren, und die Studenten dürften ruhig unhöflich, radikal, grob und rebellisch sein, so wolle man die Jugend, und tolerant sei man auch, allerdings umstürzlerisch, liebe Studenten, das bitte nicht ...

Eigenartig, daß diese im Publikumsverkehr doch sicher sehr geübten Herrn nicht bemerken, wie leicht durchschaubar ihre Angebote sind. Geradezu wunderbar ist es, wie wenig ein Mensch sich verstellen kann. Was auch immer man von der Politik und von Politikern schon hörte, hier triffts nicht zu: diese Herren verführen keinen. Die rechtfertigen den amerikanischen Krieg, und sozusagen im selben Atemzug wenden sie sich an die, die diesen Krieg und die ihn rechtfertigende Gesellschaft verurteilen, und sagen: so, seht ihr, wir haben unseren Abscheu gegen Krieg und Gewalttätigkeit ausgedrückt, jetzt kommt her, jetzt reden wir wieder miteinander ...

Eigenartig, daß man in Bonn glaubt, mit ein paar Lippenbewegungen könne man sich wieder als Gesprächspartner empfehlen. Wissen die nicht, daß die außerparlamentarische Opposition entstanden ist nur aus Reaktion auf solche Lippenbewegungen. Und genau der hier so leichtfertig abgehandelte Vietnamkrieg ist der Anlaß, der die Opposition auf die Straße treibt. Und genau um die Diskussion dieses Anlasses haben sich Regierung und Parlament ein weiteres Mal herumgedrückt.

Die Sprecher, die nach den Fraktionssprechern sprachen, haben dann Vietnam nicht einmal mehr erwähnt. Sie waren vollauf damit beschäftigt, sich selber als aufgeschlossene, moderne Menschen darzustellen, durchaus gewieft, nicht kleinlich und selbstgerecht undsoweiter, also liebe Studenten, kommt und laßt euch umarmen ... Aber bald genug waren sie auch damit fertig und konnten endlich, endlich zurückkehren zu ihrem Thema: die Deutsche Frage, inkl. Oder-Neiße. Da leisten unsere parlamentarischen Schriftgelehrten Großes.

Auch die Jüngeren, die erst 4 oder 8 Jahre an diesem Diskussionszeremoniell teilnehmen, können durchaus schon mitreden. Da blüht ein scholastischer Eifer auf.

In den Fünfzigerjahren, sagt der an und für sich ehrwürdige Oberpriester Wehner, sei nichts verdorben worden, die Sechzigerjahre seien ein bißchen zu wenig genutzt worden zur Anpassung der Methoden an die sich verändernden Verhältnisse, und jetzt werden wir aufpassen müssen, sagt er, daß uns die Siebzigerjahre die Möglichkeiten nicht kaputt machen. Wahrscheinlich wird er von keinem so gut verstanden wie von seinem intimen Spielgegner Gradl. Wunderbare und schlaue Methoden entwerfen die Alexandriner: »Durch Verständigung über Fragen, die nicht strittig sein müssen, ein Klima schaffen für die Verständigung über strittige Fragen.« Und sehr jäh: »64 gab es, am 12. 6. 64, einen Vertrag, der in Moskau unterzeichnet wurde, ich hab ihn dabei ...« Und: »Wer hat 1958 ...« Und: »Auf der Genfer Konferenz 1961, wo wir den Amerikanern sehr deutlich gegenübertreten mußten ...« Und: »Ich will diese Methode nicht mitmachen, retrospektiv Sachen verrücken ...«

Und: »Ich selber habe gesagt, es gibt Situationen, wo man ruhig mal ein paar Schritte vorwärtsgehen kann.«

Das ist jener Eifer, glaube ich, der in anderen Jahrhunderten für Gottesbeweise verbraucht wurde. Heute wendet er sich an etwas, was von allen unseren Regierungen als das oberste Ziel aller deutschen Politik bezeichnet wurde, an die Wiedervereinigung. Man nennt diese wichtigste Politik Deutschlandpolitik. Von ihr hat Bundeskanzler Kiesinger in seinem Lagebericht gesagt: »Unsere Deutschlandpolitik ist leider in hohem Maße von Entwicklungen abhängig, auf die wir wenig oder gar keinen Einfluß haben.«

Sollte man da die Deutsche Frage nicht eine Dornröschenfrage nennen? Und Bonn ein Alexandrien, um das die Dornhecke wächst und wächst. Und die da drin debattieren weiter ... Schriftgelehrte ... Träumende ... Volksvertreter auf dem Weg zur Scheinexistenz ... ein Parlament, in dem das Verschwiegene wächst, der Bonner Stalaktit.

HANS MAGNUS ENZENSBERGER

Gemeinplätze, die Neueste Literatur betreffend*

> *Josefine behauptet sich, dieses Nichts an Stimme, dieses
> Nichts an Leistung behauptet sich und schafft sich den Weg
> zu uns, es tut wohl, daran zu denken. Einen wirklichen
> Gesangskünstler, wenn einmal einer sich unter uns finden
> sollte, würden wir in solcher Zeit gewiß nicht ertragen und
> die Unsinnigkeit einer solchen Vorführung einmütig ab-
> weisen. Möge Josefine beschützt werden vor der Erkennt-
> nis, daß die Tatsache, daß wir ihr zuhören, ein Beweis
> gegen ihren Gesang ist . . .*
> *Mit Josefine aber muß es abwärts gehn. Bald wird die Zeit
> kommen, wo ihr letzter Pfiff ertönt und verstummt. Sie
> ist eine kleine Episode in der ewigen Geschichte unseres
> Volkes und das Volk wird den Verlust überwinden.*
>
> Franz Kafka, ›Josefine, die Sängerin oder
> Das Volk der Mäuse‹

1. Pompes funèbres. Jetzt also hören wir es wieder läuten, das Sterbe-
glöcklein für die Literatur. Kleine sorgfältige Blechkränze werden ihr
gewunden. Einladungen hagelt es zur Grablegung. Die Leichen-
schmäuse sind, wie es heißt, sehr gut besucht: ein Messeschlager. Unter
den Trauergästen scheint wenig Schwermut zu herrschen. Eher macht
sich eine manische Ausgelassenheit breit, eine angeheiterte Wut. Nur
scheinbar stören vereinzelte Grübler im Abseits das Fest. Sie machen
ihren Trip auf eigene Faust, sorglos, als hätten sie Tee im Pfeifchen.
Der Leichenzug hinterläßt eine Staubwolke von Theorien, an denen
wenig Neues ist. Die Literaten feiern das Ende der Literatur. Die
Poeten beweisen sich und andern die Unmöglichkeit, Poesie zu machen. Die Kritiker besingen den definitiven Hinschied der Kritik. Die
Bildhauer stellen Plastiksärge her für die Plastik. Die ganze Veranstaltung schmückt sich mit dem Namen der Kulturrevolution, aber sie
sieht einem Jahrmarkt verzweifelt ähnlich. Die Sekunden, in denen es

---

* Aus: ›Kursbuch‹ 15 (1968); hrsg. v. Hans Magnus Enzensberger, Suhrkamp
Verlag, Frankfurt/M.; ›Gemeinplätze, [. . .]‹ © 1968 by Hans Magnus Enzensberger.

Ernst wird, sind selten und verglimmen rasch. Was bleibet, stiftet das Fernsehen: Podiumsdiskussionen über Die Rolle des Schriftstellers in der Gesellschaft.

2. Bedenkfrist. Nach Gewißheit verlangt es die meisten, und wäre es die, daß es aus und vorbei sei mit dem Schreiben. Auch das wäre offenbar noch eine Art von Beruhigung. Aber die Erleichterung der einen ist so verfrüht wie die Schadenfreude und die Panik der andern. Alte Gewohnheiten sind zäh; eingefleischte Dichter sind selbst durch lautstarke Entziehungskuren kaum zu bekehren; das Geräusch der Säge täuscht darüber hinweg, wie dick der Ast noch ist, auf dem sie sitzt, die Literatur.

Auch gibt zu denken, daß der »Tod der Literatur« selber eine literarische Metapher ist, und zwar die jüngste nicht. Seit wenigstens hundert Jahren, sagen wir: seit Lautréamont, befindet sich die Totgesagte, nicht unähnlich der bürgerlichen Gesellschaft, in einer permanenten Agonie, und wie diese hat sie es verstanden, die eigene Krisis sich zur Existenzgrundlage zu machen. Ihr Leichenbegängnis ist eine Veranstaltung, deren Ende sich gar nicht absehen läßt, und bei dem die Verblichene in unheimlicher Frische, immer aufgekratzter und immer wilder aufgeschminkt, sich einfindet.

Das Trauergefolge bleibt unter sich, nämlich in der Minderheit. Was die Massen angeht, so haben sie ganz andere Sorgen. Sie möchten vom Ableben dieser Literatur, die nie bis an den Kiosk gedrungen ist, ebensowenig Notiz nehmen wie von ihrem Leben. Nicht einmal das Buchgeschäft hat Grund zur Besorgnis; denn um sieben Uhr morgens, wenn die Dahingegangene sich ausschläft, ist die Welt jeweils wieder in Ordnung.

Dennoch, trotz der platten Thesen, der kurzatmigen Einlagen und des monotonen Geblöks, die es begleiten, wäre ein Achselzucken zuwenig angesichts des Leichenspektakels. Denn die Stimmung, von der es zehrt und die es nicht zu artikulieren vermag, sitzt tief. Die Schwundsymptome sind nicht zu leugnen. Nicht nur die aktuelle Produktion ist davon betroffen, die den Selbstzweifel zur dominierenden Kategorie ihrer Ästhetik gemacht hat. Unbehagen, Ungeduld und Unlust haben die Schreiber und die Leser in einem Grad erfaßt, der zumindest für die zweite deutsche Republik neu und unerhört ist. Beide haben auf einmal begriffen, was doch schon immer so war: daß das Gesetz des Marktes sich die Literatur ebenso, ja vielleicht noch mehr unterworfen hat als andere Erzeugnisse. Da sich aber die Herstellung von Margarine offenbar leichter monopolistisch verwalten läßt als die von Literatur, stellt eine solche Einsicht deren Betrieb direkt in Frage. Liefern schlucken liefern schlucken: das ist der Imperativ des Marktes; wenn Schreiber und Leser bemerken, daß, wer liefert, geschluckt wird und wer schluckt, geliefert ist, so führt das zu Stockungen.

Gerade der elitäre Charakter unserer Literatur macht sie anfällig für solche Anwandlungen. Störungsfrei kann sie nur operieren, solang ihr Bewußtsein von der eigenen Lage gestört ist. Da sie von wenigen für wenige gemacht wird, genügen wenige, um sie aus dem Gleichgewicht zu bringen. Wenn die intelligentesten Köpfe zwischen zwanzig und dreißig mehr auf ein Agitationsmodell geben als auf einen »experimentellen Text«; wenn sie lieber Faktographien benutzen als Schelmenromane; wenn sie darauf pfeifen, Belletristik zu machen und zu kaufen: Das sind freilich gute Zeichen. Aber sie müssen begriffen werden.

3. *Lokalblatt.* Dabei verhaspelt sich leicht, wem das Wort Epoche allzuglatt von der Zunge geht, und wer Aussage über die Literatur überhaupt und schlechthin machen will. Voreilige Globalisierung verschleiert gewöhnlich das Spezifische der Situation, die es aufzuklären gilt. Ein paar vorläufige Aufschlüsse lassen sich wohl eher gewinnen, indem man das Problem lokalisiert.

Die westdeutsche Gesellschaft hat dem »Kulturleben« überhaupt und der Literatur im Besondern nach dem Zweiten Weltkrieg eine eigentümliche Rolle zugeschrieben. Eine führende Zeitschrift des Nachkriegs hieß ›Die Wandlung‹. Den Deutschen und mehr noch der Außenwelt eine solche Wandlung zu demonstrieren, das war das Mandat der deutschen Literatur nach 1945. Je weniger an reale gesellschaftliche Veränderung, an die Umwälzung von Macht- und Besitzverhältnissen zu denken war, desto unentbehrlicher wurde der westdeutschen Gesellschaft ein Alibi im Überbau. Ganz verschiedene Motive verbanden sich dabei zu einem neuartigen Amalgam: – der Wunsch, die totale Pleite des deutschen Reiches wenigstens durch »geistige Leistungen« zu kompensieren;

– das offenbar dringende Bedürfnis, ungeachtet der großen kollektiven Verbrechen nach wie vor oder schon wieder als »Kulturvolk« zu gelten;

– der Hunger eines Staates, mit dem keiner zu machen war, nach egal welcher Art von Prestige;

– der sattsam bekannte »Idealismus«, der sein schlechtes Gewissen angesichts des steigenden Massenkonsums mit den alten antizivilisatorischen Affekten beruhigen wollte;

– ein Antifaschismus, der sich damit begnügte, einen bessern Geschmack als die Nazis zu haben, und der seine demokratische Gesinnung dartat, indem er aufkaufte, was jene »entartet« genannt hatten: Bilder, auf denen nichts zu erkennen war, und Gedichte, in denen nichts stand;

– die Lust am Weltniveau, das Bedürfnis, wenigstens ästhetisch auf der Höhe der Zeit zu sein, der Wunsch, das Klassenziel der Weltkultur zu erreichen – spätestens mit der ›Blechtrommel‹ war es geschafft.

Wenigstens in einem Punkt stimmen all diese Momente überein: sie haben der Literatur Entlastungs- und Ersatzfunktionen aufgeladen, denen sie natürlich nicht gewachsen war. Die Literatur sollte eintreten für das, was in der Bundesrepublik nicht vorhanden war, ein genuin politisches Leben. So wurde die Restauration bekämpft, als wäre sie ein literarisches Phänomen, nämlich mit literarischen Mitteln; Opposition ließ sich abdrängen auf die Feuilletonseiten; Umwälzungen in der Poetik sollten einstehen für die ausgebliebene Revolutionierung der sozialen Strukturen; künstlerische Avantgarde die politische Regression kaschieren. Und je mehr die westdeutsche Gesellschaft sich stabilisierte, desto dringender verlangte sie nach Gesellschaftskritik in der Literatur; je folgenloser das Engagement der Schriftsteller blieb, desto lauter wurde nach ihm gerufen. Dieser Mechanismus sicherte der Literatur einen unangefochtenen Platz in der Gesellschaft, aber er führte auch zu Selbsttäuschungen, die heute grotesk anmuten.

Ihr Aufstieg war erkauft mit theorieblindem Optimismus, naiver Überheblichkeit und zunehmender Unvereinbarkeit von politischem Anspruch und politischer Praxis. Der Katzenjammer konnte nicht ausbleiben. Als die Totalität des Imperialismus sichtbar wurde, als die gesellschaftlichen Widersprüche nicht mehr stillzulegen waren, als die Politik auf die Straße ging, brachen die Risse im kulturellen Putz auf. Was sich da zwanzig Jahre lang »engagiert« hatte, sah sich nun vor Alternativen gestellt, die auf die Anfangsbuchstaben der Bonner Parteien nicht mehr hören wollten. Frischgebackene Klassiker, die sich angewöhnt hatten, ihre Stellungnahmen vor dem Fernsehen mit dem Aplomb von Gesundheits- und Familienministern zu verlesen, fanden sich auf einmal, verblüfft und beleidigt, einem Publikum gegenübergestellt, das ihre Evangelien mit Lachsalven vergolt. Wenn das, was da auf seine eigenen Fiktionen hereinfiel, die Literatur gewesen ist, so hat sie allerdings längst ausgelitten.

4. Die alten Fragen, die alten Antworten. Doch das Dilemma, in dem die Literatur sich, wie alle Künste, findet, sitzt tiefer und ist älter als unsere lokalen Zwangsneurosen. Auf das Jahr 1968 läßt sich allenfalls die verspätete Einsicht datieren, daß ihm nicht mit Phrasen begegnet werden kann. Kafkas Erzählung von der Sängerin Josefine stammt aus dem Jahr 1924. Sechs Jahre später schrieb André Breton: »Auf dem Gebiet, über dessen spezifische Ausdrucksmöglichkeiten Sie mich befragen (nämlich die künstlerische und literarische Produktion), kann das Denken nur schwanken zwischen dem Bewußtsein seiner vollkommenen Autonomie und dem seiner strikten Abhängigkeit.« Und er entfaltete diesen Widerspruch mit der Forderung nach einer Literatur, die zugleich »unbedingt und bedingt, utopisch und realistisch, ihren Zweck nur in sich selbst sehend und nichts als dienen wollend« zu sein hätte.

Die Surrealisten erhoben die Quadratur des Kreises zu ihrem Programm. Sie verschrieben sich rückhaltlos der Sache der kommunistischen Weltrevolution und beharrten zugleich auf ihrer intellektuellen Souveränität, auf der Autonomie ihrer literarischen Kriterien. Zur Begründung dieser Haltung berief sich Breton auf die Gesetzmäßigkeiten eines »poetischen Determinismus«, denen ebensowenig zu entgehen sei wie denen des dialektischen Materialismus. In der heutigen Diskussion hört dieselbe Sache auf andere Namen. Da geht die Rede vom »objektiven Stand der Gattung« und vom »künstlerischen Materialzwang« – Kategorien, die jenem »Sachzwang« verdächtig ähnlich sehen, an den die Verwalter des politischen status quo sich klammern.

Der Versuch der Surrealisten, sich in ihrer Zwickmühle einzurichten, als wärs eine Zitadelle, hatte etwas eigensinnig Heroisches. Von der Nachfolge, die er heute in den versprengten Trupps der Neo-Avantgarde findet, kann man das kaum behaupten. Die Bekenntnisse zu revolutionären Positionen, die von manchen Autoren der Gruppe Tel Quel in Paris, des Gruppo 63 in Italien, des Noigandres-Kreises in Brasilien zu hören sind, haben jeden Zusammenhang mit ihrer literarischen Produktion eingebüßt. Diese zeigt keine strukturellen Unterschiede mehr zu den Werken anderer, die jeder politischen Stellungnahme aus dem Wege gehen oder offen reaktionär argumentieren. Offenbar setzt der »Materialzwang«, dem diese Literatur sich verpflichtet fühlt, sich über die subjektiven Einsichten hinweg durch, als eine Art literarischer Meta-Ideologie, vor der es für diese Autoren kein Entrinnen gibt.

Diese Ideologie sieht von allen gesellschaftlichen Gehalten ab. Sie ist technokratisch. Ihr Fortschrittsbegriff zielt auf Produktionsmittel, nicht auf Produktionsverhältnisse. Deshalb bleiben ihre Produkte mehrdeutig. Nicht umsonst spielen Begriffe wie Unbestimmtheit, Zufall und Beliebigkeit in ihrer Ästhetik eine zentrale Rolle. Die Hersteller einer solchen Literatur mögen subjektiv ehrlich sein, wenn sie das Wort Revolution in den Mund nehmen; doch geraten sie damit notwendig in die Nähe der industriellen Technokraten vom Schlage eines Servan-Schreiber.

Antithetisch zur technokratischen Avantgarde verhält sich eine Literatur, die sich als bloßes Instrument der Agitation versteht. In einem Brief aus Bolivien hat Régis Debray mit großer Entschiedenheit, wenn auch im hergebrachten Ton poetischer Noblesse, für eine solche Literatur plädiert:

»Für den Kampf, der vor unseren Augen und in jedem einzelnen von uns ausgekämpft wird zwischen der Prähistorie und dem Wunsch, unserer Vorstellung vom Menschen entsprechend zu leben, brauchen wir Werke, die Zeugnis davon ablegen: wir brauchen Fetzen und Schreie, wir brauchen die Summe aller Aktionen, von denen solche

Werke Nachricht geben. Erst dann, wenn wir sie haben, unentbehrliche und einfache Berichte, Lieder für den Marsch, Hilferufe und Losungen für den Tag, erst dann haben wir ein Recht darauf, uns an literarischen Schönheiten zu erfreuen.«

Eine Literatur, die solchen Forderungen entspräche, existiert, wenigstens in Europa, nicht. Die bisherigen Versuche, gleichsam mit Gewalt aus dem Getto des Kulturlebens auszubrechen und »die Massen zu erreichen«, etwa mit den Mitteln des Agitprop-Songs oder des Straßentheaters, sind gescheitert. Sie haben sich als literarisch irrelevant und politisch unwirksam erwiesen. Selbstverständlich ist das keine Frage des Talents. Die Adressaten durchschauen, auch wenn sie sich keine Rechenschaft davon geben, mühelos die schlechte Unmittelbarkeit, das hilflos Kurzschlüssige, den Selbstbetrug solcher Versuche und fassen sie als Anbiederung auf. Auch darüber hat Breton vor vierzig Jahren bereits das Notwendige gesagt:

»Ich glaube nicht an die gegenwärtige Existenzmöglichkeit einer Literatur oder Kunst, welche die Bestrebungen der Arbeiterklasse ausdrücken könnte. Ich weigere mich mit gutem Grund, etwas Derartiges für möglich zu halten. Denn in einer vorrevolutionären Epoche ist der Schriftsteller oder Künstler notwendigerweise im Bürgertum verwurzelt und schon deshalb außerstande, für die Bedürfnisse des Proletariats eine Sprache zu finden.«

5. Allesfresser. Dem wäre, ein halbes Jahrhundert nach der Oktoberrevolution, noch einiges hinzuzufügen. Auch in der Sowjetunion existiert bis heute keine revolutionäre Literatur. (Majakovskij ist eine Ausnahme geblieben; die literarische Avantgarde der russischen zwanziger Jahre hat im wesentlichen bürgerliche Poetiken fortgeführt und radikalisiert; die Ausbreitung des »kulturellen Erbes«, das heute in der Tat einer großen Mehrheit sowjetischer Bürger zugänglich ist, mag als eine sozialistische Errungenschaft gelten; sie ruht jedoch auf einem bloß quantitativen Kulturbegriff, der aus alten sozialdemokratischen Traditionen stammt, und auf einer ganz retrospektiven Deutung der Parole: Die Kunst dem Volk; eine revolutionäre Kultur ist, wie der heutige Zustand der sowjetischen Literatur nur allzudeutlich zeigt, auf solche Prämissen nicht zu gründen.)

Bis heute geben mithin die Hervorbringungen der bürgerlichen Epoche in der Weltliteratur den Ton an; sie bestimmen die herrschenden Kriterien, die sich bietenden Möglichkeiten, die üblichen Auseinandersetzungen, die zunehmenden Widersprüche. Bürgerlich bestimmt sind sozialistischer Realismus und abstrakte Poesie, Literatur der Affirmation und Literatur des Protestes, absurdes und dokumentarisches Theater. Die Kultur ist das einzige Terrain, auf dem die Bourgeoisie unangefochten dominiert. Ein Ende dieser Herrschaft ist nicht abzusehen.

Andererseits ist seit dem neunzehnten Jahrhundert die Bedeutung der Literatur im Klassenkampf fortwährend zurückgegangen. Von Anfang an ließen sich dabei zwei Momente unterscheiden, wenn auch nicht reinlich voneinander abtrennen. Einerseits war sie als die herrschende immer auch eine Literatur der herrschenden Klasse und hatte zugleich der Festigung dieser Klassenherrschaft und ihrer Verschleierung zu dienen. Andererseits ist sie aus einer Revolution hervorgegangen und hat, insofern sie diesem Ursprung die Treue hielt, die Grenzen ihres Mandates überschritten. Zwiespältig war somit ihre Funktion im Klassenkampf von Anfang an: sie diente der Mystifikation, aber auch der Aufklärung. Spätestens seit dem Ende des Ersten Weltkrieges sind jedoch diese Funktionen, an denen sich auch eine Kritik der Literatur schlüssig orientieren konnte, deutlich im Schwinden. Der Imperialismus hat seither so mächtige Instrumente zur industriellen Manipulation des Bewußtseins entwickelt, daß er auf die Literatur nicht mehr angewiesen ist. Umgekehrt ist auch ihre kritische Funktion immer mehr geschrumpft. Schon in den dreißiger Jahren konnte Benjamin konstatieren, »daß der bürgerliche Produktions- und Publikationsapparat erstaunliche Mengen von revolutionären Themen assimilieren, ja propagieren kann, ohne damit seinen eigenen Bestand [...] ernstlich in Frage zu stellen«. Seitdem hat sich das Vermögen der kapitalistischen Gesellschaft, »Kulturgüter« von beliebiger Sperrigkeit zu resorbieren, aufzusaugen, zu schlucken, enorm gesteigert. Heute liegt die politische Harmlosigkeit aller literarischen, ja aller künstlerischen Erzeugnisse überhaupt offen zutage: schon der Umstand, daß sie sich als solche definieren lassen, neutralisiert sie. Ihr aufklärerischer Anspruch, ihr utopischer Überschuß, ihr kritisches Potential ist zum bloßen Schein verkümmert.

In genauer Analogie zu dieser Auszehrung der gesellschaftlichen Gehalte steht die Assimilation ihrer formalen Erfindungen durch die spätkapitalistische Gesellschaft. Auch die extremsten ästhetischen Kontraventionen stoßen auf keinen ernsthaften Widerstand mehr. Zwar lehnt ein Teil des Abonnentenpublikums sie ab. Auf industriellen Umwegen, über Werbung, Design und Styling gehen sie jedoch früher oder später, meist aber früher, fugenlos in die Konsumsphäre ein. Damit hat eine Äquivokation ein Ende, die fünfzig Jahre lang die progressive Literaturtheorie beherrscht hat: die Parallelisierung oder gar Gleichsetzung von formaler und gesellschaftlicher Innovation.

Eine kritische Rhetorik, die den Begriff der Revolution auf ästhetische Strukturen übertrug, war nur zu einer Zeit möglich, da der Bruch mit konventionellen Schreib- (Mal-, Kompositions-)Weisen noch als Herausforderung gelten konnte. Diese Zeit ist vorbei. Proklamationen und Manifeste, in denen »Umwälzungen«, »Revolten«, »Revolutionen« der Sprache, der Syntax, der Metapher usw. angekündigt werden, klingen heute hohl. Sie stoßen nicht von ungefähr auf das wohlwollende Verständnis der herrschenden Institutionen und werden dementsprechend dotiert.

(»*Revolutionär – was gehört eigentlich dazu?* Aus der Erfahrung mit unzähligen Bewerbern wissen wir, daß nicht jeder zum selbständigen Kaufmann taugt. Wir wissen aber auch, daß es unzählige Könner gibt, die sich innerhalb ihrer momentanen Einkommensgrenzen keineswegs entfalten können.

Die weltbekannte Chase-Gruppe, deren nicht unwesentlicher Bestandteil die Securities Management Corporation ist, geht in ihren Ursprüngen bereits auf das Jahr 1932 in Boston, USA, zurück. Sie bietet kleinen wie großen Kapitalanlegern eine solide, ja konservative Lösung für langfristige Investitionen. Wissenschaftliche Analytiker ersten Ranges sorgen für eine sinnvolle Aggressivität des Kapitalwachstums.

Wenn Sie revolutionär genug sind, um ausschließlich auf Provisionsbasis und in den ersten Monaten besonders hart zu arbeiten, werden Sie sich in Kürze eine bestechende Existenz mit einem bestechenden Einkommen schaffen.«

Stellenanzeige in einer deutschen Tageszeitung, Sommer 1968.)

6. *Für Garderobe wird nicht gehaftet.* Ich fasse zusammen: Eine revolutionäre Literatur existiert nicht, es wäre denn in einem völlig phrasenhaften Sinn des Wortes. Das hat objektive Gründe, die aus der Welt zu schaffen nicht in der Macht von Schriftstellern liegt. Für literarische Kunstwerke läßt sich eine wesentliche gesellschaftliche Funktion in unserer Lage nicht angeben. Daraus folgt, daß sich auch keine brauchbaren Kriterien zu ihrer Beurteilung finden lassen. Mithin ist eine Literaturkritik, die mehr als Geschmacksurteile ausstoßen und den Markt regulieren könnte, nicht möglich.

Diese Feststellungen nehmen sich lapidar aus. Umso dringender gebe ich zu bedenken, daß ein pauschales Urteil über die aktuelle literarische Produktion sich auf sie nicht stützen kann. Logisch gesehen stellt uns der Satz, eine triftige soziale Funktion lasse sich ihr nicht zuschreiben, keine neuen Gewißheiten zur Verfügung. Er negiert, daß es solche Gewißheiten gibt. Wenn er zutrifft, so zeigt er auf ein Risiko, das fortan zum Schreiben von Gedichten, Erzählungen und Dramen gehört: das Risiko, daß solche Arbeiten von vornherein, unabhängig von ihrem Scheitern und Gelingen, nutz- und aussichtslos sind. Wer Literatur als Kunst macht, ist damit nicht widerlegt, er kann aber auch nicht mehr gerechtfertigt werden.

Wenn ich recht habe, wenn es keinen Schiedsspruch über das Schreiben gibt, dann ist allerdings auch mit einem revolutionären Gefuchtel nichts getan, das in der Liquidierung der Literatur Erleichterung für die eigene Ohnmacht sucht. Eine politische Bewegung, die sich statt mit der Staatsmacht mit älteren Belletristen anlegte, würde damit nur ihre Feigheit zur Schau stellen. Wenn wir eine Literatur nur noch auf Verdacht hin haben, wenn es prinzipiell nicht auszumachen ist, ob im Schreiben noch ein Moment, und wärs das winzigste, von Zukunft steckt, wenn also Harmlosigkeit den Sozialcharakter dieser Arbeit ausmacht, dann kann auch eine Kulturrevolution weder mit ihr noch gegen sie gemacht werden. Statt den Verfassern schmaler Bändchen ein Hände hoch! zuzurufen, müßten die militanten Gruppen gegen die mächtigen kulturellen Apparate vorgehen, deren gesellschaftliche Funktion, im Gegensatz zu der von Poesie und Prosa, nur allzuklar erkennbar ist, und ohne deren Herrschaft Herrschaft insgesamt nicht mehr gedacht werden kann. Allerdings sind diese Apparate keine wehrlosen Gegner, an denen die Linke ihre Angst, ihren Puritanismus und ihr Banausentum in Aggression umsetzen könnte, ohne etwas dabei zu riskieren.

7. Ja das Schreiben und das Lesen. Für Schriftsteller, die sich mit ihrer Harmlosigkeit nicht abfinden können, und wieviele werden das sein? habe ich nur bescheidene, ja geradezu dürftige Vorschläge zu machen. Vor allem schlüge uns vermutlich zum Vorteil aus, was offenbar am schwersten fällt: eine angemessene Einschätzung unserer eigenen Bedeutung. Es ist nichts damit gewonnen, wenn wir, vom Selbstzweifel angenagt und durch Sprechchöre verschüchtert, die herkömmliche Imponier- mit einer neu eingeübten Demutsgeste vertauschen. So schwer sollte es in einer Gesellschaft, in der das politische Analphabetentum Triumphe feiert, doch nicht sein, für Leute, die lesen und schreiben können, begrenzte, aber nutzbringende Beschäftigungen zu finden. Das ist schließlich keine neue Aufgabe; Börne hat sie vor hundertfünfzig Jahren in Deutschland in Angriff genommen, und Rosa Luxemburg ist schon fünfzig Jahre tot. Was uns heute zur Hand liegt, wirkt, an solchen Vorbildern gemessen, allerdings bescheiden: beispielsweise Günter Wallraffs Reportagen aus deutschen Fabriken, Bahman Nirumands Persien-Buch, Ulrike Meinhoffs Kolumnen, Georg Alsheimers Bericht aus Vietnam. Den Nutzen solcher Arbeiten halte ich für unbestreitbar. Das Mißverhältnis zwischen der Aufgabe, die sie sich stellen, und den Ergebnissen, die sie erbracht haben, läßt sich nicht auf Talentfragen reduzieren. Es ist auf die Produktionsverhältnisse der Bewußtseins-Industrie zurückzuführen, die zu überspielen die Alphabetisierer bisher außerstande waren. Die Verfasser halten an den traditionellen Mitteln fest: am Buch, an der individuellen Urheberschaft, an den Distributionsgesetzen des Marktes, an der Scheidung von theoretischer und praktischer Arbeit. Ein Gegenbeispiel gibt die Arbeit Fritz Teufels ab. Andere, weniger an die Person gebundene Möglichkeiten müssen erdacht und erprobt werden.
Die politische Alphabetisierung Deutschlands ist ein gigantisches Projekt. Sie hätte selbstverständlich, wie jedes derartige Unternehmen,

mit der Alphabetisierung der Alphabetisierer zu beginnen. Schon dies ist ein langwieriger und mühseliger Prozeß. Ferner beruht jedes solche Verfahren auf dem Prinzip der Gegenseitigkeit. Es eignet sich dafür nur, wer fortwährend von jenen lernt, die von ihm lernen. Das ist übrigens eine der angenehmsten Seiten der Arbeit, die ich meine. Der Schriftsteller, der sich auf sie einläßt, verspürt plötzlich eine kritische Wechselwirkung, ein feedback zwischen Leser und Schreiber, von dem er sich als Belletrist nichts konnte träumen lassen. Statt blöder Rezensionen, in denen ihm bescheinigt wurde, daß er sich von seinem zweiten bis zu seinem dritten Buch vielversprechend weiterentwickelt habe, wohingegen sein viertes eine herbe Enttäuschung gewesen sei, erfährt er nun Korrekturen, Widerstände, Beschimpfungen, Gegenbeweise, mit einem Wort: Folgen. Was er sagt und was ihm gesagt wird, ist anwendbar, kann Praxis werden, sogar eine gemeinsame Praxis. Diese Folgen sind bruchstückhaft und vorläufig. Sie sind vereinzelt. Aber es besteht kein prinzipieller Grund dafür, daß sie bleiben müßten. Vielleicht erreicht der Alphabetisierer eines Tages sogar, was ihm versagt bleiben mußte, solange er auf Kunst aus war: daß der Gebrauchswert seiner Arbeit ihrem Marktwert über den Kopf wächst.

8. Kalenderspruch. »In Türangeln gibt es keine Holzwürmer.«

Anmerkung

Auf das Thema dieser ›Gemeinplätze‹ gehen verschiedene Publikationen der letzten Monate ein. Zu nennen sind vor allem: ›Kritik. Eine Selbstdarstellung deutscher Kritiker‹, hrsg. v. Peter Hamm, München 1968; ›Kürbiskern‹ 4 (1968); Martin Walser, Nachwort zu: ›Bottroper Protokolle‹, aufgezeichnet von Erika Runge, Frankfurt/M. 1968; Karel Teige, ›Liquidierung der »Kunst«. Analysen und Manifeste‹, Frankfurt/M. 1968. Die Zitate aus Breton stehen im ›Zweiten Surrealistischen Manifest‹ von 1930. Régis Debrays Brief ist vom 20. September 1967 aus Camiri datiert. Der Satz von Walter Benjamin findet sich in den ›Versuchen über Brecht‹.

DIETER WELLERSHOFF

Fiktion und Praxis*

Die Literatur steht wieder unter Anklage. Ihr wird vorgeworfen, daß sie gesellschaftlich nutzlos sei oder gar als Ersatz versäumter politischer Praxis diene. Es ist eine Anklage, die manchmal, nach ermüdenden Diskussionen, vergessen wird, aber dann erneuern sich Haß und Überdruß oder Enttäuschung und schlüpfen anscheinend selbstverständlich in diesen bereitstehenden Vorwurf. Man glaubt das Echo vergangener Schulaufsätze zu hören, die dem Wallenstein, dem Tasso, dem Prinzen von Homburg eine ideelle Nutzanwendung abgewinnen sollten. Die Kritik an der Literatur bleibt in diesem Schema und dementiert nur seinen pädagogischen Optimismus, wenn sie sagt, daß das alles wirkungslos sei. Ein geistiger, moralischer Führungsanspruch wird vorausgesetzt, und als Maßstab, als Forderung bleibt er im Dementi bewahrt. So hat Hans Magnus Enzensberger im letzten ›Kursbuch‹ (Heft 15)** gegen die Literatur geschrieben, daß »Harmlosigkeit den Sozialcharakter dieser Arbeit ausmacht«, aber gleich darauf gibt er Schriftstellern, »die sich mit ihrer Harmlosigkeit nicht abfinden wollen«, den Rat, sich, wie er das nennt, der »nutzbringenden Beschäftigung« einer »politischen Alphabetisierung Deutschlands« zu widmen, und er weist auf Vorbilder wie Börne und Rosa Luxemburg hin und zitiert als gegenwärtige Beispiele »Günter Wallraffs Reportagen aus deutschen Fabriken, Bahman Nirumands Persien-Buch, Ulrike Meinhoffs Kolumnen (in der Zeitschrift ›konkret‹), Georg Alsheimers Bericht aus Vietnam«. Ich nehme an, er hat auch an sich gedacht. Er empfiehlt diese Arbeit aktueller zeitkritischer Schriftstellerei mit dem Argument: »Der Schriftsteller, der sich auf sie einläßt, verspürt plötzlich eine kritische Wechselwirkung, ein feedback zwischen Leser und Schreiber, von dem er sich als Belletrist nichts konnte träumen lassen.«
Das ist ein Versprechen, aus dem sich romantische und elitäre Sehnsüchte heraushören lassen. Offenbar will man die arbeitsteilige Gesell-

* Aus: Dieter Wellershoff, ›Literatur und Veränderung. Versuche zu einer Metakritik der Literatur‹, Verlag Kiepenheuer u. Witsch, Köln/Berlin 1969.
** Siehe S. 319–328 des vorliegenden Bandes (Anmerkung des Herausgebers).

schaft, in der Produzent und Verbraucher nur indirekt über weitläufige Vermittlungen miteinander verkehren, wieder durch die Gemeinschaft ersetzen. Die Kritik an der Nutzlosigkeit der Literatur wäre also interpretierbar als ein Unbehagen am anonymen Markt, der den Autor von seinen Lesern und deren Reaktionen abschneidet, indem er sich als Verteilungsapparat dazwischen schiebt. Gerade die vorindustrielle Arbeitsweise des Schriftstellers, ihre Ichnähe und persönliche Erfülltheit, lassen es schwer verständlich erscheinen, daß darauf kein persönliches Echo folgt, sondern, wie Enzensberger empfindet, »blöde Rezensionen«, oder, um es anders zu formulieren, die quasi fachmännische Beurteilung der Berufskritik als öffentlicher Warentest, als ein Zu- und Absprechen von Marktanteilen, daß also die Umwandlung eines persönlichen Produkts in eine Ware für anonyme, stumm bleibende Konsumenten beginnt. Es ist diese Spurlosigkeit der Arbeit oder die ausgebliebene Befriedigung einer unmittelbaren Antwort, eines spürbaren Einflusses, einer plastisch hervortretenden Wirkung, die in Haß und Hohn auf die offenbar folgenlos von der Gesellschaft assimilierbare Literatur immer wieder zum Ausdruck kommt, und zwar um so bitterer, je offener der Markt für oppositionelle, vermeintlich tabuverletzende oder formal ungewohnte Produkte geworden ist. Daß diese Entgrenzung des Marktes selbst ein Beweis für die verändernde Wirkung der Literatur sein könnte, wird nicht erwogen, weil das ein Prozeß ist, der niemandem persönlich zu Buch schlägt, ja, weil man persönlich in diesem anhaltslosen Raum sich summierender und durchkreuzender Wirkungen zu verschwinden fürchtet. Die Politik muß diesen enttäuschten Schriftstellern als der einzige Bereich erscheinen, wo die indirekten Vermittlungen aufgelöst werden können und Gemeinschaft oder Gefolgschaft möglich ist. Der Autor, der sich aktuellen moralischen und politischen Themen zuwendet, erfährt, was Enzensberger als »eine der angenehmsten Seiten dieser Arbeit bezeichnet«, er hat Kontakt, er ruft Wirkungen hervor, er bekommt Antwort. Enzensberger verspricht ihm: »Was er sagt, und was ihm gesagt wird, ist anwendbar, kann Praxis werden, sogar eine gemeinsame Praxis.«

Das klingt, als habe man das immer unmittelbar gewollt, nur bisher nicht gewußt, wie es zu erreichen sei, und Enzensberger zeigt nun den Weg, auf dem man der langen Frustration und dem dauernden Schuldgefühl entkommen kann. Denn auch Schuldgefühl ist heute immer häufiger im Spiel, sobald ein Schriftsteller die Tür seines Arbeitszimmers hinter sich schließt. Darf er das überhaupt? Jetzt ist er allein hier mit seinem weißen Papier und seinen noch vagen, schwankenden Vorstellungen und Gedanken, dieser vielleicht bedeutungslosen privaten Irritation, die in ihm rumort, die sich zu Wort meldet, während draußen in der Öffentlichkeit die allgemein interessierenden Fragen täglich für ihn bereitstehen. Darf er sich ihnen entziehen, sich für

lange Zeit isolieren, wie es seine Arbeit von ihm verlangt? Ja, das schwebe ihm vor, hat Martin Walser in einem bezeichnend ambivalenten Aufsatz* gesagt, der Schriftsteller solle sich weigern, Reizlärm zu verursachen als Beitrag zum allgemeinen Betrieb und sich nur noch zu seiner eigenen Arbeit provozieren lassen. Aber er schickt voraus: »das ist nun wirklich Schwärmerei und Utopie«.
Warum eigentlich? Weil man sich nicht verschließen kann, sagt Walser, weil auch er dieses Schuldgefühl empfindet, sobald er zwischen sich und den aktuellen Problemen der Gesellschaft die Tür seines Arbeitszimmers schließt, obwohl das immer noch seiner Neigung entspräche. Das ist ein Konflikt oder eine Verwirrung, in der sich eine grundlegende Veränderung anzeigt. Bislang waren im Rollenverständnis des Schriftstellers Distanz zu Tagesfragen und zurückgezogenes Arbeiten unangefochten etabliert und er konnte sich dabei sicher fühlen. Aber ein neues Zeitalter hat Mikrophone und Kameras an ihn herangeschoben, und das Gewissen, das ihn daran hindert, sich zu isolieren, ist schon die verinnerlichte Dauerpräsenz dieser neuen Öffentlichkeit, die ihm, wie allen interessanten Personen mit immer neuen gesamtgesellschaftlichen Erregungen und Äußerungsmöglichkeiten das Angebot macht, dauernd in ihr anwesend zu sein. Der ununterbrochene Lärm des großen Dorfplatzes, zu dem die Welt laut Marshall McLuhan durch die neuen Massenmedien geworden ist, dringt von draußen in das Arbeitszimmer des Schriftstellers, in dem er sich vielleicht für Jahre mit seiner Arbeit verschlossen hat, und das Schuldgefühl, das er dabei empfindet, ist die rationalisierte Form einer durchaus magischen Absonderungsangst. Während sie draußen palavern, streiten, nach ihm rufen oder, schlimmer noch, ihn längst vergessen haben, soll er sich weiter einreden, daß das wichtig ist, was er tut, soll seine einsame, intim persönliche Arbeit für gesellschaftlich relevant halten, obwohl sie ohne erkennbare Folgen bleibt, und er andererseits täglich teilnehmen könnte an dem, was alle erregt und auch ihn tragen und bestätigen würde als prominenten Zeitgenossen, als Wortführer der Opposition, Repräsentanten einer Subkultur, Bundesgenossen der Jugend oder unabhängigen Kritiker. Müssen ihm nicht Zweifel kommen, etwa der Verdacht, das Schreiben von Büchern sei für die sich schnell verändernde moderne Welt eine viel zu schwerfällige und deshalb ohnmächtige, überholte Äußerungsform, die in eine bequeme und moralisch nicht mehr gerechtfertigte scheinbar ehrwürdige Abseitigkeit führe, in eine museale Existenz, die sich selbst widerlege durch, wie Enzensberger sagt, soziale Harmlosigkeit? Liegt es nicht nahe, daß er wie Karl Markus Michel im gleichen Heft des ›Kursbuches‹ zu der These gelangt, die Literatur oder die Kunst gaukele »weiter eine Zone der Freiheit, der Autonomie, des Sinnes vor, die es zu entlarven gilt,

---

* Siehe S. 304–318 des vorliegenden Bandes (Anmerkung des Herausgebers).

als Schwindel?« Er wäre also ein Schwindler, der sich immerzu selbst beschwindelt hat, bis vielleicht die von Michel zitierten Wandinschriften der französischen Studentenrevolte vom Mai 1968 ihn stutzig machten, so respektlose Parolen eines vielleicht neuen Lebensgefühls wie sie an den Wänden des Odeon und der Sorbonne standen: »L'art c'est de la merde.« In der Isolation seines Arbeitszimmers muß er unsicher werden und dankbar sein für Enzensbergers Verheißung, er könne sich neu legitimieren durch das politische Engagement und bestätigende Gemeinschaft finden in »gemeinsamer Praxis«.

Das wäre skizzenhaft vereinfacht eine Situation, in der das Drohen und Locken mit dem Wort »Praxis« die Schriftsteller einschüchtert, weil durch ihren latenten berufsimmanenten Komplex, nutzlos oder wirkungslos zu sein, das Angebot neuer öffentlicher Wirkungsmöglichkeiten als dauernde Beunruhigung in sie eindringt und ihn verstärkt. Enzensberger, der sich ihnen in dieser Lage als moralisierender Berater anbietet, scheint weder das zu durchschauen noch zu ahnen, wie nah er mit seinen Empfehlungen den Vorurteilen eines pausbäckigen Banausentums ist, das auch alles am Erfolg mißt und keinen imaginären Umweg, keine Verschiebung seiner gewohnten Zwecke dulden und begreifen kann. Trotz jugendlicher Forschheit im Ausdruck vertritt er den Geist männlicher Nüchternheit, der dem Spielalter und seiner tastenden Ziellosigkeit endgültig entwachsen ist.

Aber sehen wir uns als Gegenbeispiel das kleine Kind an. Es ist allein, hantiert mit ein paar Gegenständen und beginnt dabei für sich zu sprechen. Warum tut es das? Und wann tut es das? Der russische Sprachforscher Wygotski behauptet, es fange immer dann an, zu sich zu sprechen, wenn sein Handeln auf Schwierigkeiten stößt. Es verschiebt dann das Handeln auf eine Symbolebene und organisiert dort seine Erfahrungen neu. Vielleicht ist das schon ein Modell zum besseren Verständnis der Beziehungen zwischen Literatur und Praxis. Literatur, so könnte man versuchsweise sagen, ist der institutionalisierte Bereich dieser Unterbrechung der unmittelbaren Praxis und ihrer Übertragung in das Medium einer von der jeweiligen Situation unabhängigen Zeichenwelt, der durch die Schrift abgestützten Sprache. Das Kind, das bei praktischen Schwierigkeiten mit sich zu sprechen beginnt, steht am Anfang der höheren Sprachentwicklung, in der die zunächst unmittelbare Beziehung zwischen Lautgestus und Stimulus sich lockert. Je mehr die in den Wörtern angelegten Hinsichten sich zu Bedeutungen verfestigen, um so weniger wird der Situationszusammenhang als Basis des Sprechaktes gebraucht. Die Wörter werden selbständig, müssen nicht mehr bestimmt werden durch begleitende Zeigegesten, sie brechen, wie Arnold Gehlen sagt, »in sich die Beziehung zur Wahrnehmung ab«. So wird es möglich, vom tatsächlich Vorhandenen unabhängige Vorstellungswelten zu konstituieren, in der die Wörter als Vorstellungsträger neue Verbindungen miteinander eingehen. Bedingung dieses Vorganges ist ein Verblassen des Handlungsraumes, seiner Reize und Aufforderungsgestalten, und das besorgt der Schriftsteller methodisch, indem er alles Störende aus dem Blickfeld und Bewußtsein räumt und die Tür seines Arbeitszimmers hinter sich schließt. Und ebenso tut es der Leser, wenn er sich mit dem Buch in eine Ecke setzt und dann ganz darin versunken ist.

Aber das ist ja gerade das Anstößige, rufen die Aktivisten, und ich sehe ein, daß man sich vor ihnen rechtfertigen muß. Ein Bild kann vielleicht dazu dienen, mit dem der englische Physiologe Barcroft veranschaulicht hat, daß ein stabilisiertes, von der Umwelt emanzipiertes organisches Milieu die Bedingung der Intelligenzentwicklung ist. »Wie oft«, sagt er, »habe ich die Riffelungen, die ein vorüberfahrendes Boot auf einem stillen See verursachte, beobachtet, ihre Regelmäßigkeit festgestellt und die Muster bewundert, die sich beim Treffen von zwei solchen Wellensystemen bildeten ... aber der See muß vollkommen ruhig sein ... In einem Milieu, dessen Eigenschaften nicht stabilisiert sind, hohe Intelligenzentwicklung zu erwarten, ist so, als ob man Riffelungsmuster auf der Oberfläche eines stürmischen Ozeans suchen wollte.« Rückübersetzt in die Physiologie sagt dieses Bild, daß höhere Intelligenzleistungen erst möglich werden mit der Entstehung eines Großhirns, das durch das ältere Stammhirn von den Funktionen der organischen Steuerung und der Sinneswahrnehmung entlastet ist und also nicht dauernd überflutet wird von der Dramatik der wechselnden Lebensaugenblicke. Aber man kann das Bild auch ins Kulturelle übertragen. Der ruhige See Barcrofts, in dem die Riffelungsmuster sich bilden können, wäre dann eine Analogie zu den von der unmittelbaren Lebenspraxis abgeschirmten Kunsträumen der theoretischen, meditativen und ästhetischen Einstellungen, die die Bedingung höherer Kulturleistungen sind.

Aber auch das praktische Handeln beruht auf Entlastung. Es ist im Unterschied zum bloßen Reagieren durch Zielvorstellungen und organisierte Routinen in sich stabilisiert und relativ unabhängig vom zufälligen Kontext der jeweiligen Gesamtsituation, es ist wiederholbar unter wechselnden Umständen. Ich berufe mich wieder auf Arnold Gehlen, der in seiner Antropologie verständlich gemacht hat, daß das diffuse Reizchaos, dem der Mensch aufgrund seiner biologischen Unspezialisiertheit oder Weltoffenheit ausgeliefert wäre, abgefangen und geordnet werden muß durch kulturelle Schemabildungen, Denk- und Wahrnehmungsgewohnheiten, die er als vermittelnde und distanzierende Instanzen in die Subjekt-Objektbeziehung einschiebt und die ein Ersatz sind für die einfachen Reizbilder, die das Instinktverhalten der Tiere regeln. Auch sie dienen der Verhaltenssteuerung, indem sie eine bedeutsame Welt konstituieren. In Wirklichkeit ist kein Lebensaugenblick dem anderen vollkommen gleich. Aber für das erfolgreiche Handeln ist es wichtig, daß die wechselnden Herausforderungen, auf die es antwortet, reduziert werden auf bestimmte schnell erkennbare Grundmuster, die immer, vielleicht in Variationen wiederkehren. Damit kann man Erfahrungen machen und dann Praktiken dafür bereitstellen, die überlieferbar und verbesserungsfähig sind und im Verlauf der weiteren kulturellen Entwicklung abgestützt werden durch Institutionen, Moralen, Gesetze, Rituale vor dem sanktionierenden Hintergrund von Mythen, Religionen und Ideologien. So entsteht ein immer komplexerer Verband hierarchisch oder funktionell geordneter Inhalte, Normen und Verhaltensweisen, insgesamt ein kulturelles Muster, das die Menschen bis in ihre Antriebe hinein sozialisiert.

Welche Rolle spielt darin die Literatur? Das ist ja die Frage, die durch den Ruf nach mehr Praxis oder den Verdacht der sozialen Funktionslosigkeit der Literatur wieder aktualisiert worden ist. Ich will sie einschränken auf moderne gesellschaftliche Verhältnisse, denn natürlich kann man sie nicht unhistorisch beantworten. Historisch läßt sich sicher eine Tendenz zur Verselbständigung der Literatur im kulturellen Zusammenhang nachweisen. Die wichtigsten Stufen dieses Prozesses sind der Übergang von der mündlichen zur schriftlichen Überlieferung, die Erfindung des Buchdrucks und schließlich die Emanzipation der Schriftsteller vom adeligen oder klerikalen Auftraggeber und Mäzen durch die Entstehung eines anonymen bürgerlichen Lesepublikums und also eines Marktes für Literatur. Diese letzte Veränderung ist relativ jung, sie zieht sich mit Phasenverschiebungen für England, Frankreich, Deutschland von der Mitte des 18. bis zur Mitte des 19. Jahrhunderts hin und schafft erst die Bedingungen für die moderne Literatur, die sich dann mit dem sich immer weiter einschränkenden Markt entwickelt. Entscheidend ist, daß der Schriftsteller jetzt nicht mehr gebunden ist an ein persönliches Normen repräsentierendes Gegenüber, sondern sich als autonom erlebt. Er ist nicht mehr der schreibkundige Formulierer vorgegebener überpersonaler Inhalte, sondern ein Schöpfer neuer Inhalte und Formen kraft seiner Subjektivität. Dieses neue Selbstverständnis, das im Sturm und Drang hochstilisiert wird zum Begriff des alle Regeln sprengenden Genies, enthält in sich schon den Gegensatz von Künstler und Bürger, der später im Kontraststil der Bohème provokant formuliert wird und immer neue Formen kritischer Distanz und esoterischer Isolation hervorbringt. Jetzt wird auch die Unterhaltung und Erbauung in die Trivialliteratur abgeschoben, während die eigentliche Literatur oft publikumsfeindlich ist und schroff elitär den Gegensatz von künstlerischem Wert und Warencharakter betont. Durch die meisten Biographien zieht sich jetzt der Riß eines Entfremdungserlebnisses oder die Spannung ungelöster Ambivalenzen, weil eben diese neue freischwebende Intelligenz im Unterschied zur Dienstleistungsintelligenz keine klare Zuordnung zur Gesellschaft mehr hat und solche Fragen, wie die immer wieder neu gestellte nach ihrer Rolle, ihrer Funktion für sie typisch sind. Das heißt, es sind die Bedingungen entstanden für eine Literatur, die nicht mehr normenkonform ist, die kritisch sein kann bis zur vollständigen Negation, die sich jedenfalls grundsätzlich als antikonventionell versteht.

Natürlich ist sie in dieser Verfassung nicht etwas grundsätzlich Fremdes in der modernen Gesellschaft, sondern gehört in sie hinein. Aber wie verhält sie sich zu ihr, unter welchem Begriff kann man sie beschreiben? Sind ihre erfundenen Ereignisse und Vorgänge, ihre Assoziationsmuster, ihre Wortszenarien interpretierbar als Mimesis der gesellschaftlichen Praxis, oder, um mit Lukács zu reden, als Widerspiegelung der gesellschaftlichen Realität und der in ihr schon gegenwärtigen Zukunft, oder ist Literatur im Gegensatz dazu ein autonomer Bereich, mit eigenen selbsterfundenen Regeln und Maßstäben, eine neue unabhängige zweite Wirklichkeit von Artefakten? Das ist die Alternative, die immer wieder erneuert wird. Man könnte Stilrichtungen und Werke darin einordnen, die eine Tendenz realistisch, die andere formalistisch nennen und ihnen die üblichen Argumente für und wider Realitätsbezug oder artistische Autonomie zuordnen und hätte damit nur das Muster einer literaturtheoretischen Grundsatzdiskussion bestätigt, die nie entschieden werden kann, weil es sich nicht um einen kontradiktorischen, sondern um einen polaren Gegensatz handelt, also um Orientierungs- und Arbeitsmöglichkeiten in dieser oder jener Richtung, die auch im Extrem noch am Gegenteil teilhaben und es nur verleugnen können. Ich möchte deshalb einen Begriff vorschlagen, der den scheinbaren Widerspruch von autonomer und realitätsbezogener Literatur in einen funktionalen Zusammenhang umdeutet: Literatur ist in meinem Verständnis eine Simulationstechnik.

Der Begriff ist in letzter Zeit populär geworden durch die Raumfahrt, deren vollkommen neuartige Situationen, der praktischen Erfahrung vorauslaufend, zunächst künstlich erzeugt und durchgespielt werden. Die Astronauten lernen im Übungsraum sich den Bedingungen der Schwerelosigkeit anzupassen, sie trainieren die Steuerungsvorgänge, das Verändern und Verlassen einer Umlaufbahn, die weiche Mondlandung, den Wiedereintritt in die Erdatmosphäre, überhaupt alle kritischen Phasen des späteren Ernstfalles zunächst an Geräten, die die realen Bedingungen fingieren, das heißt ohne um den Preis von Leben oder Tod schon zum Erfolg genötigt zu sein. Das ist, wie mir scheint, eine einleuchtende Analogie zur Literatur. Auch sie ist ein der Lebenspraxis beigeordneter Simulationsraum, Spielfeld für ein fiktives Handeln, in dem man als Autor und als Leser die Grenzen seiner praktischen Erfahrungen und Routinen überschreitet, ohne ein wirkliches Risiko dabei einzugehen. Der Leser des Abenteuerromans läßt sich auf die waghalsigsten Unternehmungen ein, weil er weiß, daß er nicht dabei umkommen wird. Er würde wesentlich vorsichtiger sein und wahrscheinlich darauf verzichten, sich durch den Urwald zu schlagen oder durch die Wüste zu reiten, wenn er sich für diese Erweiterungen seines alltäglichen Handlungsspielraums den imaginierten Gefahren einschließlich der Möglichkeit seines Todes tatsächlich aussetzen müßte. Aber Abenteuer- und Reiseroman sind bloß extensive Überschreitungen der Lebenspraxis und bleiben in ihrer Sichtweise meist konventionell, sie bringen neuen Stoff in gewohnten Kategorien, während die eigentliche Literatur, gleichgültig, ob sie nun ein fremdartiges oder alltägliches Material verarbeitet, vor allem die gewohnten Schemata der Erfahrung angreift und verändert. Sie versucht den Leser zu irritieren, ihm die Sicherheit seiner Vorurteile und gewohnten Handlungsweisen zu nehmen, sie macht ihm das scheinbar Bekannte unvertraut, das Eindeutige vieldeutig, das Unbewußte bewußt und öffnet ihm so neue Erfahrungsmöglichkeiten, die vielleicht verwirrend und erschreckend sind, aber auch die Enge und Abstraktheit der Routine durchbrechen, auf die er in seiner alltäglichen Praxis angewiesen bleibt. Der Gegensatz läßt sich also auch hier nachweisen: der Tendenz des zweck- und erfolgsbestimmten Handelns, das Verhalten zu stabilisieren und die verwirrende Vielfalt der Lebensaugenblicke auf praktikable Schemata zu bringen, wirkt kompensierend die Tendenz der Literatur entgegen, diese Schemata zu stören. Gegenüber der etablierten Lebenspraxis vertritt sie also die unausgeschrittenen und verdrängten Möglichkeiten des Menschen und die Unausschöpfbarkeit der Realität und bedient damit offenbar Bedürfnisse nach mehr Leben, nach weiteren und veränderten Erfahrungen, die gewöhnlich von der Praxis frustriert werden. Aber nur deshalb, weil er nicht zum Erfolg verpflichtet ist, weil er nur fiktive Risiken eingeht, kann der Leser den Schutz seiner Gewohnheiten verlassen und neue Erfahrungen machen, einschließlich der negativen Veränderungen, die er sonst um jeden Preis vermeiden würde. Die Simulationstechnik der Literatur erlaubt es ihm, fremde Verhaltens- und Denkweisen in seinen Erfahrungsspielraum mit einzubeziehen, also weniger borniert zu sein, und in bezug auf den gesellschaftlichen Zusammenhang weniger normenkonform.

Ich erinnere daran, daß das schon die differenzierte moderne Gesellschaft voraussetzt, in der die Literatur sich so weit von der Praxis entfernt hat, daß im 19. Jahrhundert, gipfelnd bei Mallarmé, die Idee ihrer bezugslosen Autonomie entstehen konnte. Die von Aristoteles entwickelte Idee, daß Literatur Mimesis der Praxis sei, reflektiert dagegen einen engeren Zusammenhang von Literatur und Gesellschaft, setzt aber im Vergleich zum noch früheren Stadium ritueller Gebundenheit schon eine relative Eigenständigkeit der Literatur voraus, insofern sie hier immerhin als ein Bereich verstanden wird, der nicht in die gesellschaftliche Praxis magisch verwoben ist, sondern ihr gegenübersteht. Typologisch läßt sich sagen, daß in diesem Stadium die Literatur vor allem der Strukturbewahrung, der Systemintegration dient, etwa indem sie abweichendes Verhalten unter dem Aspekt der geltenden Normen als böse, lächerlich, häßlich, bestrafungswürdig und erfolglos klassifiziert und nicht auf den typisch modernen Gedanken kommt, daß der scheiternde Normbrecher die Norm verklagt. Die Ordnung übergreift als das ranghöhere Pinzip die Veränderung, hält sie sozusagen als Unglück, Auflehnung, Sünde, Dummheit und Verbrechen in sich selbst fest, und selbst in einer Epoche, in der alle Gewißheiten erschüttert, alle Verbindlichkeiten zerstört zu sein scheinen, in der die Individualitäten monströs wuchern und die menschliche Geschichte als ein Schlachtfeld enthemmter Leidenschaften erscheint, selbst im elisabethanischen Drama, auch bei Shakespeare wird Ordnung immer noch als verlorene und wieder herzustellende Sinneinheit der gespaltenen, aus den Fugen geratenen Welt intendiert, utopisch-phantastisch in der Komödie, die eine spielerische Versöhnung aller Widersprüche gewährt, aber auch im Drama mit seinen blutigen Problemlösungen, die in einer Ruhe der Erschöpfung, einer tödlichen Vereinfachung enden, die eine neue Ordnung wieder erhoffen lassen.

Ich verfahre natürlich idealtypisch, wenn ich sage, daß die moderne, die gegenwärtige Literatur die Veränderung zu ihrem Prinzip gemacht hat. Die alte Funktion der Verhaltenssteuerung im Sinne geltender Normen hat sie an den Trivialroman abgeschoben. Hier laufen noch Handlungen ab nach dem Muster einer Rollensuche zwischen alternativen Möglichkeiten, einer lockenden, aber schlechten, und einer zunächst unauffälligeren, aber guten Welt, die im Happy-end gewählt und bestätigt wird. Aber das sind geistig abgestorbene, im Schematismus verkommene Formen, die nicht mehr durch Überzeugung gedeckt sind. Die authentische Literatur richtet sich gegen die etablierten Schemata und ständig fortschreitend auch immer gegen sich selbst. Sie ist dauernd zur Veränderung gezwungen, weil alles Formulierte, jedes einmal gefundene Gestaltungsmuster einen heimlichen Authentizitätsverlust erleidet, der in der Nachahmung sofort kenntlich wird. Das heißt, hier ist ein antiplatonischer Wahrheitsbegriff am Werk, der Erkenntnis nicht als Erinnerung an vorgeordnete, unveränderliche Normgestalten versteht, sondern als fortschreitende Konkretisierung, als Entdeckung neuer Realitätsbereiche und neuer Hinsichten. Der frühe Lukács hat deshalb den Roman auch als einen Ausdruck transzendentaler Heimatlosigkeit interpretiert, aber angemessener scheint mir zu sein, von einer experimentellen Einstellung zu sprechen.

Im modernen Roman sind Schreibweisen entwickelt worden, die an die subjektive Optik der bewegten Filmkamera erinnern, also die konventionelle Ansicht eines Gegenstandes oder Vorganges verzerren oder völlig auflösen durch extreme Einstellungen der Aufmerksamkeit. Es gibt beispielsweise bei Claude Simon die zeitlupenhafte Darstellung eines Attentats, den Blick aus einem rasend fahrenden und durch

die Kurven schleudernden Autos, zerlegt in kaleidoskopisch vorbei-
ruckende, teils taumelnd bewegte, teils schnappschußartig erstarrte
Bilder, es gibt weiche verschwimmende Überblendungen, harte
Schnitte, übereinanderprojizierte Bilder wie bei einer Doppelbelich-
tung, es gibt die Fernsicht, in der das Herangaloppieren von Renn-
pferden sich zu einer wogenden Bewegung verkürzt, die nicht von der
Stelle kommt, es gibt die gestochen scharfe Wahrnehmung isolierter
Gegenstände bei Robbe-Grillet, extrem langes Beharren auf unverständlichen Details, langsames Wandern des Blicks über immer dieselben Einzelheiten, deren Umfeld nicht sichtbar wird, das man aus
ihnen nur wie aus Indizien erschließen kann, unkontrollierbare Verschiebungen vom Realen ins Hypothetische, Imaginäre, Wiederholungen des scheinbar gleichen Vorgangs, der sich jedesmal vertrackt verändert hat. Alles scheint unzuverlässig zu werden, denn auch die
Genauigkeit der Darstellung ist Mittel einer irritierenden Regie, in
der die gewohnten Sinneinheiten sich dissoziieren. Der Blick subjekti-
viert sich, geht nach innen mit neuer Aufmerksamkeit für die Dunkel-
zonen des Vorbewußten und der Körperreaktionen oder für die flüssi-
gen und flackernden Gestalten des Tagtraums. Und gegenüber diesen
verwirrenden Erfahrungen wird dem Leser nicht die Sicherheit einer
übergreifenden rationalen Orientierung gewährt. Er wird nicht wie
im traditionellen Roman vom Erzähler geführt und am Anfang mit
den wichtigsten Informationen versorgt, sondern hineingestoßen in
einen Fiktionsraum, der sich erst allmählich und vielleicht nie richtig,
nie endgültig erschließt, der aber auch keine Fenster, keine Tür in ein
sicheres Außerhalb hat.
Das war der rationale Komfort, den die traditionelle Erzählerposi-
tion, zum Beispiel die Rahmenerzählung, dem Leser bot: Er konnte
den Konflikt, das Abenteuer, die Verwirrung aus der überlegenen Distanz, nämlich vom Ende her, vom Standpunkt der erreichten Pro-
blemlösung, der wiederhergestellten und bestätigten Ordnung, also
mit den Augen der Weisheit oder des Humors sehen. Vorgeführt
wurde ihm ein Realitätsausschnitt, der eingebettet blieb im größeren
Horizont des Allgemeinen, und der außerdem schon nach bedeutenden
und unbedeutenden Elementen, also konventionell, selektiert war, so
wie er sich nach einiger Zeit dem Langzeitgedächtnis einprägt. In der
literaturgeschichtlich jüngeren Erlebnisperspektive ist dagegen die
Subjektivität total gesetzt. Es gibt kein Außerhalb und keine zeitliche
Distanz. Alles erscheint so augenblickshaft, ungeordnet und subjektiv,
wie die handelnde Person es erfährt. Auch ihr Denken hat keine objektive Bedeutung, sondern ist selbst Element des inneren und äußeren Geschehens, das dauernd den ganzen Fiktionsraum über-
schwemmt.
Die fingierte Unmittelbarkeit dieser Perspektive, die das Vorverständ-
nis auflöst, führt zu seltsam verfremdeten Erfahrungen. Die Welt

kann diffus und leer erscheinen oder wie überwuchert von auffällig sinnlosen Einzelheiten. Sartre hat einen solchen Entfremdungsvorgang in seinem Roman ›Der Ekel‹ dargestellt. Roquentin, die Hauptfigur, sieht ein bekanntes Gesicht auf sich zukommen, aber das ist für ihn gar kein Gesicht mehr, sondern etwas unbestimmt Anderes, eine Hand wird ihm gereicht und fühlt sich an wie ein großer weißer Wurm. Oder er geht, um der Einsamkeit zu entfliehen, in ein Wirtshaus, aber auch da beginnt die Veränderung.

»Seit einer halben Stunde vermeide ich es, das Glas Bier *anzusehen*. Ich gucke drüber und drunter, links und rechts vorbei, aber das Glas selbst will ich nicht ansehen. Und ich weiß sehr wohl, daß die Junggesellen ringsum mir nicht helfen können: es ist zu spät, ich finde keine Zuflucht mehr bei ihnen. Sie würden mir auf die Schulter klopfen und sagen: ›Nanu, was hat es denn auf sich mit diesem Glas Bier? Es ist nicht anders als die anderen. Es ist schrägkantig abgeschliffen, es hat einen Henkel, ein Wappenschild mit einem Spaten, und auf dem Wappenschild steht »Spatenbräu«‹. Das alles weiß ich, und doch ist etwas anderes daran. Eine Kleinigkeit. Aber ich kann nicht erklären, was ich sehe. Niemandem. Das ist es: ich gleite langsam hinab in die Tiefe, in die Furcht. Ich bin allein mitten unter diesen fröhlichen und vernünftigen Stimmen. Alle diese Menschen füllen ihre Zeit damit aus, sich zu erklären, mit einem Glücksgefühl anzuerkennen, daß sie der gleichen Ansicht sind. Mein Gott, welche Wichtigkeit messen sie der Tatsache zu, daß sie alle zusammen das Gleiche denken.«

Die Veränderung erzeugt Angst, weil sie wegführt vom Einverständnis, von der bergenden Gemeinschaft der anderen, die sich dauernd gegenseitig ihrer Normalität versichern. Aus ihrer Perspektive ist unverständlich, was mit Roquentin geschieht, aber er wird sich auch selbst fremd, weil er abgleitet ins nicht mehr Formulierte. Was er erfährt, hat die Intensität einer sprachlosen Offenbarung, aber es ist nicht unterscheidbar von der Wahnstimmung eines beginnenden schizophrenen Schubs. Das gewohnte Gefüge der Welt lockert sich und die isolierten Einzelheiten dringen mit penetranten und beängstigenden Physiognomien gegen ihn vor. Alles ist jetzt so neu und deutlich, als sähe er es zum ersten Mal.

Veränderung scheint vor allem ruinöse Veränderung zu sein, denkt man an die affektiv verzerrte und getrübte Erlebnisfähigkeit der Psychopathen und infantilen Schwachsinnigen in den Romanen Faulkners, an den sadistischen und paranoiden Blick der personalen Medien Robbe-Grillets, an die Atmosphäre des Argwohns bei Nathalie Sarraute, den Wechsel von manischer Gedankenflucht und Fixierung, der das Assoziationsmuster der Romane Claude Simons bestimmt. Das abweichende und gestörte Verhalten, das gefesselte, verstümmelte und scheiternde Leben ist ein so dominantes Thema der Literatur, daß man sie eine negative Anthropologie nennen könnte. Sie verweigert so ihre

Anpassung an die geltenden Normen, zeigt, was der Buntdruck der Reklame verleugnet, erinnert an ungenutzte und verdorbene Kapazitäten des Menschen, aber vor allem ist die Abweichung ein Vehikel der Innovation. Ein plötzlicher Sprung in eine neue Qualität findet hier statt. Bilder äußerster Unfreiheit werden für Autor und Leser zu Erweiterungen ihrer Erfahrung, zu Möglichkeiten, alles scheinbar Bekannte, auch sich selbst neu zu sehen.

Das ist nur möglich, weil man in der Fiktion die Bindung an den Augenblick auflösen und eine Gegenwart des Nicht-Gegenwärtigen erschaffen kann, von Raum und Zeit unabhängige Vorstellungswelten, die zugleich persönlich und allgemein sind. Wenn ich jetzt sage – nasse schwarze Ziegeldächer mit kleinen Schneeresten, Fernsehantennen vor tiefhängenden Wolken, es regnet, die Gardinen der kleinen Mansardenfenster sind zugezogen, niemand scheint da zu sein – dann ist das der Blick aus dem Fenster meines Arbeitszimmers im selben Moment, in dem ich das schreibe. Aber auch Sie, an ganz anderer Raumzeitstelle, sehen etwas, weil der Text in Ihnen Vorstellungen weckt und sie organisiert. Eben das geschieht im Schreiben und wird später nachvollzogen von jedem einzelnen Leser. Das produktive Material, mit dem ein Schriftsteller arbeitet, ist ein Vorrat unwillkürlich gewordener Bilder. Die Faszination, der er folgt, oder sagen wir sein Thema, ruft diese Bilder auf, und sie können so neu, lebhaft und authentisch wie Wahrnehmungen sein, obwohl es Erinnerungen sind. Die stumpfgrauen Zinkeimer in dem kurzen schäbigen Straßenstück, das Klirren des Teewagens, der über die Teppichkante gerollt wird, das Glänzen blankgeriebener Möbel in einem vom Morgenlicht erfüllten Zimmer, alles das hat man einmal oder vielfach wahrgenommen, aber die Bilder haben sich von ihrer biographischen Verankerung in der Vergangenheit losgemacht und sind frei bewegliche Vorstellungen geworden, die sich miteinander vermischen und kombinieren zu neuen Geschehnissen, Personen, Szenen und Situationen, die der Autor so nie erlebt hat. Vielleicht sind diese Imaginationen das Gegenteil seiner tatsächlichen Erfahrung, vielleicht werden versteckte ungelebte Möglichkeiten in ihnen ausgeführt, vielleicht sind es Wunschbilder, Schreckbilder, vielleicht sind es Verschiebungen, Umkehrungen, Radikalisierungen, auf jeden Fall wird die unmittelbare Erfahrung fiktiv vervielfacht und erweitert. Durch die imaginäre Kombinatorik wird mehr daraus, Neues und Anderes. Nur deshalb sind wir nicht in uns selbst gefangen, sondern können andere Menschen und Situationen verstehen und vielleicht auch neue Erfahrungen erfinden. Der Traum, könnte man sagen, macht der Praxis Vorschläge, hält für und gegen sie den Spielraum möglicher Veränderung offen.

GÜNTER GRASS

Literatur und Revolution
oder
des Idyllikers schnaubendes Steckenpferd*

Belgrad, Oktober 1969

Meine Damen und Herren,

um es vornweg zu sagen: Ich bin ein Gegner der Revolution. Ich scheue
Opfer, die jeweils in ihrem Namen gebracht werden müssen. Ich
scheue ihre übermenschlichen Zielsetzungen, ihre absoluten Ansprüche,
ihre inhumane Intoleranz. Ich fürchte den Mechanismus der Revolution, die sich, als Elixir für ihre Anstrengungen, die permanente
Konterrevolution erfinden mußte: von Kronstadt bis Prag scheiterte
die Oktoberrevolution militärisch erfolgreich, indem sie die überlieferten Herrschaftsstrukturen restaurierte. Revolutionen ersetzten
Abhängigkeit durch Abhängigkeit, lösten den Zwang durch den
Zwang ab.
Mit anderen Worten: Unter erklärten Anhängern der Revolution
bin ich allenfalls ein geduldeter Gast: ein Revisionist oder schlimmer
noch – ein Sozialdemokrat.
Da die westeuropäischen Länder in jüngster Zeit die Revolution als
Gesprächsthema und Anschauungsmaterial halb erschreckt und halb
fasziniert konsumiert haben und da von der großen revolutionären,
überdies telegenen Geste nichts geblieben ist als die Stärkung der
Reaktion – zum Beispiel in Frankreich –, als eine Überfülle revolutionärer Sekundärliteratur, als einige Nachwirkungen auf die Damen-
und Herrenoberbekleidung, stellt sich die Frage, ob sich die jüngsten
so basis- wie hoffnungslosen revolutionären Spekulationen nicht letztlich auf das Ungenügen literarischer Idylliker zurückführen lassen,
denen die Revolution einige spektakuläre Auftritte zu versprechen
schien. In Deutschland jedenfalls war es zuallererst das literarische
Mittelmaß, das dem Studentenprotest in Hucke-pack-Manier aufzu-
sitzen versuchte: So könnte eine Seminararbeit lauten: Die Rolle litera-

---

* Aus: Günter Grass, ›Dokumente zur politischen Wirkung‹, hrsg. v. Heinz
  Ludwig Arnold und Franz Josef Görtz, ›Edition Text + Kritik‹, Richard
  Boorberg Verlag, München 1971. – (Rede auf dem internationalen Schrift-
  stellerkongreß)

rischer Epigonen bei der Verkündigung angelesener Revolutions-
modelle.

Wenn es zu Beginn dieses Jahrhunderts hieß, in Deutschland finde
die Revolution allenfalls in der Musik statt, so hatte sich jetzt –
kurz vor Beginn der siebziger Jahre – revolutionäres Verhalten
eine weit besser subventionierte Spielwiese ausgesucht: Selbst stock-
konservative Zeitungen gaben sich im Feuilleton zähneknirschend und
rigoros. Literatur und Revolution – oder des Idyllikers schnaubendes Steckenpferd.

Sie werden bemerken, daß unser so seriös klingendes Thema mir sei-
tenlang Spott nahezulegen versucht. Denn beinahe könnte man meinen, daß die wortgewaltigsten Vertreter der revolutionären Mode entweder Trotzkis Ausführungen zu diesem Thema nicht gelesen haben
oder, entgegen besserer Kenntnis, zumindest zeitweilig und vom Studentenprotest mitgerissen zum lächerlichen Beleg der These wurden,
die Literatur habe die Magd der Revolution zu sein.

Ich möchte Ihnen und mir längere Ausführungen über die Quintes-
senz dieses Unsinns, also über den sozialistischen Realismus ersparen. Wir alle wissen, daß die Literatur zu dieser Zeit das willfährig-
ste, weil naivste Opfer der Revolution gewesen ist. Am Beispiel der
russischen und italienischen Futuristen läßt sich leicht belegen, wie
rasch sich eine radikal-antibürgerliche literarische Strömung, revolutionärer Bewegung vertrauend, in totalitäres Fahrwasser begab. 1924
schreibt Trotzki: »Ist denn nicht schließlich der italienische Faschismus mit revolutionären Methoden zur Macht gekommen, indem er
die Massen, die Menge, die Millionen in Bewegung setzte, sie stählte
und bewaffnete? Es ist kein Zufall und kein Mißverständnis, sondern völlig gesetzmäßig, daß der italienische Futurismus im Strom
des Faschismus aufgegangen ist.« (Ähnlich gefräßig erwies sich später der Stalinismus dem russischen Futurismus gegenüber.) Allzuoft
haben sich die Ausrufer der Revolution zu unkritischen Nachbe-
tern ihres Terrors gewandelt.

Seit August dieses Jahres schmückt sich Paris mit einer Ausstellung
zu Ehren Napoleons, dessen 200. Geburtstag zu feiern Europa sich
mit zwiespältigen Gefühlen anschickt.

Wenn wir davon ausgehen, daß, wie die Pariser Ausstellung zeigt,
Napoleon niemals Mangel gelitten hat an literarischen Lobrednern,
ja, daß Napoleon ein Produkt der Französischen Revolution gewesen
ist, und wenn wir gleichfalls davon ausgehen, daß Josef Stalin als
ein Produkt der Oktoberrevolution zu begreifen ist – denn weder
Napoleon noch Stalin sind vom Himmel gefallen –, dann dürfen
wir uns ausmalen, wie farbenprächtig und mit welch illustren literarischen Elogen eines Tages Josef Stalins 200. Geburtstag gefeiert werden wird. Auch sei darauf hingewiesen, daß die zwangsläufig kommenden 200. Geburtstage der Diktatoren Mussolini und Hitler An-

laß für überdimensionale Ausstellungen und exquisite literarische Zeugnisse von Marinetti bis Gottfried Benn sein können.

Es hat zu allen Zeiten und aus jedem System heraus Schriftsteller gegeben, deren antibürgerliche Überreiztheit sich bei revolutionärem Anlaß entladen durfte: Wir verdanken solch produktiven Mißverständnissen schöne und bleibende Gedichte von Klopstock und Schiller bis Jessenin und Majakowski. Schriftsteller lieben es, reinigende Gewitter metaphernreich auf weißem Papier zu entfesseln, doch sobald wir versuchen, eine Halbzeile Rimbauds oder ein frühexpressionistisches Sprachbild an der Wirklichkeit zu messen, beginnt uns der puritanische Fleiß der Guillotine zu ermüden, oder versanden wir in scholastischen Diskussionen über die These: Hat Stalins Agrarreform den millionenfachen Kulakenmord gerechtfertigt?

Unüberlesbar hat einer der revolutionärsten deutschen Schriftsteller, Georg Büchner, die tödlichen Mechanismen der Revolution dargestellt: ›Dantons Tod‹ ließe sich bei einigen Änderungen im Lokalkolorit auf kubanische und chinesische Verhältnisse übertragen. Der Allgemeinplatz – Die Revolution frißt ihre Kinder – ist bis heute nicht widerlegt worden. Schon höre ich die Frage: Soll damit gesagt werden, daß die Französische Revolution und die Oktoberrevolution nicht notwendig gewesen seien? – Wir haben keine Gelegenheit zu untersuchen, wie und mit welchen Folgen, bei Aussparung der bekannten Opfer, sich die europäische Aufklärung in Frankreich ohne Revolution hätte weiterentwickeln können. Wir wissen nicht und können kaum vermuten, ob und in welchem Maße die Regierung Kerenski das zaristische Rußland hätte demokratisieren können. Wer an Revolution und ihre Folgerichtigkeit glaubt, wird sich weder vom englischen noch vom schwedischen Beispiel belehren lassen. Eines jedoch sollte gewiß sein: So sehr uns immer noch der Eisenstein-Film ›Panzerkreuzer Potemkin‹ gefällt, der Preis, Stalin und die Folgen, müßte selbst dem unverbesserlichsten Revolutionsästheten zu hoch sein.

Ich komme aus einem Land, dessen revolutionäre Vergangenheit tragikomisch anmutet. Von 1848 über 1918 bis zu unseren jüngsten Buchmesse-Revolutionen, bei uns zu Haus haben sich linke Revolutionen über kurz oder lang zumeist der Lächerlichkeit preisgegeben; teuer zu stehen kommt uns bis heute die einzige, wenn man so sagen darf, geglückte deutsche Revolution, die des Jahres 1933: die Machtergreifung durch den Nationalsozialismus.

Man macht es sich allzu leicht, wenn man Mussolinis Marsch auf Rom und Hitlers 30. Januar als rechten Putsch abtut, als wollte man das Wort »Revolution«, gleich einem Ehrentitel, nur linken Machtergreifungen zugute halten.

Weit davon entfernt, die Zielsetzungen und Motive linker und rechter Revolutionen gleichzusetzen, bin ich dennoch der Meinung, daß die Mechanismen einer Revolution unabhängig davon funktionieren, ob sie von linken oder rechten Ideologien gefüttert worden sind, ob in ihrem Verlauf links- oder rechtsbewußte Aggressionsbedürfnisse freigesetzt werden. Selbst das Verhältnis rechter Literatur zur rechtsgerichteten Revolution ist dem Verhältnis linker Literatur zur linksgerichteten Revolution nicht unähnlich. Brechts Stalin-Hymnen rangieren nicht vor Heideggers Verbeugungen angesichts des Nationalsozialismus. Anna Seghers und Ilja Ehrenburg fänden ihren Platz neben Gottfried Benn und Ezra Pound, gäbe es endlich ein Wachsfiguren-Kabinett, in dem literarische Größen das Verhältnis der Literatur zur Revolution zu personifizieren hätten.

Héraults Forderung in Büchners ›Danton‹: »Die Revolution muß aufhören, und die Republik muß anfangen« gilt bis heute. Wie schwer es jedoch der Republik mit ihrem Beginnen gemacht wird, weil die Revolution nicht aufhören kann, das hat die Okkupation der Tschechoslowakei bewiesen. Um so mehr besteht Anlaß, das Thema »Die Literatur und die Revolution« zu vernachlässigen und dem weit weniger zündenden, weil kaum spektakulären Thema »Die Literatur und die Republik« einige Überlegungen zu schenken.

In meinem Land hat vor wenigen Wochen eine Runde um das Wohl und Wehe der Republik ihren Abschluß gefunden. Ein knapper Sieg der Sozialdemokraten läßt immerhin erkennen, daß die wechselhafte, zwielichtige und insgesamt mehr unglückliche als kontinuierliche Geschichte deutscher parlamentarischer Demokratie einige Chancen hat, der Demokratie dank dem Sozialismus und dem Liberalismus mit Hilfe der Demokratie Entwicklung zu ermöglichen.

Die Zeit vor dem 28. September und mehr noch die Zeit unmittelbar vor dem Wahlkampf schmückte sich zwar mit dem Reizwort »Revolution«, doch als der Protest in Aktionismus endete und als die überlieferten Machtgruppierungen – hier Konservative mit nationalistischem Überbau, dort Reformkräfte mit sozial-liberaler Tendenz – immer deutlicher gegeneinander zu stehen begannen, fand das Wort Revolution allenfalls noch Verwendung innerhalb der Konsumwerbung.

Der nüchterne Bürgersinn wollte sich weder an verbalem Radikalismus noch am vulgären Antikommunismus der fünfziger Jahre orientieren. Mittelfristige Reformziele, denen Finanzierungspläne beigelegt waren, gaben den Ausschlag. Die Vernunft konnte ihre Basis um einige Fuß breit erweitern.

Amüsant und aufschlußreich war es zu beobachten, wie der soeben skizzierte Ernüchterungsprozeß im politischen wie im Wirtschaftsteil der Zeitungen um sich griff, während die Literatur – oder besser gesagt: der das Feuilleton bestimmende Teil der Literatur in dem soeben genannten Freigehege lustig und gratis weiterhin revolutionäre Sandkastenspiele betrieb. Verlagslektoren und dem Trend folgend einige, aus verschiedenen Gründen vergrämte Autoren begannen, sich an der revolutionsunlustigen Gesellschaft zu rächen, indem sie systematisch versuchten, einige Verlage, denen man nachsagte, sie stünden links, zu zerstören. Das konnte nicht überraschen, denn die literarische Spielart der Revolution war und ist zuallererst gegen das eigene Lager gerichtet. Während der vergangenen drei Jahre sind die Wortführer revolutionärer Veränderungen nie auf die Idee gekommen, zum Beispiel die Industriemesse in Hannover zu sprengen, wohl aber die Frankfurter Buchmesse zur Bastille zu erklären.

Ich will mich nicht an Details aufhalten und etwa untersuchen, ob die Erstürmung eines kalten Büfetts geeignet ist, die Massen auf die Machtkonzentration des Spätkapitalismus aufmerksam zu machen. Auch die betrübliche Feststellung, daß die überlieferte, vormals rechtsgerichtete deutsche Studentenlust, ein paar flotte Jahre lang den Spießer ärgern zu wollen, nun in linke Kostüme geschlüpft ist, ist nur ein Symptom mehr für den pseudo-revolutionären Charakter einer modischen Bewegung, die am Ende nur eines offenbar gemacht hat: wie zerstritten die radikale Linke insgesamt ist, und wie blind sie sich der Alternative stellt: den mühsam langfristigen Versuch, die Republik endlich beginnen zu lassen.

Damit wir uns recht verstehen: Ich spreche nicht vom Studentenprotest, der in Mehrheit auf Reformen drängte und radikal-demokratisch die Diskussion, zum Beispiel über die längst überfällige Hochschulreform, erzwungen hat. Ich spreche vom literarisch fahrlässigen Umgang mit dem Reizwort »Revolution« und von einer Gruppe schnell schreibender, zündend formulierender, überdurchschnittlich ehrgeiziger Leute, die nach wie vor nicht müde werden, das Mai-Desaster der französischen Linken wie eine revolutionäre Großtat zu besingen und in Anthologien zu sammeln. Nach wie vor läßt man sich von der Illusion tragen, es habe in Frankreich eine Solidarisierung zwischen Arbeitern einerseits und Studenten wie Intellektuellen andererseits stattgefunden.

Als während der letzten Wahlkampfphase zu langfristig angesetzte Tarifverträge und die verhinderte Aufwertung der D-Mark zu spontanen Arbeitsniederlegungen in mehreren Betrieben führten, versuchten Gruppen der radikalen Linken, sich treuherzig und wohl meinend, die Arbeiter hätten vor, Revolutionäres zu beginnen, den Streikenden zu nähern. Gutmütig und nachdrücklich wurde ihnen die Schulter geklopft, wurden sie nach Hause geschickt.

Wird dieses »Basis-Erlebnis« belehrende Wirkung zeitigen? Sind die Widersprüche des republikanischen Alltags stark und ernüchternd genug, um der Freizeitbeschäftigung revolutionärer Bastelkurse auch auf literarischem Feld ein Ende zu setzen?

Ein Zyniker könnte antworten: Der literarische Markt wird die Nachfrage regeln. Zur Zeit ist der Bedarf an geschmackvoll aufgemachter Revolutionsliteratur mehr als gedeckt. Selbst die letzte höhere Tochter beginnt zu begreifen, daß die Zerstörung der konsumfördernden Produktionsmittel auf Widerstände erheblicher Art stoßen könnte, daß die Industrienationen insgesamt, also die des Ostens wie des Westens, ihre Produktionskraft steigern müssen, wenn den schon vorgezeichneten Katastrophen innerhalb der Dritten Welt wirksam begegnet werden soll, und daß die Beschlüsse, ob, wann und aus welchen Gründen in Südamerika Revolutionen stattzufinden haben, nicht in deutschen Germanistikseminaren gefaßt werden.

Um einen Ausblick zu wagen: Die Literatur wird sich, soweit sie ernstgenommen werden will, in Zukunft nicht mehr durch das Reizwort »Revolution« stimulieren können. Schon gibt es Anzeichen dafür, daß sich besonders in Skandinavien (allen anderen europäischen Staaten voraus) mehr und mehr Schriftsteller für die Möglichkeiten und Grenzen der Entwicklungspolitik als Teil der Friedenspolitik zu interessieren beginnen. Das Wort »Friedensforschung« – noch vor wenigen Jahren mit dem Vorurteil bedacht, es handele sich um schwärmerischen Pazifismus – beginnt, erstmals ernsthaft, das heißt bei Haushaltsdebatten Gewicht zu bekommen; der Frieden, bislang Ausnahmezustand, verlangt als Dauerzustand nach wissenschaftlich erforschten Möglichkeiten, Konflikte, die normalerweise den Kriegsfall produziert hätten, nun mit friedlichen Mitteln zu lösen.

Wird die Literatur das gern beschriebene Milieu der Barrikaden verlassen können? Oder wird sie esoterisch interessant und irrlichtend, bei verdrehten Wegweisern, die Flucht vermeintlich nach vorne in die Romantik einschlagen?

›Literatur und Revolution‹ – eine Prachtausgabe aus Leo Trotzkis beredtem Nachlaß. Marxistische Scholastiker im treuherzigen Gespräch mit jesuitischen Linksabweichlern. Das Exklusive wird bleiben und sich zu feiern verstehen, doch die Literatur verlangt nach Wirklichkeiten; denn es gibt mehrere. Ihre, die jugoslawische, möchte ich kennenlernen; von meiner, der deutschen, gebe ich gerne Bericht. Ich gehe davon aus, daß Ihre und meine Wirklichkeit einander nicht ausschließen müssen. Die Revolutionen haben schon stattgefunden.

HEINRICH BÖLL

Ende der Bescheidenheit

Zur Situation der Schriftsteller in der Bundesrepublik*

Anläßlich der Gründung eines Gesamtverbandes Deutscher Schriftsteller möchte ich hier einige Überlegungen zur gesellschaftspolitischen Situation der Schriftsteller in der Bundesrepublik anstellen. Damit kein Mißverständnis aufkommt: es geht hier nicht um kulturelle Nuancierungen, nicht um die Fragen: Kunst, Antikunst, gibt es noch eine Literatur, gibt es keine mehr? Das gehört in die Feuilletons, in denen wir uns ja ausgiebig tummeln. Es geht nicht um unseren Anteil an Erstellung von Kunst, Poesie und möglichen Ewigkeitswerten. Es soll hier öffentlich Tacheles geredet und unser Anteil an den merkwürdigen Sozialprodukten betrachtet werden, die wir erstellen.

Hin und wieder mögen wir ganz kluge Leute sein, als Vertreter unserer Interessen in einer Gesellschaft, die von Interessenvertretern dirigiert wird, sind wir wie Schwachsinnige. Dieser Schwachsinn hat z. T. ehrenwerte Ursachen, etwa die, daß wir zu sehr mit unserer Arbeit, die eine öffentliche ist, beschäftigt sind, als daß uns finanzieller Kram sonderlich interessieren könnte, solange wir halbwegs zurecht kommen. Andere Ursachen mögen Bescheidenheit und Idealismus sein. Ich schlage vor, daß wir die Bescheidenheit und den Idealismus einmal für eine Weile an unsere Sozialpartner delegieren: an Verleger, Chefredakteure und Intendanten.

Es mag manchen von uns trösten, daß er möglicherweise Ewigkeitswerte schafft, dieser Trost sei ihm unbenommen, wenn er uns nicht hindert, uns hier und heute, gestützt auf diesen Gesamtverband, Gedanken darüber zu machen und einmal öffentlich darzulegen, wie wir unser Geld eigentlich verdienen. Vornehmerweise nennt man das Geld, das wir bekommen, Honorar. Das klingt, als wären wir sehr feine Leute. Ich fürchte, wir sind sehr feine Idioten. Wir lassen uns dirigieren, kujonieren, Prozente und Honorare diktieren, ohne je ernsthaft darüber nachzudenken, wer sie festgelegt hat und wie sie sich errechnen. Der geistige und politische Kredit, den wir der Bundesrepublik einbringen, ist ohnehin honorarfrei: wir verlangen nichts

---

* Rede anläßlich der Gründung des überregionalen Verbands deutscher Schriftsteller (VS) am 8. Juni 1969.

dafür. Es geht auch nicht um unsere gesellschaftliche Ehre, die verschaffen wir uns selbst. Es geht um unsere gesellschafts- und finanzpolitische Stellung.

Und so muß ich mir auch eine verlockende Abschweifung verkneifen in die Gefilde einer Poetik des Geldes: etwa aufzuzählen, was ein Fünfmarkstück je nach Lebenslage für einen Menschen bedeuten kann. Ich muß mich hier auf die Volkswirtschaft beschränken, und wenn ich die Broschüre ›Buchhandel in Zahlen‹ richtig entziffert habe, dann haben die Buchverlage in der Bundesrepublik allein in einem Jahr 2,5 Milliarden DM umgesetzt. Dieser stattliche Umsatz ist erschrieben worden, mag der Verfasser nun Helmut Heißenbüttel heißen, oder mag er unter dem Pseudonym Josef K. für irgendeinen obskuren Verlag Schnulzen ausbrüten. Rechnen Sie noch den Anteil an von Schriftstellern Geschriebenem für Film, Funk und Fernsehen hinzu, so wird Ihnen klar, daß wir Mitarbeiter einer Riesenindustrie sind, die uns bisher unsere Honorare einfach diktiert hat. Vergleiche ich das Interessengetümmel im Wirtschaftswunderland mit einem Freiwildgehege, so sind wir darin die Karnickel, die zufrieden und freundlich in herkömmlicher Bescheidenheit ihr Gräschen fressen. Ich will die Chancen unserer Animalisierbarkeit nicht überschätzen und die Position des Tigers anstreben, aber die Position des Karnickels steht uns nicht mehr zu Gesicht. Ich muß mir eine weitere verlockende Meditation verkneifen: ob der freie Schriftsteller nicht ein Fossil sei, lediglich von Museumswert.

In Wirklichkeit sind wir tarifgebundene Mitarbeiter einer Großindustrie, die hinter einer rational getarnten Kalkulationsmystik ihre Ausbeutung verschleiert. Ja, ich sagte Ausbeutung, und ich will gleich hinzufügen, daß ich den Begriff Ausbeutung nicht absolut, sondern relativ gesehen habe. Unter einem Ausgebeuteten stellen wir uns – dieses Klischee ist uns eingehämmert worden – einen elend dahintaumelnden Kuli oder südamerikanischen Minenarbeiter vor. Zweifellos sind das Ausgebeutete. Und doch ist auch ein Star-Boxer, der im Rolls Royce zum Kampf fährt und um eine Kasse von 1 Million Dollar boxt und, wenn er Glück hat, 200 000 davon mit nach Hause nimmt, genauso ein Ausgebeuteter wie sein heruntergekommener Kollege, der sich in muffigen Vorstadtsälen für 30 Mark pro Abend die Fresse einschlagen läßt.

System und Problem der Ausbeutung werden durch die Prominierung einiger Weniger verschleiert, durch die ständige Herausstellung von ein paar Namen. Im übrigen verweise ich hier auf das Referat von Carl-Heinz Trinckler ›Die Ausbeutung des Schriftstellers in der neokapitalistischen Gesellschaft‹[1].

---

1 Vortrag, gehalten im Hamburg-Zentrum im Januar 1969 vom damaligen Vorsitzenden des Norddeutschen Schriftstellerverbands.

Entziffert man die Kalkulationsmystik bei einem Buch, das im Laden 20 DM kostet, so sieht das so aus:

45 % Rabatte – also Zwischenhandel irgendwelcher Art = 9,– DM
25 % Verlagsunkosten und -gewinn = 5,– DM
20 % Herstellung = 4,– DM
10 % Autorenhonorar = 2,– DM

Ob es einen, auch nur einen einzigen Käufer eines Taschenbuches gibt, der weiß, daß von den 2,50 DM oder 2,80 DM, die er bezahlt, der Urheber, der, der das Buch immerhin geschrieben hat, 5 oder 6 Pfennig, wenn er Glück hat und sehr geschickt gewesen ist, 8 Pfennig mitbekommt? Das sind 2 bis 3 Prozent vom Ladenpreis. Ich weiß, Büchermachen, Bücherverkaufen, das sind riskante Geschäfte, ich will hier die Problematik des Verlegers und Buchhändlers nicht bagatellisieren oder demagogisch vereinfachen, diese Ziffern sollen nur klarmachen, wie hoch sich der Anteil eines Autors berechnet. Der Übersetzer gar, also der, der das Buch immerhin in der deutschen Erstausgabe dem deutschen Leser zugänglich gemacht hat, bekommt oder bekam im normalen Falle für die Taschenbuchausgabe in Worten und Ziffern nichts; wenn er beim Abschluß des Vertrages für die gebundene Ausgabe so schlau gewesen ist, daß er fast schon in Verruf gerät, bekommt er möglicherweise einen, ja einen einzigen Pfennig vom Taschenbuch mit. Der Fernsehzuschauer denkt wahrscheinlich immer gleich in Zig-Tausenden. Er sollte wissen, daß ein Autor, der schließlich wissen muß, wie, wissen muß, wo, der eine Unmenge Vorwissen, Quellenstudium investieren, der Drehbuch und Text verfassen, der in den meisten Fällen bei den Dreharbeiten und beim Schneiden dabei sein, viele Besprechungen absolvieren muß, für einen Kulturfilm, auch Kulturfeature genannt, wenn er Glück hat, fünftausend, im Normalfall zwischen drei- und viertausend Mark Honorar bekommt. Das entspricht ungefähr der Gage, die ein mäßig bekannter Schauspieler in einem mäßigen Fernsehspiel für eine mäßige Rolle bekommt. Es geht nicht darum festzustellen, andere verdienten zuviel – es geht nur darum, festzustellen, wie hoch unser Anteil ist.

Als erstes nach der Gründung dieses Gesamtverbandes sollten wir sämtliche Honorarbedingungen prüfen, neu mit unseren Partnern diskutieren und möglicherweise kündigen.

Daß der Autor bei der Wiederholung eines Fernseh- oder Rundfunkbeitrages nur die Hälfte, daß er unter bestimmten, funkintern abgemachten Bedingungen nur ein Zehntel bekommt, gilt als unumstößliche Regel. Wer hat diese Regel aufgestellt? Daß er die Hälfte des Honorars vor, die andere Hälfte nach der Sendung bekommt, gilt als unumstößliche Regel. Wer hat sie aufgestellt?

Mich interessiert hier die legale Situation nicht: ob wir streikberechtigt sind oder es wären. Wichtig ist, daß 99 Prozent der freien Schriftsteller einen Streik nicht einmal für zwei oder drei Monate durchhalten könnten, so frei sind wir freien Schriftsteller. Aber versuchen Sie doch bitte einmal, einen Augenblick lang zu träumen, sich vorzustellen, alle Autoren, Übersetzer, Kritiker, Lektoren, Bearbeiter, die vielen scheinbar freien Mitarbeiter dieser Riesenindustrie würden ein Jahr lang – nicht aufhören zu schreiben, sondern ein Jahr lang ihre merkwürdigen Sozialprodukte der Gesellschaft vorenthalten: Was würde aus dem Fernsehen, dem Rundfunk, den Feuilletons, der Buchmesse, aus diesem Riesenzirkus, dem sogenannten Weihnachtsgeschäft?

Träumen Sie diesen Traum einmal international, oder wenigstens europäisch, dann erst wird Ihnen klar, welche Mammutindustrie wir füttern, eine Industrie, die uns ihre Bedingungen diktiert.

Machen Sie sich klar, welche Lobby oder Gewerkschaft uns zukäme an Stelle der bescheidenen Regionalverbände, die bei einem Stadtoberhaupt oder einem Kultusminister ein paar tausend Mark zusammenschnorren mußten, damit sich deutsche Dichterinnen und Dichter wieder einmal in ihrer rührenden Ewigkeitswenigkeit öffentlich präsentieren konnten. Kein Geringerer als Fjodor Michailowitsch Dostojewskij hat von sich gesagt: »Ich bin ein proletarischer Schriftsteller«, und ich denke mir, er setzte sich bewußt mit einer solchen Äußerung in Gegensatz zu den Gentleman-Autoren seiner Zeit. Nachdem in Presse, Funk, Fernsehen und Schule soviel über deutsche Literatur gesprochen und geschrieben wird, ist es Zeit, die Öffentlichkeit einmal mit den Bedingungen zu konfrontieren, unter denen wir unser Geld, genannt Honorar, verdienen. Das Honorar, das wir vom potentiellen Leser unserer Bücher bekommen, entspricht in den meisten Fällen nicht einmal jenem Obolus, den der Märchen- und Geschichtenerzähler auf dem Markt bekam: 5, 6, 8 Pfennige für einen Taschenbuchroman und selbst zwei Mark von zwanzig bei der gebundenen Ausgabe sind da nicht sehr viel.

Das Verrückte ist, daß wir wie Unternehmer versteuert werden. In diesem Jahr der Mitbestimmungsdebatten wird der Geist des Unternehmers, der durch seinen Mut, sein Risiko den Laden in Schwung hält und Steuerprivilegien verdient, dieser Geist wird von einer gewissen politischen Clique wieder sehr gepriesen werden. Wie sieht das beim »Unternehmer« Schriftsteller aus? Da setzt sich also einer hin und schreibt einen Roman. Je nach Arbeitsweise braucht er dazu ein, zwei, drei Jahre. Nicht nur im Normalfall, in fast zehn von zehn Fällen, rechne ich die Prominenz ab, die die Lage verschleiert, macht er Schulden, mögen diese auch den hübschen Namen »Vorschuß« haben. Sein Risiko ist groß, auch sein Mut, er unternimmt tatsächlich etwas, aber ist er im Sinne der kapitalistisch naturrechtlichen Definition ein Unternehmer? Seine Produktionsmittel sind in einem gerade lächerlich geringen Maße aufwendig: etwa 20 bis 40 DM für Papier, ein paar Farbbänder, Bleistifte, wahrscheinlich braucht er an Schreibmaterial weniger als ein Obersekundaner im gleichen Zeitraum; seine Schreibmaschine ist technisch längst tot, abgeschrieben, Schrott. Was er wirklich braucht, um sein riskantes Unternehmen durchzuführen, ist Geld zum Leben, dazu macht er Schulden, nimmt Vorschüsse. Kann er das etwa später, wenn möglicherweise Honorare fällig werden, wie man so hübsch sagt, als Produktionskosten von der Steuer absetzen? Keineswegs. Nicht einmal ein Arbeitszimmer bekommt er ohne weiteres genehmigt, das kostet schon Kämpfe, ist im Glücksfall Ermessensfrage.

Es ist schon nicht mehr absurd, es ist irrsinnig, daß Umwelt und Gesetzgeber, die dauernd mit den Produkten dieses merkwürdigen Wesens Schriftsteller konfrontiert sind, nicht nur so wenig, sondern gar nichts von den Umständen zu wissen scheinen, unter denen dieses Wesen arbeitet. Das gesellschafts- und steuerpolitisch Interessante an einem Autor ist, daß er mit Produktionsmitteln von lächerlich geringer Aufwendigkeit allein, ohne andere Arbeitskräfte auszubeuten, dieses seltsame Etwas zustande bringt, das man Manuskript nennt und das in dem Augenblick, wo es, auf den Tisch des Verlages gelegt, zur Publikation bestimmt, unvermeidlicherweise zum Handelsobjekt wird, mag der Verfasser nun James Joyce oder Jerry Cotton heißen.

Dieses seltsame Objekt hat aber noch andere händlerische Aspekte, es ist auch ein Titel, als Titel ist es verkäuflich ins Ausland, in Buchklubs, als Taschenbuch, Film, Hörspiel, Fernsehspiel, und es gehört keineswegs in die Gefilde grauer Vorzeit, sondern ist nackte und harte Gegenwart, daß der Verleger an diesen sogenannten Nebenrechten, deren Vergabe ihn einige Briefe oder Telefongespräche kosten mag, mit 50 Prozent beteiligt war und ist, und zwar in einem Augenblick, wo dieser Titel keinerlei Risiko mehr für ihn bedeutet. Es gab Zeiten, wo ich für das Auslandsrecht eines Romans nach Abzug der verschiedenen Provisionen und der Steuern noch irgend etwas zwischen 180 und 300 DM in der Hand behielt. Es wäre Sache des Gesetzgebers, sich solche Anteile am Sozialprodukt einmal anzuschauen. Er verläßt sich darauf, daß die Interessenverbände ihre Ansprüche anmelden, sich mit ihrem Sozialpartner zurechtkämpfen, und das, genau das sollten wir von heute ab tun.

Es müßte gesetzlich verboten sein, daß ein junger Autor in diese 50 : 50-Falle gelockt, daß ein Übersetzer pauschal abgefunden wird, Musterverträge sollten ausgearbeitet werden.

Zum Vergleich einige Angaben aus Schweden, einem Land mit weitaus weniger Einwohnern als die Bundesrepublik, also mit einem größeren Verlegerrisiko. Kein Autorenhonorar darf in Schweden weniger als 16²/₃ Prozent vom Ladenpreis des Buches betragen. Der Verleger hat nur das Recht für die schwedische Buchausgabe, alle anderen Rechte verbleiben beim Autor. Der schwedische Staat zahlt für jedes urheberrechtlich geschützte Werk, das aus einer öffentlichen Bibliothek entliehen wird, 6 Öre, etwa 5 Pfennig, im vorigen Jahr wurden 3 000 000 Schwedenkronen an einen Fonds des Schriftstellerverbandes überwiesen, in diesem Jahr sollen es 6 000 000 Schwedenkronen sein. Im übrigen darf in Schweden kein Honorar, auch für die billigste Ausgabe eines Buches, weniger als fünf Prozent betragen.

Nun zurück zu diesem seltsamen »Unternehmer«-Schriftsteller. Sein Buch erscheint, kostet im Laden zwanzig Mark. Nehmen wir an, es wird, was man einen Achtungserfolg nennt, es werden innerhalb von ein bis zwei Jahren dreitausend Exemplare verkauft. Der Autor hat also einen nationalökonomisch meßbaren Endumsatz von sechzigtausend Mark erzielt, indem er – außer seinem Risiko – etwa zwischen zwanzig bis vierzig Mark an Produktionskosten investiert hat. Sein Honoraranteil beträgt sechstausend Mark, er hat sie normalerweise schon als Vorschuß in der Tasche gehabt, ausgegeben und voll versteuert – wie ein Unternehmer. Nehmen wir an, sein Buch wird ein mittlerer Erfolg; es werden zehntausend Exemplare verkauft; dann beträgt der vom Autor erzielte Endumsatz zweihunderttausend Mark; ganz abgesehen davon, daß er Lektoren, Kritiker, Packer, Buchhalter, Setzer und Drucker in Arbeit hält, also eine ganz hübsche Summe an Lohnsteuer mobilisiert – das nenne ich mir wahren Unternehmergeist: durch so geringe Investierung 200 000 DM in irgendwelche Kassen klingeln lassen. In seine eigene klingeln 20 000 DM – eine scheinbar hübsche Summe, aber rechnen Sie davon die Steuern ab, bedenken Sie die Tatsache, daß einer nicht nur nicht am laufenden Band Romane produzieren, daß er keinesfalls am laufenden Band mittlere Erfolge produzieren kann; daß Vorschüsse zu Buche stehen, neue schon – dann wird dieses scheinbar recht hübsche Sümmchen, das in etwa dem Jahresgehalt eines Studienrats entspricht, schon merklich geringer, ganz rasch schwindet es, wenn Sie es auf zwei, drei Jahre umrechnen.

Nun nehmen wir aber noch den Ausnahme-, den Sensationsfall: Es werden 100 000 Exemplare verkauft, der erzielte Endumsatz, der in irgendwelche – zu einem erheblichen Teil in die Kassen des Finanzamts – klingelt, beträgt zwei Millionen DM. Wenn das kein Unternehmergeist ist: auf einer steuertechnisch schon gestorbenen Schreibmaschine, auf Schrott also – erzielt einer einen Umsatz von zwei Millionen. Sein, des Autors Anteil, beträgt 200 000 DM, und in diesem Augenblick glaubt er und mit ihm das Publikum, er habe sein Glück gemacht. Irrtum. Sie erinnern sich vielleicht noch daran, wie erstaunt der Autor Konrad Adenauer war, als ihm klar wurde, wieviel Steuern er von seinem Autorenhonorar bezahlen mußte.

Als Unternehmer unterliegt der Autor der progressiven Einkommensteuer, und da er erst nach zwei, drei Jahren seinen Bescheid bekommt, was weder seine Schuld noch die des Finanzbeamten ist, sondern

Schuld einer Administration, die ständig ihre Leistungsfähigkeit überschätzt –, kann ihn ein solcher Erfolg, von dem er glaubt, er wäre sein Glück gewesen, ruinieren, weil plötzlich unerbittlich Summen fällig werden, die er gar nicht mehr besitzt. Auf diese Weise wird der Unternehmer-Schriftsteller von einer Gesellschaft bestraft, die ständig den Unternehmergeist lobt.

Es geht hier nicht darum, Privilegien zugebilligt zu bekommen, im Gegenteil, wir würden sie ablehnen, es geht um etwas so Gewöhnliches wie Verrücktes, um Recht, um eine rechtmäßige Besteuerung. Ich betone: ich behandele hier nur einen, einen einzigen von vielen Aspekten unserer Arbeit: den Aspekt, wo unsere Arbeit zum Handelsobjekt wird. Die Art, in der wir unser Geld verdienen, ist kompliziert, schwer erfaßbar, steuerlich kaum analysierbar, das sollte den Gesetzgeber nicht berechtigen, uns der Einfachheit halber unter die Unternehmer einzustufen. Wir sind ein Problem der Steuer-Minderheit, und Minderheitenprobleme sollten nicht mit der Dampfwalze gelöst werden. Mag also dieser Verband gemeinsam mit Steuer- und Finanzausschüssen nach einer rechtmäßigen Lösung suchen. Da es außerdem kaum eine Berufsgruppe gibt, deren Steuermoral durch Kontrollmitteilungen fast schon institutionalisiert ist, sollte uns wenigstens die lächerliche Zettelwirtschaft, sollten uns so absurde Steuern wie Mehrwert- oder Umsatzsteuer erspart bleiben. Natürlich braucht dieser Verband erst einmal Geld, um sich als Interessenverband zu installieren. Ich habe da neulich gelesen, daß der Bund deutscher Radfahrer im Jahre 1968 292 000 DM für seine Verbandsarbeit bekommen hat, daß er aber im Jahre 1969 nur mit 205 000 DM rechnen kann. Die Bundesvereinigung Deutscher Schriftstellerverbände bekam im Jahre 1967 10 000 DM, im Jahre 1968 nichts, und wir werden feststellen, wieviel dieser Gesamtverband Deutscher Schriftsteller dem Innenministerium, dem Verlegerverband, dem Börsenverein, den Rundfunk- und Fernsehanstalten wert ist. Wie weit wir Verbündete unter den Journalisten und Publizisten finden, unter Redakteuren, Lektoren – das hängt davon ab, wie der Beruf des Schriftstellers definiert wird. Es gibt da zahlreiche Übergänge, und ich schlage vor, daß wir nicht zimperlich mit althergebrachter deutscher Dichter-Attitüde die Grenzen ziehen. Ich schlage außerdem vor, daß dieser Verband sich nicht nur mit Wohlwollen, mit engagierter Aufmerksamkeit der weiteren Entwicklung des Verlags der Autoren annimmt und ihn als mögliches Modell vor den Unkereien der bürgerlichen Presse schützt.

Wenn ich jetzt komisch zu werden scheine, so ist das weder meine Schuld noch meine Absicht. Ich konfrontiere lediglich Kernsätze aus einem Standardwerk übers Naturrecht mit dem berüchtigten Paragraphen 46 des Urheberrechts, konfrontiere dann beides mit unserer Situation. Zunächst die Zitate aus dem Standardwerk übers Naturrecht: »Grundlegend für die naturrechtliche Ordnung der Sozialwirtschaft ist das Privateigentumsprinzip. Aus dem Privateigentum an Produktionsmitteln folgt nämlich eine Form der Sozialwirtschaft, die auf dem freien Austausch von Gütern und Dienstleistungen beruht: die Marktwirtschaft.« Ein weiteres Zitat: »Im Eigentumsrecht erfüllt sich das Wesen des Rechts am vollkommensten. Denn das Eigentumsrecht besteht in der ausschließlichen und uneingeschränkten Herrschaftsgewalt über Sachen. Recht ist immer, wie wir ausgeführt haben, Herrschaftsgewalt.« Weiteres Zitat: »Nach der traditionellen Naturrechtslehre begründet das Eigentumsrecht die ausschließliche Verfügungsgewalt des Eigentümers.« Über solche Texte würde ich natürlich gerne, unabhängig von den uns berührenden Problemen, sehr lange meditieren. Ich muß mir das leider ersparen. Ich konfrontiere ihn nur mit dem § 46 des Urheberrechts, wie es am 9. September 1965 neu formuliert worden ist. »Zulässig ist die« – honorarfreie versteht sich – »Vervielfältigung und Verbreitung, wenn Teile von Werken, Sprachwerke oder Werke der Musik von geringem Umfang, einzelne Werke der bildenden Künste oder einzelne Lichtbildwerke nach dem Erscheinen in eine Sammlung aufgenommen werden, die Werke einer größeren Anzahl von Urhebern vereinigt und nach ihrer Beschaffenheit nur für den Kirchen-, Schul- und Unterrichtsgebrauch bestimmt ist.« Es ist doch merkwürdig, daß die anbetungswürdige Heiligkeit des Privateigentums vom Gesetzgeber nur da aufgehoben wird, wo es um Urheberrechte geht.

Daß ein Taschenbuch, vom Autor aus gesehen, für den Obolus, den er mitbekommt, schon geschenkt ist, habe ich oben festgestellt, nun werden wir aber durch ein Urheberrecht, das in peinlichem Gegensatz zum ansonsten geltenden Naturrecht steht, gezwungen, Kurzgeschichten und Romanauszüge nicht etwa an die respektiv armen Schulkinder zu verschenken, denen wir möglicherweise ganz gerne etwas schenken würden, nein, an Verleger und Herausgeber.

Ich denke, dieser Widerspruch ist zu offensichtlich, als daß wir noch lange darüber sprechen müßten, denn jeder verdient am Schulbuch, jeder: der Herausgeber, der Verleger, der Drucker, der Vertreter, der Buchhändler – alle verdienen, wenn auch weniger als am gewöhnlichen Buch – nur dieser Urheber, dieser Autor, wird durch ein Gesetz gezwungen, zu verschenken.

Es sind hier zwei Feststellungen zu treffen: Warum gilt diese legalisierte Wegelagerei noch? Und warum erlöscht die Schutzfrist? Wenn vor siebenhundert Jahren ein hübsches Bauernmädchen dem Herzog gefiel, er es zum Kebsweib nahm, später zur Gräfin erhob, ihr einen Landbesitz mit Schloß schenkte, so gehören Schloß und Landbesitz noch heute den gräflichen Nachkommen jener hübschen Bauernmaid, obwohl die Dienstleistung, der sie ihn verdanken, schon fast ein Jahrtausend zurückliegt. Und wehe dem, der diesen Privatbesitz antasten möchte! Ich sehe nicht ein, wieso die mehr oder weniger großen Provinzen, die wir uns erschreiben, siebzig Jahre nach unserem Tod der Allgemeinheit übergeben werden. Dieses uralte, so überaus witzig formulierte Naturrecht, das sich mühelos auf den Kapitalismus umfrisieren ließ, behandelt uns einerseits als Unternehmer, beraubt uns aber gleichzeitig durch Rechtsbruch unserer Rechte. Einen ganz typischen Rechtsbruch stellen auch die Vorschläge des Stockholmer Protokolls dar. Besonders in der Bundesrepublik, die sich dauernd mit der DDR konfrontiert und in Konkurrenz sieht, besteht die Gefahr, daß sie Autoren via Entwicklungshilfe enteignen wird. Die Bundesrepublik müßte ihre gesamte Rechtsbasis neu überdenken, wenn sie, um mit einem sozialistischen Staat zu konkurrieren, hier plötzlich Autorenrechte sozialisiert. Es wäre doch eine weitere Absurdität, wenn der Anerkennungs-Nicht-Anerkennungs-Fetischismus ausgerechnet auf Kosten der Autoren ausgetragen werden sollte. Es wäre Rechtsbruch.

Was die Ausbeutung verstorbener Urheber betrifft, so hätte ich dafür einem Doktoranden der Nationalökonomie ein paar Vorschläge zu machen: doch einmal, wenn auch nur annähernd, zu erforschen, was ein Lied von Schubert inzwischen allen Beteiligten außer Schubert und seinen möglichen Nachkommen eingebracht hat, oder was Dostojevskij oder Tolstoi, alle Film-, Funk-, Buch- und Fernsehrechte eingeschlossen, eingebracht haben. Wahrscheinlich wären Krupp oder Klöckner stolz auf einen solchen Umsatz. Ob die lebenden Autoren auf dem Umweg über ein Urhebernachfolgerecht an dieser gewaltigen Plünderung teilhaben möchten – das sei jedem einzelnen überlassen. Kein Geringerer als Walther von der Vogelweide seufzte zu einem gewissen Zeitpunkt seines Lebens in dem Vers auf: »Ich han mijn Lehen«, was schlicht übersetzt bedeutet: ich habe ausgesorgt. Es widerspricht also nicht allerbester deutscher Dichtertradition, sich materielle Sorgen für das Alter zu machen. Vielleicht findet der Gesetzgeber einen Weg, unsere Sozialpartner: Verlage, Funk, Fernsehen anteilig auch für den Zustand mitverantwortlich zu machen, der den meisten von uns nach dreißig-, vierzigjähriger Ausbeutung sicher ist: verschlissen zu sein, abgeschoben, vergessen. Ich fordere alle Maler, Grafiker, Bildhauer, Komponisten auf, sich der Ausbeutung, der sie erliegen, bewußt zu werden.

Es ist, hoffe ich, klar geworden: ich habe über einen Aspekt unserer Arbeit zu referieren versucht, nur diesen einen: wie wir unser Geld verdienen, welch einer Verkehrung des Naturrechts, welch einer absurd rechtmäßigen Steuergesetzgebung wir unterliegen.

Zwanzig Jahre nach Gründung der Bundesrepublik, die sich permanent auf ihre »freiheitlich-demokratische« Grundordnung beruft, sieht so die gesellschaftspolitische Position einer Minderheit aus, die es versäumt hat, ihre Honorar- und Arbeitsbedingungen zu analysieren; die im Windschatten der Prominenz ihre Probleme hat verschleiern lassen; mit einem muffig gewordenen Ehrgefühl irdischen Lohn gleichzeitig verachtet und ihn doch via Mäzenatentum oder Almosen annimmt. Wenn Sie sich vorstellen, daß die meisten Schulbuchverleger es nicht einmal für angebracht halten, dem beraubten Autor von den Lesebüchern, die in Auflagen von 50 000 bis 100 000 Exemplaren erscheinen, ein Belegexemplar zu schicken; die von manchem Lyriker, der sich Sorgen um die Miete machen muß, honorarfrei Gedichte abdrucken, so brauche ich über die Schnödigkeit dieses Gewerbes kein Wort mehr zu verlieren.

Es ist hier nicht Anlaß, zu klagen oder anzuklagen, ich stelle nur fest, und die wichtigste Feststellung: weder Staat noch Gesellschaft, auch nicht in einer »freiheitlich demokratischen« und außerdem noch »christlichen« Grundordnung, scheren sich einen Dreck um eine Minderheit, die es versäumt, sich in ihrer Gesamtheit zu solidarisieren; die sich damit begnügt, hin und wieder ein paar Lorbeerblätter hingestreut zu bekommen. Lorbeer kostet nicht viel, wir können ihn uns in der nächsten Drogerie selbst kaufen, soviel Geld bringen wir allemal noch auf. Außerdem gilt es festzustellen: wer gesellschaftspolitisch nicht vorhanden ist, ist auch politisch nicht vorhanden, er bleibt im Gestrüpp der Feuilletons hängen.

Ich wiederhole ein Zitat aus dem Naturrecht: »Recht ist immer, wie wir ausgeführt haben, Herrschaftsgewalt.« Verschaffen wir uns also erst einmal Herrschaftsgewalt über die Sachen, die wir produzieren, anstatt sie zu Bedingungen herzugeben, die aus einer Zeit stammen, in der es in den Kochbüchern noch die Rubriken »Billige und schmackhafte Gerichte für Dienstboten« gab.

Verschaffen wir uns erst einmal Überblick über die volkswirtschaftliche Relevanz unserer merkwürdigen Sozialprodukte, bevor wir uns vom kulturellen Weihrauch einnebeln lassen, dann erst kommen wir aus dem Resolutionsprovinzialismus heraus, der unsere wieder einmal erhobenen Zeigefinger golden schimmern macht, uns im Feuilleton als Gewissensfunktionäre und Korrektoren für das windschiefe Vokabularium der Politiker willkommen heißt, und hängen wir uns den hingestreuten Lorbeer nicht an die Wand, streuen wir ihn dorthin, wohin er gehört: in die Suppe.

Eine weitere Feststellung: Wir verdanken diesem Staat nichts, er verdankt uns eine Menge; mag er also darauf gefaßt sein, daß er uns nicht länger auf dem Umweg über einen Pseudo-Geniekult oder auch nur auf dem Umweg über einen Pseudo-Individualitätskult zerspalten und zersplittert halten und einzeln abfertigen kann. Ich fordere alle Kollegen, auch die der Emigration, auf, darüber nachzudenken, ob die alte, bürgerliche Alternative Solidarität oder Individualismus, die aus der Zeit des oben zitierten Kochbuchs stammt, noch gültig ist; niemand wird uns zwingen können, auch nur die kleinste literarische Nuance aufzugeben, uns in den Feuilletons nicht weiter zu befehden und gleichzeitig gesellschaftspolitisch solidarisch zu sein. In dem

Augenblick erst, in dem wir einsehen, daß diese alten Klischees nicht nur nicht mehr stimmen, sondern nie gestimmt haben, in diesem Augenblick sind wir auch politisch vorhanden.

Die Konfrontation unserer Situation mit der zurechtfrisierten Rechtsauffassung der Gesellschaft hat mir eine Analyse dieser Gesellschaft erspart. Mit dem Naturrecht, das ich für überfällig halte, habe ich gegen eine Rechtsauffassung argumentiert, in der es noch gilt. Auf die gleiche Weise möchte ich mit einem kryptofeudalistischen Begriff operieren, dem der Prominenz. Auch darüber ausgiebig zu meditieren erspare ich mir, ich meine nur, daß einsam verstaubender Lorbeer, daß ein Name wenig nützt, wenn dieser Schall und dieser Rauch nicht, bevor sie vergehen, einem Zweck dienstbar gemacht werden. Mögen also die namhaften Kollegen diesem Verband ihren Schall und ihren Rauch leihen, damit er energisch ins politische Dasein treten kann.

REINHARD BAUMGART

Sechs Thesen über Literatur und Politik*

1. Off limits

Die sogenannte Schöne Literatur dieser Bundesrepublik ist noch immer, wie unsere Kultur überhaupt, die Einrichtung einer Klasse, der bürgerlichen –, darüber können weder der Lesestoff-Ausstoß der Buchgemeinschaften, noch die Feuilletons der Gewerkschaftspresse, noch irgendein studentisches Jedermann-Straßentheater hinwegtäuschen. Die Herkunft, die Lebensläufe der Autoren erklären das, ihre Themen beweisen es, die Rezeption ihrer Bücher und Stücke durch ein fast ausschließlich bürgerliches Publikum erhärtet es. Arbeiter oder Angestellte mit nichts als Volksschulbildung haben oder finden keinen Zugang zu diesen Genüssen, zu dieser Aufklärung. Das Bildungsprivileg hält sie draußen.

Wer politisch und demokratisch denkt, wer folglich von Literatur nicht nur die angeblich tiefe, sondern auch eine breite Wirkung erwartet, muß über die Möglichkeiten einer Änderung nachdenken. Da die Herkunft und Lebensläufe der Autoren, dachte man, nicht zu ändern sind, hörten diese oft den gutgemeinten Ratschlag oder drohenden Appell: wählt euch andere Stoffe, Stoffe jenseits der bürgerlichen, und vor allem: schreibt faßlicher. Es klingt wie der Ruf nach einer Aufklärungsliteratur von der Süffigkeit des Illustriertenromans, wie der Ruf nach einem neuen Fallada.

Bleibt nur die Frage, ob sich einer zum Fallada denn trainieren kann, ob man nicht auch das nur durch soziale Erfahrung sein kann, ob sich die künstlich, wie im Nachhilfekurs (»Bitterfelder Weg«) nachholen ließe? Bleibt die mißtrauischere Frage, ob Literatur und Literaten auf den heutigen Standard ihrer Methoden und Einsichten etwa verzichten sollen in dem Sinne, daß sie sich sozusagen herablassend herunterschreiben aufs Niveau eines restaurativen Bewußtseins, um also Leseerwartungen zu erfüllen, die von unseren gängigen spätwilhelminischen Lesebüchern und bestenfalls von den Klassikerinszenierungen

---

* Aus: ›Tintenfisch 3, Jahrbuch für Literatur‹, hrsg. v. Michael Krüger und Klaus Wagenbach, Verlag Klaus Wagenbach, Berlin 1970.

des deutschen Fernsehens geprägt sind? Bleibt schließlich als wichtigste Rückfrage, ob denn Literatur, eine bürgerliche Klasseneinrichtung, unserem Staat, der als liberale Demokratie auch eine bürgerliche Klasseneinrichtung ist, überhaupt voraus sein könnte? Wäre das nicht eine Weimarer, eine treu idealistische Erwartung?

Solche Fragen führen in einen Teufelskreis: Literatur soll die Klassenbegrenztheit von Bildung und Aufklärung durchbrechen, doch um zu können, was sie sollte und wohl auch möchte, müßte die Klassenbegrenztheit von Bildung und Aufklärung erst durchbrochen *sein*.

Pauschal und also vage ließe sich daraus vermuten: erst eine neue, eine konkret statt formal demokratische Gesellschaft wird auch eine neue, allen zugängliche Literatur hervorbringen, nicht umgekehrt. Wer von der Literatur schon jetzt den Höhenflug über die Klassenbarriere erhofft, der hofft noch immer, fromm weimarisch, auf Erlösung durch den Geist.

2. Vom Fernblick zur Nahaufnahme

Bürgerlich mag unsere Nachkriegsliteratur sein, und wenn affirmativ nur noch den Gegensatz zu revolutionär meinen soll, dann darf sie auch affirmativ geschimpft werden –, sie ist trotzdem und trotz Ernst Jünger, Manfred Hausmann oder Gerd Gaiser nicht mehr bürgerlich apologetisch. 20 Jahre lang hat sie nur noch selten eine Verklärung ihrer bürgerlichen Basis versucht, fast immer nur deren oft destruktive Aufklärung. Ihr wichtigstes politisches, inzwischen schon ausgeschriebenes Thema war, was im Jargon die »Bewältigung der Vergangenheit« heißt, genauer: der bürgerlichen Mitschuld an dieser Vergangenheit. Auf diesem historischen Umweg hat sie den Selbstverständlichkeitsmythos der gegenwärtigen Gesellschaft fortlaufend in Frage gestellt.

Merkwürdig bleibt aber doch, daß dazu immer die Vergangenheit heranbemüht werden mußte. Aus der literarischen Kritik des schon und unabänderlichen Geschehens ließ sich fürs Bestehende ja nie viel mehr ablesen als nur die Warnung, daß das Geschehene nicht wieder geschehen dürfe. Also, trotz Enzensberger oder Walser oder Böll: der literarische Beitrag zu einer frontalen, umweglosen Kritik gegenwärtiger Miseren ist bescheiden und ohnmächtig dazu geblieben.

Auch neuerdings ist politische Belletristik wieder thematisch ausgewandert, diesmal geographisch, statt historisch: man dichtet über Vietnam oder Persien, man stellt Vietnam und Angola auf die Bühne. Die drastischen, die blutigen Themen, Unrecht und Klassenkampf, in aller Breite durchgesetzt mit physischer Gewalt, das alles liegt noch fernab, in der Vergangenheit und auf fremden Kontinenten. Mit solchen Provokationen aber läßt sich offenbar literarisch leichter, effektvoller (nicht wirkungsvoller) agitieren als gegen die noch nicht so schön kraß und kraß schön ins Auge fallenden Herrschaftsformen hierzulande. Was hier erlebt wird, nämlich nicht mehr materielles Elend, noch wenig physische Gewalt, dafür Gängelung, Verelendung, Entfremdung des Bewußtseins, das wird heute eher registriert in einer Literatur, die scheinbar nur von Sprache statt von Welt handelt, die angeblich schwierig, trotzdem aber politisch ist, in Texten etwa von Heißenbüttel, Handke oder Alexander Kluge.

Auch thematisch bleibt also Literatur, so lange jedenfalls, wie sie realistisch bleiben will, angewiesen auf die Veränderungen der Gesellschaft: solange deren Unterdrückungsmechanismen kompliziert und indirekt wirken, wird auch die auf sie ansetzende Literatur indirekt und kompliziert scheinen. Solange sie aber so arbeitet, bleibt sie im Getto, politische Literatur ohne politische Wirkung.

3. Gattungssorgen

Die Schwierigkeiten oder die Bereitschaft der Literatur, sich politisch zu engagieren, sind allerdings auch von Gattung zu Gattung verschieden. Sartre, der internationale Fachmann für literarisches Engagement, der in ›Was ist Literatur?‹ nur die Prosa und das Theater auf politische Wirkung einschwören wollte, Gedichten aber jedes politische Ausdrucksvermögen absprach, hat gerade darin prominent geirrt, wie nicht nur eine lange Tradition von Horaz bis Whitman, Majakowski oder Brecht beweisen könnte. Denn seit Jahren steht, und das nicht nur in der Bundesrepublik, politische Lyrik neu in Konjunktur.

Dem Gedicht, da verhältnismäßig schnell, spontan produziert, fällt es schon aus diesem banalen Grunde nicht schwer, schnell, aktuell, also selbst auf Tagesnachricht zu reagieren. Es darf sich auch als Ansprache, als Adresse eines einzigen Sprechers verstehen, also parteilich sein. Doch vor allem: Gedichte können öffentlich vorgetragen, der Vortrag gesellschaftlich veranstaltet werden. Sie erreichen dann, mit unmittelbarem Appell, ein konkretes, statt ein diffuses Publikum. Vor allem als Lieder, ob von Biermann oder Bob Dylan, brechen sie heute aus dem Bannkreis literarischer Exklusivität.

Das Gleiche kann von Bühnenstücken, die immer noch angewiesen sind auf den Apparat der Staats- und Stadttheater und deren alteingesessenes Publikum, kaum erwartet werden. Doch auch sie, sobald sie sich nicht mehr verlassen aufs Drama der Guckkastenbühne oder Brechtsche Parabelweisheit und kunstvolle Jenseitsmodelle, sondern lieber aufs Theater als Podium setzen, auch sie gewinnen dann eine neue Freiheit gegenüber neuen politischen Stoffen, die in deutscher Sprache am konsequentesten Peter Weiss in seinen didaktischen Revuen genutzt hat.

Am schwersten jedenfalls, verglichen mit ihren Nachbarn, tut sich die längere erzählende Prosa. Nicht nur, weil sie zu zäh, zu langsam entsteht, weil schon ihre Produktionsweise zu episch ist, um Politisches aktuell und genau zu pointieren. Sie hat auch immer noch mit einem vollkommen privatisierten Einzelleser zu rechnen, statt mit einer Gesellschaft von Zuhörern und Zuschauern. Selbst thematisch ist sie ihrer bürgerlich realistischen Tradition treu geblieben, erkundet also Innenleben und Privatbereiche, oder mindestens das, was nah, greifbar und empirisch vor Augen steht. Sie also könnte kaum, wie heutige Stücke und Gedichte, nur gestützt auf Information, ein Angola oder Kolumbien nur aus Worten herstellen. Vor allem: jede Parteilichkeit fällt ihrem eingefleischten Realismus schwer, denn er läßt sich nur durchhalten mit einem Pluralismus der Werte, mit Ironie. Noch immer handelt erzählende Prosa mit Vorliebe von dem, was ist, nicht von dem, was nicht sein sollte oder hoffentlich kommen wird. Mit einem oder zwei Worten: eine ganz und gar nicht revolutionäre, eine bestenfalls und im Wortsinne revisionistische Gattung.

Für ihre Zukunft allgemein, für ihre politische Zukunft im besonderen eine Hoffnung zu präzisieren, fällt heute schwer. Aber vielleicht liegt gerade die eben nicht mehr in einer Fortsetzung des bürgerlichen, des realistischen Romans – dem man ausgerechnet jenseits der Elbe eine späte rote Kunststoffblüte aufgesetzt hat –, sondern eher in der Weiterführung drastischerer, trivialer Erzählformen, der Science Fiction, des Abenteuer- und Kriminalromans, ja selbst der Bildergeschichte. Nur: sind deren kritische, also auch gesellschaftskritische Kräfte nicht deprimierend bescheiden, bieten sie nicht eher Gelegenheiten zum Träumen mit offenen Augen? Auf diese Frage gibt es nur eine Gegenfrage: wäre nicht denkbar, daß künftig eine politische Literatur weniger Kritik liefern, als utopische Phantasie befreien und vermehren könnte?

4. Zwischen Wut und Resignation

Vorerst jedenfalls ist die politische Wirkung von Literatur, wie es ihrer bescheidenen Verbreitung und ihrer noch notwendigen oder nur noch luxuriösen Umständlichkeit entspricht, eher bescheiden. Das wissen schärfer als ihre Zuschauer und Aufseher die politisch interessierten Literaten selbst. Gegenüber einem sterbenden Kind, sagte Sartre, hätte sein Roman ›Der Ekel‹ kein Gewicht, und daraus schloß er, konsequenter als andere: »Vielleicht sollten Literaten vorübergehend die Literatur aufgeben, um sich der Erziehung des Volkes zu widmen.« Das versuchte auf seine Art, auf Wahlreisen für die SPD, bekanntlich auch Günter Grass. Einer seiner ungeduldigeren Kollegen, der Dramatiker Hartmut Lange, sagte in der Berliner Akademie vor geladenen

Gästen: »Daß auf alle Kunst notfalls zu pfeifen ist, wenn man mit dem Knüppel und dem Revolver der Polizei mehr ausrichten kann als zum Beispiel mit einem Konzert der Berliner Philharmoniker, geleitet von Herrn Karajan.« In ausführlicher und gepflegterer Argumentation wurde das etwa gleiche in Enzensbergers ›Kursbuch‹ Nummer 15* behauptet.

Solche und ähnliche Ausbruchsversuche aus dem Getto Kunst werden eher noch zunehmen. Was Autoren dringend, politisch, aktuell zu sagen hätten, geht entweder nicht in ihre Werke, oder schlimmer: es geht in diesen, neutralisiert durch deren ästhetische Ordnung, sozusagen »auf«. Solange das so ist oder sein muß (wie lange?), ist nichts verständlicher und nichts nützlicher als Arbeitsteilung zwischen dem Autor als politisch handelndem Bürger, der dann direkt, ohne den Umweg über Kunstbeispiele, auf die jeweilige Lage reagieren kann, und dem Autor als Verfasser seiner Werke. In der Politik entscheidet über Formfragen vor allem die politische Wirkung. Wenn eine Ohrfeige von Beate Klarsfeld mehr Information vermittelt als ein Band Gedichte von Yaak Karsunke, ist eine Ohrfeige bessere Politik.

5. »La poésie est dans la rue« (Paris, Mai 1968)

Das alles hätte auch vor drei oder vier Jahren so oder ähnlich gesagt werden können. Außerparlamentarische Opposition, das war bis dahin fast ausschließlich die Politik der Autoren: einiger Journalisten, Wissenschaftler, Belletristen. Jetzt ist damit vor allem die Politik der Studenten gemeint. Nichts ist durch diesen Positionswechsel fragwürdiger geworden als der politische Auftrag der Literatur und vor allem: seine Wirksamkeit. So politisch nämlich ihre Intentionen auch 20 Jahre lang gewesen sein mögen, sie hat nichts erreicht, was im Bewußtsein der Nation so folgenreich zu Buch schlug wie gleich die ersten Monate studentischer Aktionen. Diese wiederum waren auch kaum praktische Folgerungen aus Enzensberger-, Sartre-, Brecht- oder Peter Weiss-Lektüre, sondern beriefen sich eher auf die Bildungserlebnisse Fanon, Marcuse, Guevara, Mao, auf die Methoden der amerikanischen Bürgerrechtsbewegung und auf Guerillastrategie.

Trotzdem: auch diese Opposition, selbst wenn sie sich deutlicher in Versammlungssälen und auf Straßen als auf Papier manifestierte, blieb vorerst literarisch, ihren Zielen und ihren Methoden nach. Auch sie, genau wie alle politisch interessierte Literatur, die mehr als nur kurzfristige Tendenz verbreitet, auch sie hat mehr vorzuschlagen als nur Reparaturen hier und da, auch sie hat utopische Perspektive: für wünschbar *und* erreichbar hält sie gesellschaftliche Verhältnisse, in

---

* Siehe S. 319–328 des vorliegenden Bandes (Anmerkung des Herausgebers).

denen, nach dem Marx-Wort, »der Mensch kein erniedrigtes, kein geknechtetes, kein verächtliches, kein verlassenes Wesen ist«. Genau das war von Voltaire und Lessing bis zu Gorki und Thomas Mann (oder im Negativ ausgedrückt in Büchners ›Woyzeck‹ oder bei Céline) eine Hoffnung der Literatur. Sie wird neuerdings eben nicht mehr geschrieben, sondern demonstriert.

Aber solche Demonstration ist auch als Methode literarisch. Durch sie soll, laut Dutschke – und das erinnert an Kennth Burkes Theorie der ›Dichtung als symbolischer Handlung‹, durch Demonstration soll Politik »sinnlich erfaßbar und erfahrbar gemacht« werden. Die Ergebnisse sind erstaunlich und bekannt: Minderheiten von sozusagen Demonstrations-Autoren konnten schon einflußreichere Minderheiten immerhin vorübergehend für sich und die ganze Bevölkerung mindestens als Publikum gewinnen. Was zwei Jahrzehnte lang bundesdeutsche Autoren einem kleinen Kreis von Lesekundigen und -willigen zu demonstrieren versucht haben, daß nämlich die angenehme Fassade dieser Gesellschaft womöglich doch täuscht, das ist seit dem Berliner 2. Juni der Nation wahrhaft »sinnlich« erfaßbar geworfen. Die Provokationen, früher nur in Worten veranstaltet, haben sich verkörpert, und folgerichtig drohte die liberale, die formale Demokratie mit ihrer Grenze: sie erlaubt zwar radikal oppositionelles Reden, aber sie kann nicht radikal oppositionelles Handeln dulden. Literaten wurden zwar Pinscher genannt, gelyncht oder auch nur mit dem Strafgesetz verfolgt werden sollten sie nicht.

Worauf das also, fünftens, hinausläuft: ganz gleich, ob man die Schwierigkeiten einer herkömmlichen, einer aufklärerisch politischen Literatur bedauert oder belächelt, man sollte einsehen, daß sie im Augenblick unwichtiger ist, als sie noch vor drei Jahren schien. Die von ihr versuchten Demaskierungen, die in ihr vorgetragenen utopischen Bedürfnisse wurden inzwischen mit ungleich größerer Echowirkung demonstriert, eben von der neuen außerparlamentarischen Opposition. Insofern war diese tatsächlich – Literaturersatz. Das heißt, sie hat die Zustände zwar kenntlicher gemacht, sie hat kritisches Bewußtsein vermehrt und sicher auch reaktionäres ans Licht gebracht –, genau das könnte auch Literatur, nicht weniger, aber leider auch nicht mehr. Statt nur Bewußtsein auch die Verhältnisse ändern, das kann sie nicht, sowenig wie Demonstrationen.

6. Was nun?

Die ersten vier Thesen, wie gesagt, hätten so auch vor Jahren formuliert werden können, über die fünfte aber scheint die Entwicklung seit 1968 hinausgegangen zu sein. Kein Zweifel: seit den Osterdemonstrationen gegen Springer, seit dem Tode Martin Luther Kings, seit dem

Zusammenbruch des Pariser Aufstandes, seit den vergeblichen Aufmärschen gegen die Bonner Notstandsgesetze läßt sich kaum noch enthusiastisch, hoffnungsvoll über Demonstrationen als politisch symbolische Handlungen reden. Diese, die »literarische« Phase der neuen Opposition scheint abgelaufen. Sie steckt in einer Krise.

Für die Literatur aber könnte diese Erfahrung, der Vergleich zwischen demonstrierter und nur geschriebener Aufklärung, doch ernüchternd genug gewesen sein. Fragt sich, ob sie die Lektion wahrnimmt und was aus ihr gefolgert wird.

Ich sehe, grob gesprochen, eine Alternative.

Einerseits, man könnte weitermachen wie bisher, in den Fußstapfen des bürgerlichen Realismus, doch zeitgemäß angereichert, genießbarer gemacht durch Montagetechniken, Literatur also weiterhin begreifen als Instrument gesellschaftlicher Information, zeitgemäß radikaler vielleicht als die Gruppe 47, aber doch in ihrem Sinne, weiterhin also eine belletristische Aufklärung betreiben, ohne Begriffe und ohne praktische Konsequenz, kritische Spiegelbilder der bürgerlichen Gesellschaft und ihres Bewußtseins liefernd, diese ungewollt mit dem Genuß ihres schlechten Gewissens bedienend, und die nie verläßlich beantwortbare Frage nach der politischen Wirksamkeit solcher Gesellschaftskritik auf dem Papier beflissen weiterhin überhören.

Andererseits: Literatur könnte auch endlich ihre erhabene Entbehrlichkeit für die Erreichung gerade konkreter politischer Ziele, ja sogar als Produktionsmittel von politischer Kritik einsehen. Sie könnte dafür wieder mehr »schöne Literatur« werden, als sie sich lange Zeit zu sein traute, das heißt ihre ästhetische Scham vergessen und wieder an Phantasie und Sinnlichkeit, an das fast erstickte utopische Bewußtsein appellieren. Sie könnte, durchaus im Sinne von Ernst Bloch oder Marcuse, uneingelöste Hoffnungen, Freiheitsbedürfnisse, vorausspringende Träume artikulieren und damit psychischen, gesellschaftlichen Sprengstoff vermehren, statt immer nur weiter minutiös realistische Zustandsbilder der gegenwärtigen Repression anzufertigen, der Frustration also gekonnte Belege zu liefern. Sie könnte auf diesem Wege womöglich am ehesten ihre fatale Exklusivität verlieren und, man erschrickt fast, vielleicht doch volkstümlich werden. Sie könnte genau das als ihren in Zukunft wichtigsten politischen Auftrag verstehen.

Sie könnte dieses, sie könnte jenes. Die Alternative ist grob. Die Konjunktive haben die ihnen angeborene Vagheit.

Für die Einlösung des ersten spricht nicht mehr als die trostlose Logik einer Fortsetzung des Gehabten. Die andere Möglichkeit, die Möglichkeit einer Mutation aber stützt sich mittlerweile auf Verläßlicheres als nur Hoffnung und kann sich auch schon auf Näheres berufen als die amerikanischen Beispiele, auf Ginsberg oder Corso, auf Fiedler, Cohen, Kesey und so fort, auf die Praxis und die Theorien nämlich gerade der jüngsten deutschen Literaten und auch Filmemacher. Unübersehbar, gegen die Gebote der Mimesis, beginnt sich ausgerechnet Phantasie als ästhetische Grundkategorie wieder durchzusetzen, und schon warnt ein durch die Erfahrung des Faschismus fast paralysierter politischer Verstand vor genau dieser Entwicklung. Man redet von einem neuen Irrationalismus, einer lächerlichen neuen Romantik –, Tabuwörter, mit denen man immer noch genügend Hunde hinter dem Ofen hervorlockt.

Zurückzufragen wäre, ob diese pauschale Angst oder nur Prüderie praktisch noch irgend etwas taugt, ob denn sogenannter Irrationalismus auf ewig eine Domäne der Reaktion ist, ob die Erwartung, Geschichtliches würde sich je in der gleichen Erscheinungsform wiederholen, Faschismus also hinter »irrationaler«, »romantischer« Fassade wieder auftauchen, nicht schlechtweg Wahn (wenn auch ein plausibler Wahn) ist? Nützlicher wäre, mit Marcuse zu unterscheiden zwischen dem inhumanen Irrationalismus der technologischen Rationalität, eines monoman in sich geschlossenen, nicht mehr über sich hinausdenkenden Systems einerseits und andererseits jenen von Zweck- und Leistungsdenken, Entfremdung und Affirmation noch nicht vollkommen vereinnahmten Bereichen des irrationalen Bewußtseins, die gerade und immer noch Phantasie über das Bestehende hinaus produzieren und denen ebensolche Phantasie (in der Literatur, Musik oder im Kino) schon heute zu Hilfe kommt.

Dagegen steht Peter Schneiders Behauptung: »Jeder Versuch, Freiheiten als Schein, als Kunst darzustellen, die objektiv längst zu verwirklichen sind, würde nur die kapitalistische Propaganda unterstützen, daß diese Freiheiten eben nur als Schein zu haben sind.« Die immanente Logik dieses Satzes klingt zwingend –, obwohl, ließe sich nicht mit der gleichen Beweiskraft, in reinem Begriffsspiel auch behaupten, die bislang in kritischer Kunst als Schein, als Kunst dargestellten Unfreiheiten hätten bewiesen, daß solche Unfreiheiten eben nur als Schein erlebt werden? Hier wird offenbar noch immer gegen einen absterbenden bürgerlichen Idealismus argumentiert, gegen seine ideologische, glänzend verinnerlichte, jeder Praxis von vornherein entsagende Freiheit (Goethe: Iphigenie müsse sprechen, als ob kein Strumpfwirker in Apolda hungerte). Von diesen sublimen Verdrängungs-Kunststücken, von solchen Vertröstungen auf ein irdisches Jenseits ist den neuesten Produktionen der Phantasie vorerst kaum etwas anzumerken. Andererseits: zweifellos kann die Blochsche Kategorie des Noch-Nicht immer wieder frustriert werden zu einem Nie, dann nämlich, wenn der zu verheißungsvolle Überbau zu hoch und ohne breite Basis zu lange in der Luft steht, als Luftschloß.

Mit irgendwelchen Gewißheiten kann also, sechstens, nicht gedient werden. Aber vermutbar bleibt, daß nach der »Literarisierung« der Politik eine neue, diesmal andere Politisierung der Literatur einsetzt, eine nämlich, die das Realitätsprinzip nicht mehr durch Realismus stützen wird, sondern es gerade aufzusprengen sucht, eine Literatur der positiven Aufklärung statt der gehabten negativen. Wird auch sie nur Papiertiger herstellen? Das hängt weniger von ihren Intentionen und Methoden ab als wiederum davon, welches Publikum sie mit ihnen erreichen kann.

Womit sich an die letzte wieder die erste These anschließen könnte und die Argumentation, wenn man will, sich in den Schwanz beißt.

HANS MAGNUS ENZENSBERGER

Baukasten zu einer Theorie der Medien*

[Auszug]

[...]
16. Die Umwälzung der Produktionsbedingungen im Überbau hat die herkömmliche Ästhetik unbrauchbar gemacht, ihre fundamentalen Kategorien samt und sonders aus den Angeln gehoben und ihre »Maßstäbe« vernichtet. Die Erkenntnistheorien, die ihr zugrundelagen, sind veraltet; in den elektronischen Medien kommt ein radikal verändertes Subjekt-Objekt-Verhältnis zum Vorschein, das sich den alten kritischen Begriffen entzieht. Längst hinfällig ist die Vorstellung vom abgeschlossenen Kunstwerk. Die langandauernde Diskussion über den Tod der Kunst geht im Zirkel, solange sie die ästhetischen Begriffe, die ihr zugrundeliegen, nicht überprüft und mit Kriterien operiert, die dem Stand der Produktivkräfte nicht mehr entsprechen. Bei der Konstruktion einer Ästhetik, die der veränderten Lage angemessen wäre, ist von der Arbeit des einzigen marxistischen Theoretikers auszugehen, der die emanzipatorischen Möglichkeiten der neuen Medien erkannt hat. Schon vor fünfunddreißig Jahren, zu einem Zeitpunkt also, da die Bewußtseins-Industrie noch relativ wenig entfaltet war, hat Walter Benjamin dieses Phänomen einer hellsichtigen dialektisch-materialistischen Analyse unterzogen. Sein Ansatz ist von der seitherigen Theorie nicht eingeholt, geschweige denn weitergeführt worden.

»Die Reproduktionstechnik, so ließe sich allgemein formulieren, löst das Reproduzierte aus dem Bereich der Tradition ab. Indem sie die Tradition vervielfältigt, setzt sie an die Stelle seines einmaligen Vorkommens ein massenweises. Und indem sie der Reproduktion erlaubt, dem Aufnehmenden in seiner jeweiligen Situation entgegenzukommen, aktualisiert sie das Reproduzierte. Diese beiden Prozesse führen zu einer gewaltigen Erschütterung des Tradierten — einer Erschütterung der Tradition, die die Kehrseite der gegenwärtigen Krise und Erneuerung der Menschheit ist. Sie stehen im engsten Zusammenhang mit den Massenbewegungen unserer Tage. Ihr machtvollster Agent ist der Film. Seine gesellschaftliche Bedeutung ist auch in ihrer positivsten Gestalt, und gerade in ihr, nicht ohne diese seine destruktive, seine

---

* Aus: ›Kursbuch‹ 20 (1970), hrsg. v. Hans Magnus Enzensberger, Suhrkamp Verlag, Frankfurt/M.; ›Baukasten [...]‹ © 1970 by Hans Magnus Enzensberger. (Den Textauszug besorgte der Autor; W. K.)

kathartische Seite denkbar: die Liquidierung des Traditionswertes am Kulturerbe.«

»Die technische Reproduzierbarkeit des Kunstwerkes emanzipiert dieses zum erstenmal in der Weltgeschichte von seinem parasitären Dasein am Ritual. Das reproduzierte Kunstwerk wird in immer steigendem Maße die Reproduktion eines auf Reproduzierbarkeit angelegten Kunstwerkes. [...] In dem Augenblick aber, da der Maßstab der Echtheit an der Kunstproduktion versagt, hat sich auch die gesamte Funktion der Kunst umgewälzt. An die Stelle ihrer Fundierung aufs Ritual tritt ihre Fundierung auf eine andere Praxis: nämlich ihre Fundierung auf Politik. [...] so wird heute das Kunstwerk durch das absolute Gewicht, das auf seinem Ausstellungswert liegt, zu einem Gebilde mit ganz neuen Funktionen, von denen die uns bewußteste, die künstlerische, als diejenige sich abhebt, die man später als eine beiläufige erkennen mag.« (›Das Kunstwerk im Zeitalter seiner technischen Reproduzierbarkeit‹, Frankfurt/M. 1963 [= ›edition suhrkamp‹ 28], S. 16–23.)

Die Tendenzen, die Benjamin seinerzeit am Beispiel des Films erkannt und in ihrer ganzen Tragweite theoretisch erfaßt hat, sind heute mit der rapiden Entwicklung der Bewußtseins-Industrie manifest geworden. Was bisher Kunst hieß, ist in einem strikt hegelianischen Sinn durch die Medien und in ihnen aufgehoben. Der Streit um das Ende der Kunst ist müßig, solange dieses Ende nicht als ein dialektisches verstanden wird. Die künstlerische erweist sich als der extreme Grenzfall einer viel allgemeineren Produktivität, und sie ist nur noch in dem Maß gesellschaftlich von Belang, in dem sie alle Autonomie-Ansprüche aufgibt und sich selbst als Grenzfall begreift. Wo die professionellen Produzenten aus der Not ihres Spezialistentums eine Tugend machen, aus ihm gar einen privilegierten Status herleiten, sind ihre Erfahrungen und Kenntnisse unnütz geworden. Für die ästhetische Theorie bedeutet das die Notwendigkeit eines durchgreifenden Wechsels der Perspektive. Statt die Produktion der neuen Medien unter dem Gesichtspunkt älterer Produktionsweisen zu betrachten, muß sie umgekehrt das, was mit den hergebrachten »künstlerischen« Medien hervorgebracht wird, von den heutigen Produktionsbedingungen her analysieren.

»Hatte man schon vordem vielen vergeblichen Scharfsinn an die Entscheidung der Frage gewandt, ob die Photographie eine Kunst sei – ohne die Vorfrage sich gestellt zu haben: ob nicht durch die Erfindung der Photographie der Gesamtcharakter der Kunst sich verändert habe –, so übernahmen die Filmtheoretiker bald die entsprechende voreilige Fragestellung. Aber die Schwierigkeiten, welche die Photographie der überkommenen Ästhetik bereitet hatte, waren ein Kinderspiel gegen die, mit denen der Film sie erwartete.« (Benjamin, a. a. O.)

Die panische Angst vor einem solchen Wechsel der Perspektive ist verständlich. Der Vorgang macht nicht nur fortgeschleppte Zunftgeheimnisse im Überbau zu Ladenhütern, er birgt auch ein genuin destruktives Moment. Er ist, mit einem Wort, riskant. Doch liegt in ihrer dialektischen Aufhebung die einzige Chance der ästhetischen Tradition. Auf ähnliche Weise hat die klassische Physik als marginaler Sonderfall innerhalb einer weit umfassenderen Theorie, der modernen Physik, überlebt.

An allen überlieferten Disziplinen der Kunst läßt sich der Sachverhalt im einzelnen verifizieren. Ihre heutigen Entwicklungen bleiben unverständlich, solange man versucht, sie aus ihrer eigenen Prähistorie abzuleiten. Dagegen läßt sich ihre Brauchbarkeit oder Unbrauchbarkeit abschätzen, sobald man sie als Spezialfälle einer allgemeinen Medien-Ästhetik betrachtet. Einige Hinweise auf die kritischen Möglichkeiten, die sich dabei ergeben, sollen hier am Beispiel der Literatur versucht werden.

17. Die geschriebene Literatur hat, historisch gesehen, nur wenige Jahrhunderte lang eine dominierende Rolle gespielt. Die Vorherrschaft des Buches wirkt heute bereits wie eine Episode. Ein unvergleichlich längerer Zeitraum ging ihr voraus, in dem die Literatur mündlich war; nunmehr wird sie vom Zeitalter der elektronischen Medien abgelöst, die ihrer Tendenz nach wiederum einen jeden zum Sprechen bringen. In seinen Glanzzeiten hat das Buch gewissermaßen die primitiveren, aber allgemein verfügbaren Produktionsweisen der Vergangenheit usurpiert, andererseits war es der Statthalter künftiger Produktionsweisen, die es jedermann ermöglichen, sich zum Produzenten zu machen.

Die revolutionäre Rolle des Buchdrucks ist übrigens oft genug beschrieben worden, und es wäre absurd, sie zu leugnen. Die geschriebene Literatur war von ihrer Medienstruktur her progressiv wie die Bourgeoisie, die sie hervorgebracht und der sie gedient hat. (Näheres darüber steht im ›Manifest‹.) Analog zur ökonomischen Entwicklung des Kapitalismus, welche die industrielle Revolution überhaupt erst ermöglicht hat, hätten auch die immateriellen Produktivkräfte sich nicht entfalten können ohne Akkumulation ihres Kapitals. (Auch die Akkumulation des ›Kapital‹ und seiner Lehren verdanken wir dem Medium des Buchs.)

Immerhin sprechen fast alle Leute besser als sie schreiben. (Das gilt auch für Schriftsteller.) Das Schreiben ist eine äußerst stark formalisierte Technik, die schon rein physiologisch eine eigentümlich starre Körperhaltung erfordert. Dem entspricht der hohe Grad an sozialer Spezialisierung, den sie erzwingt. Berufsmäßige Schreiber neigen seit jeher zum Kastendenken. Der Klassencharakter ihrer Arbeit steht auch im Zeitalter der allgemeinen Schulpflicht außer Frage. Der ganze Vorgang ist außergewöhnlich tabubesetzt. Orthographische Fehler, die für die Kommunikation völlig belanglos sind, werden mit der gesellschaftlichen Deklassierung des Schreibers geahndet; den Regeln, die für diese Technik gelten, wird eine normative Kraft zugeschrieben, für die es keine rationale Begründung gibt. Einschüchterung durch die Schrift ist auch in entwickelten industriellen Gesellschaften eine weitverbreitete klassenspezifische Erscheinung geblieben.

Diese Entfremdungsmomente sind aus der geschriebenen Literatur nicht zu tilgen. Verstärkt werden sie durch die Methoden, mit denen die Gesellschaft ihre Schreibtechniken tradiert: Während man das Sprechen sehr früh und meist unter psychologisch günstigen Umständen lernt, macht die Schreibkunde einen wichtigen Teil der autoritären Sozialisierung durch die Schule aus (»Schönschreiben« als Dressurakt). Das prägt für immer die Sprache der geschriebenen Mitteilung, ihren Tonfall, ihre Syntax und ihren Gestus (also auch diesen Text).

Die Formalisierung der geschriebenen Sprache erlaubt und begünstigt das Verdrängen von Widerständen. Beim Sprechen verraten sich ungelöste Widersprüche schon durch Pausen, Stockungen, Versprecher, Wiederholungen, Anakoluthe, ganz abgesehen von der Phrasierung, der Mimik, der Gestikulation, dem Tempo und der Lautstärke. Die Ästhetik der geschriebenen Literatur ächtet jene unwillkürlichen Momente als »Fehler«. Sie verlang, explizit oder implizit, nach Glättung der Widersprüche, nach Rationalisierung, nach Regelhaftigkeit der sprachlichen Form ohne Rücksicht auf den Gehalt. Der Schreibende wird schon als Kind dazu angehalten, seine ungelösten Probleme hinter einem Schutzwall von Korrektheit zu verbergen.

Strukturell ist der Buchdruck ein monologisches Medium, das sowohl Produzenten als auch Leser isoliert. Feedback und Wechselwirkung sind äußerst begrenzt, erfordern umständliche Vorkehrungen und führen in den seltensten Fällen zu Korrekturen: die einmal ausgedruckte Auflage ist unbelehrbar, man kann sie allenfalls einstampfen. Der Regelkreis der literarischen Kritik ist überaus schwerfällig und elitär; er schließt das Publikum von vornherein aus.

Für die elektronischen Medien gilt keines der Charakteristika, welche die geschriebene und gedruckte Literatur auszeichnen. Mikrophon und Kamera heben den Klassencharakter der Produktionsweise (nicht der Produktion) auf. Die normativen Regeln treten zurück: das mündliche Interview, der Streit, die Demonstration verlangen und erlauben keine Orthographie und keine Schönschrift. Der Bildschirm entlarvt die ästhetische Glättung ungelöster Widersprüche als Camouflage. Zwar wimmelt es auf ihm von Lügnern, aber jeder merkt ihnen schon von weitem an, daß sie etwas verkaufen wollen. In ihrer heutigen Verfassung schleppen Funk, Film und Fernsehen bis zum Überdruß die autoritären und monologischen Züge mit, die sie von älteren Produktionsweisen ererbt haben, und das geschieht beileibe nicht aus Versehen. Diese überständigen Momente der heutigen Medienästhetik werden von den gesellschaftlichen Verhältnissen erzwungen. Sie folgen nicht aus der Struktur der Medien. Im Gegenteil: sie sind ihr konträr, denn diese Struktur verlangt nach Interaktion.

Übrigens ist es äußerst unwahrscheinlich, daß das Schreiben als spezielle Technik in absehbarer Zeit verschwinden wird. Das gilt auch für das Buch, dessen praktische Vorzüge für viele Zwecke nach wie vor offensichtlich sind. Zwar ist es weniger handlich und raumsparend als andere Speichersysteme, doch bietet es bisher einfachere Möglichkeiten des Zugriffs als beispielsweise der Mikrofilm oder der Magnetspeicher. Es dürfte als Grenzfall in das System der neuen Medien integriert werden und dabei die Reste seiner kultischen und rituellen Aura einbüßen.

Das läßt sich schon an der technologischen Entwicklung ablesen. Die Elektronik bemächtigt sich zusehends der Schrift: Fernschreiber, Schnellsender, Lesegerät, automatischer Foto- und elektronischer Satz, Schreibautomaten, Composer, Elektrostat, Ampex-Bibliothek, Kassetten-Enzyklopädie, Licht- und Magnetschreiber, Speedprinter.

Der hervorragende russische Medien-Praktiker El' Lisickij hat übrigens schon 1923 die »Elektro-Bibliothek« gefordert, ein Verlangen, das bei dem damaligen Stand der Technik nahezu sinnlos, jedenfalls unverständlich anmuten mußte. Soweit reichte die Phantasie dieses Mannes in die Zukunft: »Ich stelle folgende Analogie auf:

Erfindungen auf dem Gebiet des Gedankenverkehrs	*Erfindungen auf dem Gebiet des allgemeinen Verkehrs*
Artikulierte Sprache	Aufrechter Gang
Schrift	Rad
Gutenbergs Buchdruck	Wagen, gezogen durch tierische Kraft
?	Auto
?	Aeroplan

Ich zeige diese Analogie auf, um zu beweisen, daß, solange das Buch noch als handgreiflicher Gegenstand nötig sein wird, d. h. durch selbstlautende oder kinolautende Gestaltung noch nicht verdrängt ist, wir von Tag zu Tag neue grundlegende Erfindungen auf dem Herstellungsgebiet des Buches erwarten müssen. [...] Es sind Anzeichen vorhanden, daß diese grundlegende Erfindung von dem Nachbargebiet des Lichtdruckes zu erwarten ist.« (El' Lisickij, ›Erinnerungen – Briefe – Schriften‹, Dresden 1967). Heute ist die Schrift in vielen Fällen bereits zur sekundären Technik, das heißt zum Transskript mündlich fixierter Sprache geworden: Tonbandprotokoll, Versuche zur automatischen Spracherkennung (speech pattern recognition) und Umsetzung gesprochener Rede in Schrift.

18. Die Ratlosigkeit der literarischen Kritik vor der sogenannten dokumentarischen Literatur ist ein Indiz dafür, wie weit das Denken der Rezensenten hinter dem Stand der Produktivkräfte zurückgeblieben ist. Sie rührt daher, daß die Medien eine der fundamentalsten Kategorien der bisherigen Ästhetik, die der Fiktion, außer Kraft gesetzt haben. Die Opposition Fiktion/Nicht-Fiktion ist ebenso stillgelegt wie

die im 19. Jahrhundert beliebte Dialektik von »Kunst« und »Leben«. Schon Benjamin hat gezeigt, daß »die Apparatur« (der Begriff des Mediums stand ihm noch nicht zur Verfügung) den Charakter des Authentischen auflöst. In der Produktion der Bewußtseins-Industrie verschwindet der Unterschied zwischen dem »Echten« und der Reproduktion: »Der apparatfreie Aspekt der Realität ist hier zu ihrem künstlichsten geworden.« Der Reproduktionsvorgang schlägt auf das Reproduzierte zurück und verändert es grundlegend. Die Auswirkungen dieses Sachverhaltes sind erkenntnistheoretisch noch nicht ausreichend geklärt. Die kategoriale Unsicherheit, die er hervorruft, zieht auch den Begriff des Dokumentarischen in Mitleidenschaft. Er ist streng genommen auf seine juristische Dimension zusammengeschrumpft: ein Dokument ist etwas, dessen »Fälschung«, das heißt, dessen Reproduktion mit Gefängnis bestraft wird. Diese Definition hat natürlich keinerlei theoretischen Sinn. Das geht schon daraus hervor, daß eine Reproduktion, sofern ihre technische Qualität gut genug ist, von ihrer Vorlage, es handle sich um ein Tafelbild, einen Paß oder eine Banknote, auf keine Weise zu unterscheiden ist. Der rechtliche Begriff der Urkunde ist nur pragmatisch brauchbar, er dient lediglich dem Schutz ökonomischer Interessen.

Die Produktion der elektronischen Medien unterläuft prinzipiell Unterscheidungen wie die zwischen Dokumentar- und Spielfilm. Sie ist in jedem Fall und ausdrücklich situationsbedingt; der Produzent kann niemals vorgeben, so wie der traditionelle Romancier, »über den Dingen zu stehen«. Er ist somit von vornherein parteiisch. Das drückt sich formal in seinen Handgriffen aus. Schneiden, Montieren, Mischen, das sind Techniken der bewußten Manipulation, ohne die der Umgang mit den neuen Medien überhaupt nicht gedacht werden kann. Gerade in diesen Arbeitsgängen verrät sich ihre produktive Kraft, und dabei ist es völlig gleichgültig, ob es sich um die Herstellung einer Reportage oder einer Komödie handelt. Das Material, sei es »dokumentarisch« oder »fiktiv«, ist in jedem Fall nur Vorlage, Halbfabrikat, und je eingehender man seinem Ursprung nachforscht, desto mehr verschwimmt der Unterschied. (Genauer auszuführen. Realität, in der eine Kamera auftaucht, immer eine »gestellte«: Beispiel der Mondlandung.)

19. Im übrigen lösen die Medien auch die alte Kategorie des Werkes auf, das nur als diskreter Gegenstand, nicht unabhängig von seinem materiellen Substrat gedacht werden kann. Die Medien stellen solche Objekte nicht her. Sie bringen Programme hervor. Ihre Produktion ist prozessualer Natur. Das bedeutet nicht nur und nicht in erster Linie, daß kein Ende des Programms in Sicht ist (was angesichts der gegenwärtig vorgezeigten eine gewisse Medienfeindschaft immerhin verständlich macht); es bedeutet vor allem, daß das Medienprogramm

strukturell endlos auf seine eigenen Folgen hin geöffnet ist. (Dies ist keine empirische Beschreibung sondern eine Forderung. Eine Forderung freilich, die nicht von außen an das Medium gestellt wird; sie folgt aus seiner Beschaffenheit. Aus ihr ist die vielbeschriebene »offene Form« abzuleiten und nicht als deren Modifikation aus einer alten Ästhetik.) Die Programme der Bewußtseins-Industrie müssen ihre eigenen Wirkungen, die Reaktionen und Korrekturen, die sie hervorrufen, in sich aufnehmen, sonst sind sie bereits veraltet. Sie sind mithin nicht als Konsum-, sondern als Mittel zu ihrer eigenen Produktion aufzufassen.

20. Es gehört zum Bild künstlerischer Avantgarden, daß sie Möglichkeiten von Medien, die noch in der Zukunft liegen, sozusagen vorahmen.

»Es ist von jeher eine der wichtigsten Aufgaben der Kunst gewesen, eine Nachfrage zu erzeugen, für deren volle Befriedigung die Stunde noch nicht gekommen ist. Die Geschichte jeder Kunstform hat kritische Zeiten, in denen diese Form auf Effekte hindrängt, die sich zwanglos erst bei einem veränderten technischen Standard, das heißt in einer neuen Kunstform ergeben können. Die derart, zumal in den sogenannten Verfallszeiten, sich ergebenden Extravaganzen und Kruditäten der Kunst gehen in Wirklichkeit aus ihrem reichsten historischen Kräftezentrum hervor. Von solchen Barbarismen hat zuletzt der Dadaismus gestrotzt. Sein Impuls wird erst jetzt erkennbar: Der Dadaismus versuchte, die Effekte, die das Publikum heute im Film sucht, mit den Mitteln der Malerei (beziehungsweise der Literatur) zu erzeugen.« (Benjamin, a. a. O., S. 42 f.)

Hierin besteht auch der prognostische Wert ansonsten überflüssiger Veranstaltungen vom Typ der Happenings, der Fluxus- und Mixed-Media-Shows. Es gibt Schriftsteller, die in ihrer Produktion ein Bewußtsein davon zeigen, daß monologischen Medien heute nur noch ein residualer Gebrauchswert zukommt. Manche unter ihnen ziehen aus dieser Einsicht allerdings ziemlich kurze Schlüsse. Sie räumen beispielsweise dem Benutzer die Möglichkeit ein, durch beliebige Permutationen das gelieferte Material selbst zu ordnen. Jeder Leser soll sich sein Buch gleichsam selber schreiben. Auf die Spitze getrieben geben solche Versuche, Wechselwirkungen auch gegen die Struktur des benutzten Mediums hervorzurufen, nicht mehr her als Einladungen zum Leerlauf: bloßes Rauschen läßt keine artikulierte Interaktion zu. Verkürzungen, wie beispielsweise die Concept Art sie feilbietet, beruhen auf dem banalen Trugschluß, die Entwicklung der Produktivkräfte mache jede Arbeit überflüssig. Mit derselben Begründung könnte man einen Computer sich selbst überlassen, in der Annahme, ein Random-Generator werde die materielle Produktion schon von selber organisieren. Glücklicherweise neigen Kybernetiker zu derartigen Kindereien nicht.

21. Für den »Künstler« von ehedem, nennen wir ihn lieber den Autor, folgt aus diesen Überlegungen, daß er sein Ziel darin sehen muß, sich selber als Spezialisten überflüssig zu machen, etwa so, wie der Alphabetisateur seine Aufgabe erst dann erfüllt hat, wenn er nicht mehr benötigt wird. Wie jeder Lernvorgang, so ist auch dieser Prozeß reziprok: der Spezialist wird vom Nicht-Spezialisten ebensoviel oder mehr lernen müssen wie umgekehrt: nur dann kann ihm seine eigene Abschaffung gelingen.

Inzwischen läßt sich sein gesellschaftlicher Nutzen noch am ehesten daran messen, wieweit er in der Lage ist, die emanzipatorischen Momente der Medien zu nutzen und zur Reife zu bringen. Die taktischen Widersprüche, in die er sich dabei verwickeln muß, lassen sich weder leugnen noch beliebig überspielen. Strategisch aber ist seine Rolle klar. Der Autor hat als Agent der Massen zu arbeiten. Gänzlich verschwinden kann er erst dann in ihnen, wenn sie selbst zu Autoren, den Autoren der Geschichte geworden sind.

22. »Pessimismus der Intelligenz, Optimismus des Willens.« (Antonio Gramsci)

HILDE DOMIN

Das politische Gedicht und die Öffentlichkeit*

Ist das Gedicht etwas Demokratisches? Und wie verhält es sich mit der Benutzung des »Gebrauchsgegenstands« Gedicht?

Alle Gedichte sind ihrer Natur nach »öffentlich«, nämlich virulente, d. h. »ansteckende« Formulierung von Erfahrungsmodellen. Sonst wären es überhaupt keine Gedichte, sondern Briefe, die Dritte nichts angehen.

Das »öffentliche Gedicht« im engeren Sinne unterscheidet sich nur in der Thematik: daß es ein politisch-historisches Erfahrungsmuster formuliert, zur Sprache macht. Es ist so virulent, wie es als Gedicht virulent ist. Sonst wäre es zwar kein Brief, aber ein – schlechterer – Leitartikel.

Das Gedicht gehört nicht dem Autor, sondern den Lesern. Die Wirklichkeit, auch die aufregendste, wird durch die Reduzierung auf ihren Modellcharakter — das ist ein kritischer Vorgang — und durch ihre Verwandlung in das virulente »Modell aus Worten« – das ist ein kreativer Vorgang – zugleich objektiviert und »bewältigt«: Das ist ein befreiender Akt des Autors, der eine unbegrenzte Zahl entsprechender Befreiungen anderer nach sich zieht, solange das Gedicht virulent bleibt. Insofern – und nur insofern – ist, wenn man das heute so viel mißbrauchte Wort versuchsweise hierfür benutzen will, das Gedicht auch etwas »Demokratisches«. Das Gedicht »gehört« jedem, der in eine entsprechende Grundsituation gerät. Und zwar seiner Natur nach. Es war, in diesem Sinne, immer »offen«: für die Erweiterung und Modifizierung durch neue Assoziationen. Dadurch wird es das Gedicht des Lesers (auch des Lesers anderer Zeiten und anderer Länder), der seinerseits deswegen durchaus nicht fähig zu sein braucht, Gedichte, also virulente Wortmodelle, herzustellen. Das zu verlangen, hieße die Arbeitsteilung rückgängig machen: eine durch und durch romantische, reaktionäre Vorstellung von Demokratisierung.[1]

---

* Der hier abgedruckte Text ist das von der Autorin eigens für diesen Zweck gekürzte und überarbeitete Nachwort der Anthologie ›Nachkrieg und Unfrieden. Gedichte als Index 1945 – 1970‹, Hermann Luchterhand Verlag, Neuwied/Berlin 1970 (= ›Sammlung Luchterhand‹, Bd. 7).

1 Nicht weniger sachfremd ist die im gleichen Atem erhobene Forderung, bei dem durch jeden Leser machbaren »demokratisierten« Gedicht solle

Das Stichwort für die Benutzung des Gedichts, dieser Zeit-»Konserve«, heißt »Grundsituation«: War der Autor in einer Situation, die so privilegiert war, daß nur eine kleine (sozial bestimmte) Schicht der Leser sich in seinem Modell wiedererkennen könnte? Das war der Autor dieses letzten halben Jahrhunderts nur selten, und er wird es immer seltener sein. Diese — unaufhaltsame — Entwicklung hat insofern ihres Gutes, als der unprivilegierte Autor, sofern er überhaupt die Kraft zur Formulierung bewahrt, Erfahrungen formulieren wird, die für einen immer größeren Kreis von Menschen, Zeitgenossen und künftige Zeitgenossen, nachvollziehbar sind. »Nachvollziehbar«, das heißt nicht nur »einsehbar«, das heißt, zur unmittelbaren Gegenwart gemacht, aktualisiert: Der in dem Gedicht eingefrorene Augenblick des Autors, die »gestoppte Zeit«, wird ins Fließen gebracht, ins Jetzt und Hier des Lesers. (Soweit das Gedicht aber Kernerfahrungen, eben »Muster«, formuliert, ist die Chance weitgehender Identifizierbarkeit grundsätzlich ohnehin gesichert, auch wo der Autor noch zu einer Elite gehörte. Wir identifizieren uns ja mühelos mit Gedichten, die in fernen Zeiten oder fernen Ländern unter ganz anderen Lebensumständen geschrieben wurden.)

Das Gedicht, das, wie wir feststellten, immer »offen« war, ist eben heute nur demonstrativ »offener« geworden. (Das sind Akzentverschiebungen, so wie wir heute mehr auf der *Un*vereinbarkeit des Vereinigten, frühere Jahrhunderte mehr auf der Ver*einig*ung des Unvereinbaren insistiert haben. Ihnen kam es mehr auf die Harmonie an, so wie es uns um das Paradox geht.) Wenn heute auf Ausstellungen Objekte sich dem Publikum zur Behandlung anbieten, Pflöcke von einer Seite auf die andere geschlagen werden können, wozu ein Hammer neben der Holzplatte liegt, so wird nur ein Vorgang handfest ins Mechanische umgesetzt, der weniger sichtbar, aber unzweifelhaft das A und O aller Kunst ist: die aktive Aneignung seitens des »Gebrauchers«, Lesers, Hörers etc. Dabei wird der Vorgang, in dieser äußersten Simplifizierung und Verdeutlichung, zugleich seines Sinnes entleert und widerlegt, das liegt in der Dialektik der Sache. Jeder sieht

---

möglichst »nichts mehr zwischen den Zeilen« stehen, was vermutlich mit der Forderung nach Genauigkeit verwechselt wird. Gedichte haben »genau« zu sein. Aber es steht immer etwas zwischen den Zeilen, und sogar zwischen den Worten ist ein Leerraum, das ist unvermeidlich. Jedes Wort hat Bedeutungshöfe, horizontale wie vertikale. Da es einen Wortkern und eine Wortperipherie gibt, ist es möglich, daß aus Worten Wirklichkeits*modelle* zusammengesetzt werden können, innerhalb derer die Worte zwischen ihren Assoziationsmöglichkeiten Schwingungsraum haben. Sonst würden Gedichte nicht »benutzbar« sein, von Dritten, sondern tot. Wortkerne sind geeignet, Erfahrungskerne darzustellen. Hierher gehört der von mir geprägte Begriff der »unspezifischen Genauigkeit« (›Wozu Lyrik heute. Dichtung und Leser in der gesteuerten Gesellschaft‹, München 1968, S. 138 ff.).

enttäuscht, daß er nichts getan hat, wenn der Pflock auf der anderen Seite ist. Befreiung vom Einzel-Ich und vom Funktionszwang, wie sie sonst durch das Aktivwerden des Benutzers von Kunst, durch aktive Aneignung, statthat, vollzieht sich gerade nicht. Vielmehr wird hier die mechanisierte Aneignung wie der Aneignende durch sein eigenes Tun verspottet: er widerlegt zugleich das Objekt und sich selbst, den es benutzenden Betrachter.

Durch die Aneignung des Erfahrungsmodells wird der Leser nicht nur Subjekt, objektiviert er nicht nur seine Erfahrung und wird so ihrer Herr. Die Subjektwerdung stärkt seine Identität, er wird für einen Augenblick er selbst, also nicht mehr austauschbar. Und damit auch weniger geneigt, andere ohne weiteres auszutauschen: »Mobilisierung des Menschen im Rollenmenschen.« Darüber hinaus versteht sich der Leser als Teil eines Erfahrungsmusters, und zwar sowohl kritisch wie emotional. Sobald in seinem Einzelfall das Allgemeine deutlich wird, hört er auf, ein Einzelner zu sein, wird erlöst von der Isolierung, die – neben Identitätskrise und Verdinglichung – eine der Plagen unserer Gesellschaft ist. Er kommuniziert.

Der Autor selbst dagegen bleibt ein »isolierter Franctireur« (Enzensberger), der gerade aus dieser Isolierung und dem Bewußtsein dieser Isolierung immer neu Musterhaftigkeit virulent macht, für die andern, für ihn selber hält das nicht vor. Nur selten wird das Gedicht neu verfügbar für ihn wie für Dritte. Er ist »fertig« mit seinem Gedicht, in jedem Sinne des Worts. Insofern sind beide Seiten der Ausgangsbehauptung wörtlich zu nehmen: daß das Gedicht seinen Lesern gehört. Und nicht dem Autor.

Re-Ideologisierung und Abkehr von der Lituratur.
Thematische Programmierung als Tod der Dichtung

Es scheint kaum glaublich, daß es erst knappe 15 Jahre her ist, daß Wolfgang Weyrauch, in einem ›Katechismus, dem deutschen Sortiment aufgesagt‹, einem getippten Zettel, der seinem ›Gesang um nicht zu sterben‹ 1956 beilag, sich aufregte über die Buchhändler, »die für Lorca und Prévert sind, weil der eine ein Spanier, der andere ein Franzose ist, und die gegen Marie Luise Kaschnitz und Günter Eich sind, weil sie in deutscher Sprache schreiben« und beschwörend mitteilte: »Gedichte müssen sein [...] Es ist nicht wahr, daß die deutschen Leser gegen Gedichte sind.«

Lyrik sitzt heute auf der Anklagebank, und dieser Angeklagte präsentiert sich kläglich. Das Jahrzehnt, in dem die Lyrik in der Bundesrepublik im Zentrum eines geradezu leidenschaftlichen Interesses stand und international wieder einen ersten Platz einnahm, ist bereits historisch, eine abgeschlossene Periode unserer Nachkriegsgeschichte.

Spätestens seit 1965/1966, mit der zunehmenden Re-Ideologisierung – Ideologie war vor kurzem noch ein Schimpfwort, wir waren stolz darauf, ideologiefrei zu sein, – begann Politik die Literatur, und mehr als alles die Lyrik, in die Zange zu nehmen. Und zwar von innen und von außen. Einerseits, indem das Interesse sich von der Literatur ab- und der politischen Diskussion (und Agitation) zugewandt hat. Andrerseits, indem Politik als Thema, geradezu als Pflichtübung, die Lyrik von innen her aushöhlt: weil Politik plötzlich als das einzig legitime oder zumindest aussichtsreiche Thema erscheint.

Zwar ist die »öffentliche Sache« so legitim wie jedes andere Thema, insoweit eine Erfahrung exemplarisch formuliert wird. Das heißt, soweit die öffentliche Sache für den Autor zur eigenen wird: so eigen wie der eigene Tod, das eigene Ersticktwerden oder Verbrennen. Oder Tötenmüssen. Dafür braucht er keine »ersthändige Erfahrung« im biographischen oder topographischen Sinne. Jede Erfahrung, auch die fernste, kann für den Lyriker zur ersthändigen werden, wenn er sie als Schock, als »Muster« erfährt. Nicht deswegen sind politische Gedichte oft so schlecht, weil die Autoren »nicht dabei gewesen sind« oder weil etwa politische Aufregungen nicht in Sprache umgesetzt werden können (Argumente, die man oft hört), sondern weil es sich so oft um Pflichtaufgaben, Erfüllung eines literarischen oder politischen Solls handelt. So oft ein großes öffentliches Thema den Lyriker spontan erregt – kein Soll, sondern ein »Ich kann nicht anders« –, wird es große öffentliche Gedichte geben. Und hat es auch in der deutschen Nachkriegslyrik große öffentliche Gedichte gegeben. Thematische Programmierung aber, gleichgültig welcher Art, macht unfrei und ist poesiefeindlich.

Dazu kommt, daß der moderne Kommunikationsapparat jede Programmierung in fataler Weise durchsetzen kann, so daß der Autor, der die Kraft hätte, sich von der Programmierung als Arbeitsparole freizuhalten, dann in die Mühle einer vorprogrammierten Kritik gerät, durch die die Entfaltung unbotmäßiger Begabungen (und überhaupt von Begabungen, denn Begabungen sind eigenständig = unbotmäßig) in erheblichem Maße präjudiziert ist.

Es ist daher kein Zufall, daß keine Generation von Lyrikern nachgewachsen ist, die heute unter dreißig wären, wie es die meisten der Lyriker waren, die um die Mitte oder zu Ende der 50er Jahre einen so starken Widerhall hatten (Bachmann, Celan, Enzensberger). Und daß die Namen derer, die diese Art Renaissance bestimmten, bereits an die Peripherie einer vorzeitigen Klassik rücken, obwohl sie noch relativ jung sind. Der Freitod Paul Celans im Mai 1970 wurde fast als ein Signal aufgefaßt.

Dagegen ist es eine Tatsache, und ebenfalls keine zufällige, daß immer weniger Lyrik geschrieben und immer mehr Programmgedichte,

Kampftexte, »KT« genannt, gemacht oder auch fabriziert werden, serienweise, als handle es sich um die Massenproduktion eines beliebigen Konsumguts. Und ganz wie Konsumgut werden diese Texte ja auch nicht nur *gebraucht*, sondern *verbraucht*, und zwar rapide, ohne daß sie über den Anlaß hinaus die Kraft zu exemplarischer Erneuerung mit sich brächten. Der daraus entstehende Leerlauf wirkt zunehmend auch auf die Schreibenden ermüdend. Eine Abkehr vom Schema des Protestgedichts (es ist aufs Schema heruntergekommen) ist leicht vorherzusagen. In der Tat hat diese immer spürbarere Schematisierung, in dialektischer Wechselwirkung, das grassierende Ungenügen an Dichtung, und an Literatur überhaupt, mit herbeigeführt, so daß die Flucht der Dichter in das programmierte politische Gedicht sich als Flucht in eine Sackgasse erwiesen hat.[2]

Diese Situation ist durchaus nicht weltweit, sie scheint eher wieder einmal eine spezifisch deutsche Kalamität zu sein: weil uns der Gehorsam, und sei es der Gehorsam des Ungehorsams, bis in die Knochen geht und wir uns offenbar vorbehaltloser programmieren oder auch »gegen-programmieren« lassen als die meisten.

So hören wir, daß gerade jetzt die Lyrik in Rußland, Polen und andern Ostblockländern, aber auch in den U. S. A. einen besonderen Aufschwung nimmt. Gerade jetzt erreichen Lyrikbände in Amerika und in Rußland nie erlebte Auflagen. Ich könnte Ginsberg als Zeugen anrufen oder den Rumänen Popa oder den Polen Rozewičz. Statt all dieser zitiere ich Wosnessenskij: »Ich denke, die Menschen fühlen sich heute zur Poesie hingezogen, so wie man, bei Skorbut, zu Vitaminen greift.« (›Ein Gedicht und ein Autor‹, Berlin 1969)

Vielleicht dürfen der Lyriker und seine Leser demnächst aber auch hier wieder von der Anklagebank aufstehen. Zumindest ist ihnen in Herbert Marcuse, für viele unerwartet, ein lautstarker Verteidiger aufgestanden. »Das Ende der Kunst«, sagte Herbert Marcuse 1971 in Köln, »wäre ein Weltzustand, wo Menschen nicht mehr unterscheiden können zwischen dem, was ist, und dem, was möglich wäre: mit anderen Worten, die vollendete Barbarei [...] Wer sich nicht um die reale

---

2 Der wachsenden Einbeziehung des Politischen in die Dichtung entspricht, komplementär, die Abwanderung aus jeglichem Thema zum »Thema Sprache«, d. h. die Zunahme der sogenannten »konkreten« Poesie (eine Benennung, die ihrerseits kaum weniger fragwürdig ist als die des »öffentlichen« Gedichts). Daß Reflexion auf Sprache, eine periodisch in allen Zeiten auftauchende Kunstübung, in der Moderne anknüpfend an Mallarmés ›Le coup de dés‹, letzthin als »Reflexion des Dichters auf seine Produktionsmittel« deklariert und somit von der marxistischen Ideologie versuchsweise vereinnahmt wird, ist nicht mehr als ein Spiel mit Begriffen. Die Sprache ist »für den Autor gerade nicht das Entfremdete« (Franz Mon). Der zu oft unterschätzte gesellschaftliche Beitrag der Experimente ist vielmehr ein Beitrag zur Schärfung des Instruments Sprache.

Veränderung kümmert, verrät die Kunst und die Veränderung. Wer aber die Kunst als angeblich bürgerlich aufgibt, verfällt dem schlechten Bestehenden, und das heißt: er ist im objektiven Sinne reaktionär.«

Die Frage des »Alibis« und der »Veränderung« der Wirklichkeit – Das Paradox der »Befreiung«

Hier stellt sich also die Frage des Alibis: Ob Gedichte überhaupt etwas ändern (d. i. an der Realität). Im Gegensatz zur Kunst, die von sich aus eine »Übung im Gebrauch von Freiheit« ist, im Subjekt- statt Objekt-Sein, ist »Veränderung« kein Zweck an sich. Die Frage nach der Veränderung der Gesellschaft, diese stereotyp gewordene Gretchenfrage, zum Klischee degradiert durch die Bewußtseinsindustrie des Antiestablishments, ist, das muß man sich klarmachen, nur berechtigt als Frage nach der möglichen Freiheit des Menschen, seinem Menschsein. Oder sie ist gleichgültig?

Ich erinnere mich an ein »Gedicht«, das auf einer roten oder gelben Postkarte ins Haus kam, irgendeine Einladung zu einer Veranstaltung, – und aufforderte, »diese Karte zu verbrennen wie Vietnam brennt«. Ein Gedicht, das kein Gedicht ist, ruft zu einer Tat auf, die keine Tat ist. »War Ihnen wohler, als Sie das Stück Papier verbrannt hatten?« fragte ich die Veranstalter. »Aber das tut doch keiner«, sagten sie. Redundanz, ein Happening, das wie jedes der vielen als politischer Akt verkleideten Happenings eben nur Pseudo-Alibi liefert. Das Pseudo-Alibi läßt sich leicht als solches entlarven. Es stellt kein Problem außer dem der Eitelkeit seiner Veranstalter.

Die Frage der Wirkung von Kunst, ob Gedichte etwas »ändern«, ist weit komplizierter.

Skeptischer als Brecht (Lyrik soll die Wirklichkeit verändern), zuversichtlicher als Benn (Lyrik, Kunst ist folgenlos), frage ich: Handelt es sich zumindest um ein Höherlegen der Schwelle der Manipulierbarkeit? Der Schwelle, hinter der der Mensch nicht mehr *»etwas aus dem macht, was man aus ihm gemacht hat«*, sondern etwas *»aus sich machen läßt«* (Sartre)? Wie steht es um die Steigerung des Menschen zu seinen eigenen Möglichkeiten, als Voraussetzung einer menschlicheren Welt?[3]

Um ehrlich zu sein, es steht schlecht. Hat etwa der Lyriker, hat der Lyrikleser zu denen gehört, die sich besonders bewähren, wenn die »Proben« kommen? Widersteht er den *geheimen* – oder durchaus nicht geheimen – *Verführern* diesseits und jenseits des Eisernen Vorhangs besser als die meisten? Wenn Lyrik den Menschen sich selbst

---

3 Dieser und die vier folgenden Abschnitte sind übernommen aus ›Wozu Lyrik heute‹, a. a. O., S. 24 ff. (›Ist Lyrik folgenlos?‹).

zurückgibt, wenn sie ihn anhält zur Wahrhaftigkeit, müßten der Lyriker und sein Leser nicht verantwortungsfreudiger sein als andere?

Die hohe Identität mit sich selbst, die das Gedicht auslöst (beim Schreiben, beim Lesen), ist eine Identität auf Augenblicke. Punktuelle Ekstasen. Derartige Augenblicke tragen ihr Alibi in sich. Die Katharsis, diese Bereinigung zwischen Innen und Außen, zwischen Wirklichkeit und Gegenwirklichkeit, vollzieht sich in der »Sphäre der Entlastung« (Gehlen), ist als solche in der Tat »folgenlos«.

Diese Sphäre ist aber nicht aufgehängt im Nichts und Nirgends, auch wenn es sich um »Zeitinseln« handelt, um »Punkte«. Die Instanz, die »innehält« und zu sich beurlaubt, bringt sich selbst nicht als Abstractum, sondern als Concretum mit, und damit auch das Paket ihrer Erfahrungen, von denen sie sich gerade »entlastet«, indem sie sie in ihr Modellhaftes auflöst. Die Summe dieser das Ich intensivierenden Augenblicke, auch wenn jeder einzelne folgenlos ist, d. h. in sich verpufft (oder verpuffen würde), müßte eine »innere Linie« ergeben und rückwirken auf die »Instanz«, die sich dieser Steigerung ihres Bewußtseins von sich selbst und der Welt aussetzt. Also auf den Menschen, der mehr ist als der zufällige Treffpunkt von Reizen. Wie bei der Häufigkeit einer *débauche*, würde es im Prinzip von der Häufigkeit dieser Reinigung abhängen, wie sehr ein Mensch davon geprägt wird, und wie sehr er demnach bei sich selbst und »da ist«: für sich und die andern. Und um wie vieles weniger »steuerbar«. Obwohl dies eine heikle und statistisch unbeweisbare Hypothese ist. Die »punktuelle Ekstase«, diese »sich kurzschließende Erfahrungskette«, ist sie ein ganz sich schließender Ring?

Was befreit, kann nicht wirken? Je befreiender, je erregender Kunst ist, um so folgenloser wäre sie? Der »Innehaltende« in diesem – auf jeden Fall »produktiven« – Augenblick des Innehaltens, seiner punktuellen Ekstase, ist »herausgetreten« aus Zeit und Aktivität. Obwohl er sich gerade der Wirklichkeit, der Essenz der Wirklichkeit seiner Erfahrung, zuwendet und in diesem Augenblick frei ist von jedem korrumpierenden »Interesse«, das Tun verhindert oder verbiegt. Doch ist dieser Augenblick der Freiheit kein Augenblick der Tat. Und nicht praktischer »Herstellung richtigeren Lebens«. Wiederum, das ist die Dialektik des Widerstands, bleibt im »Innehalten« als Freiheit virulent, was in der Anwendung um sich selbst gebracht würde. Aus diesem Zirkel kommen wir nicht heraus. Zumindest nicht in der Theorie.

Und doch wird aus dieser Sphäre der »Entlastung«, des vom Handeln abgewandten Antriebs heraus, immer erneut auf die Wirklichkeit zugehalten, die, aus der abstrahiert und sublimiert worden ist, um des »es soll anders sein« willen, um des Traumbilds dieser Wirklichkeit, das sich täglich mehr entfernt. Dieser sich immer mehr erweiternde Riß zwischen der Realität und ihrer Möglichkeit erzeugt den Sprung und den Vorstoß, das Sich-nicht-Abfinden, Sich-nicht-Einpassen. Das immer neue Aufreißen des Gegensatzes zwischen dem, was ist, und dem, was sein sollte, zwischen Wirklichkeit und Gegenwirklichkeit (dem *out-topos*, dem, was nicht »statt« hat, dem Traum). Immer erneut macht der Lyriker diesen Riß schmerzhaft virulent, für sich und die andern, realisiert ihn und überwindet ihn, auf einen Atemzug, indem es ihn zu Sprache macht, im Gedicht. Und so bleibt aus all diesen Augenblicken höchster Identität und höchster Objektivierung vielleicht doch eine Art Residuum, eine potentielle Kontinuität im Lebendigen – Kontinuität der Diskontinuität –, die »trägt« oder auch nicht trägt, je nachdem. Wenig, wie es ist, gehört es zum Besten, was wir haben. Zu dem, was den Menschen rettet, in seinem Menschsein, ihn befreit von den Zugriffen, gleichgültig in welcher Gesellschaftsform er zu leben haben wird. Denn alles muß in den Menschen zurückverlegt werden, wenn überhaupt etwas »gerettet« werden soll, in dieser Krise der bisher versuchten Lebensmodelle (die bei gänzlich verschiedener Oberfläche eine fatale Ähnlichkeit der Struktur aufweist in Ost und West).

Die Möglichkeit der Verantwortung wäre also nicht so sehr im Inhalt des Mitgeteilten, in der Themenwahl des Gedichts, sondern bereits in der Identität des Sich-Zurücknehmens aus der Welt des Funktionierens, auf den archimedischen Punkt außerhalb dieser Zweckbezogenheit. Das könnte Idylle sein. Das war früher häufig Idylle. Das ist aber in einer synchronisierten und durch Zweckverbände gesteuerten Gesellschaft wie der unsern, einer Gesellschaft von Vorder-Hinter-Nebenmännern, bei der sich die Funktionen umkehren, die unabdingbare Voraussetzung zu Handlungs- und Kommunikationsfähigkeit überhaupt. Die Befreiung aus dem Manipuliertwerden, Subjekt statt Objekt sein, und sei es auf Augenblicke, damit fängt alles an. Oder kann doch anfangen. (Zumindest muß das Subjekt sich so weit mit sich »identifizieren«, daß es sich in seinen Abhängigkeiten nicht nur weiß, sondern *erfährt*.)

Ob wir etwas »ändern« oder nicht, es geht um die mögliche Verantwortung eines jeden, in einer Zeit, deren wesentliches Erlebnis die Ohnmacht des Einzelnen ist. Um das Paradox des Festhaltens an der unmöglichen Verantwortung. Es ist damit wie mit der ganzen conditio humana: der langfristigen Zukunftsplanung kurzlebiger Planer, ohne die Handeln unterbliebe. Sicher läßt sich sagen, daß ohne einen letzten Glauben an die Anrufbarkeit der andern, selbst eine heikle Anrufbarkeit, keine Gedichte geschrieben würden. Gedichte stiften Kommunikation und antizipieren sie zugleich. Und dabei geht es vor allem auch um die Verantwortung dessen, der die gemeinsame Erfahrung zu objektivieren hat, um die Verantwortung des Autors, die »richtigen Namen zu nennen«. Um – Mindestforderung – das wahrhaftige Benennen unserer Welt.

Die unverlogen, unerschrocken benannte Wirklichkeit wird deutlich erkennbar. Nur so kann man ihr gegenübertreten. Der Lyriker ist mehr als jeder andere ein Sprachhygieniker. Für ihn gibt es keine wichtigen und keine unwichtigen Worte. Jedes Wort wird von ihm geprüft und immer neu geprüft, damit es genau auf die immer sich wandelnde Wirklichkeit paßt. Das ist eine gesellschaftliche Funktion ersten Ranges. Ich meine das im Sinne des Konfuzius: »Wenn die Sprache nicht stimmt, so ist das, was gesagt wird, nicht das, was gemeint ist; ist das, was gesagt wird, nicht das, was gemeint ist, so kommen die Werke nicht zustande; kommen die Werke nicht zustande, so gedeihen Moral und Kunst nicht; gedeihen Moral und Kunst nicht, so trifft die Justiz nicht; trifft die Justiz nicht, so weiß das Volk nicht, wohin Hand und Fuß setzen. Also dulde man keine Willkür in den Worten. Das ist alles, worauf es ankommt.« Jede kleinste Verschiebung zwischen dem Wort und der mit dem Wort gemeinten Wirklichkeit zerstört Orientierung und macht Wahrhaftigkeit von vornherein unmöglich. Niemand aber ist eine feinere Waage für die Worte als der Lyriker. Deshalb erfüllt jedes Gedicht, das Sprache erneuert und lebendig hält, eine Funktion für alle – und das ganz unabhängig von seinem Inhalt –, denn es hilft, die Wirklichkeit, die sich unablässig entziehende, benennbar und gestaltbar zu machen.

Die benannte Wirklichkeit wird nicht nur sichtbar – und auch greifbarer, auf Augenblicke zumindest –, sie wird zunächst einmal sagbar und mitteilbar, sie wird Gegenstand der Kommunikation, des unerläßlichen Gesprächs. »Das Versagen der Kommunikation ist der Anfang aller Gewalttätigkeit [...] Wo die Mitteilung aufhört, da bleibt nichts als Prügeln, Verbrennen, Aufhängen.« (Sartre)

Die Krise der Lyrik braucht nicht notwendigerweise eine Krise der Kommunikation zu sein. Daß wir uns einem Kommunikations-Engpaß nähern und die Kommunikation ebenso wie die Dichtung in akuter Gefahr ist, ist nichtsdestoweniger eine Tatsache, die sich an dem steigenden Barometerstand der Violenz und an den Klagen über die Verzerrung der Wirklichkeit, die wachsende Diskrepanz zwischen Berichten und Fakten, von Tag zu Tag nachprüfen läßt. Jede Gruppe reihum fühlt sich als Leidtragende und kann dafür Gründe aufweisen, die zur Aggression legitimieren, während das Gespräch immer unmöglicher wird.

Wo es aber nur noch um Steuerung von Gruppen geht, gleichgültig zu welchem Zweck, Manipulation oder Gegen-Manipulation, da scheidet die freie Sprache aus. Und mit ihr die Lyrik. Denn jedes Gedicht ist ein Aufruf gegen Verfügbarkeit, gegen Mitfunktionieren. Also gegen die Verwandlung des Menschen in den Apparat. Was dasselbe ist oder schlimmer als die Verwandlung in den Unmenschen. Dagegen rufen Gedichte auf. Aber Gedichte sind nicht nur der Aufruf, sondern auch die Sache selbst: sie nachvollziehend »ändert« der Lesende nicht die Umstände, aber sich: er wird mehr »er selbst« und damit der Freiheit fähig. Der Freiheit zu etwas wie Entscheidung, statt daß über ihn wie über ein Ding entschieden wird. Nur so ist Zukunft möglich.

WILLY BRANDT

Schriftsteller und Politik als Partner
in der Verantwortung für Staat und Gesellschaft*

»Braucht die Politik den Schriftsteller?«
Zuerst will ich dem Verband deutscher Schriftsteller danken für die
freundliche Einladung. Ich bin gern gekommen und ohne Scheu. Der
Umgang mit Schriftstellern schreckt mich nicht. Allerdings, in einer
solchen Vielzahl bin ich ihnen noch nicht begegnet. Aber das trifft
wohl auch auf die meisten von ihnen zu.
Ich habe mich auf diesen Tag gefreut. Und vielleicht sind wir uns darin einig, daß wir alle – Sie als Schriftsteller, ich als Politiker – in
diese Begegnung Erwartungen setzen. Allzu groß und folgenreich war
während Jahrzehnten die Kluft zwischen Politikern und Schriftstellern. Und auch heute wird manch einer von Ihnen ein geschnürtes
Bündel Mißtrauen bei sich tragen. Soweit es in meiner Kraft steht,
will ich versuchen, Gegensätze zu verringern, die Kluft zu schmä-
lern.
Das Lob jedoch, ich sei der erste Bundeskanzler auf einem deutschen
Schriftstellerkongreß, kann ich nur mit Rabatt entgegennehmen. Es ist
ja in der Bundesrepublik Deutschland das erste Mal, daß ein solcher
Kongreß stattfindet.
Die Veranstaltungen in Berlin 1947 und in der Paulskirche 1948 will
ich nicht geringschätzen. Aber im übrigen hat es doch seit der Gleich-
schaltung durch die Reichsschrifttumskammer 36 Jahre gedauert, bis
sich die Schriftsteller zu einer Bundesvereinigung zusammengeschlos-
sen haben. Zu diesem freiwilligen Zusammenschluß möchte ich Sie
beglückwünschen.
Seit der Gründung des Verbandes deutscher Schriftsteller sind erst
anderthalb Jahre vergangen. Ich finde es erstaunlich, daß in so kurzer
Zeit etwas so Ungewöhnliches gelungen ist: nämlich die Solidarisierung so vieler Menschen, denen ja häufig nachgesagt wird, sie seien
notorische Individualisten, gesellschaftsferne Einzelgänger oder esoterische Außenseiter. Es wäre sicher nicht möglich gewesen, die Solidarität auf einem parteipolitischen oder weltanschaulichen, geschweige

---

* Rede des Bundeskanzlers auf dem Schriftstellerkongreß am 21. November
1970 in Stuttgart.

denn literarischen Konsensus zu gründen. Als Berufsorganisation mußten Sie sich auf konkrete, praktische, gemeinsam erreichbare Ziele konzentrieren. So an die Sache heranzugehen, war – wenn ich dies so sagen darf – politisches Verhalten.

Sie haben also Sorgen, Wünsche, Forderungen an die Gesellschaft, an den Staat, an die Politik. Und damit haben Sie die Frage, ob der Schriftsteller die Politik braucht, übrigens schon mit Ja beantwortet.

Sie haben sich vorgenommen, die kulturellen, rechtlichen, beruflichen und sozialen Interessen Ihrer Mitglieder zu fördern und zu vertreten. Dabei möchte ich Sie gern unterstützen – moralisch und, wo es geht, auch praktisch.

Ich sage dies als Bundeskanzler und auf Grund der politischen Verantwortung, die ich insgesamt zu tragen habe. Ich sage es zugleich als ein Mann, der in seinen jungen Jahren von dem gelebt hat, was er zu Papier brachte. Also weiß ich nicht nur vom Hörensagen, daß schreibende Zeitgenossen sich in der latenten Gefahr befinden, zu Randfiguren der holzverarbeitenden Industrie gemacht zu werden.

Die soziale Lage der Schriftsteller in unserem Land ist nicht so, wie sie sein sollte. Und ich fürchte, die Sozialenquête zur Situation der freischaffenden Künstler in der Bundesrepublik wird, wenn sie einmal vorliegt, ein eher bedrückendes Bild ergeben.

Zu den konkreten Zielen Ihres Verbandes gehören tarifartige Rahmenverträge und eine berufseigene Altersversorgung. Sie erstreben die Novellierung der Urheberrechtsnachfolgegebühr – eine sicher wichtige Sache, aber ein schreckliches Wort! –, die Aufhebung des Schulbuchparagraphen, Honorare für die Ausleihe geschützter Literatur durch öffentliche Büchereien. Ich habe mir berichten lassen, daß einiges hiervon in Gang gekommen ist und daß die Verhandlungen auf verschiedenen Gebieten Erfolg versprechen.

Es ist wichtig, daß diese Dinge nicht auf die lange Bank geschoben werden. Materielle Sorgen und Abhängigkeiten beeinträchtigen die geistige Freiheit. Spitzwegs armer Poet in der Dachstube ist für mich Gesellschaftskritik, nicht die Beschreibung eines schicksalsbedingten Zustandes. Im übrigen weiß ich sehr wohl: Ihr Verband hat von Anfang an erklärt, daß er für die praktizierte Demokratie eintritt, insbesondere für die Freiheit der Meinungsäußerung. Also haben Sie noch einmal, von einer anderen Seite, deutlich gemacht, weshalb und wie sehr der Schriftsteller die demokratische Politik braucht.

Ich komme zu der Frage, die hier zu beantworten ich leichtsinnigerweise übernommen habe: Braucht die Politik den Schriftsteller?

Nun, ich will nicht lange am Thema herummachen. Aber es gibt hier vermutlich manchen, der – in Erinnerung an Vorträge, die er hat halten müssen – jetzt wissen möchte, was der Redner wohl antworten wird. Sagt er: Warum haben Sie mich überhaupt so gefragt? Denn selbstverständlich braucht die Politik den Schriftsteller. Oder wird er frech sagen – frech auch wegen der geistigen Anleihe, die darin steckt –, Politik sei eine zu ernste Angelegenheit, als daß man sie den Politikern allein überlassen könne!

Das wirkliche Leben kennt nicht die strikte Abgrenzung der Ställe: hier die Kunst, dort die Gesellschaft oder die Politik. Ich kann nichts anfangen mit der stereotyp-langweiligen Unterscheidung von Kultur und Zivilisation, oder von Geist und Macht. Wenn wir uns umschauen in der Geschichte, in der Welt und in unserem Land, dann stellen wir fest, daß solche Konstruktionen der Wirklichkeit nicht entsprechen.

Der vielberufene Geist ist nicht in der Literatur allein zu Hause. Und es soll schon Politiker gegeben haben, die mit – gutgeschriebenen – Memoiren Erfolg gehabt und sich einen Platz in der Literaturgeschichte verdient haben. Nicht nur als Sozialdemokrat bin ich der Meinung, daß August Bebels Buch ›Aus meinem Leben‹ mehr ist als ein Stück Geschichte der deutschen Arbeiterbewegung; nach meinem Verständnis ist es gleichfalls deutsche Literatur.

Geist und Macht, das angeblich strenge Gegensatzpaar, übten oft und gerne Rollentausch. Denn so mächtig der Einfluß der Politik auf die Gesellschaft sein mag, längst hat sie ihre Macht teilen müssen: gerade Sie als Schriftsteller sollten Ihren Einfluß nicht unterschätzen.

Gewiß haben Träger staatlicher Gewalt immer wieder – nicht nur in vordemokratischer Zeit – den Versuch unternommen, sich der Literatur zu bedienen, mit anderen Worten: sie zu mißbrauchen. Aber wer sich darauf einließ, ob unter Druck, Schmeichelei oder materiellen Zusicherungen, hat dabei letzten Endes stets den kürzeren gezogen. Mit der Unabhängigkeit und ihrem Risiko geht auch die Glaubwürdigkeit verloren. Ohne Risiko ist Freiheit nicht zu haben.

Ob es alle gern hören oder nicht, es ist notwendig daran zu erinnern, daß Diktatoren immer wieder daran gehen, die Freiheiten der Schriftsteller einzuschränken, Schriftstellern den Prozeß zu machen, Bücher und Autoren auf schwarze Listen zu setzen. Wo man Bücher tatsächlich oder nur symbolisch verbrennt, wo Schriftsteller verfolgt oder gezwungen werden, außer Landes zu gehen, da sind immer auch Freiheit, Sicherheit und das Leben aller Bürger in Gefahr.

Ich scheue mich nicht, die Zustände in Griechenland beim Namen zu nennen. Ebensowenig scheue ich mich, mit Ihnen das bedrückende Schicksal einiger Ihrer Kollegen in kommunistisch regierten Ländern zu beklagen.

Die Geschichte der Literatur ist von Ovid und über Brecht hinaus bis in unsere Tage immer wieder die Geschichte ihrer Verfolgung gewesen. Es ist ein Ruhmesblatt der deutschen Literatur, daß ihre Schriftsteller in so großer Zahl der Diktatur des Nationalsozialismus widerstanden haben. Unter den bedrückenden Verhältnissen der Emigration haben sie Werke von bleibendem Wert geschaffen! Und wenn ich die Emigration bedrückend nenne, weiß ich, was ich sage.

Ob es alle gern hören oder nicht, es ist notwendig daran zu erinnern. Das liegt hinter uns. Heute brauchen wir keine selbstquälerische Angst vor einigen trüb-cholerischen Geistern zu haben, die uns Vergangenheit als Gegenwart auftischen wollen. Heute brauchen wir furchtlos aktives Engagement für den Bestand und die Erneuerung einer deutschen Demokratie.

Die Entscheidung für diese Demokratie werden wir nicht in fernen Ländern finden, sondern hier, vor der eigenen Tür, als Bürger unter Bürgern.

Der Schriftsteller ist belesener, weltkundiger, freier in der Verfügung über seine Zeit als der Nachbar im Doktorkittel, an der Drehbank, am Schreibtisch des Managers. Es ist sein Beruf, sich Gedanken zu machen. Darin ist er in der Tat »ein wenig gleicher«. Deshalb darf man vom Schriftsteller ein beispielhaftes Engagement erwarten.

Das Handwerkszeug des Schriftstellers ist das Wort, die Sprache. Es gehört zu seinem Beruf, daß er bewußter als andere, die dieselbe Sprache sprechen, mit oder an oder in der Sprache arbeitet. Das Wort gehört auch zum Handwerkszeug des Politikers als Gesprächspartner etwa, als Redner oder als Gesetzgeber. Der Politiker findet jedoch im Andrang der Aktualitäten, die ihn beschäftigen, selten die Muße, sich seiner Sprache so bewußt zu werden, wie es nötig wäre. Die Hilflosigkeit, die Nachlässigkeit und zuweilen sogar die Verachtung der Sprache ist immer ein Signal für politischen Niveau-Verlust. Das sollte der Politiker sich stets vor Augen halten.

Es gehört zu meinem Verständnis von Demokratie, daß die Kluft zwischen Volk und Behörde, auch zwischen Bürger und Parlament durch genaue Sprache überbrückt wird. Bürokraten-Deutsch als Obrigkeits- und Untertanensprache hat uns geschädigt und zu gestelztem Jargon verführt.

Demokratie und Sprache stehen in einem direkten Zusammenhang. Gute Politik braucht die Literatur als sprachliches Korrektiv. Je enger der Kontakt zwischen Literatur und Politik, um so besser ist das Sprachbewußtsein. Besseres Sprachbewußtsein bedeutet mehr Aufgeschlossenheit für die Demokratie.

Der Schriftsteller lebt in einer größeren Distanz zur Wirklichkeit als der Politiker. Diese Distanz erlaubt es ihm – und ich sehe darin einen wichtigen Teil seiner Möglichkeiten in der Gesellschaft –, Kritik zu üben, zu sagen, was er für falsch, was er für schief, was er für verbesserungswürdig hält. Ich meine jetzt nicht so sehr die tagespolitischen Ereignisse, sondern die Auseinandersetzung mit literarischen Mitteln, die den Grundlagen und den Grundzügen der Politik und der Gesellschaft gilt, ihren sittlichen und geistigen Normen, die im besonderen des kritischen Wortes bedürfen.

Oft vermag der Schriftsteller, die Vergangenheit reflektierend, gesellschaftliche Entwicklung für die Zukunft aufzuzeigen, bevor sich der

Politiker aus den Verstrickungen der Gegenwart, Distanz gewinnend, lösen kann. Auch da braucht die Politik den Schriftsteller.

Von Thomas Mann stammt übrigens der Satz: »Der Romancier formt das Leben nicht nur in seinem Buch, er hat es oft genug auch *durch* sein Buch geformt.« – Die Politik braucht den Schriftsteller, weil er der Gesellschaft Bilder vermittelt, die auch von politischer Relevanz sind.

In meinen Augen ist der Schriftsteller vor allem der Interpret des Menschen. Er hat gerade auch in dieser Welt der zunehmenden Spezialisierung noch immer die einzigartige Chance, ein Bild vom realen, vom heute lebenden, vom ganzen Menschen erscheinen zu lassen, der in den Wissenschaften notgedrungen aufgespalten werden muß. Der Mensch ist mehr als die Summe seiner exakt erkennbaren Teile. Das ist die Chance der Literatur.

Dabei habe ich die Gesamtheit der Literatur vor Augen. Ich denke auch nicht an bestimmte literarische Richtungen, die, wenn ich richtig sehe, in immer kürzeren Abständen wechseln. Ich habe mich nicht in Form- und Stilfragen zu mischen. Das müssen Sie schon untereinander ausmachen. Darüber hat der Politiker nicht zu befinden, wenngleich er wie jeder andere auch als privater Leser das eine mag und das andere nicht. Der Politiker, der die Bedeutung der Literatur real einschätzt, kann von vielem, was sie anbietet, profitieren.

Obwohl ich bei weitem nicht alles kenne, was es in der Literatur unseres Landes gegenwärtig gibt – ich vermute, das ist auch bei den meisten von Ihnen nicht anders –, meine ich doch zu wissen, daß wir es heute wie kaum je zuvor mit einer sehr breiten Skala zu tun haben. Fast alle Positionen auf dieser Skala scheinen mir besetzt zu sein, vom sprachlichen Experiment bis zur literarischen Reportage. Ich freue mich über diese Lebendigkeit. Je vielfältiger die Literatur ist, um so größer ist die Chance, daß die Politik zum Nutzen der gesamten Gesellschaft von der Literatur profitiert.

Sie wissen, daß ich umfassende gesellschaftliche Reformen für notwendig halte. Es geht langsam genug damit voran, aber es geht voran. Ich wünsche mir viel Unterstützung, Anregung und kritische Begleitung bei dem Bemühen um eine lebendigere, vielfältigere und aktive Demokratie. Wenn wir mehr Demokratie wagen, wird es kein Schriftsteller nötig haben, aus dem Land oder in den Elfenbeinernen Turm oder in ein Wolkenkuckucksheim zu emigrieren.

Ihr Verband hat es sich auch vorgenommen, die internationalen Beziehungen der Schriftsteller zu pflegen. Ich will jetzt nicht unverbindlich werden und sagen, daß ich das begrüße. Denn zu genau ist mir bewußt, daß uns – dieser Bundesregierung – bei der Fülle der Aufgaben, der Bereich der Auswärtigen Kulturpolitik ins Hintertreffen geraten ist. Wenn ich Sie um Geduld bitte, heißt das gleichzeitig: Sie können sich darauf verlassen, auch die Reform wird kommen.

Ich möchte Sie bitten zu verstehen, daß wir im ersten Anlauf alle Hände voll zu tun hatten mit dem, was die meisten von Ihnen mittragen: das generelle und das konkrete Bemühen um einen gesicherten Frieden. Das fängt wiederum zu Hause an, beim Kampf gegen den Nationalismus. Es hat mit dem Abbau von Spannungen zu tun. Mit der Überwindung von Armut und Unwissenheit.

Sie wollen mehr soziale Gerechtigkeit; das gleiche will ich. Sie drängen, aber wir freiheitlichen Politiker müssen Gerechtigkeit gegen Widerstände realisieren. Der gleichgewichtige Abbau von Rüstungen, das Ziel einer europäischen Friedensordnung zeigen an, daß ein Weg vor uns liegt; doch er wird sich nur als Weg beweisen können, wenn wir gemeinsam bereit sind, ihn zu begehen.

In diesen Tagen ist es uns gelungen, endlich auch mit Polen, mit dem polnischen Volk ins Verständnis zu kommen. Stück für Stück versuchen wir, Vorurteile und Mißtrauen, die Lasten eines folgenreichen Krieges abzubauen. Sie wissen, gegen welche Widerstände diese Friedenspolitik vorangetragen wurde und wird. Sie werden ermessen können, welche Bewußtseinsveränderungen diese Politik zur Folge hat. Aber Sie werden auch wissen, daß Demagogen bekannter Machart unablässig Verleumdung und Hetze gegen diese notwendige Politik zu setzen begonnen haben.

Ich scheue mich nicht, als Politiker, Sie, die Schriftsteller, um Hilfe zu bitten, damit nicht abermals die Vernunft an der Ignoranz scheitert.

Ich habe versucht, Ihre Frage zu beantworten: Ja, Politik, wie ich sie verstehe, braucht den Schriftsteller.

Wenn dauerhafter Frieden unser Ziel ist, dann lassen Sie uns diesen Weg gemeinsam gehen, als Partner, in Verantwortung für die Gesellschaft, in der wir leben.

DIETER LATTMANN

Schriftsteller in der Wohlstandsgesellschaft*

Die Erneuerung der Organisationsformen im künstlerischen Bereich ist Ausdruck einer kulturellen Veränderung. Daß Künstler und Autoren begonnen haben, ihre Rolle in der Gesellschaft neu zu definieren, setzt ein Zeichen in die Wohlstandskulisse der Bundesrepublik. Zwischen dem Staat und der schöpferischen Intelligenz besteht hierzulande traditionell ein gebrochenes Verhältnis. Die Frage stellt sich, inwieweit sich das in der Ära Brandt-Heinemann gewandelt hat. Nach außen die Politik weltweiter Verständigung, nach innen das Programm gesellschaftlicher Reformen – ist das nicht eine Ausgangslage, die auch kritische Außenseiter in das offizielle Konzept des Verwirklichbaren einzubeziehen vermag?

Mit ja zu antworten, wäre allzu ideal gewünscht oder gedacht. Denn in Wahrheit befindet sich die Gesellschaft der Bundesrepublik rund eineinhalb Jahre vor der nächsten Bundestagswahl in einer Polarisierung, die fast alle Daseinsbereiche von öffentlicher Bedeutung erfaßt. Dies ist die unerwünschte Folge des 1969 eingetretenen Regierungswechsels mit der erstmaligen Chance energischer sozialer und demokratischer Veränderung des Bestehenden von innen her. Die Situation der Autoren kann getrennt von diesem Prozeß nicht sinnvoll beurteilt werden, denn an ihm scheiden sich mehr als je zuvor seit Bestehen dieses westdeutschen Staatsgebildes die Geister.

Das öffentliche Bewußtsein ist eine Schnecke, die vom Vorhandenen zur Veränderung millimeterweise kriecht. Diese jede Reformpolitik erschwerende Tatsache vermag auch den Geduldigsten gelegentlich aus der Fassung zu bringen. Was sich gegenwärtig in der Bundesrepublik zuträgt, ist indessen eine Auseinandersetzung voller Ungeduld auf allen Seiten. Im Kern ist es der Konflikt zwischen der überkommenen bürgerlich-ständischen Rangordnung und der von immer stärkeren Bevölkerungsgruppen geforderten mündigen Gesellschaft auf der Basis von Selbstbestimmung und Mitbesitz möglichst vieler in möglichst vielen Bereichen.

Von dieser Auseinandersetzung ist jedermann betroffen, ganz gleich,

---

* Aus: ›Tribüne. Zeitschrift zum Verständnis des Judentums‹ 10 (1972).

in welchem Lager er steht, welcher Partei oder Weltanschauung er zuneigt oder angehört. Der alte Traum mancher Künstler und Intellektueller, auf gleichsam unverbindlichem Richterstuhl außerhalb der Szene zu sitzen und das dramatische Geschehen zu kommentieren, läßt sich nicht unbeschadet weiterträumen. Es gibt keine von Politik unberührten Freiräume im kulturellen Terrain. Es hat sie auch niemals gegeben. Lediglich das Gerücht, Kunst und Literatur seien unpolitisch, wurde von den daran Interessierten in vielerlei Spielarten am Leben erhalten.

Die Schriftsteller haben ironischerweise generationenlang die Einschätzung angenommen, welche die Gesellschaft für sie bereithielt. Was einigen Prominenten gelang – wirtschaftliche Unabhängigkeit und öffentliche Geltung –, wurde zur Zielvorstellung für eine ganze Berufsgruppe. Allzu lange wurde Geniekult betrieben. Der Erfolgreiche galt alles, der Namenlose nichts. Ein fragwürdiger Wertbegriff des »kulturell Bedeutsamen« regelte das Almosenverfahren für das überflüssigste aller Produkte: die Kunst. Mag solche Einschätzung und Selbsteinschätzung schon im 19. Jahrhundert fragwürdig gewesen sein, mit der Erschließung der technischen Medien, mit der Auffächerung der Arbeitsmöglichkeiten für Schreibende im 20. Jahrhundert hatte sie endgültig ausgedient: Weltanschauung a. D.

Die geistigen und künstlerischen Urheber stoßen in dem Bemühen, ihr Selbstverständnis in der Arbeitswelt zu versachlichen und die Bedingungen ihres Tuns mitzubestimmen, an exemplarische Grenzen. Es sind Grenzen von gleicher Beschaffenheit, wie sie für andere Bevölkerungsgruppen existieren. Auch hier nimmt der schreibende Bürger der Republik keine Sonderposition ein. Nur wird, was ihm zustößt oder was er sich antut, bisweilen öffentlich mehr gehört, weil ihm das Mittel der Sprache besonders gegeben ist. Oft allerdings wird das Verwirklichungsfeld für Autoren in jenen Hinterhof verdrängt, in den keine allgemeine Aufmerksamkeit als Hoffnungsschimmer herabfällt.

Wie eine Gesellschaft die ihr zeitgenössische Kunst und Literatur konsumiert und welche Stellung sie den kreativen einzelnen wie ihrem partiellen Verlangen nach Solidarität einräumt, das sagt über ein Land und seine Bewohner Kennzeichnendes aus. Zu untersuchen ist vor allem der Kulturbegriff, auf den sich eine Gesellschaft – meist ohne Befragen der Betroffenen – geeinigt hat.

In der Bundesrepublik fällt auf, daß man Kunst und Literatur vorwiegend als Angebote für Repräsentanz begreift: Aushängeschilder, die man bei Bedarf vorweisen, bei Nichtbedarf aber auch ohne Scherereien in die hinterste Ecke hängen kann. Man spricht vom Mitwirken der Künstler an öffentlichen Aufgaben, aber noch bis vor kurzem galt das fast ausschließlich als Begleitmusik und Laudatio für die Vorzüge des Bestehenden. Allenfalls milde Kritik fand die Billigung ungläubig Lächelnder, die sich sicher wähnten, daß von Autoren ohnehin keine Einfälle von realem Gewicht für die Gegenwart zu erwarten seien. Man leistete sich Märchenerzähler und Hofnarren, doch wenn sie auf die Idee verfielen, sich als Kritiker der Politik zu artikulieren, qualifizierte man sie mit Bezeichnungen aus Brehms Tierleben ab.

Auch heute gilt hierzulande als Kultur in erster Linie noch immer das, was man – unbedroht von Schrecknissen – öffentlich sehen und hören kann. Es scheint vor allem dem Zweck zu dienen, daß sich Staatsrepräsentanten und Politiker wie weiland die Landesfürsten mit ihren Hoftheatern auch heute noch mit Aufführbarem schmücken können. Wer diese Regel durchbricht und die Reaktionsfähigkeit von staatlichen Einrichtungen auf unkonventionelle Ideen, ja eine gewisse Risikofreudigkeit erwartet, gerät nicht in die Verstrickungen geistiger Höhenflüge, sondern in die zermarternden Fänge der Ministerialverwaltung und der Parteienhierarchie.

Der Weg aus dem Elfenbeinturm durch die Instanzen ist keine Kulturrevolution. Er entspricht den Schritt-für-Schritt-Notwendigkeiten alles Politischen. Wenn kreative Intellektuelle wirklich Einfluß auf die Rolle der Kultur innerhalb der Gesellschaft nehmen wollen, und zwar nicht ausschließlich als schöpferische Individuen, sondern auch durch Organisation und Selbstverwaltung, dürfen sie entsprechende Mühe nicht scheuen.

Allerdings sollte jeder, der diese Forderung ernstnimmt und auch bereit ist, an ihrer Realisierung mitzuarbeiten, am Ausgangspunkt seines Handelns im Zorn zurückblicken: Der Kulturkonsum in der Epoche Adenauer wurde nach und nach fast so bürgerlich wie in der Wilhelminischen Ära. Das Stunde-Null-Erlebnis der heutigen mittleren Generation war die Täuschung von 1945, denn aus den Trümmern wuchs nicht die gesellschaftliche Veränderung, vielmehr die Restauration ökonomischer und autoritärer Zwänge. Noch mit literarischen Rebellionen ging man vorwiegend kulinarisch um. Inzwischen ist zwar Zeit vergangen, aber geändert hat sich zu wenig.

Zwar gibt es gegenwärtig überall Anfänge eines neuen Selbstverständnisses der Künstler und Autoren, doch keinen Gesamtplan für eine entsprechende Reform der Kulturpolitik. Wohl veranstaltet man mit dem Namen Goethe auf den Lippen multilaterale »Dichterlesungen« im Staatsdienst, doch was eigentlich an der Basis der kulturellen Bereiche vor sich geht, ist den politisch Verantwortlichen meist unbekannt. Für sie sind andere gesellschaftliche Gruppen, finanzkräftigere und zahlenmäßig stärkere, von mehr Belang. In Sachen Kunst schöpfen sie für Preise und Ehrungen meist nur den Prominenten-Rahm ab. Ein Künstler wird erst dann gesellschaftsfähig, wenn er in den Feuilletons als Größe gefeiert wurde. Dann öffnen sich ihm die Türen großmächtiger Häuser. Freilich können sie sich jederzeit wieder schließen. Das geschieht ziemlich regelmäßig dann, wenn der Auftritt eines Prominenten die Spielregeln verletzt und deswegen als schockierend empfunden wird.

Jedenfalls gilt: Maler bleib bei deinem Pinsel, Schriftsteller bleib beim Füllfederhalter (Schreibmaschine wirkt schon suspekt!), Komponist bleib bei deinen Noten. Grenzüberschreitungen sind beim Publikum und den Spitzen zuständiger Gremien unbeliebt.

Die Struktur der Gesellschaft ist in der Bundesrepublik nachweisbar konservativ. Vor diesem Hintergrund wird fast jede öffentliche Stellungnahme eines Schriftstellers, die politischen Problemen gilt, als Einmischung in eine ihm fremde Fachzuständigkeit mißdeutet und emotional abgelehnt. Dabei gilt in deutschen Landen noch immer die Regel, daß man Kritik an öffentlichen Zuständen eher von rechts als von links toleriert. Ein Habe, ein Schlamm wirkt denkwürdigerweise selbst dann noch »staatserhaltend«, wenn er die Demokratie beschädigt. Wenn Heinrich Böll aber unter viele berechtigte Worte seines Ingrimms gegen Volksverhetzung mit Druckmitteln aus dem Hause Springer nur ein paar anfechtbare und unbedachte mischt, geht ein druckerschwarzer Aufschrei von Schleswig-Holstein bis nach Bayern. Dies ist Teil der Polarisierung, die der Bundesrepublik in den kommenden Monaten und Jahren noch lebensgefährlich zu schaffen machen wird. Anders als in Weimar gibt es keine nennenswerte reaktionäre Literatur. Anders als in den zwanziger Jahren hat zum erstenmal der Gedanke der Demokratie bei einer großen Zahl der Bevölkerung Zustimmung gefunden. Aber das Klima könnte, wenn bestimmte Faktoren zusammentreffen, jäh wieder umkippen. In Harzburg und Würzburg baut man neue Fronten auf. Die Autoritätsgebundenheit der Abhängigen bleibt viel stärker wirksam als in den nördlichen und westlichen Nachbarländern. Zwar gibt es kein Nachfolgewerk zu ›Volk ohne Raum‹, aber die Bereitschaft zur Selbstzensur ist in den Medien bei nicht wenigen Mitarbeitern durch politische und unternehmerische Drohgeste allzu bald auslösbar. Es fehlt allerorts an Zivilcourage.

Wie wohl geht es den Autoren im Wohlstandsland? Angesichts dieser Frage sollte ich von Honoraren handeln (ja, in der Regel sind sie ungenügend und werden meist einseitig diktiert), aber wichtiger erscheint mir die Sorge um bestehende Freiräume für Schreibende – sie werden gegenwärtig in manchen Bereichen, vor allem den Massenmedien, drastisch eingeschränkt, und zwar von jenen Kräften, denen in Bonn nicht zuwenig, sondern zuviel Demokratie regiert.

Zugegeben, das Existenzminimum und einiges darüber kann sich ein Schriftsteller in der Bundesrepublik, falls seine Voraussetzungen nicht extrem schwierig sind, heute im Vergleich mit anderen Ländern verhältnismäßig leicht verdienen, und für die Verbesserung der sozialen und ökonomischen wie der urheberrechtlichen Lage der Autoren ist einiges in Gang gebracht worden. Es gibt aber auch einen Wohlstand an Informationen, an Mitbestimmung und Realisierung der demokratischen Grundrechte. Im Zeichen der Polarisierung kann er nur schwer gedeihen, denn überall verhärten sich die Fronten. Die gesellschaftliche Öffnung zur Politik der inneren Reformen – unbefriedigend ohnehin angesichts der in diese Regierung gesetzten Erwartungen – wird von massiver Reaktion bedroht.

Ein aktuelles Beispiel: der Griff der CSU nach dem Bayerischen Rundfunk. In diesem Willkürverfahren entlarvt sich ein uraltes Muster. Wer wenig Informationen erhält, ist leichter täuschbar. In der Rundfunkpolitik dieser sich christlich nennenden Partei setzt sich ein Jahrhundertdogma fort: Haltet die Mehrheit der Bevölkerung unwissend, und ihr könnt unangefochten regieren! Unter dem parlamentarischen Deckmantel der Forderung nach »Demokratisierung« will die CSU ihre Herrschaft im demokratiefernsten Bundesland verfestigen. Anscheinend erstreben manche ihrer Politiker in der Bundesrepublik spanische Zustände.

Dieser Angriff auf die Meinungsfreiheit bedeutet für die Autoren eine Herausforderung. Denn wo wären die deutschen Schriftsteller, die sich nach dem Tausendjährigen Reich noch leisten könnten zu sagen, Politik gehe sie nichts an? Da aber Schriftsteller in der landläufigen Vereinzelung machtlos bleiben, richtet sich die Provokation an das Vermögen der Schreibenden aller Art, sich in einer stärkeren Organisation mit den verwandten Berufsgruppen in kulturellen Bereichen und Medien zu solidarisieren.

Die Bereitschaft dazu, heftig bekämpft von den Gegnern, ist zum erstenmal aus dem Stadium der Utopie ins Stadium der Konkretisierung eingetreten: Der Schriftstellerverband der Bundesrepublik ist auf dem Weg in die Industriegewerkschaft Druck und Papier, die ihrerseits die Öffnung für weitere Gruppen und die Veränderung zu eine Mediengewerkschaft anstrebt.

Wenn die Verwirklichung dieses Plans gelingt, wird die Rolle der Schriftsteller in der Gesellschaft neu zu schreiben sein. Denn sie verfügten dann über reale Mittel, um reaktionärer Manipulation in den publizistischen Bereichen entgegenzuwirken. Sie hätten die Macht, durch ihre Arbeit an dem fortschreitenden Prozeß beteiligt zu sein, der das Ziel aller ernsthaften Bestrebungen nach Demokratisierung ist. Ihre leidenschaftliche Ablehnung alles Totalitären besäße endlich mehr Verwirklichungskraft.

GÜNTER GRASS

Rede gegen die Gewöhnung

Athen, März 1972

Meine Damen und Herren!

Die Gesellschaft für das Studium der Griechischen Probleme hat mich eingeladen, als Schriftsteller und Sozialdemokrat zu Ihnen zu sprechen. Ich danke für diese Einladung und werde zu Beginn andeuten, worüber ich sprechen möchte, aber nicht sprechen kann, worüber ich sprechen könnte, aber nicht sprechen will, was ich aussparen muß und mit Ihrem Einverständnis verschweige.

Wenn hier von Demokratie die Rede sein wird, weiß jeder griechische Demokrat, welche gemeint ist, wie sie verlorenging, wer sie, bevor sie verlorenging, zum Gespött gemacht hat und was der Verlust demokratischer Rechte bedeutet. Sie sind vertraut mit der Geschichte Ihres Landes. Kein Gast muß Ihnen erläutern, wie sich die Diktatur ab August 1936 zu erneuern verstanden hat, welche Chargen heute begabt genug sind, um die Rolle Metaxas zu spielen, und warum die Geschichte, sobald sie sich wiederholt, ihre Tragödien als Farce einstudiert.

Hier kann nicht die Rede sein von ökonomischen Hintergründen, denn Ihnen sind alle Interessengruppen bekannt, die sich in Griechenland während der dreißiger Jahre und während der sechziger Jahre gegen die Demokratie gestellt haben. Auch kann es nicht meine Aufgabe sein, mit jenen demokratischen Parteien ins Gericht zu gehen, deren Opportunismus oder ideologische Verblendung die Demokratie unglaubwürdig gemacht hat und die mitverantwortlich sind an ihrem Konkurs. Gleichfalls sinnlos wäre es, hier Namen und militärische Ränge aufzurufen, zumal solche Namen samt ihrem militärischen Rang austauschbar und nur Staffage eines in ganz Europa gefährlich latenten Willens sind: des Willens zur Restauration totalitärer Verhältnisse. Er hat sich am griechischen Beispiel geschult.

Auch möchte ich nicht in Parabeln flüchten oder mich gar historisch kostümieren. Deshalb nichts über Hölderlin und jünglinghafte Griechenland-Begeisterung, nichts über Lord Byron, kein Versuch, das Land der Griechen mit der Seele zu suchen. Nur soviel: die Griechen und die Deutschen haben ein leidvolles, immer wieder gebrochenes, kein – wie in England – kontinuierlich gewachsenes, ein eher unglückliches Verhältnis zur Demokratie. Deshalb stünde es einem Deutschen schlecht an, Ihnen demokratische Lektionen erteilen zu wollen, zumal die Demokratie als bis heute zündender Gedanke in Griechenland ihren Ursprung gehabt hat. Hier wurde sie als Begriff geprägt. Hier ging sie unter und wurde sie ausgegraben. Hier hat sich bewiesen, welche Kraft von der Herrschaft des Volkes ausgehen kann. Und hier wurde bildhaft deutlich, wie gespreizt die totale Staatsmacht auftritt, nachdem sie das Volk entmündigt und ihm seine demokratischen Rechte genommen hat.

Griechenland ist der Ausdruck Europas. Sobald die Freiheit in Griechenland verkümmert, wird Europa ärmer. Weil Ihnen die demokratischen Rechte genommen wurden, sind unsere bedroht. Nicht in ihrem Ursprungsland, woanders hat die Demokratie Schule gemacht; jetzt kommt ihr dankbarer Schüler mit leeren Händen und ist auch um Worte verlegen.

Nachdem ich angedeutet habe, was nicht ausgesprochen werden muß, möchte ich mich Ihnen vorstellen: 1927 in Danzig an der Ostsee geboren, war ich 1933 sechs, 1939 zwölf und im Mai 1945 siebzehn Jahre alt – also zu jung, um an den Verbrechen des Nationalsozialismus beteiligt gewesen zu sein, doch alt genug, um von ihm und seinen Folgen geprägt zu werden. Ohne Verdienst unbelastet, womöglich nur zufällig ohne Schuld, halte ich nichts von nachgeliefertem Antifaschismus; aber ich ehre den Widerstand, der das Risiko kennt und eingeht.

Während der ersten Nachkriegsjahre wuchs ich langsam und anfangs widerstrebend in jene mir unbekannte Gesellschaftsform hinein, die demokratisch genannt wird und – laut Verfassung – für demokratische Grundrechte bürgt. Neugierig erprobte ich meine Möglichkeiten, begriff ich Freiheit zuallererst in der Kunst und erschrak ich, als mir Gesellschaft und Abhängigkeit von ihr bewußt wurden.

Als 1949 zum erstenmal in zwei deutschen Staaten gewählt wurde, entschied sich nur die Bundesrepublik für freie und geheime Wahlen, während in der Deutschen Demokratischen Republik die nationalsozialistische Praxis manipulierter Wahlen unter kommunistischem Vorzeichen fortgesetzt wurde. Schon relativ früh votierte ich für die Sozialdemokraten. Ich entschied mich für den evolutionären politischen Ausdruck des Demokratischen Sozialismus, ohne Mitglied der SPD zu werden. Nicht im revolutionären Umsturz, auf dem Reformweg sah ich Möglichkeiten im Sinne der europäischen Aufklärung, verändernd zu wirken. Es mag sein, daß ich als Schriftsteller meine Lehre aus dem Untergang der Weimarer Republik gezogen habe: sie zerbrach nicht alleine am Machtwillen der Nationalsozialisten, am Opportunismus der Deutschnationalen, an der Unduldsamkeit der Kommunisten und an der Schwäche der demokratischen Parteien; auch die Schriftsteller haben sich in Mehrzahl nicht schützend vor sie gestellt, und nicht wenige unter ihnen haben sie mit Witz und Geist vorsätzlich zur Karikatur gemacht.

Diese Lehre galt es zu ziehen. Das Resultat war eindeutig: Einzig in der Sozialdemokratischen Partei ließ sich auch dort, wo sie schwach und hilflos reagiert hat, demokratisches Verhalten kontinuierlich nachweisen. Sie verhalf mir zu einem Begriff von Demokratie, der in seiner Nüchternheit gegen Begeisterung immun macht. Um es knapp zu sagen: Eine Demokratie ohne soziale Gerechtigkeit bleibt Formeldemokratie; ein Sozialismus ohne demokratische Grundrechte mündet, wie die Geschichte bewiesen hat, in die Diktatur der Einparteienherrschaft.

Verketzert von den Kommunisten, verleumdet von den Konservativen in ihrem Bündnis mit der rechten Reaktion, so zwischen die ideologischen Blöcke geklemmt, muß sich der Demokratische Sozialismus dennoch als bewegende Kraft beweisen, indem er für sein soziales Reformprogramm und um parlamentarische Mehrheit ringt. Dieser nunmehr hundertjährige Kampf wurde 1969 knapp, allzu knapp gewonnen. Jetzt wird sich beweisen, ob Demokratie und Sozialismus einander bedingen und nicht ausschließen, einander fördern und nicht hemmen, ob sie einander voraussetzen.

Zwar ist die Verfassung der Bundesrepublik Deutschland mit ihrem Versprechen, ein sozialer Rechtsstaat sein zu wollen, die beste Verfassung, die jemals in Deutschland zu Papier gebracht worden ist, aber Verfassungsnorm und Verfassungswirklichkeit decken sich nicht ausreichend: Der soziale Rechtsstaat blieb bisher Versprechen, sein Bildungssytem fördert zuallerert die Kinder der ohnehin Privilegierten, sein Steuersystem begünstigt die ohnehin Reichen und die Gesellschaft, die ihn trägt, ist in ihrem vulgären Materialismus zu betont Leistungsgesellschaft, um den Kranken und den Alten, um den Behinderten und Gescheiterten ausreichenden sozialen Schutz zu bieten. Kein Wunder also, wenn der Verfassungsartikel 14 mit seiner so eindeutigen wie vagen Sentenz – »Eigentum verpflichtet. Sein Gebrauch soll zugleich dem Wohle der Allgemeinheit dienen.« – heutzutage als vorzügliches Instrument sozialdemokratischer Reformpolitik benutzt wird.

Ab Beginn der sechziger Jahre begann ich mich, neben meiner Arbeit als Schriftsteller, in politischer Kleinarbeit zu üben; denn die verstiegene Meinung, der Schriftsteller sei das Gewissen der Nation und dürfe sich nicht in die Niederungen der Politik herablassen, ist mir immer fremd und in ihrem elitären Anspruch zutiefst zuwider gewesen. Also reiste ich in die Provinzen. Also versuchte ich, den Sozialdemokraten im Wahlkampf zu helfen. Also ging ich ein Risiko ein;

denn die Politik ist gefräßig. Also spricht ein Schriftsteller und Bürger zu Ihnen. Jemand, der sich nicht mehr fragt, soll ich oder soll ich nicht. Jemand, dem der Schreibtisch nicht genug war, aber auch jemand, dem die Resignation nicht fremd, der im Scheitern geübt ist.

Alle Einwände gegen meine Doppeltätigkeit sind mir bekannt. Da heißt es: Der Schriftsteller habe Distanz zu wahren. Da heißt es: Die Tagespolitik mit ihrer saftlosen Zweitsprache verderbe den literarischen Stil. Da heißt es apodiktisch: Geist und Macht sind unversöhnlich.

Und ich antworte: Ein Schriftsteller muß sich durch Wirklichkeiten, also auch durch politische Wirklichkeit in Frage stellen lassen; solches kann nur geschehen, wenn er seine Distanz aufgibt. Ein literarischer Stil, der nur wie Zimmerlinden in geschlossenen Räumen und fürsorglich abgestützt Treibhauswachstum verspricht, wird zwar als Kunstsprache reinlich bleiben, doch die Wirklichkeit ist nicht rein. Und: Das beliebte Gegensatzpaar – Geist und Macht – nenne ich ein fiktives, denn die Macht kann geistreich sein, und der Geist kann sich als mächtig erweisen; auch hat sich der Geist oft genug opportunistisch der Macht verschrieben, und genausooft ist intelligente Politik als ohnmächtige gescheitert.

Ich bitte Sie also, meine gewiß anstrengende, aber auch der Trägheit vorbeugende Doppeltätigkeit als eine selbstverständliche zu akzeptieren und das Urteil über so viel Eigensinn den Besserwissern zu überlassen.

Meine demokratischen Lehrjahre verliefen parallel zu einer weltpolitischen Entwicklung, die der Demokratie und ihrem Selbstbewußtsein abträglich war. Dem dogmatischen Stalinismus der fünfziger Jahre antwortete der Westen nicht etwa, indem er die soziale Demokratie in ihrer Stärke und Vielfalt als Alternative begriff, sondern mit gleich dogmatischem Antikommunismus. – Die griechische Nachkriegsgeschichte ist gezeichnet von jener bis heute nachwirkenden Hysterie. – Fortan wurde nur noch schwarzweiß gewertet. Fortan wurde der politische Gegner wechselseitig als Feind verketzert. Fortan wurden demokratische Sozialisten blindlings der Moskau-Hörigkeit verdächtigt – oder andererseits als Agenten des Kapitalismus verfolgt und verurteilt.

Panische Angst vor dem Kommunismus hat die westlichen Demokratien um das Bewußtsein ihrer eigenen Stärke gebracht. Dieses mangelnde Selbstverständnis hat sie dazu verführt, sich mit rechten Diktaturen gegen den Kommunismus um jeden Preis zu verbünden. Wenn die NATO anfangs dem Warschauer Pakt mit der Devise gegenüberstand, sie wolle als militärisches Bündnis die westlichen Demokratien schützen, so spottete bald darauf politische Wirklichkeit diesem Versprechen. Portugal wird diktatorisch regiert und ist nicht der einzige NATO-Partner geblieben, der demokratisches Recht seinen Bürgern vorenthält.

Absurd geworden, wurde die demokratische Phrase der ersten NATO-Jahre langsam im Sicherheitsjargon eingebettet und schließlich begraben; doch selbst Militärexperten können in den NATO-Partnern Portugal, Griechenland und Türkei nur noch Sicherheitsfaktoren von zweifelhaftem Wert erkennen.

So erwies sich der ideologische Antikommunismus als Schwäche der Demokratie. Sein Konzept »Die Politik der Stärke« wirkte ins Gegenteil. Zwei Jahrzehnte lang versäumten die westlichen Demokratien – und mit ihnen die Bundesrepublik Deutschland – sich im Sinne sozialer Demokratie zu reformieren. Diese Epoche scheint ihrem Ende entgegenzugehen, auch wenn jene konstruktive Friedenspolitik, wie sie Willy Brandt als Bundeskanzler stellvertretend für viele Demokraten begonnen hat, nach wie vor von Rückschlägen bedroht ist.

Man ziehe Bilanz und vergleiche: Verunsichert und dennoch schier unbeweglich stehen sich der westliche Privatkapitalismus und der östliche Staatskapitalismus gegenüber. Beide Blöcke ächzen unter den wachsenden Militärausgaben und dem dadurch begründeten Unvermögen, hier wie dort die notwendigen inneren Reformen zu finanzieren. Einmal zur Formelhaftigkeit verurteilt, retten sie sich – nach Momenten der Unsicherheit – immer wieder in die Schwarzweißphrasen des Kalten Krieges. Zwar sind beide Blocksysteme ideologisch verunsichert, doch weil sie verunsichert sind, waren sie auch zu brutalem Handeln bereit.

Hierzu ein Beispiel: Ende der sechziger Jahre ereignete sich in beiden Blocksystemen Vergleichbares. Das NATO-Mitglied Griechenland ist seit dem 21. April 1967 keine Demokratie mehr; als Mitgliedstaat des Warschauer Paktes wurde die Tschechoslowakei am 21. August 1968 von den Armeen fünf anderer Warschauer-Pakt-Staaten okkupiert.

In beiden Fällen handelten in erster Linie die Protagonisten des jeweiligen Blocksystems verantwortlich. Ohne das Einverständnis, ja, ohne den Beistand der Vereinigten Staaten von Amerika hätten die demokratischen Grundrechte in Griechenland nicht außer Kraft gesetzt werden können; ohne den imperialen Willen der Sowjetunion hätte der tschechoslowakische Versuch, einen menschlichen – und das heißt noch immer: einen demokratischen Sozialismus zu verwirklichen, kein vorläufiges Ende gefunden. Vergleichbar sind auch die Vorwände für diesen doppelten Rechtsbruch, für zweimal Willkür, für jeweils sanktionierten Terror.

In Griechenland, so hieß es, müsse eine kommunistische Machtergreifung verhütet werden; in der Tschechoslowakei, so hieß es, müsse einem Putsch kapitalistisch-imperialistischer Kräfte vorgebeugt werden. Die Beschwörung des inneren Feindes besagte in technokratischer Übersetzung: Unsere vitalen Interessen sind bedroht.

Griechenland und die Tschechoslowakei wurden nicht mehr als Länder behandelt, in denen sich Menschen frei verwirklichen wollten, sondern abstrakt und also inhuman als bloße Sicherheitsfaktoren. Aus zweimal angeblich gefährdeter Sicherheit wurde hier ein Land um seine demokratische Verfassung gebracht, dort ein Land okkupiert und an seiner Selbstbestimmung gehindert.

Natürlich mußte ideologische Tünche die Brutalität beider Aktionen einfärben: Wenn sich einerseits die Ausverkäufer der demokratischen Grundrechte bei ihrem ersten Auftritt als Hüter von Ruhe und Ordnung vorstellten, so gefielen sich andererseits die Okkupanten als Beschützer des Volkes vor ideologischer Verführung, vor konterrevolutionären Umtrieben.

Ob linker, ob rechter Totalitarismus sich ausspricht, die Sprache des politischen Verbrechens ist seit Stalin und Hitler international allgemeinverständlich geworden. Austauschbare Phrasen, die Stichworte – durchgreifen, säubern und umerziehen – kennzeichnen diesen Jargon.

Oft gefällt sich die staatliche Macht in betulicher, nahezu hausväterlicher Sprache. Was die amerikanische Regierung in Vietnam »Befriedung« nennt, heißt bei der okkupierenden Sowjetmacht »Normalisierung«. Schon sind die Normalisierer und Apostel der Napalm-Befriedung zu Opfern ihrer eigenen Propaganda geworden. Sie glauben tatsächlich, daß sie dort, wo sie nichts als Schrecken verbreiten, befrieden und normalisieren; wie etwa mittelalterliche Kreuzritter gewiß waren, das Christentum als Lehre der Nächstenliebe zu verbreiten, indem sie den Terror zu Methode entwickelten.

Vor Jahrhunderten wie heute: verschleiernde Sprache trägt dazu bei, politische Verbrechen nach einiger Zeit gewöhnlich erscheinen zu lassen. Eine Rechnung, die Mal um Mal stimmig ist. Denn jene, die den Anschlag auf die demokratischen Grundrechte vorbereitet und ausgeführt haben, waren sich, als sie ihren Plan machten, in Gewißheit sicher: Die Zeit wird für uns arbeiten. Nach erster Empörung und nach lauten Protesten wird sich Gewöhnung breitmachen.

Machen wir uns nichts vor: die politischen Verbrecher von gestern sind heute, dank der Gewöhnung an ihre Verbrechen, schon wieder gesellschaftsfähig.

Auch hierzu ein Beispiel, das nicht gesucht werden mußte: Drei Jahre nach Hitlers Machtergreifung versammelten sich in Berlin Könige und Premierminister, tadellose Demokraten und stäubchenfreie Ehrenmänner. Mit den Olympischen Spielen feierten sie gewollt wie ungewollt die Gesellschaftsfähigkeit Hitlers und seiner NS-Diktatur. Ungerührt nahmen sie hin, daß parallel zu den olympischen Wettkämpfen in wortwörtlich umliegenden Konzentrationslagern gefoltert und gemordet wurde. Der Jubel über olympische Rekorde und jugendliche Leistungsschau überdeckte häßliche Nebengeräusche. Nachdem man sich einmal an den alltäglich gewordenen Terror gewöhnt hatte, begann man mit ihm nachbarschaftlich umzugehen.

Offenbar kennt der Zynismus politischer Macht keine Grenzen. Das technische Zeitalter verbreitet ihn ungeschminkt. Smart lächelnd tobt er sich auf Fernsehschirmen aus. Auch hierzu ein Beispiel, das nicht gesucht werden mußte.

Während sich der amerikanische Präsident Richard Nixon und der Ministerpräsident der Volksrepublik China, Tschou En-lai, mit artigen Trinksprüchen bedienten, während das chinesische Ballett vor dankbarem Publikum revolutionäre Sprünge machte und während Frau Nixon chinesische Schulkinder niedlich fand und ihnen gratis die Grüße amerikanischer Schulkinder übermittelte, fielen in Nordvietnam gezielt und wie alltäglich Bomben im Reihenwurf, starben Frauen und Kinder.

Ihnen, meine Damen und Herren, ist der Zynismus politischer Macht schmerzlich bekannt. Nicht nur die westlichen Demokratien, auch die kommunistisch regierten Volksrepubliken sind offen oder versteckt – und manchmal ein wenig geniert – um zumindest gute Handelsbeziehungen mit der Regierung Ihres Landes bemüht. Schon reisen aus Ost und West Staatsmänner an. Man gibt sich ideologisch neutral. Ohne mit der Zunge zu stolpern, spricht man von friedlicher Koexistenz. Man liefert Waffen und mit den Waffen die fürsorgliche Begründung, es seien diese gelieferten Waffen für einen Bürgerkrieg ungeeignet; also – glaubt es doch, Leute! – nicht gegen das Volk gerichtet.

Ich will Ihnen keine falsche Hoffnung machen. Wer gelernt hat, daß moralische Appelle zumeist jenen helfen, die sie wohlformuliert aussprechen, wer keinen neuen, blitzblanken Glauben zu verkünden weiß, der kann und darf nur Skepsis bieten.

Allenfalls soviel läßt sich sagen: Zwar kann das Recht gebeugt werden, aber es bleibt als gebeugtes Recht kenntlich. Zwar war es möglich, den demokratischen Sozialismus gewaltsam zu verhindern, aber seitdem ihn Gewalt gezeichnet hat, prägt er sich ein: unverwechselbar. Zwar sitzen die Mächtigen sicher in ihren Bastionen, aber sie können sie ohne Furcht nicht verlassen. Zwar ist die Staatsmacht allgegenwärtig, aber weil sie es sein muß, ist sie auch überanstrengt.

Kürzlich hatte ich einen Traum: Ich sah die geblähte Staatsmacht hier wie dort auftreten; ich sah, wie das entrechtete Volk dem zuschaute. Ich sah, wie die Staatsmacht bemüht war, bieder zu wirken, und wie solche Anstrengung sie mehr und mehr lächerlich wirken ließ. Und weil die totale Staatsmacht merkte, daß sie in ihrer Anstrengung, bieder zu wirken, immer lächerlicher wurde, wurde sie böse und verfärbte sie sich: eine zusätzliche Anstrengung, die sie noch lächerlicher machte. Und weil das Volk in seinem rechtlosen Zustand dieser progressiven Lächerlichkeit zuschaute und weil dem Volk nichts anderes blieb, als sich dieser Lächerlichkeit zu erwehren, brach hier wie dort, brach überall dort, wo die Staatsmacht vorgibt, bieder zu sein, ein großes, ein völkermitreißendes, brach homerisches Gelächter aus.

Bald werde ich wieder zurückfahren und in ein Land kommen, dessen Bürger sich ihrer demokratischen Rechte oft nicht bewußt sind und denen Freiheit Überdruß bereitet. Ich werde von Ihrem Mut berichten, von Ihrem zähen Beharren, von Ihrem ungebrochenen Widerstand – und auch von Ihrer Einsamkeit.

Doch bevor ich gehe, will ich an dieser Stelle Giorgios Mangakis und Babis Protopappas grüßen. Beide grüße ich stellvertretend für viele, beide, weil sie mit vielen in doppelter Unfreiheit leben. Meine Grüße sind gleichzeitig ein Versprechen: Ich werde nicht vergessen, ich werde mich nicht gewöhnen.

Personenverzeichnis

Das Register verzeichnet alle Namen, die im Text oder in den Anmerkungen erscheinen und mit dem erörterten Problemkomplex in direktem oder indirektem Zusammenhang stehen. Dagegen bleiben, von einigen, gut begründeten Ausnahmen abgesehen, die Namen, die allein metaphorische oder illustrative Bedeutung haben, ebenso wie die Namen von Herausgebern, Kommentatoren usw. unberücksichtigt.